한국교회 첫 사건들

한국교회 첫 사건들

한국
개신교 역사의
최초
72가지
사건

옥성득

새물결플러스

초판 머리말

음수사원(飮水思源), 물을 마실 때는 근원을 생각하라는 말이다. 오늘 우리가 마시는 한국 기독교의 물도 그 출발점과 원류가 있었다. 이 책은 한국 개신교 역사 첫 30년 동안 발생한 첫 사건들과 첫 인물들을 찾아 여러 자료를 비판적으로 탐색한 후에 그린 여행기와 지도 45개를 모았다. 때로는 이미 난 길을 따라가다가 길을 잃고 헤매면서 우거진 잡초를 헤치고 겨우 바른길을 찾기도 했고 어떤 곳에서는 길이 없어 새로운 길을 만들어 나아갔다. 독자들은 안내 지도와 설명서를 보면서 숨겨진 다른 시원(始原)을 찾아 나서는 즐거운 역사 순례를 통해 새 지도를 그릴 수 있을 것이다.

이 책의 목적

한국 개신교라는 큰 나무의 씨가 처음 어디에 뿌려졌는지, 그 뿌리 내린 야생의 파종지를 찾아가는 계보학(系譜學)의 첫 목적은 질그릇 같은 인간들로 이루어졌으나 성령 공동체인 교회를 처음 만드실 때 하나님께서 어떻게 놀라운 일을 행하셨는지를 구체적으로 드러내고 성장 과정에서 파생된 여러 썩은 가지를 전지하며 벌레 먹은 열매를 제거하면서 한국교회가 지향할 최종 목적지인 오메가 포인트를 전망하는 데 있다. 우주의 창조는 종말과 맞닿아 있고 초림은 재림의 소망을 주며 교회의 시작은 구속사의 끝과 맞닿아 있고 하나님 나라의 알파는 오메가로 완성되기 때문이다. 보본반시(報本反始), 근본인 하나님을 깨달아 처음으로 돌아가는 예(禮)와 제(祭)와 사(史)의 기본 정신은 자기희생을 통해 새 미래를 지향한다. 연어가 그 태어난 강으로 거슬러 올라가 최후를 맞이하듯 근본 파종지에는 새 시대를 위한 종말이 잉태된다.

둘째, 낯설고 읽기에 불편한 초대 교회의 본문 속에 숨겨진 사건을 불러내는 작업은 도도히 흘러가는 현대의 대세를 거슬러 올라가는 힘겨운 역주행(逆走行)이다. 기억하지 못하는 한 세기 전의 과거와 대면할 때, 우리는 판에 박힌 2차원의 평면적 일상이 깨지고 3차원의 입체로 세워지는 체험, 과거의 새 인물 앞에 내가 이방인이 되는 경험을 하게 된다. 역사가의 의무는 잊고 지내던 과거의 낯선 사람과 사료와 다양한 사건을 가져와서 현재의 밋밋한 세계를 당혹하게 만드는 것이다. 묵은 어제의 청동 거울에 지금의 세련된 얼굴을 비추어보게 하여 희미해진 자아상에서 미래를 상상하게 만드는 것이다. 그는 당대인들이 코를 박고 있는 관심사의 호수에 돌을 던져 상을 뒤흔들고 저울 바늘을 거꾸로 돌려 의제의 무게를 상대화한다. 한국교회가 처음 팠던 우물에서 끌어 올린 이 책의 새 본문이 주는 타자성의 지평이 종말에 대한 기대의 지평과 함께 융합되면서 낯익은 현재에 의문을 제기하고 도전하기를 소망한다.

이 책의 세 번째 목적은 1차 자료가 별로 없던 과거에 선배 역사가들이 힘들게 쓴 글에 숨어 있는 오류를 바로잡는 데 있다. 그 2차 본문들에 대한 도전으로 쓴 제3의 본문이 이 책이다. 제3의 본문을 만드는 길에서 만난 사건과 인물에 대한 백과사전적 지식의 나열이 아니라 장마 후에 자라는 곰팡이처럼 기존 사서와 온라인 글 속에 퍼져 있는 오류들과 싸우기 위해 사실(史實)의 빛으로 각개 전투한 흔적들을 모아서 정리했다. 인터넷은 한국교회사에 대한 지식을 대중화시켰다. 그러나 동시에 근거 없는 이야기가 너무 많이 떠돌아다닌다. 가당치도 않은 말을 억지로 끌어다 붙이는 견강부회(牽強附會), 녹비에서 가로 왈자(鹿皮曰字)를 읽어내는 곡학아세(曲學阿世), 다른 사람이 쓴 글을 다듬는 표절미학(剽竊美學)의 관행이 판을 치고 있다. 앞으로 한국교회사에도 "유명 강사"가 나와 사실보다 흥미 있는 이야기를 꾸며낼지도 모른다. 한 번 잘못 알려진 사실을 바로 잡는 데는 수많은 노력이 든다. 그러나 소걸음으로 꾸준히 사실의 등불을 붙잡고 나아가면 어둠은 빛을 이기지 못할 것이다.

네 번째, 초대 교회사 자체를 아는 지식이 우리를 자유롭게 할 것이다. 우리는 아직 한국교회가 시작된 역사의 상당 부분을 잘 알지 못한다. 구약의 역대기와 열왕기의 연대는 외워도 한국교회 지도자들의 이름이나 행적은 잘 모른다. 바울의 1-3차 전도 여행의 행로와 지명은 외워도 초기 선교사들의 전도 여행 지도를 그릴 수 있는 교인은 거의 없다. 한국 초대 교회 역사가 현재 한국교회의 난맥상을 들어 올려 제자리로 옮길 수 있는 지렛대의 받침점이고 미래의 방향을 제시하는 전거라면, 그 역사를 알아가는 탐색과 개척의 길을 함께 손잡고 갈 일이다.

이 책의 마지막 목적은 이제까지 하지 않은 새 일을 시도할 용기와 꿈을 주는 데 있다. 어떤 일을 새로 시작하는 것은 어렵다. 어떤 일이 이루어진 후에 보면 간단해 보이고 누구라도 시도할 수 있을 것처럼 보인다. 하지만 처음 시도하는 자는 확고한 목표를 세우고 시도하되 실패를 무릅쓰고 시행착오를 거듭하면서 암중모색의 불안한 터널을 통과해야 한다. 실패를 통해 배울 수만 있다면 그 실패는 실패가 아니다. 한 번 세워진 달걀을 본 자는 그것을 보고 도전할 수 있다. 한국교회가 어렵다는 말이 식상하게 된 지 오래다. 그러나 처음 시작할 때보다 어렵겠는가? 한국 초대 교회는 변경의 교회, 변두리의 교회였다. 그 변경과 현재의 경계가 만날 때 새로운 창조적 변경이 만들어질 것이다.

최초와 원조를 자랑하는 병

이 책이 첫 사건들을 상고한다고 해서 여러 한국교회가 빠져 있는 원조병과 최고병을 지지하지는 않는다. 오히려 그 병에 걸린 교회나 개인에게 스스로 진단할 수 있도록 도와주는 역할을 할 것이다. 한때 1884년 첫 개신교 선교사가 누구냐를 놓고 감리회는 매클레이를, 장로회는 알렌을 내세우며 논쟁했다. 1885년 아펜젤러와 언더우드가 상륙할 때 누가 먼저 내렸는지를 따지기도 했다. 그러자 부산에서는 그들이 먼저 부산항에 상륙했으며 알렌 의사도 부산에 먼저 온 후에 제물포에 갔다고 주장하고 기념비까지 세웠다.

이런 최초 논쟁은 식당 원조 논쟁의 본질과 유사한 면이 있다. 원조는 굳이 원조를 내세우지 않고 맛과 서비스로 고객을 만족시킨다. 원조가 아닐수록 약점을 보충하기 위해 과잉 홍보와 몸짓을 한다. 한국은 "최고, 일류, 최초"라는 간판 따기 욕망에 사로잡혀 있다. 교회사도 예외가 아니다. 아름다운 2등을 위한 겸손한 역사 쓰기가 필요하다. 원조라면 교회의 사명인 세상의 소금과 빛의 사명을 실천하면 된다. 고객은 귀신같이 간과 맛이 변한 것을 안다. 떠난 고객을 다시 부르는 길은 처음 사랑, 본래 가치를 회복하는 데 있다.

130년 전, 120년 전에 일어난 최초 사건의 명예를 억지로 가져가야 체면이 서고 정체성이 서는 자격지심을 가진 교회라면, 그런 것밖에 내세울 것이 없는 교회라면, 현 시대적 과제에 제대로 반응하지 못하는 교회이거나 미래의 방향을 제시하지 못하는 교회일 것이다. 첫째를 내세우는 교회일수록 첫사랑을 간직하고 있는지, 선배들의 초대 신앙에 부끄럽지 않은 건전하고 성숙한 신앙생활을 하고 있는지, 첫 사건들을 만든 조상들과 같은 인물들을 양육하면서 미래를 준비하고 있는지 자문해야 할 것이다. '먼저'를 지향해서 올라가는 많은 교회가 '나중'을 위해 내려가는 복음적 결단을 할 때만, 우리가 자랑하는 첫 번째 일들이 자랑스러운 유산으로 남을 것이다.

대중화와 사관

한국교회사를 새로 연구하고 쓰는 일에는 최소한 다음 네 가지, 즉 1) 새로운 사료의 발굴과 정리, 2) 새 연구 방법론과 사관의 계발, 3) 새 독자를 위해 다양한 형태의 강연과 글쓰기와 출판 시도, 그리고 4) 개인의 작업에는 한계가 있으므로 연구소 차원이나 공동 작업으로 이 과제들을 해결하고 젊은 학자들을 지원하고 양성하는 일이 필요하다.

이 책은 연구서라기보다는 세 번째 목적인 대중성 확보를 위해 시도한 입문서다. 그러나 1번과 2번 목적에도 힘을 기울였다. 한국교회사를 약간 공부해본 독자라면 이 책에서 일부 새로운 자료와 사진을 확인할 수 있을 것이다. 저자가 지난 30년간 여러 고문서실과 도서관에서 발견하는 기쁨을 누린 사료들이 포함되어 있다. 대중화를 시도하는 목표의 하나는 한국 기독교 역사를 연구할 미래의 학자를 끌어들이는 데 있다. 이 책을 읽고 한국교회사 연구를 평생의 소명으로 붙잡는 20, 30대 청년 학생이 나오기를 기대하며 기도한다. 역사가가 없는 한국교회는 미래가 없다.

통사나 논문 형식이 아니라 사건별로 수필 형식으로 썼기 때문에 뚜렷한 사관은 제시하지 않았다. 그래도 굳이 말하자면 이 책은 다음 세 가지 관점을 가지고 있다. 첫째, 미국, 영국(영국, 캐나다, 호주), 중국, 일본, 만주, 한국이라는 여섯 개의 공간에서 발생한 사건들이 서로 유기적으로 연결되면서 초대 한국 개신교가 형성되었다는 관점이다. 한국 기독교 역사는 한반도 안에서만 일어난 일이 아니다. 이 책이 다루지 않는 일제 식민지 시대와 해방 이후 시기에는 동아시아와 세계 교회들 간의 상호 교류가 더욱 확장되었으므로 만주와 시베리아를 포함하는 해외 교회들과의 연결성에 주목해야 한다.

둘째, 기독교의 한국화 관점이다. 서구 기독교와 동아시아 기독교가 한국 정치 상황에서 어떻게 기독교 민족주의를 형성하고 타 종교와 만나 어떻게 한국적인 기독교로 토착화했는지를 규명해야 한다. 그리고 지난 20년간 한국 개신교가 그 신학화 작업에 직무 유기의 죄로 쇠퇴하고 있기에 이 관점을 더 숙고할 필요가 있다.

셋째, 미래지향적 관점이다. 과거 사건을 실증적으로 서술하려고 노력하되 오늘 한국교회가 직면한 여러 위기에 대해 그 사건이 어떤 의미가 있는지 재해석하려고 노력했다. 흑암의 세력은 쉽게 물러가지 않지만, 빛을 이기지 못한다. 빛의 자녀들이 흑암과 싸우는 역사를 쓰고 싶다.

한국 기독교 역사의 대중화를 위해 일반 독자들도 쉽고 재미있게 읽을 수 있도록 필자는 사진으로 보는 초대 한국교회사인 『한반도 대부흥』을 2009년에 출판했다. 그리고 여러 해 전에 「빛과 소금」에 "한국교회 처음 이야기"를 연재했고 「뉴스앤조이」에 "새로 쓰는 초대 한국교회사"를 썼다. 그 연재물에서 일부를 추려 다듬고 새로운 글과 사진을 넣어 이 책을 만들었다.

사진은 오랫동안 수집한 사진 가운데 엄선하여 중요한 것만 수록했다. 필요한 경우 출처를 밝혔으나, 필자가 그린 지도나 도표, 또 개인적으로 수집한 경우에는 [Oak]으로 표시했다.

책의 구성

책의 차례는 공간과 시간을 따라간다. 지역을 네 부분으로 나누고 각 지역에서 발생한 첫 사건들은 시간 순서대로 서술하는 방식이다. 서울은 중심지이므로 사건이 많아 1900년 이전과 이후로 나누어 별도로 다루었다. 독자 중에 주제별로 나누어 재편집해서 읽을 수도 있을 것이다. 예컨대 첫 기독교 문서라는 주제에 관심이 있다면 최초의 성경, 소책자, 신문, 잡지,

설교 등을 찾아서 연대순으로 정리할 수 있다.

제1부는 국외에서 이루어진 사건이다. 한국 선교를 위해 방문하거나 중국, 일본, 영국에서 이루어진 한국 선교 사역과 성경 번역을 주제로 삼는다. 제2부는 1900년 이전 초기 선교 사역이 시작된 서울에서 어떻게 선교가 시작되고 첫 개종자들이 나오며, 교회와 학교와 병원과 활판소가 설립되었는지 그리고 여러 기독교 의례들(세례식, 성찬식, 기도회)과 사경회와 여러 기독교 문서들(성경, 찬송가, 소책자, 기독교 신문 등)이 어떻게 번역되고 편찬되고 출판되기 시작했는지 서술한다. 제3부는 서북 지방(황해도, 평안도), 특히 평양에 선교지부가 개척되고 교회가 증가하면서 발생한 최초의 사건들을 다룬다. 제4부는 다시 서울로 돌아와 1900-1910년에 발생한 주요 첫 사건들을 살펴본다. 연구 부족과 지면 관계로 여러 중요한 주제와 남한의 많은 지역을 다루지 못해 아쉽다. 한두 개 주제를 한 주에 읽는다면, 한 해 동안 초대 한국교회사를 묵상하며 보낼 수 있을 것이다.

그동안 여러 사람이 붓을 들어 초기 한국교회사를 기술했지만, 그 역사를 지난 30년간 공부하는 특권을 누렸기 때문에 이 책을 쓸 수 있었다. 1910년 이전에 일어난 한국 기독교의 여러 알파 사건의 근원을 밝히는 이 작업이 한국교회를 새롭게 하는 전거로 성찰의 자료로 사용되기를 바란다. 이 책을 작은 출판사 짓다에서 내어 기쁘다. 낮은 자리에서 한국교회를 함께 새로 지어가는 작은 섬김의 책이 되기를 소망한다.

2016년 5월 8일 성령강림절에
UCLA에서
옥성득

증보판 머리말

역사는 늘 다시 쓰고 수정하고 증보해야 한다. 우리의 상황이 변하고 새로운 자료가 발굴되면서 새로운 해석이 필요하기 때문이다. 2016년에 출간한 『첫 사건으로 본 초대 한국교회사: 한국 개신교 역사의 최초 45가지 사건들』을 대폭 증보하여 『한국교회 첫 사건들: 한국 개신교 역사의 최초 72가지 사건들』로 낸다. 기존의 45장은 그대로 둔 채 지난 9년간 연구한 내용을 바탕으로 27장을 추가하여 72장으로 만들었다. 새물결플러스에서 출간한 『다시 쓰는 초대 한국교회사』(2016)와 『한국 기독교 형성사』(2020), 『이야기 한국교회사, I-III』(근간)과 함께 읽으면 1910년까지 초기 한국 개신교 역사를 입체적으로 이해할 수 있을 것이다. 증보한 내용은 여러 교파별 초기 역사와 지방의 역사로 북장로회와 북감리회와 서북 지방에 치중한 초판의 불균형을 해소하려고 노력했다.

책 제목은 "초대 한국교회사" 대신 "한국교회 첫 사건들"로 바꾸었다. 흔히 1910년 이전을 '초기'로 사용하지만, 중기나 후기를 사용하지 않는 데서 보듯이 아직 한국 기독교 사학계는 시기 구분에 합의하지 못하고 있다. 그만큼 한국 근현대사가 복잡하다. 초판의 '초대'의 뜻은 초기와 더불어 1세대라는 뜻이었다. '한국교회사'라는 용어도 좀 더 포괄적인 '한국 기독교 역사'로 해야 한국과 기독교가 만나는 역사가 되지만, 흔히 교회사라는 용어를 사용한다. 이 책이 논문을 엮은 책이나 깊은 학문성을 지닌 것이 아니라 일반인이 쉽게 읽을 수 있는 책이므로 교회사라는 용어를 사용할 수 있겠지만, 통사가 아니므로 '사'라는 말은 생략하고 '사건들'로 대신했다. 교회사라는 말을 생략한 다른 뜻은 이 책이 교회 중심의 역사는 아니기 때문이다. 첫 사건을 강조한 것은 사람이 변하고 사회가 변하는 새 역사에 대한 기대감 때문이다.

"제1부 해외에서 한국으로"에서 세 장을 추가했다. 남장로회와 침례회의 초기 선교와 선교사들에 대한 새로운 사실을 밝혔고 상하이에서 열린 윤치호와 마수진의 결혼식도 다루었다. "제2부 서울에서"에는 14장을 추가했다. 50대 이상의 선교 사역자들, 1892년 남장로회 존슨 선교사의 내한과 어학교사에 대한 새로운 사실, 새문안교회 창립과 제2예배당 건축 문제, 지역 교회 창립일 기준의 문제, 1895년 을미 콜레라와 피병원, 기독교식 혼례식의 시작, 성공회 성당의 제단과 첫 간호원, 네비어스-로스 방법의 한국 토착화, 한글 띄어쓰기의 유래, 구약 번역의 효시는 피터즈가 아닌 아펜젤러, 무궁화가에서 유래한 애국가, 이승만의 옥중 개종, 진관사에서 열린 여름 수련회 등을 살펴보았다. 이승만의 옥중 개종과 기도문에서 신화적 요소를 제거했다. "제3부 서북 지방으로"에는 함흥 신창리교회와 평양 장대현교회에 관한 두 장을 추가했다. "제4부 전국으로"에는 9장을 추가했다. 부산, 전주, 강화, 대구, 충청도, 광주, 제주도 등 남한 지방의 첫 사건들을 다루면서 초판에서 다루지 못한 개신교의 전국 확산을 어느 정도 서술했다. 하지만 여전히 여러 도시의 선교 개척사는 다루지는 못했다. 추가한 27개의 장은 현재 한국 사회와 교회가 겪고 있는 여러 쟁점을 놓고 과거의 의미 있는 사건과 인물과 연결하려고 노력한 공부의 결과물이다.

한국교회사를 공부한 지도 40년이 흘렀다. 지금은 자료도 많고 접근도 쉬워서 아마추어라도 전문 역사가의 오류를 지적할 수 있다. 자료를 먼저 본 사람이 글을 쓰던 시대는 지나갔다. 제대로 쓴 글, 현실에서 통하는 글이라야 역사다. 새로운 상상력으로 새로운 글, 꼼꼼한 글, 따뜻한 글, 사람을 바꾸는 글이 더 나오기를 바라는 마음으로 증보판을 낸다.

2025년 3월
언더우드 내한 140주년에
옥성득

차례

초판 머리말 5
증보판 머리말 12

제1부 해외에서 한국으로

1. 첫 방문 선교사 귀츨라프(자카르타, 1832년) — 18
2. 첫 평양 방문 선교사 토마스(지푸, 1866년) — 30
3. 첫 방문 미국 선교사 코르베트와 마티어(지푸, 1868년) — 48
4. 첫 한국어 교본 로스의 *Corean Primer*(상하이, 1877년) — 58
5. 첫 세례교인 김진기, 백홍준, 이응찬, 이성하(뉴창, 1879년) — 64
6. 첫 한글 기독교 문서 『예수성교문답』과 『예수성교요령』(선양, 1881년) — 70
7. 첫 한글 복음서 『예수성교요안네복음젼셔』(선양, 1882년) — 78
8. 첫 전도인과 첫 권서 김청송과 서상륜(선양, 1882년) — 86
9. 첫 선교 편지 이수정의 마게도니아인의 부름(요코하마, 1883년) — 96
10. 첫 한글 주기도문 이수정 역(요코하마, 1883년) — 102
11. 개항장과 서울을 방문한 첫 개신교 선교사 다우스웨이트(지푸, 1883년 11월) — 110
12. 미국 남감리회 첫 교인 윤치호의 신앙고백(상하이, 1887년) — 124
13. 첫 한국 선교잡지 朝鮮 *The Morning Calm*(런던, 1890년) — 130
14. 미국 한인 여성의 첫 세례 배선 부인(세일럼, 1892년 7월) — 138
15. 첫 국제 결혼 윤치호와 마수진(상하이, 1894년) — 154
16. 첫 침례회 선교사 폴링 목사 내한(보스턴, 1894년) — 166

제2부 서울에서

17. 서울의 첫 주일예배 매클레이의 서울 방문(1884년 6월) — 174
18. 첫 내한 선교사 알렌 그의 생애가 주는 교훈(1884년 9월) — 184
19. 첫 목회 선교사 언더우드 '넓은 날개'와 '불 동가리'의 삶(1885년 4월) — 192
20. 멋진 노년의 새 출발 스크랜턴, 웹, 기포드, 그리어슨(1885-1901년) — 206
21. 첫 개신교회 서울 유니언교회(1885-1886년) — 212

22. 첫 제야기도회 장감 연합 송구영신예배(1885년 12월 31일) 220
23. 첫 근대 선교 국제 학교 배재학당(1886년) 226
24. 한국인 첫 세례자 노춘경(1886년 7월 18일) 236
25. 첫 장로교회 정동장로교회(새문안교회) 설립(1887년 9월 27일) 248
26. 첫 교회 조직 로스의 서울 방문과 정동장로교회(1887년 9월 27일) 260
27. 첫 감리교회 벧엘교회(정동제일교회, 1887년 10월 6일) 272
28. 지역 교회 창립일 기준 문제(1887년) 284
29. 첫 여성병원 보구녀관(1887년 11월) 300
30. 첫 성탄절 첫 성찬식(1887년 12월) 308
31. 첫 반기독교 운동 영아소동(1888년 6월) 316
32. 선교사의 첫 죽음 헤론 의사와 양화진 외국인묘지(1890년 7월) 324
33. 첫 한글 설교문 올링거의 "문둥병과 죄가 같은 것을 의논함이라"(1890년) 336
34. 한국인의 첫 기독교식 결혼식 혼례복과 웨딩드레스(1890-1894년) 342
35. 첫 공식 간호원 영국 성공회의 히스코트(1891년) 348
36. 남장로회 첫 선교사 존슨과 데이비스(서울, 1892년 10월) 352
37. 영국 성공회의 첫 교회 제단과 주련(1893년) 368
38. 첫 악보 찬송가 언더우드의 『찬양가』(1894년) 376
39. 네비어스-로스 방법이 언더우드-마페트 방법으로(1895-1904년) 396
40. 첫 감염병 격리소 을미 콜레라와 피병원과 새문안 예배당 건축(1895년) 400
41. 한글 첫 띄어쓰기 실험자 로스, 도입자 윤치호, 시행자 독립신문(1896년) 410
42. 첫 기독교 신문 「죠션크리스도인회보」와 「그리스도신문」(1897년) 416
43. 구약 번역의 효시 「죠션크리스도인회보」에 실린 아펜젤러 번역(1897년) 422
44. 첫 외국 양식 예배당 정동제일교회 헌당(1897년 12월) 432
45. 첫 애국가 무궁화 노래(1899년) 442
46. 이승만의 옥중 개종과 감옥에서 맞이한 첫 성탄절(1899년) 448
47. 불교 사찰에서 첫 여름 수련회 진관사에서 YMCA 하령회(1910년) 462

제3부 서북 지방으로

48. 첫 북한 지방 전도 여행 아펜젤러와 언더우드(1887년) 468
49. 소래 교인의 첫 세례와 서경조의 생애(1887-1906년) 478
50. 장로교회 첫 조사 백홍준, 서상륜, 최명오(1890년) 494
51. 첫 북한-만주 횡단 선교 여행 마페트와 게일의 여행(1891년) 506
52. 평양의 첫 세례 마페트와 7인의 한국인(1894년 1월 7일) 516
53. 평양의 첫 기독교 박해 김창식의 신앙고백(1894년 5월) 530
54. 첫 자급 토착 교회 십자가, 십자기, 가락지 헌금의 소래교회(1895년 7월) 548
55. 함흥의 첫 교회 신창리교회와 스왈른 선교사의 보고(1896년) 564
56. 백두산 소나무로 장대현교회를 세우다(1900년) 570
57. 첫 부흥 원산 부흥 대부흥의 특징과 과제(1903년) 576
58. '한국의 시온성' 선천의 부흥 날연보의 시작(1906년) 594

제4부 서울에서 전국으로

59. 북장로회 부산 사역 베어드와 첫 세례(1892-1894년) 616
60. 남장로회 첫 의료 선교사 드루 의사의 전주 사역(1894년) 622
61. 한국의 첫 축구팀 영국 성공회 강화학당 축구부(1899년) 628
62. 대구에 온 첫 피아노(1900년) 634
63. 첫 한국인 여자 의사 선교사 박에스더(1900년) 638
64. 러시아 정교회의 한국 선교와 정길당 사건(1900-1901년) 644
65. 북감리회 첫 집사목사 김창식과 김기범 안수식(1901년) 652
66. 광주의 첫 그리스도인 김윤수(1904년) 658
67. 나라를 위한 첫 연합 기도회 위국 기도회(1905년) 664
68. 장로회 첫 안수 목사 평양신학교 교육과 7인의 첫 졸업과 안수(1907년) 676
69. 제주도 첫 신자 김재원 첫 선교사 이기풍(1908년) 696
70. 첫 비교종교 신소설 최병헌의 『성산명경』(1909년) 706
71. 예배실의 남녀석 분리 휘장 철거(1908년) 714
72. 첫 한글 성경전서 번역 완성(1910년 4월) 724

색인 730

제1부

해외에서 한국으로

1
첫 방문 선교사
귀츨라프(자카르타, 1832년)

'금단의 왕국' 조선을 처음 방문한 개신교 선교사는 칼 귀츨라프(Karl Friedrich August Gützlaff, 1803-1851)였다. 1832년에 동인도회사는 로드앰허스트(Lord Amherst)호의 토마스 리스(Thomas Rees) 선장을 중국 무역 개척을 위해 북중국에 파견했다. 인도네시아 자카르타를 중심으로 싱가포르와 말레이시아 지역에서 선교하며 중국어를 익힌 귀츨라프는 중국과 일본까지 한문 성경과 소책자를 반포하고 있었다. 리스의 중국행에 귀츨라프는 독립 선교사로서 통역자 겸 의사이자 원목으로 동참하여 중국과 조선 선교를 시도했다. 그는 충청도 고대도에서 한 달 이상 머물면서 한국에 대한 정보를 수집하고 한국어를 배웠다. 주민들에게 감자 재배법을 가르치며 한문 주기도문을 한글로 번역하면서 한문 소책자를 나누어주고 전도했다. 미미한 한국 개신교 선교의 시작, 그 첫 페이지는 그렇게 끝났다.

▲ 중국인 선원 복장의 귀츨라프(1834년)
[Oak]

스코틀랜드인 영국 성공회 선교학자 니일(Stephen C. Neill)이 『기독교 선교 역사』에서 "성자, 괴짜, 몽상가, 진정한 선구자 혹은 기만된 열광자"로 다양하게 평가될 수 있다고 말한 귀츨라프. 과연 조직 교회나 교단 선교회 차원에서 볼 때 괴짜이고 열광자였던 그를, 그리고 그 무모하기까지 했던 그의 선교 시도를 오늘 우리는 어떻게 평가해야 할까?

1. 첫 방문 선교사: 귀츨라프(자카르타, 1832년)

충청도 고대도 방문(1832년 7월)

로드앰허스트호는 서해안 일대와 백령도를 거쳐 7월 21일에 군산만 창선도에 도착했고 7월 25일에는 충청도 홍주만의 고대도에 도착했다. 그 배는 영국 동인도회사와 한시적 용선 계약을 맺은 507톤의 상업용 범선으

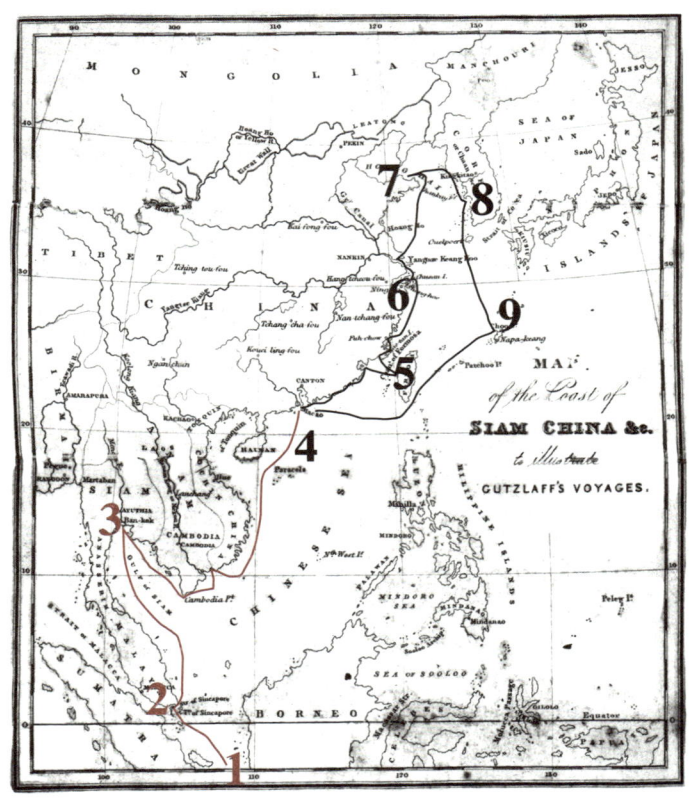

▲ **귀츨라프의 책(1834년)에 나오는 항해도에 표시한 방문지(1830-32년) [Oak]**
인도네시아의 바타비아(1 자카르타)에서 싱가포르(2), 버어마 방콕(3), 남중국 마카오(4), 대만(5), 상하이(6), 산동반도(7), 한국의 백령도와 고대도(8), 유구열도(9)까지 포괄하는 개척 선교였다.
처음부터 한국 기독교는 아시아 기독교와의 상관관계 속에서 보아야 한다.

로 세 개의 돛을 가지고 있었다.¹

29살 청년 귀츨라프는 당시 중국과 조선 사이에 운항하는 배가 없는 상황에서 조선의 바다로 들어가는 최초의 통상 요구 선박을 선교의 수단으로 사용했다. 그는 고대도(古代島)에서 약 한 달간 머물면서 의약품과 성경과 전도문서를 나누어주면서 복음을 전했다. 고대도는 안면도와 원산도 사이의 작은 섬으로 현재 보령항과 대천항에서 가깝다. 귀츨라프는 홍주(洪州) 목사 이민회(李敏會)와 수군우후(水軍虞候) 김형수(金瑩綬)를 통해 순조(純祖)에게 통상 청원 문서와 함께 성경을 전달했다.

귀츨라프는 섬 주민들에게 한문 성경과 한문 소책자를 반포하면서 전도하려고 노력했다. 어학에 재능이 많았던 그는 7월 27일 홍주 목사의 서생(書生) 양 씨(梁氏) 청년을 설득한 끝에 그가 쓴 한글 자모 전체를 받았고 그의 도움을 받아 한문 주기도문을 한글로 번역했다.² 그가 가르치고 번역한 한문 주기도문은 그가 만든 소책자『全人矩矱』(전인구확, 1836)에 의하면 다음과 같았다. "吾父在天 尊名成聖 天國臨至 聖旨得聖 在地如在天焉. 吾日用糧 今日賜余 求免我債 如吾免人債焉. 勿容我罹誘惑 乃救我等出凶惡. 蓋

---

1   공충감사 홍희근(公忠監司 洪羲瑾)은 장계에서 "6월 25일 어느 나라 배인지 이상한 모양의 삼범 죽선(三帆竹船) 1척이 홍주의 고대도 뒤 바다에 와서 정박하였는데, 영길리국(英吉利國)의 배라고 말하기 때문에 지방관인 홍주 목사 이민회와 수군우후 김형수에게 달려가서 문정하게 하였더니 [중략] 선재(船材)는 이목(梸木)을 썼고 배의 형체는 외를 쪼개 놓은 것 같이 생겼고, 머리와 꼬리 부분은 뾰족한데 길이는 30파(把)이고 넓이는 6파이며 삼나무 폭을 붙인 대목은 쇠못으로 박았으며, 상층과 중층은 큰 것이 10칸이고 작은 것이 20칸이었고, 선수와 선미에는 각각 건영귀(乾靈龜)를 설치했으며, 배 안에는 흑백의 염소를 키우며 오리와 닭의 홰를 설치하고 돼지우리도 갖추고 있었고, [중략] 배 안에 실은 병기는 환도 30자루, 총 35자루, 창 24자루, 대화포 8좌였습니다"라고 보고했다. 비록 방어용 무기를 갖춘 배였으나 비변사의 의견에서 이 배를 행상(行商)하는 배로 여기고 있었고, 같은 날짜 기록 예부(禮部) 자문도 상선으로 파악했다(『純祖實錄』, 32권, 1832년 음력 7월 21일).
2   Karl Gützlaff, "Remark on the Corean Language," *Chinese Repository* 1:7 (1832): 276-279; Hugh H. Lindsay & Carl F. Gützlaff, *Report of Proceedings on a Voyage to the northern Ports of China, in the Ship Lord Amherst* (London: Fellowes, 1834 2nd ed.), 247.

國者權者榮者 乃歸天父 至世世焉."³

▲ 귀츨라프가 만든 한글 자모표(*Chinese Repository*[July 1834], 136)
1832년 한국 방문 때 구한 정보로 작성한 것으로 보인다.

또한 귀츨라프는 고대도 도착 이후 아픈 이들에게 약을 공급해주었으며 60명의 노인 감기 환자를 위해 충분한 약도 처방해주었다. 첫 의료 선교의 시도였다.⁴ 그는 주민들에게 감자를 심어주었고 감자 심는 법, 포도 재배법, 좋은 포도즙 만드는 법도 글로 써주었다.

　귀츨라프는 조선을 방문한 후 남긴 여행기에서 다음과 같이 썼다. "사람들은 유교의 교리를 널리 믿고 있다. 공자를 모시는 사당들이 있으며 그의 가르침은 무오하다고 믿는다. 비록 우상을 섬기지만, 불교를 싫

3　Karl F. A. Gützlaff, 『全人矩矱』(*The Perfect Man's Model*, 新加坡[Singapore]: 堅夏書院, 1836), 1.
4　Karl F. A. Gützlaff, *Journal of Three Voyages Along the Coast of China, in 1831, 1832, & 1833 with Notices of Siam, Corea and the Loo-Choo Islands* (London: Frederick Westley & A. H. Davis, 1834), 347.

어하며 도교는 잘 모른다." 한국인의 종교에 대한 그의 결론은 이것이었다. "한국에는 분명 거의 종교가 없다." 곧 종교 부재 상태이므로 전도하기 어렵지만, 일단 기독교가 들어가면 성장할 수 있다고 보았다. 그러나 그가 섬에 한 달 정도만 머물렀기 때문에 전도의 결실은 없었다. 귀츨라프는 1832년 7월 27일 일기에 다음과 같은 기도문을 남겼다.

> 아무튼, 이는 하나님의 사역이다. 나는 자주 기도하면서 조선 선교를 하나님의 은혜로운 보살핌에 맡겼다. 조선에 뿌린 거룩한 진리가 사라질 수 있을까? 나는 그럴 수 없다고 믿는다. 주께서 정하신 시간에 열매가 맺힐 것이다.

8월 17일에는 다음과 같이 결론을 맺었다.

> 영원하신 하나님의 계획 속에 다시 방문할 기회가 은혜로 주어질 것을 믿는다. 이것을 기대할 동안 우리는 그 접근을 앞당기기 위해 매우 애써야만 하며 힘을 다해 모든 수단을 동원해서 십자가의 영광스러운 도를 전파해야 한다. 조선의 왕이 성경전서를 가지고 있다고 한다. 그는 처음에는 받기를 거절했는데, 지금은 읽고 있는지 알 수 없다. 그러나 강경 주변의 모든 관리와 많은 평민이 성경을 받았다. [중략] 성경은 비록 미약한 시작도 복 주신다고 약속했다. 조선에 더 나을 때가 곧 밝아 올 것이라고 희망하자.[5]

---

5   Ibid., 355.

제주도와 귀츨라프의 꿈

귀츨라프 일행은 여러 섬을 지나 남쪽으로 더 내려왔다. 8월 17일 제주도를 지나며 쓴 글은 지금 읽어도 영감을 준다. 귀츨라프는 제주도가 좋은 선교지부가 될 수 있는 전략적 위치에 있다고 보았다. 그리고 그는 조선의 여러 섬에 기독교가 접근 불가능하지 않다고 확신했다. 한중일 삼국의 중간에 있는 제주도에 아시아 선교 기지를 세우고 한반도는 물론 동아시아와 남아시아 선교를 추진해간다면, 180여 년 전 귀츨라프의 꿈이 이루어질 것이다.

귀츨라프의 한국 방문에 대해 "바닷가를 스쳐 지나갔을 뿐" 별다른 성과가 없었다는 평가도 있다.[6] 그러나 귀츨라프가 일기에 썼듯이 소멸하지 않는 "하나님의 진리의 씨"가 한반도 땅에 뿌려졌으며[7] "주님께서 작정해서 짚어주신 날에는 반드시 열매가 맺힐 것"으로 보는 관점이 그의 선교 방법론에서 볼 때 더 바람직할 것이다. 비록 그가 서구 식민 자본주의를 위한 탐사 여행에 동행했지만, 말씀과 성령의 능력에 대한 신뢰에 근거한 선교신학으로 한국을 방문했다.

귀츨라프는 누구였나

귀츨라프는 유대인으로 프로이센 포메라니아의 한 작은 마을인 피리츠(1871년 독일령이 되었다가 현재는 폴란드의 Pyrzyce)에서 1803년 7월 8일에 태어났다. 친첸도르프 백작의 영향과 후스의 후손인 보헤미아인들의 신앙

---

[6] 민경배, 『한국기독교회사』(대한기독교출판사, 1984), 135.
[7] 백낙준, 『韓國改新敎史』(연세대학교출판부, 1973), 43-44.

분위기 속에서 그는 18살에 베를린에 있는 선교사 학교에 입학하여 중생을 체험하고 경건주의 신앙을 배웠다.[8] 이어서 3년간 네덜란드 로테르담에 있는 화란선교회 신학교에서 3년간 신학을 공부했다. 그는 중국 선교에 관한 관심으로 런던에 가서 중국 선교의 개척자인 모리슨(R. Morrison)을 만났으며 중국 선교를 결심했다.

귀츨라프가 1826년에 루터교 목사로 안수를 받은 후 화란선교회는 그를 정식 선교사로 자바에 파송했다. 그는 그곳에서 중국어를 배웠다. 그가 인도네시아 바타비아(지금의 자카르타)에 도착한 때는 1827년 1월 6일 그의 나이 24살 되던 해였다. 1829년에는 화란선교회에서 탈퇴하고 중국인 집단 거주지인 방콕에 가서 태국어로 성서를 번역하기도 했다. 1831년 그는 선교가 금지된 중국 마카오에 가서 모리슨을 만나 같이 활동했으며 자유로운 활동을 위해 독립 선교사가 되었다. 1832년에는 로드앰허스트 호에 승선하여 북중국과 조선과 유구 열도를 방문했다. 이후 선교 여행을 위해 아편 무역선을 이용하기도 했다. 그는 중국인들과 함께 지내며 중국 옷을 입고 중국 음식을 먹었으며 중국식 이름 곽실렵(郭實獵)을 채용했다. 1835년에 영국 사절단 서기로 임명되어 자급하는 선교사가 되어 중국 선교에 헌신하다가 48살에 사망했다.

문서 선교

귀츨라프는 선교 준비 단계로 광저우(廣州)에 출판소 겸 인쇄소인 중국익지회(中國益智會)를 설립하여 한문 잡지와 서적 출판을 통해 중국인들에게

---

8 오현기, "귀츨라프의 선교신학에 나타난 친젠도르프의 헤른후트주의의 영향에 관한 연구", 『복음과 선교』 제20집 (2012), 237-278.

서양과 서양 문명을 먼저 소개했다. 그는 1833년 8월 1일에 광저우에서 중국의 첫 월간지인「東西洋考每月統記傳」을 발행했다. 이외에『大英國統志』,『古今萬國綱鑑』,『萬國地理全集』등을 출판, 반포했다. 그러나 아편 문제로 영국과 청의 관계가 점차 악화하자 귀츨라프는 출판소를 싱가포르로 옮겨 전도 소책자 20여 권을 출판했다. 그는 기존의 문명서 대신 전도를 위한 소책자를 주로 발행했다. 귀츨라프는 이러한 왕성한 문서 활동으로 당시 한문 전도문서를 가장 많이 저술하고 출판한 선교사가 되었다. 그는 한문 서적을 출판할 뿐만 아니라 중국 해안 지역에 자주 방문하여 그 서적들을 반포했다. 그는 아직 개항이 되지 않은 1830년대에 중국 선교를 가장 활발하게 전개한 중국 선교의 선구자였다.

토착화 선교론

귀츨라프는 중국 기독교 토착화론의 선구자로 평가된다.[9] 그는 1834년부터 마카오에 거주하면서 "내 평생에 중국을 복음화하자"라는 야심 찬 목표로 일하기 시작했다. 그는 서구와 중국의 문화 차이가 크므로 외국인 전도는 효과가 없다고 보고 약간의 신학 지식으로 훈련된 중국인 신자를 통한 대중 전도를 추진했다. 선교사는 중국인 전도자들을 지도하고 감독하는 자여야 하며 중국인들과의 거리를 좁히기 위해 중국 문화에 깊이 들어가야 한다고 보았다. 그는 좁은 지역을 집중적으로 선교하는 것보다 만민에게 복음을 전파하여 다수 개인을 회심시키는 방법을 옹호했다. 서구식 교파 교회의 설립이나 학교 교육은 그의 관심이 아니었다. 귀츨라프는 성

---

9 Jessie G Lutz and R. Ray Lutz, "Karl Gutzlaff's Approach to Indigenization: The Chinese Union," in Daniel H. Bays ed., *Christianity in China* (Stanford, CA: Stanford University Press, 1996), 269-291.

령이 회심의 궁극적 원천임을 신뢰하면서 성경 말씀의 능력을 믿고 나아갔다.

이 방법론이 구체화된 것이 1844년 조직된 복한회(福漢會, The Chinese Union)였다. 귀츨라프는 신속한 내륙 전도를 위해서 18개 지방에 중국인 전도인과 권서를 파송하고, 자신이 번역한 성경과 여러 소책자를 반포하도록 했다. 1846년부터 매년 약 600여 명이 세례를 받는 등 폭발적인 성과를 보이자, 1849년 9월에 귀츨라프는 복한회 지원을 호소하기 위해 유럽 여행에 나섰다. 그는 영국과 독일에서 뜨거운 호응을 받았고, 바젤선교회와 레니쉬선교회는 지원 선교사 4명을 중국으로 보냈다. 한편 영국에서는 중국복음화협회(The Chinese Evangelization Society)가 조직되었다. 중국복음화협회는 1853년에 허드슨 테일러(J. Hudson Taylor, 1832-1905)를 첫 선교사로 중국에 파송했다.

그러나 런던선교회의 제임스 레그(James Legge, 理雅各, 1815-1897)는 본토인을 통한 귀츨라프의 열광적인 선교 방법을 비판하고 나섰다. 그는 중국인 전도인을 조사한 뒤 그들의 신앙 지식과 도덕성에 심각한 문제가 있다는 보고서를 작성했다. 귀츨라프의 수세 조건이 너무 허술하고, 많은 중국인 전도자들은 교리 지식이 엉성하고 아편을 피우며 홍콩을 떠나지도 않고 내륙 여행을 한 것처럼 거짓 보고를 했다는 내용이었다.

유럽에 도착한 이 보고서는 귀츨라프의 변호와 항변에도 불구하고 모금 여행에 치명상을 입혔다. 1850년 11월 유럽을 떠나서 홍콩에 온 그는 조사에 착수하면서 적극적인 전도에 나섰다. 그러나 그의 복한회는 다른 선교사들의 지지를 얻는 데 실패했다. 병중에 이루어진 유럽 여행과 과로, 복한회로 인한 갈등이 겹쳐 귀츨라프는 1851년 8월 9일에 사망했다. 그가 없는 복한회는 아내의 노력에도 지탱되지 못했다. 그러나 그의 중국복음화 열망은 헛되지 않아 뒷날 테일러의 중국내지선교회를 통해 열매

맺게 되었다.[10]

민경배 교수는 귀츨라프가 전한 교회 유형을 미국 개신교의 교파형 교회와 다른 '서구형 프로테스탄트 교회', 곧 정치와 교회의 유기적 연결, 공동체 신학, 강한 교회론 등을 특징으로 하는 서구형 교회라고 서술했다. 그러나 앞서 살펴보았듯이 귀츨라프는 이른바 서유럽 국가 교회나 미국 교파형 교회를 심으려고 하지 않았다. 그는 교단 소속 선교사인 레그 등과 달리 경건주의와 복음주의 계열의 독립 선교사로서 수세 조건이나 전도인의 요구 조건이 까다롭지 않았다.

근대 개신교 선교의 세 가지 유형을 단순화하면 ① 교단의 지원을 받아 교단 교회를 설립하는 교회 선교(church mission), ② 중국내지회처럼 초교파적이며 선교 자금 모금을 특징으로 한 선교회 선교(society mission), ③ 귀츨라프가 첫 모델이며 슈바이처가 대표적인 예가 되는 개인이 자신의 선교 방법과 선교지를 선택하는 자유 선교(free mission) 등이다. 귀츨라프는 1834년부터 마카오와 홍콩에서 영국 대사관의 중국어 통역 겸 서기(무역상무관)로 일하면서 주말과 여가를 이용해 선교한 자비량 선교와 믿음 선교(faith mission) 선구자로서 독립 선교사로 지냈다.

귀츨라프의 선교, 어떻게 볼 것인가

첫째, 귀츨라프의 여행기에 나타난 오리엔탈리즘을 비판적으로 읽어야 한다. 귀츨라프는 한국의 섬과 자연은 아름답게 묘사하지만, 그 안에 거주하는 한국인은 문제가 많다고 본다. 한국 종교에 대해서는 무종교로 단정하는 인상이 있다.

---

10   Howard Taylor, *J. Hudson Taylor: Biography* (Chicago: Moody Press, 1965), 16.

둘째, 귀츨라프의 선교 방법을 비판적으로 접근해야 한다. 그는 독립적인 개인 선교사였고 경건주의에 기초한 개인 영혼 구원이 목적이었기 때문에 아편선이나 동인도회사의 무역선을 이용해서 선교지를 방문했다. 선교라는 선한 목적을 위해 악한 수단을 사용할 수 있을까?

셋째, 귀츨라프의 영향과 유산을 다시 평가해야 한다. 그의 여행기는 토마스 목사와 로스 목사에게 영감을 주어 한국 선교를 시도하도록 만들었다. 귀츨라프의 개척 정신은 번즈(W. Burns)에게 영감을 주어 만주 선교를 개척하도록 만들었다. 귀츨라프-번즈의 토착 선교, 개척 선교 정신은 허드슨 테일러에게 영향을 주어 중국내지선교회를 만들었다. 이런 점에서 귀츨라프는 중국 선교에서 번즈와 테일러, 한국 선교에서 토마스(Robert Thomas)와 로스(John Ross)라는 영적 후계자를 얻었다. 울며 씨를 뿌린 자는 기쁨으로 거둘 것이다. 이 세대에 이루지 못하면 다음 세대에 이루어질 것이다.

2
첫 평양 방문 선교사
토마스(지푸, 1866년)

2016년 9월 2일은 토마스 목사가 대동강 강변 쑥섬에서 타살된 지 150주기가 되는 날이다. 지난 150년간 일반에게 알려진 토마스 사건은 사실과 다른 부분이 많지만, 몇 번의 계기를 통해 다양한 해석으로 사건이 재구성되었고 서로 경쟁하게 되었다. 크게 보면 해방 이전에는 토마스의 죽음을 무모한 선교로 비판하다가 순교로 찬양하는 쪽으로 바뀌었고 해방 이후에는 찬양-비판-찬양이 교차하고 있다. 이 글은 그의 사후 50년간, 곧 1916년까지 토마스 사건이 어떻게 기억되고 평가되었는지 살펴보려고 한다. 실제 어떤 일이 일어났는가에 대한 규명도 중요하지만, 기억되고 평가된 역사도 중요하기 때문이다. 1916년 이후에는 그의 죽음을 순교로 보고 여러 기념을 하게 되었으므로 별도의 글이 필요하다.

토마스(Robert Jermain Thomas, 崔蘭軒, 1840-1866) 목사는 1863년 영국 런던선교회 소속으로 중국 상하이에 파송되었다. 선배 선교사들과의 갈등으로 1864년 12월에 사임하고 산동반도 지푸(芝罘[Chefoo], 지금의 옌타이[烟台])의 영국 세관에 취직하여 독립 선교사로 일했다. 그곳 스코틀랜드성서공회 총무 윌리엄슨(Alexander Williamson)은 황해를 건너온 한국인 천주교인 두 명을 만난 후 한국 선교에 관심을 두게 되어 1865년 9월 4일에 토마스를 공회 권서 자격으로 한국에 파송했다. 토마스는 작은 중국 어선을 타고 백령도에 가서 천주교인의 도움을 받으며 두 달 정도 한

▲ 토마스 목사(1865년) [Oak]

국어를 배웠다.[1] 1866년 1월 7일 베이징에 돌아온 그는 런던선교회로부터 다시 선교사로 임명받았다. 1866년 여름에 토마스 목사는 한국 무역을 개척하려는 미국 상선 제너럴셔먼호에 통역자로 동행했다. 그는 스코틀랜드성서공회 권서로 한문 성경도 반포할 계획이었다. 그러나 평안도 감사 박규수(朴珪壽, 1807-1877)의 경고에도 불구하고 대동강을 거슬러 평양 양각도 앞까지 올라간 기선은 9월 2일에 화공을 받아 불타고 선원은 모두 살해되었다.

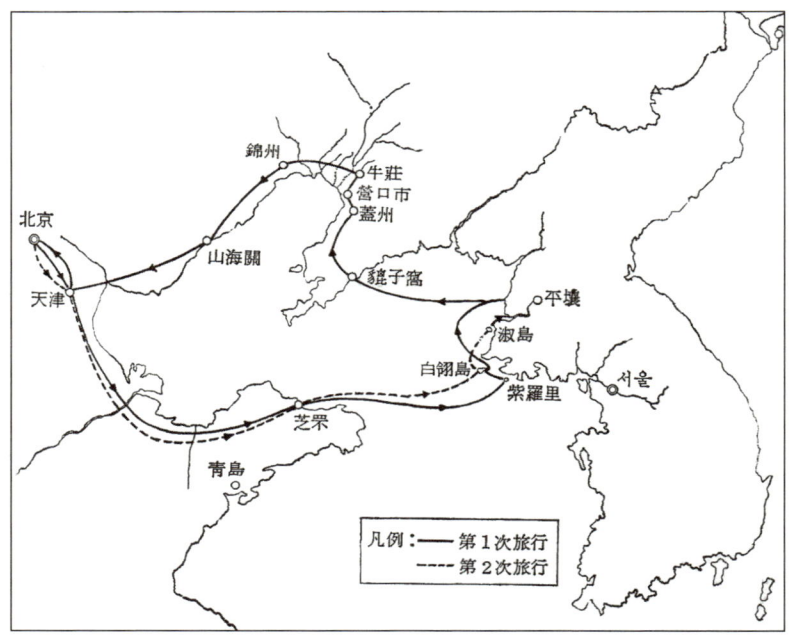

▲ 토마스 목사 한국 여행도(1865-66년)
(민경배, 『교회와 민족』[대한기독교출판사, 1981], 71)

---

[1] R. J. Thomas to Dr. Tidman, January 12, 1886; Sung-Deuk Oak, *Sources of Korean Christianity* (Seoul: Institute of the History of Christianity in Korea, 2004), 10-11.

해방 이전 일반 한국사 서술에 나타난 사건 이해

제너럴셔먼호 사건에 대한 구한말의 기록을 먼저 보자. 1910년까지 주요 사건을 기록한 황현(1856-1910)의 『梅泉野錄』은 사건이 1868년에 발생했고 토마스는 미국인이었으며 화공에 사용한 배는 작은 어선 수백 척이었다고 잘못 서술하거나 과장했다.

> 어민들이 가지고 있는 작은 배(瓜皮船) 수백 척에다가 장작 다발을 싣고 점화했다. 그리고 궁수(弓弩手)를 모집하여 배에다 줄을 매고 일제히 화살을 쏘았다. 화살은 빠르고 배는 가벼워서 양인의 군함에 꽂히고 군함 안에 있는 인화 물질이 일시에 불이 붙어 군함 전체가 모두 소각되었다. 적이 화염 속을 빠져나가 파도를 건너서 도주하므로 대포로 사격하여 그들 4-5명을 죽였다.[2]

그리고 황현은 불에 타는 배에서 빠져나와 도주하던 자들이 대포에 맞아 사망했다고 하여 토마스 등이 강에서 죽은 것으로 서술했다.

사서로서 가치가 높은 정교(1856-1925)의 『大韓季年史』도 1910년까지의 사건을 기록하고 있는데 제너럴셔먼호 사건은 간단히 기록하고 있다. 그것은 정교도 사건이 고종 5년 무진년에 발생했다고 서술했다. 원문을 보자.

> 時米國船一隻, 直入大同江, 潮落擱於淺灘, 監司朴珪壽令軍掩擊之, 焚其船, 或云法

---

2   황현, 정동호 옮김, 『梅泉野錄』(일문서적, 2011), 34.

國傳敎人崔蘭軒·趙能峯·在船中亦被殺云.[3] 그때 미국 배 1척이 바로 대동강으로 들어왔으나 조수가 내려가자 낮은 급물살에 걸렸다. 감사 박규수가 군에 배를 공격하고 불태우라고 명령했다. 혹은 프랑스국 선교사 최난헌(토마스)과 조능봉(프레스톤)이 배를 타고 있었는데 역시 피살되었다고 한다.

정교는 프랑스 선교사인 토마스가 피살되었다는 말을 듣고 이를 기록했다. 황현과 정교의 기록을 통해 우리는 한국인 일반이 사건의 전모를 잘 모르고 있었으며 토마스의 죽음에 대해서도 정확한 정보가 없었음을 알 수 있다.

그러나 일성록(日省錄), 승정원일기(承政院日記), 평양감영등록(平壤監營啓錄), 순무영등록(巡撫營謄錄), 전남 담양 장흥고씨(長興高氏) 소장문서 조지난편(朝紙爛片), 기백장계(箕伯狀啓), 용호간록(龍湖間錄), 평안장계, 평안감영장계, 동산일기(東山日記), 정치일기(政治日記), 어양수록(禦洋隨錄) 등은 사건의 여러 면모를 정확하게 기록하고 있다. 특히 사건의 당사자인 박규수가 올린 장계를 수록한 승정원일기 고종 3년(1866년) 음력 7월 27일에는 비교적 사건이 객관적으로 잘 보고되어 있다. 그러나 이런 자료는 일반인이 이용할 수 없었다. 따라서 황현과 정교와 같이 기록할 수밖에 없었다.

한편 총독부의 조선사편수회가 발간한 『朝鮮史』(1938)는 위의 1차 자료를 모두 이용하여 사건을 담담하게 서술하고 있다. 아래는 일본어로 된 전문의 번역이다.

제너럴셔먼호가 양각도(羊角島)까지 올라와 총을 쏘며 상선의 양식을 약탈하고 주민 7명을 살해하고 5명에게 중상을 입혔다. 이에 박규수가 출두하여

---

[3] 정교, 『大韓季年史 1』(소명, 2004), 62.

종일 감독하는 가운데 중군 백낙연(白樂淵)과 서윤 신태정(申泰鼎)이 지휘하여 화공 포격을 했다. 24일 군민이 함께 화공을 하고 포수와 사수를 동원하여 공격했다. 정오에 셔먼호에서 포와 총을 쏘아 주민 1명이 사망했다. 이를 본 모든 백성과 수비 군인들이 함성을 지르며 공격하는데, 여러 척의 배에 가득 실은 풀에 불을 붙여 떠내려 보내어 셔먼호가 불에 타게 되었다. 이에 토마스와 조능봉이 뱃전에서 뛰어내려 목숨을 살려달라고 구하니, 바로 잡아서 결박했다. 군민들이 분을 이기고 못하고 일제히 타살하니, 나머지 선원은 화살에 맞아 죽거나 불에 타서 죽었다.[4]

조선사편수회는 제너럴셔먼호의 약탈과 인명 살상, 화공에 의한 파괴, 선원들의 사망을 언급한 후 토마스 목사와 선박 소유주 프레스톤(조능봉)이 육지에 올라와서 목숨을 구했으나 성난 군민들에게 타살되었다고 간단하게 서술했다. 비록 조선사편수회 작품이지만, 이 사건은 사료에 충실하게 객관적으로 서술되고 있으므로, 굳이 배척할 필요는 없다고 본다. 이것이 1866년에 실제 일어난 제너럴셔먼호 사건의 줄거리다.

1909년 이전 선교사들의 평가

1866년부터 1910년 이전까지 45년간 선교사들의 글에서 토마스의 죽음을 순교로 평가한 글은 찾기 어렵다. 먼저 런던선교회는 선교회를 떠나고 아내를 잃은 젊은 선교사가 범한 무모한 한국 내륙 여행을 비상식적 행동으로 비판했다. 다만 토마스를 파송한 윌리엄슨 총무는 그의 죽음이 알려

---

[4] 총독부조선사편수회, 『朝鮮史』, 6부 4권 하(경성, 총독부, 1938), 91-93. 한문 자료들 외에 *Papers relating Foreign Relations of the United States*, Part I. 1867. No. 125 (Washington, 1868), 426-428도 이용했다.

지자 안타까워하고 이듬해 1867년 10월에 만주를 방문하며 고려문까지 가서 토마스에 대한 소식을 수소문했다. 그는 고려문 방문기를 몇 년 후에 발간한 『북중국 여행기』(*Journeys in North China*, 1870)에 발표했는데, 당시 토마스 파송을 비판하는 분위기를 의식해 토마스의 한국 성경 반포 활동을 적극적으로 설명하지 않았다. 스코틀랜드성서공회(NBSS)도 그의 죽음에 대해 침묵했다.

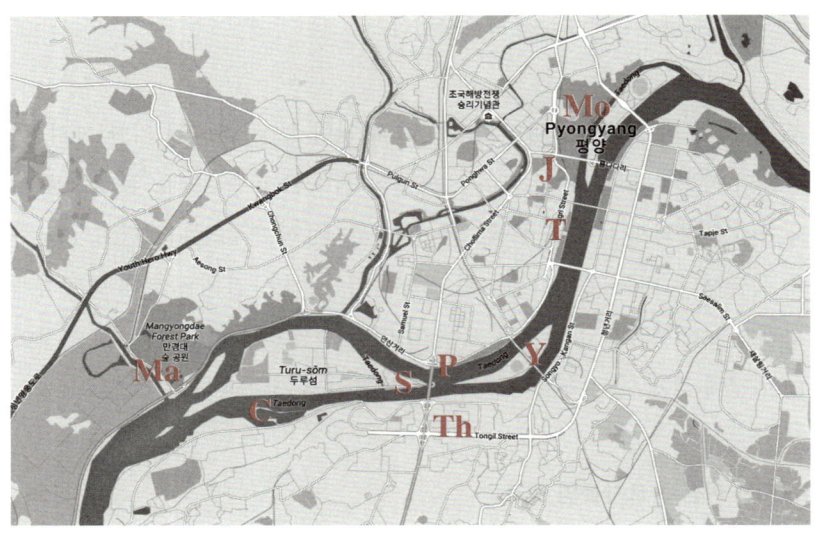

▲ 평양 대동강 부근에 표시한 토마스 목사 관련 지명 [Oak]

위 지도에서 제너럴셔먼호는 만경대(Ma) 앞까지 와서 닻을 내렸다. 이어 대동강 상류 지역에 내린 폭우로 갑자기 강물이 불어서 배는 오탄(C: 烏灘 Crow Rapids)과 쑥섬(S)을 지나 양각도(Y) 아래까지 갈 수 있었다. 그러나 곧 강물이 줄자 쑥섬 부근, 현재 미국 해군의 푸에블로(P: Pueblo)호가 전시된 자리 앞 모래톱에 걸렸고, 화공을 받아 불탔다. 토마스는 헤엄을 쳐서 쑥섬에 올라 목숨을 구했으나 군민에게 타살되어 그 섬에 묻혔다. 대동문

(T), 모란봉(Mo), 장대현교회(J, 1900, 현재 학생소년궁전 자리), 토마스기념교회(Th, 1929) 위치도 표시했다. 북한은 미 제국주의 침략의 상징으로 푸에블로호를 쑥섬 부근 P에 전시하고 있다.

19세기 후반부터 20세기 초반까지 동아시아에서 토마스의 무력에 의존하는 선교는 부정되었다. 1890년대 초 마페트 등이 평양에서 전도를 시작할 때 주민들은 여전히 서양 오랑캐가 침략해 사람을 죽인 그 사건을 기억하며 서학의 일부인 예수교를 받아들이기를 꺼렸다. 마페트와 다른 선교사들이 불식하려고 노력했던 부분은 바로 19세기 중반에 유행했던 힘을 앞세운 토마스의 선교였다. 그들은 제너럴셔먼호 사건이 없었다면 평양에 복음의 문이 더 쉽게 열렸을 것으로 보았다.

한국인 목격자의 증언을 소개한 게일(1895년): 거북선 공격 후 화공

내한 선교사 가운데 제너럴셔먼호 사건에 대해 첫 글을 발표한 선교사는 게일(James S. Gale)이었다. 그는 1895년 7월 「코리안 리포지터리」(Korean Repository)에 발표한 "제너럴셔먼호의 운명: 목격자 증언"(The Fate of the General Sherman: From an Eye Witness)에서 현장 목격자의 증언을 소개하고 사건에 대한 흥미로운 한국인의 관점을 제시한다. 그 내용을 번역, 요약하면 다음과 같다.

제너럴셔먼호는 감사 박규수의 경고에도 불구하고 평양성에서 12리 떨어진 만경대 앞까지 올라와서 닻을 내렸다. 두루섬 앞에는 낮은 급물살이 흐르는 오탄(烏灘)이 있었으나 밤에 대동강 상류 산악 지역에 내린 폭우로 강물이 불어나고 조수가 만조가 되자 그것이 평소 강물의 깊이라고 착각한 선장은 배를 몰아 급물살 지역을 거슬러 올라 양각도까지 나아갔다. 이제 배는 평양 외성까지 다가갔다. 평양 중군 이현익이 양식을 가지고 배에 올라 통상은 할 수 없으니 물러갈 것을 권했다. 그러나 프레스톤은 통상을 요구했고 이현익은 왕의 명을 기다리라고 전했다.

대원군은 셔먼호를 프랑스와 천주교가 새로 침략한 것으로 판단하고 즉시 물러가지 않으면 모두 죽일 것을 명령했다. 이 명령이 평양 감영에 온 날 강물이 줄어 배가 쑥섬 앞 모래톱에 걸려 움직이지 못하는 상태였다. 박규수는 군사를 외성으로 보내어 궁수를 배치했다. 이를 본 셔먼호는 위협을 느끼고 승선해 있던 중군(中軍) 이현익(李玄益)을 볼모로 붙잡았다. 박규수는 이에 아랑곳하지 않고 발포를 명령했다. 셔먼호도 조선군을 향해 대포를 쏘았다. 전투는 4일간 계속되었다. 전투가 계속되자 사람들이 몰려들어 구경했다. 셔먼호의 대포는 10리를 가는 위력을 지녔고 그 포성은 100리 밖에서도 들을 수 있었다. 포탄 파편이 사방으로 날았고 구경하던 주민들은 혼비백산 달아났다. 조선 군인들이 몇 명 죽었고 대포 위력 앞에 아무도 셔먼호를 향해 총이나 활을 쏘려고 하지 않았다.

이에 평양 수군은 배 위를 철로 덮은 거북선을 동원해서 공격했다. 뱃머리에 포를 달았는데 발포할 때만 작은 구멍으로 포가 나오고 발포 후에는 포가 안으로 들어가면서 구멍이 막히는 방식이었다. 거북선에서 여러 발의 포를 쏘았으나 포 위력이 약해서 셔먼호는 손상을 입지 않았다.

이때 훈련 교관 박춘권(朴春權)이 대동문 앞에서 세 척의 작은 배를 묶어서 마른 풀을 가득 실은 후 유황과 초석을 뿌렸다. 그리고 배 양쪽에 긴 밧줄을 매어 양쪽에서 얼마 동안 끌고 내려가다가 배에 불을 붙인 후 떠내려 보냈다. 첫 번째 화공이 실패하자 다시 세 척을 묶어 두 번째 화공을 시도했으나 실패했다. 마지막 세 번째 화공이 성공하여 제너럴셔먼호는 화염에 휩싸였고 선원들은 배 양쪽에서 강물에 뛰어들었다. 박춘권은 다른 작은 배로 기다리고 있다가 셔먼호 옆으로 돌진하여 재빨리 승선해서 붙잡혀 있던 이현익을 구했다.

땅에 오른 외국인들을 성난 주민들이 타살했다. 한두 명이 백기를 흔들며 겨우 강변에 이르렀으나 조선군이 칼로 사지를 치고 목을 잘랐다. 시체 일부는 약용으로 수집한 후 나머지는 모두 모아서 불에 태웠다.

배가 완전히 타고 나자 남은 쇠들은 거두어 여러 용도로 사용했다. 두세 개의 대포는 평양성에 배치했으며, 닻줄 일부는 대동문 2층 정자 기둥에 묶었다.

오탄 근처에 미륵불이 있었다. 셔먼호에 잡혔던 이현익은 선원들로부터 다음 이야기를 들었다. 그들이 중국을 떠나기 전에 점쟁이를 만나 운수를 물었는데 그 점쟁이가 "평양에 천 년간 홀로 서 있는 미륵불이 있는데 그 앞쪽에 가면 위험하다"라고 말했다고 한다.

모든 전투가 끝나고 박규수는 연관정에서 승리 축하연을 열고 서울에는 승전 보고서를 올렸다. 그 보고서에는 "군관 박춘권이 중군 이현익

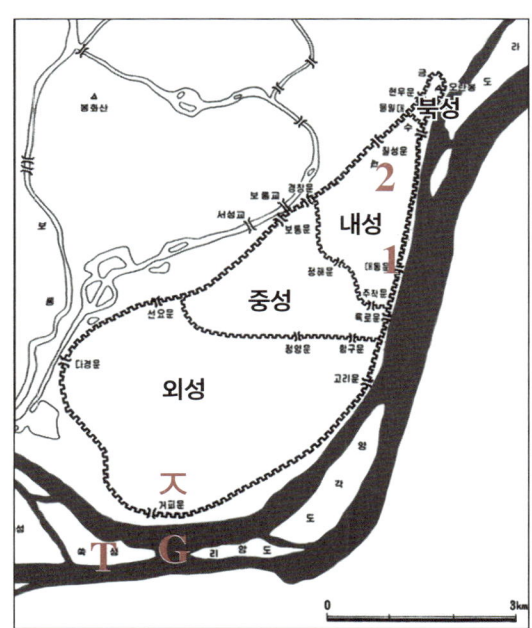

▲ 평양 4성(외성, 중성, 내성, 북성) 체제 [Oak]
제너럴셔먼호(G)는 쑥섬 앞에서 외성의 조선군(ㅈ)과 전투를 했고 토마스는 쑥섬의 한 지점(T)에서 죽었다. 1. 대동문, 2. 장대현교회

2. 첫 평양 방문 선교사: 토마스(지푸, 1866년)

을 구할 때 불에 타는 배에서 그를 팔로 끼고 대동강 위를 백 보를 날아서 땅에 내렸다"고 썼다. 이를 본 대원군은 껄껄 웃으며 박춘권을 안주성의 부관에 임명했다.[5]

게일은 토마스 목사의 죽음을 특별히 서술하지 않고 순교라는 단어도 사용하지 않았다. 한국인의 눈으로 보았을 때 특정인을 구별할 필요가 없었을 것이다. 모든 외국인 선원이 피살되고 사지가 갈기갈기 찢어졌으며 시체는 불에 태워졌다. 죽기 전에 성경을 던졌다는 말도 없다. 다만 백기를 흔들며 목숨을 구한 외국인이 한두 명 있었다고 하여 그가 토마스였을 가능성은 있다. 특기할 사실은 한국인과 중국 선원들의 미륵불 신앙이다. 외국인의 침략을 막은 것은 박춘권의 화공과 더불어 강변에 천년 간 묵묵히 서 있던 미륵불 석상의 도움이었다는 신앙이다. 말세에 나타날 부처인 미륵불이 서양 세력과 서양 종교의 침입을 막았다는 강한 말세 신앙이 평양 민중 속에 존재했다.

한편 사건 직후 정부는 거북선을 제작하여 수군에 재배치했다. 외국 흑선(黑船)의 침입이 계속되는 상황에서 채택한 방어책 중 하나였다. 그러나 거북선의 대포가 외국 함대의 포를 당할 수 없었기 때문에 큰 효과는 없었고 많이 제작하지도 않았다. 고종 23년(1886년) 나주에 거북선 2개 부대가 있는 등 구한말에도 거북선은 존재했다.[6]

한국 선교 25주년과 마페트 목사의 긍정적 평가(1909년)

토마스 목사의 기일이 가까운 1909년 8월 27일 평양에서 개최된 장로회

---

5   James S. Gale, "The Fate of the General Sherman: From an Eye Witness," *Korean Repository* (July 1895): 252-254.
6   『고종실록』 3년 12월 28일 의정부 보고; 『고종실록』 23년 4월 20일.

선교 25주년 때 평양의 지도자 마페트(S. A. Moffett) 목사는 한국의 성공적인 선교 역사를 회고하면서 첫 문단에서 토마스를 긍정적으로 소개했다.

> 내한한 첫 선교사는 스코틀랜드 장로교인인 토마스로, 그는 스코틀랜드성서공회의 권서로 1865년 중국어선을 타고 황해 연안에 한문 성경을 반포했다. 1866년 런던선교회와 연관되어 있을 때 그는 제너럴셔먼호를 타고 평양에 왔으며 한문 성경을 가지고 왔다. 그는 산산조각이 나고 불에 탄 그 배에 탄 선원들과 함께 망했는데 도시의 바로 아래 강변에서 죽기 전에 가지고 온 신약전서 여러 권을 나누어주었다. 필자는 이 책들을 받은 자들을 일부 만났으며 초기에 등록한 학습교인 중 한 사람의 부친은 그 책 한 권을 집에 오랫동안 보관해두고 있었다.[7] 제너럴셔먼호와 그 선원들이 망한 해는 1866년이었다. 현재 이곳에 남아 있는 유일한 유물은 대동문 위에 있는 정자 기둥에 묶여 있는 선박의 닻줄이다.[8]

비록 토마스의 죽음을 순교라고 명시적으로 말하지 않았지만, 마페트 목사는 토마스가 스코틀랜드성서공회와 런던선교회와 연관된 선교사로서 한문 성경을 반포하다가 죽었음을 강조하고 있다. 자료로 발견되는 첫 긍정적 평가다.

---

[7] 마페트는 1925년 회고하는 글에서 1893년 11월 학습반을 조직할 때 한문 신약전서를 받았던 남자가 등록했다고 썼다(S. A. Moffett, "Early Days in Pyong Yang," *Korea Mission Field* [March 1925], 54). 그러나 1893-1894년에 쓴 편지에는 그런 사실을 언급하지 않았다.

[8] Samuel A. Moffett, "Evangelistic Work," *Quarto-Centennial Papers read before the Korea Mission of the PCUSA at the Annual Meeting in Pyeng Yang, August 27, 1909* (1909), 14.

마페트의 에든버러 세계선교대회 참여와 스코틀랜드성서공회 방문(1910년)

선교 25주년 기념식 후 1910년에 스코틀랜드 에든버러에서 열리는 세계선교대회에 한국 대표로 마페트 목사가 선정되자 마페트와 평양 선교사들은 토마스기념교회를 설립하자는 논의를 시작했다. 그들은 마페트가 스코틀랜드성서공회에 가서 자금 지원을 부탁하자고 제안했다. 마페트는 1910년 에든버러 세계선교대회에 참석했을 때 글래스고에 있는 스코틀랜드성서공회를 방문하고 총무 머레이(James Murray) 경을 만나 토마스기념교회 프로젝트를 타진하고 긍정적인 반응을 얻었다. 스코틀랜드성서공회는 1882년까지 로스의 성경 번역 사업을 지원했고 이후 한국 성서 사업이 영국성서공회(BFBS)로 넘어갔지만, 매년 일정 금액을 지원하고 있었으며 1910년대에는 매년 100파운드를 지원하고 있었다.

　마페트를 비롯한 평양의 교인들은 토마스 '순교' 50주년을 바라보면서 1911년부터 기념 예배당 설립을 추진했다. 그들은 1911년 10월부터 '105인 사건'이 발생하고 교인들이 투옥되기 시작하자 1916년에 맞이할 토마스 사망 50주기를 바라보면서 토마스의 순교를 높이 평가했고 평양에서 하나의 세력을 형성한 개신교인들도 이를 지지했다.

마페트와 토마스기념특별위원회 활동(1911-1915년)

1911년 9월에 열린 북장로회 한국 선교회 연례회의 때, 토마스기념특별위원회(위원 S. A. Moffett, F. S. Miller, G. S. McCune)가 결성되었다.[9] 위원장 마

9　*Minutes and Reports of the Twenty-Seventh Annual Meeting of the Korea Mission of the Presbyterian Church in the USA, Held at Pyengyang, September 3-12, 1911* (Yokohama: Fukuin Printing Co., 1911), 4.

페트는 "45년 전 성서를 반포하기 위해 평양에 들어오려고 시도하다가 처형된 토마스 목사를 기념"하기 위해 위원회가 조직되었다고 소개하고 평양에 제5장로교회를 그 기념교회로 세우기 위해 스코틀랜드성서공회에 자금 500파운드 지원을 요청하자고 제안했다. 공회 측에서 우호적인 반응을 보였으나 재정 상태 때문에 아직 기부금을 받지 못한 상태였다.[10] 그러나 이후 스코틀랜드성서공회에서 자금을 보내지 않아 기념교회 설립은 지지부진하다가 1915년에 위원회를 해산하고 교회 설립도 포기했다.

첫 순교 언급, 존스의 「한국교회 형성사」(1915년)

지금까지 발견된 자료에 따르면 토마스의 죽음을 '순교'라고 칭한 것은 미국으로 돌아가 뉴욕에서 북감리회 해외선교회 본부에서 총무로 일하던 존스 목사가 강의록을 바탕으로 만든 원고 "한국교회의 여명"(The Rise of the Church in Korea)이다.

> 미국인 소유의 범선 제너럴셔먼호의 선원은 5명의 백인과 19명의 중국인과 말레이인으로 구성되어 있었는데 1866년 한국과의 무역을 개척할 의도를 가지고 중국의 지푸항을 출발했다. 그 선박은 대동강을 거슬러 올라가 평양 아래 가까운 거리까지 침투했는데 물이 빠져서 움직이지 못하게 되었다. 한국인의 공격을 받았고 불 멧목과 대포에 의해 파괴되었으며 모든 선원은 살해되었다. 참수된 유럽인 가운데 이전에 런던선교회 소속으로 중국에 왔던 로버트 토마스 목사가 있었다. 그는 지푸에 거주할 때 그곳에 난민으로 온 한국인들로부터 한국어를 조금 배웠고 중국 돛배를 타고 한국 해안으로 여행

---

10 Ibid., 53.

하여 한국어 지식을 개선할 수 있었다. 프랑스의 징벌용 원정이 이루어질 무렵 그는 통역관으로 초청을 받고 소속 선교회의 허락을 구했으나 거절당했다. 이에 토마스는 프랑스 함대와 동행하는 계획은 포기했으나 한국 해안에 도달할 다른 방도를 구했음이 분명했다. 천주교 리델 신부가 한국의 박해를 피해 지푸로 피신해왔을 때 동행한 한국인들은 토마스가 한국에 들어가는 것을 협조해주겠다고 제안했고 그는 그들과 함께 가기로 동의했다. 처음에는 한국인 돛단배를 타고 황해를 건너 눈에 띄지 않는 반도의 한 장소에 상륙하기로 계획했다. 이것은 프랑스인 신부들의 관례였다. 그때 미국 범선을 타고 갈 기회가 왔고 친구들의 충고를 무시하고 토마스는 계획을 변경하여 '제너럴셔먼'호에 합류했다. 그는 1866년 8월 어느 날 발생한 그 배의 비극적 운명을 공유했다.

 따라서 한국이 천주교를 대박해한 해에 최초의 복음주의 선교사가 그 땅에서 순교자의 죽임을 당한 것은 흥미로운 우연의 일치다. 1866년 8월 '제너럴셔먼'호에 탄 다섯 명의 유럽인의 사망은 3월의 베르노 주교와 9명의 유럽인 신부의 처형과 무관하지 않다. 평양의 대동문에는 '제너럴셔먼'호의 닻줄이 지금도 걸려 있는데 그것은 그곳을 방문하는 모든 그리스도인에게 호기심의 대상이고 역사적 흥미 거리다.[11]

존스는 1866년 9월 토마스의 죽음을 자세하게 묘사하지 않았다. 그러나 그는 그해 3월에 있었던 병인박해 때 베르노 주교를 비롯한 9명의 프랑스인 신부들의 처형(순교)에 토마스의 죽음을 연관시키고 복음주의 개신교 선교사 토마스의 죽음도 순교였다고 정의했다.

 이 타이핑 원고는 존스가 1915-1916년 보스턴 대학교 신학대학원

---

11 존스, 옥성득 옮김, 『한국교회 형성사』(홍성사, 2013), 180-181.

에서 강의한 내용을 책으로 내기 위해 1917년에 일부 수정했으나 책으로 출판되지는 않았다. 존스는 한국에서 교회사를 가르치고 책을 저술할 정도로 역사에 관심이 있었으며 한국학에 조예가 깊었다. 그의 평가는 1910년대에 토마스의 죽음을 순교로 이해하기 시작한 선교사들의 견해를 반영한다.

생각할 점

토마스 연구와 자료 발굴과 새로운 해석은 지금까지 계속되고 있다. 그러나 1920년대에 있었던 오문환의 현지인 대담과 구전 연구와 전기 출판으로 인해 토마스 해석사는 새로운 국면을 맞이했다. 1920년대 이후의 해석사에 대해서는 그동안 여러 논문이 논의해왔는데 이를 정리하자면 긴 글이 필요할 것이다. 일단 1910년대까지 해석사나 자료를 놓고 다음 몇 가지를 생각해보자.

첫째, 토마스의 공격적 선교 방법. "오늘도 주님은 토마스처럼 순교를 각오하고 복음을 전파할 헌신된 사람을 찾고 있다. 우리 모두 그런 선교의 주역이 되자"라는 말을 자주 듣는다. 그러나 현재 이런 식의 공격적 선교 방법을 지지하는 단체나 학자는 거의 없다. 몇 년 전 아프가니스탄 사태를 기억해야 할 것이다. 19세기 말에 내한한 초기 선교사들도 이미 그런 선교 방법은 포기했고 비판했다. 1905년 이전 한국이나 중국에서 토마스 목사의 죽음을 순교로 본 선교사는 없었다.

둘째, 선교사인가 아닌가, 순교인가 아닌가를 묻기보다는 어떤 선교사였고, 어떤 순교였는지를 물어야 한다. 역사가는 토마스의 선교신학과 방법을 연구하여 밝은 면과 어두운 면을 함께 보여주어야 한다. (과거엔 '대포'로 나아갔다면, 요즘은 문명의 이름과 돈으로 갑질한다. 예를 들어 가난한 현지인들에게 그리스도인의 복을 보여주기 위해 선교사들이 비싼 옷을 입고 부인들이 명품 가방을 걸친다면, 이것은 제국주의 선교의 전형적 모습이다.) 반면 선교 정책을 세우고 집행하는 선교회는 경험이 적은 젊은 선교사들을 순교의 험지로 몰아가는 일은 삼가야 한다. 눈앞에 있는 전투에서 이기기 위해 전사를 독려하는 자세보다는 장기적 안목으로 전투에서 승리하는 선교 전략을 세워야 할 것이다.

셋째, 박춘권의 문제. 흔히 "토마스를 칼로 쳐 죽인 박춘권은 그가 전해준 성경을 읽고 예수를 믿게 되었다"고 하지만 그 내용을 전해주는 1차 사료는 없다. 그것은 1920년대 오문환의 글에만 나온다. 군관으로 중군 이현익을 구하는 긴박한 상황에서 외국인을 죽이는 처형 현장에 박춘권이 있기는 어려웠다. 더욱이 그는 처형하는 망나니가 아니었다. 그리고 성난 군중들이 외국인을 죽이는 그런 급박한 상황에서 성경을 받는 일은 있을 수 없었다. 혹시 나중에 박춘권이 성경을 구해서 읽었다면 과연 언제 예수를 믿었는지도 궁금하다. 박춘권에 대한 오문환의 글을 보면, 처형 후 성경을 읽고 얼마 후에 바로 교인이 된 것처럼 보인다. 그러나 마페트의 편지에 의하면 박춘권은 토마스 처형의 '목격자'였으며, 예수를 믿고 세례를 받은 것은 사건 후 30년도 더 지난 1899년으로 그때 그의 나이 77살이었다.[12] 그가 세례를 받고 혹시 영수가 될 수는 있었겠지만, 장로로 안수받기에는 너무 연로했다. 영수로 임명받았더라도 그렇게 오래 활동하지 않았을 것이다. 박춘권의 장로설은 성립되기 어렵다.

귀츨라프와 토마스를 비롯하여 이후 서술할 첫 선교사들을 미리 정

---

[12] S. A. Moffett, "Evangelistic Report for 1899," *The Correspondence and Reports of the Board of Foreign Missions of the Presbyterian Church of the USA, 1833-1911* (Philadelphia: Presbyterian Historical Society, 1957), Microfilm Reel #180, Vol. 11. "Korea Reports, 1891-1899."

리하면 다음과 같다.

1832년   첫 방문: 독일계 유대인 루터교회 목사 귀츨라프
1866년   첫 평양 방문에 순교한 선교사: 영국인 토마스 목사
1867년   첫 방문 미국 선교사: 미국 북장로회 코르베트 목사
1868년   첫 방문 미국 선교사: 미국 북장로회 마티어 목사
1883년   개항장들과 서울 첫 방문: 중국내지선교회 영국인 다우스웨이트 의사
1884년   개항장들과 서울 방문 첫 감리회 선교사: 미국 북감리회 매클레이 목사
1884년   첫 내한 주재 선교사: 미국 북장로회 알렌 의사
1885년   첫 내한 주재 목회 선교사: 미국 북장로회 언더우드 목사
1885년   첫 내한 주재 감리회 선교사: 미국 북감리회 스크랜턴 목사(의사)

3
첫 방문 미국 선교사
코르베트와 마티어(지푸, 1868년)

한국을 방문한 첫 두 미국 선교사는 1865년에 중국 산동반도 지푸(芝罘)에 도착한 북장로회 선교사 코르베트(Hunter Corbett, 郭顯德, 1835-1920)와 캘빈 마티어(Calvin Wilson Mateer, 狄考文, 1836-1908) 목사였다. 코르베트는 1867년에 군함을 타고 해안에만 방문했으나 마티어는 1868년에 한국 황해도와 평안도 해안을 방문하여 성경을 반포함으로써 한국을 방문하고 전도한 첫 미국인 선교사가 되었다. 그의 방문 전도는 제너럴셔먼호 사건(1866년)과 신미양요(1871년)와 한미조약(1882년)과 미국 선교사들의 내한(1884-85년)으로 이어지는 사건들의 한 중간 고리 역할을 했다는 점에서 중요하다. 곧 그것은 제너럴셔먼호 사건과 미국 교회의 한국 선교 배경을 이해하는 데 도움이 된다.

▲ 코르베트 목사 [Wiki]

▲ 마티어 목사 [Oak]

150년 전 병인년(1866년)

여러 큰 사건이 연이어 일어났다. 큰 돛대 여러 개를 단 검은 이양선들이 서해안에 자주 출몰했다. 작은 크기의 중국인 해적선들도 노략질을 일삼았다. 정월부터 몰아닥친 병인박해로 프랑스 신부 9명이 처형되었다. 8월(양력)에 독일 유대인 오페르트(Ernest J. Oppert)가 탄 미국 상선 서프라이즈(Surprise)호가 평안북도 철산 부근 해안에 조난을 했으나 식량, 의복, 약품, 담배까지도 보급받았다. 대원군의 명령에 따라 의주와 고려문까지 호송을 받았고 선양을 거쳐 닝코우 영사관까지 무사히 돌아갔다.[1]

그러나 8월 말 중무장한 미국 상선 제너럴셔먼호가 대동강을 거슬러 올라 평양까지 와서 행패를 부리자 평양 군민은 화공으로 공격하여 침몰시켰고 토마스(Robert J. Thomas, 1839-1866) 목사 등을 타살했다. 10월 말에는 병인박해를 구실로 프랑스 로즈(Pierre-Gustave Roze, 1812-82) 제독이 강화도와 양화진까지 침입했고 이어 11월 말부터 12월 초까지 강화성을 점령하고 서적을 약탈했으나 조선군이 격퇴했다. 병인양요였다.

같은 해의 서프라이즈호는 조난했기에 물과 식량을 받았으나 제너럴셔먼호는 여러 차례의 경고를 무시하고 평양까지 올라와 총과 포를 쏘고 해적선처럼 호전적으로 나왔기 때문에 관민이 함께 공격하여 침몰시켰다. 처음에 셔먼호는 병인박해 때문에 침입한 프랑스 함대로 알려졌으나 나중에는 중국인 선원 때문에 중국인 해적선으로 인식되기도 했다.

한편 로즈 제독은 조선 해안을 탐색한 후 일단 10월 초에 산동의 지푸로 돌아와서 수집한 정보를 바탕으로 제너럴셔먼호가 평양에서 침몰하고 선원 전원이 사망한 사실을 외교관들에게 알렸다. 셔먼호에 화물을 실었던 메도우 회사(Meadow & Co.)도 피해 사실을 미국 영사관에 보고했다. 이에 지푸의 미국 영사 샌드포드(E. Sandford)는 북경 주재 미국 공사 벌링게임(Anson Burlingame)에게 사건을 보고했고 벌링게임은 국무장관 세워드

---

1 W. E. Griffis, *Corea, The Hermit Nation* (1882), 391.

(William H. Seward)에게 보고했다.

이어서 병인양요가 발생했다. 곧 대원군이 천주교인들과 프랑스 신부들을 살해한 병인박해를 구실 삼아 외교적 보호를 명분으로 로즈 제독의 함대가 한강을 따라 10월 26일에 서울 양화진까지 올라와서 통상을 요구했다. 40일간의 침략 기간에 강화도 서고가 약탈되었고 다수의 조선 병사가 사망했으나 프랑스 군대를 물리친 대원군은 해안 봉쇄를 강화했다. 높은 돛대를 가진 검은 이양선(異樣船, 군함이나 무역선)이 난파하면 물과 양식을 주고 선대했으나 주민과의 접촉이나 내륙 접근은 엄금했다.

1867년 와슈세트호와 코르베트 목사의 내한

1866년 말부터 중국에서는 제너럴셔먼호의 생존자가 평양 감옥에 갇혀 있다는 소문이 나돌았다. 1867년 1월에 미국은 제너럴셔먼호와 그 선원에 대한 정보를 더 얻기 위해 군함 와슈세트(USS Wachusett)를 파견했다. 슈펠트(Robert W. Shufeldt) 함장은 조선 정부에 미국 상선 제너럴셔먼호를 파괴한 관리들의 처벌을 요구하라는 명령을 받고 출동했다. 군함에는 130여 명의 해군 해병대가 타고 있었다.

슈펠트가 산동 지푸항을 출발할 때 통역자로 북장로회의 코르베트 목사가 동행했다. 제너럴셔먼호의 뱃길을 안내했던 중국인 길잡이(수로 안내인) 유화태도 동승했다. 코르베트 목사는 1년 전에 마티어 목사와 함께 중국 산동에 파송되어 중국어와 한문을 배우고 있었다. 이후 그는 선임 선교사 네비어스(John L. Nevius) 목사와 더불어 산동 선교의 기초를 놓았다. 코르베트는 선교지부의 결정에 따라 와슈세트호에 통역자로 함께 탔다. 와슈세트호는 1867년 1월 23일에는 백령도에 도착했는데 대동강 입구에 도착한 것으로 착각했다. 코르베트는 황해도 감사와 연락을 시도하면서 6

일 동안 주민과 접촉했으나 셔먼호 선원의 몰살 소식만 들었다.

　　9월 29일에 해주 감사는 답신에서 제너럴셔먼호의 침략을 비판하고 와슈세트호가 즉시 한국 해안을 떠날 것을 요구했다. 슈펠트는 서신으로 제너럴셔먼호를 공격한 이유에 대한 설명과 책임자 처벌을 요구했다. 만일 처벌하지 않으면 미군이 상륙해서 직접 처벌하겠다고 위협했다. 그리고 대동강 입구 쪽으로 나아갔다. 조선 정부는 더 답장하지 않았다. 슈펠트와 코르베트는 해변에서 한국인들과 접촉하며 제너럴셔먼호 선원들이 중국인 해적으로 인식되어 한국인 주민들의 공격으로 살해되었다는 사실을 알게 되었다. 슈펠트는 이 설명에 만족하고 철수했다.

　　이처럼 와슈세트호의 임무가 군사적 성격을 지녔으므로 통역인 코르베트는 한국인과 거의 접촉할 수 없었다. 그가 육지에 내렸거나 전도하거나 성경을 전달한 기록이 없다. 따라서 그를 첫 한국 방문 미국 선교사로 보기에는 부족한 면이 있다.

　　베이징 미국공사관의 윌리엄스(S. W. Williams) 서기는 조선 사절단을 만나 제너럴셔먼호 침몰과 주민에 의한 선원 몰살에 대해서 들었다. 그는 1867년에 제너럴셔먼호의 길잡이를 했던 유화태도 만났다. 그는 선박의 동체가 대동강 물에 잠겨 있는 것을 보았다고 전했다. 작도에서 온 한 조선인에게 들은 바에 의하면 선원들을 살해한 자들은 그곳 주민과 농부였지 수령이나 군인이 아니었다고 말했다.

1868년 쉐난도어호의 서해안 탐색과 마티어의 방한

미국은 이어서 1868년 4월에 군함 쉐난도어(USS Shenandoah)호를 파송했다. 목적은 와슈세트호와 마찬가지로 제너럴셔먼호 사건에 대한 정보를

▲ 미국 군함 쉐난도어호(1863년 진수, 1,018톤, 길이 69미터, 승무원 175명)
[https://en.wikipedia.org/wiki/CSS_Shenandoah#/media/File:CSS_Shenandoah-art.jpg]
제너럴셔먼호도 이와 비슷한 돛대 3개의 증기선 + 범선이었다.

구하기 위해 한국 정부와 접촉을 시도하기 위함이었다.[2] 군함은 4월 8일에 산동의 지푸를 출발하여 4월 중순에는 백령도 부근에 도착했다. 선장은 페비거(Captain John C. Febiger) 함장이었고 통역에는 마티어가 선교지부에 의해 선임되어 승선했다. 지푸의 미국 영사 샌드포드와 중국인 수로 안내인도 동승했다. 총 승선 인원은 230명이었다.

쉐난도어호는 4월 10일에 백령도 연안에 도착했다. 16일 목요일(음력 3월 24일)에는 황해도 장련(長連) 오리포(五里浦) 앞에 정박했다. 샌드포드와 마티어가 마을에 내려가 주민들과 대화를 시도했다. 그들은 동네 훈장인 임병정을 만나 필담을 나누었으며 그에게 성경을 주었다. 임병정이 성경을 받지 않으려고 했으나 마티어는 그것을 두고 떠났다. 임병정은 그들을

---

2   Daniel W. Fisher, *Calvin Wilson Mateer: Forty-Five Years a Missionary in Shantung, China* (Philadelphia, PA: Westminster Press, 1911), 297.

만난 것을 상부에 보고했고 박규수가 그 내용을 서울에 보고했다.

오리포의 훈학인(訓學人) 임병정(林秉正)이 묻기를 "당신들은 어느 나라 사람이며, 무슨 일로 이 나라에 왔는가?" 하니, 그들이 글을 써 보이기를 "나는 미국 사람 적고문(狄考文)인데 재작년에 미국 배가 여기에서 없어졌으므로 우리가 탐문하러 왔다" 하였습니다. 임병정이 "탐문한다는 말을 모르겠다"라고 하니, 미국 사람이 대답하기를 "우리는 그 배의 종적을 찾아보려고 한다"라고 하였습니다. 미국 사람이 또 서대장(徐大將)의 이름을 물었는데 임병정이 의심스러워 대답하지 않았습니다. 미국 사람이 또 묻기를 "이 강의 이름이 무엇인가? 평양 강인가?" 하였으나 또 의심스러워 대답하지 않았습니다. 미국 사람이 또 묻기를 "이 강의 이름은 무엇이며 포구의 이름은 무엇인가?" 하니, 임병정이 대답하기를 "강은 바로 오리포이고 포구는 대진포구라고 한다" 하였습니다. 미국 사람이 또 묻기를 "여기서 성이 얼마나 멀며, 무슨 성이 있는가? 마을에 들어가 보는 것이 어떻겠는가? 동네에 가봅시다" 하니, 임병정이 대답하기를 "다른 나라이고 법이 다른 만큼 나가 볼 수 없다" 하였습니다. 미국 사람이 또 묻기를 "이곳에 와서 선생이 이야기해주기 바란다. 당신들의 글방이 어디 있는가? 나를 데리고 가서 한 번 이야기를 나눌 수 있겠는가? 나는 원래 도리상 풍속도 묻고 법으로 금지된 것을 물어봐야 하는데 당신은 어째서 그리 인색하게 굴면서 말하지 않는가? 공자의 글에 格物편이 있다. 미국 사람은 사물의 이치를 잘 연구하니 한번 자세히 강론할 수 있다" 하였으나, 임병정은 대답하지 않았습니다.

그들 가운데 등주(登州) 사람이 있었는데 스스로 성명을 이광내(李光鼐)라고 하면서, "미국 사람이 중국에서 예수교를 전도하고 있는데 나도 믿고 있습니다. 당신들에게 달걀이 있습니까? 우리가 사려고 합니다. 내일 우리가 다시 오겠으니 당신은 미리 닭과 달걀을 준비해두기 바랍니다. 내가 은을 주고 당신에게서 사겠습니다" 하고, 책 두 권을 소매에서 꺼내어 모래밭에서 주었습니다. 받지 않고 도로 던져주자 그 사람도 즉시 도로 던져놓고 종선을 타고 도로 큰 배로 들어갔습니다. 그 한 권은 제목을 『馬可傳 福音書』라고 하고 다른 한 권은 『新約全書』입니다. 책 속에는 글을 쓴 푸른 종이쪽지가 있어서 부득이 봉해서 수영에 올려보냈습니다.[3]

여기 등장하는 미국인 적고문이 바로 캘빈 마티어 선교사다. 그는 한문 필담을 통해 제너럴셔먼호와 토마스 목사에 대한 정보를 알아내려고 했으나 쉽지 않았다. 함께 온 중국인 예수교인 이광내는 한문 마가복음서와 신약전서를 한국인에게 주려고 노력했다. 이광내는 중국인 개신교인으로서는 처음 1868년 황해도에 와서 성경을 반포한 인물로 기억되어야 할 것이다.

4월 20일에 군함은 평안도 해안으로 올라갔다. 샌드포드와 마티어는 해변에 상륙하여 한국인들을 만나 대화를 시도했다. 그러나 누구도 제너럴셔먼호 정보를 주지 않았다. 1867년에 와슈세트호가 방문했을 때 슈펠트가 보낸 서찰에 대한 답장이 이날 전달되었다. 마티어는 왕에게 보낼 서찰을 며칠 동안 작성했다.

한국 방문 때 마티어는 일기를 쓰고 있었다. 4월 30일에 쓴 그의 일기에는 군함이 대동강 입구에 정박해서 돛섬 주변의 섬들 가운데 한 개를 방문했다고 기록되어 있다. 샌드포드와 마티어는 섬에 내려서 가장 높은 산 정상에 올랐다. 그들은 그곳에서 십자가 한 개가 세워져 있는 것을 발견했지만, 그것이 기독교와 연관이 있다는 증거는 발견하지 못했다. 그들은 여

---

[3] 고종실록 5권, 고종 5년 3월 26일. http://sillok.history.go.kr/id/kza_10503026_003.

러 정보를 통해 제너럴셔먼호 탑승자 중 생존자가 없음을 확인하고 대동강 하구 일부를 조사한 후 5월 초에 지푸로 돌아갔다.

오문환의 연구

해방 이후에도 오문환(1903-1962)은 1947년에 토마스목사순교기념전도회를 조직하고 백령도에서 전도했으며, 1956년에는 90주기 기념식을 주도하고 그때 마티어 관련 소책자 *The Cross at the Mouth of Taedong River*(Seoul: Thomas Memorial Mission, 1956)를 발간하고 마티어의 한국 방문을 소개했다. 특히 오문환은 대동강 입구의 한 섬에서 마티어가 본 십자가를 토마스가 세웠다고 주장하고 그 제목으로 소책자를 영문으로 발간했다. 그러나 그런 증거는 없었다. 오문환은 마티어가 군함 선상에서 4월 19일과 26일, 5월 3일에 주일예배를 드린 것을 마치 육지에서 한국인과 드린 것으로 잘못 이해하기도 했다. 그 작은 예배 모임에는 승선한 군인과 승무원 몇 사람만 참석했다. 오문환은 1961년 11월 1일에 열린 왕립아시아학회 한국지부 서울 모임에서 이 소책자를 요약하여 쉐난도어호 사건과 마티어의 한국 방문을 소개했다. 그는 1927년에 토마스목사순교기념사업전도회를 발족시킨 이후부터 1956년에 열린 토마스 90주기 기념까지 30년간 토마스 순교 담화를 생산하고 전파한 장본인이었다. 그가 그렇게 순교 사화에 깊은 관심을 보인 이유 중 하나는 역설적이게도 그가 일제 말기에 친일파였기 때문이었다.

북한의 서술

북한에서는 1868년 쉐난도어호 방한을 미국 침략자들이 침략선을 보낸 범죄 행위로 본다. 북한은 "평양 부근에 함대를 들이밀어 우리 인민의 이목을 그곳에 집중시킨 다음 남연군묘를 도굴하며 포화의 위협으로 조선 봉건 정부를 굴복시키려는 데 있었다"라고 서술한다. 특히 4월 7일 평양 침공을 목적으로 대동강 하구로부터 거슬러 올라올 때 포대와 소총으로 사격하여 전투에서 승리를 거두고 군함을 퇴각시켰다 주장한다.

  제너럴셔먼호와 쉐난도어호의 방한은 1860년대 후반 한국의 문호를 개방시키려던 미국의 제국주의적 노력을 보여준다. 그 배에 통역자로 동승한 선교사들(토마스, 마티어)의 역할을 다시 생각하게 만든다. 토마스와 달리 코르베트 목사는 어쩔 수 없이 함께 탔고 전도나 성경 전파는 소극적으로 하며 한국 관리와의 서신 연락이나 필담이라는 통역관 본연의 임무에 치중했다.

제너럴셔먼호와 달리 쉐난도어호는 내륙에 들어가지 않고 정보만 수집하였으므로 충돌 없이 상호 의사만 교환하고 돌아갔다. 그 과정에서 미국 북장로회 선교사 캘빈 마티어는 황해도와 평안도 해변을 방문하고 한국인과 대화하며 성경을 반포했다. 따라서 우리는 마티어를 한국 방문 첫 미국 선교사로 기록해도 좋을 것이다.

4
첫 한국어 교본
로스의 *Corean Primer*(상하이, 1877년)

로스(John Ross, 羅約翰, 1842-1915) 목사는 첫 어학 선생인 이응찬(李應贊, ?-1883)과의 대화를 기록한 첫 한국어 교본을 1877년 상하이에 있는 장로회선교회 인쇄소에서 출판했다. 한국으로 갈 미래의 영미 선교사를 위해 한글 문장과 영어 발음과 영어 번역문을 함께 실어 한국어 기초를 배울 수 있게 한 회화 공부 책이었다. 제1과 첫 부분을 보자.

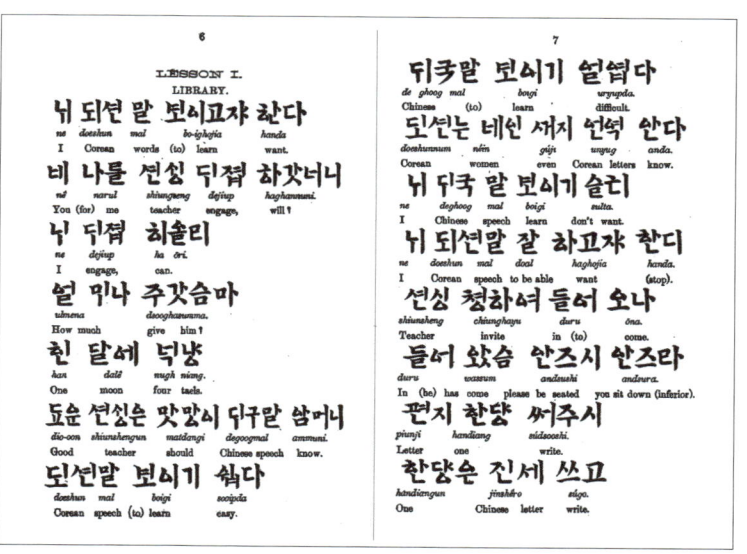

▲ John Ross, *Corean Primer* (Shanghai, Presbyterian Printing Press, 1877) [Oak]
제1과 첫 두 페이지.

[로스]　　내 조선말 배우고자 한다.
[이응찬]　네 나를 선생 대접하겠느냐?
[로스]　　내 대접하오리.

4. 첫 한국어 교본: 로스의 *Corean Primer*(상하이, 1877년)

[이응찬]   얼마나 주겠습마?
[로스]   한 달에 넉 냥. 좋은 선생은 마땅히 중국말 안다.
[이응찬]   조선말 배우기 쉽다. 중국말 배우기 어렵다. 조선에서는 여인까지 언문을 안다.
[로스]   내 중국말 배우기 싫다. 내 조선말 잘하고자 한다. 선생 청하여 들어오라.
[이응찬]   들어왔음.
[로스]   앉으시오. 앉으라. 편지 한 장 써주시오. 한 장은 진서[眞書] 쓰고

로스는 1872년 8월 스코틀랜드연합장로교회(The United Presbyterian Church of Scotland) 해외선교부의 중국 선교사로 파송되었다. 30살 생일을 지낸 신혼이었다. 그보다 4살 위인 매킨타이어(John MacIntyre, 1837-1905) 목사는 독신으로 1872년 1월에 지푸에 파송되어 있었다. 지푸에서 활동하던 선배 선교사 스코틀랜드성서공회 총무 윌리엄슨(Alexander Williamson, 1829-1890) 목사는 로스에게 산동의 농민이 대거 이주해서 정착한 만주에 선교지부를 개척하라고 권했다. 로스는 1872년 10월에 만주 우창(牛庄) 닝코우(營口) 항으로 가서 첫 겨울을 보내면서 한문과 중국어를 배우기 시작했다.

로스는 1873년 3월에 아들을 낳은 아내가 사망하는 슬픔을 맛보았다. 그녀를 만주 선교의 개척자인 번즈(William C. Burns, 1815-1868) 무덤 옆에 묻고 로스는 만주 선교에 평생을 헌신하기로 작정했다. 로스는 윌리엄슨으로부터 6년 전 1866년에 토마스 목사가 평양에서 성경을 반포하다가 사망한 사실을 듣고 조선 선교도 시도하기로 했다.

1874년 10월 9일에 로스는 닝코우를 출발하여 첫 번째 고려문 여행에 나섰다. 고려문(Corean Gate)은 책문(柵門)으로도 불리는 국경 지역의 작

은 마을로 의주에서 120리 거리에 있는 청과 조선의 무역이 허락된 유일한 장소였다. 고려문은 1년에 네 차례(음력 3-6월, 8월 3주간, 9-10월 6주간, 12월) 개방되었다. 의주 상인은 산삼 등을 팔고, 면, 차, 설탕, 사치품 등을 수입했다. 로스는 이 첫 방문에서 한국인 상인들을 만났으나 그들의 관심사는 영국산 면제품이지 기독교 복음이 아닌 것을 발견했다. 다만 그는 한 50대 상인에게 한문 신약전서와 번즈 목사가 번역한 소책자『正道啓蒙』(*Peep of Day*, 1864) 한 권씩을 줄 수 있었다.[1] 그는 그를 통해 한국인은 [f]를 [p]로 발음한다는 것과 대원군이 쇄국 정책을 강화한 것을 들었다. 로스로부터 이 책들을 받은 의주 상인은 바로 백홍준의 아버지였다. 그가 가져온 한문 신약전서와『정도계몽』을 백홍준과 그의 친구들이 돌려가며 읽다가 4-5년 후 1879년 세례를 받고 첫 개신교인이 되었다.

1876년 초에 로스는 선양(瀋陽) 선교지부를 개척했다. 이때 한국인 소년을 하인으로 고용했는데, 그는 어릴 때 가출하여 만주로 와서 11년을 살았기 때문에 한국어를 잊어버린 상태였다. 그러나 로스는 그를 통해 한글 자모 몇 개를 배울 수 있었다. 그는 이것을 적은 종이를 가지고 1876년 4월 말에 제2차 고려문 방문에 나섰다.

1차 방문 때와 달리 한국어를 가르쳐줄 어학교사를 구하고 신약을 한글로 번역할 자를 찾기 위한 방문이었다. 로스는 여러 명의 한국인을 만나 한글 자모를 익혔다. 그리고 한국인 하인의 노력으로 압록강에서 배가 전복되어 상품을 잃고 무일푼이 된 의주 청년을 만나 그를 어학교사로 고용하기로 약속했다.[2] 그러나 3일간 함께 여행하던 청년은 양인(洋人)을 도와

---

1 옥성득·이만열,『대한성서공회사 I』(대한성서공회, 1993), 35쪽에서 번즈의 책을『正道戒命』으로 잘못 표기했다. 바른 책 제목은『正道啓蒙』이다. 참고. *Chinese Recorder and Missionary Journal* (May 1877), 217.
2 여러 책에서 이 청년을 이응찬으로 보지만 사실이 아니다(옥성득·이만열,『대한성서공회사 I』, 36).

줄 경우 사형에 처한다는 국법이 무서워 밤에 몰래 도망갔다. 로스는 다른 사람을 물색할 수밖에 없었다. 다행히 몇 달간 한국어를 가르쳐줄 사람을 겨우 구할 수 있었다. 혹시 또 가버릴 수 있었기에 한 달에 넉 냥을 주는 조건으로 그를 붙잡았다. 이응찬이었다. 두 사람은 선양에 가서 함께 한국어를 공부했다. 그 결과 만든 책이 바로 *Corean Primer*(1877)였다.

1878년에 재판이 발행된 데서 보듯이 중국에서 여러 선교사가 이 책을 사서 보았다. 1876년에 체결된 강화도조약과 함께 한국이 개항되기 시작하자 선교사들이 조선 선교를 시작해야 한다고 주장하고 있었고 미국 선교부에 건의하면서 자원하는 자들이 나오고 있었기 때문이었다. 한국 선교 개시가 초읽기에 들어가고 있었다.

내한 선교사를 위한 로스의 한국어 교재는 이후 여러 사람에게 영향을 주었으며 1901년에 평양의 베어드 부인(Mrs. Annie Baird)이 만든 *Fifty Helps*와 인천의 존스 목사의 『국문독본』(1903년)으로 결실을 보았다. 1891년에 처음 만들어진 장로회 한국 선교회의 "규칙과 부칙"을 보면 제5조에 5년간 한국어 공부 내용을 규정하고 있다. 이는 로스의 첫 한국어 교재가 뿌린 씨앗이 자라 한 세대 후에 거둔 열매였다.

5
첫 세례교인
김진기, 백홍준, 이응찬, 이성하 (뉴촹, 1879년)

1879년(고종 16년) 초에 두 명의 의주 청년이 만주 뉴좡의 선교사를 찾아 갔다. 그들은 친구 백홍준의 부친이 로스 목사로부터 받은 한문 신약전서 와 소책자를 2년 이상 몰래 읽어왔으며 예수교를 더 배우고 싶다고 말했 다. 로스가 고려문에서 전도의 씨를 뿌린 것이 헛되지 않아 백홍준과 그 친구들이 몰래 성경과 기독교 서적을 읽고 공부를 한 후 선교사를 찾아가 예수교를 더 배우고자 했다.

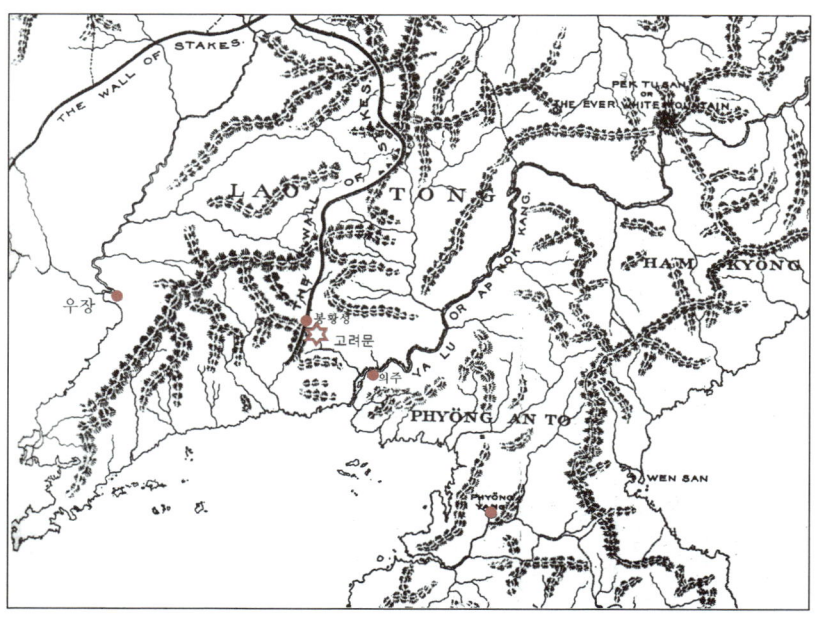

▲ 고려문은 1년에 네 차례 조청 국경 무역이 허락된 시장이었다.¹ [Oak]
[P. Lowell, *Chosön, the Land of Morning Calm* (1886)]

1 조선과 청의 국경선인 목책(木柵 The wall of stakes)이 표시되어 있다. 의주에서 고려문까지 는 120리(= 40miles = 64km) 거리로 새벽부터 하루 종일 걸어가야 하는 길이었다.

매킨타이어는 이들을 중국인 교회 초신자 반에 편입시키고, 한문에 능한 한 명에게는 한글 복음서 번역(로스의 안식년 휴가로 매킨타이어가 맡음)을 맡겼다. 두 청년이 세례를 요청하자, 매킨타이어는 한국에서 서학(西學)을 하는 것이 알려지면 사형에 처하므로 "예수를 공개적으로 시인할 수 있는 용기"를 시험하기 위해 고향에 가서 부모의 허락을 받아오도록 했다.

두 사람 가운데 번역 일을 했던 청년(김진기로 알려져 있음)만 의주에서 다시 뉴촹으로 돌아가 1월 말에 중국인 교회인 닝코우교회에서 매킨타이어 목사에게 세례를 받았다. 생명의 도를 발견했기에 그는 눈보라가 몰아치는 천 리 길을 오가는 것도 마다하지 않았다. 이어서 백홍준이 뉴촹에 와서 3-4개월간 성경을 배운 후 봄에 세례를 받았고, 화주(火酒)와 아편연(鴉片煙)을 끊은 이응찬이 여름에, 그의 친척인 한의사 이성하가 12월에 세례를 받았다. 김진기와 이응찬은 뉴촹에서 매킨타이어와 함께 복음서를 번역하면서 방문하는 의주 상인들의 성경 공부를 지도하고, 백홍준과 이성하는 의주에서 비밀리에 전도하면서 복음의 밀수꾼이 되었다.

▲ 1879년 한국인들이 처음 세례를 받은 닝코뉴촹장로교회 [Oak]

스코틀랜드에서 안식년을 보내고 있던 로스는 이 소식을 듣고 감격했다. 그리고 그는 자신의 보고서에 다음과 같이 썼다.

> 매킨타이어는 문학에 능한 4명의 한국인에게 세례를 주었다. 이들은 놀라운 추수를 약속하는 첫 열매들이다. 비록 지금은 한국이 서구 나라와의 어떠한 접촉도 철저히 막고 있지만, 그 쇄국은 곧 무너질 것이고 또한 한국인은 중국인보다 천성적으로 꾸밈이 없는 민족이고 종교적인 성향을 더 지니고 있으므로 나는 그들에게 기독교가 전파되면 곧바로 신속하게 퍼지리라고 기대한다. [중략] 작년에 문학에 능한 4명의 한국인이 세례를 받았고, 기독교의 본질과 교리를 탐구하는 11명의 다른 사람들이 있으며, 현재 같은 수의 사람들이 한국 민족을 위해 성경과 기독교 문서를 준비하는 우리의 문서 사업을 위해서 7-8일이 걸리는 우리 선교지부까지 기꺼이 올 것으로 기대된다. 그러므로 바로 여기에 기독교회를 향해 열려 있는 새 민족, 새 나라, 새 언어가 있다.[2]

서구 기독교회를 향해 문이 열린 새 민족, 새 나라, 새 언어의 한국이 스코틀랜드와 영국에 알려지게 되었다. 고려문이 열린 문이 되었다. 유교 양반 문화의 중심지 한양에서 멀리 떨어진 평안도의 변경 의주에서 압록강과 고려문은 새 진리를 수용할 수 있는 공간으로 통과하는 '문지방'이었다. 하나님께서는 중국어와 한문을 알던 신흥 중산층이자 새 문화에 개방적이던 '창조적 주변인' 의주 상인들을 불러 아브라함이 고향을 떠나 강을 건너가 히브리인의 조상이 되고 야곱이 얍복강에서 천사와 씨름하고 강

---

2   John Ross, "China: Manchurian Mission," *United Presbyterian Missionary Record* (Oct. 1, 1880): 330-331.

을 건너가 이스라엘의 조상이 되었듯이 압록강을 건너가 세례를 받고 한국 예수교인의 조상이 되게 하셨다. 한국 개신교의 "풍성한 추수를 약속한 첫 열매"인 김진기, 백홍준, 이응찬, 이성하. 이들을 통해 한글 성경 번역이 시작되었고 미국 선교사들이 내한하기 전 1880년대 초에 뉴촹과 의주에 첫 한국인 신앙 공동체가 형성되었다.

1879년에 한글 성경 번역과 첫 세례교인 4명과 함께 한국 개신교가 주체적으로 출발했다.

CHINA.
MANCHURIAN MISSION.

In the report by Rev. John Macintyre for last year, there are a few important facts to which I desire to draw the particular attention of our friends interested in mission work. There were thirty-seven baptisms last year in our Manchurian mission, of which two were of infants, the other thirty-five being of converts from heathenism. This is fully half as many as were baptised from heathenism by both of us during the five preceding years. Two particular sections of these converts are to me matter of devout thankfulness. When last year I left our station in Moukden, the capital of the province, containing a population of about 300,000, I left it in charge of Evangelist Wang, the reformed opium smoker. Mr Macintyre has under his own charge in Newchwang and neighbourhood, stations sufficiently important, large and far apart, to occupy fully the time and labour of two missionaries. Knowing long his untiring zeal and indomitable energy, I asked him to spare himself the trouble of active supervision over our distant Moukden station. I was induced to this not merely to save him from undue anxiety on account of that station, but also to prove the native evangelist. This evangelist has been seconded by two or three native volunteer labourers, who, during their unoccupied time, have been zealous preachers for some years. Evangelist Wang, in his zeal, has frequently wronged himself by giving away his very scant salary, and running even into temporary debt, to relieve the sufferings of the needy poor, but he has never wittingly wronged any other man. He is a singularly single-hearted Christian; but neither from him nor from any other native Christian need we look for perfection, any more than we find perfection in British Christians. Yet so well has Mr Wang and his fellow-workers laboured in Moukden, that sixteen men were baptised in that city during the year. To me, who began labour in this Manchuria eight years ago, among a people who had never heard Christ preached, this is a most interesting and delightful fact.

Mr Macintyre also baptised four Corean literary men. These are the first fruits of what will, I feel assured, be yet a splendid harvest; for though Corea is meantime most jealously isolated from any intercourse with western nations, that isolation must soon be broken, and as the Coreans are naturally a more guileless

매킨타이어가 한국인 4명에게 세례를 주었다는 로스의 보고서
[United Presbyterian Missionary Record (Oct. 1880), 331]

6
첫 한글 기독교 문서
『예수셩교문답』과『예수셩교요령』(선양, 1881년)

로스는 신약성경을 우리말로 번역하면서 동시에 몇 권의 소책자를 한글로 번역했다. 그는 복음서를 인쇄하기 전에 1881년 9월에 설치한 인쇄기로 먼저 소책자 두 권을 실험적으로 출판했다. 식자공과 인쇄공을 훈련한 결과 9월 12일 『예수셩교문답』 첫 4페이지를 인쇄하여 영국으로 보낼 수 있었다. 한글 최초의 개신교 문서인 『예수셩교문답』과 『예수셩교요령』은 10월 초에 출판했다.

▲『예수셩교문답』 첫 페이지(1881년) [Oak]

『예수셩교문답』은 스코틀랜드연합교회가 사용하던 세례 신청자를 위한 요리문답서를 요약하고 한국인에게 맞게 수정한 것이었다. 성경의 주요 내용을 담되 "십자가를 통한 구원"을 중심으로 주요 교리를 실었다. 사진에서 보듯이 그 첫 부분을 현대어로 옮기면 다음과 같다.

> 문: 천지 만물이 어떻게 있느뇨?
> 답: 하느님이 지어낸 것이라.
> 문: 하느님이 뉘뇨?
> 답: 영하고 얼굴 없어 보지 못하니 처음과 마지막이 없고, 능치 않음이 없으니, 하느님의 총명은 측량 없어 알지 못하리라.
> 문: 하느님이 어느 곳에 있느뇨?
> 답: 천하 각처에 없는 곳이 없느니라.
> 문: 하느님이 무엇을 아느뇨?
> 답: 사람의 심사와 행사와 숨겨 하는 일과 밝혀 하는 일을 다 아느니라.
> 문: 하느님이 우리로 더불어 무슨 상관이 있느뇨?
> 답: 우리를 양육하여 늘 우리를 돌아보니 응당 공경하고 절하리라.
> 문: 우리 마땅히 다른 신에게 절하랴?
> 답: 다른 것은 귀신이니 우리와 간섭이 없어 가이 절할 것이 없느니라.
> 문: 어떻게 하느님을 아느뇨?
> 답: 하느님이 주신 성서를 보고 아느니라.

첫 부분은 유일하신 창조주 하나님에 대한 신앙에 이어서 창세기부터 성경 내용을 요약하여 문답 형식으로 정리한다. 당시 거의 모든 소책자는 창조론과 유일신론으로 시작하는데, 동아시아에서 기독교 변증론이 가진 첫 번째 접촉점이 천지 만물의 창조주였기 때문이었다. 유교의 원시 유일신론을 회복하고 무교나 도교의 귀신론을 배격하며, 경전에 있는 하나님을 알아야 한다는 논리였다.
    한국인들이 성경과 기독교의 기본 교리를 배운 첫 문서인 이『예수성

『교문답』은 1892년에 서울에서 스크랜턴 부인이 일부 수정하여 『성경문답』으로 출판했다. 1892년 말부터 1893년 초까지 4개월간 서울 감리회 여성 병원인 보구녀관(保救女館)의 홀(Rosetta S. Hall) 의사는 루이스(Lewis) 간호원과 함께 병원 대기실과 심방 때 이 요리문답을 사용하면서 전도했다.

> 루이스 양은 로스의 요리문답 전체를 큰 글자로 보기 쉽게 종이에 써서 병원 대기실 사방 벽에 붙여놓았다. 그래서 그것을 읽는 자들에게 가르침이 되었다. 어떤 경우에는 글자를 모르는 자들을 위해 다른 사람이 읽어주었다. 평균적으로 보면 글을 읽을 수 있는 여성은 환자 다섯 명 가운데 한 명이 안 된다.[1]

> 우리는 두세 개의 가정에 4개월간 일주일에 한 번씩 정기적으로 심방했다. 우리는 그들에게 복음서와 요리문답서를 읽어주었고 기도하는 법을 가르쳤다. 한 여성은 한 달 만에 로스의 요리문답서를 다 외웠으며 이제 개종자가 되었는데, 남편에게 전도해서 진리에 관심을 두게 했다.[2]

따라서 초기 정동감리교회 여자 신도들은 로스의 요리문답을 읽으면서 한글을 배웠고 일부는 전체 책을 외우면서 신앙을 갖게 되었다.

『예수셩교문답』과 함께 1881년 10월에 4쪽의 『예수셩교요령』도 발간되었다. 이는 신약전서의 주요 내용을 요약한 것이었다. 이는 1882년 누가복음과 요한복음을 출판하기 전에 복음서에 대한 지식이 전혀 없는 한국인들이 이 소책자를 먼저 읽고 신약의 대강을 파악한 후 복음서를 읽도록 배려한 것이었다. 그 첫 부분을 현대어로 옮기면 다음과 같다.

---

[1] Rosetta S. Hall, "Woman's Medical Missionary Work," *Chinese Recorder* (April 1893), 167.
[2] Rosetta S. Hall, "Woman's Medical Mission Work, Seoul, Korea," *Chinese Recorder* (September 1893), 406.

신약전서가 이십칠 편인데, 네 편은 예수의 내력이요, 한 편은 예수의 친 제자가 만국 만민에게 전한 일이요, 십일 편은 믿는 사람에게 가르쳐 전한 말이요, 일편은 장래사를 미리 말한 것이니, 이 책에 문리가 모두 한 가지이니 도무지 예수의 일이라. 이십칠 편 중 네 편은 명 왈 복음이니, 다 네 제자 지은 것이요, 이름을 의논할진대 하나는 마태요, 하나는 마코요, 하나는 노가요, 하나는 요한이니, 저들 말한 것이 모두 한 글 같으니라.

예수 처녀 마리아의 몸으로부터 나 점점 자라매 삼십 세에 이르니 성신의 감동함을 입어 죄 사하는 권세 있으며 귀한 일을 행하며 도를 전하니, 듣는 사람들이 알지 못하고 모두 미워하며 망령되이 관에 고하다가 필경 관에게 죽었더니 삼일 후에 다시 살아나 사십 일을 제자들과 함께 내왕하다가 그 후에 하늘로 올라가시니 이는 다 복음에 있느니라.[3]

1881년 10월에는 네 복음서의 저자를 "마태, 마코, 노가, 요한"으로 표기했다. 그러나 이듬해 4월에는 "마태, 마가, 누가, 요안늬"로 수정했다.

1879-1882년에 로스와 매킨타이어의 한국인 개종자들이 배운 기독교 복음의 기본 내용은 위의 두 가지 소책자 외에도 1882년 상하이에서 출판한 로스의 책 *Korean Speech with Grammar and Vocabulary*에도 나온다. 그 74-76쪽에 "제30과 영혼"에 대한 설명은 로스가 한국인 구도자들에게 전도한 기본적인 내용을 담고 있다.

영혼이 육신에 있는 것이 사람이 집에 거함 같으니, 집이 무너지면 사람은 반드시 다시 다른 곳으로 가는 줄은 사람마다 알지니, 이로써 헤아린즉 육신은 죽어도 영혼은 죽지 않는 줄을 짐작할 수 있다. 그러므로 지극히 중하고 지극

---

3 전문은 옥성득·이만열, 『대한성서공회사 I』, 65에 있다.

히 귀한 것은 영혼인데, 지금 사람들은 미혹에 빠지며 정욕에 얽매인 바 되어 육신에 이익되는 것만 생각하고 영혼에 해되는 것을 돌아보지 아니하니, 어찌 가석하지 않으랴. 그러나 하나님이 세상 사람을 사랑하는 것이 부모가 자식을 사랑하는 것보다 더하기로 독생 아들 예수를 보내어 자기 몸을 버려 온전한 제사를 드려 만민의 죄를 속하게 하였으니, 그러므로 영혼의 길을 닦고자 할진대 마음과 뜻과 정성과 힘을 다하여 하나님의 계명을 좇고, 본성을 회복하며, 마음에 편안케 하고, 선한 것을 본받아, 하늘에 계신 아버지 나라에 나아가 무궁무진한 복을 받으면, 얻지 아름답지 않으랴. 대개 알지 못하는 사람들이 속담 말을 의지하여 말하되 "사람이 죽어 귀신이 된다" 하되, 그 실은 사람은 사람이요, 귀신은 귀신이라. 그러므로 귀신에게 절하지 말고 응당 예수를 믿으며 하나님을 섬겨야 구원을 얻느니라.[4]

초기 전도문서나 전도할 때 강조한 것이 영혼 불멸과 영혼의 구원이었다. 기존에 가지고 있던 영혼 불멸에 대한 믿음을 접촉점으로 삼아 그리스도의 속죄 구원론을 설명하고 이어서 기존의 귀신론을 부정했다. 로스는 무교의 귀신론을 부정했을 뿐만 아니라 무당에 대해서도 매우 부정적인 견해를 가지고 있었다. 그는 『예수셩교젼셔』(1877년)의 요한계시록 21:8에서 둘째 사망의 지옥에 들어가는 자들 가운데 '술객'(개역, 1938)을 '무당질'하는 자로 번역했다.

---

[4] John Ross, *Korean Speech with Grammar and Vocabulary* (Shanghai: Kelly & Walsh, 1882), 74-76.

74

When God at first made man He created him after His own nature, and He delights in the observance of all these duties. The man who despises father and mother, injures others in order to benefit himself, is pleased at another's poverty, is glad at another's sorrow, manifests a fierce disposition as readily as one drinks water, is guilty of wickedness as easily as one eats food, hates the virtuous, loves the wicked, does only unrighteous deeds, thinks only unprincipled thoughts, disregards the heaven-given nature, makes his own will his sole judge, will be clothed in misery in this life and in the world to come will suffer endless punishment. He has cast off the original nature given by God and has become the disciple of the devil; to the bitter end he cannot escape the misery of hell.

LESSON XXX.
SOUL.

녕혼이 육신에 잇눈 거시 사람이 집에 거함갓타니 집이 물어지면 사람은 반다시 말은 곳으로 가는 줄은 사람마당 알지니 일노써 헤일인즉 신은 죽어도 녕혼

▲ 로스의 『한국어, 문법과 용어』(1882년) [Oak]

7
첫 한글 복음서
『예수셩교요안뉘복음젼셔』(선양, 1882년)

만주 고려문에서 의주 상인과 스코틀랜드연합장로회 선교사 존 로스의 만남은 1879년에 뉴촹에서 4명의 첫 세례교인을 탄생시켰다. 로스는 이응찬을 한국어 교사로 고용하여 한국에 파송될 미래의 선교사를 위한 한국어 교본 *Corean Primer*(상하이: 1877, 1878)를 출판한 후 한글 성경 번역에 착수했다.

스코틀랜드에서 안식년을 보낸 후 1881년 9월 만주에 돌아온 로스는 곧바로 선양에 문광서원을 설치하고 1881년 10월에 최초의 한글 전도문서인 『예수셩교문답』과 『예수셩교요령』을 인쇄했다. 성경에 대한 요리문답과 신약에 대한 소개서였다. 이어서 1882년 3월과 5월에 첫 한글 복음서인 『예수셩교 누가복음젼셔』와 『예수셩교 요안늬복음젼셔』 각 3,000부를 스코틀랜드성서공회 지원으로 출판했다. 이 쪽복음은 곧바로 서간도 한인촌과 의주에 반포되었다. 누가복음은 이방인을 위한 복음서요, 요한복음은 한국인의 영성에 쉽게 다가갈 수 있어서 선택했다. 『예수셩교누가복음젼셔』는 몇 년 전 대한성서공회가 복간하고 서지사항도 자세히 연구했으므로, 요한복음을 살펴보자. 본문 사진을 참조하면서 그 첫 구절을 보자.

처음에도가이스되도가 하느님과함게ᄒ니도는곳 하느님이라

띄어쓰기나 가로쓰기나 구두점은 아직 없었다. 다만 공경의 대상인 임금이나 성현의 이름이 나오면 줄을 바꾸거나 띄어 쓰는 대두법(擡頭法)을 채용하여 '하느님' 앞에 빈칸을 두었다. '하느님' 외에도 '쥬' '예수' '키리스토' 앞이나 뒤에 한두 칸을 띄워 새로운 예배 대상을 소개했다. 로스는 서울에서 출판된 유교 경전의 한글 번역을 참고하는 등 철자법 표준화에 고심했는데 사라진 음가인 아래 아(ㆍ)의 표기를 줄인 것도 그 노력의 하나였다. 그 결과 '하ᄂ님'을 '하느님'으로 표기했다. 또 현행 개역개정판과 비교해보면 처음-태초, 도(道)-말씀, 하느님-하나님 등이 다르게 번역되어 있다.

처음

구역본(1911)이나 개역본(1937) 한글 성경의 '태초'(太初)는 한문 문리본(1855)의 '원시'(元始)처럼 한자어이지만, 로스 역본은 순우리말인 '처음'을 채택했다. 성경은 누구나 읽을 수 있는 민중의 언어로 번역해야 한다는 로스의 번역 원칙 때문이었다. 로스는 의주 상인들에게 번역 원고를 읽어보게 하고 이해하지 못하는 부분은 계속 수정했다. 그러나 밥팀례(세례), 사밧일(안식일), 넘년절(유월절) 등과 같은 낯선 기독교 용어는 부록으로 '강명편'을 실어 간단히 설명했다. 로스 번역팀에 의해 재발견된 한글은 한국 종교의 민주화와 한국 민주주의 발전의 기초가 되었다.

도

만물의 처음에 도(道)가 있었다는 메시지는 유불선 삼교가 추구해온 '도'를 구약 히브리어의 '다바르'(행동하시는 하나님의 말씀)와 신약 그리스어의 '로고스'(우주를 통치하는 신적 이성)와 동일시한다. 하나님의 말씀은 피조물을 통해 드러나지만 동시에 숨어 계신다. 이 현묘한 도를 도덕경의 첫 구절은 "道可道非常道"(말할 수 있는 도는 영원한 도가 아니다)로 설명한다. 인간

이성을 초월하는 도와의 신비한 합일을 추구한 도교와 달리 요한복음은 그 "도가 육신을 이루어"(요 1:14) 우리 가운데 거하는 예수이고 그는 "길이요 진리요 생명"(요 14:6)이며, 그를 믿는 자에게는 영생이 있다(요 3:16)고 차별화를 선언한다.

▲ 로스의 요한복음 첫 페이지(1882년) [Oak]

하느님

로스는 한국 종교의 '하느님'이 성경의 '엘로힘'과 같다는 열린 타 종교 신학을 가졌다. 예수교의 새로운 'God'을 한국인이 섬겨온 고유의 '하느님'으로 번역함으로써 한국 영성사에 대전환점을 찍었다. 한국인의 '하느님'이 히브리인의 '엘로힘', 그리스인의 '테오스', 영미인의 'God'과 연속성을 지닌다는 이 과격한 주장은 '하느님'이 선교사의 가방에 들려 한반도에 수입된 것이 아니라 수천 년간 한국인과 함께 계시고 한국사 속에서 일하셨다는 감격스러운 고백이다. 로스는 '하늘에 계신 주'로서의 하느님이 도교의 조화옹(造化翁)인 상제(上帝)나 천로야(天老爺)와 원시 유교의 주재자이고 유일신인 상제와 비슷한 의미를 지니고 있지만, 순 한글이므로 더 나은 용어로 보았다. 로스가 '상제'나 '천주'나 '신' 대신 '하느님'을 채택함으로써 이후 한국 개신교는 용어 논쟁을 거친 후 '하느님'을 공인 용어로 사용하게 된다. 천주교의 프랑스 신부들은 민간 신앙의 '하눌님'을 알고 있었지만, 보수적인 신학 때문에 이를 미신적인 기도의 대상으로 간주했다.[1] 그러나 로스는 스코틀랜드장로교회의 진보적 복음주의와 19세기 말에 발전하던 성취론을 수용하고 있었으므로 동아시아 종교의 부분적인 계시와 진리를 수용했다. 그는 한문 성경에서는 유교와 도교의 원시 유일신 '상제'를 지지했으며 동일한 성취론 입장에서 한글 성경에서는 '하느님'을 채택했다. 로스는 이 '하느님'을 1883년부터 철자법 변화에 따라 '하나님'으로 표기했는데 그 의미 변화는 없었다.[2]

---

1 S. Féron, *Dictionnaire Français-Coréen* 불한사전, 필사본, 1869(한국교회사연구소, 2004, 영인본), p, 59. 언더우드도 처음에는 '하ᄂ님'을 한국 다신교 최고신의 특정 '이름'으로 보고 유일신을 지칭하는 일반 '용어'로 채용하기를 거부했다.
2 참고로 '하ᄂ님'('하늘' + '님')에서 유일성('하나' + '님')이 강조된 것은 1900-1905년에 헐버트, 게일, 언더우드 등이 단군신화에서 한국인의 고대 원시 유일신 개념을 발견하고

로스의 진보적인 신학은 그가 선교사 출신의 옥스퍼드 대학교 중국학 교수 레그(James Legge)와 교류하고 최신 사본학과 성서비평을 반영한 그리스어 개정 신약전서(1881, 옥스퍼드판)를 번역 저본으로 채택하며, 표준 본문의 흠정역(KJV)을 개역한 영어 개역본(RV, 1881)을 참고한 데서도 드러난다. 로스는 자신의 한글 번역본이 최신 원문과 영어 개역본의 첫 번역본인 점을 자부하면서 그 정확한 번역에 심혈을 기울였고, 동시에 그 비평적 사본 읽기를 반영하려고 노력했다. 예를 들면 1882년판 요한복음은 영어 개역본처럼 7:53-8:11의 간음한 여인 사건을 생략하고 번역하지 않았는데 그 본문이 "진정성에 대한 증거가 없지 않지만, 신빙성이 부족"했기 때문이었다. 즉 그는 그 본문이 마가복음 16:8 이후 부분처럼 초기 사본에는 없고 후대 사본에 첨가되었다고 보았다. 그러나 1883년부터 로스 역본이 영국성서공회 지원으로 출판되면서 공회가 전통적인 '표준 본문'을 존중할 것을 요구하였으므로 1883년판 요한복음과 1887년에 완성된 신약전서인 『예수셩교젼셔』에는 간음한 여인 사건 본문이 들어가게 된다. 그 결과 1882년판 요한복음은 한글 성경 역사상 8장 앞부분의 간음한 여인 사건이 없는 유일한 책이 되었다. 이 밖에도 로스는 유교와 도교에 대한 긍정적 태도, 우상숭배 요소를 제거한 조상 제사 의례 지지(그러나 중국 전체 선교대회의 반대 결정을 따라 제사를 금지함), 믿기 전에 일부다처를 가진 자의 세례 허용 등에서 보듯이 진보적인 신학을 가지고 있었다. 그의 관용적 선교 정책은 동아시아 종교 문화에 관한 깊은 연구와 이해를 바탕으로 했다.

　　로스의 한글 성경 번역은 그의 토착교회 설립 정책과 연결되어 있었다. 로스는 산동의 네비어스와 교류하면서 삼자 정책을 만주 상황에 맞게

　　'하느님'의 어원에 대한 재해석 작업을 하여 새 용어로 만들었기 때문이었다.

적용 발전시켰는데, 이를 서울의 언더우드와 평양의 마페트에게 전달했다. 로스는 한국 선교가 한글 성경을 가진 한국인 전도자에 의해 자전(自傳)될 수 있다고 보고 전도인과 권서를 파송했다. 성경의 힘, 하나님의 말씀의 힘을 믿었기 때문이다. 이로써 한국 개신교는 성경을 읽고 성경을 번역하며 성경을 전파하고 성경을 실천하는 '성경 기독교'로 출발했다.

로스의 예상대로 첫 한글 복음서를 통해 하나님께서는 놀라운 일을 행하셨다. 이 책의 식자공 김청송은 목판에 글자를 식자하면서 그 말씀을 마음 판에 새겨 한국 개신교의 다섯 번째 세례교인이 되었다. 그는 이 첫 복음서를 들고 서간도 한인촌에 첫 전도인으로 파송되었으며 그가 전도한 결과 1884-85년에 100명이 로스에게 세례를 받았다. 한편 두 복음서는 스코틀랜드성서공회 지원으로 번역 출판되었으므로 로스는 각 1,000부를 일본에 있는 스코틀랜드성서공회 지부의 톰슨 목사에게 발송했다. 톰슨은 1883년 초에 일본인 권서 나가노(長坂)를 고용하여 일본 군함을 통해 부산에 파송하고 동래와 대구에서 반포하도록 했다. 그러나 일본 제국주의 침투에 대한 반감과 일본인 권서의 한국어 실력 부족 등으로 그들의 선교 활동은 별다른 열매를 맺지 못했다. 반면 서상륜은 1883년 봄에 여섯 번째 개종자로 로스에게 세례를 받고 가을에 영국성서공회 첫 권서로 한국에 파송되어 의주를 거쳐 서울까지 걸어서 전도한 결과 1884년에 수십 명의 구도자를 얻었고, 소래에서는 동생 서경조와 함께 첫 교회를 세우고 정기적인 주일예배를 드렸다. 또한 백홍준 등은 의주에서 전도하면서 1884년에 '설교당'을 열었다. 이처럼 외국 선교사가 들어오기 전에 김청송, 백홍준, 이성하, 서상륜 등의 의주 청년들의 봇짐을 통해 복음서가 한국인의 손에 들어갔고 첫 교회들이 세워지게 되었다.

기독교는 번역의 종교다. 이슬람교가 아랍어를 거룩한 언어로 여기고 코란의 번역을 반역으로 보고 엄격히 금지하는 근본주의를 고수하는 반면, 하나님의 말씀인 성경은 한 지역의 본토어로 번역되는 번역성, 곧 성육신을 선교의 제1원리로 삼는다. 예수는 한 지역의 말과 문화로 번역되면서 그들의 살과 피가 되는 동시에, 인간의 죄악성에 도전하는 거룩한 언어와 대안 문화를 창출한다. 다양한 문화의 옷을 입은 '번역된 예수'의 모습들이 모여 종말의 우주적 그리스도는 완성되어간다. 오늘 한국교회가 번역하는 예수, 내가 번역하는 예수의 얼굴은 어떤 모습일까?

1882-83년에 선양-의주-평양-서울의 북경 사행 길을 따라 예수께서 한반도에 걸어오시고 평안도 사투리로 말씀하시기 시작하셨다. 한국교회 처음에 한국을 사랑하신 예수의 도, 순 한글로 성육신하신 하나님의 말씀, 종의 형체로 낮아져 우리의 이웃이 되신 예수가 있었다. 한국교회는 그 길을 따라 다시 오늘 지금 북한의 언어와 문화로 옷을 입은 복음을 전할 사명이 있다. 북한 언어와 북한의 사상을 깊이 이해하고 가난한 북한 주민의 영혼을 섬기려는 낮은 자세의 열린 선교신학이 요청되는 시점이다. 처음 있었던 예수의 도는 지금도 북한 땅에 함께 계시고 일하시기 때문이다.

8
첫 전도인과 첫 권서
김청송과 서상륜(선양, 1882년)

성경 번역과 출판은 반포를 통해 완성된다. 최근에는 매체의 발달로 쉽게 성경에 접근할 수 있지만, 이해하고 삶에 적용하는 활용이 중요하므로 해설 성서가 등장했다. 그러나 130년 전 신자가 없는 상황에서는 성경을 전달하고 전도하는 권서와 전도인이 중요했다. 믿음은 들음에서 나는데 전하는 자가 없으면 어찌 들을 수 있겠는가? 사실 전도는 인격적 관계의 형성으로 전도자의 인격이 중요하다. 한국인으로서 첫 성경 반포자로 파송된 자는 김청송과 서상륜이었다. 로스는 1882년에 첫 복음서를 출판한 후 식자공 김청송을 압록강 근처에 형성된 한인촌에 전도인으로 파송했다. 이어서 서상륜이 5월에 세례를 받자 10월에 그를 의주와 서울에 영국성서공회의 임시 권서로 파송했다. 한국인 첫 선교사들이었다.

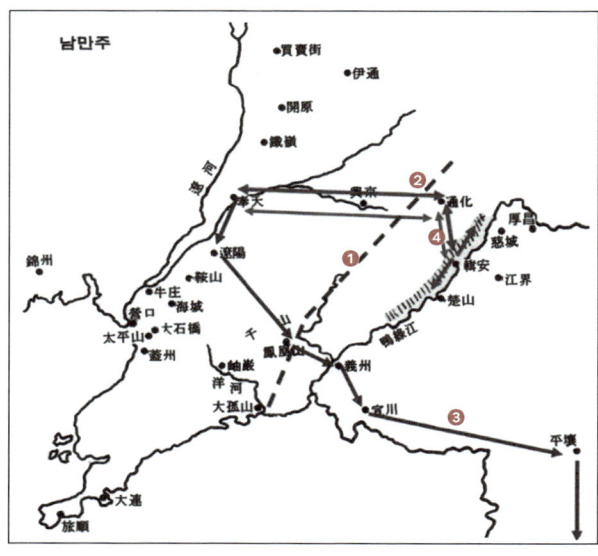

▲ 서간도 한인촌 (輯安 주변 빗금 부분의 28개 마을, 1880년대) [Oak]
① 점선은 목책(청과 조선의 국경선, 봉황성에 고려문) ② 1882-83년 김청송의 한인촌 전도 행로 ③ 1883년 서상륜의 권서 행로 ④ 1884-85년 로스와 웹스터의 한인촌 방문과 세례

선양 문광서원 설치

스코틀랜드(蘇格蘭)에서 안식년을 보내고 1881년 5월 만주로 돌아온 로스는 매킨타이어에게 닝코우-뉴창을 맡기고 선양(봉천)에 새로운 선교지부를 개척했다. 그는 매킨타이어와 한국인들이 작업한 번역 원고도 넘겨받았다. 7월에는 일본 스코틀랜드성서공회 총무 릴리(Robert Liley)가 요코하마에서 보내준 한글 음절별 납 활자(鉛活字) 35,563개를 받고, 인쇄기는 상하이에서 매입하여 선양에 인쇄소인 문광서원(文光書院)을 설치했다. 로스는 중국인 인쇄공 2명을 고용하고 잉크 제조법을 가르치고 한국인 1명을 보조로 채용하여 식자하는 일을 가르쳤다.

이 한국인 식자공이 고구려 고도 국내성이 위치했던 지안(輯安) 출신 김청송(金靑松)이었다. 그는 선양에서 영신환(靈神丸)을 팔던 행상이었는데, 약과 돈이 떨어져 로스를 찾아왔다가 고용되었다. 국적이 다른 소중한 (蘇中韓) 세 나라 사람이 손을 잡고 하늘을 받드는 봉천(奉天)에서 '말씀의 빛'(文光)을 찍기 시작했다.

김청송의 한인촌 전도

김청송은 식자공으로 훈련을 받고 1881-1882년에 출판된 소책자 두 권 (『예수셩교문답』, 『예수셩교요령』), 회화 문법서 1권(*Korean Speech with Grammar and Vocabulary*), 복음서 두 권(누가복음과 요한복음)을 식자했다. 그는 손재주가 없어서 굼뜨게 일했다. 그러나 천천히 한 글자 한 글자 식자하면서 그 말씀을 심비(心碑)에 새겼고 예수교를 믿는 교인이 되기로 결단했다. 로스는 세례문답 때 그의 성경 지식과 믿음에 놀라고 세례를 주었다. 이로써 김청송은 1879년 네 명의 세례교인에 이어 한국 개신교의 다섯 번째 세례

교인이 되었다.[1]

　로스는 1881년 가을부터 김청송을 한인촌에 파송할 계획을 세웠다. 그는 소책자에 이어 1882년 3월에 두 복음서가 출판되자, 고향을 방문하는 김청송에게 세례를 준 후 전도인으로 파송했다. 김청송은 행상에는 이골이 난 자였기에 매서인에 적임자였다. 한국 안에서 기독교 서적은 금서였으므로 반포가 가능한 한인촌 지역에서 첫 책들을 시험해볼 필요도 있었다. 김청송은 "최초로 완성된 복음서를 가진 전도인"으로서 28개 한인촌을 방문했다.[2]

　1881년 김청송은 고향인 지안현과 이양자를 중심으로 수천 권의 복음서와 소책자를 팔았다. 그는 영신환 대신 신령한 약인 예수교의 복음서를 파는 아름다운 발을 가진 자가 되었다. 일부 한문 소책자와 신약전서도 판매했다. 봄부터 여름까지 약 6개월간 전도한 후 그는 선양에 돌아가 로스에게 반포 활동을 보고했다. 한인들은 예수교를 배울 수 있는 한글책을 사서 읽기 시작했다. 김청송은 이듬해에도 한인촌 전도를 계속했다. 그 결과 많은 사람이 세례를 지원했다. 이 보고를 받은 로스와 웹스터는 1884년 12월에 한인촌을 방문한다.

서상륜의 의주와 서울 전도(1882-83년)

서상륜(徐相崙, 1848-1926)은 1878년에 만주 뉴촹 닝코우항에 홍삼 장사하러 갔다가 뜻밖에 열병에 걸려 죽을 지경에 이르렀다. 낯선 땅 객점에서 신음하던 그는 자살을 생각할 정도로 절망에 빠졌다. 다행히 선교사 매킨

1　John Ross, "The Christian Dawn in Korea," *Missionary Review of the World* (April 1890), 243-244.
2　Ross to W. Wright, October 11, 1881.

타이어가 그를 발견하고 자기 집으로 데려와 함께 지내면서 아일랜드장로회 선교 병원 헌트 의사에게 왕진을 청해 여러 날 그를 치료하고 약을 먹게 하여 생명을 구했다. 뒷날 그가 고백했듯이 서상륜의 질병은 하나님께서 그를 부르시기 위해 주신 고난이었다. 매킨타이어는 그에게 그리스도 예수의 복음을 전했다. 서상륜은 복음서의 한글 번역에 잠시 참여한 후 세례를 신청했으나 아직 신앙 상태가 확고하지 않아서 로스는 좀 더 기다리기로 했다.

3년의 세월이 지났다. 진리의 빛이 서서히 그의 마음에 비치었고 1882년 4월 서상륜은 복음을 더 배우기 위해서 뉴창으로 갔다. 마침 선양에서 그곳을 방문한 로스를 만났다. 로스는 서상륜에게 그리스도를 증거하고 성경을 가르쳤다.

서상륜은 의주 출생으로 14살에 부모를 여의고 젊을 때 마음껏 살다가 재산을 탕진했다. 밖으로는 유교를 숭봉하고 문벌을 자랑하며 안으로는 교만과 궤휼과 거짓과 간음과 탐심을 품어 다른 사람의 신체를 해하기도 하고 재물을 속이고 남을 깔보는 교만한 자였다. 사람들은 그를 "면주자루에 개똥"이라고 불렀으나 그는 부끄러움을 모르고 스스로 지혜 있는 척했다. 무시를 당하던 그는 부형처럼 사랑하고 권하며 경계하는 로스의 모습에 감동했다. 예수를 믿는 사람은 참 하늘나라 백성이라고 깨닫게 되었다.

그가 신실한 신자로 성장한 것을 확인하고 로스는 5월 28일에 그에게 세례를 주었다. 한국인으로서는 여섯 번째였다. 서상륜은 로스를 따라 선양으로 가서 번역조사로 약 5개월간 일하면서 평안도 사투리를 서울말로 수정하는 작업을 하고 성경 인쇄 일을 도왔다. 그리고 봉천장로교회에

출석하면서 신앙을 키웠다.[3]

1882년 10월 6일에 로스는 상하이 영국성서공회 총무대리인 뮈어헤드(Muirhead) 목사의 지원을 받아 서상륜을 첫 한국 권서로 의주와 서울에 파송했다. 위험한 전도 여행을 떠나는 서상륜을 위해 로스 부부는 함께 엎드려 주의 도와주시며 보호해주심을 위해 간절히 기도했다. 로스는 500여 권의 한글 복음서와 500여 권의 소책자를 주고 3개월간 임시 권서로 일하도록 했다. 서상륜은 하나님을 의지하며 담대히 고려문을 향해 나아갔다.

의주에 있는 세관에서 검사관이 금서들을 압수했다. 그러나 며칠 후 세관 검사관이 의주에 있는 서상륜에게 찾아와 책 일부를 돌려주었다. 그는 공무상 압수했으나 책을 읽어보니 좋은 내용이라서 돌려주는 게 좋다고 판단했다고 말했다. 이 일로 서상륜은 "옳은 일을 하고 있다면 결과를 두려워하지 말고 밀고 나가라"라는 교훈을 배웠다. 의주에서는 백홍준이 은밀히 전도하고 있었고 친구와 친척들이 한글 복음서를 간절히 요청하고 있었으므로 책들은 바로 반포할 수 있었다.

그러나 1882년 7-8월에 발생한 임오군란으로 정세는 불안했다. 평안북도로 귀양을 오는 고위 관료들도 있었다. 서상륜은 서울로 가는 것이 안전하지 못해 의주에서 연말까지 기다렸다.

로스에게 3개월간의 반포 활동을 보고한 후 서상륜은 1883년 1월에 서울로 올라왔다. 동생 서경조는 당숙이 있는 황해도 장연군 소래로 이주했다. 서상륜은 3개월 동안 남의 집에서 살다가 남대문 안 창동에 집을 정하고 전도의 기회를 엿보았다. 그는 로스에게 편지로 성경을 요청했다.

---

3   서상륜의 생애와 사역은 이만열, "서상륜의 행적에 관한 몇 가지 문제", 『한국 기독교와 역사』 19 (1988년 4월 5일), 4-25을 보라.

로스는 5월 22일 평양 출신으로 동지사 수행원이었다가 식자공이 된 류춘천이 고향으로 돌아갈 때 요한복음 300권과 누가복음 100권이 든 책 상자를 서상륜에게 전달하도록 했다. 류 씨가 자청해서 평양에 성경을 반포하겠다고 했으므로, 로스는 700권의 요한복음과 237권의 누가복음이 든 상자를 주었고, 추가로 다른 한 상자를 서상륜에게 전달하도록 했다.[4] 서상륜은 이 복음서를 가지고 6개월간 서울에서 은밀하게 전도했다. 그 결과 1883년 연말까지 여러 명의 개종자를 얻었고, 로스에게 편지하여 "서울에 와서 세례를 받기 원하는 13명의 친구들에게 세례를 베풀고 교회를 조직해주기를 요청"했다.[5]

1884년 봄 로스는 서상륜이 추가로 성경을 요청하자 상하이 영국성서공회에 부탁하여 한문 신약전서, 한문 소책자, 한글 복음서, 한글 소책자 약 1,000부를 중국 상인 편으로 발송했다. 그는 1883년 10월에 개통된 상하이-제물포 기선을 이용했다. 로스는 독실한 신자인 외무아문협판 묄렌도르프 부인에게 편지를 보내어 책이 서상륜에게 전달되도록 부탁했다. 제물포 해관은 금서인 기독교 서적이 든 상자를 발견하고 압류했다. 아내의 부탁을 받은 묄렌도르프는 수소문해서 서상륜을 몰래 집으로 불러 사정을 들은 후 그에게 책이 전달되도록 특별히 중재했다.

서상륜은 서울에서 연말까지 이 책으로 전도했다. 1884년 초에 그는 만주에 있는 로스를 방문하고 사역을 보고한 후 황해도 소래로 내려갔다. 서상륜은 이미 개종한 서경조와 다른 몇 명의 초신자와 함께 성경 공부를

---

[4] Ross to Wright, June 11, 1883(옥성득·이만열, 『대한성서공회사 I』, 97-98). 류춘천의 1883년 6월-1884년 2월 반포 사역은 1866년 토마스 목사에 이어 평양에서 이루어진 두 번째 성경 반포였다.

[5] *BFBS Annual Report for 1884*, Appendix A. 377; J. Ross, "The Christian Dawn in Corea," *Missionary Review of the World* (April 1890), 247; John Orr, "The Gospel in Corea," *United Presbyterian Missionary Record* (June 2, 1890), 188.

하면서 주일예배를 드렸다. 이것이 바로 1884년 소래에서 자발적으로 형성된 한국 개신교 최초의 신앙 공동체였다. 2년 넘게 신앙을 성장시킨 서경조, 정공빈, 최명오 세 사람은 목숨을 걸고 서울에 올라와 1887년 1월 23일 언더우드로부터 몰래 세례를 받았다.

로스는 한인촌에서 100명에게 세례(1884-85년)

1884년 11월에 로스는 웹스터(J. Webster) 목사와 함께 선양에서 떠나 눈길을 헤치며 지안현 한인촌을 방문하고 4개 마을에서 75명의 남자에게 세례를 주었다. 김청송의 전도로 한인촌에는 수백 명의 개종자들이 나왔고 그들이 세례를 요청하자 방문한 로스는 한글 복음서의 능력에 놀라지 않을 수 없었다. 한국인들은 대개 20년 전 기근과 가혹한 세금을 피해 압록강을 건너 한인촌으로 이주해서 개간한 농토에서 하루하루 살아가는 빈민들이었다.

그런데 2년 전 그들의 삶에 큰 변화가 일어났다. 바로 그리스도의 복음이 이 계곡에 들어왔다. 그리하여 수백 명의 한국인이 구원의 길을 찾아 날마다 즐거운 생활을 보내고 있다. 이 운동의 유래와 과정과 결과는 하나같이 놀랍다. 한 명의 선교사도 찾아온 일이 없는 이곳에, 다만 선양에 와서 진리의 영향을 받았던 몇 사람의 개인적인 증거와 함께 로스에 의해 준비되고 보내진 복음서와 소책자들이 이 놀라운 결과를 일으킨 도구들이었다. 이들 계곡에서 이루어진 일은 우리를 겸손하게 만들었다. 한 계곡에서 다른 계곡으로 가면서 매일 우리는 어제는 이교의 흑암 속에 살았으나 지금은 예수 안에서 죄 사함을 받고 하나님과 세상이 화목하게 되었다는 지식으로 인해 기뻐하는 자들을 만났기 때문이다. 우리는 다만 "가만히 서서 하나님의 구원을 바라볼" 수

밖에 없었다. 4개 계곡에서 모두 75명의 영혼이 세례를 받고 교회 안으로 들어왔다.[6]

세례를 받은 자들의 나이는 16살부터 72살까지였고 그들 대부분은 가장이었다. 임오군란에 연루되었던 군인 6명도 세례를 받았다. 남녀유별 때문에 여자들의 세례문답은 연기되었다. 로스는 한글 복음서를 번역한 것이 얼마나 가치 있는 일인지를 확인했다. 그는 "한국을 어떻게 복음화할 것인가"에 대한 해결책을 찾았다. 곧 세례교인을 중심으로 한인촌에 교회들이 설립되고 나아가 그들이 본국에 복음을 전해서 한국 북부 지방에 복음의 누룩이 될 것을 희망했다. 로스는 그들을 하나님과 그분의 은혜의 말씀에 맡기고 성탄절 때문에 12월 24일 닝코우항으로 돌아왔다.

그런데 1885년 봄에 중국인 지주들이 한국인들의 주일 집회와 신앙 운동을 반란 음모로 오해하고 폭력을 행사하며 핍박했다. 곧 그들은 야비한 마적단을 고용하여 교인들을 때리고 재산을 파괴하며 신앙을 버리라고 협박했다. 로스는 이 소식을 듣고 1885년 여름에 두 번째 한인촌을 방문하고 핍박을 두려워하지 않는 남자 신자 25명에게 세례를 주었다.[7] 이로써 1885년 여름에 한인촌 28개 마을에는 세례교인만 100명이 존재하게 되었다.

중국인 지주들은 한인들이 늘어나는 것을 막기 위해 핍박을 멈추지 않았다. 한인촌 신앙 공동체의 교인 다수는 압록강을 다시 건너 초산, 강계, 후창 등지로 흩어졌다. "그들은 복음을 들고 갔고 미국 선교사들이 북부 지방에 들어갔을 때 이곳저곳에서 압록강 계곡의 옛 거주지에서 지식

---

6   "A Bright Light in Northern Korea," *Foreign Missions* (Sept. 1886), 151-152.
7   John Ross, "The Christian Dawn in Corea," 246.

을 수용했던 믿는 무리들을 발견했다."⁸

1890년대 북한 지방에 그리스도인이 빠르게 증가한 배경에는 바로 한인촌에서 흩어진 '복음의 누룩'들이 있었다.

---

8   J. Webster, "The Maker of the Manchurian Mission: An Appreciation of the Late Rev. John Ross, D. D.," *Missionary Record of the United & Free Church of Scotland* XV (1915), 394.

9
첫 선교 편지
이수정의 마게도니아인의 부름(요코하마, 1883년)

이수정은 1882년에 발생한 임오군란 당시 민 왕비의 생명을 구해준 상으로 9월에 정부에서 파송하는 국비 유학생이 되어 일본에 가서 근대 문명을 배우려고 했다. 그러나 그는 성경을 공부하면서 성경을 한국인에게 전하는 것이 더 중요하다는 것을 깨닫고 번역에 헌신했다. 그는 일본인 야스카와 목사에게 세례문답을 하고 1883년 4월 29일에 장로교회의 녹스(Rev. Dr. George W. Knox) 목사로부터 세례를 받으며 일본에서 첫 한국인 개신교(장로회) 신자가 되었다. 신약의 한글 번역, 유학생 전도로 이룬 동경한인교회의 설립 그리고 미국 교회에 한국에 선교사 파송을 요청하는 편지를 보내는 등 그는 일본에서 첫 한인 선교사로 살았다.

▲ 이수정의 세례 기념사진(1883년 4월 29일) [Oak]
뒷줄에 녹스, 이수정, 야스카와, 앞줄에 중국인 조사, 루미스, 야스카와 부인
[H. Loomis, "Rijutei's Strange Dream," *Christian Herald* (Jan. 8, 1902), 41.]

다음은 이수정이 1883년 12월에 미국 교회 앞으로 보낸 선교사 요청 편지다. 그가 쓴 글을 미국성서공회 일본지부 총무 루미스(Henry Loomis) 목사가 영어로 번역했다. 바울의 유럽 선교가 꿈에 "건너와서 우리를 도우라"(행 16:9)는 마게도니아 사람의 부름으로 시작되었다면, 미국 교회의 한국 개신교 선교는 선교사 파송을 요청한 이수정의 편지를 계기로 시작되었다. 한국인이 보낸 '마게도니아인의 부름'으로 소개된 이 편지는 뉴욕 미국종교서회가 발행한 *The Illustrated Christian Weekly* 1884년 1월 26일 자에 소개되었고 이어서 *The Missionary Review* 3월호에 다시 실렸다.

1883년 12월 13일
요코하마

예수 그리스도의 종 이수정은 미국에 있는 형제자매들에게 문안합니다.

믿음과 진리의 힘으로 저는 주님의 크신 은혜를 받아 무한히 행복합니다. 여러분의 기도와 간구로 인해 우리가 신앙을 굳게 지키고 사탄에게 흔들리지 않으므로 주님께 찬양과 영광을 드립니다.

우리나라에 있는 수많은 사람은 아직도 참 하나님의 도를 모르고 이방인으로 살고 있습니다. 그들은 아직 주님의 구원하시는 은혜를 받지 못했습니다.

복음이 전파되는 이 시대에 우리나라는 불행히 지구의 외진 구석에 놓여 있어서 기독교의 축복을 누리지 못했습니다. 그래서 저는 복음을 전하는 도구로서 성경을 한국어로 번역하고 있습니다. 이 사역의 성공을 위해서 저는 밤낮으로 기도합니다. 마가복음서는 거의 완성되었습니다.

한국에서 온 다섯 명의 동포가 저와 뜻을 같이하고 있습니다. 그들은 벌써 세례를 받았습니다. 더 많은 사람이 성경의 가르침을 기쁘게 받아들이고 있으며, 그리스도인이 되려는 자의 수는 매일 증가할 것으로 기대합니다.

과거 70-80년간 프랑스 선교사들은 한국에서 그들의 가르침을 비밀스럽게 전했습니다. 정부는 그들의 가르침을 엄격히 금했고, 개종자는 남녀노소를 가리지 않고 사형에 처했습니다. 그러나 그들은 믿음을 지켰고 용감하게 죽었습니다. 처형된 자는 10만 명이 넘습니다. 비록 이들은 주님의 교훈을 잘못 이해했지만, 그들의 믿음은 칭송할 만하며, 이는 한국인이 복음을 받을 준비가 되어 있음을 보여줍니다. 신부들도 자주 박해를 받았지만, 위험에 아랑곳하지 않았습니다.

현재 정부는 외국 통상에 문호를 개방하고 백성들의 상태를 개선하려고 열심히 노력하고 있습니다. 그 결과 기독교에 좀 더 유연한 태도를 보이고 있으며, 비록 공개적으로 허용하지는 않았지만, 그리스도인을 찾아내어 박해하지는 않습니다.

최근 왕석창이라는 중국 그리스도인이 신약전서 한 권을 우리 왕에게 바쳤습니다. 그러나 정부가 개입하여 받지는 않았습니다. 왕은 몹시 불쾌했고, 지금 그 사안은 큰 토론 거리가 되어 있습니다. 처음에는 어려움을 각오해야 하지만, 그것은 길을 준비하는 것에 불과합니다. 저는 지금이 한국에 복음을 도입할 황금 같은 기회라고 생각합니다.

여러분의 나라는 우리에게 기독교 국가로 잘 알려져 있습니다. 그러나 여러분이 우리에게 복음을 보내지 않으면, 다른 나라[프랑스]가 선교사들을 신속히 파송할 것으로 우려되며, 저는 그 가르침이 주님의 뜻에 일치하지 않는다고 생각합니다.

비록 저는 영향력이 없는 자이지만 여러분이 파송하는 선교사들을 최선을 다해 돕겠습니다. 이곳에서 사역하고 있는 자들과 협의해서 사역을 준비할 수 있는 한 사람을 즉시 보내어주시기를 간절히 바랍니다. 저는 이것이 가장 안전한 최선의 방안이라고 생각합니다.

저의 편지를 심사숙고해주시기 바랍니다. 저의 부탁을 들어주신다면 저는 한량없이 기쁠 것입니다.

그리스도의 종
이수정 올림

이수정은 복음 전파를 위해 한글 성경을 번역하고 유학생들에게 전도하여 동경 한인교회를 조직하는 한편, 미국 교회에 선교사 요청 편지를 보냈다. 일본의 손을 거친 일본 기독교가 아닌 미국에서 직접 수용한 기독교를 통해 한국인의 정신과 영성을 새롭게 해야만 한국이 근대 독립 국가가 될 수 있다고 믿었기 때문이다. 이 편지를 읽은 미국 북장로회 선교부는 언더우드를 첫 목회 선교사로 한국에 파송했다. 언더우드는 1885년 1월 말에 요코하마에 도착했으며 갑신정변 실패로 동경에 망명해온 서광범 등을 만나 한국어를 배우고 2월에 출판된 이수정 역본 한글 마가복음을 가방에 넣고 4월 5일 밤 서울에 도착했다.

▲ 이수정: 1883년 5월 일본 전국기독교도친목회에서

한 장의 편지가 역사를 바꾼다. 우리는 이 땅에서 '그리스도의 편지'(고후 3:3)로 산다. 교회사는 편지의 역사라고 해도 과언이 아니다. 버려지는 이메일, 성가신 스팸메일, 괴롭히는 악플이 넘치는 시대에, 나는 과연 어떤 편지를 쓰면서 살 것인가? 스크린에서 사라지는 이메일이나 전화 문자 대신에 마음 판에 쓰는 편지, 돌비에 새기는 죽은 글이 아니라 살아 계신 하나님의 영으로 심비에 새기는 편지를 쓰자. 그런 편지가 되자.

10
첫 한글 주기도문
이수정 역(요코하마, 1883년)

한국 기독교는 아직도 하나의 주기도문을 사용하지 못하고 있다. 천주교, 성공회, 정교회, 개신교가 모두 100년 이상 다른 번역을 쓰고 있으며 개신교에도 다양한 번역이 공존하고 있다. 사진은 필자가 발굴한 이수정(李樹廷, 1842-1886)이 번역하고 목판 글자로 찍은 첫 한글 개신교 주기도문이다. 이 번역문과 현용 번역문을 비교해보면서 주기도문 번역의 문제점과 우리의 기도 생활을 돌아보자.

이수정 역(1883년)

사진에 있는 인쇄본을 지금 철자로 옮기면 다음과 같다.

> 우리 아버니 하늘에 계옵시니
> 원컨대 네 성[거룩]하옵다 이름 나며
> 네 나라가 임하여 이르러
> 네 뜻이 시러금 이루되 땅에 있어 하늘에 있음같이 하시고
> 우리 쓰는 바 양식을 오늘 나를 주시며
> 우리 모든 짐을 벗겨주시되 내가 내게 진 사람을 벗겨주

▲ 이수정의 주기도문 인쇄본(1883년) [Oak]

10. 첫 한글 주기도문: 이수정 역(요코하마, 1883년) **103**

듯 하시고

더욱 나를 꾀와 혹하는 데로 인도하지 마옵시며 이어 나를 악한 데 건져내어 주소서

대저 나라와 권과 영화 다 네게로 돌아가되 이에 대대로 미치옵소서. 아멘

우리 아버지

이수정 역은 원문에 있는 순서대로 먼저 하나님을 '우리 아버지'로 부른다. 현재 사용 중인 천주교, 성공회, 개신교의 모든 한글 주기도문은 '하늘에 계신'으로 시작한다. 그러나 이 경우 하나님이 멀리 계신 분으로 느껴진다. 그리스어 본문이나 영어처럼 '우리 아버지'라고 먼저 부르고 나면, 예수께서 가르치신 '아빠' 되신 하나님이 더 가까이 다가온다. 올해는 북한 주민을 포함하는 모든 사람의 '아버지' 되시는 하나님을 발견하고 더 가까이 가는 해로 만들자. 물론 '우리 아버지'는 하늘에 계신 분이자 동시에 그 거룩하신 정체성이 역사 속에서 드러나 이름이 나야 한다.

네 나라가 임하여 이르러

이수정은 주기도문의 첫 세 가지 기원을 바로 이해하고 그 행동 주체가 하나님이심을 강조했다. 하나님께서 그 이름을 거룩하게 하시고 나라가 임하게 하시고 뜻이 이루어지게 하실 것이므로 우리는 그대로 되기를 간구한다. 이수정은 양반 학자였으나 과감하게 하나님에 대한 2인칭 대명사로 '너'를 채용했다. 1892년 아펜젤러 번역의 마태복음은 '너'를 사용했다. 그러나 한국어의 특징인 존칭어 때문에 그동안 한국교회는 하나님을 향해 친근한 '너'(you)라고 부르지 못했다. 심지어 20년 전에 나온 개역개

정은 이 문제로 고심하다가 결국 1895-1906년의 구역 번역이나 1937-54년의 개역 번역처럼 '너'를 생략했다. 게일 선교사가 많이 사용했던 '줄인 풀이역'을 채택한 것이다. 반면에 1977년의 공동번역 성서나 2007년에 예수교장로회 통합측이 채택한 주기도문은 '너'를 '아버지'로 대체하여 여성 신학자들의 반발을 샀다. '네 이름', '네 나라', '네 뜻'을 본문에 없는 '아버지 이름', '아버지 나라', '아버지 뜻'으로 풀어서 번역한 것은 1880년대 로스역본이 채택한 '늘인 풀이역' 혹은 자유 의역의 전통을 따른 것이었다. 따라서 지난 130년간 한국 개신교회는 주기도문 번역에서 직역 대신 단어를 줄이거나 없는 단어를 넣은 자유 의역을 시행해왔다. 반면 1883년에 이수정은 본문에 있는 대로 하나님에 대한 2인칭 소유격 대명사로 '네'를 사용했다.

그러나 존대법 때문에 현재 '하나님의 이름'을 '네 이름', '하나님의 나라'를 '네 나라', '하나님의 뜻'을 '네 뜻'이라고 말할 수 있는 교인은 별로 없다. 2011년 출판 400주년이 되는 흠정역(King James Version, 1611) 영어 성경은 'your'의 높임말인 'thy'를 채용했고 이는 지금도 사용되고 있다. 한국어에는 존칭 2인칭 소유격이 없으므로(존칭어 '당신'은 3인칭), 한국의 신학자들과 성서번역자들은 풀이역(의역)으로 해결을 시도해왔다. 대개 진보적인 신학자들은 해석을 곁들인 늘인 풀이역을 선호하고(예, 'thy kingdom'을 '하나님의 나라'로 번역) 보수적인 신학자들은 줄인 풀이역을 선호한다(예, 'thy kingdom'을 '나라'로 번역). 과연 한국교회는 주기도문의 하나님 2인칭 번역에서 이수정의 직역 전통으로 돌아갈 것인가? 이것은 단지 언어학적 문제나 번역의 문제를 넘어선다. 사실 지난 100년간 대다수 개신교회는 줄인 풀이역의 주기도문으로 기도한 결과 누구의 이름이 거룩하게 되고, 누구의 나라가 이루어지며, 누구의 뜻이 이루어졌는지 알 수 없는 상태에 이르렀다. 한국교회가 사람의 뜻이 아니라 하나님의 뜻이 이루어지도록 기도할 때다.

네 뜻이 시러금 이루어지되

이수정 역은 지금은 별로 사용하지 않는 단어인 '시러금'(능히)을 넣어 하나님의 뜻이 미래에 하나님에 의해 능히 이루어질 것이라는 종말론적인 하나님의 계시 사건—하나님의 이름이 거룩해지고 나라가 임하며 뜻이 이루어지는 일—의 완성, 곧 신적 수동태("Thy will be done")를 강조하고 있다. 하나님이 능력으로 통치하시는 역사의 종말을 바라보고 순종하는 자의 기도가 주기도문이다.

땅에 있어 하늘에 있음같이 하시고

이수정역 주기도문이 첫 번역이므로 완벽할 수 없다. 원문은 "하늘에서처럼 땅에서도"인데, 이수정은 이 순서를 바꾸었다. 번역은 단어 대 단어나 구절 대 구절로 직역할 수 없는 부분이 많고 어떤 의미에서 원문을 다시 쓰는 것이므로 번역자의 의도가 반영될 수밖에 없다. 기도도 번역이라고 할 수 있다. 하늘의 뜻을 깨달아 이를 땅에서 이루어지게 하는 통로가 기도라고 한다면, 우리가 하는 땅에서의 모든 일이 하늘처럼 되도록 기도할 때다.

우리 쓰는 바 양식을 오늘 나를 주시며

"우리가 쓰는 바 양식을 오늘 나를 주시며"와 관련한 원문에는 '우리를'로 되어있으므로 이수정의 '나를'은 오역이다. 또 이수정은 매일 대신 오늘로 번역했다. 그러나 '쓰는 바 양식을 오늘'에는 오늘 현재 필요한 양식이라는 뜻이 잘 드러나 있다. 종말론과 일상사가 연결되는 지점이 하루 먹고 쓸 먹거리다. 오고 있는 하나님 나라와 이루어지고 있는 하나님의 뜻을 바라보면서 하루하루 쓸 물질을 하나님께 간구하는 자세는 계속된다.

우리 모든 짐을 벗겨주시되

"저희에게 잘못한 이를 저희가 용서하오니 저희 죄를 용서하시고"(천주교, 1997), "우리가 우리에게 죄 지은 자를 사하여 준 것같이 우리 죄를 사하여 주옵시고"(개역개정, 2000) 등은 원문에 있는 우리가 우리에게 '빚'진 자를 탕감하여 주었듯이 우리가 하나님에 진 빚(죄 짐)을 사하여 달라는 의미를 약화시켰다. 하지만 죄나 잘못을 모든 '짐'으로 번역한 이수정 역은 '수고하고 무거운 짐 진 자'인 우리를 편히 쉬게 하시는 예수에게로 다가가게 한다. 올해는 나에게 짐을 지우고 상처를 주며 감정의 응어리를 쌓이게 한 자들을 용서하고 그 무거운 짐을 벗어버리고 주님 안에서 안식하는 복을 누리자.

유혹하는 데로 인도하지 마시고 악에서 건져내어주소서

섰다고 생각하는 자는 넘어지기 쉽다. 꾀는 말을 듣지 않고, 유혹의 자리에 가지 않으며, 시험에 들지 않도록 기도해야 한다. 동시에 악에 빠지지 않고 악에 저항하는 그리스도인이 되게 하소서라고 기도할 때다.

나라와 권과 영화 다 네게로 돌아가되 이에 대대로 미치옵소서

높거나 낮거나 권력을 가진 지도자는 그 권력과 권세가 자신의 것이 아니라 하나님에게서 온 것임을 기억하고 청지기로 겸손히 통치하고 책임을 다해야 한다. 하나님의 거룩하심이 드러나고 모든 영광이 하나님께 돌아가는 것이 역사의 흐름이다.

참고로 로스가 번역한 주기도문을 보자. 1887년판 『예슈셩교젼셔』에 나오는 마태복음 6:9-13의 주기도문이다. (띄어쓰기는 필자가 넣었다.)

우리 하날에 게신 아바님
아바님의 일홈이 셩ᄒ시며
아바님 나라이 님ᄒ시며
아바님 뜻이 이 쌍에 일우기룰 하날에 힝ᄒ심 갓치 ᄒ시며
쓰는 바 음식을 날마당 우리룰 주시며
사룸의 빗 샤함 갓치 우리 빗을 샤ᄒ시며
우리로 시험에 드지 안케 ᄒ시며
오직 우리룰 악에서 구완하여 늬쇼셔

이수정 역과 달리 로스의 역은 '아바님'을 세 번이나 추가한 늘인 풀이역이다. 로스는 죄나 짐 대신 빗으로 번역했고 유혹 대신 시험으로 번역했다.

1897년에 번역자회(위원장 언더우드)가 확정한 주기도문과 이들을 비교해보자.[1] 그것은 현재 사용하는 주기도문과 비슷한 문장으로 번역된 것

---

[1] "The Lord's Prayer in Korean," *Korean Repository* (1897): 71-73.

을 알 수 있다. 이 번역자회의 번역은 2인칭을 생략한 줄인 풀이역이 특징이다. '오늘'과 '양식'은 이수정 역에서 왔고, '시험'은 로스역에서 왔으며, 번역자회는 '짐을 벗겨주다'(이수정 역)나 '빚을 사하다'(로스 역) 대신 '죄를 면하다'를 새로 사용했다.

```
72                THE KOREAN REPOSITORY.

        하늘에 계신 우리 아바지여 일홈의 거룩
    ᄒᆞ심이 나라 나옵시며 나라히 림ᄒᆞ옵시며
    ᄯᅳᆺ이 하늘에셔 처럼 ᄯᅡ헤셔도 일우여 지이다
    오늘날 우리의게 일용ᄒᆞᆯ 량식을 주옵시고 우
    리 죄를 면 ᄒᆞ여 주옵쇼셔 우리도 우리게 죄
    지은 사룸을 면 ᄒᆞ여 주엇 소옵ᄂᆞ이다 우리를
    시험에 들지 말게 ᄒᆞ옵시고 다만악에셔 구
    ᄒᆞ옵쇼셔
            대개 나라와 권셰와 영광이 아바지ᄭᅦ 영
    원이 잇소옵ᄂᆞ이다   아멘
```

하나의 주기도문을 가지는 것은 한국 기독교 연합과 일치의 첫걸음이다. 여러 해 전에 활발했던 공동 주기도문 운동의 불씨가 이수정 역 주기도문의 발굴로 인해 다시 살아나기를 바란다. 동시에 주기도문을 바로 이해하고 기도하며 그 기도대로 살도록 노력하자.

11
개항장과 서울을 방문한 첫 개신교 선교사
다우스웨이트(지푸, 1883년 11월)

지금까지 개신교 선교사 가운데 한국의 서해안을 처음 방문하고 선교한 자는 귀츨라프(1832년 고대도)로, 평양은 토마스(1866년)로, 그리고 서울은 1884년 6월에 온 매클레이 부부로 알려져 있다. 그런데 매클레이가 오기 7개월 전인 1883년 10월부터 6주간 부산, 원산, 제물포, 서울 등을 탐사하고 많은 성경을 반포한 후, 개항장과 한국의 8도와 주요 도시 상황과 개신교 선교 전망에 대한 보고서를 작성한 스코틀랜드인 선교사가 있었다. 민경배 교수의 『한국기독교회사』에 언급되지 않았던 이 잊힌 선구자, 그는 산동반도 지푸항에서 중국내지선교회 소속의 의료 선교사로 활동하던 다우스웨이트(Arthur William Douthwaite, 稻惟德, 1848-99) 의사였다.

▲ 다우스웨이트(1874년) [Oak]
의료 선교사로 상하이에 도착할 당시

다우스웨이트는 누구였나?

윌리 다우스웨이트는 1848년에 영국 스코틀랜드 셰필드에서 출생했다. 그는 불우한 가정 형편으로 초등학교도 마치지 못했으나 다행히 플리머스형제단 교인인 자형이 운영하는 가게에서 사환으로 일하기 시작했고 형제단 교회에 출석했다. 1868년에 그는 "천국에 갈 준비가 되었는가?"라는 전도지를 받고 고민하다가 감리교 목사의 설교를 듣고 개종했으며 곧 거리에 나가 가난한 자들을 돕고 전도하기 시작했다. 1872년 제야에 그는 기도하며 하나님께 생애를 헌신하기로 결단했다. 다음 날 그는 YMCA 신년 특강에 온 중국내지선교회의 두 선구자 메도우와 구인네스의 연설을 듣고 중국 선교사로 지원했다. 그 무렵 다우스웨이트는 형제단 신자로 셰필드 회중교회 교인인 엘리자베스(릴리)와 사랑하게 되었고 두 사람은 선교사로 나갈 결심을 하고 결혼했다.

1873년에 다우스웨이트는 중국내지선교회(CIM) 선교사로 지원했으며 6월에는 런던에 가서 중국내지선교회의 선교사 훈련 대학인 할리 대학(Harley College)과 런던병원의학교(London Hospital Medical School)에서 6개월간 의사 교육을 받았다. 1885년 이전의 선교사 훈련 학교는 정규 의과대학 과정 없이 실습 위주의 교육을 가르쳤으며 해외 의료 선교사로 나가면 학생들의 교육은 6개월-1년 정도 실습으로 족했다. 1874년에 할리 대학을 마친 4명의 첫 졸업생 네 명이 중국으로 파송되었다. 이후 40년간 할리 대학은 1,000명 이상의 중국 선교사를 배출했으며 내지선교회는 중국 최대의 선교회로 성장했다. 다우스웨이트는 그중 한 명의 선구자로 의료 선교사로 파송을 받아 상하이에 도착했다. 이후 1899년까지 25년간 그는 중국내지선교회의 초기 선교사로서 헌신적인 전도인으로 살았다. 그러나 그는 8년 동안 안식년 없이 시골 전도 사역으로 건강이 악화되어 1882년 여름에 산동의 지푸(지금의 烟台)항으로 임지를 옮겼다. 그는 지푸에 중국내지선교회의 선교지부를 개척하고 학교와 진료소를 개설하여 학생들을 가르치고 병자를 고쳤다.

1882년에 한영조약이 체결되자 주일 영국 대사 파커스(Harry Parkes) 경은 다우스웨이트에게 한국의 개항장들과 서울을 방문하여 한국 현황과 선교 개시 가능성에 대한 보고서를 작성해달라고 요청했다. 동시에 지푸의 스코틀랜드성서공회 총무 윌리엄슨도 그에게 한국 방문 때 성경을 반포해달라고 요청했다. 개척 정신이 강한 다우스웨이트는 1883년 10월부터 6주 동안 부산, 원산, 제물포, 서울을 방문하면서 많은 성서와 소책자를 반포했다. 특히 세관에 근무하는 외국인 관리들이 그를 반겨주었는데 그가 의사였기 때문이었다.

> In October last the writer of these notes visited the "Hermit Kingdom" on behalf of the Scottish National Bible Society for the purpose of obtaining information, and during the six weeks he spent there was enabled to put

56

> a great number of scriptures and tracts into the hands of the people. He was on the whole well received, and very kindly treated at the ports by the members of the Customs staff.

▲ 1883년 10월 방문 사실을 언급하는 보고서의 일부, 55-56쪽 [Oak]

다우스웨이트는 성탄절이 되기 전 지푸로 돌아왔고 1884년 초 한국 방문 여행기를 상하이에서 발간되던 새 잡지 *The Star in the East*에 게재했다. *Shanghai Mercury* 신문사는 연재물을 모아 소책자인 *Notes on Corea*를 발간했다. 이 보고서는 한국의 상황과 8도의 현황을 자세히 소개하면서 선교 개시의 가능성을 알리고 하루빨리 상주 선교사를 한국에 파송해야 한다고 역설했다.

다우스웨이트는 한국 방문 후, 10년 만에 안식년 휴가를 보내기 위해 1884년 8월 런던에 도착했다. 그러나 시간을 낭비하지 않던 그는 안식년 기간을 이용하여 중국내지선교회의 지원을 받아 미국 내쉬빌 대학교 의과대학에 가서 1년간 의사 과정을 수료했다. 그는 내쉬빌 대학교와 밴더빌트 대학교로부터 동시에 의사(MD) 학위와 졸업장을 받고 1884년 11월에 영국으로 돌아와서 바로 중국을 향해 떠났다. 1887년 5월에는 아내가 장티푸스로 급사하는 비극을 당했으나 그는 이를 잘 극복했다.

그는 1890년에 재혼한 후 행복한 의료 선교를 했다. 많은 아편 중독자들도 치료했다. 1890년에 그는 상하이선교사대회에서 "선교 기관으로서의 의료 사역"이라는 논문을 발표했다. 예수는 가르치고 고치며 선포했으나 지상 명령에서는 가르쳐 지키게 하라고 하셨으므로, 의료 선교는 전도에 부수적인 수단이라는 입장이었다.

1895년 1월 청일전쟁 당시에 그는 많은 군인을 치료하여 정부로부터 쌍룡 훈장을 받았다. 그러나 1896년 2월 다우스웨이트는 아들을 낳은 아내가 사망하자 어린아이 세 명을 보며 영육이 허약해졌다. 그는 영국 처가에 아이들을 데려갔고 이들을 동정한 처제가 그에게 결혼을 약속했다.

그러나 1899년에 그녀는 결혼하기 위해 상하이로 가던 중 싱가포르에서 다우스웨이트가 10월 5일에 이질로 지푸에서 사망했다는 소식을 들었다. 지푸 언덕에 있는 그의 묘비에는 다음 문구가 새겨져 있다.

> 나에게 하나가 아닌 천 개의 생명이 주어진다면, 사람들을 그리스도에게로 인도하는 영광스러운 사역에 그 모두를 쓸 수 있도록 허락받는 최대의 명예를 부탁할 것이다.[1]

다우스웨이트의 전기가 그의 후손들에 의해 2006년에 출판되어 그의 생애가 재조명되었다.[2] 그러나 그 책은 그가 한국을 1884년에 방문했다고

---

[1] John Owen, "Arthur William Douthwaite (1848-99), Order of the Double Dragon, MD (USA) FRGS: Evangelist, Medical Missionary, Explorer." 선교에 천 개의 생명을 드린다는 말은 뉴잉글랜드 선교사 데이비드 브레이너드(David Brainerd, 1718-1747)가 처음 한 말이다.

[2] John D. Owen and Diana C. Morgan, *Douthwaite of Double Dragon: Portrait of a Medical Missionar—A Life Spent for God and Man* (Felixtown, Suffolk, UK: Braiswick, 2006).

서술하는 등 한국 방문 선교에 대해서는 간단하게 다루었다. 국내에는 그의 한국 선교 활동이 간단하게 소개되어 있고 그의 보고서는 아직 알려지지 않았다. 그의 선교 활동을 서술하고 평가하기 전에 먼저 기존의 대표적인 세 역사서를 중심으로 그의 활동이 어떻게 서술되어 있는지 살펴보자.

기존 서술 1

백낙준의 『한국개신교사』 한글판은 다우스웨이트의 활동을 초기 "여러 성서공회들의 사업" 항에서 다음과 같이 서술했다.

> 1883년에 지푸 주재 중국내지선교단 소속 미국인 선교사 A. W. 다우드웨이트(Douthwait) 박사는 스코틀랜드성서공회의 대리인 알렉산더 윌리암슨(Alexander Williamson)의 요청에 따라 한국의 여러 항구를 역방하고 스코트랜드성서공회의 사업으로 성경을 반포하였다. 그러나 우리는 그가 어디 어디를 역방하였으며, 어느 만큼 일의 성과를 내었는지 또 얼마나 오래 여행하였는지 전연 기록을 찾아볼 수 없다.[3]

곧 백낙준 박사는 만주의 로스 역본과 일본의 이수정 역본의 번역과 반포에 이어서 다우스웨이트 박사가 한국의 여러 항구를 방문하고 한문 성서를 반포했다고 기록했지만, 잡지들에 발표된 간단한 정보 외에는 자세한 기록을 찾지 못해서 그의 활동을 상술할 수 없었고, 그의 활동에 대한 의미도 부여하지 못했다.

한편 이 짧은 서술에 작은 오류가 숨어 있다. 첫째, 다우스웨이트는

---

3   백낙준, 『한국개신교사』(연세대학교출판부, 1973), 80-81.

미국인이 아니라 영국인이었다. 둘째, 그는 박사가 아닌 의사였다. 초기 한국 개신교 문서에서 'Dr.'가 medical doctor(Doctor of Medicine)일 경우에도 '박사'로 번역하는 경우가 자주 있다. Dr. Allen을 알렌 박사로, Dr. Philip Jaisohn을 서재필 박사로 번역하는데, 이는 알렌 의사, 서재필 의사로 번역하는 것이 더 좋다. 1880년대까지 의사는 정규 의과대학을 다닌 자가 별로 없었고 의대를 다녔더라도 1년 이하가 대부분이었다. 다우스웨이트는 6개월 실습 교육만 받은 의사였기 때문에 의학 '박사'가 아니었다.

기존 서술 2

민경배 교수의 『한국기독교회사』(1982년 개정판)는 "이루지 못한 서구 교회의 선교" 항(134-148쪽)에서 귀츨라프, 토마스, 윌리엄슨의 선교 활동을 서술했으나 다우스웨이트는 전혀 언급하지 않았다. 생략한 이유는 알 수 없다. 이 세 선교사는 무력 사용과 국가 개입을 정당화하는 강경한 선교 정책을 시행하던 '서구형 교회론'의 소유자로 정교분리를 지향한 미국인 '경건주의와 복음주의' 교파형 교회 선교사들과 대비되었다. 그러나 이는 역사적 사실이 아니다. 귀츨라프와 토마스는 동아시아에서 경건주의와 복음주의 선교의 선구자들이었다. 다우스웨이트도 중국내지선교회 소속으로 플리머스형제단과 회중교회 계통의 의료 선교사였다.

기존 서술 3

한국기독교사연구회의 『한국 기독교의 역사 I』(1989년 초판)은 "중국을 통한 한국 선교의 시도" 절(129-140쪽)에서 1) 귀츨라프의 내한, 2) 윌리엄슨의 한국 선교 지원, 3) 토마스와 제너럴셔먼호 사건 등 3개 항을 서술하고 다우스웨이트의 한국 방문을 2)항에서 언급한다. 백낙준과 같이 "다우스웨이트의 행적에 대해서는 자세히 알려진 바가 없으나 그는 1883년 말에서 그 이듬해 초의 겨울에 지푸로부터 한국을 방문한 것으로 보인다"라고 썼다. 『한국기독교의 역사』는 연구회의 여러 학자가 나누어 쓴 것인데 이 부분은 이만열 교수가 쓴 것이다. 그는 백낙준이 이용한 허드슨 테일러의 보고서를 번역하여 인용했다.

> 우리 선교부의 한 멤버인 다우스웨이트 씨는 윌리엄슨 박사의 요청에 따라 스코틀랜드성서공회의 일로 한국을 방문했다. 그는 그곳에서 아주 많은 양의 '하나님의 말씀'을 반포했다. 그의 반포 활동은 곧 금지되었다. 그러나 금지 조치가 취해지기 전에는 그곳에 있었다.[4]

다우스웨이트가 중국내지선교회 소속이었으므로 그 선교회의 월간 잡지인 *China's Millions*의 1884년 1월 호가 그의 한국 방문을 언급했고 7월호는 위와 같이 말했다. 이 글만 보면 다우스웨이트가 한국에 간 것은 스코틀랜드성서공회 윌리엄슨 총무의 요청에 의한 것이고 주목적은 성서 반포 활동인 것으로 이해된다.

그런데 이 부분에도 오류가 있다. 첫째, 인용문 번역의 오류다. "그의 반포 활동은 곧 <u>금지되었다. 그러나 금지 조치가 취해지기 전에 그곳에 있었다</u>"에서 밑줄 친 부분은 오역이다. 원문은 "He was informed that it was shortly to be prohibited. He, however, was there before any prohibition had been issued"이다. "그는 반포 활동이 곧 금지된다는 말을 들었다. 하

---

[4] *China's Millions* (July 1884): 98.

지만 그는 어떤 금지령이 발표되기 전에 그곳에 있었다"로 번역해야 한다. 둘째, 책에서 다우스웨이트의 방문을 별도로 분리하여 제4항으로 서술했으면 더 좋았을 것이다. 윌리엄슨의 요청으로 1866년에 토마스가 평양을 방문한 이후 17년 만에 이루어진 한국 방문이므로 연대기적으로도 3항의 토마스에 이어서 서술하는 것이 좋고 중요성을 강조하는 면에서도 더 나은 서술이 될 것이다. 이는 다음 이유 때문이기도 하다.

셋째, 다우스웨이트의 방문은 윌리엄슨의 요청뿐만 아니라 한국 상황 전반을 조사해달라는 일본 주재 영국 공사 파커스 경의 요청으로 이루어졌다. 다우스웨이트는 후자를 위해 개항장 도시들(부산, 원산, 제물포와 서울)을 방문했으며 8도의 산업과 천연자원에 대한 자료를 수집 정리하여 보고했다. 그는 두 사람의 부탁을 받고 3개월간 탐사 여행을 한 후 종합적으로 선교 사업 개시 시점이 왔다고 판단했다. 따라서 그를 귀츨라프, 윌리엄슨, 토마스에 이은 네 번째 선구적인 방문 선교사로 서술해야 할 것이다. 파커스(1828-1885)는 1865년에 일본 대사로 부임했고 그 마지막 해인 1883년에 조영조약을 체결하도록 주선한 장본인이었다. 그는 일본 대사직에서 은퇴하면서 1884년에 초대 주한 영국 총영사로 서울에 부임했으며 이듬해 사망했다. 파커스는 조약 후 한국 사정을 조사할 필요가 있었다. 다우스웨이트의 탐사는 파커스의 총영사직 부임을 위한 사전 포석이기도 했다. 제국과 선교가 함께 손잡았던 오랜 역사를 가진 영국이었기에 그러한 조사는 새로운 일이 아니었다.

넷째, 다우스웨이트의 서울 방문은 1883년 9월에 있었던 그의 교인이 서울 군대의 병사로 파병되면서 성경을 반포하려다가 실패한 사건과도 연관된다. 그 사건으로 인해 다우스웨이트는 한국 선교에 더 관심을 두게 되었다.

청국 병사의 성서 반포 (1883년 9월)

백낙준의 『한국개신교사』 80-81쪽은 다우스웨이트의 한국 방문을 간단히 언급한 후, 1902년에 쓴 한국 남감리교회의 창설자인 리드(C. F. Reid) 목사의 보고에 나오는 청군 병사의 전도 활동을 인용했다.

> 다우드웨이트 박사는 자기가 기른 신자의 한 사람이 중국인 병사에게 복음서와 전도지를 대어주었는데, 그가 1883년에 遠世凱와 같이 한국에 갔다는 것이다. 리이드 목사는 그 자료의 출처를 밝히지는 않았으나, 중국인 병사는 한국인들에게 기독교 서적을 반포하고 기독교 신앙을 전도하다가 마침내 한국 관헌에게 발각까지 되었다는 사실을 밝혀 말하였다. 관헌들은 그를 죽이려다가 실패하고 겨우 중국으로 쫓아 보냈다.

1882년 7월에 임오군란 후 원세개는 청 군대를 제물포와 서울에 상주시키고 점령군 노릇을 했다. 그는 마건상(馬建常)과 마건충(馬建忠)과 묄렌도르프를 파견하여 조선의 내정과 외교에 깊이 간여했다. 마건충은 왕후 시해 사건 가담의 죄를 물어 대원군을 납치했다. 민씨 일파의 지지를 받은 시랑 오장경(吳長慶)은 대원군을 톈진으로 압송했다. 『매천야록』(梅泉野錄)에 의하면 마건충의 후임자가 된 오장경은 청군의 위엄을 과시하기 위해 훈련도감 군사들이 많이 사는 왕십리 일대 노약자들을 도륙했다. 원세개는 조청상민수륙무역장정으로 청 상인의 특권을 보장하고, 청의 북양대신과 조선 국왕을 동격으로 규정하는 등 조선을 청의 속방으로 취급했다.

이런 상황에서 1883년 9월 서울에 파견된 군인 중에 다우스웨이트의 교인이 있었다. 그는 청의 황제뿐만 아니라 "자신의 구세주를 위해서 싸우기로" 작정하고 한국 관리들에게 증정하기 위해 지푸에서 다우스웨이트로부터 약간의 성경을 받았다. 그러나 그는 서울에서 길에 나가 한문 복음서와 전도문서를 한국인들에게 반포하다가 바로 체포되었다. 그의 책은 압수되어 왕에게 보내졌다. 왕은 즉각 기독교 문서를 반포하는 자를 체포하라는 칙령을 내렸고 그 병사는 첫 구금자가 되었다. 보수파 양반들은 그를 교수형에 처하라고 요구했다. 그러나 중국군 우(禹) 장군이 나서서 그의 목숨을 구해주었다. 그는 미국 유학을 거치는 동안 기독교로 개종한 자였기 때문에 그의 중재와 원세개의 도움으로 그 그리스도인 병사는 석방되어 산동으로 돌아갈 수 있었다.[5] 이 일 후에 다우스웨이트가 서울을 방문했다.

다우스웨이트의 성서 반포

지푸에서 의료 선교사로 활동하던 다우스웨이트는 1883년에 스코틀랜드 성서공회 중국지부 윌리엄슨 총무가 안식년 휴가로 본국에 가게 되자, 그를 대리해 임시 총무직을 맡았다. 일본 주재 영국 공사와 윌리엄슨의 부탁을 받은 다우스웨이트는 10월에 다량의 한문 성서와 소책자를 가지고 한국을 방문했다. 그는 여행을 통해 한국인들이 우호적이나 관리들은 외국 서적의 유입을 반대하고 철저히 금지하고 있으며, 내륙 여행이 불가능하다는 것을 발견했다. 그는 부산, 원산, 제물포에서 상당한 양의 성서와 소책자를 반포할 수 있었다.[6] 다만 서울에서는 반포하지 않기로 했다. 청군 병사 사건의 교훈 때문이었다.

---

5 옥성득·이만열, 『대한성서공회사 I』(대한성서공회, 1994), 106; C. F. A. Kenmure, "An Early Colporteur in Korea," *Bible Society Monthly Report* (March 1896): 60; Douthwaite, *Notes on Corea*, 54.
6 옥성득·이만열, 『대한성서공회사 I』, 102-103.

방문 보고서 내용

다우스웨이트는 1883년 12월에 지푸로 돌아온 후, 한국 방문기를 *The Star in the East*에 발표했다. 현재 이 잡지를 구할 수 없어 그가 정확히 언제 몇 회에 걸쳐 한국 방문기를 발표했는지 알 수 없다. 참고로 이 잡지는 1883년 1월 5일에 상하이에서 창간되었다. 그런데 *Shanghai Mercury* 신문사 겸 출판사가 그 기사들을 모아 1884년에 단행본 *Notes on Corea*(Shanghai: Shanghai Mercury Office, 1884)로 발간했다. 이것은 81쪽의 소책자였다. 보고서의 내용은 영국 왕립지리학회의 *Proceedings of the Royal Geographic Society* VI (December 1884) 747쪽에 요약되어 있다.

▲ 다우스웨이트의 한국 방문 보고서, 표지와 차례(1884년) [Oak]

보고서의 차례를 보자. 22쪽까지 부산, 원산, 인천, 서울을 다루고 "한국에 대한 노트"로 1부를 정리한다. 이어서 평안도, 함경도, 강원도, 황해도, 충청도, 전라도, 경상도 일곱 개 도에 대한 기본적인 정보를 서술한다. 2부라고 하겠다. 마지막 부분은 종교, 사회 계급, 최근 역사 등이다. 1부는 그가 방문한 부산, 원산, 인천, 서울에 대한 방문기다. 부산은 일본이 점유하고 일본의 많은 시설과 기업이 진출하고 있으나, 일본인들이 한국인을 깔본다. 나가사키에서 기선을 타면 부산까지는 14시간 이상 걸린다. 지푸와 비교할 때 부산은 날씨나 항구가 좋아 더 나은 요양소를 설립할 수 있다. 1883년 11월 21일에는 일본과 부산에 해저 전신이 연결되었다.

1880년에 개항한 원산은 부산과 동일한 관리가 있으나 사업가는 적다. 원산의 한국인 거주지는 비위생적이다. 10리 내륙에 덕원 감리가 있고, 겨울에 호랑이가 자주 출몰하여 원산은 위험하다. 황금 생산이 많아 11월 3일에 세관이 개통한 후 11월 13일에 50kg 정도의 금괴가 일본 기선으로 수출되었다.

인천(제물포)은 위의 세 항구 중 거주지로서는 최악이다. 조수간만 차가 심해 작은 배만 항구에 들어오므로 화물은 거의 없다. 일본 영사관만 서양식 건물이다. 공동묘지에는 임오군란 때 죽은 일본군 14명의 무덤이 있다. 제물포는 서울에 가깝고 경기도에 있으므로 결국 가장 큰 항구로 번성할 것이다. 곧 영국 기선이 상하이-제물포 노선을 운항할 것이다.

서울은 제물포에서 약 80리 떨어져 있다. 8만 호에 140,000명이 거주한다. 한국 전체의 인구는 700만 정도로 인구밀도가 높지 않다. [각 도에 대한 설명은 생략한다. 지형, 인구, 주요 도시, 산업, 천연자원 등이 묘사되어 있다.]

서양 개념으로 볼 때 한국에는 종교가 존재하지 않는다. 조선 시대 유교가 불교를 대체하면서 불교는 쇠퇴했다. 그래서 우상숭배는 별로 인기가 없다. 한국인은 대단히 미신적이고 사방에 널린 귀신을 숭배하며 귀신 추방 의식을 자주 한다. 풍수도 유행한다. 불교는 유교 사회 체제에 간섭하지 않고 조용히 공존한다. 기독교의 가장 반대 세력은 유교다. 중국과 조선에서 유교 양반들이 그리스도인을 박해했다. 한 세기 동안 천주교의 박해가 지속되었다. 현재 일본 불교 선교사들이 활동하면서 불교의 재건을 위해 노력하고 있다.

그런데 개신교 선교사는 어디 있는가? 몇 년간 논의만 무성했지 실제 파송된 선교사는 없다. 1832년에 귀츨라프가 서해안 섬에서 어부들에게 한문 성경을 반포했다. 1866년에는 지푸의 토마스가 스코틀랜드성서공회 권서로 제너럴셔먼호를 타고 대동강을 올라갔으나 평양 부근에서 모든 선원이 살해되었다. 현재 일반 백성들은 외국인에 대해 우호적이지만, 한문 성경이나 외국 서적은 받으려고 하지 않는다. 정부도 한영조약에서 '비도덕적인'(기독교) 서적은 금지했다.

부산에서는 성경을 자유롭게 반포할 수 있었고 한국인들이 열렬하게 받았으나, 원산과 제물포에서는 의심하며 꺼렸다. 기독교 서적 유입은 금지되어 있다. 그러나 점차 새로운 근대 질서에 적응해가고 있다. 선교사들이 내륙 여행을 할때에는 호조(여권)가 필요하여 제한받지만, 개항장에서는 자유롭게 활동할 수 있다. 이 보고서를 쓰는 목적은 한국에 관한 관심을 불러일으켜서 교회가 상주 선교사를 파송하도록 하는 것이다.

1883년에 개항장과 서울을 처음 방문한 개신교 선교사 다우스웨이트, 그의 보고서와 한국 선교 요청은 중국과 일본에 있는 선교사들과 외교관들에게 한국 선교에 관한 관심을 고조시켰다. 그 결과 매클레이의 방문과 알렌의 내한이 이루어졌다. 울며 씨를 뿌리는 자는 기쁨으로 단을 거둘 것이다.

12
미국 남감리회 첫 교인
윤치호의 신앙고백(상하이, 1887년)

아래에 나오는 글은 1887년 3월 23일에 윤치호(尹致昊, 1864-1945)가 쓴 신앙고백서다. 윤치호의 신앙고백서는 일본에서 개종하고 신앙고백서를 발표한 이수정과 더불어 130년 전 양반 지식인이 어떤 심정과 신학으로 신앙을 고백하고 그리스도인이 되었는지를 보여준다. 이수정은 한문으로 작성했으나 윤치호는 영어로 작성했다. 언어의 차이만큼 신앙에 접근하는 태도도 달랐다. 이 고백서가 미국 북감리회 선교잡지인 *The Gospel in All Lands* 6월호에 실리면서 중국과 미국 그리스도인들의 이목을 끌었다.

갑신정변 후 1885년에 20살의 약관으로 상하이로 망명길을 떠난 윤치호는 푸트 공사의 소개로 상하이 주재 미국 총영사 스톨을 만났고 그의 소개로 알렌(Young J. Allen) 박사가 운영하던 상하이의 중서서원(中西書院)에 입학했다. 알렌 박사와 본넬(W. B. Bonnell) 박사의 사랑 속에 지낸 그는 마침내 1887년 4월 3일에 본넬 박사에게서 세례를 받고 한국인 최초의 남감리회 교인이 되었다.

윤치호의 신앙고백서를 잡지사에 보낸 본넬 박사는 "고백과 표현은 그 자신의 독창적이고 조직적인 표현 방법으로 되어 있어 매우 특징적이다"라고 소개했다. 영문으로 쓴 글이므로 번역하면 다음과 같다.¹

▲ 미국 에모리 대학교 시절의 윤치호(1890년) [Oak]

---

1   백낙준, 『한국개신교사』(연세대학교출판부, 1973), 176-177을 비롯한 여러 책에 전문이 번역되어 있으나 이 책에서는 원문의 독특한 표현법을 그대로 살리기 위해 필자가 새로 번역했다.

과거의 나와 현재의 나를 약술함

나는 상하이에 오기 전에는 상제에 대해서 들어보지 못했다. 그 이유는

    이교의 나라에 태어나

    이교 사회에서 자랐으며

    이교 문학을 배웠기 때문이다.

나는 참 종교를 접한 후에도 죄 가운데서 지냈다. 그 이유는

    절제와 경건의 삶보다는 감각적인 만족을 더 좋아했고 인생은 잠깐이므로 젊어서 마음껏 쾌락을 즐겨야 한다고 생각했으며 "건강한 사람에게는 의사가 쓸데없다"라고 생각했기 때문이다. 곧 나는 스스로 의롭다고 여기고 나 자신의 의에 만족했다. 내가 의롭다고 생각하면 할수록 더욱 타락하게 되었다.

1886년 초부터 그해 말까지 나는 내가 추구하던 길과 다른 길로 걷고 있는 나 자신을 발견했다. 그 이유는

    나의 악함을 깨닫게 되었고, 이전에는 절대 믿지 않았던 내세를 위해 깨끗한 영혼을 준비해야 할 필요를 느꼈다.

    어떠한 인간적 도움으로는 진정 죄 없이 산다는 것은 불가능함을 발견했다. 나는 최근에 유교의 사서를 읽으면서 많은 좋은 교훈을 발견했다. 그러나 아무도 그 교훈을 복종해야 할 의무가 없고 그 경구들이 영혼의 요구를 만족시켜 줄 수 없으므로 나는 내가 구하던 것을 찾지 못했다.

    나는 여러 악한 행실을 떨쳐버리려고 애썼으며 내가 꿀처럼 사랑했던 몇 가지 큰 죄들은 어느 정도 없앨 수 있었다.

    이 노력은 성경과 여러 신앙 서적과 신앙 강연을 통해 도움을 받았다.

개종의 장애물들은

    박해와 조롱에 대한 두려움

옛 친구들과 적이 되는 부담

수시로 공격해오는 의심과 유혹 등이었다.

나는 다음과 같은 소망을 두고 세례 받기를 원한다.

내 시간과 재능이 다섯 달란트이든지 한 달란트이든지 기독교에 대한 지식과 신앙을 증진하는 데 바치고 그래서 상제의 뜻이라면 나 자신과 형제들에게 유용한 삶을 살기를 바라며,

밤이 다가왔을 때 죽음의 문턱에서 다른 사람들처럼 구원의 길을 찾을 필요가 없기를 바라고,

그리하여 과거의 나와는 다른 사람으로 인정받으며, 어디로 가야 할지 모르는 선택의 갈림길에서 빠지기 쉬운 유혹의 수가 줄어들기를 바란다.

나는 다음 사실을 믿는다.

상제는 사랑이시다.

그리스도는 구주시다.

이 현실 세계에 대한 예언들이 그렇게 문자적으로 성취되었다면, 미래 세계에 대한 예언도 진실임이 틀림없다.

윤치호 (서명)

1887년 3월 23일

청년 윤치호는 좌절된 정치적 야망을 달래기 위해 빠져든 방탕한 삶—술 취함과 매춘부와의 동침 등—을 청산하고 윤리적이고 도덕적인 성결한 삶을 살고자 개종했다. 스스로 의롭다고 여기던 양반 자제가 두려움과 의심과 유혹을 극복하고 자신의 연약함과 죄를 고백하며 외국에서 사랑이신 하나님과 구주이신 그리스도를 믿게 되었다. 유교의 가르침이나 결심만으로는 악한 행실에서 완전히 떠날 수 없었고 무엇보다 영혼의 죄성과 죽음 이후의 내세 구원 문제에서는 도덕적인 유교가 해답을 줄 수 없었다.

결국 초월자 상제의 외부적 도움으로 해결될 수 있었다.

이 신앙고백에서 우리는 사회 개혁적이거나 문명개화론 차원의 신앙은 만나기 힘들다. 그의 출발점은 자신의 방탕한 삶에서 깨달은 죄성과 내세를 위한 준비였고 개종의 장애물도 개인적이고 종교적인 차원이었다. 그의 소망 역시 19세기 서구 기독교 사회가 요구했던 개인적 달란트인 시간과 재능을 잘 사용하는 '유용한 삶'(useful life)에 머물러 있었다. 그에게 세례를 권한 본넬 교수가 "세례를 받으면 능히 신도지심(信道之心)이 증진될 것이다"라고 한 말에서 보듯이 성결한 삶에 대한 개인적 결단을 강화하기 위한 세례였으므로 신앙고백의 초점도 자연히 자신의 개인 윤리 문제에 국한되었다.

그러나 그가 미국으로 건너가 에모리 대학교와 밴더빌트 대학교에서 공부하고 미국 남부의 사회 현실과 인종주의와 감리회의 사회 성화(social holiness) 운동을 보면서 사회 의식에 새로운 각성을 하고 신앙의 방향도 온건한 사회 참여적인 방향으로 수정했다.

그의 독립협회 연설이나 「독립신문」에 쓴 글을 보면 이런 것이 잘 드러난다. 1898년에 정동제일교회 헌당식 예배 때 한 연설에서도 그는 기독교가 도교나 불교처럼 현실을 떠나 산으로 도피하는 종교, 곧 "세상 물욕에 쫓기어가는 교"가 아니라 정동 네거리에 회당을 설립하고 성경의 좋은 말씀으로 오가는 사람들을 가르치는 "참 세상 물욕을 쫓아낸 교"라고 주장했다.[2]

그런데도 윤치호의 개종 동기가 예수 그리스도를 강렬하게 만나는 신앙 체험에 기초하지 않고 교육과 도덕 함양을 통한 '유용한 삶'에 있었기 때문에 그는 늘 회의하는 차가운 지식인으로 살았다. 우울한 신경증과

---

2 「대한크리스도인회보」, 2-37, 1897. 10. 13.

연약한 신체도 그의 냉소적인 신앙과 함께 갔다. 그것은 세속적 자아 성취를 통해 가문의 명예를 높이려는 유교 양반의 삶의 궤도와 크게 다르지 않았다. 1905년 이후 한국이 일본의 식민지로 떨어지는 상황에서 그의 실용주의적이고 문명개화를 추구한 신앙은 문명과 힘과 효율성과 동아주의(일본을 중심으로 백인 제국주의에 반대하는 범아시아주의)를 내세운 일제 식민주의에 점차 함몰되었다. 기독교 사랑의 윤리보다 사회진화론의 약육강식 논리가 더 크게 작용했기 때문에 그는 1919년 삼일 독립운동도 시기상조라고 비판하며 참여하지 않았다.

13
첫 한국 선교잡지
朝鮮 *The Morning Calm*(런던, 1890년)

1889년에 영국교회 선교회의 벤슨 캔터베리 대주교는 영국 해군의 군목으로 20년간 아시아 등지에서 봉사한 존 코프(John Corfe, 高耀翰, 1843. 5. 14-1921. 6. 30) 신부를 '영국교회 한국 선교회'(the Korean Mission of the Church of England)의 첫 선교 주교로 안수하고 성공회의 한국 선교를 시작했다. 코프 주교는 일종의 믿음 선교를 지향했기 때문에 국교회나 기존 선교회의 전적인 지원을 받는 대신, 해군병원기금과 모금을 통해 선교회 예산을 마련했다. 그는 한국 선교회 출범과 함께 그 진행 상황을 알리고 모금 활동을 하기 위해 런던에서 후원자들을 위한 선교 월간지 *The Morning Calm*을 발행했다. 1890년 9월 29일에 코프 주교가 제물포에 도착하면서 영국 성공회의 한국 선교가 본격화되었다. 그는 1889년 11월에 런던에서 영국교회 한국 선교회 주교로 서품을 받고 이어서 한국 선교를 위한 후원 조직을 만들며 그 소식지로 *The Morning Calm*을 1890년 7월 1일부터 월간으

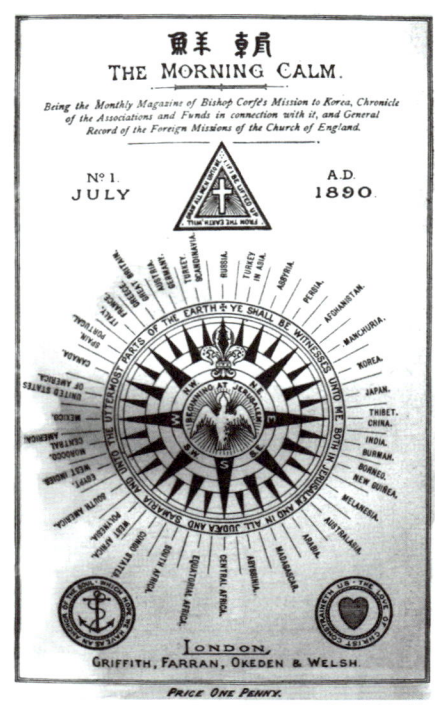

▲ 朝鮮 *The Morning Calm* 창간호 표지(1890년)
[Oak]

13. 첫 한국 선교잡지 朝鮮 *The Morning Calm*(런던, 1890년)   **131**

로 런던에서 출판했다. 언제나 창간호의 표지와 첫 페이지는 중요하다.

朝鮮 *The Morning Calm* 표지

잡지명은 朝鮮 *The Morning Calm*으로 했다. 이 '모닝캄'은 퍼시벌 로웰의 책 제목에서 유행된 용어로, 윌리엄 그리피스의 *The Hermit Nation*과 더불어 오랫동안 한국의 이미지를 지배한 오리엔탈리즘 용어였다. 조선/한국은 영어로 'Korea'로 표기했다. 1890년에 영어권에서 Korea가 굳어졌는데, 이 잡지는 처음부터 표지에서 이를 채택했다. 표지는 노란색을 채택했다. 특별한 뜻이 있었는지 더 조사가 필요하다.

중앙의 그림은 지남철로 표시된 선교지로 예루살렘에서 땅끝까지, 곧 오순절 사건(비둘기로 상징)으로 시작된 교회와 선교가 전 세계를 향해 확산하는 이미지를 형상화했다. 조선은 북동 아시아 만주와 일본 사이에 놓여 있었다. 지남철로 표시된 세계 각국의 위치는 19세기 지리적 확장으로서의 선교관을 잘 보여준다. 미국의 다수의 복음주의 선교사들은 땅끝까지 복음을 전하면 그리스도의 재림이 임할 것으로 믿는 세대주의자들이었다. 그러나 성공회 선교사들은 세대주의의 시나리오를 수용하지 않았다. 코프는 영국 제국의 지리적 확장과 더불어 성장한 기구적·통계적·정치적 선교를 반성하는 태도를 보였다. 그러나 영국 성공회가 한국에서 그것을 완전히 극복한 것은 아니었다.

▲ 표지에 있는 세 가지 상징

지남철 둘레에 새긴 해외 선교의 모토는 "땅끝까지 이르러 내 증인이 되리라"(행 1:8)이다. 마태복음 28:19-20과 더불어 '선교의 지상 명령'이 19세기 말 선교의 1차 동기였다. 종교개혁 시대까지 이 두 구절은 1세기 제자들에게 특별히 주어진 명령으로 이해하는 경향이 강했다. 대형 범선의 제조와 신대륙의 발견과 로마 가톨릭의 세계 선교로 그 개념이 바뀌기 시작했다. 19세기 기선의 발명과 유럽 제국의 아프리카와 아시아의 정복으로 세계의 땅끝은 가시권 안에 들어왔다.

지남철 위에는 십자가를 둘러싼 두 개의 삼각형 안에 "내가 땅에서 들리면 모든 사람을 내게로 이끌겠노라"(요 12:32)를 적었다. 선교의 능력은 십자가의 속죄에서 나왔다. 왼쪽 아래에는 닻과 함께 "우리가 이 소망을 가지고 있는 것은 영혼의 닻과 같다"(히 6:19)라는 말씀을 새겼다. 영국 해군 군종 신부 출신 코프는 해군 기금으로 선교비 지원을 받았으므로 이런 구절을 선호했을 것이다. 오른쪽 아래에는 "그리스도의 사랑이 우리를 강권하시는도다"(고후 5:14)라는 19세기 말의 다른 선교 동기가 기록되어 있다. 그리스도께서 우리를 먼저 사랑하셨기 때문에 선교는 그 사랑의 빚을 갚기 위해 하지 않을 수 없는 인류에 대한 사랑의 표현이다.

표지를 보면 코프 주교가 얼마나 정성을 기울여 자신의 선교신학과 향후 방향을 디자인했는지 알 수 있다. 더불어 그 첫 페이지도 살펴보자.

영국교회 한국 선교회 첫 선교사들과 해군병원기금

표지를 넘기면 선교회 조직과 후원회인 해군병원기금 임원진 이름이 나온다.

선교회

주교

신부 찰스 존 코프: 신학박사, 옥스퍼드 올 소울즈 칼리지

사제

신부 트롤로프: 석사, 옥스퍼드 뉴 칼리지(주교의 채플린 겸 선교회 선임 신부)

신부 켈리: 석사, 옥스퍼드 퀸즈 칼리지

부제

신부 레오나르드 워너: 캔터베리 성 어거스틴 칼리지

부의무감 와일즈(은퇴 명단 소속): 해군병원기금

랜디스 의사

감독의 사교 대리

신부 브루크: 목사관, 브릭스턴 바살 로드(종합 목적)

신부 벌록 웹스터: 엘리 팰리스(대학교 담당)

신부 해로드: 해군 군목, 은퇴, 여왕의 명예 채플린

해군병원기금

"그리고 하나님 나라를 전파하고 병자를 고치도록 그들을 보내셨다."

회장

해군 제독, 에든버러 공작

부회장

소장 반즈

준장 불러

이하 생략(해군 장성 21명, 장교 2명, 신부 4명, 간호사 7명, 총 34명)

1890년 만성절(All Saints'Day, 11월 1일)에 웨스트민스터 사원에서 코프가 45살의 나이로 한국 선교회 주교로 서품을 받을 때 복음전파회(Society for the Propagation of the Gospel: SPG)는 매년 600파운드를 지원해주기로 약속했다. 그리고 한국 선교회를 장기적으로 후원해줄 수 있는 해군 병원기금을 조직했다. 회장은 에든버러 공작인 왕세자였으며 부회장에는 해군 장성과 장교 23명, 성공회 신부 4명, 해군 병원의 등록간호사 7명 등 34명의 인사들이 참여했다. 회장단과 수많은 독지가의 선교 헌금으로 한국 성공회는 출발할 수 있었다.

　　코프는 5명의 사제를 요청했다. 그러나 위의 명단에서 보듯이, 1890년 출발 당시 사제는 워너(Leonard O. Warner), 트롤로프(Mark Napier Trollop), 켈리(Hubert Kelly) 3명뿐이었다. 그러나 켈리는 한국에 오는 대신 영국에서 선교사 지원자 선발과 훈련을 담당했다. 이를 위해 켈리는 '한국 선교회 형제회'(Brotherhood for the Korea Mission)를 창설했다. 이 형제회는 이후 '성가 선교회'로 발전해서 켈럼 신학원이 되었다.

　　코프가 독신과 최저 생계비만 주는 일종의 수도원적 형제단 형식의 선교회를 원했기 때문에 한국에 갈 지원자가 적었다. 그는 "마치 나룻배 한 척으로 전쟁에 나가는 느낌"으로 런던을 떠났다. 당시 중국과 일본에서는 영국교회 선교가 활발히 진행되고 있었다. 중국에만 11개 교구에 약 20,000명의 신자가 있었으며 일본에는 약 15,000명의 교인이 있었다. 1890년대에 조선과 만주가 새 선교지로 개척되었는데, 한중일 삼국 선교회는 밀접하게 공조했다. 다행히 은퇴한 군의 와일스 의사와 미국에서 랜디스(Eli Barr Landis, 1865-1898) 의사가 지원하여 의료 선교로 사역을 시작할 수 있었다. 랜디스는 펜실베이니아 대학교 의대를 졸업한 후 한국 선교를 자원했으며 한국학의 대가가 되었다. 코프는 1890년 9월 29일 성 미카엘 천신(天神) 기념일에 제물포에 도착했다. 그는 서울 '장림의 집'(House of Advent, 將臨의 집)에 자리 잡고 1890년 12월 25일 첫 공식 예배를 드렸다.

코프는 런던을 떠나기 전 1890년 7월 *The Morning Calm*의 창간호를 발행했다. 이후 코프 주교는 자신의 편지 중 첫 두세 페이지를 인쇄해서 해군 기금 헌금자들과 한국 선교회를 위해 헌금하는 이들에게 반포했다.

코프 주교

▲ 코프 주교

코프는 해군 군목으로 여러 나라를 순방했고 영국 국교회 선교에 대해서도 잘 알고 있었다. 수십 년간의 경험 후 그가 내린 결론은 공동생활을 하며 형제애 안에서 일치된 선교사 공동체 형성이었다.

그의 부친은 음악 박사로 옥스퍼드 그리스도교회 성당의 오르간 연주자로 유명한 음악가였다. 그의 조상에는 헨델의 친구도 있었다. 코프의 모친은 옥스퍼드 운동과 연관되어 있었다. 코프는 올 소울즈 대학을 다닐 때도 대학 채플에서 음악을 하며 지냈다. 그는 1965년 학부를 졸업하고 이듬해 부제로 서품을 받았으며 1867년에 사제로 서품을 받았다. 1869년에는 석사 학위를 받았다.

코프는 대학 시절부터 해군 군종에 관심이 있었다. 1867년에 사제 서품을 받은 직후 그는 군함 도리스호의 군종으로 북미와 서인도 제도에서 3년간 근무했다. 이후 여러 군함에서 2-5년간씩 여러 지역에서 근무했는데 1874-79년에는 오데이셔스호 소속으로 중국에서 종군 사제로 지냈다. 그는 사제 서품 후 매달 친구들에게 편지를 보냈다. 바다와 육지에서 그를 인정하고 기도해주는 이들이 늘었다. 그는 15년간 군종 사제로 지낸 후 1881년에는 해군에서 사직하고 산동 반도 지푸항에서 3년간 주교를 돕는 채플린으로 지냈다. 그러나 그는 1883년 11월에 해군에 복귀하여 마지막으로 포츠머스에서 도크야드호 소속으로 봉사했다. 3년간 산동에서 보낸 선교사 생활을 제외하면 그는 약 20년간 해군 채플린으로 근무했다. 따라서 영국교회가 한국 선교를 결정했을 때, 6년간의 중국 경험이 있는 코프가 그 선교회 주교로 최적임자였다.

음악과 예배, 바다와 해군, 독신과 금욕, 편지와 선교 잡지, 의사와 간호사, 그들의 헌신과 희생. 그것이 한국 성공회의 출발이었다.

14
미국 한인 여성의 첫 세례
배선 부인(세일럼, 1892년 7월)

1892년 7월 12일 저녁에 미국 버지니아주 로어노크 대학(Roanoke College)에서 멀지 않은 세일럼장로교회 목사 브리지스(J. R. Bridges)의 사택에서 주미 서리공사 이채연(李采淵, Ye Cha Yun, 1861-1900)의 부인 배선(裵善)은 세례를 받고 한국인 여성으로서는 미국에서 처음으로 장로교인이 되었다. 그녀는 성주 배씨 배맹진의 딸이었다. 이채연은 첫 아내가 아이 없이 일찍 죽자 배선과 재혼했다. 그는 1886년 진사시에 합격하고 제중원에서 주사로 근무하면서 영어를 학습한 후 외아문(외교부)에서 1년간 영어를 익혔다. 1887년에는 미국 주재 조선 공사관 번역관으로 파견되었고 이듬해에 서기관이 되었다. 함께 파견된 서기관 이하영(李夏榮)도 제중원 주사였으므로 제중원에서 알렌(Horace N. Allen)과 쌓은 친분이 미국행의 배경이 되었다.

▲ 이완용 부인 조 씨와 이채연 부인 배선(1889년)

조선 공사는 첫 공사관이었던 워싱턴 DC의 피서옥(皮瑞屋, Fisher's House)을 떠나 인근 아이오와 서클(Iowa circle)에 있는 펠프스(Seth L. Phelps) 소유의 단독 건물을 고종의 왕실 자금 25,000달러로 매입했다. 조선 공사관(공사 이완용)은 1889년 2월 26일에 워싱턴 거주 외교관 1,000여 명을 초대하여 첫 입주 파티를 열었다. 내외법에 따라 안방에서만 지내고 밤거리만 다니던 두 한국 여성(조 씨와 배 씨)이 미국 외교의 중심지 워싱턴 정가에 등장했다. 두 사람은 400여 명에게 차를 대접하며 악수했다. 배선 부인은 분홍색 비단으로 만든 긴 가운을 입었다. 워싱턴에서 가장 젊은 한국 외교관들이 개최한 파티에 미모의 이완용의 부인 조 씨와 이채연의 부인 배 씨가 독특한 한복 차림으로 외국의 노련한 외교관 남자들 앞에 등장하자 큰 관심과 인기를 끌었다. 특히 이완용 부인은 마돈나 상(像)에 하얀 얼굴과 밝은 미소로 주목을 받았다.[1]

두 부인이 기독교 신자는 아니었으나 그들이 주일에 교회에 출석하자 뉴스거리가 되었다. 대통령 해리슨(William H. Harrison, 1889-1903)은 언약교회(the Church of the Covenant)에 출석했는데 1889년 4월 21일 부활주일예배에 한국인 외교관들과 두 부인이 처음으로 그 교회에 참석했다.[2]

그들이 교회에 있을 때 대통령은 관심의 대상이 아니었다.

워싱턴 4월 23일 — 미국 대통령이 워싱턴에서조차 교회 회중 중 어떤 사람보다 대중의 관심을 덜 끈 적은 별로 없다. 하지만 지난 일요일은 예외였다. 대통령 자리가 있는 언약 교회에 자리가 다 찼고, 중간의 한 부분이 비

---

[1] "Two Corean Ladies," *Fort Worth Daily Gazette* (Fort Worth, Tex.), February 7, 1889; "The Corean Women in Washington," *Frank Leslie's Illustrated Newspaper*, Feb. 23, 1889; "Corea's Coming-Out: The First Reception Ever Held Its Legation in Washington: A Decidedly Unique Success: Nearly 1,000 Quests Welcomed by Two Pretty Little Corean Ladies," *Pittsburg Dispatch*, February 27, 1889.

[2] "Easter in the Churches," *Washington Post*, April 22, 1889. 이 언약교회에서 1894년 6월 서재필은 뮤리얼 암스트롱(Muriel Armstrong)과 결혼했다. 9대 조선 공사인 이범진(1852-1911)도 1896년 9월부터 1900년 4월까지 근무할 때 부인과 함께 이 교회를 다녔다.

어 있어서 확실히 예약된 자리임을 알 수 있었다. 대통령과 영부인과 맥키 여사가 앉은 후 N 스트리트 쪽에서 한 무리의 사람이 도착하여 빈자리로 들어갔다. 그들은 조선공관의 이하영, 이상재, 강진희였고 통역관(서기관 이채연)과 두 명의 부인이었는데 부인들의 이름은 쉽게 사용할 수 있게 알려지지 않는다.

이 부인들은 교회 예배에 한 번도 온 적이 없었지만 예약된 좌석으로 향할 때 완벽하게 침착했다. 두 부인은 몸집이 매우 작았고, 여러 색깔의 옷을 입었는데, 엄격한 한복 차림이었다. 술이 장식된 약간 높이 올린 비단 모자를 썼고, 매우 길고 풍성하며 허리춤이 상체를 다 덮고 겨드랑이까지 올라오는 치마를 입었다.

그들은 예배에서 사용하는 말을 한마디도 알아듣지 못했으나 예배 시간 내내 놀랍게도 집중했다. 그들은 자신들이 대통령을 비롯해 회중의 주요 관심의 대상이 되고 있다는 것을 인식하지 못한 것처럼 보였다. 예배가 끝났을 때 그들은 들어왔던 문으로 품위 있게 빠져나갔고, 부인들은 그들을 기다리던 마차로 향할 때, 그들의 긴 치마를 우아하게 들어 올렸다. 조선에서는 어떤 여인도 대중 앞에 나타나지 않는다.[3]

배선 부인은 통상적인 아시아 여성과 달리 활동적이었고 그만큼 영어도 빨리 익혔다. 교회 참석도 늘면서 기독교에 대한 관심도 생겼다. 5월에는 알렌의 안내로 조지 워싱턴의 본가를 방문했다.

공사관 매입에 이어 '미국에서 태어난 첫 번째 한국인'이 태어나는 경사도 있었다.[4] 이채연은 이완용에 이어 서리공사로 재직하던 중 1890년

---

[3] "The Coreans," *Evening Bulletin*, April 23, 1889; 참고. "A Delegation of Corean Worship at the Church of Covenant," *Macon Telegraph*, Apr. 22, 1889.

[4] 참고로 한국에서 태어난 첫 미국 아이는 아펜젤러의 딸 엘리스(Alice Rebecca Appenzeller,

10월 12일에 아들을 얻고, 이름을 워싱턴(華盛頓)에서 낳은 자손의 뜻의 이화손(李華孫, Ye Washon)으로 지었다. 그러나 아이는 1890년 12월에 습진 합병증으로 죽었다. 이채연은 공사관 건물주인 펠프스의 사위인 국무부 차관인 브라운(Sevellon Brown)의 주선으로 오크힐 공동묘지 안 펠프스의 가족묘지에 작은 땅을 받아 이화손을 묻고, 묘비에 "조선 니화손"을 새겼다.[5] 이화손은 미국 땅에 묻힌 첫 한국인이었고, 미국 시민권을 얻은 첫 한국인이었다.[6]

▲ 마운트 버논의 조지 워싱턴 사저를 방문한 주미 조선공사관 직원 일행(1889년)
왼쪽부터 이하영, 배선, 이채연, 알렌, 알렌의 딸, 이완용 부부(1889. 5. 6., 주미 대한제국공사관)[7]

1885. 11. 9.-1950. 2. 20)였다.

5   "워싱턴 한 묘지엔 130년 前 조선 아기의 무덤이 있다", 「조선일보」, 2019. 8. 1.
6   "Young Ye Cha Yun," *Topeka State Journal*, Oct. 14, 1890; "Mr. and Mrs. Ye Cha Yun in Baltimore," Baltimore Sun, Dec. 25, 1890; 이석호, "미국 1호 시민권 '이화손' 129주기 맞아", *WorldKorean*, 2019. 12. 18; 한종수, "미국 외교가에 등장한 최초의 조선 여성들: 화성돈 외교가 관심을 한몸에 받다", 「내일신문」, 2023. 12. 8.
7   G. Washington Presidential Library, https://catalog.mountvernon.org/digital/collection/p16829coll31/id/23/.

첫아들을 잃고 슬픔에 빠진 부인 배선은 기독교에 관심하면서 세례를 받기를 원했고 남편보다 앞서 한국에 돌아갈 계획을 세웠다. 이 두 사안을 동시에 해결할 기회가 1892년에 왔다. 언더우드의 활약으로 남장로회가 한국 선교를 결정하고, 1892년 3월에 7인 선발대가 한국행을 위해 조선공사관에 서류를 제출하자 이채연은 독립선교사로 조선에 먼저 가는 존슨(Cameron Johnson)을 만나 그의 제안에 따라 독신 여성인 데이비스(Selina F. Davis, 1862-1903)를 초청하여 아내의 세례 문제와 귀국 문제를 의논했다. 데이비스 양은 뉴스의 대상이 되는 워싱턴 DC 대신 멀리 떨어진 세일럼의 교회에서 세례를 받도록 권했다. 서리공사 이채연은 일본 공사관 서기관인 사토로부터 로어노크 대학이 동양인에게 우호적이라는 정보를 듣고 있었다. 로어노크 대학의 3대 총장인 드레허(Julius Daniel Dreher, 총장 1879-1903)는 1892년 3월에 워싱턴 DC를 방문했을 때, 친구의 소개로 한국 공사관을 방문하고 동양 학생들의 유학을 환영한다며 이채연 부부를 학교에 초대했다.[8]

1891년 3월부터 2년간의 안식년을 이용해 언더우드는 1891년 10월에 내쉬빌에서 열린 미국신학교선교연맹(American Inter-Seminary Missionary Alliance)에 참석하여 한국 선교를 호소하고 자원자를 모집했다. 윤치호도 한국 선교를 요청했다. 언더우드의 연설에 영감을 받아 청중 가운데 세 명의 신학교 학생인 테이트(Lewis Boyd Tate), 존슨(Cameron Johnson), 레널즈(William Davis Reynolds)는 한국으로 선교사로 가기 위해 남장로회 해외 선교 실행위원회[이하 실행위원회]에 지원했다. 위원회는 새로운 선교지를 여는 것에 주저했고, 세 명 모두 거절당했다. 그러나 이에 굴하지 않고, 학

---

[8] Julius Dreher, "Koreans in America," *Evening Transcript*, March 26, 1904; William E. Eisenberg, *The First Hundred Years Roanoke College, 1842-1942* (Strasburg, VA, Shenandoah, 1942), 214.

생들은 언더우드가 남장로회의 주요 교회들을 순회하며 지원을 호소하도록 주선했고, 언더우드 가족은 한국 선교를 시작하는 데 도움을 주기 위해 $3,000를 기부했다. 실행위원회는 그리스와 이탈리아에서 선교회를 철수하기로 한 단계에서, 언더우드가 2,250달러 정도의 한국 선교 개시를 위한 지원비를 시사하며 한국 선교를 제안하자, 한국 선교에 대한 북장로회의 성공적 시작에 고무되어 1891년 12월 14일에 한국 선교를 위해 구체적으로 조사하기로 정하고,[9] 1892년 1월에는 한국 선교를 개시하기로 결의했으며,[10] 1892년에 테이트 목사, 레널즈 목사, 그리고 전킨(William M. Junkin) 목사를 임명하고 한국 선교를 시작했다.

언더우드 목사는 버지니아의 여러 도시를 방문하여 한국을 소개하고 한국 선교에 대한 관심을 불러일으켰다.[11] 버지니아는 남장로회 해외 선교 운동의 중심지였고 그곳 출신의 전킨과 레널즈와 데이비스 양이 한국 선교를 자원했다. 언더우드는 버지니아주 도시를 돌며 한국 선교를 위해 한국을 소개하며 연설했다. 그는 1892년 3월 6일에 알렉산드리아 제2장로교회에서 연설했고, 그리고 노포크 레널즈의 집에 머물면서 3월 13일에는 포츠머스 코트스트리트 장로교회와 콜리기념교회, 남장로회선교대회, 3월 14일에는 제일장로교회, 3월 30일에는 로어노크 제일장로교회, 3월 31일에는 로어노크 스미스 뮤직홀, 4월 29일에는 다시 알렉산드리아를 찾아가 오페라하우스에서 연설했다.[12] 한 달 이상 버지니아주의 여러 도시

---

9 "Shall Our Church Undertake a Mission to Korea," *Missionary* (Feb. 1892): 49.
10 "The Inauguration of the Korean Mission,"*Missionary* (March 1892): 85-86.
11 언더우드는 맥코믹 신학교를 방문하고 북장로회 선교사들도 모집하여 1892년 8월에 무어 목사 부부, 스왈른 목사 부부, 그래함 리 목사, 밀러 목사 부부, 아버클 양이 한국으로 떠났다.
12 "Distinguished Missionry Coming," *Norfolk Virginia*, March 11, 1892; "Rev. Dr. Underwood," *Roanoke Times*, March 20, 1892; "The Lecture last night," *Alexandria Gazette*, April 30, 1892.

를 돌면서 한국을 소개한 언더우드의 연설로 로어노크와 세일럼에서 한국과 한국 선교에 큰 관심을 보였다.

이런 우호적인 분위기에서 데이비스 양이 1892년 가을 한국에 갈 때, 배선 부인이 동행하기로 했고 세일럼에서 세례를 받기로 계획했다.[13] 당시 많은 한국인이 기독교를 천주교 서학과 같이 보고 반대하고 있었기 때문에 그녀의 세례 사실이 신문에 보도되어 한국 정부에 알려지면 이채연 공사의 신상에 불리했으므로, 세례를 받은 사실은 그녀가 한국에 도착한 후에 밝히기로 하고 일단 비밀에 부치기로 했다.

1892년 7월 7일부터 일주일간 이채연 부부는 로어노크 대학의 초청을 받아 세일럼을 방문했다. 6월 졸업식에는 일정 때문에 참석하지 못하고 부공사와 서기를 보냈던 터였다.[14] 이채연 부부는 데이비스 양이 애빙던(Abingdon)에서 세일럼에 오는 교통비와 체류비를 부담했고 루선 호텔(Hotel Lucerne)에서 함께 머물렀다. 부부의 세일럼과 로어노크 대학 방문은 많은 사람의 관심을 끌었다. 대학 측은 처음 맞이하는 동양의 여성을 어떻게 일주일간 대접할지 고민했다. 그러나 유창한 영어를 하며 사교적인 그녀를 만나자 모든 걱정이 사라졌다. 언더우드와 한국행 남장로회 선교사들로 인해 한국에 관한 관심을 가진 시민들은 서로 만나려고 했고 배부인의 미모, 부드러운 목소리, 따뜻한 태도, 유머 감각, 아름다운 한복 등에 매료되었으며 깊은 인상을 받았다.

---

13 최은수, "최초 내한 셀리나 리니 데이비스 선교사와 배선 여사", 『교회와 신앙』, 2024. 3. 25. 이 글에는 새로운 사실이 많지만, 배선의 세례를 가능하게 한 배경인 언더우드의 사역을 생략했고, 추측이나 사소한 오류들도 섞여 있다. 예를 들면 세례 사실이 3년 후에 미국에 보도되었다고 보았다.
14 W. E. Eisenberg, *The First Hundred years Roanoke College*, 199.

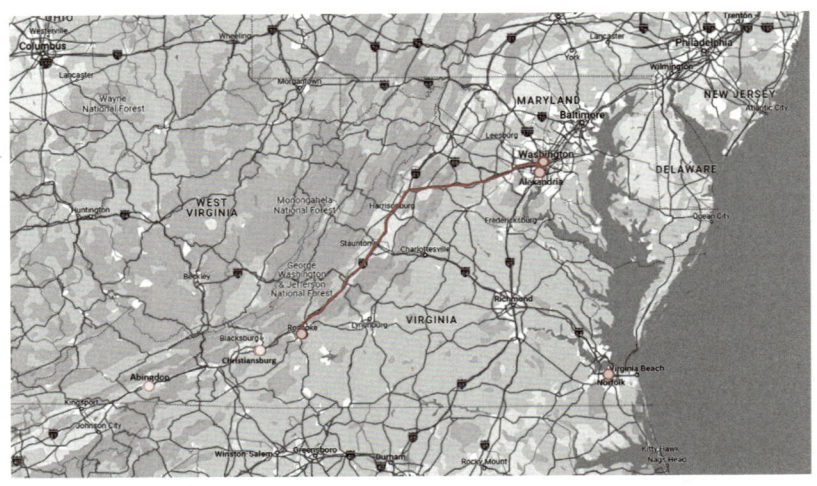

▲ 워싱턴 DC에서 로어노크까지 거리는 약 450킬로미터,
현재는 차로 4시간이 걸린다. [Oak]

언더우드가 1892년 3-4월에 연설한 노포크(레널즈의 고향), 알렉산드리아, 로어노크,
데이비스의 고향 애빙던, 전킨이 살던 크리스찬스버그

한편 이 부부의 초청으로 세일럼에 온 애빙던의 명망가 집안의 데이비스 양은 세일럼장로교회 브리지스(J. R. Bridges) 목사에게 부탁하여 배선 부인이 비공식적으로 7월 12일 저녁 목사 사택에서 세례를 받도록 주선했다. 6월에 계획한 세례식이 연기되었기 때문이었다. 배 부인은 곧 한국에 가야 하므로, 세일럼장로교회는 당회록에 세례 사실을 기록하는 동시에 이명 증서를 주어 한국에서 장로교회 생활을 하도록 배려했다. 이날 당회록은 다음과 같았다.

> 1892년 7월 12일, 세일럼 목사관에서 당회를 개회하다.
> 참석자: 목사 브리지스 당회장, 브디트(Burdette) 장로, 컴프스톤(Cumpston) 장로, 팔머(Palmer) 장로.

기도로 개회하다.

한국의 이선 부인이 당회 앞에 출석하여 교회 입교를 원하므로, 문답을 거쳐 늦게 온 이유를 설명하고, 지식과 신앙의 만족할 만한 증거를 주었기에, 교회의 정규 회원(full communion)으로 입교하기로 동의 가결하고 세례식을 베풀다.

동의로 당회를 마치고 기도로 폐회하다.

서기 J. H. 팔머[15]

이 당회는 오로지 배선 부인의 세례식을 위한 모임이었다. 그녀의 세례 사실은 그녀가 데이비스 양과 함께 한국에 도착하기 전 9월 23일 「로어노크 타임즈」에 보도되었다. 미국을 떠난 지 한 달 정도 되었으므로 한국에 도착했으리라고 짐작했기 때문이었다.

먼저 이 씨 부인은 브리지스 목사에게 세례를 받았다. 브리지스 목사는 그녀에게 비록 그 설명을 이전에도 많이 했지만, 장로교회의 규칙을 조심스럽게 설명했다. 그 후에 그녀는 정식으로 장로교회에 가입했고 오늘 여기에 세일럼교회의 일원으로서 당회 회의록에 이름이 새겨져 있다. 예식에 참여한 한 사람은 자신이 지금까지 본 것 중에서 가장 흥미롭고 감동적인 장면이었다고 말했다. 이 씨 부부는 거룩한 의식에 영향을 받은 표가 났고 부인은 자신이 취한 발걸음의 의미를 철저히 인식하며 질문에 확고하고 이해할 수 있는 방식으로 대답했다. 이 씨가 기독교 주제에 관해 자신의 일반적인 견해를 표

---

15 The Minutes of the Session of the Salem Presbyterian Church, July 12, 1892. 최은수, 앞의 글에 복사한 이미지에서 번역함.

현하지는 않았지만, 그의 존경할 만한 아내의 발자취를 따라갈 날이 올 것으로 생각한다. 비록 그의 공식적인 자격에서, 한국의 황제를 대표하는 사람으로서, 그 단계는 현재로서는 불가능하다.[16]

다음은 1904년에 신문에 기고한 드레허 총장의 회고인데 로어노크 대학 50년사는 이 흥미로운 사건을 기사 전문을 인용하면서 기술했다.

> 방문 기간 중 이 부인은 목사 사택에서 [세례를 받고] 세일럼장로교회에 입교했다. 요청에 따라 이 사실은 그녀가 한국으로 떠날 때까지 비밀로 지켰다. 본국에 가면 사람들에게 자신이 어떤 종류의 그리스도인이 되었는지 말해줄 수 있기 때문이었다. 얼마 후 이 씨는 한국에 발령받아 돌아갔고 도지사에 이어 서울 시장에 임명되었으며 몇 년 전에 죽었다.[17]

이틀 후 7월 14일에는 8월 한국행을 준비하던 전킨(W. M. Junkin) 목사가 크리스찬스버그에서 세일럼에 와서 이채연 부부를 방문했다.[18] 브리지스 목사는 1892년 여름에 남장로회가 한국 선교를 시작하자 교회에서 한국에 관해 특강을 하면서 한국 선교를 지원했다.

배선은 워싱턴 DC로 돌아온 후, 한국으로 가는 남장로회 7인 선발대와 함께 한국으로 귀국했다. 먼저 남편과 함께 세인트루이스로 가서 9월 7일 선발대를 만났고 남편과 헤어진 후 9월 8일 덴버를 떠나려고 했는데 전킨 목사가 덴버에서 갑자기 편도선염을 앓는 바람에 전킨 부부와 레널즈 부부는 일주일간 남아서 병세가 호전되기를 기다렸으며, 배 부인은 테

---

16 "Brevities," *Roanoke Times*, September 23, 1892.
17 W. E. Eisenberg, T*he First Hundred years Roanoke College*, 216.
18 "The Corean Minister at Salem," *Richmond Dispatch*, July 16, 1893.

이트 남매와 데이비스와 함께 샌프란시스코까지 여행을 계속했다.[19] 1진은 기선을 타고 10월 5일 요코하마에 도착했다. 테이트 남매는 요코하마에서 다음 선편으로 오는 전킨 부부와 레널즈 부부를 기다리고 배 부인은 데이비스와 함께 먼저 고베를 떠나 부산으로 갔다. 이때 한국에 임명된 노블 부부와 동행했다. 부산에서는 미리 와 있던 존슨(Cameron Johnson) 목사가 동행하여 제물포에 도착했고 한강을 거슬러 올라 10월 18일 서울에 도착했다. 2진 6명은 11월 4일 서울에 도착했다.

▲ 배선, 이채연 부부 [Oak][20]

한편 이채연 공사는 1893년 5월에 열린 시카고 만국박람회(Chicago World's Columbian Exposition)에 한국관을 개설하고 총책임을 맡았다. 이후 그는 미국에서의 공식적인 모든 일정을 마치고 1893년 여름에 조선으로 귀국하여 고종을 알현하고 보고함으로써 공사로서 임무를 마쳤다.

이채연 공사 부부의 방문 이후 로어노크 대학에는 많은 한국인 학생

---

19 "Editorial Notes," *Missionary* (Nov. 1892): 431.
20 Charotte M. Conger, "Asiatic and South AMerican Legations," *Munsey's Magqazine* VII (New York: May 1892): 415-416.

이 재학했다. 시카고박람회 후 1894년 1월에 한국인 유학생 서병규가 로어노크 대학에 처음 입학하여 1898년에 졸업했고 이어서 김규식(1903년 졸)과 이기종(이범진의 아들) 등 5명이 입학했으며 1900-02년에는 고종의 둘째 아들 의화군 이강이 공부했다. 1895년에는 서광범이 주미 공사관에 근무할 때 잠시 방문하여 명예 학사 학위를 받았으며 역대 주미 공사관 직원들은 이 대학을 방문했다. 드레허 총장은 주미 한국 공사관을 자주 방문했고 1902년에 파리 방문 때에는 한국 공사관을 방문하여 이범진 공사를 만났다. 1935년까지 34명의 한국인 유학생이 로어노크 대학에 재학했고 9명이 졸업했다.[21]

이채연은 농상공부 협판(차관)을 거쳐 1896년 한성판윤에 임명되어 덕수궁 앞 방사선 도로를 비롯한 시내 도로망을 개선했다. 1898년 한성전기회사를 설립하고 사장으로 도쿄보다 앞서 전차를 개통했다. 1899년에는 서울-개성 경편철도(light railroad)를 인가받았으나 건설하지 못했고 1900년에는 양주 덕소까지 철도 개설을 계획했다. 한성판윤, 한성전기회사 사장, 철도운수회사 감독, 광흥학교 교감으로 친미 개화파였던 이채연은 미국의 경제적 이익 확대를 반대하던 친러파와 친일파가 결탁한 황제 측근 보수파(이용익 등)와 도로나 철로 개발에 따른 부동산 이익 문제로 갈등이 심했다. 따라서 1900년 8월 15일에 그가 인후병으로 갑자기 사망하자[22] 독살설이 나돌았다. 이는 1900년 11월에 발생한 황제 칙령을 위조한 그리스도인 말살 음모 사건(언더우드의 라틴어 전보로 친러파의 음모를 막은 사

---

21 졸업생은 서병규(1898년 첫 한국인 학사, 프린스턴 석사, 귀국), 김규식(1903, 파리평화회의 대표, 1923년 로어노크 명예 박사), 이원익(1907, 뉴욕 상인), 손헌주(1914, 로스앤젤레스 상인), 강영복(1924, 호놀룰루 의사), 안승한(1926, 세브란스병원 의사), 윤휴(1929), 안승만(1930), 이병간(1935) 등 9명이었다(W. E. Eisenberg, *The First Hundred years Roanoke College, 1842-1942*, 216-217).

22 "한성판윤 리채연씨는 인후병으로", 「데국신문」, 1900. 8. 17.

건)의 전초였다.

　귀국 후 부인 배선은 두 아들—이상필(李相弼)과 이상범(李相範)—을 낳아 길렀으나 행적은 알려지지 않았다. 이채연이 미국에 있을 때 생명보험에 들었으므로 남편 사후에 수천 원 보험금이 나와서 생활에 도움이 되었다.

　참고로 처음 세례 역사를 정리하면 다음과 같다.

1879년 1월	첫 개신교인(장로교인) 김진기가 만주 뉴창장로교회에서 매킨타이어 목사로부터 세례를 받다.
1879년 4월	백홍준이 뉴창장로교회 매킨타이어로부터 두 번째로 세례를 받다.
1883년 4월 29일	이수정이 도쿄 노월정교회에서 녹스(W. Knox) 목사로부터 세례를 받다.
1886년 4월 25일	부활절에 스크랜턴 의사의 딸 마리온 피치 스크랜턴(Marion F. Scranton)과 아펜젤러(H. G. Appenzeller) 목사의 딸 엘리스 레베카 아펜젤러(Alice R. Appenzeller)와 일본 공사관원 하야카와(Hayakawa Tetsya)가 세례를 받다.
1886년 7월 18일	노춘경이 언더우드 목사로부터 세례를 받아 첫 국내 세례교인, 첫 서울 세례교인, 새문안교회 첫 세례교인이 되다.
1887년 1월 16일	소래교인 서경조, 최명오, 정공빈이 서울에 올라와서 언더우드 목사로부터 몰래 세례를 받다.
1887년 3월 23일	윤치호(23살)는 상하이에서 첫 남감리교인으로 세례를 받다.

1887년 7월 24일	배재학당 학생 박중상이 첫 북감리교인으로 아펜젤러 목사 사택에서 몰래 세례를 받다.
1887년 10월 2일	배재학당 학생 한용경이 두 번째 북감리교인으로 세례를 받다.
1887년 10월 16일	남대문 안 상동 벧엘 예배 처소에서 권서인 최성균의 부인이 감리교회 첫 여자 교인으로 세례를 받다.
1888년 4월 25일	언더우드 목사가 황해도 소래교회에서 서경조의 둘째 아들 서병호(3살, 徐丙浩)에게 유아세례를 주다.
1892년 7월 12일	저녁 미국 버지니아 세일럼장로교회 목사 브리지스사택에서 주미 공사 이채연의 부인 배선은 세례를 받고, 한국인 여성으로서는 미국에서 처음으로 장로교인이 되었으며, 곧 서울로 귀국했다.
1894년 4월 23일	부산에서 베어드(William M. Baird, 裵偉良) 목사가 첫 신자인 어학교사 심사봉(심상현, 沈相炫)과 두 명의 할머니에게 세례를 주다.
1903년 11월	헌트(W. B. Hunt) 목사가 해주에서 김구(金九, 1876-1949)에게 세례를 주다.
1911년 9월	길선주 목사가 게일 목사의 아들 조지 게일에게 유아세례를 주다.

15
첫 국제 결혼
윤치호와 마수진(상하이, 1894년)

한국에서는 일제강점기부터 국제결혼 커플을 백안시했다. 그러나 1990년대부터 시골 총각들이 타 인종 신부와 결혼하고 산업 도시에 다른 나라에서 온 노동자들이 없으면 공장이 돌아가지 않게 되며 해외 한인은 물론 유명인의 인종 간 결혼이 다반사가 되자 한국도 단일 민족 이념을 버리고 다인종, 다문화를 수용하는 사회로 급격히 이동했다.

윤치호와 마수진

근대 한국인과 중국인의 결혼은 1894년 3월에 윤치호-마수진이 첫 경우였다. 1894년 6월에 미국에서는 서재필(1864-1951)과 뮤리얼 암스트롱(Muriel Armstrong)이 혼인했으므로, 첫 국제결혼은 상하이 중국 조계에서 열린 중서학원(中西學院, McTyeire School, Anglo-Chinese School) 교수 윤치호(1865-1945)와 맥타이어 여학교(中西女塾) 학생이자 음악 보조교사인 마수진(馬秀珍, 1871-1905)의 결혼이었다.[1] 윤치호는 1884년 말에 갑신정변 후 상하이로 망명하고 방탕하게 살다가 남감리회의 중서서원에서 개종하고 1887년에 첫 한국인 감리교인이 되었다. 미국 에모리 대학교와 밴더빌트 대학교에서 유학을 한 윤치호는 청일전쟁으로 바로 귀국하지 못하고 상하이에 1년 이상 머물면서 중서서원 교사로 일했는데 이때 마 양과 중매결혼했다. 윤치호로서는 재혼이었지만, 자신의 의사로 결혼한 사실상의

---

[1] 흔히 마애방으로 알려져 있으나, 마수진의 학교 친구로 한애방이다. "내 아내의 제일 친한 친구이자 같은 학교에 다니는 한애방(韓愛芳, E-fong) 양이 우리를 방문했다"(윤치호 일기, 1894. 4. 21).

첫 결혼이었다.

    윤치호는 미국 남부에서는 인종차별로 연애할 기회가 없었고 한국에는 중등교육을 받은 여성이 없을 때라 중국 신여성과의 혼인을 최선으로 보았다. 그는 스승인 본넬(W. M. Bonnell) 교수에게 아내가 될 여성을 소개해달라고 부탁했다. 본넬은 맥타이어 여학교(McTyeire Girls' School) 교장인 헤이굿(Laura Askew Haygood, 1846-1900) 선생을 직접 만나 여학생을 소개받도록 했다.[2] 헤이굿은 윤치호를 자신의 집 서재에서 만났다.

    그녀는 한 무리의 여학생들 사진 속에서 마수진(馬秀珍) 양을 지목했다. 수진 양이 뛰어난 지성과 경건함, 애정을 지닌 여성임을 매우 열정적으로 이야기했다. 그녀의 어머니는 그리스도인이다. 그녀의 아버지는 그냥 그런 노인이다. 그녀는 음악에 상당한 재질이 있어 학교에서 음악 보조강사로 생활비를 벌고 있다고 한다. 헤이굿 선생은 나에게 그녀가 연습한 한문 붓글씨와 직접 지은 영작문을 보여주었다. 겨우 두 해 동안 영어를 공부해서 그만큼 쓸 수 있다니 참 놀라운 성취였다.[3]

윤치호는 1월 28일 예배당에서 주일학교 교사로 가르치는 마수진을 멀리서 보고 반했다.

    반듯한 외모, 소박하지만 품위 있는 자세, 부드러운 목소리와 호기심 가득한 수진 양의 미소는 나의 영혼을 제3의 천국으로 날아오르게 했다. 나는 그녀를 더욱더 보고 싶고 그 달콤한 소녀가 나의 소중한 아내라고 큰소리치고 싶

---

2   헤이굿은 남감리회 중국선교회의 첫 여자 선교사로서 1884년 상하이에 도착하여 McTyeire Home and School을 설립하고 봉사했다. 그녀는 윤치호에게 어머니와 같은 존재였다.

3   윤치호 일기, 1894. 1. 25.

어 미칠 지경이다. 하나님이여, 그녀를 내게 허락해주소서!⁴

윤치호는 동반자와 친구가 될 수 있는 대등한 관계의 배우자를 원했다. 그는 "저는 제 편의를 돌보아주는 사람이 아니라 벗으로서, 애완동물이 아니라 동반자로서, 저보다 열등한 자가 아니라 저와 동등한 자로서 아내를 원합니다"라는 뜻을 본넬 교수와 헤이굿 선생에게 표했다. 주변에서는 모두 두 사람의 결혼을 지지했다.

두 사람은 멀리서만 보고 교사들을 통해 소식을 전하며 혼인 날짜를 3월 21일로 잡았다. 그들은 결혼 전 만남이 금지된 풍속대로 편지를 주고받으며 애정을 확인했다. 결혼의 장애는 수진의 부모에게서 나왔다. 모친은 혼인식 때 중국식 복장을 요구했다. 부친은 처가 부양을 약속하라고 무리하게 요구했다.⁵ 윤치호는 결혼은 당사자 두 사람만의 일이라고 생각하고 중국의 전통 관습인 규구(規矩)를 혐오하고 중국옷을 입지 않으려고 했고 수진도 이에 동의했지만, 부모의 완강한 태도로 부모의 비난을 받으며 노력하는 수진을 위해 조건부로 중국옷을 입기로 했다. 부친의 요구로 파혼까지 갈 뻔했지만, 윤은 그 요구를 거절하고 마수진의 결혼 의사를 존중하고 중매인들이 노력하여 파혼을 없던 일로 하면서 결혼의 장애는 사라졌다. 이런 문제들을 극복하는 과정에서 두 사람은 서로를 더 이해하고 약혼자로서 사랑을 깊이 했다.

1894년 3월 21일 저녁 6시에 맥타이어 홈에서 영어로 진행한 소박한 기독교식 결혼식이 열렸다. 마수진은 중국식 분홍색 예복, 윤치호는 중국식 평상복을 입었다. 예식 후 두 사람은 헤이굿의 서재에서 처음으로 서로

---

4   윤치호 일기, 1894. 1. 28.
5   윤치호는 모교인 상해 중서서원에서 1893년 11월부터 1895년 초까지 영어를 가르치면서 월급 30원을 받고 있었기에 부양 책임은 무리였다.

를 제대로 바라보았다. 홀을 나설 때 양쪽에서 선교사들과 여학생들이 쌀을 뿌렸다. 두 사람은 가마를 타고 신혼집으로 갔다. 다음 날 톰슨 사택에서 신부의 부모가 준비한 중국식 연회가 열렸다.[6] 마침내 윤치호는 선교사들의 도움을 받았으나 자신이 원하던 혼인식을 통해 원하던 동등한 배우자를 구했다. 다만 그는 망명 중인 중국에서 혼례식을 했으므로 조선식은 전혀 반영할 수 없었고 조선에 있던 부모도 초청할 수 없었다.

3월 27일에 윤치호는 상하이에 온 김옥균과 홍종우를 여관 동화양행에서 만났다. 윤은 김에게 홍종우가 밀정일지도 모른다고 말했으나 김은 홍을 믿는다고 말했다.[7] 다음날 김옥균은 윤을 다시 만나자고 했으나 홍종우가 여관에서 오후 4시 총으로 잠자는 김을 암살하고 도주했다. 홍은 29일에 체포되었다.[8] 윤치호는 30일부터 아내의 동의를 얻어 중국옷을 벗고 양복을 입었다. 그는 김옥균 다음으로 자신이 암살 대상임을 직감했다.[9] 중서학원 교수 회의에서도 그를 미국에 다시 보낼 방안을 구상했다. 그러나 청일전쟁 후 친일 개화 내각이 들어서자 그는 귀국하여 내각에 참여하고 정치가로 입신양명의 길에 들어섰다.

윤치호의 전통적인 첫 혼인

윤치호는 15살 때인 1879년 중매로 혼례를 올렸다. 상대는 진주 강씨 집안의 여성이었다. 윤치호가 일본 유학 등으로 제대로 가정생활을 못 하자 젊은 아내는 간통으로 이혼당했다.

6　윤치호 일기, 1894. 3. 21. & 3. 22.
7　윤치호 일기, 1894. 3. 27.
8　홍종우는 조선 정부의 노력으로 무죄 방면되어 서울에 와서 과거에 특채되어 고위직을 누리며 친고종 황제파로서 황국협회를 이끌고 1903년 제주목사까지 지냈다.
9　윤치호 일기, 1894. 4. 1.

들으니 강녀(姜女)가 음란하여 비단 어른을 공경하지 않을 뿐 아니라 가동(家僮) 원만(圓滿)이란 놈과 간통한 사실이 그 진술에서 나왔다 한다. 그는 본시 창기(娼妓)의 소생으로 약혼할 때 양반이라고 우리 집을 속였다. [중략] 과년한 규녀(閨女)가 홀로 세월을 지키다가 혹 간통하게 되는 것은 오히려 한 번쯤 용서할 수도 있다. 그런데 그 사람 됨이 완고하고 어리석어 염치를 모르고 달래나 깨우치지 못하고 훈계하나 두려워하지 않는다. 또 시집오기 전에 간통한 놈이 7, 8명이나 되고 원만과 통한 뒤 임신하여 이미 6개월이 되었다 한다. 비천하고 음란한 죄를 용서할 수 없으나 처치하기가 매우 어려우니 민망하고 민망하다.[10]

윤치호의 아버지 윤웅렬도 서자였고 윤치호 본인도 서자였기 때문에 양반가의 서녀(庶女)인 강씨와 중매로 맺어졌으나, 혼인 후 강씨의 모친 신분이 기생으로 밝혀지자 윤 씨 부모는 격분했고 강씨는 소박 상태에서 간통 사실이 드러나자 이혼당했다. 후자의 사실은 알 수 없으나 기생의 소생인 사실이 혼인 후에 바로 드러나면서 윤치호와 강씨는 처음부터 거의 파혼 상태였다.[11] 윤치호는 갑신정변 이전 푸트의 통역관으로 일할 때 젊은 궁녀를 사랑하기도 했다.[12]

    미국 유학 생활 후 1893년 상하이 중서서원으로 돌아온 윤치호는 어머니의 별세 소식과 함께 점점 외로움을 깊이 느꼈고 아내가 필요했다. 그에게는 "아주 좋아하는 한 일본 아가씨가 상하이에 있기는 하지만, 그 예쁜 아가씨는 너무 속물적"이라 결혼까지는 갈 수 없었다.[13]

---

10 윤치호 일기, 1884. 10. 22.
11 박주영, "윤치호의 결혼: 한말 근대적 주체와 전근대적 관습/관념의 충돌", 『한국사학사학보』 36(2017.1): 216-258.
12 윤치호 일기, 1893. 12. 19.
13 윤치호 일기, 1894. 1. 17.

마수진에 대한 윤치호의 사랑

윤치호와 마수진은 1895-1905년까지 10년 동안 정치 격변과 임지 이동에도 불구하고 서울과 원산에서 기대했던 이상적인 결혼생활을 이어나갔다. 윤은 전통적인 대가족이 아닌 부부와 자녀로 이루어진 근대적인 핵가족의 행복을 추구했다. 그는 일기에 아내에게 만족하며 수시로 그녀에 대한 사랑을 표현했다. 결혼 한 달 후에는 다음과 같이 말했다.

> 내 '사랑하는 아내'는 자신이 값을 매길 수 없는 보석임을 스스로 증명했다. 그녀에 대해 헤이굿 선생과 다른 숙녀들이 말했던 모든 좋은 것들이 이루어진 것 이상이다. 그녀는 사랑스럽고 민첩하며 달콤하고 세련됐으며 경건하고 신뢰할 만하며 책임감이 있다. 그녀는 미국 가정에서 자란 소녀답게 자기 나라 사람들(중국 사람들)의 미신으로부터 자유롭다. [중략] 그녀가 조선 사람이 아니고 내가 중국 사람이 아닌 사실이 행운인 점도 있다. 내가 중국의 불합리한 관습에 순응할 의무가 없듯이 그녀도 조선의 그런 관습에 따를 필요가 없기 때문이다. 중국의 관습에서 불편한 점에 대해서는 내가 중국인이 아니라고 말하면서 피해 가고 우리가 즐거워하지 않는 서양의 어떤 관습에 대해서는 우리는 동양인이라 하며 회피한다. 그래서 우리 가구와 생활 방식에서 동서양의 외형적인 모양을 모두 갖추지 않고도 살 수 있다.[14]

1896년 말 파리에서 상하이로 온 윤치호는 성탄절에 아내가 아들 영선(英善)을 낳았으며 모두 건강하다는 얘기를 듣고 안심했다. 약 7개월 만에 만

---

14 윤치호 일기, 1894. 4. 20.

난 아내를 보고 윤은 1897년 1월 1일 일기에는 다음과 같이 썼다.[15]

나에게 수진(秀珍)은 가장 이상적인 아내다. 아내보다 더 다정하고 신뢰할 수 있으며 용감한 여성은 찾기 힘들 것이다. 불평 없이 늘 다정하고 고독을 참아내며 차분하게 용기 내어 조선에서 지내는 동안 위험을 극복한 아내를 어떻게 해야 가장 적절하게 칭송할 수 있을까. 이렇게 보석 같은 아내를 만나다니, 얼마나 고마운 일인가!

▲ 윤치호 가족, 원산(1904년 3월) [Oak]
마수진은 임신 중으로 5월 3일 윤용희를 출산했다.

마 부인은 네 아이를 출산한 후 자궁외임신으로 1905년 2월 9일 세브란스병원에 입원하여 에비슨, 커틀러(Cutler), 분쉬(Bunch), 허스트(Hirst) 의사의 수술을 받았으나 의식 회복 후 2월 10일 별세했다. 윤치호는 그녀를 양화진외국인묘지에

---

15 윤치호는 1895년 2월 귀국한 후 의정부 참의에 임명되어 갑오개혁에 동참했다. 그해 4월 내각 총리대신 비서관 겸 내각 참서관, 5월 학부협판, 음력 윤5월 외부협판, 1896년 2월 학부협판을 거쳤다. 같은 해 4월에는 러시아 황제 니콜라이 2세(Nicolai Ⅱ)의 대관식에 러시아특명전권대사 민영환(閔泳煥)의 수행원으로 참석했다. 미국과 유럽을 거쳐 러시아에 갔다가 8월 상트페테르부르크에서 민영환 일행과 헤어져 파리에서 3개월(8. 21 - 11. 18)을 보내며 불어를 배웠고, 상하이에서 6개월(1896. 12. 27 - 1897. 6. 12)을 보내고 1897년 6월 18일 귀국했다. 따라서 1897년 12월 말 상하이에서 아들을 낳은 아내와 첫딸 봉희(Laura)와 재회했다. 1897년 1월 28일 서울로 돌아왔다.

매장했다. 그는 천국에 간 아내에게 보낸 영문 편지를 일기에 쓰며 끔찍이 사랑하던 아내를 그리워했다.

김영준과 유영지

한편 금의환향한 윤치호의 인텔리 중국 부인은 서울 고위층에게 큰 인상을 주었다. 그중 경무사(경찰청장) 김영준이 있었다. 그는 서자였으나 고종의 총애로 승승장구한 인물이었다. 양반가에서 서얼이라 혼사를 꺼리자 그는 마침 남감리회 여선교사 캠벨을 따라 중국에서 내한한 배화학당 교사 유영지(俞靈芝, Dora Yu)에게 접근했다. 선교사로 헌신한 도라 유는 그를 거부했다.

김영준은 앙심을 품고 친러보수파 이용익과 짜고 1900년 12월 9일에 모든 그리스도인을 몰살할 음모를 세우고 고종 황제의 칙서를 날조하여 지방 관청에 밀지를 내렸다. 다행히 언더우드가 이를 발견하고 에비슨 의사와 알렌 공사에게 알려 사전에 대살육을 막았다. 결국 김영준은 영종도 매각 사건과 다른 음모 사건으로 곧 처형된다.

이 '한국의 부림절' 사건은 이루어지지 않은 한중 커플로 시작된 비극이었다. 도라 유는 이때 마음고생을 많이 했으나 감리교회의 하디 부흥 운동을 통해 신앙 체험을 심화하고 1905년에 중국으로 돌아가 중국 교회 대부흥을 일으키는 영적 지도자가 되었다. 그의 설교를 듣고 개종한 워치만 니(倪柝聲, 1903-1972)는 지방 교회 설립자가 되었다.

윤치호가 아내를 그리워하며 쓴 글

1905년 2월 10일에 아내가 죽은 후 한 달간 일기를 중단한 윤치호는 3월

10일 일기에 다음과 같이 아내에게 보내는 글을 썼다.

> 하늘나라에 있는 나의 성스러운 아내에게
>
> 여보! 정확하게 한 달 전에 당신이 내 곁을 떠났구려. 그날 당신의 마지막을 지키지 못하고 떠난 나 자신을 절대 용서하지 않을 것이오. 당시 나는 의사들의 희망에 찬 말 때문에 당신이 회복되리라 확신했기 때문에 어떤 불안감도 느끼지 못했다오. 그렇지만 지금은 모든 것이 끝나버렸소. 당신은 이제 삶과 죽음의 수수께끼를 해결했겠군요.
>
> 내가 당신과 결혼하지 않았다면 당신이 노년까지 누렸을 달콤하고 평화롭고 만족스러운 삶을 생각하면, 나와 함께했던 11년 동안 당신이 조선 관료의 아내로서 고역, 시련, 여행, 고난을 겪었다는 고통스러운 사실을 생각할 때면, 당신이 굉장히 용감하게 겪어야 했던 시련으로 나에 대한 당신의 사랑이 초래한 때 이른 죽음을 생각할 때면, 적막한 집에서 수심에 잠겨 이런 생각을 할 때면, 내가 할 수 있는 일이라고는 하늘을 쳐다보며 이렇게 말하는 것뿐이라오. "주여, 불쌍한 이 죄인에게 자비를 베푸소서." 이런 고통스러운 생각을 하다 보면 주의를 딴 데로 돌려 이런 행복한 확신을 하게 된다오. 그것은 바로 내가 가진 모든 결함에도 불구하고 당신이 나를 사랑했고, 여전히 나를 사랑하고 있으며, 앞으로도 언제나 나를 사랑할 것이라는 사실이오. 머지않아 내가 당신에게 갈 때 당신이 늘 그랬듯 황홀하게 순수하고 천사 같은 가슴으로 나를 안아주리라는 사실이오.
>
> 서서히 눈에 눈물이 차오르는 동안 나는 평화로운 미소를 자주 지은 채 무의식적으로 당신의 영적인 존재를 두 팔에 안아 심장 가까이 가져오곤 한다오. 내게 당신은 죽지 않았소. 내게 당신은 여느 때처럼 살아 있고 나를 사랑해주는 사랑스러운 존재라오. 여보, 나와 우리 소중한 아이들을 보살펴주오.

로라[봉희]는 내가 걱정했던 것보다 훨씬 더 강한 아이가 되고 있소. 로라는 예쁘게 자라고 있고, 특히 로라의 입을 보면 당신의 사랑스러운 입이 생각난다오. 알렌[영선]과 캔들러[광선]는 할아버지와 함께 시골에 내려갔소. 헬렌 하디[용희]는 나와 함께 지내고 있는데 늙은 유모가 헬렌을 성심껏 돌보고 있다오. 이제 다시는 당신의 손이 그 어린 것을 어루만지지 못하겠지만. 그 점이 바로 내게 가장 슬픈 일이오. 하지만 당신이 헬렌을 지켜보고 있다는 사실을 잘 알고 있소. 아침마다 어린 헬렌은 내가 책상 위에 올려둔 사진을 보고 싶어 한다오. "어머니 봐, 어머니 봐." 헬렌은 이렇게 말하고는 사진에 입을 맞춘다오. 그리고는 "아버지도, 아버지도"라고 말하는데 나도 사진에 입을 맞추라는 뜻이라오.

나는 내가 예전에 사용하던 방에서 잠을 잔다오. 강 주사가 함께 자준다오. 매일 밤 아래와 같은 시구가 슬프지만 달콤한 생각으로 문자 그대로 얼마나 강력하게 나를 가득 채우는지 모른다오.

고요하게 밤 그림자가
나의 외로운 문 주위에 모이네.
고요하게 밤 그림자는 내게
다시 볼 수 없는 얼굴을 데려다주네.
오, 잃었지만 잊히지 않은 이여!
비록 이 세상은 종종 잊을지라도
오, 가려지고 외로운 이여!
우리 가슴 속에서 그들은 사라지지 않나니
우리의 영혼이 섞이는
고요의 시간 속에 사는 것
그들은 세속적인 고통과 무관하고

그들은 여전히 세속적인 고통의 끝을 바라고 있네.

폭풍우가 지나간 후 별처럼

그런 신성한 기억은 어떻게 무리를 이루는가,

맑은 하늘을 가리키면서

우리는 마침내 하늘을 얻기를 바란다네.

사랑하는 아내여, 지난 11년 동안 당신이 왼손 중지에 끼고 다니던 반지는 지금 내 오른손에 끼워져 있고, 우리가 그 영혼의 땅에서 서로 얼싸안게 되는 날까지 내 손에 머물 것이오. 내가 알기에 이 반지는 당신의 가장 변함없는 벗이었소.

사랑하는 아내여, 이제 작별 인사를 해야겠소.

당신을 영원히 사랑하는 남편

16
첫 침례회 선교사
폴링 목사 내한(보스턴, 1894년)

▲ 펜실베이니아 출신 선교사 지망생들(1894년)
앞에 앉은 두 사람이 곧 결혼하는 폴링 부부

1889년 12월에 내한한 펜윅(Malcolm C. Fenwick, 片爲益, 1863-1935.12.6)은 개인 선교사였다.[1] 그는 북장로회의 언더우드와 협력하여 한국어를 배우다가 1890년부터 소래에서 서경조로부터 한국어를 배우며 함께 로스의 요한복음을 개정하여 출판했으니 받은 장로회 선교사였다.[2] 그러나 1891년에 그가 언더우드를 비판한 글 때문에 한국에서 사역할 수 없어서 미국으로 돌아가 선교사 훈련을 받았으므로, 비록 1896년에 다시 내한한 이후 침례회 선교사로 활동했지만, 처음 내한했을 때 침례회 선교사는 아니었다.

침례교회의 첫 공식 내한 선교사는 폴링(Edward Clayton Pauling, 1864.8.31-1960.7.7) 목사였다. 그는 고든(Adoniram J. Gordon) 목사가 시무하는

---

1 펜윅은 게일처럼 스코틀랜드계 캐나다인으로 무디 부흥운동의 영향을 받았고 나이아가라 성경강습회 출신으로 전천년설을 신봉했다.
2 19세기말 선교사 유형에는 파송하는 주체에 따라 교단 선교사, 선교회 선교사, 개인이 지인이나 지역 교회의 후원을 받아 파송받는 독립 선교사가 있었다.

보스턴 클라랜던스트리트침례교회(Clarendon Street Baptist Church) 안에 조직된 엘라싱기념선교회(Ella Thing Memorial Mission)의 파송을 받아 1894년 5월 3일 샌프란시스코항을 떠나 11월 26일 부산에 왔다. 그 교회 집사로 성공한 사업가였던 싱(S. B. Thing)은 외동딸 엘라가 일찍 죽자 1894년 그녀를 기념하는 선교회를 설립했다. 선교회는 펜윅의 영향으로 한국을 선교지로 정하고 첫 선교사로 폴링 약혼 부부와 가들린(Amanda Guideline)을 파송했다.[3] 폴링은 먼저 부산에 임시로 정착했다.

폴링은 펜실베이니아주 엘름즈포트에서 출생했고 1893년 루이스버그의 버크넬 대학교를 졸업하고 전도사가 되어 노섬벌랜드(Northumberland Church)에서 부흥회 강사로 활동했다. 그는 보스턴 선교학교에서 훈련을 받으면서 1894년 4월에 펜윅과 함께 고든 목사와 피어슨 목사로부터 목사 안수를 받았다. 이때 그는 펜윅의 한국 관련 강의를 듣고 한국 선교에 자원하여 5월에 한국을 향해 출발했다.[4] 알렌 의사는 폴링이 1894년 11월 26일에 내한했다고 적었다.[5]

약혼자인 마벨 홀(Mabel Valentine Hall, 1870-1909) 양은 1887년 고등학교를 졸업하고 침례교회에서 활동했다. 그녀는 선교사로 자원하여 뉴욕 선교 학교에서 훈련을 받고 1895년 1월에 고향을 떠나 한국을 향해 출발했다. 홀 양은 요코하마에서 약혼자 폴링을 만나 1895년 2월 14일에 미국 영사관에서 결혼했다.[6] 이어 서울에 온 폴링은 3월 26일에 알렌 공사 앞에서 미국 시민권자 서약을 하고 신고했다. 이때 폴링의 나이는 30살,

---

3 백낙준, 『한국개신교사』(연세대학교출판부, 1973), 204-205.
4 "Native Report of Edward C. Pauling, Sworn before H. N. Allen, Seoul, March 26, 1895."
5 Horace N. Allen, *A Chronological Index* (Seoul: Methodist Printing House, 1901), 30.
6 "Died Suddenly, At Salem, Mass: Mable Hall Pauling," *Sunbury American*, Dec 31, 1909. 한국기독교역사연구소, 『내한 선교사 사전』(2022), 1223쪽에는 함께 미국에서 출발하여 요코하마에서 결혼한 것으로 잘못 서술하고 있다.

회색 눈에 키는 176.5cm였다.[7]

이들은 부산에서 사역하려고 했으나 북장로회와 호주장로회가 활동하고 있었으므로 1895년 봄부터 폴링 일행은 서울에 머물면서 전도했다. 여러 사람이 침례를 원했지만, 폴링은 온전히 회심한 한 사람에게만 1895년 겨울에 침례를 베풀었는데 침례를 받은 이는 서울과 군산, 강경을 오가며 포목 장사를 하던 지병석이었다. 지병석은 강이 풀리자 폴링 목사 부부와 가들린 양을 고향 집에 초대했다. 이들은 1896년 2월 9일 주일에 강경읍 북옥동 136번지 지병석과 천성녀의 집에서 주일예배를 드렸다. 강경침례교회의 시작이었다.

이어 엘라싱선교회의 파송을 받아 1896년 4월 스테드먼(Frederick Webster Steadman, 1871-1948) 목사와 액클스(Saddie Ackles) 양과 엘머(Arma Ellmer) 양이 내한했다. 1896년 9월에 폴링과 스테드먼은 충청남도를 순회 여행했다.[8] 그 결과 스테드먼은 1897년 9월 29일에 아그네스 브라이든(Agnes T. Bryden)과 서울에서 결혼하고 1897년 가을에 공주로 이주했다. 오긍선이 스테드먼의 어학교사로 일했다. 폴링은 1897년 지병석의 집 바로 옆 북옥리 137번지에 ㄱ자 교회를 신축했다. 스테드먼은 1899년에 강경으로 이주해 두 번째 선교지부를 설치했다.[9]

폴링 목사는 1898년 초 서울 자골에 거하면서 유니언교회에서 수요기도회를 인도했다.[10] 그는 1898년 4월에 강경으로 이전하기 위해 소유물

---

7 1895년 12월 22일(*Korean Repository* [Dec. 1895], p. 44에는 20일로) 첫아들 고든(Gordon Hall)이 태어났고 1897년 3월 23일에 둘째 아들 프레드(Frederick Senft)가, 1898년 4월 30일에는 셋째 아들 하롤드(Harold Hall)가 태어났다. 이들은 모두 서울에서 태어났다. 그러나 1899년 1월에 고든이 사망했다. 1899년 8월 27일에 충청도 강경에서 그의 딸 클레멘타인(Clementine Fulmer, 1899-1990)이 태어났다.
8 "Brief Notice," *Independent*, September 12, 1896.
9 공주와 강경에 $2,150로 선교사 주택 두 채를 지었다.
10 *Independent*, Jan. 27, 1898.

을 팔기도 했다.[11] 그러나 1899년은 폴링 목사에게 시련의 해였다. 1월 11일 첫아들 고든이 사망했다. 1899년 5월 말에 샌프란시스코에서 모인 미국침례회선교회연합 제85차 회의에서 매년 2,000달러씩 3년간 지원하던 보스턴의 싱(Thing)은 지원을 중단하고 한국 선교회를 미국침례회선교회연합으로 넘겼다.[12] 5년 사역 후 폴링은 후두염에 걸려 사역을 할 수 없어 안식년으로 미국으로 돌아가야 했다.[13] 그러나 선교비 지원이 끊어지면서 한국에 돌아갈 수 없자 매사추세츠주 세일럼에서 목회했다. 1901년 4월에 스테드먼 목사 부부도 재정 문제로 한국에서 5년 만에 철수했다. 부부는 한국을 떠나 일본에서 활동했다.

폴링 부부는 아홉 자녀(아들 5명과 딸 4명)를 낳았는데 첫 네 명은 한국에서 태어났다. 첫째 고든은 세 살을 넘기고 죽어 양화진에 묻혔다. 부인 마벨은 아홉 자녀를 양육하던 중 1909년 12월에 잠시 아픈 후 집에서 별세했다. 폴링은 향년 96살인 1960년에 주님의 품으로 돌아갔다.

펜윅은 1893년에 보스턴 선교사양성학교를 다닌 후 목사 안수를 받고 한국순회선교회(Corean Itinerary Mission)를 조직했다. 그는 1896년 4월에 다시 한국으로 와서 초교파를 표방하고 활동했다. 그는 1인 선교사 선교회를 운영하였으므로 장로회와 감리회의 선교지 예양 협정

▲ 스테드먼 가족(1901년)

11 "For Sale," *Independent*, April 14, 1898.
12 "Eighty-Fifth Annual Meeting of the American Baptist Missionary Union." *Baptist Missionary Magazine* (July 1899): 258.
13 "Died Suddenly, At Salem, Mass: Mable Hall Pauling," *Sunbury American*, Dec. 31, 1909.

(comity)에 들어오지 못하고 원산에 정착하여 10만 평의 땅에 농장을 경영했다. 1899년에 윤치호가 덕원 감리로 부임하자 함께 과수원을 발전시켜 원산 사과의 원조가 되었다. 1901년 4월에 엘라싱선교회가 철수하자 충청도 지역을 인수하고 전도인 신명균을 책임자로 파송했다.

제2부

서울에서

17
서울의 첫 주일예배
매클레이의 서울 방문(1884년 6월)

1883년 9월 14일 아침에 볼티모어 여자대학(1910년 가우처 대학으로 이름이 바뀜)의 학장 가우처(John Franklin Goucher, 1845-1922) 박사는 시카고에서 워싱턴 DC로 가는 열차 침대칸에서 낯선 차림의 조선 사절단을 만났다. 그는 기차 여행을 하면서 사절단의 대표인 민영익(閔泳翊, 1860-1914)과 가까워졌고 대화를 통해 한국 선교에 관심을 두게 되었다.

가우처와 민영익의 만남

민영익과의 만남 이후 가우처는 북감리회 해외선교부에 한국 선교회 개설을 요청하고 1883년 11월 6일에 부부 선교사가 임명될 경우 2년 연봉인 2,000달러를 기증하겠다고 제안했다. 사실 가우처 학장은 해외 선교부 이사로서 국내와 해외 선교에 관심을 가지고 활동하고 있었다. 그는 중국 텐진(天津) 여자 병원, 청투(成都) 서중국대학, 베이징(北京) 대학, 푸조우(福州) 연합대학에 기부금으로 지원하거나 이사로 봉사했다. 인도 북부 지방을 위해 10만 달러 이상을 지원하여 120개의 초등학교를 세웠다. 일본에서는 도쿄 청산학원 창립을 도왔으며 거액을 기부하여 가우처 홀을 세웠다. 한국에도 감리회 병원과 학교를 지원하였는데

▲ 가우처

▲ 매클레이

1886년에 설립된 이화학당과 1915년에 설립된 조선기독교대학(연희전문학교)을 지원했다.

▲ 미국에 파견된 보빙사(報聘使, 1883년)
앞줄: 부사 홍영식; 정사(전권대신) 민영익; 종사관(서기관) 서광범; 외국인 종사관 로웰
뒷줄: 무관 현흥택, 최경석; 수행원 유길준, 고영철, 변수

사진에 없으나 중국인 통역관 우리탕(吳禮堂)이 동행했다. 그는 묄렌도르프에게 발탁돼 인천 해관에서 근무하고 있었다. 그가 영어를 중국어로 통역하면 고영철이 중국어를 한국어로 번역했다. 우리탕의 영어 실력이 빈약하여 로웰은 일본에서 일본어와 영어에 능한 개인 비서 쓰네지로 미야오카(宮岡恒次郎)를 고용했다. 그가 영어를 일본어로 통역하면, 유길준이 일본어에서 한국어로 통역했다. 한미 관계에서 영어와 한국어를 이어주는 첫 매개는 결국 일본어였다. 사절단은 1883년 7월 16일 미국 군함 모노커시(Monocacy)호를 타고 제물포를 출발, 요코하마에서 기선 아라빅호를 타고 9월 2일 샌프란시스코에 도착했다. 이들은 9월 12일 시카고에 도착했고 13일 밤에 기차를 타고 워싱턴으로 갔다. 대통령이 뉴욕 여행 중이라 9월 17일 뉴욕에 도착하여 18일 호텔(Fifth Avenue Hotel)에서 아서(Chester A. Arthur) 대통령을 예방하고 고종의 친서와 사절단의 신임장을 전달했다. 대통령을 만날 때 민영익, 홍영식, 서광범이 아서에게 큰절을 올린 사진은 널리 알려져 있다. 이어 그들은 보스턴 박람회를 방문했으며 다시 뉴욕으로 돌아왔다. 보빙사에 대한 미국인들의 주 관심은 '은자의 나라'에서 온 사신들의 기이한 모자와 의복이었다. 유길준은 이때 보스턴에 남아 최초의 미국 유학생이 되었다. 부사 홍영식 일행은 왔던 길로 되돌아 한국으로 왔으며 민영익, 서광범, 변수는 워싱턴에서 2개월을 지낸 후 11월 10일 뉴욕에서 군함 트렌턴호를 타고 마르세이유와 파리 등을 둘러본 후 인도를 거쳐 5월 말에 귀국했다. 한국인의 첫 세계 일주 여행이었다. 1년 후 홍영식과 서광범은 갑신정변을 주도하면서 민영익을 제거하려고 할 정도로 근대화에 대해 각자 다른 견해를 가지게 되었다. 1884년 12월 7일 홍영식은 처형되고 서광범은 일본으로 망명했다.

북감리회 해외 선교부는 1883년에 한미 수교로 외교 관계가 수립되었으나 종교의 자유가 없는 상황에서 선교사를 파송하는 것은 시기상조라고 판단했다. 가우처는 마냥 기다리지는 않았다. 그는 평소 알고 지내던 일본 도쿄의 매클레이(Robert Samuel Maclay, 1824-1907) 감리사에게 1883년 11월 16일에 편지를 보내어 여행비를 보조할 테니 한국을 방문해서 선교 가능성을 탐색하고 선교회를 설치할 도시를 물색해달라고 정중히 부탁했다.

매클레이 부부의 서울 방문

매클레이 목사는 1847년에 미국 북감리회 선교사로 중국 푸조우에 파송되었다. 선교회 초창기였다. 그는 1870년에 파송된 올링거(Franklin Ohlinger, 茂林吉, 1845-1919)와 함께 사역하기도 했다. 매클레이는 1873년 도쿄에 파송되어 일본 감리회 선교 개척 임무를 맡았다. 11년 후 그의 서울 방문은 중국과 일본에 이은 새로운 선교지를 탐사하는 개척 정신의 발로였다. 그는 선구자로서 선교 지경을 확장하는 자였다.

1876년에 부산 개항 이후 한국 선교에 관심을 두고 있던 매클레이 목사는 도쿄에서 김옥균을 비롯한 개화파 인사들을 만나 사귀면서 조선 정부가 학교와 병원 사업은 허락해줄 것이라는 인상을 받았다. 그는 다른 선교사들과 함께 1874년에 시작한 학교를 1878년에 초대 학장으로서 일치영화학원(一致英和學院, Union Anglo Japanese College)으로 발전시키고 서구 학문을 가르쳤다. 한인 유학생 다수가 이 학교에 입학했다.[1]

---

1   1884년 박영우, 박성연, 이계필, 고영헌, 박준양 등이 재학 중이었다. 일치영화학원은 1886년 아오야마가쿠인(青山學院)으로 개칭했다. 매클레이는 1887년 일본 선교사직에서 은퇴했다. 이어 캘리포니아 로스앤젤레스 근처 파사데나에 주 상원의원인 형이 세운 매클레이

▲ 매클레이 부부 [Oak]

▲ 김옥균(1884년)

1882년에 한 일본인 그리스도인이 매클레이에게 한국인 유학생들에게 영어를 가르쳐달라고 부탁했다. 매클레이 부인은 그들에게 영어를 가르치며 한국에 관심을 두게 되었고 선교의 문이 열리기를 기도했다. 김옥균은 유학생들에게 영어를 가르쳐주는 매클레이 부부를 만나 감사를 표하고 서구 교육과 영어 강의를 한국에 소개하고 싶다는 뜻을 전했다.

따라서 매클레이는 가우처가 한국 선교를 위해서 2,000달러를 기부하고 한국 탐사 여행을 해달라고 요청하자 이를 흔쾌히 수용했다. 일본과 한국의 미국 공사들로부터 교육과 의료 사업 실행 가능에 대해 긍정적인 답변을 들은 매클레이 부부는 1884년 6월 19일 난징호를 타고 요코하마에서 출발하여 나가사키, 부산, 제물포를 거쳐 서울을 방문했다. 그들은 동행한 한국인 양반 통역관과 함께 6월 24일 오후 1시에 제물포에 상륙했고 저녁에는 서울에 입성했다. 매클레이 부부는 푸트(Lucius H. Foote) 미국 공사 부부의 도움으로 공사관 바로 옆 한옥에 머물며 13일간 서울과 주변

신학교(현재 클레어몬트 신학교)의 학장으로 봉사했다.

을 시찰했다.

매클레이의 첫 주일예배

6월 29일은 주일이었다. 매클레이는 정동 미국 공사관 옆 한옥에서 일본어로 예배를 인도했다. 참석자는 매클레이 부부, 한국인 통역자, 매클레이 집의 한국인 하인들 등 6-7명이었다.

> 우리는 주일에 그 집에서 예배를 드렸다. 일본어를 사용했는데 한국인 통역자가 한국어로 통역했다. 우리는 또한 한강의 한 지점을 방문했는데 한때 외국인의 조차 지역으로 생각했던 곳이다. 그 지명은 양화진이었다고 생각한다. 우리가 그곳에 있을 때 정부 관리가 그의 관아로 초대했고 한국인 통역관을 통해 많은 한국인 청중 앞에서 이야기할 기회를 얻었다.[2]

비록 한국인 신자는 일본에서 동행한 통역자 청년 복 씨 한 명뿐이었고 비공개적인 예배였지만, 이것이 서울에서 드려진 최초의 개신교 주일예배였다.[3] 그 청년은 매클레이 부인에게 영어를 배우던 유학생으로 이수정의 청년이었다.[4] 매클레이 부부는 서울 시내와 주변과 양화진을 시찰하고 한국인의 성정을 파악하려고 노력했다.

---

2   R. S. Maclay to Franklin Ohlinger, December 17, 1892. Ohlinger Papers, the Mission Library Archives, Yale Divinity School.
3   통역자 복 씨에 대해서는 자료 부족으로 자세히 알 수 없다.
4   이수정의 전도로 1883년 7월 1일 이경필을 비롯한 3명의 청년이 세례를 받았다. 11월까지 수세자는 이경필, 이계필, 이주필 3 형제와 김익승, 박명화 등이었으며 12월 16일 「한성순보」 발행을 위해 일본에 유학을 온 박영선이 세례를 받아 동경한인교회가 설립되었다.

17. 서울의 첫 주일예배: 매클레이의 서울 방문(1884년 6월)

매클레이의 선교 요청과 고종의 윤허

▲ 고종(1884년)

매클레이가 서울에 도착한 시점은 보빙사 정사인 민영익 일행이 미국과 유럽 여행을 마치고 귀국한 직후였다. 외부에는 홍영식과 김옥균 등 개화파가 실권을 행사하고 있어서 선교 사업에 대한 허락을 얻을 수 있는 가장 좋은 때였다.

매클레이는 6월 30일에 고종에게 올릴 학교와 병원 선교 사업 청원서를 김옥균에게 보냈다. 3일간 간절히 기도한 매클레이는 7월 3일에 김옥균을 찾아갔다. 김옥균은 7월 2일 밤에 고종이 그 청원서를 신중히 검토했으며 청원을 허락하기로 했다고 알려주었다. 그는 고종의 호의적인 반응을 전하면서 선교 사업에 대한 기대를 나타내는 한편 위험성도 암시했다. 매클레이는 이를 신중한 태도로 좋게 여겼다.

매클레이는 사택으로 돌아와 그 전날 밤 쓰기 시작한 편지를 마무리했다. 그는 고종의 윤허 소식을 담아 가우처에게 일본 우편으로 보냈다. 그것은 서울에서 보낸 첫 개신교 선교 편지였다.

> 한국에서의 기독교 사업의 전망은 합리적으로 예상할 때 아주 좋습니다. 우리가 많은 어려움에 직면해 있는 것은 사실이지만, 제안한 한국 선교회 설치를 위한 길은 충분히 열린 것으로 보입니다. 사업을 시작하기 위해 선발된 자들은 매우 신중할 필요가 있을 것입니다. 위험의 주된 원인은 한국 정부의 허약성일 것입니다.…나라는 가난하고 국가 정책에 과감한 변화가 도입될 때

까지 그런 상태로 남아 있을 듯합니다. 조선 정부의 현 태도는 바라는 변화를 도입하는 데 우호적입니다.…기독교 복음이 한국의 어려움의 근본에 도달할 수 있는 유일한 해결책이라는 것은 분명해지고 있습니다. 상업이나 문명은 이 백성이 빠져 있는 저급한 상태로부터 끌어올릴 수 없습니다. 그들을 향상할 힘은 신적인 것이어야 합니다.

　　7월 3일 오늘 나는 한국 정부의 유력한 한 인물을 방문했으며 그로부터 정부가 우리의 사업을 후원할 것이라고 확답을 받았습니다. 나는 동일 주제를 놓고 그와 한 번 더 대담할 것으로 기대하며 협상에 대해 계속 알려드리겠습니다. 그동안 우리는 이미 이루어진 진보에 대해 하나님께 감사하고 모든 어려움이 제거되며 우리의 사역이 만족스러운 기초 위에 놓이도록 간절히 기도합시다.[5]

매클레이 방문의 결과

매클레이 부부는 서울에서 13일을 보내고 7월 8일 서울을 떠났다. 그들은 제물포에서 5일, 부산에서 2일, 서울에서 13일, 합 20일을 한국에서 보냈다.

　　매클레이의 서울 방문과 고종의 선교 사업 윤허는 북감리회의 한국 선교를 개시하도록 했다. 매클레이가 도쿄로 돌아와 이 사실을 알렸고 해리스(M. C. Harris) 목사는 8월에 미국에 간 길에 오하이오 클리블랜드를 방문하였으며 스크랜턴 여사와 스크랜턴 의사에게 한국 선교를 권한 결과, 그들이 첫 선교사로 임명받았다.

5　R. S. Maclay to J. F. Goucher, July 2, 1884. J. F. Goucher Papers, Mission Research Library, Union Theological Seminary, New York. 편지 앞부분은 2일 밤에, 뒷부분은 3일에 썼다.

그러나 북장로회는 별도의 통로를 통해 한국 선교를 시작했고 한국 선교사를 임명했다.[6] 고종의 호의에도 불구하고 알렌이 서울에 도착한 1884년 9월의 상황은 공식적으로 "선교사의 입국을 허락하지 않았다."[7] 그러므로 푸트 공사는 알렌을 조선 정부에 미국 공사관 의사로 소개했고 정부는 서양 의사가 필요한 현실을 고려하여 이를 타협책으로 묵인했다. 매클레이가 김옥균을 통해 전달받은 고종의 선교 '윤허'는 구두 약속이었으므로 문서로 작성된 공식적인 효력을 가진 것은 아니었다.

▲ 성조기를 게양한 미국 공사관(1885년) [Oak]
매클레이는 공사관 바로 옆 주택에서 지냈다고 했으므로 왼쪽의 건물이었을 것이다. 매클레이는 그 주변을 매입하려고 했으나 1885년 알렌이 장로회 부동산으로 매입하여 알렌, 언더우드, 헤론의 사택으로 확보했다. 마당에 땅을 다지는 롤러가 보인다.

---

6 매클레이 한국 방문 이전에 이미 북장로회는 중국의 헌터와 리드의 한국 파송 요청을 거절한 후, 1884년 4월 한국에 파송할 첫 선교사로 헤론 의사를 임명했다. 이어 그들은 1884년 6월 8일 자 편지로 한국행을 요청한 알렌(Horace N. Allen) 의사의 서울 전임을 전보로 허락했다. 즉 매클레이가 서울에 와서 고종의 허락을 받기 약 한 달 전에 알렌은 북장로회에 그런 요청을 했다. 이어서 북장로회는 7월 말에 언더우드를 임명했고 9월 8일 선교부 실행위원회는 한국 선교회 설립을 승인했다.

7 "Our First Letter from Korea," *Foreign Missionary* (December 1884): 303. 이 잡지에는 알렌이 1884년 10월 1일 서울에서 쓴 편지 전문이 실려 있다.

더욱이 12월 4일에 갑신정변이 일어나고 3일 천하로 마감되면서 주동자였던 20대의 김옥균, 박영효, 서광범, 서재필은 일본으로 망명했다. 이로써 매클레이-김옥균-고종 노선으로 연결된 선교 윤허는 실효성이 사라졌다. 대신 가을에 서울에 와서 정착한 알렌 의사가 김옥균 일당에 의해 중상을 입은 민영익을 외과 수술로 치료하고 목숨을 살림으로써 알렌-민영익-고종 노선의 선교 사업이 가능했다.

매클레이-[　]-고종으로 연결되는 고리에 문제가 생겼음에도 불구하고 조선 정부가 근대 문명을 수용하기 위해 학교를 개설하거나 병원을 설립할 재정이나 인물이 부족하여 1880년대 학교와 병원 사업에서 선교사들에게 의존하지 않을 수 없었기 때문에 1886년에 감리회의 학교(배재학당과 이화학당)와 병원(시병원) 사업은 정부의 공인을 받았다.

18

첫 내한 선교사 알렌
그의 생애가 주는 교훈(1884년 9월)

상주할 목적으로 파송된 첫 개신교 선교사 알렌(Horace N. Allen, 1858-1932)은 1884년 9월 서울에 도착하여 첫 3년간 의료 선교사로 지냈고, 이어서 1년 반 동안 워싱턴 DC에서 한국 공사관 설치를 도왔으며, 1890년 7월부터 1905년 6월까지 서울 미국 공사관의 서기관과 공사로 활동했다. 하나님을 섬기는 선교사로서 4년, 제국을 섬기는 외교관으로 17년, 이 둘 사이에서 그는 어떻게 살았을까?

▲ 알렌 의사

제중원 원장이 되다(1885년 4월)

1884년 12월 4일에 발생한 갑신정변은 서울의 유일한 서양 의사 알렌에게 기회를 제공했다. 중상을 입은 민영익을 치료하자 그는 '하늘에서 내려온 의사'로 알려졌고 1885년 4월에 설립된 첫 근대 왕립 병원인 제중원(첫 이름은 광혜원)의 책임자 겸 고종의 시의로 임명받았다.

알렌이 남긴 편지와 일기를 토대로 1944년에 해링턴(Fred H. Harrington)이 저술한 『하나님, 물신, 일본인: 알렌과 한미 관계, 1884-1905』을 보면 알렌에 관한 이해의 폭을 넓힐 수 있다. 이 저서에 의하면 알렌은 제중원과 제중원 의학교를 설립하여 개신교 선교의 기초를 마련한 개척 선교사였으며 1890년에 미국 공사관 서기관이 된 이후에는 선교 사업을 도와주는 한편 한국에 진출한 미국 자본가들의 이익을 옹호한 외교관이자 일본의 한국 침략과 미국의 친일 정책에 반대하다가 루즈벨트 대통령에게 소환된 친한 인사로 소개되어 있다. 해링턴은 미국의 루즈벨트 정권이 1905년 러일전쟁 후 알렌을 파면하고 한국을 일본의 식민지로 넘겨준 실수가 일본의 야망을 키워 급기야 1940년대의 태평양전쟁으로 발전되었다고 암시했다.[1]

그러나 알렌의 이면을 들추어낸 이 책으로 인해 알렌은 하나님, 재물, 일본인이라는 세 주인을 섬기려고 했지만 결국 어느 하나도 제대로 섬기지 못한 인물이라는 비판을 받기 시작했다. 이후 교회사학계는 알렌을 개신교 선교를 개척한 은인으로 칭송해왔지만, 일반 학계는 그를 운산금광 채굴권을 미국 자본가에게 넘겨주는 등 미국의 이권 추구에 철저했던 외교관이자 한국 문화와 종교를 무시한 오리엔탈리스트로 비판하고 있다.

▲ 제중원의 진료실, 제동(1885년) [Oak]

---

1 Fred Harvey Harrington, *God, Mammon, and the Japanese: Dr. Horace N. Allen and Korean-American Relations, 1884-1905* (Madison: University of Wisconsin Press, 1944).

개종 없는 의료 선교는 정당한가?

선교사로서 알렌은 사실 한 명의 한국인도 개종시키지 못했다. 그는 정부 고관으로서 왕실의 총애를 유지하고 외국인 진료에 주력함으로써 다른 선교사들로부터 세속적 야심가로 비난받았다. 알렌은 일 때문에 한국어를 제대로 익히지 못해서 한국어로 전도할 수 없었다. 감리교의 첫 의료 선교사 스크랜턴 의사는 제중원에 잠깐 고용되었으나 선교 병원이 아니라는 이유로 제중원을 떠나 1885년 9월에 사립 시병원을 개설했다. 알렌은 까다로운 성격 때문에 동료 선교사들과 갈등하다가 선교사직을 버렸다. 알렌보다 먼저 한국 선교사로 임명되었지만, 나중에 도착한 경건한 헤론 의사는 알렌보다 의료 기술이 더 좋았는데 포도주와 파티를 즐기는 알렌을 못마땅하게 생각했고 원장인 알렌의 권세와 전횡을 질투하고 비판하다가 1890년에 임종하면서도 알렌과 화해하지 않았다. 선교사로서 알렌은 실패한 것일까?

하지만 해링턴이 인용한 대로 의료 행위 자체가 기독교 사랑의 표시이고 선교의 핵심이라는 1930년대 선교신학으로 볼 때 알렌은 그의 역할을 충분히 감당했다. 제중원은 첫해에 1만 명 이상의 환자를 치료했으며 콜레라 유행 때 많은 생명을 구했다.[2] 교육, 전도, 의료는 하나님 나라를 위한 사역이다(마 9:35). 알렌은 현실론자였지만 의료 자체가 기독교 사랑을 실천하는 선교라고 본 점에서는 시대를 앞서갔다. 타 문화권 개척 선교에서 정부와의 우호적 관계, 현지 문화와의 소통 작업은 선교의 중요한 부분이다. 알렌은 후자에는 약했지만 전자에는 공헌했다.

---

[2] 제중원 첫해 보고서는 필자가 번역한 이만열, 『한국 기독교 의료사』(아카넷, 2003), 부록을 보라.

'위로부터 아래로'의 선교 방법은 타당한가?

1885-90년 알렌 대 헤론·언더우드, 이어서 헤론 대 언더우드의 치열한 감정 대립과 헤론의 죽음 그리고 알렌의 선교사직 사임이라는 극단적 결말은 선교 경험이 없고 자기 확신이 강한 20대 청년 선교사들이 낯선 선교지에서 벌인 한 편의 드라마였지만, 다른 선교 방법론 사이의 갈등에서 나온 것이었다. 알렌은 정부 병원인 제중원의 원장으로서, 종교의 자유가 없는 상황에서 왕실의 호의는 선교의 필수 조건이고, 수도 서울에서 선교 기반을 확보하는 것이 미래 선교를 위한 포석이며, 씨를 뿌리기 전에 밭을 고르듯이 병원을 통해 직접 전도를 준비해야 한다고 주장했다. 기독교 문명을 통한 한국의 기독교화라는 알렌의 선교 방법은 합법적인 범위 안에서 장기전으로 가자는 신중론이었다.

이에 반대하던 헤론 의사도 1887년 말 제중원 책임자가 되면서 알렌의 방법을 수용했고, 불법적이더라도 직접 전도를 통해 개종자를 만들어야 한다는 열정주의자 언더우드와 대립각을 세우게 된다. 언더우드와 다른 목회 선교사들은 1888년부터 노동자 계층을 전도의 주 대상으로 삼는다는 '아래로부터 위로 올라가는'(bottom-up) 네비어스 정책을 채택하고 '위로부터 아래로 내려오는'(top-down) 알렌-헤론의 방법을 견제했다.

그러나 언더우드는 의사들과의 교류와 의료 선교에 대한 재인식―호튼 여의사와의 결혼, 헤론 의사의 노선 수정과 죽음, 신임 빈턴 의사의 전도 지상주의에 따른 제중원 사직, 친구가 된 에비슨 의사의 폭넓은 의료 선교론―을 통해 1895년 전후로 '위로부터 아래로'의 방법인 기독교 문명과 민주주의를 통한 한국 전체의 기독교화와 근대화라는 비전에 동의했다. 언더우드가 1895년에 일본의 민비 시해를 비난하고, 1896년 춘생문 사건에 개입하며, 1896년에 독립협회를 적극적으로 지원한 정치 참여는 같은 맥락이었다. 언더우드는 1897년에 「그리스도신문」을 창간하면서 평양 선교사들이 보기에는 세속적인 주제인 농사나 시사 문제를 광범위하게 다루었다. 이는 알렌-헤론-에비슨의 노선이었다. 이 알렌-에비슨-언더우드 노선은 1900년대 초 대형 세브란스병원 설립, 1910년대 초대형 기독교 연합대학 설립을 놓고 마페트-아담스 노선과 일대 격전을 벌였다. 결국 '위로부터 아래로'의 방법을 취한 서울의 하나님 나라 모델과 '아래로부터 위로'의 방법을 취한 평양·대구의 교회 모델은 상호보완적인 기능을 하면서 한국교회 역사를 이끌어왔다.

첫 선교사의 변신이 주는 교훈

위로부터 아래로 내려오는 기독교 문명론은 정치적 메시아 상을 가지고 세속적 기구주의로 매몰되는 약점, 한국의 문화와 종교를 무시하는 문화 제국주의의 위험, 민중의 삶에 상대적으로 무관심한 귀족주의의 한계를 지닌다. 알렌처럼 외교관으로 변신한 경우 동아시아에서 상업적 이익을 추구한 미국 공화당 정부의 정책으로 인해 경제적 제국주의자라는 낙인을 피하기 어렵다. 알렌은 강한 자(고종, 미국 정부, 자본가 기업)의 편에 서서 특권을 취하고 제물포 언덕에 별장을 지으며 웰빙을 추구한 자로 타협해나갔기에 제국들의 끝없는 욕망의 소용돌이에서 누구도 만족시키지 못하고 쓸쓸히 한국을 떠났다. 그가 제중원 원장으로서 환자를 치료하고 제중원 의학교를 설립하여 미래의 한국 의사를 교육하며 고종의 시의로 왕실의 호의를 얻을 때, 그는 이 모든 것이 하나님을 섬기는 일이라고 정당화할 수 있었다. 그러나 그는 점차 선교보다는 미국과 일본 제국의 자본과 정치를 섬기는 세속주의자로 변신했다.

▲ 제물포 언덕의 알렌 별장(1900년) [Oak]

오늘 교회는 경제적 이익이 다른 모든 가치를 압도하는 신자유주의 경제 체제 속에 존재한다. 교회는 하나님 나라를 추구하되 강하고 부한 자의 편에 서서 위에서 아래를 내려다보는 자세가 아니라 바닥에 서서 약자의 편, 노숙자, 실직자, 비정규직, 철거민, 미혼모, 장애인, 수감자들과 함께 울고 함께 우는 태도가 필요하다. "너희는 하나님과 재물을 겸하여 섬길 수 없다"(눅 16:13)라고 하신 주님의 말씀은 신자유주의 경제관을 대세로 따르는 교회 지도자들이 심비에 새겨야 할 말이다. 죽기까지 복종하셨으나 이제 "모든 통치와 권세와 능력과 주권 위에"(엡 1:21) 계신 주님이 주실 상을 바라보고 묵묵히 걸어가는 믿음이 필요한 때다. 교회는 대세를 따르는 이익 집단이 아니라 이 땅에서 하나님 나라를 이루어가는 대안 공동체이기 때문이다.

19
첫 목회 선교사 언더우드
'넓은 날개'와 '불 동가리'의 삶(1885년 4월)

내한한 첫 개신교 목회 선교사인 언더우드(Horace Grant Underwood, 元杜尤, 1859. 7. 1-1916. 10. 1)는 1859년에 태어나 25살에 한국에 파송되어 1916년 10월 12일 미국에서 사망할 때까지, 32년간 한국에서 봉사하며 마지막 한 방울의 기름까지 태운 후 57살에 소천했다. 그는 개척 선교지의 열악한 환경에서 40대에 백발이 되었으나 늘 영혼 구원과 하나님 나라에 대한 열정을 가진 청년으로 살았다.

한국인은 행동주의자요 열정가인 언더우드를 두 가지 별명으로 불렀다. '넓은 날개'(wide wings)와 '불 동가리'(a bundle of fire).[1] '넓은 날개'의 측면에서 보면 사실 그는 한 사람이 감당했다고 보기에는 엄청난 양의 다양하고 폭넓은 활동을 했다. 첫 10년만 보아도 제중원의 진료실 조수, 의학교 교사, 최초로 조직된 장로교회인 정동의 새문안교회 목사, 정동 고아원(경신학교의 전신) 원장, 전

▲ 1884년(25살) 한국에 파송될 때의 언더우드

국을 누빈 순회 여행 전도자, 서울의 새문안-독립문-여의도-김포-행주에서 황해도의 장연-소래-봉천-은율-곡산으로 이어지는 구역의 담당 목사, 선교회 회계, 사택과 학교 건물의 현장 감독, 신약 번역자회 회장, 전도

---

1 Lillias H. Underwood, *Underwood of Korea* (New York & London: F. H. Revell Co., 1918), 27.

문서 번역자, 찬송가 편집자, 사전과 문법서 편집자, 개인 인쇄소 운영자, 선교 전략가, 선교 기금 모금인, 선교사 모집자 등의 일을 했다. 그는 또한 선교사 학자로서 한국학 연구를 시작했다.

그런데 언더우드가 불굴의 선교 열정으로 한국교회를 타오르게 한 '불 동가리'의 측면은 사역 못지않게 중요하다. 그는 성령의 능력에 의지하며 불타는 인생으로 살았다. 그가 무엇을 했는가라는 업적과 함께, 그것을 가능케 한 그가 누구였는지란 사람 됨의 측면을 살펴보아야만 우리는 그를 온전히 이해할 수 있을 것이다.

빚진 자

1881년 6월 11일, 이민 1.5세인 언더우드가 뉴욕 대학교를 졸업하면서 대표 연설을 하기로 한 졸업식 날 그의 아버지가 사망했다. 그러나 언더우드는 그 절대적 상실감을 통해 이 세상에는 하루에도 수천 명씩 하나님을 모르고 죽어가는 영혼이 있다는 다른 절박한 현실을 보았고 그들에게 하루바삐 복음을 전해야 한다는 소명을 발견했다.

언더우드는 뉴브런스윅 신학교 3년간 "복음을 전하지 않으면 내게 화가 미칠 것"(고전 9:16)이라는 말씀을 붙잡고 다양한 전도사역에 참여했다. 교수들은 매일 같이 수업을 마치면 바로 길거리에 나가서 전도하는 그를 탐탁지 않게 생각했다. 그러나 그의 우선권은 복음 선포와 영혼 구원에 있었다. 친구들이 붙여준 '고함치는 감리교도'라는 별명처럼 그는 길에서 구세군과 함께 전도하거나 시골 교회 부흥회에서 뜨겁게 기도하고 힘차게 찬송하며 담대히 복음을 전했다.[2]

---

2   Lillias H. Underwood, *Underwood of Korea*, 27.

신학교 졸업 후 인도 선교사로 준비하면서 의학 공부를 하던 언더우드는 한국 선교의 문이 열렸으나 갈 자가 없다는 말을 들었다. 그는 그곳에 갈 자를 물색했다. 그가 인도 선교사로 자원하려고 원서를 보내려고 하던 순간 언더우드는 "왜 나는 한국에 가지 않는가?"라는 도전에 직면했다. 하나님의 소명은 어느 날 하늘 문이 열리고 신비한 음성이 들려오는 방법보다는 우리 눈앞에 죽어가는 세계의 참상을 펼쳐 보여주시고 흑암 속에 있는 영혼들이 예수 그리스도의 복음을 전해달라고 부르는 소리로 다가온다. 언더우드는 그 부르심에 응답해서 한국을 향해 출발했고 1885년 4월 5일 부활절 주일 오후에 아펜젤러 부부와 함께 제물포항에 내렸다.

이후 6년간 한국 선교를 개척하면서 언더우드는 자신을 시혜자로 여기지 않고 한국인에게 복음의 빚을 진 자로 섬기러 왔다고 생각했다. 그러므로 1893년 가을 그가 자비로 『찬양가』를 편집할 때 신명 용어 문제로 비판받자 이렇게 고백했다.

> 나는 찬송가 때문에 다른 선교 사업을 등한시하지 않았다. 오히려 나는 직접 집을 건축하면서도 한국에 온 후에 다른 선교회 회원보다 더 많은 전도 사업을 할 수 있었다. 나는 이것을 무슨 공치사로 말하는 것이 아니라 다만 하나님께서 나에게 복음을 전하지 않으면 화가 미칠 것이라는 의식을 주시고, 많은 것을 견딜 수 있는 체질과 체격을 허락해주셨기 때문이다. 찬송가 작업을 하는 동안 비록 기온이 섭씨 32도에서 37도를 오르내리는 무더위였지만 나는 매주 17번의 전도 집회를 인도했다.[3]

언더우드가 32년간 한결같이 선교사로서 끝까지 완주할 수 있었던 것은

---

3 H. G. Underwood to the Board of the Foreign Missions of the PCUSA, Nov. 2, 1893.

바로 이 '빛'을 갚고 '화'를 면하기 위해 충성했기 때문이었다. 그가 1886년부터 네비어스와 로스로부터 자급, 자전, 자치의 3자 원칙을 배우고 이를 한국에 적용하면서 모든 신자는 자신의 일터에서 자원하는 평신도 전도인이 되어야 한다는 원칙을 강조한 것도 바로 모든 신자는 빚진 자라는 바울의 원리에 충실한 결과였다. 한국교회는 바울과 언더우드의 모범을 따라 '날연보'를 드리며 '빛'을 갚아나갔다. 그것이 한국 초대 교회가 근대 선교 역사상 가장 빨리 성장한 첫째 이유였다. 그래서 언더우드는 1900년 뉴욕에서 열린 에큐메니컬선교대회에서 한국교회가 시험하고 증명한 '자급의 원리'를 다른 선교지에 적용하면 신속한 세계 복음화가 가능하다고 역설했다.

대가를 바라지 않는 사랑의 사람

언더우드에게 선교란 그리스도의 사랑에 강권함을 받아(고후 5:14) 대가를 바라지 않는 사랑을 실천하는 것이었다. 그는 1886년 5월 11일에 한 명의 소년으로 정동에서 고아원을 개설하면서 미래의 한국을 책임지는 그리스도인 청소년을 육성할 꿈을 꾸었다. 그는 길거리에 버려지는 아이들을 모아 의식주를 제공하고 그리스도의 사랑으로 양육한다는 목표를 세웠다.

하지만 곧 이상한 소문이 나돌았다. "많은 소년을 붙잡아서 미국에 노예로 보내려고 한다. 그들을 살지게 먹여서 잡아먹으려고 한다. 그들에게 마술을 걸려고 한다"라는 이야기였다.[4] 그들은 이익을 추구하지 않는 기독교적 동기를 이해하지 못하고 선교사들이 하는 일에 뭔가 사적인 동기가 있다고 믿었다. 그래서 제중원 수술실에서 아이들을 잡아서 눈을 빼

---

4   Underwood to Ellinwood, June 17, 1887.

서 사진기를 만들고 아이들 몸으로 성찬식 때 먹이는 마약을 만든다는 소문을 믿은 일부 군중들이 이화학당과 제중원을 공격하는 영아소동(Baby Riot)이 일어났다. 그러나 소동이 진정되고 고아원이 정상을 되찾은 후 아이들은 언더우드가 전해주는 예수의 사랑 이야기를 생명수 마시듯이 경청했다.

그리스도의 사랑이 언더우드가 가르친 메시지의 핵심이었다. 그는 1887년 10월부터 지방으로 전도 여행을 가면서 "만일 그리스도만 전하고 그의 사랑의 메시지를 들려준다면, 나머지는 주님과 살리시는 성령의 능력에 맡겨야 한다"라는 믿음으로 복음의 씨를 뿌렸다.[5] 1888년 봄, 명동 천주교 성당 건립 문제로 한국 정부가 모든 기독교 선교 사역을 중지하라는 칙령을 내리고 미국 공사가 지방에 나가 있는 언더우드를 소환했을 때, 언더우드는 "우리는 사람들을 향한 불멸의 사랑의 메시지가 있으므로 입을 막고 있을 수는 없으며 그 메시지를 전해야 한다"라고 대답했다.[6] 반대는 그곳에서 멈추어버렸다. 언더우드는 사랑의 메시지를 가진 불덩어리였다.

1898년 뉴욕에 있는 형의 언더우드 잉크와 타자기 회사가 세계 제일의 회사로 발돋움할 때, 형이 그에게 미국으로 와서 사업을 도와달라고 부탁하는 편지를 보냈다. 그러나 언더우드는 내한한 캐나다 선교사 그리어슨 의사 등을 데리고 함경도 탐사 여행을 하던 어느 날 한 시골 들판에서 그 편지를 보여준 뒤 그리어슨 의사가 보는 앞에서 편지를 찢어버리면서 다음과 같이 말했다. "뉴욕에서 백만장자로 사는 것보다 한국에서 영혼을 구원하는 선교사로 사는 것이 더 멋진 삶이 아닌가!"

---

5   Underwood, "Today's Korea," *Missionary Review of the World* (Nov. 1893): 814.
6   Underwood, "Address," *Report of the Twelfth Annual Convention of the American Inter-Seminary Missionary Alliance* (Pittsburgh: Murdoch, Kerr and Co., 1892), 54.

"전진! 앞으로!"의 사람

언더우드를 비롯해 처음 한국에 온 선교사들은 사역을 준비하면서 자연히 다른 선교지의 초기 선교 역사를 공부했다.

> 우리는 저드슨이나 다른 개척 선교사들이 어떻게 수년간이나 수십 년간 단한 명의 개종자 없이 일했는지 보았다. 우리는 중국에서 선교사들이 아무런 열매를 보지 못하고 얼마나 오랫동안 꾸준히 일했는지 보았다. 우리는 심지어 일본에서도 첫 개종자의 세례까지 10년을 기다렸고 6명의 교인으로 첫 교회를 조직할 때까지 12년을 기다린 것을 보았다.[7]

따라서 그들은 기초를 놓고 땅을 준비하는 데 오랜 시간을 보내야 하고 최소한 수년간은 개종자가 없을 것으로 예상했다. 그러나 씨를 뿌리러 온 선교사들은 처음부터 희어져 추수하게 된 들판에서 추수하기에 바빴다. 그러므로 내한 1년이 조금 지난 1886년 7월 18일에 노춘경에게 첫 세례를 베푼 후 언더우드는 다음과 같이 고백하지 않을 수 없었다.

> 그러나 하나님께서는 우리보다 앞서가셨다. 하나님께서는 우리의 입국을 가로막았던 법적인 장애물을 깨트려주셨을 뿐만 아니라 성령의 역사를 통해 백성들의 마음을 준비시켜주셔서 우리를 수용하고 하나님의 사랑의 메시지를 경청하게 하셨다. 그래서 지금 우리는 하나님께서 주신 첫 열매들을 바라보고 있다.[8]

---

7 Underwood, "Today's Korea," (1893): 814.
8 Ibid.

언더우드는 "가라!"고 명하시고 세상 끝날까지 함께하신다는 하나님의 약속(마 28:19-20)과 말씀과 성령의 능력을 확신했다. 따라서 그의 표어는 "전진! 앞으로!"였다. 그는 본국 교회에 추가 선교사를 끊임없이 요청하면서 질문했다. "우리가 중단해야 합니까, 아니면 전진해야 합니까?"[9]

선교는 하나님의 일이라는 하나님의 주권에 대한 언더우드의 확신은 1890년 네비어스 목사 부부가 서울을 방문했을 때 더욱 강화되었다. 중국에서 40년간 활동하고 은퇴를 앞둔 네비어스는 선교 방법의 차이로 갈등하던 서울의 젊은 선교사들에게 '네비어스 방법'만 가르쳐준 것이 아니라 "인간의 실패와 실수에도 불구하고 하나님의 약속대로 복음은 땅끝까지 전파되고 하나님 나라는 확장된다"라는 확신을 심어주었다. 그 이후 언더우드는 한국 선교의 전망을 묻는 자들에게 그것은 "하나님의 약속만큼 밝다. 하나님은 실패를 모르신다. 그분의 말씀을 신실하게 선포하면 성공은 반드시 그리고 확실히 따라올 것이다"[10]라고 말했다.

언더우드의 '불 동가리'에서 나오는 전진 정신은 그의 공격적인 북한 지역 전도 여행과 한국 전체를 포괄하는 선교 전략에서 잘 드러났다. 1887년 이후 언더우드는 거의 매년 북한 지방에 순회 전도 여행을 갔고 전국 8도의 감영 소재지마다 최소한 한 명의 목사와 한 명의 의사를 가진 선교지부를 설치할 계획을 세웠다. 그는 내륙 지방에 선교의 자유가 없던 1888년에 벌써 평양에 선교지부를 설치할 뜻을 세웠고 마페트가 도착하자 1890년에 한 번, 1891년에 두 번, 1892년에는 무려 6번이나 평양을 방문하도록 해서 1892년에 선교지부를 설치했다. 언더우드는 선교에 위기가 올 때마다 외쳤다. "우리는 전진하라는 명령을 받았다. 만일 그 명령이

---

9   Underwood to Ellinwood, January 22, 1887.
10   Underwood, "Today's Korea," *Missionary Review of the World* (Sept. 1894): 658.

주님에게서 왔다면 길이 열릴 것이다. 따라서 전진하는 것 외에는 다른 대안이 없다."[11]

소망의 사람

언더우드는 복음을 땅끝까지 전하면 종말이 올 것이라고(마 24:14) 믿었다. 그는 선교사를 그리스도의 재림을 준비하고 앞당기는 선도자로 종말론적으로 이해했다. 그는 "이 세대에 전 세계를 복음화하자"라는 학생자원선교운동에 적극적으로 참여했다. 그리스도의 재림이 임박했다는 전천년설적인 소망은 그리스도 없이 죽어가는 자들의 절망과 결합하면서 강한 선교 열정으로 불타올랐다. 언더우드는 "자신의 시대에 영광된 재림이 이루어지기를 바라고 기도하는 것을 멈춘 적이 없었다. 그는 한국인들을 처음 가르칠 때부터 이 소망을 그들에게 전해주었다."[12] 그래서 한국 교회는 일제 치하의 고난하에서 하나같이 그날을 바라보며 기다리고 인내했다.

언더우드는 한국 사역 초기부터 한국 신자들이 성령의 충만함을 받도록 기도했다. 성령 세례가 종말론적인 기대와 인내를 유지해주기 때문이었다. 그는 한국 신자들이 유교 문화에 익숙해 머리로만, 교리로만 믿는 신자가 아니라 가슴으로 체험으로 믿는 신자들이 되기를 원했다.[13] 언더우드는 선교사는 서서 일하는 데는 좀 더 적은 시간을 들이고 무릎을 꿇고 사역하는 데 좀 더 많은 시간을 들여야 한다고 주장했다.

11　Underwood to Ellinwood, January 3, 1886.
12　Lillias H. Underwood, *Underwood of Korea*, 19.
13　Underwood to Ellinwood, February 18, 1889.

원칙의 사람

언더우드는 원칙이 걸린 문제에서는 필요하면 죽을 때까지 물고 늘어지는 영국 불독의 성질을 가지고 있었다. 그래서 여러 번 선교회에서 모든 선교사가 어떤 의견에 찬성해도 그만 홀로 반대하거나 그 반대의 경우도 많았다. 그는 "불가능을 일소에 부치고 무엇이든 반드시 될 수 있다고 말하라"라는 표어를 좋아했다.[14] 그를 만나는 자는 마치 타오르는 횃불을 보는 듯했다. 그래서 모두 그를 지치지도 않고 놀라운 인내력을 가진 불굴의 의지를 지닌 자라고 평가했다.

"어떤 상황에서도 절대 포기하지 않는"(never-give-in-no-matter-what-happens) 그의 성품을 보여주는 몇 가지 사례를 보자.[15] 1887년 1월에 아직도 기독교 선교의 자유가 없을 때, 소래로부터 세 명의 신자들이 언더우드를 찾아와서 예수를 고백하는 것으로 인해 왕이 목을 쳐도 좋다고 고백하고 세례를 받겠다고 했다. 알렌 의사는 정부 관리로서 반대했다. 그러나 언더우드는 선교 역사를 볼 때 정부가 선교를 금지하더라도 길이 열리면 불법이라도 우선 은밀히 일해야 한다고 주장하고 다음과 같이 정리했다. 중국에서 모리슨은 위험을 무릅쓰고 1814년에 첫 개종자에게 세례를 주었는데 1858년에 가서야 선교의 자유가 조약 문구에 삽입되었다. 일본도 선교가 먼저 이루어지고 그 후에 선교의 자유가 주어졌다. 한국도 같은 과정을 밟을 것이다. 우리는 사람의 법보다 하나님의 법을 따라야 한다. 전형적인 미국의 행동주의 선교사 언더우드의 적극 전도론이 알렌 의사의 신중론을 이기면서 한국 초기 선교는 공격적인 전도 정책으로 나아갔고

---

14 L. H. Underwood, *Underwood of Korea*, 26 and 179.
15 Ibid., 118.

정부가 이를 묵인하면서 한국교회는 급성장할 수 있었다.

1893년부터 한국 선교가 본격화되면서 중요한 몇 가지 신학적 논쟁이 일어났는데, 가장 심각한 것은 성경의 엘로힘과 테오스를 무엇으로 번역할 것인가라는 신명 용어 문제(term question)였다. 언더우드는 하ᄂ님에 반대하고 홀로 1901년까지 텬쥬(天主)나 샹쥬(上主)를 사용했다. 그래서 국내에서 처음 완성된 신약 번역본인 1900년 판 『신약젼셔』에는 하ᄂ님과 함께 언더우드가 번역한 부분에는 텬쥬를 쓰는 일까지 벌어졌다. 하ᄂ님은 한국의 다신 체계에 있는 최고신의 구체적인 '이름'이므로 God과 같은 일반 '용어'가 될 수 없다는 것이 언더우드의 논리였다. 그러나 그는 단군신화와 고구려 신화를 연구하면서 단군을 비롯한 고대 한국인이 '크신 한 하ᄂ님' 아버지를 섬겼다는 것을 발견하고 한국인은 처음부터 순수한 유일신교(pure monotheism)를 소유했다고 주장했다. 그 하ᄂ님의 개념은 유대인의 야웨보다 신인동형론적 요소가 적은 유일신이었다고 결론을 내렸다. 그리고 기독교가 하ᄂ님을 본래 의미로 사용하면 당대의 타락된 개념이 치유될 것이라고 믿었다. 그는 1904년 이후 하ᄂ님을 수용했고 이를 자신의 저서 『동아시아 종교』(1909)에서 정리했다.[16] 원칙에서 타협을 모르던 언더우드로 인해 한국교회는 뜨거운 10년간의 용어 논쟁을 거치면서 한국인의 원시 신앙 속에 있던 '유일신적 하ᄂ님'을 찾을 수 있었고 성경의 엘로힘/테오스와 접목된 새 용어 하ᄂ님은 한국교회를 급성장시키는 핵심 요인이 되었다.

---

16 H. G. Underwood, *The Religions of Eastern Asia* (New York: McMillan, 1910).

정통 교리와 정통 실천을 통합한 사람

언더우드는 장로교인 중에 장로교인이고 정통파 중에 정통파였지만, 믿음에서의 정통 교리와 생활에서의 정통 실천을 통합한 자였다.[17] 그는 복음 전도와 개인 영혼 구원의 우선권을 믿었지만, 교육과 의료 사업의 자체 가치를 믿었고 기독교 문명과 그리스도인의 사회 참여를 통한 한국 사회 전체의 기독교화, 곧 기독교를 통한 한국의 근대화와 민주화를 믿었다. 그래서 1894년 갑오개혁 이후 기독교 대학을 설립하려고 했고 1896년부터 독립협회의 시민 운동, 교육 운동, 정치 운동을 지지했다. 평양의 선교사들이 전도와 영성 중심의 '교회' 선교 모델을 지지할 때, 언더우드는 한국 사회 전체를 위해서 교육과 의료와 전도가 함께 가는 '하나님 나라' 선교 모델을 지지했다. 그의 마지막 사업이었던 연희전문학교(연세대학교의 전신) 설립은 바로 이 하나님 나라를 이 땅에 임하게 하려는 시도였다.

언더우드는 32년간의 선교사 생활 가운데 끊임없는 질병은 물론 오해와 시기와 비난을 견뎌야 했고, 그래서 선교본부에 여러 번 사직서를 냈으며, 티베트로 옮겨달라고 요청하기도 했다. 그러나 그는 이런 모든 역경을 '불 동가리' 선교 사명과 사랑으로 극복했다. 솟아오르는 독수리처럼 그는 '넓은 날개'를 타고 높이 올라가 곧 오실 그리스도를 대망하며 한국 교회의 미래를 정확히 바라보면서 난관을 극복해나갔다.

왕과 함께 거닐면서도 고아의 눈물을 닦아주는 자, 주위의 모든 사람이 자신감을 잃고 비난할 때에도 의연히 머리를 들고 있는 자, 모두가 의심해도 자신을 믿는 자, 기다림에 지치지 않는 자, 꿈을 꾸지만, 그 꿈을 불변의 지침으로 만들지 않는 자, 모두가 지쳐 떠나버린 뒤에도 자리를 지키

---

17 Underwood to Ellinwood, Oct. 28, 1893.

며 주님이 주신 일에 자신의 심장을 드리는 자, 그가 바로 언더우드였다.

사업가로서의 경영 마인드, 목회자로서의 영혼 구원의 열정, 교육자로서의 성실성, 학자의 정직성과 역사의식, 성경번역자로서의 감수성과 치밀함, 이 모든 것을 갖춘 지도자가 언더우드였다. 한국교회에 그런 지도자를 첫 선교사로 허락해주신 주님께 감사하며 그런 열정과 안목과 통합의 지도자를 대망해본다.

20

멋진 노년의 새 출발
스크랜턴, 웹, 기포드, 그리어슨(1885-1901년)

대다수 선교사는 20대에 내한했지만, 50대, 60대, 70대에 내한한 선교사와 준선교사도 있다. 그들은 낯선 한국에서 제2의 인생을 맞이했다.

메리 스크랜턴 부인(1885년: 53세에 이화학당을 세우다)

1886년에 이화학당을 세운 스크랜턴(Mary Fletcher Scranton, 1832. 12. 9-1908. 10. 8) 여사는 1885년 6월 20일 서울 정동에 도착했다. 그때 나이 53살이었다.

▲ 스크랜턴 가족(1899년) [Oak]

그녀는 1853년에 결혼하고 1856년에 아들 윌리엄 스크랜턴(William Benton Scranton, 1856. 5. 29-1922. 3. 23)을 낳았으나 1871년에 남편과 사별했다. 1882년에 아들이 뉴욕 의과대학을 졸업하고 결혼하면서 오하이오

주 클리블랜드에 개업하자 그녀는 아들이 있는 곳으로 가서 아들과 함께 클리블랜드제일교회에 출석하면서 미국 북감리회 여성해외선교부(Woman's Foreign Missionary Society of the MEC, 1869년 조직, 잡지는 *The Heathen Woman's Friend*) 신시내티 지부에 가입하여 활동했다. 스크랜턴 부인은 1883년 9월에 라벤나(Ravenna)에서 열린 여성해외선교부 대회에 참석하여 볼드윈 부인(Mrs. L. B. Baldwin)의 연설에서 "한국의 여성과 어린이를 위해서 선교하자"라는 호소를 들었다. 일본의 해리스(Merriman C. Harris) 감독이 클리블랜드를 방문하고 스크랜턴 부인에게 한국 선교를 호소했다. 1884년 그녀는 한국에 파송할 첫 선교사들을 구한다는 소식에 아들 내외를 설득하여 10월에 선교사로 지원하게 했으며 11월에 해외여성선교부의 첫 한국 선교사로 임명되었다.

1885년 6월 20일에 스크랜턴 가족은 제물포에 도착했고 이튿날 6월 21일에 헤론 의사와 함께 서울 정동에 도착하여 알렌 의사 사택에서 첫 장감 연합 외국인 주일예배를 드렸다. 유니언교회의 시작이었다. 1886년 5월 31일에는 학생 한 명으로 이화학당을 시작했다. 오늘의 이화여대는 그녀의 결단과 한국행이 없었다면 존재하지 않았을 것이다. 앞에 나온 사진은 스크랜턴 부인이 1899년에 손녀 4명과 스크랜턴 의사 부부와 함께 촬영한 것이다. 스크랜턴 의사의 부인인 회중교회 출신의 루이자 스크랜턴(Louisa Arms Scranton, 1860~?)과 구별하기 위해 메리 스크랜턴은 스크랜턴 대부인(大夫人)이나 스크랜턴 노부인(老夫人)으로 표기한다.

마가렛 웹 부인(1894년: 57세에 평양 선교의 개척자가 되다)

1894년 청일전쟁 중에 평양 선교 개척을 책임진 마페트와 리 목사는 여러 차례 평양을 방문한다. 당시 독신인 마페트와 달리, 리 목사는 잠시 미국에 가서 블랜치 웹 양과 혼인하고 한국에 돌아온다. 그때 딸(Blanche Webb Lee, 1867-1945)이 임신하자 그녀의 어머니 웹(Margaret Kellogg Webb, 1837-1911) 부인은 57살 나이에도 불구하고 딸과 사위와 동행하여 한국에 온다.

사실 웹 부인은 1866년 결혼 후 4년 만인 1871년에 남편을 잃고 외동딸 블랜치를 키웠는데, 그 딸마저 리(Graham Lee) 목사와 결혼하고 1894년 미지의 땅 조선으로 가자, 큰 결단을 내리고 사위와 딸과 동행했다. 1895년 8월 4일에 서울에서 손자 마일로(Mylo Lee)가 태어나자 그녀는 육아를 도와준 후 1896년에 전쟁으로 폐허가 된 평양성에 입성한다. 이후 그녀는 4명의 손자를 키우면서 장대현교회 유년부 주일학교 교사로 봉사했다.

▲ 평양 선교의 개척자들(1896년 5월 1일) [Moffett]
왼쪽부터 웰즈 의사, 웹 부인, 리 부부와 마일로, 마페트(제물포)

웹 부인은 1910년 73살에 미국으로 돌아와서 오하이오 털리도에 잠시 거주하다가 이듬해 샌프란시스코에서 별세했다. 평양 초기 선교사들—리 목사, 마페트 목사, 웰즈 의사, 홀 의사와 폴웰 의사—은 어머니와 같은 웹 부인이 있었기에 이국에서 어려움을 이길 수 있었다.

메리 기포드 부인(1898년: 59살에 서울에 와서 슬픔 속에 제중원에서 봉사하다)

1888년에 내한하여 서울에서 활동하던 기포드(Daniel L. Gifford, 1861-1900. 4. 10) 목사의 어머니 메리 기포드(Mary Lyman Gifford, 1839-?) 여사는 남편이 죽자 아들이 서울에 와서 함께 살자고 하여 1898년 59살에 혼자 태평양을 건너 서울에 왔다. 아들 대니얼은 1888년에 내한하여 정동여학교를 설립한 메리 헤이든과 1890년에 결혼했는데 자녀가 없었기 때문에 어머니와 함께 지내면서 서로 의지하고 싶었다. 그러나 1900년 4월 10일에 아들은 지방 전도 여행 중 이질에 걸려 사망했다. 그 충격으로 며느리인 메리도 5월 5일 별세했다. 몇 년 안에 남편, 아들, 며느리를 잃은 기포드 부인은 그래도 한국에 남아서 봉사하기로 했다. 1902년에는 구리개 제중원에서 병실 간호, 청소, 침대 정리와 빨래를 맡아 봉사했다. 63살의 부인은 제중원과 연동교회에서 4년간 봉사한 후 은퇴하고 미국으로 돌아갔다.

존 그리어슨(1901년: 70살에 성경 교사로 함경도 성진에 오다)

캐나다 노바스코샤 핼리팩스 출신인 목사 그리어슨(Robert Grierson, 具禮善, 1868-1965) 의사가 1898년 한국에 파송되어 1901년 3월 함경도 성진에 첫 선교사로 정착하자 그 아버지 존 그리어슨(John Grierson)은 나이 70살에 캐나다장로회 선교부의 선교사로 파송을 받아 핼리팩스를 떠나 밴쿠버를 거쳐 성진에 도착했다. 그는 수만 리 길을 여행하고 이듬해 한국인들과 함께 살면서 사진을 찍었는데 그 사진은 다음에 나온다. 그는 한국에 뼈를 묻기로 하고 낯선 한국 땅에 왔다. 120여 년 전에 이런 삶을 살았다니 참으로 멋진 인생이다. 그는 스코틀랜드 출신의 장로교인으로 함경도의 추위가 낯설지 않았다.

▲ 한복 차림의 존 그리어슨과 한국인 교인들(1901년) [Moffett]

▲ 성진의 첫 사경회, 중앙에 존 그리어슨(1902년) [Moffett]

20. 멋진 노년의 새 출발: 스크랜턴, 웹, 기포드, 그리어슨(1885-1901년)

21
첫 개신교회
서울 유니언교회(1885-1886년)

서울의 첫 개신교회는 선교사와 외국인들로 구성된 서울 유니언교회(The Seoul Union Church)였다. 1885년 6월 21일부터 알렌 의사의 정동 사택에서 장로회와 감리회 선교사들이 함께 정규 예배를 드리기 시작했으며 10월부터 성찬식을 거행했다. 1886년 가을에는 정동에 예배당 건물을 마련하고 모였다.

첫 정규 주일예배(1885년 6월 21일)

알렌 의사는 1884년 9월 내한 이후 혼자서 예배를 드리다가 12월에 가족이 서울에 정착한 이후부터는 부부가 가정예배를 드렸다. 1885년 4월 5일 언더우드가 도착하여 알렌 부부와 잠시 함께 살다가 근처에 주택을 마련하자 세 사람은 함께 주일예배를 드리거나 가정예배를 드렸다. 한 달 후인 5월 6일 스크랜턴 의사가 첫 북감리회 선교사로 서울에 도착했다. 그는 5월 10일 주일부터 개인적으로 예배를 드렸다. 그런데 아펜젤러 부부는 6월 20일 제물포에 다시 입항했다. 이때 헤론 의사 부부와 스크랜턴 가족이 동행했다. 아펜젤러 부부는 주택이 마련되지 않아 항구 호텔에서 기다려야 했고, 7월 29일에야 서울에 들어올 수 있었다. 6월 21일에 스크랜턴 의사는 그의 가족과 헤론 의사가 서울 정동에 도착하자 정동 알렌 의사의 사택에서 그날 밤 8시 함께 연합예배를 드렸다. 알렌은 6월 21일 일기에 다음과 같이 썼다.

저녁 식사 후 8시에 우리의 첫 정규 주일예배를 드렸다. 참석자는 헤론 부부,

스크랜턴 여사 그리고 나와 아내였다(Held our first stated Sunday service this eve after dinner at 8 p.m. Dr. and Mrs. Heron, elder Mrs. Scranton and myself and wife present).[1]

북장로회와 북감리회 두 선교회의 선교사들이 함께 드린 '첫 정기 주일예배'였다. 참석자는 알렌 의사 부부, 헤론 의사 부부, 메리 스크랜턴 부인 등 5명이었다. 의사 스크랜턴 목사는 막 도착한 아내(Louisa A. Scranton)와 딸아이(Marion)를 돌보아야 했기 때문에 불참했고 언더우드 목사도 다른 일로 참석하지 못했다.

물론 서울에는 아직 한국인 신자가 없었으므로 이 예배는 1년 가까이 여러 교파의 외국인 신자만 모였다. 1886년 한국인 교회가 아직 없었을 때 노춘경을 비롯한 몇 명의 한국인 초신자들이 유니언교회 주일예배에 잠시 참석하기도 했지만, 그들은 정식 회원이 아니었다.

---

[1] George N. Paik, *The History of Protestant Missions in Korea, 1832-1910* (Pyongyang: Soongsil College Press, 1929), 134에는 "our first stated Sunday service"로 바로 읽었으나 6월 21일을 6월 28일로 잘못 기록하고 있다. 김원모, 『알렌의 일기』(단국대학교출판부, 1991), 474쪽에는 "Held our first State Sunday service"라고 잘못 독해했으며 한글 번역문에서는 "우리의 첫 일요 예배를 보았다"라고 오역했다(89쪽).

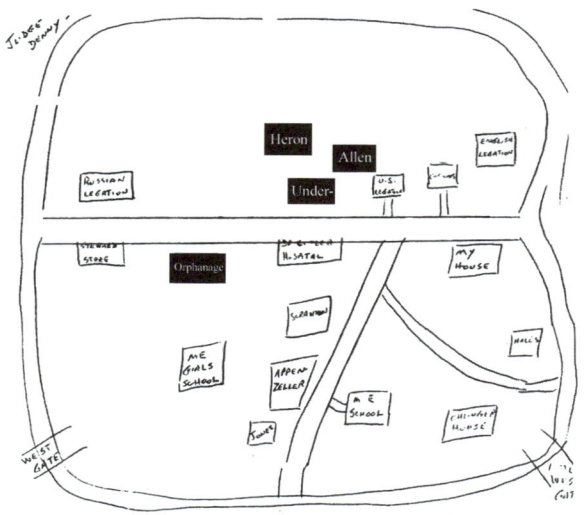

▲ **정동의 선교사 주택과 선교 기관(1889년), 헐버트 작성(필자 수정)**
미국 공사관 옆에 알렌, 언더우드, 헤론의 사택이 마련되었다.
언더우드 집에서 길을 건너면 시병원과 보구녀관
러시아 공사관 길 건너편 스튜어드 가게 쪽으로 언더우드 고아원
언덕에 이화학당, 그 아래 스크랜턴, 아펜젤러, 존스 사택
서소문 쪽 언덕에 배재학당, 올링거 사택(최초의 서양식 벽돌 주택),
그리고 미국 대사관 앞길 건너편에 헐버트와 홀의 사택이 있었다.
유니언교회는 헐버트 사택 부근에 있던 것으로 추측된다.
시병원과 스크랜턴 사택 중간에 정동제일교회가 설립되며
배재학당과 헐버트 사택 중간 지점에 1896년 「독립신문」 편집실이 들어선다.

첫 성찬식(1885년 10월 11일)

유니언교회는 1885년 10월 11일 주일 오후에 첫 성찬식을 거행했다. 개신교 최초의 성찬식이었다. 성찬식은 예배 처소였던 아펜젤러 사택 응접실에서 드린 주일예배 때 거행되었다.

> 지난주 일요일, 이달 11일에 우리는 오후에 늘 가지는 기도와 간증 모임에서 성찬식을 거행했습니다. 제가 알기로는 이것이 개신교에 의해 거행된 한국

최초의 성찬식이었습니다. 미국성서공회에 소속된 요코하마의 루미스 목사가 참석해서 이 모임을 인도했는데 "오직 예수"라는 제목으로 적절한 말씀을 전했습니다. 장로회의 언더우드 목사와 제가 떡과 포도주를 나누어주었는데 참석자는 11명이었습니다. 제물포에 입항해 있는 미국 선박 마리온호의 상급 선원 두 사람이 함께 이 예식에 참석했습니다.[2]

참석자는 아펜젤러 부부, 스크랜턴 부부와 자녀들, 스크랜턴 노부인, 언더우드 목사, 알렌 부인, 루미스 목사, 미군 함대의 밀러 함장, 트레일치리 회계, 크레이그 의무관 등이었다.

이수정의 한글 복음서 번역을 지원했던 미국성서공회 일본지부 총무 루미스(Henry Loomis) 목사가 설교하고 언더우드와 아펜젤러가 성찬식을 거행했다. 루미스는 1885년부터 매년 한국을 방문하며 초기 한국 선교를 위해 협력했다.

1886년 3월경 유니언교회에는 영미 선교사와 외교관, 군인 외에도 일본 그리스도인 외교관들이 참석했다. 이런 국제적인 성격의 유니언교회에 서울의 첫 장로교인 개종자 노춘경도 한두 번 참석한 후 1886년 7월 18일 세례를 받았다. 이어서 소수의 한국인이 약 1년간 유니언교회에 출석하다가 1887년 가을 정동장로교회와 벧엘감리교회로 이동했다.

첫 부활주일 예배에 첫 세례식(1886년 4월)

1886년 부활절부터 한국에서 부활주일 예배가 드려졌다. 1886년 4월 25일 오후 3시에 언더우드 사택에서 모인 유니언교회 부활주일예배 때 스

---

2   H. G. Appenzeller to J. M. Reid, October 13, 1885.

크랜턴의 딸 마리온(Marion Fitch Scranton)과 아펜젤러의 딸 엘리스(Alice Rebecca Appenzeller)가 유아세례를 받았고 일본 공사관 직원 하야카와(早川)가 세례를 받았다. 언더우드의 도움을 받아 아펜젤러가 세례를 주었다.

> 마리온은 적어도 서울에서 아니 이 나라 전체에서 최초의 개신교 수세자가 되는 영광을 안았다. 아이들이 하나님께 바쳐진 후 나는 일본 공사관 직원인 하야카와 형제에게 세례를 주었다. 그는 지난 가을 이 도시에 와서 우리와 친교를 나누었다. 주일에는 우리와 함께 성경을 공부했으며 우리 기도회에도 참석했다. 내가 그에게 교회 출석을 권하자 그는 기꺼이 응했다. 일본 북부에 있는 대학을 다닐 때 그는 이미 기독교에 대해 배워서 알고 있었다. 신앙이 좋은 학장이 씨를 뿌렸고, 나는 그 열매를 거두는 기쁨을 누리고 있다. 그는 우리 교회의 준회원(probationer)으로 받아들여졌다. 감리교회가 한국에서도 교인을 얻은 셈이다. 이곳 백성들이 하나님을 찾고 그들이 교회와 하나가 되는 날이 어서 오기를 기도한다. 선하신 하나님께서 우리의 귀한 작은 무리를 지켜주옵소서. 우리를 향하신 하나님의 사랑과 선하심에 대해 무한 감사를 드린다.[3]

여기서 '우리 교회'란 유니언교회이며 일본인 신자 하야카와는 유니언교회 소속이었지만 아펜젤러와 성경 공부를 하면서 친교를 나눈 감리교인이었다. 아직 한국인은 유니언교회에 참석하지 않았다.

---

[3] Appenzeller Diary, April 25, 1886.

첫 담임목사 아펜젤러 취임과 별도의 예배당 마련(1886-87년)

1886년 6월 북장로회 한국 선교회는 정동에 유니언교회를 설립하고 예배당을 건축하기 위해 감리회 선교회와 의논하도록 위원회를 임명했다. 장감 공동위원회는 7월에 모여 서울에 교회를 조직할 충분한 교인들이 있으므로 예배당을 건축하기로 했다.

> 우리는 지금 외국인을 위한 예배당을 건축하고 있다. 이 교회는 연합의 기초 위에 이루어질 것이다. 한국 정부에 고용되어 일할 세 명의 미국인 교사들이 최근에 도착했다. 그들은 모두 좋은 신자들로서 이 교회 일에 대단한 관심을 기울이고 있다.[4]

7월 25일 벙커, 언더우드, 아펜젤러가 교회 헌법 제정위원회를 구성했다. 미국 공사관 사무실이 오전 11시 예배 처소로 임시로 사용되었다. 11월 3일 수요일 교회 건립 준비위원회가 준비한 보고서가 회중에 의해 채택되었다. 교회 헌법에 서명한 교인은 9명이었으며, 이어 추가 서명을 받았다. 서명자 중에는 일본인도 있었다. 아펜젤러는 11월 6일 일기에 다음과 같이 썼다.

> 오늘 저녁에는 다음과 같이 교회 임원이 선출되었다.
> 목사: 아펜젤러 목사
> 이사(임기 2년 반): 언더우드 목사
> 이사(임기 반년): 벙커 목사

---

4 Appenzeller Diary, July 24, 1886.

유니언교회의 목사가 되는 것은 영광스러운 일이다. 회원 간의 조화가 잘 이루어지고 있다.[5]

아펜젤러는 유니언교회 첫 담임목사로 임명되었다. 2년 임기 후에는 언더우드가 담임목사로 선출되었다. 유니언교회 초창기에 큰 관심을 기울인 육영공원 교사 세 명을 대표해 벙커 목사가 이사로 선출되었다. 유니언교회는 1886년 12월 25일에 완공된 새 예배당에서 첫 성탄절 예배를 드렸다. (성탄절 예배에 대해서는 30장을 보라.)

유니언교회는 유니언교회

서울 유니언교회는 국내에서 조직된 첫 개신교 교회, 첫 교파 연합교회, 첫 외국인 교회였다. 새문안교회, 정동제일교회, 남대문교회 등은 서울 유니언교회에서 행해진 예배·성찬·세례 등의 역사를 공유할 수 없다. 곧 선교사들과 외국인들이 모인 교회에 잠시 한국인들이 참석한 것으로 자신들의 개교회가 설립되었다고 주장하는 것은 부당하다. 모든 교회는 하나다. 그러나 개교회의 역사를 쓸 때는 별도로 분리되어 한 지역에서 별도의 한국어 예배를 드리고 세례를 받은 자가 나오고 성찬을 나누는 신앙 공동체가 형성되었을 때를 기점으로 해야 할 것이다. 서울 유니언교회가 조직될 때에는 아직 한국에 한국인 교회가 없었다.

---

5   Appenzeller Diary, November 6, 1886.

22
첫 제야기도회
장감 연합 송구영신예배(1885년 12월 31일)

묵은해를 보내고 새해를 맞는 제야(除夕, 送舊迎新) 기도회는 초기 교회부터 지켜온 교회력에 있는 전통적인 절기는 아니다. 그러나 모라비아 교회가 드리던 12월 31일 밤 철야기도 예배(all night prayer service)가 18세기 중엽 존 웨슬리에 의해 영국 감리교회의 제야 예배(watch night service) 예전으로 정착되었다가 미국 감리교회를 거쳐 1880년대 한국 선교회의 시작과 더불어 소개된 것으로 보인다.

한국에 온 첫 목회 선교사들(언더우드와 아펜젤러)은 1885년 12월 31일 섣달 그믐날 밤에 첫 제석기도회로 모였다. 한 해 동안 하나님의 은혜에 감사하고 새해에 더욱 복 얻기를 간구하는 모임이었다. 1년 후인 1886년 12월 31일 제석에도 선교사들은 제야기도회로 모였다. 언더우드가 1891년 첫 안식년 휴가를 얻어 미국으로 돌아갔을 당시 10월 23일 내슈빌에서 열린 미국신학교선교연맹(Inter-Seminary Missionary Alliance)에서 한국 선교를 호소하는 연설을 할 때 다음과 같이 첫 선교사들이 1885년 12월에 드린 제야기도회를 소개했다.

> 우리는 그곳 한국에 1884년과 1885년에 도착했다. 우리는 제야 철야 기도회로 모였다. 아내들을 포함해서 10명, 두 명의 하인까지 합해서 12명이 모였다. 그곳에 우리뿐이었다. 짐을 감당하기에는 너무 벅찼다. 그러나 하나님께서 말씀하셨다. '보라! 내가 세상 끝날까지 너희와 함께 있으리라.' 우리는 하나님께서 우리 편에 서 계신다는 것을 알았다. 기도 제목에 대해서는 미리 이야기하지 않았다. 그러나 우리 마음에 있는 한 가지 짐, 곧 다음 해에는 구원받은 한 영혼을 보게 해달라고 기도했다. (한국에) 온 지 1년도 채 되지 않

았는데 가능할까? 하나님은 놀랍게 축복해주셨다. 1886년 7월 11일(18일) 우리는 첫 개종자에게 세례를 베풀었다. (중략)

　　　1886년 연말에 우리 선교사들은 다시 만났다. 우리의 기도 제목은 내년에 더 많은 영혼을 그리스도께로 인도할 수 있도록 해달라는 것이었다. 2년 만에 더 많은 일을 할 수 있으리라고 기대할 수는 없었다. 그러나 하나님께서는 우리의 기도를 들으시고 1887년 9월에 23명의 교인으로 첫 교회를 조직하도록 허락하셨다. 1888년 말 선교사와 교사를 포함해서 우리 교인은 100명을 넘어섰다. 이상이 하나님께서 우리를 사용하신 방법이다.[1]

1885년과 1886년의 12월 31일 제야기도회는 장로회와 감리회 선교사들이 연합으로 모였다(장소는 누구 집이었는지 확실하지 않다). 1885년 말에는 알렌 부부, 언더우드, 아펜젤러 부부, 헤론 부부, 스크랜턴 부부와 스크랜턴 노부인 등 10명이 참석했다. 1886년 말에도 동일한 다섯 가정에 엘러즈가 추가되었고, 다음 사진에서 보듯이 스크랜턴의 딸 어거스타와 서울에서 태어난 첫 외국인 아이인 아펜젤러의 딸 엘리스도 함께 있었다.

---

[1] H. G. Underwood, "Address," *Report of the Twelfth Annual Convention of the American Inter-Seminary Missionary Alliance* (Pittsburgh: Mirdock, Kerr & Co., 1892), 54.

▲ 1886년 12월 31일 제야기도회(알렌 촬영)
벌써 문에 유리를 넣어 개량 한옥을 만들고 있었음을 알 수 있다.
왼쪽 위부터 헤론 부부, 아펜젤러 부부, 스크랜턴 부부와 스크랜턴 모친,
엘러즈, 언더우드, 엘리스 아펜젤러, 알렌 부인

▲ 1886년 12월 31일 제야기도회(스크랜턴 촬영)
왼쪽 위부터 아펜젤러 부부, 스크랜턴 부인, 언더우드, 헤론 부부, 스크랜턴 모친, 엘러즈, 어거스타 스크랜턴, 알렌, 엘리스 아펜젤러, 알렌 부인

이 선교사들은 1885년 12월 31일 밤에 함께 철야 기도회로 모여, 마태복음 28장에 나오는 선교 명령과 임마누엘의 약속을 기억하며 내년에는 한

명의 개종자를 허락해달라는 담대하고 야심 찬 기도를 드렸다. 선교지 도착 1년 만에 개종자라니! 이는 다른 지역에서는 일어난 적이 없는 일이었다. 그러나 1886년 7월 18일에 노춘경이 세례를 받음으로써 그 기도가 응답되었다.

한 해 후 1886년 12월 31일에 열린 철야 연합 기도회에서도 더 많은 영혼을 얻게 해달라고 기도했다. 그 기도에 대한 응답으로 1887년 9월에 23명의 교인(14명의 세례교인)으로 정동장로교회가, 10월에는 4명의 세례교인(박중상, 한용경, 최성균, 장 씨)으로 이루어진 벧엘감리교회가 설립되었고 최 씨의 아내는 첫 여성 세례교인이 되었다. 이 두 교회 교인들은 선교사들이 1887년 12월 31일부터 1888년 1월 초까지 1주일간 연합 기도회로 모이는 것을 보고 1888년 구정 때 서울의 장로회와 감리회 한국인 교인들이 첫 연합 기도회를 가졌다.

제야 예배는 묵은 한 해의 허물과 죄를 회개하고 새로운 한 해를 맞이하면서 신앙의 결단을 새롭게 하면서 하나님의 복과 은총을 비는 거룩한 시간이다. 1900년 12월 31일에도 서울의 모든 장로회와 감리회 교회와 지방의 모든 교회가 제석기도회로 모여 하나님께 기도하는 시간을 가졌다.[2]

웨슬리는 계약신학에 기반하여 언약 갱신 예배(Covenant Renewal Service)를 만들었는데, 이것이 점차 감리교회의 제야 예배로 바뀌게 되었다. 이 기도를 현대 예전으로 바꾸어 교회 사정에 맞게 교독문 형식으로 기도하면 좋을 것이다. 1885-1887년 제야기도회 때 아펜젤러가 "웨슬리의 언약 갱신 기도문"을 사용했을 가능성이 높으므로 그 전문을 번역한다.

---

2   "졔셕(除夕) 긔도회",「신학월보」1-3 (1901. 2), 98-99.

저는 이제 제 것이 아니라 주님의 것입니다.

주님 뜻대로 저를 배치하시고 원하시는 이들과 함께 동역하게 하소서.

저를 행동하게 하시고 고난받게 하소서.

주께서 저를 고용하시거나 주를 위해 실직시켜주소서.

주님을 위하여 저를 상석에 올리거나 비천한 자리에 내려가게 하소서.

저를 가득 채워주시거나 텅 비게 하소서.

저에게 모든 것을 주시거나 아무것도 가지지 않게 하소서.

제가 가진 모든 것을 기꺼이 단 마음으로 바치오니

주께서 원하시는 대로 사용하여 주소서.

하오니, 영광스럽고 복 되신 하나님,

성부, 성자, 성령이시여,

주님은 저의 것이며 저는 당신의 것입니다.

그렇게 되게 하옵소서.

땅에서 맺은 이 언약을

하늘에서 인준하여 주소서.

아멘.

23
첫 근대 선교 국제 학교
배재학당(1886년)

선교사가 세운 첫 기독교 학교, 근대 학문을 가르친 첫 미국식 학교, 한중일 삼국인과 미국인 남학생들이 영어로 수업한 첫 국제 학교인 배재학당이 1886년 6월 8일 서울 정동에서 개교했다. 배재학당은 복음화(전도), 개화(근대 문명), 기독교화(하나님 나라)가 함께 가는 학교였다.

▲ 첫 서양식 학교 건물 배재학당(1887년) [Oak]

설립 역사

일본 주재 미국 북감리회의 첫 선교사 매클레이는 민영익 사절단을 만난 후 한국 선교에 관심을 두게 된 미국 볼티모어 여자대학의 가우처 학장의 부탁으로 1884년 여름 한국 선교의 가능성을 탐사하기 위해 서울을 방문했다. 그는 김옥균의 중재로 고종에게 학교와 병원 설립안을 제출했고 고종은 이 개신교 기관들의 설립을 허락했다. 1885년 7월 29일 서울에 도착한 아펜젤러는 8월부터 정동 사택에서 몇 명의 학생들에게 영어를 가르치기 시작했다. 그는 가을에 포크 공사를 통해 고종에게 미국식 교육 제도와 방법의 본질을 한국 청년들에게 제공하는 학교 설립안을 제출했고 고종은 이를 윤허했다.

아펜젤러는 사택에서 학교를 개설하려고 했으나 방이 부족해서 4월에 학교 용도로 정동 남쪽 언덕 위에 가옥을 매입했고 점차 늘려 7,000평의 기와집들을 샀다.[1] 1886년 6월 8일에 7명의 학생으로 예비 학교의 첫 학기를 공식적으로 시작하고 7월 2일에는 방학에 들어갔다. 배재학교는 아펜젤러가 첫 학생을 가르친 1885년 8월 3일을 개교일로 잡는다. 그러나 그의 일기나 보고서는 1886년 6월 8일을 공식 개교일로 기록한다. 7월에는 첫 근대 국립 학교인 육영공원도 길모어, 벙커, 헐버트를 교사로 삼고 개교했다.[2]

▲ 배재학당 운동장 땅 고르기(1886년) [Oak]
앞에 아펜젤러가 서 있다.

---

1   H. G. Appenzeller to J. M. Reid, April 2, 1886.
2   1886년 9월에 왕립대학을 육영공원이라고 명명했다.

▲ 정동 언덕 위에 세워진 배재학당(1887년) [Oak]

한국인들이 영어를 배우려는 열기는 언제나 대단합니다. 이 새로운 언어에 대한 약간의 지식만 있어도 높은 자리에 올라가는 디딤돌이 되는 것은 이전이나 지금이나 마찬가지입니다. "왜 영어를 공부하려고 합니까?"라고 물어보면 한결같이 "벼슬을 얻으려고"라고 대답합니다. 일종의 전초전으로 우리 선교회는 6월 8일에 학교를 시작해서 7월 2일에는 첫 학기를 마감했는데 이 동안에 등록한 학생은 6명입니다.…학교는 1886년 9월 1일에 단 한 명이 등교한 채 다시 문을 열었습니다. 빈자리는 자원하여 오겠다는 학생들로 일부 채워졌습니다. 10월 6일 현재 20명 재적에 18명이 출석하고 있으며 거의 매일 입학 신청을 하는 학생들로 끊이지 않습니다.[3]

---

3 *Annual Report of the Missionary Society of the Methodist Episcopal Church* for the Year 1886 (New York: 1887), 267.

첫 근대 학교

1887년 2월 21일 고종이 하사한 학교 이름인 '培材學堂'의 현판을 외부대신 김윤식이 아펜젤러에게 전달했고 3월 14일 배재학당 편액을 대문 위에 거는 현판식을 거행하면서 정부가 공인한 아카데미(중고등학교)로 발전했다.[4] 학교의 목적은 "한국 교육 제도의 본질적 특징과 연계하여 서구 과학과 문학의 교육과정으로 학생들을 철저히 훈련"하는 것이었다.[5] 단순한 통역관이나 관료가 아니라 인문학적 교양을 갖춘 인물을 양성하려고 했다.[6] 이를 위해 강의는 영어로 하되 한문 고전 공부도 중시했다. 첫 학생 중 4명은 1년 후에 전신국에 기용되어 곧 주사(종6품)로 승진했다.

영어를 배워서 벼슬을 한다는 소문이 나자 학생들이 전국에서 몰려왔다. 이에 1887년 8월 5일 76×52자 크기의 1층 르네상스식 벽돌 건물을 짓기 위해 정초식을 했다. 머릿돌 아래에는 다음 물건을 넣은 상자를 넣었다. 동전 100냥, 일본 은화 1엔, 영어 성경 1권, 독일어 마가복음 1권, 설계자 계약서 사본 1부, 1887년 6월호 미국 북감리회 잡지 세 권—*Gospel in All Lands, Heathen Women's Friends, Christian Advocate*.[7] 특히 *Gospel in Lands* 6월호에는 고종에 관한 기사, 한국 선교회에 대한 아펜젤러의 글과 정동 선교구역 그림 두 장, 윤치호의 신앙고백문 등이 실렸다.

새 건물에는 1887년 11월 1일에 이주했으며 기존 학교 건물은 기숙사로 사용했다. 1888년 예배실, 강의실 4개, 도서관, 반지하의 작업실을

---

4   Appenzeller Diary, February 21, 1887; *Annual Report of the Missionary Society of the Methodist Episcopal Church* for the Year 1887 (New York: 1888), 313.
5   *The First Annual Report of the Pai Chai Hak Tang, 1888-1889* (Seoul: Trilingual Press, 1889), 3-4.
6   Appenzeller Diary, June 25, 1887.
7   Appenzeller Diary, August 6, 1887.

갖춘 서울에서 가장 크고 좋은 학교가 완공되었다.[8]

입학은 학생 각자 시험 후 교사회의 투표로 결정되었다. 학기말 고사 결과는 부모에게 통보되었고 70점 이하 과목은 낙제, 전 과목 평점 50점 이하는 퇴학시켰다. 1886년 6월 재학생 7명으로 시작했지만, 1886년 9월 1일 1명만 등교했다. 그러나 1886년 10월에 20명으로 늘었고, 1887년 6월 방학할 때는 38명이 출석했으며, 1888년 가을에는 80명을 넘었다.[9]

1889년 예과(1년), 중고등학과(3년), 대학과가 설치되었으나 대학과는 운영되지 않았으며 대신 의학과가 설치되어 4명이 재학 중이었다. 교과는 예과가 1학기 영어 독본 1, 한문, 언문, 2학기 영어 독본 2, 철자, 한문, 언문이었다. 중고등학과 1학년 과목은 영어 초급 문법, 산수, 독본 3, 4, 철자법, 펜 습자, 음악, 한문, 언문이었고, 2학년 과목은 영어 문법, 산수, 일반 과학, 독본 5, 철자법, 번역, 펜 습자, 음악, 한문, 언문이었으며 3학년 과목은 영어 문법과 작문, 산수, 한문, 언문, 일반 과학, 토론, 어원학, 미술, 음악 등이었다. 과외로 성경 공부와 토론반, 정구, 야구, 축구와 같은 근대 스포츠를 통해 지덕체를 겸비한 강건한 근대 지식인, 새 한국을 이끌 인재를 양성했다.[10]

1895년 2월 조선 정부(대표 현채)는 배재학당(교장 아펜젤러)과 협정을 맺고 위탁생 교육을 의뢰했다. 육영공원이 폐지된 상황에서 근대 서구 교육을 위해 매년 200명의 학생을 보내고 학부에서 200달러를 지원하며 3년간의 교육을 일임한다는 내용이었다.[11] 이로써 배재학당은 국내 최고의 근대 학교가 되었다.

---

8 *The First Annual Report of the Pai Chai Hak Tang*, 2.
9 *The First Annual Report of the Pai Chai Hak Tang, 1888-1889*.
10 Ibid.
11 "Korean Students for a Methodist College," *The Gospel in All Lands* (June 1895): 335.

첫 선교 학교

감리교회는 선교의 자유가 없는 상황에서 학교를 통해 선교의 문을 열려고 했다. 아펜젤러는 기독교 교육과 영어 중고등 교육을 통해 한국의 복음화뿐만 아니라 한국의 기독교화를 선도할 지도자를 양성하고자 했다. 유용한 인재를 기르는 학교(Hall for Cultivating Useful Men)인 배재학당에서, 쓰임 받는 인재란 정부 측에서는 조선의 문명개화를 위한 미국식 영어 교육을 받은 인재를 말했고, 선교회로서는 하나님 나라를 위해 봉사하는 인재를 의미했다.

개교 첫해에 박중상과 일본인 학생 한 명이 세례를 받았다. 아펜젤러는 '유용한 인재'는 갈보리에서 돌아가신 주의 피로 구원받지 않고는 '기를' 수 없다고 보고 영적인 힘이 넘치는 학교를 추구했다.[12]

그 방안의 하나가 가난한 학생들이 일을 통해 노동의 가치를 배우고 학비를 자급하는 산업과의 설치였다. 학교 청소와 시설 관리를 통해 학비를 벌도록 했다. 1888년 1월에 교사로 부임한 올링거는 학교 안에 한미화활판소(Trilingual Press)를 설립하고 학생들에게 인쇄술과 제본술을 가르쳤다. 1894년 천로역정 목판 한글판도 학생들의 손을 거쳐 출판되었다.

아펜젤러는 마태복음 23:11 "欲爲大者 當爲人役"(큰 자가 되려면 남을 섬기는 자가 되어야 한다)을 학교 교훈으로 삼아 섬기는 지도력을 강조했다.[13] 사실 설립 초기 국립 육영공원에는 부잣집 양반 자제가 다녔으나, 배재학당은 가난하고 관직이 없는 집안이나 시골 출신들이 많았다. 따라서 육영공원 출신은 공부를 못해도 벼슬을 얻을 수 있었으나, 사립 미션스쿨인 배

---

12 *Annual Report of the Missionary Society of the Methodist Episcopal Church* for the Year 1887 (New York: 1887), 314.
13 Ibid., 313.

재 학생은 열심히 공부했고, 노동 중시, 합리주의, 민주주의, 기독교 정신으로 무장하여 사회 개혁 의식이 강했다.

1895년 서재필이 교사진에 합류하고 첫 학생 단체인 협성회가 조직되면서 자주독립, 자유민권, 자강개혁을 위한 토론회가 시작되었고 이는 독립협회의 토론회와 만민공동회로 발전되었다. 1898년에는 첫 시사 주간지인 「협성회회보」가 발행되었다. 배워서 사람 되자, 사회를 개혁하자, 독립 국가를 건설하자는 기독교 정신으로 교육받은 배재 출신에는 이무영, 양홍묵, 이익채, 이승만, 주시경 등이 있었다.

▲ 배재학당 학생들과 아펜젤러(뒷줄 오른쪽, 1887년) [Oak]

첫 국제 학교

미국인과 한국인 교사들이 한중일 동양인과 미국인 학생들에게 한글과 한문과 영어를 가르침으로써 국제무대에서도 활동할 수 있는 세계 시민을 배양했다. 1889년 교사진은 교장 겸 영문학 아펜젤러, 역사 올링거, 수학 존스, 의학 스크랜턴, 과학 하크니스, 음악 올링거 부인, 미술 아펜젤러 부인, 한문 송포산, 유치겸, 사서 강재형 등이었다. 이때 재학생은 77명으로, 3학년 10명(한국인은 김연창, 강재형, 이무영, 이중원, 안종학, 박명원, 박장화, 박준상 등 8명, 미국인 Alexander Cooper 1명, 일본인 오가토 1명), 2학년 13명(한국인은 유치겸 등 11명, 미국인 1, 일본인 1명), 1학년 12명(한국인 7명, 미국인 1명, 일본인 3명, 중국인 1명)이었으며 예과에는 38명(한국인 36명과 일본인 2명)의 학생이 재학했다.[14]

배재의 국제성은 지덕체라는 삼중 목표와 영어, 한문, 한글이라는 삼국 언어 교육으로 구체화되었다. 영어(세계어)로 근대 신학문을 공부하고 한문(문어, 글말)으로 유교 고전을 공부함으로써 전통 문화를 계승 발전시키며, 한글(구어, 입말)로 민중과 호흡하고, 토론과 소통의 장을 만들어가는 세계적인 인재를 양성했다.

배재학당은 한국을 새롭게 할 신교육의 발상지, 근대 민주주의의 요람, 개신교 민족주의와 세계주의 정신을 갖춘 인문학적 교양인을 배출한 원산지였다. 개화된 자주독립의 한국, 기독교 한국을 꿈꾸던 학생들이 자라던 정동 언덕. 한국 기독교 교육이 사는 길은 그 초심의 첫 언덕으로 돌아가는 것이다. 하나님 앞에 바로서는 단독자(單獨者), 이웃을 섬기는 동역자(同役者), 동아시아와 세계사의 흐름과 소통하면서 목숨을 던져 불의한 세상을 바꾸는 개혁자(改革者)를 기르는 공간이 우리가 창출할 그 영적 언덕이다.

---

14 *The First Annual Report of the Pai Chai Hak Tang, 1888-1889.*

24
한국인 첫 세례자
노춘경(1886년 7월 18일)

1886년 7월 18일 서울에서 첫 한국인 개신교인의 세례식이 거행되었다. 정동 헤론의 집에서 언더우드 목사가 아펜젤러 목사의 도움을 받아 노춘경(노도사)에게 세례를 주었다. 그날 헤론 의사의 딸인 사라 앤(Sarah Ann Heron)이 유아세례를 받았기 때문에 그의 집에서 모였다. 이 시기는 아직 한국인을 위한 공적 예배를 드리지 않던 때이므로 세례식은 헤론 사택에서 사적으로 이루어졌다.

▲ 노춘경의 세례 기념사진(1886년 7월)
[Moffett]

그날 예배는 언더우드 집에서 장로회와 감리회 선교사들의 연합 주일예배로 열렸다. 아펜젤러 목사가 설교했다. 당시 선교사들과 외국인들을 위한 서울 유니언교회 예배당을 건축하는 중이었으므로 정기 주일예배는 선교사 사택이나 미국 공사관에서 드렸다. 노춘경의 세례식은 서울 유니언교회의 주일예배 시간이 아니라 헤론의 집에서 별도로 이루어졌다.

7월 4일 육영공원의 세 교사 길모어, 벙커, 헐버트가 서울에 도착했다. 이때 제중원의 첫 간호원 엘러즈도 도착했다. 벙커와 엘러즈는 로맨스를 거쳐 1년 후에 결혼했다.

7월 12일부터 콜레라가 유행하여 하루에 수백 명이 죽어서 도성 밖으로 실려 나갔다. 콜레라로 죽어 북문 밖으로 실려 나가는 수많은 시체를 보면서, 또 육영공원에서 가르치기 위해 도성 안으로 들어온 교사들을 보면서 노도사는 세례를 받기로 결단한 듯하다. 콜레라에 걸려 다음 주라도 죽을 수도 있는 위기 상황 속에서 외국인들은 안전하게 있는 것과 나라에서 외국의 선진 학문과 영어를 가르치기 위해 학교를 개설하고 미국인들을 초청한 것이 그의 마음을 움직였을 것이다. 죽음 앞에 선 실존적이고 종교적인 동기와 영어를 배우겠다는 문명개화의 동기가 함께 어울려 개종했을 것이다.

노도사는 누구였나

노도사는 서울 부근 시골에 살면서 새로운 지식을 찾아 서울을 방문하던 한문에 능한 사람이었다. 그는 반기독교 한문 서적을 읽고 오히려 기독교에 관심을 두게 되었다. 그는 외국 종교인 기독교를 알려면 외국인과 교제하는 길이 지름길이라 생각했다.

1885년 가을에 그는 약간의 수작을 통해 헤론 의사의 어학 선생과 사귀게 되었고 영어를 배우겠다는 구실로 언더우드를 만났다. 기독교 서적을 몰래 더 얻기 위한 목적이었다. 그러나 당시 영어를 공부하던 한국인들은 언더우드의 서재에 전혀 들어오지 않았고 그들만이 쓰는 방에 따로 있었으므로 노도사는 구하려던 책을 보지 못했다. 그래서 그는 서울을 떠나 가족이 있는 시골로 돌아갔다.

1886년 이른 봄 그는 서울에 올라와 알렌 의사의 통역으로 자리를 옮긴, 헤론의 이전 어학교사를 찾아갔다. 마침 그는 알렌 의사의 책상 위에 있던 한문 마가복음과 누가복음을 보고서는 그것들을 몰래 여관으로 가지고 가서 밤새도록 읽었다. 다음 날 그는 언더우드를 찾아가서 그 책들에서 발견한 선한 것들을 말하고 그 책들이 말하는 것에 대해서 더 많이 가르쳐달라고 부탁했다. 언더우드는 대화를 통해 그가 책을 조심스럽게 읽고 내용을 이해하고 있는 것을 발견했다. 언더우드는 그에게 한문 4복음서를 주었고 그가 그것을 다 읽은 뒤에는 한두 권의 한문 주석서를 빌려주었으며 또한 한문 전도문서와 소책자도 빌려주었다.

노춘경은 선교사들과 외국인(외교관)들이 모인 유니언교회의 영어 예배에도 참석했다. 그 후 그는 다시 시골로 갔고 그곳에서 병으로 한동안 서울로 올 수 없었다. "미국 선교사들이 프랑스인들의 요구와 종교의 자유에 관한 토론으로 모두 흥분하고 있을 때 그가 나타났다. 이번에 그는 우리 모임에 오는 것을 두려워했고 6월 말에야 겨우 질병을 핑계로 올 수 없었다고 말했다."

노도사는 7월 3일 토요일에 언더우드를 찾아가 주일 집회에 참석해도 되는지 물었다. 물론 언더우드는 허락했다. 주일이 정기 성찬 주일이었으므로 언더우드는 그에게 마태복음에 있는 성만찬 본문과 주석서의 해당 부분을 읽어오도록 권했다.

> 그는 읽어왔고 예배가 끝난 후 그는 내게 비록 읽은 바를 이해할 수는 없지만, 마태복음을 읽고 성찬식을 보고 나니 이해할 수 있었다고 말했습니다. 그리고는 세례를 받고 싶다고 말했습니다. 나는 이 점에 관해서 그에게 결코 아무것도 말한 적이 없으며 세례는 그 자신 스스로가 도달한 결론이었습니다.[1]

언더우드는 날카로운 질문을 많이 했으며 노춘경은 솔직하게 답했다. 기

---

[1] H. G. Underwood to F. F. Ellinwood, July 9, 1886.

독교 교리에 관한 소책자인 『진리이지』(眞理易知)가 큰 도움이 되었다. 언더우드는 노춘경이 지금 국법에 어긋나는 길로 가려고 한다는 사실과 만일 그가 이 길로 들어서면 다시는 되돌아갈 수 없다는 사실을 지적했으나 그는 그 모든 문제를 이미 철저히 고려했다.

그의 결심이 확고했으므로 7월 18일에 노도사의 세례식이 비밀스럽게 거행되었다. 언더우드는 첫 세례자에 대해 미국에 알리면서 노춘경의 본명을 밝히지 않았다. 당시 서울은 그리스도인으로 세례를 받으면 법에 따라 처형을 당할 수 있는 상황이었다. 한국인들에게는 기독교를 믿고 고백할 '종교의 자유'가 없었다. 언더우드가 편지로 뉴욕 선교부 엘린우드 총무에게 첫 개종자의 세례 신청을 보고하면, 그 중요한 사실은 미국 선교 잡지에 실릴 것이고 결국 그 잡지 내용은 일본을 통해 한국 정부에 알려질 가능성이 있었다. 언더우드는 이를 고려하여 노도사의 신변을 보호하기 위해서 그의 이름을 숨겼다.

19세기 말 조선에서 '도사'(道士)란 유불선 삼교를 공부하면서 새로운 세계 질서 변화 속에서 신학문과 신종교를 추구하던 신지식인을 의미했다. 따라서 노도사라는 호칭에서 우리는 그가 여러 종교에 관심을 가진 재속(在俗) 종교 수행자이고 지식인이었음을 추론할 수 있다. 평양의 첫 두 장로인 김종섭과 길선주도 개종하기 전에 유불선에 대한 지식을 가진 '도사'들로 재속 수행자 그룹의 리더들이었다. 김구(金九)도 어릴 때는 서당에서 유학 경전을 공부했고 동학과 불교를 거쳐 그리스도인이 되었다. 유불선 삼교와 천주교를 종합하여 1860년 동학을 창건한 최제우가 좋은 예다. 서양 제국주의가 동양을 침투해 들어오면서 변화하는 세계를 이해하기 위해 19세기 후반에는 새로운 지식과 종교를 찾는 신흥 지식인들이 등장했다. 노도사는 서울 부근 시골에 가족과 함께 살았다. 아마도 그는 가난한 몰락 양반으로 과거를 보거나 관직을 살 형편이 되지는 않았지만, 새로운 기회와 사상을 추구한 인물이었을 것이다.

노도사는 기독교 전도문서나 성경이 아니라 반기독교 서적을 먼저 접한 후 기독교의 정체를 알고 싶은 마음이 생겼다. 영아소동 당시 반기독교 감정을 선동한 한문 서적은 『벽사기실』(辟邪紀實)(1862)이었다.[2] 일본과 서양의 조선 진출에 불만을 품고 있던 보수 양반층이 1880년대 초부터 반서양 반기독교 문서를 몰래 반포하고 있었고 그 대표적인 책이 『벽사기실』이었다. 노도사는 바로 이 책을 읽고 기독교에 관심을 두게 되었다.

언더우드는 천주교 신부를 가르쳤던 송덕조(송순용)라는 탁월한 어학교사를 구했기 때문에 빨리 한국어를 배우고 일본에 가서 문법서와 사전까지 출판할 수 있었다. 아펜젤러는 이정민, 송춘수, 심노겸, 조성규 등의 도움을 받았고, 알렌은 박래원, 신낙균, 노춘경 등으로부터 한국어를 배웠다. 헤론의 어학교사 이름은 알려지지 않았다. 언더우드의 편지와 달리 알렌은 1885년 1월 23일 일기에 12월 초 갑신정변 당시 노춘경이 한문 성경을 빌려 갔으며, 1월 현재에는 그가 자신의 어학교사로 일하고 있다고 썼다. 곧 1884년 가을에 『벽사기실』을 읽고 기독교에 관심을 가진 노도사는 12월에 알렌으로부터 한문 성경을 빌려 읽었고 1885년 1월에 알렌의 어학교사까지 되어 기독교를 더 많이 알 수 있는 위치에 있었다.

1885년 가을 노도사는 영어를 공부하고 싶다는 구실로 언더우드를 찾아갔다. 언더우드는 1885년 7월 10여 명의 학생에게 영어를 가르칠 계획을 세웠다. 8월 29일 편지에서는 "여러 명의 한국인 남자들이 영어를 배우려고 저에게 오거나 보내지고 있다"고 보고했다. 9월 초 언더우드의 사랑방에 영어 학교가 개설되었다. 이 학당에 노도사도 입학했다. 이 학당

---

[2] 이 책의 영어 번역본은 *A Death Blow to Corrupt Doctrine*이었다. 영아소동에 관해서는 이 책 30장을 보라.

은 곧 언더우드학당 → 예수교학당 → 경신학교로 발전했다.

1886년 봄에 노도사가 다시 서울에 왔을 때 알렌의 집을 방문했고 두 한문 복음서를 몰래 가져가 밤새 읽고 언더우드를 찾아갔다. 그러나 하룻밤 읽은 수준은 아니었다. 한문 성경을 읽고 1년 동안 모색한 뒤 다시 복음서 두 권을 읽고 결심했다.

언더우드가 처음부터 한문 복음서와 한문 소책자 등을 이용하여 전도한 것은 주목할 만하다. 언더우드는 "그에게 한문 사복음서를 주었고 그가 그것을 다 읽은 뒤에는 한두 권의 한문 주석서를 빌려주었으며, 또한 『묘축문답』(廟祝問答), 『구영혼설』(救靈魂說)과 같은 한문 전도문서와 『진리역지』와 같은 소책자도 빌려주었다."[3]

『묘축문답』은 중국 선교사 게네르(Ferdiand Genähr)가 1865년에 쓴 유명한 전도문서로 영어명은 *Conversation with a Temple Keeper*였다. 이 책은 1895년에 아펜젤러가 번역하여 한미화활판소에서 발간되었다. 그것은 유불선 우상숭배의 헛됨을 논하고, 참 하나님을 예배할 것을 권하며, 그리스도를 통한 구원과 십계명, 그리스도인의 생활을 다루었다. 『구영혼설』은 재중 북장로회 의료 선교사 맥카티(Divie Bethune McCartee, 麥嘉締培端)가 1852년에 쓴 14쪽의 책으로 영어명은 *Discourse on the Salvation of the Soul*이다. 이 책은 요한복음 3:16에 관한 밀른(Dr. William Milne, 米憐, 1785-1822)의 설교를 편집한 것이다. 『진리이지』 역시 맥카티가 1853년에 쓴 책으로 영어명은 *Easy Introduction to Christian Doctrine*이었다. 『진리이지』는 이후 한글로 번역되었고 한한(漢韓) 대조본이 널리 이용되었다. 초기에 언더우드가 사용한 전도문서와 소책자는 기독교의 기본 교리를 소개한 것들로 중국의 보수적인 장로회 선교사들이 쓴 것이었다.

---

3   H. G. Underwood to F. F. Ellinwood, July 9, 1886.

아직 한국인 신앙 공동체가 없었기 때문에 노도사는 1886년 봄 선교사들과 공사관에 근무하는 외국인들로 구성된 유니언교회의 영어 예배에도 참석했다. 노도사는 그 후 다시 시골로 갔고 그곳에서 병으로 한동안 서울로 올 수 없었다. 이는 사실일 수도 있지만, 서울의 정세 변화, 곧 청과 수구파가 득세하는 분위기 때문에 그는 서울을 떠나 시골에 은거하며 마음속으로 고민했을 가능성이 높다.

1886년 5월 프랑스 통상 교섭단이 코고르당(F. G. Cogordan)을 단장으로 도착했다. 6월 4일 조불수호통상조약이 체결되었다. 프랑스는 천주교 선교의 자유를 요구했다. 조선 정부는 개항장에서 외국인의 종교 활동을 허락한 미국과 영국과의 조약에서 한 걸음 나아가 가르침(敎誨)을 허락함으로써 제한적인 선교 자유를 허락하는 선에서 타협했다. 이로써 천주교 박해 시대는 마감되었다.[4] 그러나 여전히 노도사는 선교사 모임에 오는 것을 두려워했고 6월 말에야 겨우 질병을 핑계로 올 수 없었다고 말했다. 기독교로 개종하는 일을 주저할 수밖에 없는 현실이었다.

아펜젤러의 일기에서 보듯이 세례 날짜는 1886년 7월 18일이었고, 장소는 헤론 집이었다. 헤론의 딸에게 베풀 유아세례가 없었더라면 언더우드의 집에서 거행되었을 것이다. 언더우드와 다른 선교사들은 이 첫 개종자의 출현에 기뻐했다.

2016년 7월은 노춘경 세례 130주년이었다. 이를 기념해 한 편 시로 결론을 맺는다.

카랑카랑한 목소리로

---

[4] 한불조약은 1887년(고종 24) 5월 30일에 첫 영사 겸 대리공사 빅토르 콜랭 드 플랑시(Victor Émile Marie Joseph Collin de Plancy, 葛林德, 1853-1924)가 서울에서 외부 전권위원 김윤식과 비준서를 교환하면서 발효되었다.

27살 생일을 하루 앞둔 청년 언더우드가
로마서 6:3부터 읽어 내려갔다.

"우리 주 예수 키리쓰토와 합하여 세례를 받은 자는
그 죽음을 본받아 세례 받은 줄 알지 못하느뇨."[5]

아이고~ 아이고~
콜레라로 죽은 아이를 성문밖에 버리는
아낙의 울음소리가 무더위에 녹아내리고 있었다.
어제도 수백구의 시체가 숙청문 밖으로 나갔다.
노도사는 갓을 벗고
무릎을 꿇고 머리를 숙였다.
비록 이 일로 목이 달아날지라도
내 죄를 대속하신 주님을 부인하지 않겠나이다.
순간 시골에 있는 늙은 모친의 얼굴이
어른거리는 아이들과 아내의 얼굴에 겹쳤으나
이내 고개를 흔들었다.
모든 소유를 팔아 값진 진주를 산 순간
지키지 못할 것을 버리고
잃을 수 없는 것을 얻은 날이 아닌가.

아펜젤러가 든 묵직한 놋그릇에 담긴 성수에
손을 담그는 언더우드의 손이 잠시 떨렸다.

---

5   한국에서 "예수 그리스도"라는 표기는 1891년에 정착되었다.

"내가 성부와"

번쩍!

번개가 방안을 갈랐다.

"성자와"

1년 전 뉴욕에서 자신이 목사로 안수받고 감격하던 날처럼

낯선 땅끝 조선을 향해 홀로 샌프란시스코 항구를 떠나던 날

태평양을 가르는 기선의 뱃고동처럼

강한 우렛소리가 하늘을 흔들었다.

우르릉 꽝꽝!

"성신의 이름으로 세례를 주노라."

상투를 타고 흘러내리는 성수가 이마에서 얼굴로 흘러내렸다.

노도사는 흠칫 몸을 떨었다.

자신도 모르게 감격의 눈물이 함께 흘렀다.

신미(1871)년 미국 해병대가 강화도를 침략한 이후

15년간 절에서 산에서 유불선 경전과

정감록을 보면서 보낸 구도의 시간

임오군란, 강화도조약, 갑신정변으로

이어지는 시절이 하 수상하여

서울에 올라와 구해 본 『벽사기실』엔

예수를 돼지로 선교사를 양귀로 그렸으나

미국인을 만나 더 알아볼 심사에 약간의 수작을 거쳐

제중원 의사 알렌의 어학교사가 되어 한문 복음서를 읽고

영어를 배울 요량으로 언더우드를 만나

그가 준 한문 사복음서와

『묘축문답』, 『구영혼설』, 『진리이지』를 읽고

깨달은 예수교의 속죄 구원의 도

나라에서도 육영공원을 세워 서양 신학문을 가르치게 된 세상 아닌가.

공포의 콜레라 쥐병에 손 놓은 한의사들과 달리

제중원의 알렌 의사는 위생 처방을 가르치고

유니언교회 주일예배에 온 양인들은 모두 평온한 얼굴 아닌가.

그래 새 세상에서 새 문명과 새 도를 따르자.

내 머리털 하나라도 세고 계시는 천부

들판에 자라는 들풀보다 귀한 인생

내일 일은 내일 염려라 하시니

주여, 이 죄인을 구하소서.

헤론이 조용히 시편을 낭송했다.

"주께서 내 원수의 목전에서 내게 상을 베푸시고

기름으로 내 머리에 바르셨으니

내 잔이 넘치나이다."

노도사가 갓끈을 맬 때

소나기가 그치고

정동 헤론 집 언덕 위로 무지개가 떴다.

서울에서 행해진 조선인 첫 세례식

1886년 7월 18일 주일 오후

조선의 새 하늘이 열렸다.

25
첫 장로교회
정동장로교회(새문안교회) 설립(1887년 9월 27일)

배경 I: 한불조약 비준(1887년 5월)의 영향

앞 장에서 잠깐 언급한 한불통상조약은 1887년(고종 24) 5월 30일에 첫 영사 겸 대리공사 빅토르 콜랭 드 플랑시(Victor Émile Marie Joseph Collin de Plancy, 葛林德, 1853-1924)가 서울에 부임하여 외부의 전권위원 김윤식(金允植, 1835-1922)과 비준서를 교환하면서 발효되었다.[1] 언더우드는 한불조약의 조항들을 천주교회 신부들처럼 적극적으로 해석했다.

> 한불조약의 조항에 따라 우리는 이제 호조를 소지할 경우 한국 어느 곳에서나 부동산을 소유하고 거주할 권리를 가지게 되었습니다. 우리는 이제 개항장에만 갇혀 있지 않습니다. 만일 8도의 각 수도에 진료실과 학교를 개설하고 선교를 시작한다면 전국으로 진출할 수 있습니다. 이렇게 할 경우 서울에서 거주지를 매입하는 것보다 비용이 적게 듭니다. 서울보다 지방의 부동산과 건축 자재가 더 싸기 때문입니다.[2]

선교 활동이 더 자유로워진 것은 사실이나 부동산 매입은 별개의 문제였다. 개항장 밖에서 외국인의 부동산 소유권은 법적으로 1905년 말 통감부가 들어서면서 처음 주어졌다. 예를 들면 "1894년 평양 그리스도인 박해

---

1   플랑시와 궁녀 이심(梨心)의 사랑은 유명한 이야기다. 이심은 프랑스에서 결혼하고 아프리카 모로코 공사관 생활을 한 후 플랑시와 함께 다시 서울에 왔으나 궁녀 신분으로 돌아가자 자살했다는 이야기가 전해진다.
2   Underwood to Ellinwood, November 27, 1887.

사건"은 선교사 홀 의사가 불법적으로 부동산을 매입한 것이 알려지면서 일어났다. 언더우드는 1887년부터 전국 8도의 주도에 진출할 야심 찬 계획을 세우고 있었으나 인원 부족으로 이 계획을 성사시킬 수 없었다. 그렇지만 중요한 것은 언더우드가 이런 법 해석과 이상을 가지고 선교에 임하고 있었다는 점이다. 언더우드의 계획과 정책을 반대하던 알렌이 주미 한국 공사관 설치를 위해 사절단의 서기관으로 서울을 떠난 시점에 언더우드는 자신의 큰 계획을 뉴욕 본부에 전달했다.

참고로 7월 5일에는 육영공원 교사였다가 북감리회로 옮긴 벙커 목사가 제중원의 장로회 간호원 선교사 엘러즈 양과 결혼했다. 혼인식 주례는 육영공원의 길모어 목사가 맡았다. 서울에서 거행된 최초의 외국인 결혼식이었다. 이들은 함께 1년 전 서울에 도착했다.

배경 2: 알렌의 미국행(1887년 9-11월)

알렌은 1887년 8월 대미 조선 사절단의 일원으로 임명되었다. 이보다 앞서 알렌과 언더우드 사이에 선교 정책을 놓고 격론을 벌인 결과, 선교본부가 제중원을 맡아 선교회의 기초를 놓은 알렌 의사를 지지하자 언더우드와 헤론은 1886년 9월에 사표를 제출했다.[3] 그 갈등은 1887년에 들어와 언더우드에게 유리한 국면 전개로 해소되어나갔다. 첫째, 1887년 1월 3명의 소래 교인이 서울에 올라와서 목숨을 걸고 자원하여 세례를 받는 사건으로 언더우드의 적극 선교론이 탄력을 받았다. 둘째, 1887년 3월 언더우드가 건강이 나빠지자 알렌 의사가 일본 전지 요양에 동의하면서 두 사람의 갈등은 약간 누그러졌다. 셋째, 3월 7일 자 엘린우드 총무의 편지가 4

---

[3] Underwood to Ellinwood, September 17, 1886.

월에 도착하고 알렌이 사절단 일원인 외교관이 되어 미국으로 떠날 의사가 알려진 사건이 결정적이었다.[4]

사절단 대표는 초대 주미 전권공사 박정양(朴定陽), 참찬관 이완용(李完用), 서기관 이하영(李夏榮), 친군후영문안 이상재(李商在) 등이었다. 8월 20일 박정양 특명전권공사가 1진으로 먼저 도미했다. 알렌은 참찬관(參贊官, 서기관)에 임명되어 9월 27일 제물포에서 다른 사절들과 함께 워싱턴을 향해 출발하려고 했으나 청의 간섭으로 갈 수 없었다. 마침내 11월 13일 그들은 미국 군함 오시피(Ossipee, 함장 Mcnair)호를 타고 인천에서 출발할 수 있었다. 청은 이를 저지하려고 8척의 군함을 파견했으나 오시피호는 무사히 통과했다.[5]

박정양 사절단은 1888년 1월 17일 워싱턴 DC의 백악관을 방문하여 클리블랜드(Grover Cleveland) 대통령을 예방하고 고종의 국서를 전달했다. 조선 정부는 미국의 도움을 받아 근대적인 군대를 조직하려고 했다. 이를 위해 박정양은 다이(W. M. Dye) 장군을 임명했다.[6] 알렌은 미국에서 1년 반 이상을 보낸 후 1889년 6월 북장로회 부산 선교지부 개척 책임자로 임명되어 다시 귀국한다. 알렌이 떠나고 없을 때 북장로회 한국 선교회는 언더우드가 주도했다. 언더우드는 그 기간에 결혼까지 하여 선교회에서 위상을 강화했고 신혼여행 중이던 4월 27일 미리 준비한 중국 여권을 가지고 의주 교인 33명을 데리고 압록강을 건너가 용감하게 세례를 주는 기지를 발휘하기도 했다.

---

[4] Underwood to Ellinwood, June 19, 1887.
[5] Horace N. Allen, 김규병 옮김, 『韓國近代外交史年表』(국회도서관 입법조사국, 1966), 46. 알렌은 급료로 연봉 3,000달러를 받아 선교사 시절 본봉보다 두 배나 더 많이 받았다. 그는 미국에서 *Korean Tales: Being a Collection of Stories Translated from the Korean Folk Lore*(New York: G. P. Putnam's Sons, 1889)을 출간했다.
[6] "The Koreans Want an Army," *National Tribune* (Washington, DC), February 16, 1888, 5.

언더우드는 정동교회를 조직하고 사표를 철회하다(1887년 9월)

1887년 9월 24일 알렌과 사절단 일행은 미국으로 가려고 제물포항에 도착했다. 알렌이 없는 서울에서 언더우드는 9월 27일 화요일 밤 정동 사택에서 만주의 로스 목사가 참석한 가운데 한국인 신자 14명으로 첫 장로교회를 조직했다.

> 이곳 사업에 대해서 말씀드립니다. 사업은 제가 예상했던 것보다 훨씬 빨리 열리고 있습니다. 지난 화요일 밤 우리는 14명의 세례교인으로 이루어진 한국 최초의 기독교회를 조직했으며 지난 주일에 세례교인 한 명을 추가했음을 알려드립니다.[7]

언더우드가 로스를 초청한 것은 교인 중 노춘경 외에는 모두 로스의 개종자이거나 로스역본 한글 성경을 이용한 서상륜의 전도로 개종했기 때문이었다. 곧 첫 교회를 조직할 때 참여한 14명의 한국인 세례교인은 서울에 있던 교인들이었고 정동장로교회(새문안교회)는 언더우드가 장차 담당하게 될 교구(서울과 황해도 일부)의 첫 조직 장로교회였다. 언더우드는 엘린우드 총무에게 이 교회의 조직 소식을 알리면서 1년 전 제출했던 선교회 사임 의사를 철회했다. 그는 알렌 의사도 없고 한국 첫 교회를 조직한 시점에 전진 앞으로!를 외치며 엘린우드에게 선교사를 추가로 보내달라고 요청했다.

---

[7] Underwood to Ellinwood, September 30, 1887.

두 명의 장로 선출과 안수

9월 30일 자 언더우드 편지에는 27일 저녁에 두 명의 장로를 선출한 일에 대해서 언급하지 않지만, 10월 7일에 쓴 잡지 기고문에서는 다음과 같이 그 사실을 언급했다.

> 이곳의 사역은 거창하게 진행되고 있다. 일주일 전 화요일에 우리는 두 명의 장로를 선출하고 한 장로교회의 조직을 완료했는데, 우리는 그 선출된 장로들을 지난 주일에 장립(將立)했다. 우리는 14명의 교인을 가지고 조직했고 주일에 한 명이 더 늘었다. 교회는 매일 성장했다. 세례를 받으려는 사람들이 많이 있는데, 그들은 모두 진지한 태도를 지닌 듯하다. 북부, 남부, 동부 지역에서 여러 한국인이 세례를 베풀어달라고 요청하고 있지만, 학교 일 때문에 갈 수가 없다. 지금 이곳 서울에는 한 명의 한국인 권서와 한 명의 전도사가 있다. 우리는 다른 한 명을 곧 평안도에 파송할 계획이다. 이어서 서울에 있는 권서를 남부로 보낼 것이다.[8]

그 자리에 참석한 로스 목사는 다음과 같이 좀 더 구체적으로 그날의 경험을 묘사했다.

> 신약성경 일 때문에 배를 타고 서울에 갔다. 배편으로 가는 것이 여행을 가능하게 했고 편했다. 도착한 날 저녁에 특별한 사건이 있었다. 나를 손님으로 초대한 언더우드 목사는 나에게 그날 저녁에 작은 무리로 장로교회를 조직하기 위해 자신의 작은 예배당에 가야 한다고 알려주었다. 그의 친절한 초

---

8   H. G. Underwood, "Korea," *Church at Home and Abroad* 3 (Feb. 1888): 196-197.

청을 기꺼이 받아들였고 나는 그와 그의 동료 의사를 따라갔다. 이미 어둠이 도시 전체를 뒤덮고 있었다. 넓은 대로를 가로질러 갔는데 동양의 모든 도시처럼 가로등이 없어 어두웠다. 조그만 등을 든 한국인이 길을 안내했다. 좁은 골목길을 따라가다가 마침내 작고 빈 안뜰로 들어섰다. 우리가 대문을 두드리자 문을 열어주었다. 창호지를 바른 방문을 조심스럽게 열고 그 안에 들어가 보니 옷을 정제하고 학식 있어 보이는 남자 14명이 거기에 있었다. 이들 중 한 사람이 그날 밤에 세례를 받았는데 그날의 제일 중요한 일은 두 사람을 장로로 선출하는 일이었다. 이의 없이 두 사람이 선출되었고 그다음 주일에 안수를 받았다. 알고 보니 이 두 사람은 봉천(奉天)에서 온 사람의 사촌들이었다. 그들은 이미 6년 전부터 신앙인이 되어 있었고 그런 관계로 이 첫 모임에 참석했던 것이 틀림없다. 교회를 세운 세례교인 14명 중 13명도 (봉천에서 온) 그 사람이나 그 뒤를 이어 봉천을 떠났던 다른 사람의 전도로 개종한 사람들임이 밝혀졌다. 그러나 무엇보다도 나의 관심을 끈 것은 그 도시에 그들과 같은 계층의 신자가 300명 이상이 있다는 사실이었다. 그들은 여러 가지 이유로 아직은 공개적으로 교회에 들어올 준비가 되지 않은 자들이었다.[9]

1887년 10월에 안수를 받고 장립된 이 첫 두 장로는 누구였는지 자료상 확인되지 않는다. 흔히 알려진 대로 서상륜과 백홍준은 이때 장로로 선출되지 않았다.[10] 로스는 두 장로가 봉천에서 자신이 훈련하고 세례를 준 교인[임오군란 때 평안북도로 좌천되었다가 1885년에 세례를 받고 서울로 돌아온 무관]의 사촌들이라고 했으므로[11] 서상륜이나 백홍준은 아니다.

---

9   John Ross, "The Christian Dawn in Korea," *Missionary Review of the World* 3 (April 1890): 247.

10 이만열, 위의 글, 16-22; 이덕주, "백홍준―몇 가지 오류와 문제점을 중심으로", 『한국기독교사연구』 19 (1988년 4월): 31.

11 James Orr, "The Gospel in Corea," Missionary Record of the United Presbyterian Church

서상륜은 서울과 경기도 북부와 황해도 남부를 담당하는 전도인으로 임명되었다. 의주에 있던 백홍준은 이날 서울에 오지도 않았으며, 정동교회 소속이 아니었다. 9월 30일자 언더우드 편지에 서상륜은 전도인으로 소개되고 있다.

> 우리는 한 명[서상륜]을 전도자로 고용했는데 그는 잘하고 있습니다. 우리는 몇 명을 더 훈련해서 그들을 파송하려고 합니다. 교회에 있는 거의 모든 남자는 진실한 자들로서 조금만 훈련하면 곧바로 동시에 전도하면서 배울 수 있습니다. 그들은 벌써 열심히 전도하고 있는데, 다른 사람을 데리고 와서 복음을 공부하도록 하지 않은 사람은 한 명도 없습니다.[12]

그러나 1887년 10월 5일에 장로로 장립된 두 사람은 1890년에 치리를 받아 장로직이 박탈되었다. 한 명은 아예 출교 책벌을 받았고, 다른 한 명은 치리를 받아 장로 자격을 박탈당했다. 정동교회는 1888년 봄부터 치리를 시행했다.[13] 초신자라는 형편을 고려했지만, '쌀신자'를 막기 위해서 치리가 시행되었고 대개 10%가 넘는 교인들이 이런저런 치리를 받았다. 그러나 두 장로의 경우는 어떤 문제였는지 모르지만 심각한 사안이라 출교와 장로 자격 박탈의 조치가 이루어졌다.

> 우리 교인 한 명이 얼마 전에 범한 행동을 듣게 되어 유감입니다. 구체적 내용은 듣지 못했습니다. 내가 서울에 있어서 사건 전모를 알았으면 좋았을 것

(June 2, 1890): 188; *The 50th Annual Report of the Board of Foreign Missions of the PCUSA* (New York: 1890), 134.

12 Underwood to Ellinwood, September 30, 1887.
13 Underwood to Ellinwood, August 14, 1888.

입니다. 그는 과거에 다소의 박해를 견뎠고, 반대와 불명예에도 불구하고 그리스도를 위해서 굳게 섰던 자입니다. 비록 그가 넘어졌으나 다시 돌아오기를 진심으로 바라고 기도합니다. 아직 들어보지 못한 정상을 참작해야 할 이유가 분명히 있을 것입니다.[14]

이 장로 자격이 박탈된 자는 위의 내용으로 볼 때 아마도 노춘경이었을 것으로 짐작된다.[15] 그는 1894년 새문안교회를 떠나 감리교회로 교적(敎籍)을 옮긴 것으로 알려져 있다.[16] 따라서 1891년부터 이후 10년 넘게 한국 장로교회에는 장로가 없었고 대신 당회를 구성하는 외국 선교사(목사)를 정점으로 하여 그 아래 한국인 조사(助事), 영수(領袖), 집사(執事)가 있었으며, 한국 장로교회는 이들을 통해 교회를 운영하는 임시적인 과도기를 보내게 되었다.

서상륜 집사는 1907년에 서울 승동교회(勝洞敎會)에서 투표로 장로로 선출되었다. 서울 노회위원회(Presbyterian Committee, 노회와 시찰이 조직되기 이전의 '시찰'에 해당하던 조직)는 "서울 승동교회 서상륜과 연천 사장교회 김영옥 두 명의 장로 피택과 안수를 허락"함으로써 승동교회의 결정을 지지했다.[17] 1907년 9월 평양에서 열린 장로회 공의회에 쿤즈(Edwin W. Koons) 목사가 서울 노회 위원회의 보고서를 올렸다. 그러나 공의회는 서

---

14 Underwood to Ellinwood, August 14, 1888.
15 1889년 말에서 1890년 초 언더우드가 출판 관계로 일본에 가 있는 동안 정동교회 두 장로 가운데 한 명은 출교되고 다른 한 명은 책벌을 받아 장로직을 박탈당했다. 한국교회사에서 추후 이 사건을 다룰 경우에, 이 사건은 한국 교인을 신뢰하던 언더우드와 그들을 불신하던 헤론 의사 사이의 반목이 심할 때, 그것도 언더우드가 서울에 없고 헤론이 선교회와 정동교회의 책임자나 선임 선교사였던 시점에 일어났다는 점을 유념해야 할 것이다.
16 김양선, 『한국 기독교사 연구』(기독교문사, 1971), 98.
17 *1907 Minutes of the 15th Annual Meeting of the Council of Presbyterian Missions in Korea* (Seoul: Press of the Methodist Publishing House, 1907), 27.

상류의 장로 피택 건이 담긴 보고서를 공의회 교회 정치위원회(Committee on Church Government)로 넘겨 검토하도록 했다. 동 위원회는 토론 후 다음과 같이 결정했다.

> 서상륜의 장로 피택 안건에 대하여 우리는 다음과 같이 결정한다. 전체 교회의 이해를 위하여 공의회는 교회 직분을 맡을 수 없는 서상륜의 무자격을 제거하는 것은 지혜롭지 못하다고 생각하며 서울위원회에 그의 장로 선출을 추진하지 않도록 충고한다.[18]

엄밀한 의미에서 서상륜은 첩을 가진 자였으므로 처첩제를 금한 교회 정책에 따라 장로가 될 수 없는 무자격자였다.[19] 결국 그는 피택 장로로 머물렀고 장로 장립을 받지 못했다.

첫 새문안교회 예배당은 작은 한옥

다음은 언더우드가 한 달 동안 북부 지방에 전도 여행을 한 후 서울에 돌아와서 1887년 11월 27일 밤에 쓴 편지다.

> 저는 작은 한옥 예배당에서 열린 한국인 예배에 참석하고 방금 돌아왔습니다. 7명의 수세자 그리스도인이 참석했으며 저는 4주간 자리를 비운 뒤에 다시 그들과 함께 예배드리는 즐거움을 누렸습니다. 세례 신청자가 세 명 더 있는데 내일 그들을 문답할 것입니다. 그들이 세례를 받으면 우리의 본토인 교

---

18 *Ibid.*, pp. 27-28.
19 옥성득, "초기 한국 개신교와 처첩제 문제", 『한국 기독교와 역사』 16 (2002년 2월): 7-34.

회에는 100명의 1/4에 가까운 세례교인이 있게 됩니다. 진실로 주께서 우리 가운데 기사를 행하셨습니다![20] 우리가 이곳에 온 지 3년이 채 되지 않아 이러한 성과를 얻었다고 누가 믿겠습니까? 선교 사업이 예상만큼 빨리 진행되지 않는다는 불평이 있다고 하셨지요. 이 불평은 한국에는 적용될 수 없습니다. 일할 사람이 더 많이 없어서 더 많은 일을 성취하지 못한다는 불평뿐입니다.[21]

교회는 언더우드의 예상대로 급성장하여 1887년 말에 세례교인은 25명으로 늘었다. 1889년 초에 언더우드는 다음과 같이 감격적으로 말할 수 있었다.

1888년 12월에는 성령의 능력이 한국에 쏟아부어졌고 한 달 만에 20명이 추가로 입교했다. 1889년 1월 장로교와 감리교를 합해 세례교인이 100명을 넘었다. 현재 한국에는 두 개의 잘 조직된 교회가 있다. 매 주일 공개적인 예배가 이 도시의 두 곳에서 열린다. 주중 기도회도 계속 열리고 있다.[22]

▲ 언더우드의 주택과 사랑방(오른쪽: 정동교회 첫 예배 처소로 사용) [Oak]

20　민 23:23.
21　Underwood to Ellinwood, November 27, 1887.
22　H. G. Underwood, "Korea," *Missionary Review of the World* (September 1889): 456-457.

1887년 9월 한국 개신교의 첫 조직 교회인 새문안교회는 성령의 능력의 산물이었다. 한국인들의 전도와 자발적인 복음 수용, 목숨을 건 신앙고백과 세례 그리고 언더우드와 로스 선교사의 협력의 배후에는 강력한 성령의 부으심과 충만하심이 있었다. 단순한 머리로 믿는 신앙이 아니라 마음과 뜻과 힘을 다해 하나님을 섬기는 심령에 변화를 받은 이들의 공동체가 형성된 사건이었다.

26
첫 교회 조직
로스의 서울 방문과 정동장로교회(1887년 9월 27일)

로스의 제물포 입항에 관한 인천 해관의 기록(1887년 9월-10월)

로스가 9월 넷째 주에 중국 산동 반도의 지푸항을 떠나 제물포항으로 왔다면, 당시 기선의 시간표나 제물포항 입항 기록은 없을까? 현재까지 조사 결과 지푸-제물포 기선 시간표는 알기 어렵지만, 입항에 관한 해관(海關)의 기록은 남아 있다. 1881년에 개항한 제물포항에는 1883년 6월 해관이 설치되고 한국인 감리(監理) 아래 외국인 세무사(稅務司, commissioner)들이 근무했다. 실제 업무의 운영은 이들 세무사가 주도했으며, 그들은 서울의 총세무사에게 다양한 사항을 보고했다. 보고서 서신 가운데 4-5쪽에 달하는 영문 월례 보고서는 한 달 동안 인천항에 드나든 중요한 방문객, 주요 사건, 군함의 이동 등을 상세히 보고했다. 초대 인천 해관 세무사 영국인 스트리플링(A. B. Stripling)에 이어 2대 세무사는 쇠네케(J. F. Schöneiche, 史納機)였으며 그는 1886년 5월부터 1889년 11월까지 근무했다.[1] 당시 서울 주재 제2대 조선 해관 총세무사(Chief Commissioner)는 메릴(H. F. Merrill)이었다.[2]

우리가 논의하는 1887년 9월 중 인천항 방문객에 대한 쇠네케의 월례 보고서는 9월 20일에 올린 보고서와 10월 24일에 올린 보고서다. 9월 보고서는 8월 19일부터 9월 16일까지를 다루는데 거기에는 5일부터 15

---

[1] 민회수, "개항기 인천 해관 운영의 기록—세사문고 해제", 『규장각』 52 (2018년 11월), 252-254.
[2] 진칭, "조선 해관의 검역체계 구축과정과 감염병 해외 유입에 대한 대응(1886-1893)", 『醫史學』 29:3 (2020. 12), 1030.

일까지 다섯 명의 유명 인사의 입항일과 출항일이 날짜순으로 기록되어 있다. 예를 들면 딘스모어(Hugh A. Dinsmore) 미국 총영사는 9월 11일에 서울에서 인천으로 이동해서 9월 5일에 입항해 있던 미국 군함 브루클린(Brooklyn)호를 타고 9월 15일에 출항하여 나가사키로 갔다. 미국 북감리회 워렌(Henry W. Warren) 감독은 일본에서 출발해 9월 10일에 인천에 도착하여 그날 서울에 갔으며[3] 4일 후인 14일에는 인천에 돌아와서 18일에 중국행 기선에 올랐다. 워렌 감독은 쇠네케에게 한국 방문이 매우 즐거웠다고 말했다.[4]

한반도의 개항을 둘러싼 정세가 급변하는 가운데 1887년 10월에 인천 해관 세무사 쇠네케가 메릴 총세무사에게 올린 월례 보고서는 9월 17일부터 10월 16일까지를 다룬다.[5] 쇠네케는 인천항 방문자들의 이름과 직책을 기록했는데 그중 한 명이 로스였다. 전문을 보자.

> 방문자. 8월[음력]에는 수많은 유명 인사들이 제물포를 방문했으므로 저는 더 저명한 분들만 언급하는 것으로 만족하겠습니다. (상하이 총영사로 임명된 타카히라 후임으로 서울에 가는) 곤도(Kondo) 신임 일본 대리대사, 러시아 대리대사 베베르(Waeber), 독일 대리총영사 크리엔(Krien), 영국 제독 해밀턴(Hamilton),[6] 영국계 스코틀랜드인 비커스테스(Bickersteth),[7] (조선

---

3   J. W. Heron to F. F. Ellinwood, September 11, 1887. 워렌 감독은 9월 12일 서울 배재학당의 신축 벽돌 건물 준공식에 참석하고 14일 서울을 떠났다(H. G. Appenzeller, "Annual Report for 1887").

4   J. F. Schöneiche to H. F. Merrill, "Monthly Report," 20 Sept. 1887 (No. 132), 海關稅務司(朝鮮) 편,『海關誌 Jenchuan』(국립중앙도서관 古貴 659-14), 115-117.

5   J. F. Schöneiche to H. F. Merrill, "Monthly Report," 24 October, 1887 (No. 3), 海關稅務司(朝鮮) 편,『海關誌 Jenchuan』(국립중앙도서관, 古貴 659-14), 254-255.

6   거문도사건(Port Hamilton Affair, 1884-1887)의 영국 해군 제독 해밀턴(Richard Vesey Hamilton, 1829-1912)이다.

7   일본 성공회 선교사 감독 Edward H. Bickersteth(1850-1897)로 찬송가 작사가이기도 했

어 문법으로 유명한) 로스(Ross) 목사, (정치적 사안으로 톈진의 이홍장에게 가는) 미국대사 딘스모어(Dinsmore) 경과 데니(Denny) 판사.[8] 고종 폐하가 새로 만들어진 워싱턴의 조선 공사관의 서기로 임명한 서울의 미국장로회의 알렌 의사는 조선 대사에 앞서 서울에서 이곳에 9월 30일에 도착했습니다. 그는 아직 이곳에서 그의 조선인 대사가 서울에서 오기를 기다리고 있는데 미국으로 갈 것입니다.[9]

유명 방문객이 많아 모든 사람의 입항일과 출항일을 기록하고 있지는 않아서 로스의 정확한 입출항 날짜를 알 수는 없다. 하지만 방문자들을 순서 대로 적었는데, 첫 방문자인 곤도 마스케(近藤眞鋤) 일본공사관 대리공사가 9월 20일에 입항하여 그날 서울에 부임했고,[10] 10월 2일 도착한 비커스테스 뒤에 로스가 나왔으며, 이어서 9월 24일 제물포에 도착한 딘스모어 주한 미국 공사와 9월 30일에 도착한 데니 판사를 한 묶음으로 언급한 후 견미 사절단의 일행인 알렌이 9월 30일에 도착한 것으로 기록했다.[11] 따라

다. 1887년 10월 2일 제물포에 도착했다(Samuel Bickersteth, *Life and Letters of Edward Bickersteth, Bishop of South Tokyo* [London: Low Marston, 1901], 162).

8 1887년 9월 말에 출발한 조선의 견미 사절단에 대한 중국의 반대를 무마하기 위한 방문. 딘스모어는 건강 회복을 위해 나가사키에 가서 24일 제물포항에 돌아왔고, 데니 판사는 30일 제물포에 도착했다.

9 고종 24년(1887) 5월에 도승지 민영준(閔泳駿)을 주일 관리공사로, 6월에 박정양(朴定陽)을 주미공사로, 심상학(沈相學)을 주영·독·러·프·벨기에 등 5개국 주재공사로 임명했다. 이에 원세개는 이홍장을 통해 조선 정부에 대한 내정 간섭에 나섰다. 외국 공사의 파견은 외부고문 데니, 참찬관 알렌, 민영익 등의 건의에 따른 것인데 이들은 위안스카이(袁世凱)의 횡포에 대해 큰 불만을 품고 외국 공사의 독자적 파견을 통해 조선이 자주국임을 천명하고 청의 종주권에 도전하려고 했다.

10 Horace N. Allen, *A Chronological Index: Some of the Chief Events in the Foreign Intercourse of Korea* (Seoul: Methodist Publishing House, 1901), 21. 곤도는 1880년 부산의 일본 영사관 영사였고 1885년 서울 주재 일본 공사였는데, 1887년 9월 20일 부임하여 1891년 4월까지 근무했다. 알렌의 연대기에는 9월 서울 방문자로 워렌 감독과 곤도 공사만 기록했다.

11 Allen's Diary, September 24 & 30, 1887.

서 로스는 9월 21일-9월 30일 어간에 제물포에 입항했다고 볼 수 있다.

그런데 1890년 로스의 회고록에 의하면 그는 9월 27일 인천에 도착했고 서울에는 밤에 도착하여 헤론 의사의 안내를 받아 언더우드 사택 사랑채로 가서 새문안교회가 조직되는 것을 보았다고 말했다. 새문안교회가 왜 9월 20일이나 25일이 아니고 27일에 조직되었을까? 그 해답은 바로 언더우드와 헤론의 적극적인 전도를 반대하던 알렌이 견미 사절단의 일원으로 9월 23일 서울을 떠나 제물포로 갔고 9월 27일 로스가 도착했기 때문이다. 알렌은 정부 병원인 제중원 원장 겸 고종의 시의로서 자신과 선교회가 누리는 특혜와 입지에 위협이 될 수 있는 언더우드의 불법적이고 공격적인 전도 활동을 반대했다.[12]

따라서 언더우드와 헤론은 알렌이 23일 서울을 떠나고 27일 로스가 서울에 도착하자 바로 그날을 교회 조직의 D-day로 잡아 교인들을 소집했다. 교인들이 모두 서울에 거주했기에 가능한 일이었다. 알렌은 9월 23일부터 10월 초까지 제물포의 대불호텔에 머물면서 견미 사절단이 출발하기만을 기다렸다. 그의 신경이 온통 사절단의 미국행에 쏠려 있을 때, 언더우드와 헤론은 로스의 방문을 계기로 새문안교회를 조직하는 거사를 단행했다. 만일 알렌이 서울에 있을 때인 9월20일에 교회를 조직하려고 했다면, 교회의 조직은 알렌의 반대에 부딪혀 성사될 수 없었을 것이다.[13]

헤론의 편지(1887년)와 로즈의 "조선기독교회사"(1928년)

이 두 글은 창립일에 대한 정보는 없지만 1887년 9월 조직된 교회의 창립

---

12 H. G. Underwood to H. N. Allen, January 27, 1887; December14, 1887.
13 옥성득, "18887년 새문안교회 창립일의 재검토", 『한국기독교와 역사』(2023년 9월) 참조.

교인들이 의주, 소래를 포괄하는 것이 아닌 서울 지역 교인이었음을 알려 준다. 70년사를 쓴 한태동이나 85년사를 쓴 민경배는 언더우드의 편지를 읽고 9월 27일 화요일에 교회가 조직되었다고 독해했다. 그러나 민경배는 85년사에서 다음과 같은 몇 가지 심각한 오류를 생산했다. 1) 그는 두 장로를 서상륜과 백홍준으로 잘못 서술했다. 2) 그는 창립 교인 14인의 구성을 의주와 소래의 교인까지 포괄하는 것으로 오해했다.[14] 3) 그는 알렌 의사가 9월 27일 교회 조직 때 함께 참석했다고 보았다.[15] 이 세 가지 오류는 자료로 뒷받침되지 않을 뿐만 아니라 그날 조직된 교회의 성격과 상황에 대한 이해가 부족한 데서 나온 서술이었다. 이 세 가지 오류 중 두 장로 문제는 백홍준이나 서상륜이 아니었음이 이미 밝혀졌다.[16] 즉 9월 27일 그날 백홍준과 서상륜은 참석하지 않았고 장로로 피택되지도 않았다. 두 피택 장로는 10월 1일 주일에 안수받았다(아마도 한 명은 서울의 첫 세례교인인 노춘경일 것이다. 서상륜과 백홍준은 아니다).

다만 『새문안교회 100년사』에서 "장로 두 명도 서울 사람이 아님이 분명하"며 "교회를 치리하거나 목회자를 보좌하는 장로 본래의 의미보다는 한국 교인들을 대표하는 '원로'의 의미가 더 크"다고 본 것은 오류였다.[17] 두 장로가 비록 의주 출신으로 서상륜의 사촌들이었으나 서울에 거주하는 서울 사람들이었으며 신자가 된 지 6년밖에 되지 않았으므로 원로

14　위의 책, 50. 민경배는 Roy E. Shearer · 서명원, 이승익 옮김, 『한국교회성장사』(대한기독교서회, 1966), 103을 각주에 달았다. 그러나 쉐어러는 14명 중 13명이 서상륜에 의해 그리스도를 믿게 되었다는 말만 했지 이들이 의주와 소래에 거주한다는 말은 하지 않았다. 민경배의 오해였다.
15　『새문안교회 85년사』, 51.
16　이덕주, "백홍준—몇 가지 오류와 문제점을 중심으로", 『한국기독교사연구』 19 (1988. 4): 29-33; 이만열, "서상륜의 행적에 관한 몇 가지 문제", 『한국기독교사연구』 19 (1988. 4): 14-24. 이 두 장로는 1890년 한 명은 치리를 받아 출교되었고 다른 한 명은 장로직을 박탈당했다.
17　『새문안교회 100년사』, 95.

라기보다는 장로교회의 장로였다. 그러므로 두 사람이 부정한 일을 범했을 때, 1890년 두 장로는 치리를 받아 장로직을 박탈당했다. 그 결과 현재까지 그 불명예로운 이름이 알려지지 않았다.[18] 사도행전의 초기 교회가 불완전했듯이 한국 첫 교회와 당회도 불완전했다. 아래에 서술하겠지만, 그날 조직된 교회는 한국 전체를 치리하는 당회도 아니었고 서울 교인들만의 개교회였다. 알렌 의사도 동석하지 않았다.

1922년 여름 로즈(Harry A. Rhodes, 盧解理, 1875-1965)가 장연 구미포에 갔을 때 서상륜(1848-1926)을 만나 담화한 내용을 기록해두었다가 1928년 「기독신보」에 "조선기독교회 약사"를 연재할 때 그 내용을 다음과 같이 발표했다.

> 경성에 올라오니 이때는 원두우 목사가 아직 조선에 오지 아니한 때라. 비록 전도하고자 하나 생소한 사람에게는 접근할 수 없고 오직 친한 사람만 찾아서 전도하였다. 그러므로 경성에서 먼저 세례를 받은 사람들은 거반 다 의주 사람이었다.[19]

따라서 지금까지 1887년 9월 27일 정동장로교회를 조직할 때 수세자 14인을 대부분 소래 교인으로 본 것이나, 그 교회를 서울 소재 지역 교회가 소래와 의주까지 포괄하는 한국교회의 '모교회'로 본 것은 수정해야 한다.[20] 사실 헤론은 1887년 9월 4일 자 편지에서 수세자 11명이 서울에 존

18　장로교회 정치 체제에서 장로나 목사나 항존직이지만 종신직이 아니다. 교회 치리와 책벌을 받으면 그 직위는 해직될 수 있다.
19　노해리, "조선기독교회사 11: 제11장 조선신기독교회의 창시", 「기독신보」 1928. 4. 11.
20　이만열, "서상륜의 행적에 관한 몇 가지 문제", 20에서 14인을 서울의 노춘경, 서상륜, 소래의 서경조, 최명오, 정공빈 등 4인, 의주 교인 4인, 서울 교인 4인 등으로 보았다. 윤경로도 이를 수용하여 1887년 새문안교회의 성격을 서북 지역의 보수적 신앙과 근기 지방의 진보

재한다고 밝혔다.

> 서울에서 약 160킬로미터 떨어진 마을[소래]에 세례를 요청하는 사람들이 20-30명 정도 있는데 너무 가난해서 세례 받기 위해 서울로 오는 것은 어렵습니다. [중략]
>
> 지난주에 저는 언더우드 목사와 함께 한때 그리스도인이거나 구도자였던 사람들 12명을 만났는데 우리 가슴을 뛰게 했습니다. 우리는 그들의 얼굴이 빛나는 것을 보았고 주께서 그들에게 행하신 일에 관해 들었습니다. 벌써 우리에게는 이곳에 11명의 수세자가 있습니다. 지난 안식일[8월 28일]에는 언더우드 목사가 세 명에게 세례를 주는 것을 도왔습니다.

헤론이 말하는 이곳(here)은 서울이며 8월 말에 14명의 세례교인이 존재했다. 1887년 1월 소래에서 상경하여 23일 세례를 받은 서경조, 정공빈, 최명오 등 세 명은 소래 거주 교인이었고, 이들과 서상륜 외 나머지 소래 교인 20여 명 가운데 세례를 받은 자는 아직 없었다. 선교사가 황해도 시골까지 여행할 형편도 안 되고, 소래 교인들은 가난하여 서울에 와서 며칠 지내면서 세례까지 받을 경제적 여유가 없었다. 이미 세례를 받은 서경조 등도 교회 조직만을 위해서 서울에 올라올 가능성은 없었다. 따라서 로즈와 헤론의 기록으로 볼 때, 1887년 1월 23일 주일 소래 교인 세 명의 수세에 힘입어 서울에 거주하는 의주인과 소래인 중에서 서상륜의 전도를 받아 기독교에 관심을 가진 10여 명의 사람이 1887년 2-8월에 언더우드의 사랑채에서 예배를 드리며 성경을 배운 후 세례를 받고 창립 교인이 되었

적 신앙이 어우러지는 시초로 보았다(『새문안교회 100년사』, 95). 옥성득·이만열 편, 『언더우드 자료집 I』(연세대학교출판부, 2005), 77에서 필자도 14인 중 8인을 소래와 의주 지역 교인으로 파악했다.

다. 9월 27일 당일에 서상륜이 지방 전도 여행 중이라 불참했으므로 수세자 13인이 참석했고 추가로 한 명이 세례를 받으면서 14명의 입교인이 두 명의 장로를 선출하고 교회를 조직했다.

정동장로교회 설립 역사 재구성

1886년 7월부터 1887년 9월까지 새문안교회의 설립 과정을 재구성해보자. 1886년 7월 18일 언더우드는 자신의 사랑방에서 노춘경에게 세례를 주었다. 1886년 말에는 소래의 서상륜이 언더우드를 찾아와 소래 교인들의 세례를 청원했다. 1887년 1월 소래에서 올라온 교인 서경조, 최명오, 정공빈이 문답을 하고 23일 주일에 세례를 받았다. 알렌의 반대에도 불구하고 언더우드와 헤론은 언더우드의 사랑방에서 한국인 교인들에게 성경을 가르치며 예배 집회를 계속했다. 8월 중순까지 서울에는 11명의 세례 교인이 존재했고 8월 28일 3명이 추가로 세례를 받았다.

적극적 전도를 반대하던 알렌 의사가 주미 워싱턴 한국 공사관 설치를 위한 참찬관으로 서울을 떠나기 위해 9월 22일 저녁에 고종을 알현하고 23일 아침에 서울을 떠나 제물포항으로 갔다. 그가 인천에 거주하면서 외교 문제에 집중할 때, 언더우드가 성경 번역 일로 초청한 만주 심양의 로스가 9월 27일 화요일 선편으로 제물포에 도착했고 저녁에 서울에 당도했다.

언더우드와 헤론은 이날 교회를 조직하기로 작정하고 14명의 교인을 소집했다. 이들 중 노춘경을 제외한 13명이 로스에게 세례를 받은 서상륜과 또 다른 교인의 전도를 받고 로스본을 읽고 신자가 된 자들이었다. 그날 서상륜은 권서 여행차 지방에 내려가 있었으므로 불참했다. 당연히 소래 교인들이나 의주의 백홍준은 참석하지 않았다.

1887년 9월 27일 로스가 참석한 가운데 한 명의 한국인 남자가 추가로 세례를 받았고 만장일치로 두 명의 한국인을 장로로 선출했다. 이들은 1883년 서상륜이 로스본 복음서를 들고 서울에 와서 전도한 첫 의주 출신의 상인들로서 6년간 신자로서 생활한 서상륜의 사촌들이었다. 서상륜은 초기 서울 전도 때 의주 사람들에게 전도할 수 있었고 그 가운데 1887년에 이르러 10여 명이 세례교인이 되었다.

　1887년 9월 27일 화요일 밤 언더우드 목사와 헤론 의사, 14인의 한국인 세례교인(그들 중에서 선출한 두 명의 장로)으로 한국의 첫 장로교회가 조직되었다. 두 명의 피택 장로는 10월 2일에 안수를 받았다. 이때 한 명의 신자가 세례를 받아 입교인은 15명이 되었다. 로스는 첫 교회의 조직과 두 장로의 안수를 목격하고 자신의 한글 복음서의 열매들에 만족했다. 로스는 만주에서 데려온 청년 한 명을 배재학당에 입학시키고 다른 좋은 신자 장 씨는 아펜젤러에게 추천하여 권서로 채용하게 한 후 심양으로 돌아갔다.

▲ 새문안교회 교인, 헤론의 사택(1889년) [Moffett]

이처럼 1887년 9월 27일-10월 2일 새문안교회의 조직은 로스의 한글 번역, 서상륜 등의 권서와 전도 사역, 언더우드와 헤론의 적극적 선교 사업과 교회 조직, 종교의 자유가 아직 완전히 허용되지 않은 상황에서 박해를 두려워하지 않는 한국인들의 영성, 조선을 둘러싼 국제 정세의 급변 속에 미국에 한국 공사관을 설치하기 위한 알렌의 노력 등이 맞물려 이루어진 사건이었다.

27
첫 감리교회
벧엘교회(정동제일교회, 1887년 10월 6일)

한국의 첫 감리교회인 정동제일교회는 남대문 근처에 마련한 벧엘 채플에서 1887년 10월 9일에 예배를 드리면서 시작되었다. 그 이전 두 명의 배재학당 학생이 세례를 받았고 교회 설립 이후에는 첫 여성 교인의 세례식과 성찬식이 거행되었다. 교인이 증가하고 어느 정도 종교의 자유가 허용되자 정동제일교회는 정동으로 옮겨 예배를 드렸으며 1897년 12월에 새 벽돌 건물 예배당으로 이주했다.

첫 한국인 감리교인 박중상의 세례식(1887년 7월 24일)

벧엘 예배당이 마련되기 몇 개월 전인 1887년 7월 24일 일본 유학생 출신 박중상이 아펜젤러 사택에서 비밀리에 한국인 감리교인으로서는 첫 세례를 받았다.

> 최초의 세례: 오늘 나는 우리 집에서 한국인 최초의 감리교 신자에게 세례를 베풀었다. 그의 이름은 박중상인데 우리 학교 학생으로 진지하고 총명한 젊은이다. 그는 일본에 갔다 왔으며 그곳에서 기독교에 대해 처음으로 들었고, 한국에 돌아온 이후 하야카 형제와 교제를 나누다 그로부터 세례 권면을 받았다.
>
> 이는 이곳에서의 우리 사역의 시작이다. 나는 그를 온전히 여호와의 손에 맡겼다. 그는 오직 그곳에서만 안전하기 때문이다. 많은 사람이 <u>우리 교회</u>

에 붙어나게 하옵소서. 그는 약속의 사람이다.[1]

박중상은 배재학당 학생이었다. 첫 세례교인이 일본 유학 경험이 있는 배재학당에서 나온 것은 자연스러웠다. 박중상은 일본인 감리교인 하야카와와 교제하고 아펜젤러를 통해 서양 학문과 영어를 배우며 성경 공부를 하면서 기독교 복음을 깊이 이해한 끝에 세례를 신청했다. 이 글에서 유념할 부분은 두 번째 문단의 '우리 교회'다. 영어를 보면 'our Church'로 대문자 교회를 사용하여 감리교회를 지칭하고 있다. 이를 개교회인 정동교회를 지칭하는 말로 오해해서는 안 된다.

벧엘 예배 처소의 구입(1887년 9월)

8월 6일에는 배재학당 건물의 정초식이 열렸다. 8월 7일 아펜젤러는 요한복음을 번역한 서상륜에게 봉급을 지불했다. 8월 말 선교 본부에 올린 예산 청구에서 아펜젤러는 일본인을 위한 예배당을 먼저 구입하여 그곳에서 한국인을 위한 모임을 가지기 위한 예산을 요청하고 좀 더 떨어진 곳에 한국인 구도자들이 드나들 수 있는 별도의 방을 마련할 계획을 세웠다.

9월 10일에 워렌(Henry W. Warren) 감독이 제물포를 거쳐 서울을 방문했다. 그는 11일 주일에 유니언교회에서 설교하고 스크랜턴의 딸 캐서린(Catherine Arms Scranton)에게 유아세례를 주었다. 워렌 감독은 배재학당 건물 개관식에서 연설했는데 이 공식적인 첫 기독교 행사에 한국인 관리들도 참석했다.[2] 9월 14일 유니언교회 수요 기도회에서 워렌 감독은 아펜젤

---

1 Appenzeller Diary, July 24, 1887.
2 Appenzeller Diary, September 17, 1887.

러, 스크랜턴, 스크랜턴 여사, 로스와일러의 임명장을 낭독하고 축복했다. 13일에 열린 선교회 연례회의에서 워렌 감독의 재가를 받은 아펜젤러는 9월 말에 성경 공부를 위한 방 하나를 구입했고 이 상동 초가집이 벧엘 예배 처소가 되었다.

두 번째 세례자 한용경(1887년 10월 2일)

박중상에 이어 두 번째 세례자도 배재학당 학생 가운데 나왔다. 그는 한용경이란 사람으로 학교와 벧엘 채플에서 성경 공부를 하다가 결심하고 세례를 받았다.

> 두 번째로 세례 받은 한국인: 10월 2일 일요일 저녁에 우리 집 안방에서 두 번째 세례를 주었다. 우리 학교 학생 한용경이었다. 나는 언문으로 번역된 세례 의식서를 가지고 한국말로 그에게 세례를 베풀었다.[3]

박중상에게 세례를 준 후 학생들 사이에 신자가 늘면서 세례 신청이 증가하자 아펜젤러는 세례 예식서를 한국어로 번역해서 사용하기 시작했다.

첫 예배(1887년 10월 9일)

아펜젤러는 중요한 사건이 있을 때마다 일기에 기록하면서 그 오른쪽 빈 칸에 제목을 달았다. 위의 첫 세례와 두 번째 세례에 이어 최초의 감리회 예배를 다음과 같이 기록했다.

---

3   Appenzeller Diary, October 11, 1887.

감리회 선교회가 가진 최초의 종교 집회: 10월 9일 일요일에는 '벧엘'에서 오후 예배를 시작했다. 그곳은 우리가 성경 공부를 하기 위해 매입한 집이다. 지난주에는 봉천에 있는 로스 목사가 이곳을 방문했는데 한국인 신자 두 명을 데리고 왔다. 그중 한 명은 지금 학교에 다니고 있으며 다른 한 명은 로스 목사가 만난 한국인 중에서 제일 우수한 사람이라고 추천을 해서 나는 그(장 씨)를 두 번째 권서로 채용했다. 현재 4명의 한국인 신자가 있는데 2명의 권서(최성균과 장 씨), 강 씨 그리고 구도자이고 진리를 믿고 있는 최 씨의 아내 등이다.

10월에 쓴 연례보고서에는 다음과 같이 기록했다.

9월에 우리는 작은 집 한 채를 샀는데 이곳을 벧엘 채플이라고 불렀다. 우리가 그 집을 예배당 용도로 사용하기 때문이다. 그곳으로 구도자들이 모이고, 일요일에는 예배를 드린다. 10월 9일에 나는 한국인을 위한 최초의 공중 예배를 인도했다. 나를 제외하고 4명이 참석했으며, 그 모임은 우리 모두에게 특별한 관심을 끌었다.[4]

첫 여자 교인 세례식(1887년 10월 16일)

이곳에서 권서인 최성균의 부인이 그다음 주일인 10월 16일에 세례를 받았는데 이는 최초의 한국 개신교인 여자 세례식이었다.

---

[4] *Annual Report of the Missionary Society of the Methodist Episcopal Church for 1887* (New York: 1888), 314.

최초로 세례를 받은 한국 여성: 10월 16일 일요일에 나는 29살의 젊은 부인인 최 씨의 아내에게 세례를 주었다. 그녀는 질문에 분명하고 명확하게 대답했다. 그녀는 거의 틀림없이 이 나라에서 개신교 선교사에 의해 세례를 받은 최초의 여성이다. 나는 우리 감리회가 안방 안으로 진출하는 것이 무척 기쁘다. 말씀을 받은 다른 여성들도 있다. 이 첫 열매로 인해 여호와께 감사를 드린다.[5]

뒷날 강매는 이 사건을 가리켜 다음과 같이 평가했다. "1887년 전 예수께서 부활하실 때 그 나타나심을 먼저 본 자는 또한 여인이더니, 조선교회가 시작될 때에도 주를 먼저 깨달은 자는 또한 여인이라. 이는 어찌 거대한 일이 아니리오."[6]

첫 성찬식(1887년 10월 23일)

그다음 주일인 10월 23일에는 한국인 5명을 대상으로 한국 개신교의 첫 성찬식을 거행했다.

벧엘에서 최초의 성찬: 일주일 후 10월 23일, 우리는 한국에서 감리회 최초의 성찬식을 가졌다. 이것은 감리회의 요람인 벧엘의 같은 방에서 거행되었다. 참석자는 형제들 최·장·강·한 씨 등과 최 씨의 아내였고, 이날 박 형제는 불참했다. 스크랜턴 의사도 동참했다. 우리는 감리회 예식을 따랐으며 모두 진지하게 참여했다. 이 백성에게 생명의 떡을 떼어주는 일은 얼마나 큰 특권

---

[5] Appenzeller Diary, October 31, 1887.
[6] 강매, 『井洞敎會 三十年史』(수필본, 1915), 8.

인가! 우리의 가슴이 감사로 넘치게 하소서.[7]

11월 말 추수감사절에는 벧엘 예배당이 가득 찰 정도가 되었다. 배재학당 학생 유치겸과 윤돈규가 세례를 받았다. 12월 7일에는 한용경의 집에서 학생 기도회가 처음 열렸다.[8] 12월 25일에는 첫 성탄절 예배를 드렸다. 이 날 아펜젤러 목사는 처음으로 한글로 쓴 설교문을 읽었다.

> 오후 2시에 나는 처음으로 한국어로 설교했다. 이것은 대단한 일이었으므로 좀 더 설명을 해야겠다. 내가 설교문을 쓴 것은 아니고 요점을 알려주면 나의 권서인 최 씨가 적절한 한국어로 옮겨 적었다. 설교를 쓰는 데 적지 않은 시간이 걸렸지만, 한국어 설교를 시작한 것이 매우 기쁘다. 본문은 마태복음 1:21로 제목은 "그의 이름을 예수로 하라"였다.[9]

한국어 설교가 이루어지면서 벧엘 예배 공동체는 명실공히 한국인 개교회가 되었다. 이상을 다시 정리해보자. 벧엘 예배 처소에서 1887년 10월 9일 주일 첫 한국인 예배, 10월 16일 주일 첫 여성 세례식, 10월 23일 주일 첫 한국인 성찬식, 그리고 12월 25일 한국어 설교가 이루어졌다. 이로써 세례, 성찬, 설교가 함께한 한국인 신앙 공동체인 벧엘감리교회가 공식적으로 설립되었다고 하겠다.

    상동 부근 벧엘 채플에서 형성된 이 한국인 신앙 공동체가 5개월 후 예배 중단 칙령을 받아 정동 아펜젤러 사택과 이화학당으로 옮겨 남녀가 따로 예배를 드리면서 정동제일교회로 발전했다.

---

7 Appenzeller Diary, October 31, 1887.
8 Appenzeller Diary, December 11, 1887.
9 Appenzeller Diary, December 25, 1887.

벧엘 예배당의 위치

최 씨 아내가 세례를 받은 후 예수교에 입교하려는 여성들이 늘기 시작했다. 그로 인해 1887년 11월에는 예배당 바로 옆에 있는 큰 가옥을 매입하여 예배당으로 삼았다. 그 집은 사방 8자의 작은 방 대신 8×16자의 큰 방이 있어 가운데에 병풍을 둠으로써 남녀 좌석을 분리할 수 있었다. 이 벧엘 예배당이 있었던 곳은 어디일까? 1897년 12월 26일 정동 벽돌 예배당을 봉헌할 때 아펜젤러 목사가 낭독한 "교회 약사"에는 다음과 같은 내용이 나온다.

> 교회는 이리저리 옮겨 다녔습니다. 10년 전에는 현 스크랜턴 여사의 소유로 되어 있는 달성 사택의 뒷문에서 돌을 던지면 닿을 거리에 있는 벧엘에서 예배를 드렸습니다. 1888년 제가 지방 여행을 할 때 내려진 포교 금지령으로 인해 모임은 중단되었고, 벧엘은 처분되었으며, 지금은 이곳에 한국인들이 거주하고 있습니다. 이후 여자 집회는 이화학당에서 열렸고 남자 집회는 지금 응접실로 쓰고 있는 저의 집 방 안에서 열렸습니다. 나중에 여자 집회는 이화학당 언덕 아래의 채플에서 모였고 남자 집회는 배재학당 채플에서 모였습니다.[10]

스크랜턴 여사의 달성 사택은 소공동에 있는 저경궁(儲慶宮) 안쪽의 달성위궁(達城尉宮)을 말하는 것으로 지금의 한국은행 바로 뒤편에 있었으며 길 건너편에 상동교회(현 남창동 1번지)를 짓게 된다. 곧 원래 벧엘 예배 처

---

[10] H. G. Appenzeller, "The First Methodist Episcopal Church, Seoul, Korea, read at the District," December 26, 1897.

소는 한국인들이 밀집해서 사는 남대문 안 상동에 있었고 나중에 상동에 교회를 세울 때에도 그 주변을 매입하여 상동교회를 지었다.

상동에 1887년 10월부터 1888년 5월까지 존재했던 벧엘 예배 처소의 위치에 대해서, 1916년 존스(G. H. Jones)는 그것을 기억하는 자가 거의 없다고 하면서 다음과 같이 말했다.

> 아펜젤러는 항상 앞날을 대비하는 자로 새로운 날이 오고 있는 것을 감지하면서 예배당 부지를 확보하는 용기를 가졌다. 정동 선교구역에서 벗어나 도시를 건너 남서쪽으로 일본인 거주지인 진고개와는 거의 중간 지점, 초가지붕과 진흙이 바다를 이룬 것 같은 수많은 본토인 집들이 늘어선 곳에서 그는 집 한 채를 매입했고, 벧엘 예배당이라는 이름을 붙였다.…여기서 말하는 '예배당'은 초가집 안에 있는 안방으로 키가 180cm 이상인 아펜젤러가 바로 서면 천장에 닿았다. 그러나 방을 새로 깨끗하게 꾸몄기 때문에 비록 비천하게 출발했지만 두 가지 의미에서 중요했다. (1) 그것은 한국인을 위한 새로운 형태의 공중 집회의 시작이었다. (2) 그것은 한국의 모든 지역에서 만들어지고 증가한 교회 재산의 선봉이었다.[11]

아펜젤러와 존스의 증언에 따르면 1887년 가을에 구입한 벧엘 예배 처소는 정동과 진고개 중간인 상동에 있었고 그 집은 달성회관과 저경궁의 길 건너편, 곧 현재 상동교회가 자리 잡은 부근의 작은 초가집이었다. 벧엘은 한국 감리교인들이 모여 예배를 드린 첫 예배 처소였고 이후 여러 지역에서 매입된 한국 감리교회의 재산 제1호였다.

---

[11] 존스, 옥성득 옮김, 『한국교회 형성사』(홍성사, 2013), 159.

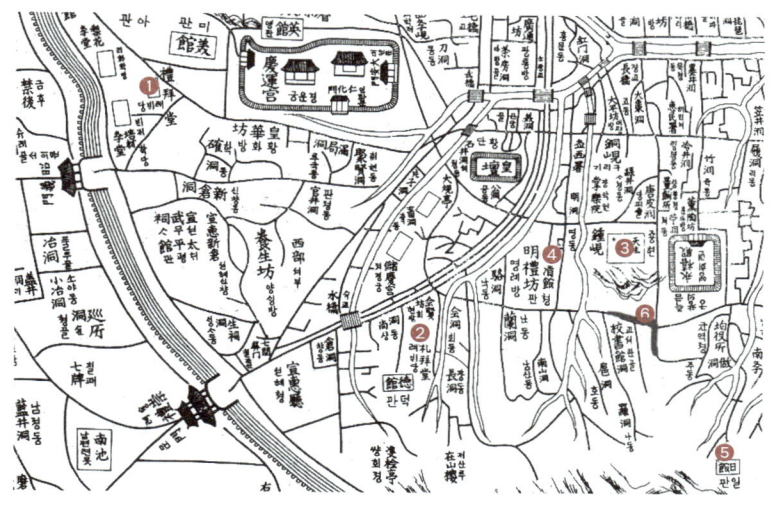

▲ 벧엘 예배당(2번)은 정동제일교회와 진고개 중간, 저경궁 건너편, 현 상동교회 근처에 있었다.
1. 정동제일교회, 2. 상동감리교회, 3. 명동성당, 4. 중국 공사관, 5. 일본 공사관, 6. 진고개

벧엘 공동체 첫 교인들

첫 교인 박중상, 한용경, 최성균, 강재형 등에 대해 살펴보자. 박중상은 10월 23일에 거행된 첫 성찬식에 불참했다. 사실 그는 배재학당을 졸업한 후 1891년 "선교회 소속의 [한미화] 출판소를 도둑질하려는 대담하고 계획적인 음모를 꾸민 죄 때문에 처벌을 받았다." 장로교회 첫 선출 장로처럼 선교사들과 처음 접촉하고 개종한 자들 중에는 마치 아나니아와 삽비라와 같이 돈 욕심에 넘어진 자들이 있었다. 초기 한국교회라고 해서 완전한 것은 아니며, 이런 '쌀신자' 문제를 해결하는 것이 급선무였다.

권서인 최 씨는 최성균이며 두 번째 권서 장 씨의 이름은 알려지지 않았다. 한용경의 이름은 밝혀져 있다. 강 씨는 아마도 1888년에 배재학당 도서실장을 맡은 강재형일 것이다. 이어 눈에 띄는 인물은 유치겸으로, 그

는 1888년 배재학당 3학년이면서 동시에 한문을 가르치는 교사였다.

남은 이야기

첫째, 1887년 10월 이전에는 한국에 감리교회가 없었다. 1888년 12월 올링거 목사가 서울에 부임한 이후 1889년에 그가 인천 지역 전도를 맡으면서 인천의 감리교회 역사가 시작되었다. 그래서 1885년에 내리교회가 설립되었다고 보는 것은 잘못이다. 앞서 보았듯이 1886년에는 감리교회에 초신자들과 학습교인 1명이 있었지만, 세례교인은 없었고 한국인으로 구성된 개교회도 없었다. 1887년에 와서야 정동에서 첫 세례교인이 나오고 상동에서 첫 예배를 드렸다. 그때까지 제물포에는 신자도 예배도 없었다.

둘째, 정동제일교회는 1887년 10월에 출발했으며 그 이전에 존재한 신앙 공동체는 외국인으로 구성된 서울 유니언교회뿐이었다. 19세기 말 당시 감리교회는 어떤 경우에 교회가 정식으로 설립되었다고 했을까? 『정동제일교회 125년사』(2011년)는 조직이 아니라 '신앙 공동체' 관점에서 '예수 그리스도를 고백하는 사람들의 공동체'가 복음을 전하고 성례를 집행할 때 교회가 시작했다고 볼 수 있다고 했다.[12] 그런 관점에서 1885년 7월 29일에 아펜젤러가 가정예배를 드린 날을 기점으로 삼고, 1885년 10월 11일에 거행된 첫 성찬식 날을 교회 창립일로 삼는다. 곧 그들은 1886년 이전에 이미 정동 신앙 공동체가 존재했다고 주장한다.[13]

그러나 1885년 10월 11일에 거행된 성찬식에는 한국인 신자가 참여하지 않았다. 선교사들과 외국인만 참석한 성찬식, 그것은 유니언교회

---

12 오영교, 『정동제일교회 125년사, 제1권 통사편』(정동삼문출판사, 2013), 102-105.
13 위의 책, 93-106.

의 성찬식이었다. 1887년 10월 9일과 16일을 교회 출발로 보는 것은 조직의 관점이 아니다. 그때 한국인 교인들이 함께 모여 예배를 드리고, 세례를 받으며, 성찬식을 나누었을 뿐, 어떤 조직을 한 날이 아니다. 1898년 아펜젤러는 정동제일교회 머릿돌에 다음과 같이 분명히 썼다. "이 교회는 1889년 12월 7일 계삭회(Quarterly Conference)를 구성함으로 조직되었다. 설교와 기도회는 그 2년 전에 시작되었다."[14] 감리교회는 담임 목사가 책임지는 계삭회, 장로사의 지방회, 감독의 연회, 감독 회장의 총회 등 조직이 중요하다. 그러나 1887년 10월 정동제일교회 창립설은 교회 조직의 관점이 아니라 바로 한국인 신앙 공동체의 출발이라는 관점에서 보는 것이고, 아펜젤러나 존스와 같은 초기 선교사들의 관점에서 보는 것이며, 강매나 최병헌 등 초기 정동제일교회 지도자들의 관점에서 보는 것이다. 1885년 창립설은 1986년 이후에 등장한 설이다.

---

[14] 강매의 『井洞敎會 三十年史』(1915)에도 "1889년 12월 7일에 경성에서 미감리교회가 처음으로 조직되다 하였고", "1890년 1월 25일에 첫 번 계삭회를 개회하고, 1890년 2월 25일에 장유회 및 지방회를 처음으로 개회하고, 1895년에 조선 선교회가 설립되고, 1898년에 조선 매년회가 설립되다 하였더라"고 정리했다.

28
지역 교회 창립일 기준 문제(1887년)

이 주제는 앞으로 한국기독교역사학회가 토론해서 일정 기준을 정해야 할 사안이지만, 일단 다음과 같이 내 생각을 정리해본다. 학회나 교단이 지역 교회 창립일 기준을 마련하지 않았으므로 그동안 여러 개교회가 자신들의 창립일을 제멋대로 변경하거나 앞당겨왔다. 어떤 도시에서 자신들의 교회가 최초의 교회라는 경쟁의식과 지나친 자기 정체성 확립 의식이 앞서면서 전통적으로 지켜오던 창립일을 의도적으로 개정했다. 따라서 학회나 교단 차원에서 교회 창립일에 대한 기준을 마련해서 교회사 서술에 일관성을 회복하고 교회 연합 분위기도 조성해야 할 것이다. 해방 이전에는 장로교회와 감리교회가 대다수였으므로 일단 두 교회의 기준이 있어야 할 것이다.

전제 1. 지역 교회 설립의 기준

지역성 + 공동체성(한국인 신자의 형성) + 예배(정기 예배와 말씀의 선포) + 성례 + 치리를 위한 조직이 있을 때 교회(공적인 예배를 드리는 종교적 회)가 설립되었다고 말할 수 있다. 즉 1) 한 지역에 기독교 복음이 들어가고, 2) 두세 명의 한국인 학습인과 초신자가 나와서 신자가 존재하며, 3) 그들이 모여서 가정 예배를 드리고, 4) 별도의 예배당을 마련하고 말씀을 선포하고 성례를 시행하며, 5) 당회나 계삭회를 조직하여 치리함으로써 OO교회가 창립/설립되는 일은 서로 다른 다섯 가지 사건이다. 이 가운데 네 번째까지 이루어지면 개교회가 성립했다고 말할 수 있을 것이다. 1879년 의주 청년 4명이 만주에서 세례를 받고 의주에 왕래하거나 거주했다고 해서 우리는 의주장로교회가 창립되었다고 서술하지 않는다.

특히 선교사만으로도 한국의 어떤 지역 교회(local church)가 시작되었다는 것은 어불성설이다. 예를 들어 한 도시에 미국 북감리회 선교사만 있으면, 그 교단 교회(Church)의 한국 선교회(Mission)나 선교지부(mission station)가 시작된 것이다. 이는 그 도시에 '선교'가 시작된 것이지 한국인 지역 '교회'가 세워진 것은 아니다. 선교사들의 예배에 한국인이 함께 예배를 드리는 단계도 아직 한국인 개교회가 시작된 것은 아니다. 한국인 개교회가 시작되려면 최소한 지역성(한국 내 어떤 도시나 마을) + 두세 명의 한국인 신자들의 공동체 형성 + (예배 처소를 정하고) 주일마다 정기적으로 드리는 예배 + 나아가 세례와 성찬이 행해지는 성례라는 4요소가 필요하다.

두세 명이 모여서 성경을 공부하고 기도하며 예배하면 그곳에 주님이 계시는데, 이를 교회의 창립으로 보는 것은 회중교회의 원리다. 교단마다 교회 설립에 대한 견해가 다르다. 성공회의 경우도 1890년 주교가 서울에 파송된 것을 한국 전체 성공회의 시작으로 보고 어떤 개교회의 창립으로 보지 않는다. 감리교회도 스크랜턴과 아펜젤러가 1885년 7월까지 서울에 도착했고 집에서 주일예배를 드렸지만, 그것은 미국 북감리회 한국 선교회(mission) 소속 선교사들이 드린 예배와 성찬이지, 아직까지 그 어떤 한국 지역 교회(local church)가 창립된 것은 아니다.

흔히 교회의 표지를 말씀 선포와 성례(세례와 성찬)의 집행으로 보는데, 이는 칼뱅의 견해로 주로 장로교회 계통의 입장이다. 한 지역에 장로교회가—집사와 장로로 구성된 제직회나 목사와 장로로 구성된 당회로—조직되기 이전에 방문하는 선교사 목사가 세례와 성례를 집행했는데, 이 경우에는 성례가 이루어졌으므로 이미 교회는 창립되었다고 볼 수 있다. 이는 회중교회와 장로교회의 교회관을 절충한 결과다. 감리교회 개교회 설립도 교인들의 존재 + 정기 예배 + 성례의 시행으로 보아도 무리가 없을 것이다. 감리교회가 교회의 조직을 강조하므로 초기 지역 교회의 성립은 앞서 말한 5)번의 치리회 구성, 곧 속회(society, 속장, 본처전도인)―구역회(church, 목사)―계삭회(quarterly conference, 감리사)―지방회(district conference, 감리사)―매년회(연회 annual meeting, 감독)라는 조직도 고려해야 할 것이다. 어떤 도시에 속회와 구역회가 설립되면, 지역 감리교회가 설립되었다고 하겠다.

전제 2. 해방 이전에 지키던 창립일 존중

특별한 오류나 새로운 자료가 나오지 않는 한, 해방 이전이나 한국교회 100주년이었던 1984년 이전에 지켜오던 창립일은 존중되어야 하고 굳이 수정할 필요가 없다. 단 그 창립일에 대한 근거가 분명해야 한다. 수정할 1차 자료들이 나오면 당연히 변경해야 한다.

서울 남대문교회의 경우에는 1970년대까지 교회가 장로교회로 '조직'된 1909년 11월 21일을 창립일로 지켜왔다. 그런데 1979년부터 수정하기 시작해서 지금은 1885년 6월 21일 선교사들만 드렸던 예배를 억지로 창립일로 보고 있다. 그날 처음 서울에 거주한 선교사들이 드렸던 예배에서 시작된 교회는 유니언교회로 따로 창립하여 발전했다. 지역성, 공동체성, 정기 예배란 3요소를 남대문교회에 적용하면, 언제 남대문 부근에 예배 처소가 마련되었는지, 언제부터 정기 주일예배를 드렸는지, 그들이 누구였는지(곧 구리개 제중원과 연관된 홍문동교회와 병원 내 채플에 참석하던 교인들이 별도로 남대문 부근에서 회집하는 과정)를 밝혀서 서술해야 한다. 해방 이전까지 남대문교회는 스스로 혹은 여러 선교사의 기록이나 『조선예수교장로회 사기』에서 1885년이나 1887년이 아니라, 1904년 남대문 밖 세브란스병원이 설립된 이후 그 구내에 예배당을 마련하고 1907년 교회로 '창립'했으며, 1909년 11월 21일 정규 장로교회로 '조직'되었다고 서술해왔다.[1]

정동제일교회(1887년 창립)나 인천 내리교회(1888년 창립)도 1984년 이전의 창립일 전통을 고수해야 할 것이다.

장로교회의 경우

『조선예수교장로회 사기』(1928)를 보면 "○○교회가 성립되다"라고 서술할 때, 선시(先時)에 신도 몇 사람이 모여서 예배 처소(가옥)에서 예배를 드리다가 별도의 예배당을 마련하거나 건축해서 예배를 정기적으로 드리면 교회가 성립되었다고 보았다. 곧 별도의 예배당을 마련하고 예배하는 자급 신앙 공동체가 형성되면 교회 설립으로 여겼다.

그 이유는 한국 장로교회가 조직을 우선하지 않고 회중교회에 가까운 네비어스 정책을 시행했기 때문이다. 한국 장로교회는 스스로 전도하는 자전(自傳) 후에 자급(自給)으로 예배당을 스스로 마련할 정도가 되어야 교회가 성립되었다고 간주했다. 예배당을 마련하면 영수가 매주 설교하고 한 달에 한 번 정도 그 지역 담당 조사가 방문하여 교회 문제를 해결하고 문답하여 학습인과 세례 지원자를 선정하고, 1년에 한 번 정도 약 40-50개 정도의 교회가 있는 지역(나중에 시찰로 발전) 담당 선교사가 방문하여 문답 후 세례를 주고 성찬식을 행했으므로, 한국 장로교회에서는 1907년 노회 조직 이전에 자치(自治)와 치리가 이루어지고 있었다.

1887년 9월 27일 새문안교회의 창립처럼 세례교인 14명(1명 세례)과

---

1   옥성득, 『다시 쓰는 초대 한국교회사』, 222-228.

2명의 장로 피택으로 교회 조직과 성립이 동시에 이루어진 경우는 드물었다. 새문안교회는 선교사가 거주하는 서울의 첫 지역 교회였기 때문에, 성례(세례식)와 조직(장로 피택, 10월 첫 주일에 장립)이 함께 이루어진 예외적인 경우였다.

장로교회 치리회 조직은 당회-시찰회-노회-총회로 올라가는데, 1887년 새문안교회 '당회'가 조직된 것은 서울이기 때문에 가능했다. 이후 한국 장로교회 개교회 창립일은 목사나 장로가 없어도 가능하다고 보았고, 회중교회 형식의 창립일을 도입하여 서술해왔다. 다만 남대문교회의 경우는 1907년 11월 21일 장로와 교인들로 당회 목사(언더우드)가 참여하면서 조직되었기에 이를 창립일로 보았다. 해방 이전의 성결교회와 침례교회 등 소수 교파에도 회중교회식의 기준이 적용될 수 있을 것이다.

감리교회의 경우

감리교회의 직제는 디아코노스(διακονος, deacon, '집사'), 프레스뷔테로스(πρεσβύτερος, elder, '장로'), 에피스코포스(έπισκοπος, bishop, '감독')의 세 형태에 기반하되 선교지 상황을 고려하여 초기 한국 감리교회에서는 권사(勸師, exhorter, 장로교회의 집사), 본처전도사(local Preacher, 장로교회의 조사), 집사목사, 장로목사, 감리사, 감독 등으로 구분했다. 감독(bishop)의 다스림 아래 있다는 점에서 조직적으로 성공회(주교[bishop]가 다스림)와 장로교회(여러 치리회가 다스림) 중간에 있었다. 1916년 12월 웰치(Herbert Welch) 감독이 한국에 부임하고 서울을 거주지로 정하기 이전까지 한국 안에는 감독이 없었다. 1885-1904년에는 중국에 있는 북감리회 선교사 감독이 방문하여 치리했고, 1905-1916년에는 일본 거주 해리스 감독이 치리했다. 한국에는 처음부터 선교회 감리사가 있었고, 이후에는 감리사가 임명되었다. 이들 직제는 교회 조직의 문제와 관련이 있었다.

정동제일교회를 보자. 1915년 강매는 조직의 관점에서 서술했다.

> [최병헌 목사는] 가로되 1889년 12월 7일에 경성에서 미감리교가 처음으로 조직되다 하였고, 1890년 1월 25일에 첫 번 계삭회를 개회하며, 1890년 2월 25일에 장유회와 및 지방회를 처음으로 개회하고, 1905년에 조선선교회가 설립되며, 1908년에 조선매년회가 설립되다 하였더라.[2]

강매의 서술과 관련하여 일부 연도에는 오류가 있지만, 그의 서술은 담임 목사가 주재하는 한 해 네 차례 모임을 의미하는 계삭회(季朔會)의 조직 — 장로교회의 당회와 노회의 중간 형태 — 을 중시한다는 면에서 전통적인 감리교회의 입장이다. 계삭회들이 모여 지방회 — 장로교회의 노회 — 가 되고 지방회가 모여 매년회(연회) — 장로회의 총회 — 가 된다. 최병헌과 강매는 정동제일교회가 1889년 12월 7일에 처음으로 조직되었다고 썼다.

1885년 선교회 개설 이후 한국 감리회 선교가 진행되고 선교회 연회(Annual Meeting of the Korea Mission of the Methodist Episcopal Church)는 매년 모이고 있었지만, 개교회로서의 정동제일교회는 언제 시작되었을까? 이 문제는 이미 다른 책에서 다루었으나,[3] 간단히 다시 보자. 1887년 10월 9일 벧엘교회에서 한국인 신앙 공동체가 모여 예배를 드리고 설교와 성례가 시행되었으므로 회중교회 관점에서 보면 이때 정동제일교회의 첫 신앙 공동체가 형성되었다. 조직 측면에서 보면 1888년 9월 이후 1년간 처음으로 "부분적으로 세 개의 속회가 조직되었다. 서울에 있는 것은 내[아

---

2 강매, 『정동교회 30년사』(수필본, 1915), 9
3 옥성득, "정동제일교회는 1885년에 세워졌을까?", 『다시 쓰는 초대 한국교회사』(새물결플러스, 2016), 233-247.

펜젤러]가 돌보고 있으며, 하나는 지방 전도인에 의해서, 나머지 하나는 정기적으로 돌보는 사람이 없다"라고 아펜젤러가 보고했다.[4] 즉 서울 속회, 평양 속회, 제물포 속회는 1888년 조직되었으나 서울만 정식으로 조직된 속회였고 평양과 제물포는 부분적으로 조직된 속회였다. 아펜젤러는 1888년 11월 25일에 처음으로 한국인 본처전도사 2명(평양의 김창식과 서울의 최병헌)을 임명했다. 따라서 그 이전에는 정동제일교회 외에 다른 지역 감리교회는 없었다.

1890년 말 연례보고서에서 아펜젤러는 다음과 같이 밝혔다.

> 현재 정기적으로 조직된 속회가 하나 있다. 1년이 넘도록 우리는 내 사택의 빈방에서 모였고 지난 여름과 가을에는 존스 형제 사택에서 모였다. 11월 우리는 병원 대지가 있는 거리 근처의 빈 건물로 옮겼다. 지금 우리는 이곳에서 예배를 드리고 있는데 당분간은 이렇게 계속할 것이 분명하다. 선교부의 정기 월례회가 12월에 열렸는데 한국에서 처음으로 계삭회를 조직했다. 이것은 앤드류 감독의 권고에 따라 이루어졌다. 우리는 현재 정규적이고 공식적으로 <u>조직된 1개의 교회 혹은 속회를 가지고 있으며</u>, 이제는 교회법을 따라 모든 사업을 처리할 수 있다.[5]

당시 한국에는 감리교회 속회가 한 개만 있었다. 이 점에서 인천내리교회가 1885년에 설립되었다는 설은 어불성설이다. 이 설이 타당성을 가지려면 인천에 언제부터 속회가 조직되었고 본처전도인이 임명되었는지 밝혀야 한다.

---

4 *Annual Report of the Korea Mission, MEC for 1889.*
5 이만열 편, 『아펜젤러』(연세대학교출판부, 1985), 337. 밑줄은 필자.

1895년 9월 9일 아펜젤러는 정동제일교회당 정초식 때에도 그 머릿돌에 다음과 같이 분명하게 기록했다. 머릿돌에 짧게 쓸 때는 가장 중요한 교회의 역사를 쓴다.

이 [정동제일] 교회는 1889년 12월 7일 계삭회(Quarterly Conference)를 구성함으로써 조직되었다. 설교와 기도회는 그 2년 전에 시작되었다.

벽돌 양옥으로 큰 교회당을 지으면서 그 머릿돌에 다음 두 가지를 썼다. 그 교회가 (1) 언제 예배를 시작했는가? 1887년 벧엘교회당에서 기도회와 설교와 예배를 시작함으로써 '정동'제일교회가 시작되었다. (2) 언제 계삭회를 조직하고 조직 교회가 되었는가? 1889년 12월 7일에 조직되었다.

1984년 이후 정동제일교회 역사서들은 이 점을 애써 무시한다. 1887년 10월 9일 상동 벧엘예배당에서 교회 시작, 1888년 속회 조직, 1889년 12월 7일 계삭회 조직으로 정식 조직 교회가 되었다고 왜 쓰지 못할까? 참고로 정동제일교회 예배당은 1897년 12월 16일에 헌당했다.

지난 40년간 정동제일교회는 장로교회의 영향인지, 새문안교회와 벌인 경쟁의식 때문인지 회중교회식으로 감리교회 설립을 보았고 심지어 최근에는 선교사들(아펜젤러)이 모여서 드렸던 가정 예배를 정동제일교회가 창립한 것으로 결정하여 기존 연대를 수정하고 창립 연도를 1885년으로 앞당겼다. 이는 역사의식 부재의 결과다. 새문안교회처럼 교회 '조직'일을 기준으로 하면 새문안은 1887년 9월 27일, 정동제일은 1889년 12월 7일이 교회 창립일이다. 정동제일교회가 굳이 창립일을 앞당기려면 정초식 머릿돌에서 밝힌 1889년 12월에서 2년 전, 곧 1887년 10월 9일부터 1888년 3월 정부의 예배 금지령으로 폐쇄될 때까지 5개월간 모였던 남대문 부근 상동의 벧엘 예배 처소 예배(말씀 선포, 세례식, 성찬식, 기도회가 이루어 짐)를 창립으로 보면 된다.

1897년 헌당식 후 첫 번 성탄절 때 정동제일교회 강대상과 성탄 장식, 오르간이 이미 있었으나 교인 의자는 없었다. 예배 때는 중간에 병풍을 설치하여 남녀석을 분리하다가 곧 휘장으로 분리했다. 이상을 재정리해보자.

1. 1885년 교단으로서의 감리교회(Church)가 한국에 들어왔으나 1886년까지 한국에는 한국인을 위한 지역 감리교회(church)가 없었다. 즉 선교사들의 선교회와 외국인을 위한 유니언교회만 존재했다.

2. 정동제일교회나 인천의 내리감리교회는 1885년 창립설을 주장한다. 이러한 주장은 1차 자료의 근거도 없고, 1984년 이전에 주장되지도 않았던 설이다.

3. 물론 역사는 재해석된다. 특히 새로운 1차 자료가 있으면 다시 쓸 수 있다. 그러나 선교사들이 남긴 자료에는 1885년이나 1886년에 서울이나 인천에서 감리교회를 설립했다는 말이 그 어디에도 없다. 누가 한국에서 첫 한국인 감리교인에게 세례를 주고 또 첫 교회를 세우고 싶어 했을까? 당연히 당시 선교사들이었다. 그들은 한국인 세례교인 없이 한국인 교회를 세웠다고 말할 수 없을 것이다. 교회가 설립되려면 최소한 한두 명의 입교인이 필요하다. 선교사만으로는 현지 교회가 세워졌다고 하지 않는다. 만일 그들이 도착한 해나 이듬해에 한국인에게 세례를 주고 한국교회를 세웠다면, 당연히 그 사실을 일기에 기록하거나 편지로 보고하거나 이후 역사를 정리할 때 반드시 언급했을 것이다.

4. 그러나 선교 100주년이었던 1984년이나 1985년 이전에는 아무리 자료를 뒤져도 1885년에 감리교회가 세워졌다고 주장한 글을 필

자는 본 적이 없다.
5. 1880년대 감리교회의 '교회'에 대한 당대의 정의와 현재의 정의가 다르다면, 그것은 한국 감리교회가 변질되었거나, 역사가가 사실을 왜곡한 것이지 신학이 발전되어 재해석한 결과가 아니다.
6. 1885년, 1886년, 1887년 북감리회 해외선교회 연례보고서(Annual Report of the Foreign Missionary Society of the Methodist Episcopal Church)를 보자. 아펜젤러와 스크랜턴 두 목사가 선교회를 이끌고 있다.

1885년 말: 보고할 한국인 교인 통계나 다른 통계 자체가 없다. 따라서 한국 감리교회도 없었다. 선교회만 있고 선교사들과 외국인의 비공식적 가정 예배만 있었다(이는 곧 서울유니언교회로 발전되었다). 보고서에는 '한국'이라는 제목 아래 선교회 역사가 시작된 해가 1885년으로 분명하게 명시되어 있다. 1884년 매클레이에 의해 한국 선교회가 시작되지 않았다.

1886년 말: 연례보고서를 보면 한 해 동안 개종자 1명이 생겨서 학습교인 1명, 초신자 100명, 주일학교 학생 12명, 배재학당과 이화학당의 학생 30명, 병원 1개다. 곧 (서울은 물론) 한국 전체에 신자는 있으나 아직 한국인 감리교회가 없다. 즉 한국인들이 예배드리는 처소를 매입하지 않은 상태였다. 그러나 2년 동안 학교, 병원, 인쇄소를 세우고 합법적인 범위 안에서 교육, 의료, 문서 사업을 전개했으며, 정동에 선교사 사택 3채를 매입하여 선교의 기초를 다졌다.

1887년 말: 1887년 10월 9일 남대문과 현재의 상동교회에서 멀지 않은 곳에 작은 초가집을 매입하여 벧엘 예배당이라 부르고 그곳에서 첫 한국인 감리교회 공중 예배를 드렸다. 공중 예배라고 해서 거창한 게 아니라, 소박하게 드린 가정 예배 수준이었다. 4명의 세례를 받은 한국인 남자가 참석했고 아펜젤러 목사가 (한국어를 읽는 정도로) 설교했다. 다음 주 10월 16일에 그가 첫 여자 신도인 최명옥에게 세례를 주고 성찬식을 시행했다. 이것이 정동제일교회의 출발이고, 한국에서 설립된 첫 감리교회였다. 아펜젤러는 이를 일기에 첫 교회로 기록하고 있다. 따라서 정동제일교회의 1885년 설립설이나 인천의 내리감리교회의 1885년 설립설은 그 역사적 근거가 없다.

7. 일기와 보고서에 나오는 1885년-1886년의 성찬식이나 예배들은 선교사들을 위한 것이었고 그것은 선교사 교회인 The Union Church로 연결되는 의례였다. 첫 한국인 초신자, 개종자들이 그 예배에 참석했다고 해서 그 모임이 한국교회의 출발이 되는 것은 아니다. 위의 벧엘교회처럼 세례를 받은 한국인을 위한 예배 처소에서 말씀의 선포, 성찬식, 성경 공부, 기도, 성도의 교제가 있어야 한국교회의 출발이 된다.

인천 내리교회 1885년 창립설에 대해서

아펜젤러는 제물포 체류(1885. 6. 20-1885. 7. 28) 기간에 교회를 설립하지 않았다. 선교사 부부가 풍금으로 찬양하며 예배를 드렸다고 해서 한국인 지역 교회가 설립된 것은 아니다. 1885년 4월 5일 부활주일 오후 3시 제물포항에 내린 선교사는 5명으로 스쿠더와 테일러는 일본 회중(조합)교회의 두 의료 선교사였다. 이들의 인천 도착을 "인천 상륙 작전"이라고 명명할 아무런 이유도 없다. 인천에 상륙한 이유는 서울에 가기 위함이었다. 맥아더의 상륙 작전이 인천에서 끝나고 서울에 가지 못했다면 인천 상륙 작전이 무슨 의미가 있을까?

아펜젤러 부부는 언더우드와 함께 1885년 4월 5일 부활절 주일 오후 제물포에 상륙했으나 갑신정변 이후의 정세 불안 때문에 임신한 아내를 데리고 서울에 들어가는 것이 안전하지 못하다는 미국 공사의 지시에 따라 일본 나가사키로 돌아갔다. 그들은 6월 20일 제물포에 다시 상륙했으나 더 기다려야 했고 마침내 7월 말에 서울에 들어왔다. 그 전에 5월 6일 스크랜턴이 홀로 입경했으며 그 가족과 어머니도 6월 제물포에 도착한 후 바로 서울로 왔다. 스크랜턴이 주택을 마련해놓았기 때문이다. 그러나 아펜젤러 부부는 스크랜턴이 서울에 그들의 주택을 매입할 때까지 제물포에 한 달 이상을 더 머물러야 했다. 스크랜턴은 제중원에서 일하다가 헤론이 6월에 도착하자 정동 주택에서 독자적인 의료 사업, 곧 감리회 선교를 시작했다. 아펜젤러가 오기 전의 일이었다. 따라서 한국(임명지인 서울)에 처음 도착하고 정착한 감리회 선교사는 스크랜턴이다.

아펜젤러 부부는 1885년 6월 20일부터 7월 28일까지 인천 호텔에서 머물다가 한국인 가옥에서 지냈다. 그들은 아직 한국어를 할 수 없었기 때문에 한국인과 만나 대화하는 것이 불가능했다. 두 사람이 주일이나 평일에 기도하고 예배를 드렸으나 그것이 한국인 교회, 곧 내리교회 설립과는 아무 상관이 없었다. 그들이 드린 예배에는 한국어 말씀 선포도 없었고 한국인 개종자도 없었으며 세례도 성찬도 한국인과 함께한 성도의 교제도 없었다. 1888년이 되어서야 올링거 선교사가 인천을 담당하고 전도하기 시작했다. 교회가 설립되려면 더 기다려야 했다.

소래교회 1884년 창립설에 대해서

1921년 조선예수교장로회 사기를 작성할 때 서경조는 소래교회 창립에 대해 1885년 을유년에 설립되었다는 내용을 제출했다.[6] 그 내용은 1928년 출판된 책에 들어갔다. "1885年(乙酉)에 義州人 徐景祚가 中國으로부터 福音을 得聞하고 歸國하야 黃海道 長淵縣 大救面 松川洞에 移住하고 其兄 相崙의게 聖經 書籍을 多數 請得하야 隣里에 傳播하야 信者를 招集하엿으니 此가 松川敎會의 創立[이]니라."[7] 소래교회(송천교회)는 1925년 8월 6일 설립 40주년 기념식을 하면서, 1885년 봄에 서경조가 서울에 가서 세례를 받고 내려온 후 언더우드가 소래로 와서 교인들에게 세례를 주고 서병호에게 유아세례를 주면서 소래교회가 창립되었다고 정리했다.[8]

그러나 이 연도들은 서경조가 잘못 기억한 것이므로 수정해야 한다. 이 책 49장에서 보듯이 서경조는 최명오, 주공삼과 함께 1887년 1월에 서울에 가서 22일 언더우드에게 세례를 받았고, 언더우드는 1887년 10월 말 소래에 내려가서 10월 30일 주일에 4명에게 세례를 주었다. 또한 서병호는 1885년이 아닌 1888년 4월 25일 첫 유아 세례를 받았다.[9]

따라서 1887년 10월 30일 소래에서 9인 신자(수세인 7명) 공동체가 정기적으로 예배 처소에 모여 예배를 드리고, 목사(선교사 언더우드)가 현지를 방문하여 세례를 거행한 교회가 설립되었다. 소래교회의 50주년과 60주년 기념도 1925년 40주년처럼 서경조 목사의 기억을 근거로 했으나 창립을 1884년이나 1883년으로 앞당기는 인식의 오류를 범했다. 서울의 첫 지역 교회인 새문안교회가 1887년 9월 27일에 설립된 후, 황해도 소래교

---

[6] 「조선예수교장로회 총회 제11회 회록」(광문사, 1921), 53-53.

[7] 차재명 편, 『조선예수교장로회 사기 상』(기독교창문사, 1928), 9.

[8] "송천교회 창립 40주년 기념." 「기독신보」 1925. 9. 16; 서경조, "徐景祚의 信道와 松川敎會 設立歷史", 「신학지남」 (1925.10), 106. 한편 소래교회 설립 50주년 기념식은 1934년 조선선교 희년 기념식과 맞물려 진행되면서, 1884년 창립설로 연도를 올렸다. 이때부터 연도를 잘못 수정하는 일이 시작되었다. 참고. 한규무, "1920-1940년대 소래교회의 창립기념행사", 『한국기독교역사연구소소식』 143호(2025. 2. 8.), 53-54.

[9] H. G. Underwood to F. F. Ellinwood, April 25, 1888. 이때 성인 6명의 세례식이 있었다.

회가 1887년 10월 30일에 설립되었다.

이에 대해 사실 백낙준은 *The History of Protestant Missions in Korea* (1929)에서 1887년 1월 서울에서 서경조 등 3인의 세례, 10월 30일 소래에서 4인의 세례를 언급한 후 "한국 기독교 개신교의 요람지"이고 "자력으로 운영하는 교회의 출생지"인 소래의 위상을 강조했다.[10] 이는 선교 사관을 넘어서는 자생적 토착교회론 입장에서의 서술이었다

새문안교회는 1887년 9월 27일, 정동제일교회는 1887년 10월 9일, 소래교회는 1887년 10월 30일에 설립되었고, 인천 내리교회는 1890년 안골(내리)에 6칸 초가집을 마련하고 집회를 시작했고, 남대문교회는 동현교회에서 분리된 회중이 남대문 안에서 먼저 모이다가 남대문 밖 세브란스병원 안에 1907년에 설립/창립되었다. 조직으로 보면 정동제일교회는 1889년 12월 7일 계삭회 조직, 남대문교회는 1909년 11월 21일 당회 조직으로 그 창립일을 잡아야 한다.

여러 교회는 이제 교회 창립일에 대해 열기를 식히고 겸손하고 정직하게 1차 자료가 말하는 대로, 해방 이전 창립 기념일을 지켜온 대로 교회 설립일을 제자리로 옮겨야 한다. 지금도 그렇지만 당시에는 교회를 조직하고 교회당을 마련하여 첫 예배를 드리는 것이 감격적이었다. 그날을 제대로 밝히는 작업은 중요하다. 교회가 쇠퇴하고 사회로부터 비도덕적인 집단으로 비판받는 현재 시점에서 이제는 연대를 앞당겨 최초성을 자랑하던 허풍, 과시, 거품을 빼고 정식 교회 조직이면 조직, 정규 예배면 예배, 예배 처소면 예배 처소 마련을 기준으로 정확한 창립일을 정해야 할 것이다.

---

10 백낙준, 『한국개신교회사』(연세대학교출판부, 1973), 147-148.

29
첫 여성병원
보구녀관(1887년 11월)

한국의 첫 여성병원인 보구녀관은 미국 북감리회 해외여성선교부의 지원으로 1887년 서울 정동제일교회 바로 옆에 세워졌다. 그 주역인 네 명의 여성 선교사를 중심으로 병원 설립과 발전 과정을 살펴보자.

메타 하워드　　　로제타 홀　　　메리 커틀러　　　마가레트 에드먼즈
　　　　　　　　　　[Oak]

메타 하워드 의사

메타 하워드(Meta Howard) 의사는 1887년 노스웨스턴 대학교 여자 의학대학을 졸업했다. 그녀는 릴리어스 호턴 의사의 후배였고, 두 사람은 서로 아는 사이였다. 메타 하워드는 미국 북감리회 여자해외선교부의 북서부 지회 파송으로 1887년 10월 29일 한국의 첫 여자 의사로 서울에 도착했다. 이때 이화학당에서 일할 루이사 로스와일러 양도 함께 도착했다. 하워드 의사는 도착 이틀 후인 10월 31일부터 스크랜턴 의사가 설립한 정동제일교회 옆 시병원(施病院)에 여성용 진료실을 마련하고 여성들과 아이들을 진료하기 시작했다. 시병원을 상동으로 이전할 계획이 진행되던 1888

년 11월에 하워드 의사는 이 진료실을 확대하여 이화학당 구내에 독립 건물을 갖춘 한국 최초의 여성 병원인 보구녀관(保救女館, Saving All Women's Hospital)을 개원했다. 하워드 의사는 2년간 사역한 후 건강이 악화하여 미국으로 돌아가지 않을 수 없었고 1890년에 사임했다. 2년 동안 그녀는 서울에서 3,000여 명의 환자를 치료했다. 1887년 11월에 설립된 보구녀관은 1912년 동대문에 설립된 릴리언해리스기념병원으로 이전·통합되었고 1913년에 남아 있던 진료소도 폐쇄되면서 25년의 역사를 마감했다.

로제타 홀 의사

로제타 셔우드(Rosetta Sherwood, 1865-1951) 의사는 1890년 서울의 하워드 의사가 사임하자 후임에 임명되었다. 그녀는 북감리회 여자해외선교부 뉴욕지부의 파송으로 1890년 9월 4일 샌프란시스코를 떠나 10월 14일 서울에 도착했고 다음 날부터 보구녀관에서 진료를 시작했다. 로제타 셔우드는 1865년 9월 19일 뉴욕 리버티의 농장에서 영국계 부모의 둘째 딸로 태어났다. 그녀는 사범 학교에서 교육을 받은 후 뉴욕 설리번 카운티의 헌팅턴 지역 초등학교에서 16살의 나이로 1882년부터 4년간 교사로 일했다. 그녀는 의료 선교사가 되기로 결단하고 1886년 펜실베이니아 여자 의학 대학에 입학하여 1889년에 졸업했다. 6개월간 뉴욕 스테이튼 아일랜드의 양로 어린이 병원에서 인턴으로 일한 후 1889년 10월 24살의 나이로 뉴욕시 디커니스 병원의 의사가 되었다. 그녀는 이곳에서 장래의 남편인 홀(William Hall) 의사를 만났다. 홀 의사는 1891년 12월 서울에 도착했고 두 사람은 1892년 6월 27일에 결혼했다. 홀 의사가 캐나다인이었으므로 셔우드는 미국 시민권을 상실했지만, 1948년에 시민권을 회복했다.

▲ 정동 보구녀관(1887년) [Oak]
왼쪽 마루에 홀 의사의 여자 조수, 환자, 오른쪽 마당에 기수(호위병)가 보인다.
시병원 앞 건물이 보구녀관으로 분리되었다.

홀 부인은 1892년 성탄절에 동대문 볼드윈진료소를 개설했는데 이것은 1912년 릴리언해리스기념병원(동대문부인병원)으로 발전되었다. 1893년 11월 10일 아들 셔우드가 태어났다. 홀 부부는 평양 선교지부 개척 선교사로 임명받고 1894년 5월 평양에 도착했다. 그러나 청일전쟁 후 환자를 치료하던 홀 의사가 11월 24일 말라리아로 사망하자 홀 부인은 미국으로 돌아갔다. 이때 에스더 김 박 부부를 데리고 갔다. 1895년 1월 리버티에서 딸 에디스가 태어났다. 1898년 홀 부인은 한국 선교사로 다시 임명되었고 평양으로 가서 첫 여성 진료소를 개설했다. 그러나 어린 딸 에디스가 죽자 이를 '에디스 마가레트 기념 진료소'로 명명했다. 이 진료소는 광혜녀원(廣惠女院)으로 발전했다. 홀 의사는 1902년 맹인 소녀들에게 뉴욕 점자를 가르치기 시작했다. 그녀는 1910년 안식년 휴가 때 에든버러 세계선교사대회에 참석하기도 했다. 그녀는 1912년 평양으로 옮겨온 커틀러 의사와 함께 한국인 여성 의사 교육을 시작했다. 홀 부인은 1920년 서울 동대문

병원으로 옮겨와서 일했다. 1928년 9월 4일 16명의 학생으로 경성여자의학교(고려대 의과대학 전신)를 개교했다. 그녀는 1935년 은퇴하고 리버티로 돌아갔으며 한국전쟁 소식에 안타까워하며 1951년 4월 5일 뉴저지 오션 그로브에서 별세했다.

▲ 커틀러 의사와 양녀 사메리 [Oak]

메리 커틀러 의사

메리 커틀러(Mary M. Cutler, 1865-1948) 의사는 1865년 12월 12일 미시건 주 가이티네트 카운티에서 태어났다. 그녀는 1884년에 그랜드래피즈의 침례교 고등학교를 졸업했고, 1888년에는 미시건 대학교 여자 의학 대학을 졸업했다. 메리 커틀러는 어릴 때부터 선교사가 되는 꿈을 꾸었고 의대에서 해외선교자원운동에 자원한 후 파송되기 전에 경험을 쌓을 필요를 느끼고 디트로이트의 여성병원의 야간 수간호원으로 잠시 일한 후 앤아버의 미시건 대학병원의 병동 담당 의사로 1년간 근무했으며, 1889년 오하이오 포메로이에서 원하던 개인 병원을 개업했다. 1893년 그녀는 북감리회 여자해외선교부의 신시내티지부의 후원으로 한국 선교사에 임명되었다. 1893년 3월 30일에 그녀는 서울에 도착했고, 1901년 3월까지 보구녀관 원장으로 봉사했다. 1903년 5월 그녀는 첫 안식년 휴가에서 돌아온 직후에 평양으로 가서 건강이 악화된 홀 의사를 도와주기 위해서 6개월간 광혜녀원에서 일했다. 그녀는 서울의 보구녀관을 발전시키고 에드먼즈 간호원의 간호원양성학교 설립과 간호 교육을 도와주었다. 에드먼즈(M. J. Edmunds)가 1908년 결혼하고 전라도로 내려간 후에 메리 커틀러 의사는 보구녀관 간호원양성학교의 책임을 임시로 맡았으며 이후 간호 교육에 깊이 관여했다. 선교본부는 그녀를 "가장 소중한 의료 선교사 중 한 명"으로 평가했다. 메리 커틀러는 1909년에 두 번째 안식년 휴가를 보냈다. 커틀러 의사는 1912년 3월 평양 광혜녀원에 임명되었다. 이후 그녀는 안식년 휴가 기간을 이용하여 신학을 공부하여 1931년 6월 15일 한국에서 첫 여자 감리회 목사로 안수받았다. 그녀는 한국에서 40년간 의사로 봉사한 후 1933년에 은퇴했다. 1939년 미국에 돌아갔고 1948년 4월 27일 사망했다.

▲ 정동제일교회를 배경으로 한 보구녀관 전경(1904년) [Oak]
오른쪽 길로 올라가면 이화학당이다.

마가레트 에드먼즈 간호원

마가레트 제인 에드먼즈(Margaret Jane Edmunds, 1871-1945) 졸업간호원은 미국 북감리회 여자해외선교회 소속 선교사로 1903년 3월 18일 서울에 파송되어 이화여대 간호학부의 전신인 서울 정동 보구녀관 간호원양성학교(保救女館 看護員養成學校)를 1903년 12월에 설립하고 초대 간호원장으로서 첫 한국인 간호원(이그레이스, 김마르다, 정매티, 김엘렌)을 배출했다.

에드먼즈는 1903년 이 새로운 근대 의료인을 명명할 '간호원'(看護員)이라는 새 용어를 창출했으며 한국적인 독특한 간호복도 디자인했다. 나아가 그녀는 1904년에 세브란스병원이 설립되고 장로회와 감리회의 의료 사업 연합 안이 제안되자, 1906년에 쉴즈(Esther Lucas Shields) 간호원장이 세브란스병원 간호원양성학교를 설립하도록 도와주었다. 특히 그녀는 보구녀관 간호원양성학교의 교육과정을 세브란스병원 간호원양성학교에 전달했으며 쉴즈와 상호 수업을 교류하면서 하나의 학교 설립까지 구상했다. 에드먼즈는 두 학교를 위해 첫 한글 간호학 교과서인 『간호교과셔』를 편찬하여 1908년 3월에 출판했다. 그녀는 쉴즈와 함께 1908년 3월 20일에 서양인 졸업간호원으로 첫 간호협회인 대한졸업간호원회(大韓卒業看護員會)를 조직했다. 에드먼즈는 1908년 해리슨 목사와 결혼하고 목포와 군산에서 사역하면서도 한국 간호의 발전을 위해서 노력했다.

▲ 보구녀관 정면(1905년) [Oak]
중앙에 검은 옷이 언즈버그 의사, 간호사 모자를 쓴 에드먼즈 간호원
그 양쪽에 학생 간호원 이그레이스와 김마르다

30
첫 성탄절
첫 성찬식(1887년 12월)

한국 개신교의 첫 성탄절은 어떤 모습이었을까? 초기 성탄절 문화를 통해 현대의 우리가 배울 점과 버릴 점은 무엇인지 과거의 서울 거리로 함께 가 보자.

▲ 동대문에서 바라본 종로, 서울(1887년)

서울에 설립된 첫 교회들(1887년)

그리스도를 주로 고백하는 한국인 신도들이 한 장소에 모여 예배드린 날을 교회 설립일로 볼 때, 서울의 첫 장로교회와 감리교회는 1887년에 세워졌다. 장로교회는 1886년 7월 18일 노춘경이 첫 세례를 받은 후 1887년 9월까지 14명의 남자가 세례를 받았으며 이들로 9월 27일 정동교회(새문안교회 전신)가 설립되고 장로 두 명이 선출되었다. 서울에 있는 장로교인으로 조직된 첫 장로교회였다. 감리교회에서는 1887년 7월 24일 박중상이 첫 세례를, 10월 2일 한용경이 이어서 세례를 받았으며, 10월 9일 정동과 진고개의 중간 지점에 초가집 벧엘교회(정동제일교회 전신)를 마련하고 예배를 드리기 시작했는데 이것이 첫 감리교회였다. 이곳에서 권서인 최 씨 부인이 10월 16일에 세례를 받았는데 이는 최초의 한국인 여자 세례식이었고, 10월 23일에 한국인 5명으로 거행된 성찬식은 한국교회의 첫 성찬식이었다. 12월 25일 첫 성탄절 예배가 이 두 교회에서 드려졌다.

외국인과 선교 학교의 크리스마스(1884-86년)

선교가 시작되고 첫 3년간은 서울이나 제물포에 한국인 교회가 존재하지 않았기 때문에 한국인들은 선교사 집에서 선물을 교환하는 풍습이나 1886년에 설립된 배재학당과 이화학당과 정동 고아원에서 선교사들이 아이들에게 나누어주는 선물을 통해 낯선 성탄절 문화를 경험했다. 1886년 12월 24일 모습이다.

> 금요일 오후에 스크랜턴 여사가 이화학당 소녀들을 위해서 크리스마스 트리를 만들어주었는데 다른 선교사들과 한국인 교인들도 참석해서 맘껏 기뻐했다. 25일에는 스크랜턴 의사 부인이 딸 어거스타를 위해서 크리스마스 트리를 만들었는데 점등식에 다른 외국인 아이들도 초대했다.[1]

이것이 한국의 첫 성탄수(聖誕樹)였다. 한편 성탄절 저녁에 데니 판사 부인

---

1 Appenzeller Diary, December 27, 1886.

의 초청으로 언더우드 집에서 미국인을 위한 만찬이 열렸는데 이때부터 언더우드 집에서 성탄절 만찬을 하는 전통이 생겼다.

한국교회의 첫 성탄절(1887년)

1887년 12월 25일은 주일이었다. 아펜젤러는 크리스마스 이브에 아이들을 모아서 성탄절과 산타클로스에 관해서 이야기했고 이튿날 아침에는 양말에 선물을 담아 배재학당의 두 소년에게 주었다. 소년들은 산타클로스가 준 선물로 알고 기뻐했다. 한국의 첫 산타클로스 아펜젤러! 그는 주일 오전 11시에는 유니언교회에 참석했고 오후 2시에는 벧엘교회에서 설교했다. 본문은 마태복음 1:21이었고 "그 이름을 예수라 하라"가 설교 제목이었다. 설교 본문은 아펜젤러가 불러주는 내용을 권서인 최성균이 한글로 적은 것이었다. 아펜젤러는 그것을 읽었지만, 한국 감리교의 첫 한국어 설교였다. 첫 성탄 주일예배 순서는 다음과 같았다.

    1 세례(김명옥)
    2 찬송
    3 스크랜턴 의사의 기도
    4 마태복음 1장 봉독
    5 누가복음 봉독(스크랜턴 의사)
    6 설교
    7 주기도문
    8 찬송 "하나님께 더 가까이"

9 축도[2]

단순한 예배 순서였지만 세례식이 거행되고 한국어로 말씀이 선포된 성탄절 예배였다. 한편 언더우드는 그 이전부터 한국어로 설교하고 있었지만, 성탄절 주일예배에서는 한국인을 위한 첫 장로회 성찬식을 거행했다. 그는 한국인 신자 한 명에게 세례도 베풀었다.

이것이 소박한 한국교회의 첫 성탄절 모습이었다. 교회에는 크리스마스 트리도 아무런 장식도 없었지만, 감격스런 세례와 한 몸 된 성찬, 생명의 말씀과 영혼의 기도, 기쁨의 찬송이 있었다. 선교사들은 집에 한국인을 초대하고 선물과 음식을 대접하며 성탄절에 관해 이야기하면서 복음을 전했다.

1890년대의 성탄절

1890년대에 성탄절은 점차 성대하게 기념되었고 연보 헌금으로 가난한 자와 병든 자를 구제하는 관습이 정착되었다. 불교의 석가 탄신일인 초파일에 연등을 다는 풍속처럼 십자가를 새긴 십자등을 교회나 학교에 달기 시작했는데, 90년대 후반에는 여러 교회에서 수백 개의 성탄등(聖誕燈)을 걸었다. 십자기와 태극기도 게양했다. 강화에서는 태극등도 달았다.

선교사들도 회원이 늘어나자 성탄절에 작은 선물이라도 서로 주고받았다. 다음은 서울의 노블 부인이 성탄절 때 받은 선물 목록으로서 그날 일기에 나온다.

---

2   Appenzeller Diary, December 26, 1887.

올해는 산타클로스가 나를 잘 기억해주어서 내게 아주 아름다운 선물들을 보내주었다. 남편 아서는 터키 수건 두 장, 차 냄비, 크림 주전자, 설탕 사발, 네 잔의 컵과 받침으로 이루어진 예쁜 일본 다기 세트를 주었다. 그것은 우아한 최상의 식기로 정교한 그림이 그려져 있다. 홀 부인은 작은 책 『그리스도 안에 거하라』를 주었다. 버스티드 의사는 금속 도금에 양각 그림이 있는 명함 함을 주었다. 스크랜턴 여사는 사랑스러운 일본 부채를 주었다. 홀 부인의 선생 김 씨는 얇은 비단 위에 그려진 그림을 주었다. 데이비스 양은 집에서 만든 캔디를 담은 작은 바구니를 주었다. 내가 가르치는 주일학교 학생인 엘리스 아펜젤러와 헨리 아펜젤러는 버스티드 의사가 준 것과 다른 모양의 명함 함과 한국인 메리 황으로부터 받은 작은 한국 골무 통과 예쁜 성탄절 카드를 주었다. 메리 커틀러 의사와 레널즈 부인도 선물을 주었고, 다른 이들도 선물을 주었다.[3]

성탄절과 물신 신앙

다음은 1899년 평양에서 기념한 성탄절에 대한 노블 부인의 일기 묘사다.

12월 25일 낮에 선교사들이 우선 노블의 사택에 모여 점심을 함께 먹었다. 이들은 노블 부인이 꾸민 천장까지 닿는 큰 성탄목을 즐겼다. 폴웰 의사가 산타클로스가 되어 아이들을 즐겁게 했으며 함께 캐럴을 불렀다. 성인 26명, 아이들 11명이 참석한 꽤 큰 파티였다.

저녁에는 한국인을 위한 모임이 교회에서 따로 열렸는데 남산현교회 마당과 예배당에 사람들로 가득 찼다. 예배당 밖에는 성탄 등을 매달고 소나무

---

[3] *The Journal of Mattie Wilcox Noble, 1892-1934* (Seoul: IKCH, 1993), 36.

로 아치 모양 입구를 만들었다. 교회 안에는 곡식으로 "축 성탄" 글자를 장식했다. 200명을 수용하는 예배당에 400명이 들어와 김창식 전도사의 설교와 찬양대의 찬송을 들었다. 선물은 혼란을 막기 위해 그다음 날 주일학교 어린이들에게만 주었다. 1897년 3월에 처음 오르간이 평양 남산현교회에 들어온 이후[4] 아이들과 청년들은 점차 찬송가를 제대로 부르게 되어 이날 저녁 성가대의 노래를 들은 많은 사람이 놀랐다. 그러나 낯선 크리스마스 문화가 한국인에게는 쉽게 정착되지 않았다. 성탄절 이브 때 노블 부인은 집에 크리스마스 트리를 장식하고, 자신과 폴웰 부인, 홀 부인의 모든 한국인 전도부인들을 초대했는데 이들의 반응이 특이했다.

> 우리는 매우 즐겁게 지냈다. 나는 많은 한국인에게 우리의 크리스마스 트리를 너무나 보여주고 싶었다. 그러나 그것은 현명하지 못한 처사로 여겨졌다. 가장 신실한 교인들에게도 그것은 귀신을 위해서 나무에 묶어놓은 천 조각과 나무를 섬기는 한국인의 귀신 숭배를 연상시켰기 때문이다. 전도부인 가운데 이사벨라는 나무가 너무 아름답게 꾸며져서 미국에서 가져온 것이 분명하다고 말했다.[5]

샤머니즘에 젖어 아직 신줏단지를 버리지 못하던 많은 초신자에게 크리스마스 트리는 무속 신앙의 신목(神木)과 소원을 빌기 위해 매단 비단 조각을 연상시켰다. 평양에 신앙이 들어간 지 4-5년밖에 되지 않던 시절이었다. 초신자들은 아직도 시렁 위에 신을 모시는 광주리와 단지를 두고 있었기 때문에 자주 신물을 불태우는 축귀 의식을 행해야 했다.[6]

한국교회 첫 10년간의 성탄절은 불신자에게는 복음을, 가난한 자에

---

4 Ibid., 65. Diary of April 8, 1897.
5 Ibid., 82. Diary of Dec. 30, 1900.
6 Ibid., Feb. 24, 1897; April 8, 1897.

게는 양식을 선물하는 날이었다. 그날은 교회가 등불을 높이 달고 한국 사회에 빛을 비추며 어두운 곳을 찾아가 봉사한 날이었다. 초파일이 한국식으로 정착되었듯이 성탄절도 십자등과 태극등과 소나무 아치 등으로 토착화되었다. 그러나 크리스마스 트리의 화려한 장식은 물신 숭배를 연상시켰다. 미국에서 건너온 상업주의적 물신 신앙이나 무속적인 기복신앙에 현혹되는 성탄절을 지양할 때다. 말구유에 누인 아기 예수를 경배하며 이웃을 구제하는 성탄절을 회복하자.

31

첫 반기독교 운동
영아소동(1888년 6월)

선교에서 문화 충돌의 문제는 때로 유혈 폭동으로 벌질 정도로 심각한 문제다. 그것이 정치나 종교의 자유 문제와 연결될 때는 폭발한다. 19세기 말 첫 반기독교 사건인 영아소동(Baby Riot)을 통해 녹록지 않은 타 문화권 선교의 실상과 한국에서 일어난 반개신교 운동의 뿌리를 살펴보자.

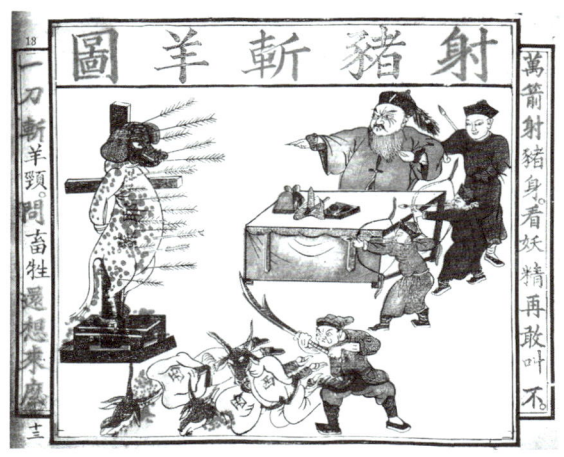

▲ 『벽사기실』의 삽화들
(1862년) [Oak]

"예수를 활로 쏴서 처형하고 서양 선교사를 칼로 살해하라"
"양귀를 구타하고 기독교 서적을 불태워라"

중국의 『벽사기실』이 한국으로 수입되어 읽힘

아편전쟁과 태평천국의 난 이후 중국에서는 반기독교 정서가 확대되었는데, 1858년 톈진 조약 이후 반외세 운동이 본격화되었다. 1868년 양주 폭동 때 프랑스 신부가 운영하던 고아원에서 아이들이 죽거나 사라지면서 선교사가 아이를 잡아먹었다거나 부녀자를 성폭행했다는 유언비어가 나돌았다. 1870년 톈진대학살 때에도 비슷한 소문이 떠돌면서 많은 외국인이 살해되었다. 폭동의 배후에는 기득권에 침해를 받은 지방 양반층의 반외세 감정이 있었다. 이들이 저술한 『辟邪紀實』(1862, 다른 판본 제목은 辟邪實錄)은 예수를 하늘에서 내려온 돼지인 천저(天猪)로 조롱했다. '天主敎'(천주교)는 '티안-주-지아오'로 발음되었고, '주지아오'는 '猪叫'와 발음이 흡사했으므로 천주교는 하늘 돼지(天猪)가 꿀꿀거리는 것으로, 천주교인은 하늘의 돼지인 耶蘇를 섬기는 염소(羊)로 묘사되었다. 『벽사기실』은 서양 선교사는 중국인의 눈을 빼서 약을 만들고 여자를 겁탈하는 양귀(洋鬼)로 욕하면서 선교사와 교인을 죽이고 기독교 서적을 불태울 것을 선동했다.

헤론 의사는 1888년 10월 선교부에 보내는 편지에서 이 책이 한국에서도 읽히고 영아소동에 영향을 주고 있다고 보고했다.

> 믿을 만한 소식에 따르면, 이곳에서 유통되는 중국인이 쓴 책『벽사기실』(*A Death Blow to Corrupted Doctrine*)은 중국에서는 금서라고 합니다. 나는 이 책을 본 적도 없고 소유한 적도 없지만, 그것은 사실인 듯합니다. 박사님께서도 이 책에 대해 들으셨겠지만, 이 책이 17–18년 전 톈진대학살을 일으켰다고 합니다. 의심할 여지 없이 이 책이 한국인들을 자극했으며 한국 정부가 취

한 첫 조치에 이 책의 금지가 추가되었습니다.[1]

중국인 인신매매 상인과 정동 고아원

1884년 12월 일본의 힘을 업고 일어난 갑신정변을 진압한 중국은 조선에서 세력을 확대했고 많은 중국 상인이 제물포와 서울에 들어왔는데 그 일부는 어린이를 납치하는 노예 상인이었다. 이들에 의해 어린이 실종 사건이 자주 발생하자 이를 선교사의 소행으로 꾸민 악의적인 소문이 나돌기 시작했다. 1886년에 언더우드가 서울 정동에 소년 고아원을 개설하자 "소년들을 미국에 노예로 보낼 것이다." "살지게 먹여서 잡아먹을 것이다." "그들에게 마술을 걸려고 한다" 등의 유언비어가 나돌았다. 이 말을 들은 고아들은 겁을 먹고 몰래 달아나기도 했다.

유언비어에서 폭력 사태로 발전한 영아소동

1888년 6월에 서울에서 어린이 몇 명이 실종되자 프랑스 공사관에서 일하던 한 청년이 외국인들이 아이를 잡아먹는 것을 보았다는 거짓말을 퍼뜨리고 잠적했다. 소문은 삽시간에 퍼졌다. 나중에 밝혀진 사실은 중국인 인신매매 상이 그 어린이들을 유괴한 것이었다. 그러나 "선교사들이 가장 좋아하는 음식은 한국인 아이들을 통째로 구운 것이래." "아이들을 죽이기 전에 지하실에 데리고 가서 마약과 사진기를 만들기 위해 눈과 혀를 뽑는다는군." "그 마약을 몰래 차나 음식에 넣는데 그것을 마시거나 먹으면 마음이 변해서 예수교를 믿지 않을 수 없다지" 등 악성 소문은 불어나기

---

[1] J. W. Heron to F. F. Ellinwood, October 5, 1888.

만 했다. 제중원 수술실에서 의료 선교사들이 아이의 혀와 눈을 빼서 약을 만든다는 유언비어도 떠돌았다. 이런 소문을 믿은 일부 한국인은 선교사 주택 방화와 선교사 살해를 계획했다. 여의사 호튼 양(곧 언더우드 부인이 됨)도 가마를 타고 제중원에서 돌아오는 길에 여러 장정에게 둘러싸여 병원에 다시 출근할 경우 죽이겠다는 위협을 받았다. 군중들은 두 차례나 스크랜턴 노부인의 집 대문 주위에 모여들어 고용인을 죽이겠다고 위협했다. 이화학당에서는 학생들을 일단 집으로 돌려보내기로 정했다. 선교사들은 공사의 지시에 따라 제물포로 떠날 준비를 했다. 얼마 후 유아를 유괴한 한국인 몇 명이 체포되었다. 그런데 한 정신 이상자가 아이를 선교사에게 팔았다고 주장하자 관청에 끌려가기 전에 군중에게 붙잡혀 길에서 돌에 맞아 죽었다. 당시 서울에 있던 존스 목사는 3일 후에 정동 부근 시궁창에서 떠돌이 개들에게 반쯤 뜯긴 그의 시체를 보았다.

▲ 언더우드의 정동 고아원(1888년) [Oak]
앞줄 중앙은 언더우드의 양자 김규식. 고아원은 예수교학당(경신학교)으로 발전했다.

외국 공사관과 정부의 개입

사태가 심각해지던 6월 18일에 미국 공사 딘스모어는 정부 외부에 공문을 보냈다. 그러나 한국 정부의 관점은 약간 달랐다. 한국 정부는 사태 발생의 근본 원인을 선교사들이 조약을 어기고 기독교 전도에 종사하기 때문이라고 지적하고 미국 공사에게 선교 활동 중단을 요구했다. 따라서 딘스모어 공사는 다음과 같은 회람으로 선교 중단 명령을 내렸다.

> 한국에 거주하는 모든 미국 선교사들에게
>
> 나는 최근 한국 정부로부터 공식 공문을 받았는데 한국에 거주하는 미국 선교사들은 학교 안에 있거나 밖에 있거나 모두 한국 본토인들에게 기독교 종교를 가르치는 일에 종사하고 있음은 잘 알려진 사실인데, 이에 대해 공식적이고 진지한 항의를 했으며 그것을 저지하는 일에 나의 공식적인 도움을 요청했다. 따라서 나는 다음 사실을 통지하지 않을 수 없다. 곧 한국인들에게 우리의 종교를 가르치는 것은 조약상 허락되어 있지 않으며 본 공사관은 여러분이 한국 정부가 허가하지 않은 어떠한 방법을 사용하지 않기를 기대한다고 말하지 않을 수 없다. 이 명령을 준수하는 것은 미국의 이익 보호와 우리 국민의 안전에 중요하다.[2]

동시에 딘스모어 공사는 한국 정부에도 미국 시민의 안전을 보장해줄 것을 강력하게 요구했고 유언비어로 인해 외국인들이 위험하므로 정부가 성 안팎에 방을 붙여 그 소문이 헛소문임을 알릴 것을 요청했다. 정부의

---

[2] "The Korean Outbreak," *Times* (Philadelphia), August 6, 1888.

조치가 강력하지 못하자 각국 공사들은 항의했고 고종은 6월 19일에 형조와 한성부와 좌우 포도청에 유아 유괴범이나 유언비어 날조자를 체포하여 사형에 처하도록 교지를 내리고 한문과 한글로 된 방을 붙이도록 지시했다. 각국 공사들은 제물포에 대기하던 해군 병력을 서울로 불러 공사관에 배치하는 무력시위를 했다. 이러한 정부의 강력한 단속과 외국 공사관의 개입으로 소동은 6주일 만에 가라앉았다.

성찬식과 사진기에 대한 오해

세례를 받은 입교인 신도만 성찬식에 참여하여 포도즙과 떡을 먹었기 때문에 불신자들은 성찬이 마약이라 그것을 먹으면 핍박에도 불구하고 신자로 인내케 된다고 믿었다. 존스의 어학교사 최병헌도 존스가 대접하는 차에 그런 마약을 탔다고 믿고 입도 대지 않았다. 윤치호가 한국에 돌아온 1895년 이후 천안에 살던 한 친구는 그에게 아직도 외국인들이 아이를 잡아먹는 것이 사실이냐고 조심스럽게 묻기도 했다. 사진기의 필름과 인화지에 바르는 화학 물질은 혀로, 렌즈는 눈알로 만든다는 오해도 쉽게 사라지지 않았다. 1894년 존스가 제물포의 한 마을을 방문했는데, 얼마 전에 죽은 그리스도인의 장례 때 그의 혀와 눈을 뽑아 제물포에 있는 한 선교사에게 가져다주었다는 소문이 떠돌고 있음을 들었다.

영아소동의 결과와 반기독교 운동의 참뜻

반외세 보수파 양반층의 선동을 받은 민중이 악의에 찬 유언비어를 날조하고 서양 선교사를 공격한 영아소동은 외국 공사관의 개입과 정부의 단속 결과 기독교나 선교사에게 있던 오해가 오히려 상당히 제거되었고, 선교사의 지위가 확고하게 되었으며, 선교의 자유도 일정 부분 확보되었다. 반외세 운동이 제국주의 외세의 개입을 오히려 강화한 것은 그만큼 한국 정부에 힘이 없었기 때문이기도 했다. 한편 이후 10여 년간 여러 차례 반기독교, 반선교사 운동이 일어나지만 대부분 공사관의 개입으로 해결되면서 선교사가 양반이나 관리보다 힘이 센 양대인(洋大人)으로 인식되었고 선교사에게 빌붙어서 세속적 이익을 보려는 사이비 신자인 '쌀신자'가 양산되었다.

그러나 반기독교 운동의 근본 이유는 늘 존재했다. 기독교가 전통 문화나 기득권에 위협이 된다고 여기는 세력은 사회의 주류였다. (해방 이전 개신교인은 한국 인구의 2% 정도밖에 되지 않았다.) 교회는 귀신 숭배와 우상숭배를 금지하고 유교의 제사를 반대했으며, 제사와 연결된 축첩제와 조혼을 금지했다. 교인들에게는 음주, 간음, 외설 문학, 노름, 아편, 술장사를 금했으며 점차 관리들의 부정부패를 비판하고 저항하는 데까지 나아갔다.

거룩한 교회는 사회의 부도덕과 불의와 전투하는 대안 문화체다. 교회가 교회다울 때 반기독교 운동은 일어나게 되어 있고 교회는 핍박을 통해 체질을 강화한다. 동시에 교회는 비기독교 문화와 종교를 깊이 연구하고 주변 국가와 나아가 세계의 반기독교 운동을 연구해서 대처할 방안을 찾아야 한다. (북한의 역사서는 영아소동이 선교사의 유아 유괴에서 비롯되었다고 유언비어를 사실로 기술하고 있다.) 그러나 교회가 비윤리적 행동이나 집단 이기주의로 비난을 자초하는 것은 다른 문제다. 악에게 지지 않고 선으로 악을 이기기 위해서 교회는 뱀처럼 지혜롭고 비둘기처럼 순결해야 한다.

32

선교사의 첫 죽음
헤론 의사와 양화진 외국인묘지(1890년 7월)

헤론(John W. Heron, 惠論, 1856-1890)은 1885년 6월에 내한한 개신교 개척 의료 선교사였다. 그는 1884년 4월 미국 북장로회 해외선교부의 첫 한국 선교사로 임명을 받았으나 뉴욕에서 1년간 의사 실습을 한 후 알렌과 언더우드에 이어 세 번째 장로회 선교사로 서울에 도착했다. 제중원 2대 원장, 고종의 시의, 성서번역자회 위원, 조선성교서회 창립 회장 그리고 남편이자 두 딸의 아버지로 살다가 1890년 7월에 34살의 젊은 나이에 별세했다.

▲ 헤론 부부(1885년)

그의 사망으로 양화진 외국인 묘지가 만들어졌다. 그가 서울에 남긴 삶의 흔적과 한국 선교를 위한 헌신은 비록 5년이라는 짧은 기간이었지만, 잘 알려지지 않은 부분도 많다. 그의 생애를 연표로 정리하면 다음과 같다.

1856년 6월 15일 영국 다비셔 일크스턴에서 회중교회 목사의 아들

	로 출생
1870년	5월 가족과 함께 미국 이민, 테네시주 녹스빌 근처 스프링그로브 정착
1871년	12월 17일 아버지가 시무하는 장로교회에서 신앙고백하고 입교
1874년	1월 메리빌 대학 입학, 1년 반 과정 수료. 여러 동기들 선교사로 나감
1875년	가을부터 5년간 공립학교 교사로 봉직
1880년	1년간 의사 조수로 훈련받음
1881년	9월 테네시 대학교 의학부(3년 과정) 입학, 1883년 2월 수석 졸업
1883년	3월부터 18개월간 존스보로에서 깁슨 의사와 동업
1883년	5월 의료 선교사 문의, 9월에 철회
	(1883년 12월 미국 선교사를 요청하는 이수정의 편지 뉴욕에 전달됨)
	(1884년 2월 8일 맥윌리엄스 장로 한국 선교를 위해 5,000달러 기부)
1884년	3월 15일 헤론 의료 선교사로 정식 지원
1884년	4월 28일 미국 북장로교회 첫 한국 선교사로 임명
	(1884년 6월 9일 상하이의 알렌, 한국 파송 요청 편지 발송, 21일 전보 임명)
	(1884년 7월 14일 언더우드, 한국 선교 지원, 28일 임명)
1884년	9월 16일 뉴욕 대학교 의과대학원 연수 시작, 우수 성적 수료
1885년	1월 블랙웰아일랜드 암스하우스병원 실습, 테네시 대학교 의대 교수직 제의 거절
1885년	2월 2일 선교부가 헤론과 그 약혼녀 한국행 결정
1885년	4월 23일 존스보로에서 동업하던 깁슨 의사의 딸 해리어트와 혼인

1885년 5월 1일 헤론 부부 한국 가기 위해 녹스빌 출발

1885년 5월 9일 샌프란시스코항을 떠남

1885년 6월 20일 아펜젤러 부부와 함께 제물포에 도착. 아펜젤러 부부는 제물포 체류

1885년 6월 21일 주일, 스크랜턴 가족과 함께 서울에 옴. 저녁 예배, 이후 제중원 근무

1887년 9월 알렌이 미국 공사관 외교관으로 가자, 제중원 2대 원장 취임. 고종의 시의

1890년 7월 26일 이질로 사망. 7월 29일 시신은 양화진 외국인 묘지에 매장

헤론은 누구인가

헤론은 영국에서 태어나 14살이던 1870년 부모를 따라 미국 테네시로 이주한 이민 1.5세였다. 언더우드나 에비슨도 10대에 영국에서 미국으로 이주한 1.5세였다. 익숙한 문화를 떠나서 낯선 타 문화를 경험하고 고향을 상대화하며 국제 감각을 지닌 것은 선교사로서 큰 자원이었다. 헤론은 영국에서 14년, 미국에서 15년, 한국에서 5년간 나그네로 살고 영원한 고향으로 갔다.

헤론은 선교와 하나님 나라를 위해 개인의 입신출세를 희생한 헌신자였다. 그는 1885년 1월 말부터 암스하우스병원에서 부의사로서 의술 경험을 쌓기 시작했다. 이때 모교 테네시 대학교 의학부 교수로 초빙을 받았다. 그러나 헤론은 한국 선교사로 지원하여 준비하고 있었기 때문에 20대에 모교의 교수로 임명되는 명예로운 자리를 거절했다. 대신 그는 뉴욕에서 YMCA 활동에 적극적으로 참여하면서 의대생들에게 선교의 중요성

을 고취하고 한국행에 나섰다.

헤론은 미국 북장로회 해외선교부가 한국에 임명한 첫 선교사였다. 그는 미국 북장로교회를 대표하여 극동의 미지의 나라 조선에 파송되는 첫 선교사가 가져야 할 복음적 신앙, 건강, 의지와 용기, 전도열, 탁월한 의술, 판단력과 인격 등을 골고루 갖춘 자였다. 그것은 대학 시절 이후 그를 지켜본 여러 목사와 교수와 의사와 성도들의 추천서가 증명했다. 그는 잘 준비된 선교사였다. 그는 임명 후에도 선교 현장에서 투입되면 바로 쓰임 받는 의료 선교사가 되기 위해서 뉴욕에서 1년간 의술을 실습한 후에 선교지로 왔다.

1884년 1월 일본에서 보낸 이수정의 미국 선교사 요청 편지가 뉴욕 「크리스천 위클리」(*Christian Weekly*)에 발표되었다. 이 '마게도니아인의 부름'을 본 선교본부 실행위원이던 브루클린장로교회의 맥윌리엄스 장로가 3월에 선교본부에 한국 선교를 위해 선교사 2명의 2년 봉급인 5,000달러를 기부했다. 4월 28일 선교본부는 1883년 5월에 의료 선교사 지원 의사를 밝힌 적이 있었던 헤론 의사를 한국의 첫 선교사로 임명했다. 다만 6월 중국 상하이에서 적응에 실패한 알렌 의사가 뉴욕 선교부에 한국행을 요청했고 7월 선교부의 허락을 받은 알렌이 9월 22일 서울에 도착하면서 첫 내한 주재 선교사가 되었다. 헤론은 뉴욕에서 1년간 의사로서 더 훈련을 받고 1885년 6월 21일 서울에 도착했다.

헤론의 사망

헤론은 의료·교육·전도·문서·여성 등 다섯 가지 분야가 함께 가야 한다고 본 '통합적 선교신학'을 가졌다. 그는 1887년 9월 알렌의 후임으로 구리개 제중원 제2대 원장 겸 고종의 시의로 임명받고 1890년 사망할 때까지 전파하고(전도와 문서) 가르치며(의학 조수 교육과 고아원 학교) 고치는(의료) 사역을 통해 하나님 나라를 이루고자 했다.

헤론은 이 땅에 뼈를 묻은 첫 선교사였다. 그는 1890년 7월 26일 오전 8시 이질로 20일간 앓다가 사망했다. 내한 5년 만이었다. 축적된 과로의 연속이었고 대신할 의사가 없는 상황에서 휴식 없이 수많은 환자를 돌봤다. 게다가 제중원의 재정 부족과 왕실 진료에서 오는 스트레스, 두 딸을 낳은 부인의 산후 질병으로 인한 고통, 좌골 신경통으로 허약해진 몸, 열악한 위생 환경에서 걸린 이질이어서 치명적이었다.

당시 서울의 위생 상태는 1888년 3월에 도착한 가드너 부부가 바로 사임하고 떠난 데서 알 수 있다. 가드너는 서울을 보자마자 사임했다. 헤론이 설득했으나 소용이 없었다. 가드너의 우려는 현실이 되었다. 두 딸을 낳은 헤론 부인이 산후 건강이 좋지 않아 6개월 이상 병상에 있으면서 사경을 헤매었다. 벙커 부인은 폐병으로 고생했다. 감리회 이화학당 교사 로스와일러 양과 보구녀관 하워드 여의사는 질병으로 사임하고 미국으로 돌아갔다. 1890년 4월 호주장로회의 데이비스 목사가 부산으로 전도 여행 중에 천연두로 사망하여 선교사 중 첫 순직자가 되었다. 이어서 7월에 헤론이 이질로 사망했다. 1891년 3월에는 언더우드 부인이 심한 관절염에 걸려 부부가 안식년을 떠나야 했다. 1888-1891년 3년 동안 질병으로 4명이 사임했고 2명이 사망했다. 2명은 병가를 기록했다. 초기 선교사들의 최대 적(敵)은 질병이었다.

양화진 외국인 묘지

일본과 조선의 조약 이후 구미 열강과의 수호 통상 조약에 따라 부산(1876), 원산(1882), 인천(1883) 항구가 개항될 때, 정부는 거류지에 일본인 묘지 등 외국인 묘지를 위한 부지를 하사했다. 부산에는 용두산공원 쪽으로 묘지와 신사를 만들었고 원산에는 일본인 거주지 뒷산에 일본인 묘지를 만들었다. 인천에는 북성동의 서양인 묘지, 율목동 일본인 묘지, 중국인 묘지 등이 마련되었고 청일전쟁 때 많은 전사자가 나오면서 규모가 확대됐다. 그러나 서울은 공식 개항장이 아니고 사대문 안과 도성 주변에는 매장이 금지되어 외국인이 사망할 경우 인천까지 운구해야 했다. 외국인 수가 늘어나자 1890년 봄 프랑스 공사관에서는 외국인 장지를 마련해줄 것을 조선 정부에 요청했다. 그 교섭은 헤론의 사망으로 급진전됐다.

헤론이 순직하자 미국 공사 허드는 알렌 서기를 외무부에 보내 장지 지정을 요청했다. 여름이어서 시체가 부패했기에 다음 날 일단 정동에서 장례를 치르고 불법이지만 헤론 가(家) 뒷마당에 임시로 매장했다. 제안된 한 장지가 무산되자 정부의 결정을 독촉하기 위해서였다. 7월 28일 정부는 양화진을 제안했다. 알렌과 언더우드는 양화진을 방문한 후 수용했고 오후에 정동에서 20리 떨어진 양화진에서 하관 예배를 드렸다.

양화진 외국인 묘지에는 이후 주로 선교사들이 매장됐다. 특히 태어나자마자 죽은 여러 유아의 무덤이 한편에 마련되었다. 선교사들은 어린 아이를 먼저 묻으며 양화진 언덕을 한국의 '막벨라 동굴'로 생각했다. 가족과 동료의 뼈가 묻힌 한반도가 그들의 고향이 되었고 그들도 뼈를 묻기 위해 헌신했다.

양화진은 또 그들의 '갈보리'였다. 선교사들은 매년 가족이나 동료의 관을 메고 양화진 언덕을 오르며 하나님 나라를 위해 십자가를 지고 자신을 부인하는 훈련을 했다. 그 언덕은 또한 부활의 언덕이었다. 그곳은 선교사들이 동료를 묻을 때마다 부활의 믿음과 소망을 고백하며 서로를 격려했던 신앙고백의 언덕, 달려갈 길을 마치고 영광의 면류관을 쓴 감사의 언덕이었다. 막벨라와 갈보리가 만나고 눈물과 부활과 감사가 만난 그 언덕이 있었기에 오늘 한국교회가 있다.

제중원과 근대 의학, 가족의 헌신

헤론은 한국의 첫 근대 병원인 제중원의 제2대 원장으로서 구리개 제중원을 본 궤도에 올려놓았다. 그는 백내장 수술, 4.5kg의 혹 제거 수술 등 외과 수술을 도입했고 콜레라 예방 조치와 천연두 예방 접종 등 위생 사업을 시행했다. 여성 간호사와 여성 의사로 부인과를 운영했고 한국인의 질병을 근대적 질병 체계에 따라 분류하고 명명했다. 그는 의학교를 개설해 한국인 의생을 교육했다. 그의 이런 노력이 제3대 원장 빈턴에 의해 잠시 위기를 맞았으나 제4대 원장 에비슨에 의해 계승되면서 1904년 남대문 밖 제중원(세브란스병원)으로 발전했다.

병상에서 헤론과 언더우드는 화해하고 우정을 회복했다. 언더우드 부부는 20일간 정성을 다해 간호했고 임종을 지켜보았다. 후임인 빈턴 의사는 구리개 제중원에 복음 전도 기능이 없는 것을 비판하고 재정적 지원이 불규칙하고 타락한 정부 관리들이 많은 정부 병원인 제중원을 포기하고 남대문 밖에 순수 선교 병원을 건립하려고 했다. 그러나 언더우드와 알렌, 뉴욕 선교부의 엘린우드 총무는 빈턴의 돌발적인 행동을 비판했다. 이들은 각국 공사관이 노리는 제중원 원장 자리가 가지는 선교적 가치를 중시하고 캐나다에서 에비슨 의사를 초청했다. 에비슨과 언더우드는 헤론의 기독교 문명론(장기적인 기독교 국가 설립을 위한 기독교 기관 운영)과 네비어스 정책(직접 전도와 토착 교회 설립)이 함께 가는 통합 노선을 발전시켜 1897년 기독교 종합 교양지 「그리스도신문」을 창간했고 1904년 세브란스병원을 건립했다.

해리어트 헤론 부인은 1891년 여름 남한산성 수어장대에 오를 정도로 건강을 회복했다. 당시 총각인 마페트와 게일이 부인을 흠모했다. 부인(32살)은 문학적이고 다정다감한 게일(29살)과 1892년 4월 7일에 결혼하고 알렌과의 감정이 남아 있는 서울을 떠나 새 선교지부인 원산으로 가 두 딸(새라 앤 6살, 제시 4살)을 함께 키우며 『천로역정』을 한글로 번역했다. 게일은 앤과 제시의 성을 바꾸지 않고 헤론의 딸로 키웠다. 게일 부부는 1899년 9월 9일에 서울 연동으로 돌아왔다. 부인은 다시 건강이 나빠져 스위스에서 휴양하기도 했다. 그러나 그녀는 1908년에 서울에서 결핵으로 사망하고 양화진 남편 곁에 묻혔다. 앞서 첫째 딸 새라 앤은 첫 2세 선교사로 서울에 파송됐으나 양화진에 어머니를 묻은 후 외교관과 결혼하고 중국으로 떠났다.

헤론은 잊힌 선교사다. 19세기 말과 20세기 초 정규 선교사의 개념은 '죽을 때까지 평생 전임으로 헌신한 선교사'를 의미했다. 그것은 결혼과 마찬가지로 일생을 걸고 선교부와 계약을 맺는 관계였다. 은퇴 전에는 죽음만이 그 관계를 무효로 할 수 있었다. 다만 요절한 경우는 정규 명단에 넣지 않았다. 헤론은 5년 사역 후 사망했기 때문에 엄격한 의미에서 '정규 선교사' 반열에 들지 못했다. 그 결과 잊혔다. 헤론 사후에 그의 아내는 게일 목사와 결혼하고 원산과 서울에서 활동하다가 건강이 좋지 않아 두 딸과 함께 스위스에서 지내기도 했으나 1908년 서울에서 사망했다.

헤론 부부는 한국과 한국인을 위해 생명을 바쳤다. 그의 묘비에는 '하나님의 아들이 나를 사랑하시고 나를 위하여 자신을 주셨다'(The son of God loved me and gave himself for me)라고 쓰여 있다. 그리스도의 사랑과 선물의 삶, 그것이 또한 헤론의 삶이었다.

헤론이 죽은 후 양화진에는 몇 년간 그만 묻혀 있었다. 그러나 곧 어린아이들과 다른 선교사들이 그의 옆에 묻혔다. 다음은 이후 4년간 8명의 사망한 날짜와 묻힌 순서다.

> 존 윌리엄 헤론 의사(John William Heron, 북장로회), 1890년 7월 26일
> 데이비드 베르티 올링거(David Bertie Ohlinger, 12살), 1893년 5월 29일
> 윌라 베르사 올링거(Willa Bertha Ohlinger, 9살), 1890년 6월 1일
> 윌리 레널즈(William D. Reynolds Jr., 10일), 1893년 8월 14일
> 캐듀 캐드월러더 빈턴(Cadwy Cadwallader Vinton, 영아), 1894년 8월 22일
> 돔케(M. J. Domke, 독일 영사관 부영사), 1894년 11월 16일
> 윌리엄 제임스 홀 의사(William James Hall, 북감리회), 1894년 11월 24일
> 조지 전킨(George Garnett Junkin, 한 살 반), 1894년 11월 30일[1]

참고로 1890년까지 내한한 북장로회 선교사 명단은 다음과 같다. 1891년에 세 가족이 도착했다. 곧 2월에 베어드(William M. Baird) 부부, 4월에 헤론의 후임인 빈턴(C. C. Vinton) 의사 부부, 12월에 브라운(Hugh Brown, 1895년 3월 사임) 의사 부부였다. 그리고 게일(James S. Gale)이 토론토 대학교 YMCA 선교회에서 북장로회로 이전했다.

이름	한국 도착일	사역 종료	결혼
Horace N. Allen, MD	1884. 9. 20	1890. 7. 9(사임)	
Mrs. Frances M. Allen	1884. 10. 26	1890. 7. 9(사임)	
Rev. Horace. G. Underwood	1885. 4. 5	1916. 10. 12(사망)	1889. 3. 14 Miss Horton
James W. Heron, MD	1885. 6. 21	1890. 7. 26(사망)	
Mrs. Hattie G. Heron	1885. 6. 21	1908. 3. 28(사망)	1892. 4. 7 Gale

---

1 *The Journal of Mattie Wilcox Noble, 1892-1934* (Seoul: IKCH, 1993), 47. Diary of Nov. 26, 1894. 사망 일자 등은 다른 자료 종합. 데이비드 베르티 올링거는 외국인 어린이로 첫 사망자이자 북감리회 선교사 가족의 첫 사망이었다.

Miss Annie Ellers	1886. 7. 4	1887. 7. 5(결혼)	1887. 7. 5 Bunker
Miss Lillias Horton, MD	1888. 3. 27	1921. 10. 29(사망)	1889. 3. 14 Underwood
Miss Mary Hayden	1888. 9. 29	1900. 5. 5(사망)	1890. 4. 24 Gifford
Rev. Daniel L. Gifford	1888. 10. 27	1900. 4. 10(사망)	1890. 4. 24 Miss Hayden
Charles Power, MD	1888. 9.	1889. 7. 15(사임)	
Rev. William Gardner	1889. 2	1889. 10(사임)	
Miss Sarah Gardner	1889. 2	1889. 10(사임)	
Rev. Samuel S. Moffett	1890. 1. 25	1934. 1. 25(은퇴)	1899. 6. 1 Alice Fish, MD
Miss Susan A. Doty	1890. 1. 25	1931. 3. 31(사망)	1904 F. S. Miller

계: 남자 7(의사 3, 목사 4), 여자 7(미혼 5, 기혼 2)

33
첫 한글 설교문
올링거의 "문둥병과 죄가 같은 것을 의논함이라"(1890년)

"문둥병과 죄가 같은 것을 의논함이라"는 1891년 미국 북감리회 선교사 올링거(Franklin Ohlinger, 1845-1919) 목사가 한국의 첫 근대 인쇄소인 한미화활판소(Trilingual Press, 1889년 9월 배재학당 안에 설립)에서 출판한 첫 설교문이자 전도지다. 이 설교에서 그는 마가복음 1:40-42을 본문으로 나병(한센병, 문둥병)과 죄의 유사성을 설명한 후, 속죄 구원은 예수 그리스도를 통해서만 가능하다고 논증했다.

▲ "문둥병과 죄가 같은 것을 의논함이라"(1890년)

올링거는 1870년부터 중국 복주에서 사역하다가 1888년 1월 서울로 전근되었다. 40대의 올링거는 아펜젤러, 스크랜턴, 존스 등 경험이 부족한 젊은 선교사들을 지도하면서 북감리회 한국 선교회의 기틀을 다졌다. 그는 배재학당 교사로서 1889년 학교 안에 한미화활판소를 설치하고 학생들에게 인쇄술을 가르치면서 노동의 가치와 자립 정신을 일깨웠다. 세 언어(영어, 한문, 한글)로 된 기독교 문서는 한국 근대화와 교회 발전에 이바지했다. 올링거의 주도로 1890년에는 첫 기독교 출판사인 조선성교서회(현 기독교서회)가 조직되었으며, 서회의 문서, 특히 한문 문서의 한글 번역 출판은 중국 개신교를 통한 한국 개신교 토착화의 기초가 되었다. 한문에서 번안된 올링거 설교문의 수정본은 1893년 소책자 『라병론』으로 출판되었다.

설교문의 내용

서론: "세상의 처음은 병과 더불어 죽음이 없더니 천하만국 사람의 시조가 나시니 아담과 하와라. 그런고로 공자 말씀에 사해 안이 다 형제라 하시니라. 이 아담과 하와가 죄를 지음으로 말미암아 병과 죽는 것이 스스로 낳나니, 대개 한 사람의 죄로 인하여 세상에 들어온 죽음이 죄로 말미암음이니 죽음의 이름이 범인에게 미침으로써 사람이 다 죄를 얻음이라."

나병과 죄의 유사성 네 가지: 첫째, 유전성이다. 이리 새끼가 개와 더불어 자라도 야생 이리를 만나면 본성을 버리지 못하고 결국 양을 잡아먹듯이 인간은 선행을 하려고 하지만 악한 성품을 이기지 못한다. 둘째, 전염되므로 격리가 필요하다. 레위기에서 나병 환자는 성 밖에 격리하도록 했다. 중국 복주에도 성 밖에 나환자촌이 있다. 왕은 반란자가 있으면 즉시 처형하여 다른 사람들이 가담하지 못하게 한다. 한 새우가 학교를 세우고 어린 게에게 앞으로 걷는 법을 가르쳤으나 집에 가서 부모가 옆으로 걷는 것을 본 게가 옆으로 걸어 고칠 수 없게 되었다고 한다. 맹자의 말처럼 자신이 도를 행하지 않으면 아내나 자녀도 행하지 않는다. 셋째, 처음에는 걸렸는지 알기 어렵고 점점 증세가 심해져도 깨닫지 못한다. 바늘 도둑이 소도둑이 되는 것과 같다. 넷째, 난치병인 나병의 치료는 신기한 일로서 죄의 치유도 상제만이 하실 수 있다. 열왕기하 5장에 나오는 나환자 아람의 장군 나아만이 여종과 예언자 엘리사의 말대로 요단강에 몸을 일곱 번 씻었을 때 어린아이 피부처럼 깨끗함을 받은 것은 상제의 권능이었다. 마찬가지로 예수의 권능으로만 죄 씻음을 받을 수 있다.

결론: 마태복음 1:21에서 천사가 마리아에게 묵시하는 말에 "네가 장차 아들을 낳으리니 네 가히 이름하여 가로되 예수라 함은 그 반드시 자기 백성을 구하여 죄악 가운데서 나오게 함을 인함이라" 하였고, 또 사도행전 4:12에 일렀으되 "이를 버리고는 별로 구주가 없으리니 대개 천하 인간에 다시 다른 이름을 주어 가히 써 구함을 얻음이 없음을 인함이니라."

설교문의 특징

이 설교문은 기독교의 죄 개념을 당시 흔히 볼 수 있는 무서운 불치병인 나병으로 쉽게 설명한다. 그것의 핵심은 아담의 타락으로 인류에게 무서운 병과 죄가 들어왔으나 예수의 권능으로 병과 죄가 치료될 수 있다는 구원과 소망의 메시지다. 복음을 처음 듣는 자에게 죄론, 구속론, 기독론을 설명하는 한 방법으로 당시 한국인들이 쉽게 이해할 수 있는 나병의 개념으로 접근한 것이 돋보이는 설교다.

이밖에 이 설교는 초대 한국교회 설교문의 전형을 보여준다. 첫째, 제목/주제 설교로 서론, 네 가지 요지, 결론으로 구성되어 있다. 이는 신자가 거의 없는 상황에서 복음 전도에 적절한 형태였다. 둘째, 성경 본문은 이용 가능한 신약 복음서에서 택했으나, 구약 레위기와 열왕기를 인용함으로써 성경 전체 맥락을 중시하고 질병과 죄의 관계를 논했다. 셋째, 공자와 맹자의 말씀을 인용함으로써 유교 고전을 배척하지 않고 성경 말씀과 기독교 교리를 설명하는 데 적절히 이용했다. 이는 바울이 당대 그리스 철학에 대해 취했던 태도이자 초기 한국 개신교가 타 종교에 대해 취한 기본적인 태도로서 당대 철학과 사상을 선별하여 채택하는 포용성을 보여준다. 넷째, 짧은 설교문에 여러 가지 예화(동물 우화와 성경 예화)와 더불어 속담까지 사용함으로써 전도 설교문이 갖추어야 할 청자(불신자나 초신자) 중심의 원리를 구현하고 있다. 설교와 전도가 소통이라고 할 때 성육신의 원리가 무엇보다 중요하다. 듣는 자의 처지, 듣는 자의 문화, 듣는 자의 상황과 필요를 연구하고 공감하는 능력이 설교자와 전도자와 신학자의 첫 덕목이었다.

질병과 죄로부터의 구원

아시아와 아프리카에서 나환자 치료는 근대 개신교 의료 선교의 중요한 기여였다. 나병선교회는 베일리(Wollesly C. Bailey)가 1894년 더블린에서 창립했고 이후 수많은 나환자 치료와 갱생에 공헌했다. 한국에서는 1909년 광주(윌슨 의사)와 1910년 부산(매켄지 의사)에 나환자수용소가 처음으로 개원했다. 1873년 한센이 나병의 원인이 되는 각균을 발견했으나 1950년대부터 몇 가지 항생제가 발명될 때까지 난치병으로 알려져 있었다. 1891년 이 설교문이 나올 때만 해도 나병(한센병)은 불치병이었고 나환자는 천벌을 받은 '문둥이'로 알려져 사회에서 버림을 받았다. 전인 치유에 관심한 개신교 근대 선교로 나환자 수용소가 설치되고 육신의 질병인 나병 치료를 통해 영혼 구원까지 받은 나환자 교회들이 세워졌다. 육체를 기계로 보는 영육 이원론이 아니라 '문둥이'의 몸까지 '성령의 전'으로 보는 사랑의 실천이 근대 개신교 의료 선교의 육체관이었다.

때가 악하다. 천하 피조물이 죄와 감염병과 질병으로 신음하고 있다.

우상숭배, 불효, 살인, 간음, 도둑질, 거짓말, 탐심이 도를 넘은 지 오래다. 구제역과 신종플루로 이 땅에 짐승의 울부짖음, 농부의 고통이 하늘에 닿았다. 입술이 부정한 자 중에 우리가 산다. 교회는 병원이고, 교회의 머리가 되신 예수는 '위대한 의사'이며, 우리는 병원에서 일하는 치료받은 환자이고 의사이며 간호사이고 방역사다. 지금은 교회가 구속과 치유를 위해 강으로 내려가고 무릎을 꿇을 때다. 나아만 장군이 나병과 교만의 죄에서 나은 것은 하나님의 방법인 요단강에서의 일곱 번 목욕이었다. 순종으로 치유함을 받았다. 그는 엘리사 앞에 무릎을 꿇고 하나님을 예배하는 자로 변했다. 나아만처럼 순종의 강물에 몸을 씻어 어린아이와 같이 깨끗한 양심의 예배자로 엎드리고 이사야처럼 거룩한 하늘의 숯불로 입술에 정결함을 받아 시대를 향한 구원과 치유를 전하는 예언자의 소명을 발견하자.

34
한국인의 첫 기독교식 결혼식
혼례복과 웨딩드레스(1890-1894년)

다음은 1928년 『별건곤』에 실린 최초의 신식 결혼에 대한 글이다. 현대어로 고쳤다.

신식 결혼을 먼저 한 사람

신식 결혼도 근래에는 여러 가지의 의식이 있어서 기독교에는 기독교식이 있고 천도교에는 천도교식이 있으며 기타 개인도 별의 별식 심지어 임간(林間) 결혼식까지 한 일이 있었던 즉, 각 방면을 다 말하는 것이 옳을 것이나 조선에서 소위 신식 결혼이라는 것이 처음으로 시작되기는 기독교회인 까닭에 여기에는 먼저 이 기독교 의식으로 혼인한 사람을 말하려고 한다. 조선에 기독교가 유입된 역사는 자못 오래지만 교회에서 공연하게 혼례식을 행하기는 거금 38년 전 경인년[1890년] 2월에 비롯했다.

그때 서울 정동 예배당 안에는 교회에서 수양한 여자 중에 박시실녀라는 여자가 있었고 또 교도 청년 중에는 제주 사람 강신성이라는 남자가 있었는데, 남녀가 다 무의무탁한 가련한 사람들이므로 미국 선교 부인 노 씨는 그들을 불쌍히 여기는 동시에 결혼을 알선까지 하여 그의 주례하에 예배당 안에서 효시로 혼례식을 거행했다. 그러나 그때만 하여도 일반이 아직 구식에 젖어 있고 서양 사람들도 조선의 습관을 전연 무시하기가 어려우므로, 소위 절충식을 써서 기도, 예사(禮辭) 등은 기독교식으로 하고 복색은 의연 구식으로 했다.

그러다가 그 뒤 임진년[1892년] 가을에 와서 이화학당 학생 황메례(黃袂禮) 씨와 배재학생 박 모(성명 미상)의 혼례식이 거행되었는데, 그것은 순연한 기독식으로 여자는 '면사포'의 예복을 하고 남자도 프록코트[1]에 예모(禮帽)를 쓰며 남녀 간 예물 교환까지 했다. 이것이 말하자면 기독교식으로의 완전한 신식 결혼이라 하겠고, 따라서 그 남녀가 조선에서 최초 신식 결혼을 한 사람이라 하겠다.[2]

경인년은 1890년이다. 신부 박시실녀(시실리아)와 신랑 강신성(姜信成), 미국 선교사 부인 노(盧) 씨는 북감리회 소속으로 이화학당 교사이던 로스와일러(Louisa C. Rothweiler)다. 로스와일러는 1887년 한국에 오기 전 고아원에서 일한 적이 있었으므로 자연히 고아인 신부와 신랑을 불쌍히 여기고 혼인식을 주선해주었을 것이다. 두 사람은 교회에서 예식을 행했으나 복색은 전통 복식으로 했다.

임진년 1892년 정동제일교회에서 이화학당 학생 황메례/박메례(Mary Pak)는 양식 드레스에 면사포를 쓰고 신랑 배재학생 박 모는 검은 대례복(frock coat) 정장에 높은 모자를 쓰고 혼례 예식을 올렸다. 1890년 배재학당 재학생 중 3학년에 박운규, 1학년에 박창성, 박원복 등이 있었다. 박 씨는 박운규일 수도 있지만 1890년 졸업자 중에는 박명원, 박장화, 박준상이 있었다. 따라서 박 씨는 졸업자 세 사람 중 한 명일 가능성이 크다.

1892년 박메례는 로스와일러로부터 면사포 만드는 법을 배워서 직접 만들거나 선교사들이 만들어준 것을 예식에 사용했을 것이다. 그녀는 간단한 흰색 드레스를 직접 만들거나 아니면 선교사가 그것을 만들어주었을 것이다. 신부는 간단한 드레스에 소박한 꽃을 들었을 것이며 신랑 박 군은 검은 서양 모자를 쓰고 정장을 차려입었지만, 흰 장갑은 착용하지 않

---

[1] frock coat. 신사용 대례복이자 정장. 길이는 무릎 정도까지 닿는다.
[2] 『별건곤』 16·17호 (1928년 12월): 82.

았을 듯하다.[3]

▲ 김점동과 박여선 혼인 기념사진(1893년) [Oak]

황메례보다 1년 늦게 계사년 1893년 정동교회에서는 이화학당 학생 김점동과 신랑 박여선의 혼인식이 열렸다. 이때만 해도 양복이 없었던 박여선은 한복을 입고 결혼식을 올렸다. 아마도 사진으로 남아 있는 첫 한국인 부부일 것이다. 그러나 옆에 나온 사진에서 보듯이 1895년 1월 미국에 도착했을 때 박여선은 프록코트를 입고

▲ 박에스더(Esther Pak), 박여선, 홀 부인, 마가레트, 셔우드(1895년 1월) [Oak]

---

[3] 참고로 이 황메례(→ 박메례 부인)는 널리 알려진 여메례(→ 황메례 부인→ 양메례 부인)는 아니다. 황메례 부인은 1894년 결혼 후 남편이 돌아가자 보구녀관에서 간호보조원과 전도부인으로 활동했다.

있었다. 아마도 1892년 황메례와 박 씨의 결혼식에서 신랑도 이와 비슷한 복장을 갖춰 입었을 것이다.

웨딩드레스

선교사들의 결혼사진을 보면 신부들이 모두 흰색 드레스를 입은 것은 아니다. 1899년 필드 의사는 검은색 드레스를 입었고 신랑 역시 검은색 연미복 정장이나 프록코트 정장을 입고 있다. 서울에서 촬영한 테이트 목사와 잉골드 의사의 1905년 9월 결혼식 사진을 보면, 프록코트의 신랑과 흰 드레스의 신부라는 전형적인 커플 예복을 입고 있다. 1905년 9월 쿤즈 목사 부부의 예복은 테이트 목사 부부와 거의 같으며 사진관도 같은 곳을 이용했다.

▲ 기포드와 헤이든(1890년) [Oak]

▲ 쿤즈와 도날드슨(1905년) [Oak]

▲ 마페트 목사와 필드 의사(1899년) [Oak]   ▲ 테이트 목사와 잉골드 의사(1905년)[Oak]

35
첫 공식 간호원
영국 성공회의 히스코트(1891년)

한국 초기 간호 역사에서 잘 알려지지 않았지만, 첫 공식 간호원은 영국교회(성공회)가 파송한 세 간호원이었으며 1906년까지 서울에서 최고 수준의 간호는 영국 성공회의 낙동(현 덕수궁 옆 영국대사관 앞) 성마태병원(남자 병원)과 정동의 성베드로병원(여자 병원)에서 시행했다.

1890년에 시작된 영국 성공회 한국 선교회는 거의 평생 서원한 독신자로 이루어졌는데, 대다수 여자 선교사는 초대 주교 코프(John Corfe, 高要翰, 1843-1921)의 요청으로 성베드로수녀회가 파송한 수녀들이었다. 성베드로수녀회는 첫 선교지로 한국을 선택하고 1891년 6명을 선발하여 한국에 파송했다. 코프 주교는 '6년간의 침묵' 정책을 수립하고 직접 전도 대신 한국어와 한국 문화를 공부하고 준비하도록 했으며 의료와 문서 사역부터 시작했다.

영국 성공회의 첫 간호원은 히스코트(Gertrude Heathcote)였다. 영국 런던에서 교육받은 간호원 겸 여의사 쿠크와 간호원 히스코트가 1891년 10월에 내한하여 이듬해 3월 낙동의 장림병원(Hospital of Advent, 성마태병원)에서 진료를 시작하면서 한국에 영국 간호학이 도입되기 시작했다. 1886년 7월 미국 보스턴에서 온 엘러즈(Annie Ellers)는 간호원양성소 졸업 후 간호원으로 보스턴 여자 의대에 다시 입학하여 2년을 다니던 중 내한하여 제중원에서 '여의사'로 일했고, 이듬해 결혼하면서 사임했으므로 1887년 7월부터 1891년 말까지 4년 이상 서울에는 다른 서양 간호원이 없었으므로 히스코트는 1894년 2월까지 3년간 서울의 첫 공식 서양 간호원으로 일했다.

히스코트가 근무할 때인 1893년 9월 21일 낙동의 기와집 한옥 성마태병원에 6개 침상을 갖춘 서구식 입원실을 추가하여 한국에서 첫 근대 병동을 마련했다. 제물포의 성누가병원(랜디스 의사 담당), 낙동의 성마태병원(1890년 내한, 1893년 2월 사임한 Julius Wiles 의사 담당), 정동의 성베드로여성병원(1891-1896년 근무한 Lois Rosa Cooke 의사 담당)은 모두 한옥 양식의 건물을 이용했다. 따라서 간호원들은 온돌바닥에서 환자를 간호하는 불편이 있었으나 병동 마련으로 침대에서 간호할 수 있었다. 와일즈 의사가 기부한 돈으로 트롤로프 신부가 성마태병원을 건축했는데 배 모양으로 지었다. 그 옆에는 간호원 2명이 거주할 방도 덧붙여서 첫 간호원 기숙 주택도 마련했다.[1]

히스코트에 이어 성베드로회수녀회가 파송한 간호원 엘리자베스 웹스터(Elizabeth Webster, 1856-1898) 협동 수녀(간호원)와 로이스(Lois, 1854-1899) 봉사 수녀(간호원)가 노라(Nora, 老羅, 1849-1919), 마가레타, 로잘리 수녀와 함께 1892년 11월 4일에 내한했다. 이들은 런던의 성조지병원과 메트로폴리탄병원에서 6개월간 간호 교육을 받았다.

36살의 웹스터는 제물포의 성누가병원에서 1년 이상 일하다가 히스코트 간호원이 1894년 3월에 사임하자 서울로 와서 성마태병원의 수술실과 입원실에서 일했다. 1895년 정동에 여성병원인 성베드로병원이 개원했는데, 로이스 간호원이 근무했다. 성베드로병원에는 어린이 병동도 따로 만들었는데, 1895년 크리스마스 때에는 성탄목도 설치하여 어린이들과 즐겁게 지냈다.

그러나 웹스터 간호원은 질병으로 1898년 5월 17일 42살의 나이에 사망했다. 1895년 4월 6일 서울에 와서 제중원에 근무하다가 1897년 1월에 사망한 장로회의 제이컵슨(Anna P. Jacobson) 간호원에 이어 웹스터는

---

1 "The Bishop's Letter, Chemulpo: September 1893," *Morning Clam* (Jan. 1894): 1.

양화진에 묻힌 두 번째 간호원이었다.

▲ 서울 성마태병원 수술실의 로이스와 웹스터 간호원(1898년) [Oak]

36
남장로회 첫 선교사
존슨과 데이비스(서울, 1892년 10월)

미국 남장로회 선교사로서 한국 땅을 처음 밟은 사람은 리치먼드 출신의 캐머런 존슨(Cameron Johnson) 목사였다. 그는 1892년 9월 7일 세인트루이스에서 7인의 선발대가 파송되기 전 동하노버노회가 지원하는 독립선교사로[1] 먼저 출발하여 샌프란시스코-요코하마를 거쳐 10월 3일 낮에 부산항에 도착했다. 제물포로 가는 선편을 기다리는 열흘 동안 그는 부산에서 개척 활동을 하던 베어드(William M. Baird) 목사의 환대를 받았다. 첫날에는 베어드와 함께 동래 온천에 가서 피로를 풀었다. 다음날에는 범어사에 가서 불교를 배우고 다시 온천에 갔다. 당시 부산에는 선교사와 해관 직원 등 16명의 외국인이 거주했다. 데이비스는 너무나 다양한 종류의 바다 고기가 있는 것에 놀랐고 42가지 종류의 야생화를 확인했다.[2]

존슨은 10월 13일 데이비스 양이 부산에 온다는 것을 알고 항구에 마중을 나갔다. 그는 배선 부인과 동행한 데이비스(Selina "Linnie" Fulkerson Davis, 1862-1903) 양과 북감리회의 선교사로 내한하는 노블(William A. Noble) 목사 부부를 환영했다. 10월 15일 존슨은 이들과 함께 부산을 떠나 17일 오후 제물포에 도착했고 18일 밤 임지인 서울에 도착했다. 따라서 존슨 목사와 데이비스 양이 한국(임명지인 서울)에 처음 도착한 남장로회 선교사가 되었다.

1　"Korea," *Missionary* (September 1892): 335.
2　Cameron Johnson, "Korea: My Introduction to Korea," *Missionary* (Jan. 1893): 30-33. 미국 남장로회 공식 해외선교 잡지인 *Missionary*는 존슨이 독립선교사였지만 그의 기고문을 계속 실어주었다. 노회 후원의 독립선교사라도 그는 남장로회 소속이었다.

▲ 존슨 목사[3]　　　　　▲ 데이비스 양

　　데이비스 양은 버지니아 애빙던 출신이다. 부친 아르키메데스는 그녀가 세 살 때인 1865년 10월 22일, 어머니 메리(Mary Van Hook)는 1892년 10월 27일에 별세했다. 데이비스는 스톤월잭슨 여자학원(Stonewall Jackson Female Institute)에서 공부했다. 이 학교는 여자대학으로 발전했는데, 1868년 애빙던에서 가장 오래된 싱킹스프링장로교회(Sinking Spring Presbyterian Church)에서 시작했다. 이 교회는 데이비스 가문과 풀커슨 가문의 모교회였다. 데이비스 가문은 이 장로교회 설립 당시부터 대를 이어 장로로 헌신했다.

　　한국에 파송받은 데이비스는 1892년 9월 16일 샌프란시스코에 도착한 후 기선 편으로 10월 5일 아침 요코하마에 도착했다. 테이트 남매는 요코하마에서 다음 선편으로 오는 전킨 부부와 레널즈 부부를 기다렸고, 데이비스는 태평양에서 멀미를 심하게 한 배선 부인이 한국행을 재촉했으므로 관광 대신 함께 먼저 10월 7일 요코하마를 떠나 11일 고베에서 기선으로 10월 13일 부산에 도착했다. 노블 목사 부부가 동행했다. 데이비스

3　C. Johnson, "Dr. Moffett's Work in Korea," *Missionary* (Oct. 1902): 485.

는 부산에서 일주일 먼저 도착해 있던 존슨 목사를 만나 함께 제물포까지 하루 반 동안 여행했다. 노블 부인(Mrs. Mattie W. Noble, 1872-1956)이 동행하여 그녀의 말동무가 되었다.

1892년 10월 17일 오후 네 명의 선교사(남장 2명, 북감 2명)와 배선 부인은 제물포항에 도착했다. 북장로회의 마페트(Samuel A. Moffett, 1864-1939) 목사가 마중을 나왔다. 배선 부인은 데이비스와 헤어져 먼저 서울로 들어갔다. 존슨과 데이비스는 멋진 스튜어트호텔에 여장을 풀고 저녁 6시 반에 저녁을 먹었는데 7개의 맛있는 코스 요리가 나왔다. 스튜어트호텔(怡泰樓)은 1888년 중국 광동 출신 상인 스튜어드(E. D. Steward, 梁綺堂, Eu Don)가 설립한 인천의 두 번째 호텔로 일본인이 운영하던 대불호텔과 더불어 인천의 명물이었다. 식사 후 잠시 산책하면서 존슨은 국화꽃을 발견하고 부케를 만들었다. 알렌 부인이 데이비스에게 자신의 집으로 와서 지내라는 초대장을 보냈다.

다음날 10월 18일 밀물 때를 기다려 10시 반에 인천에서 용산까지 가는 작은 기선을 탔다. 한강을 따라 올라와 용산에 도착하니 저녁 7시였다. 존스와 노블과 마페트는 걷고 데이비스와 노블 부인은 가마를 갈아타면서 10명의 일행이 남대문에 도착하니 밤 10시였다. 이미 성문은 닫혀 있었다. 성문 밖에서 하루를 자거나 성벽 주위를 열 번 돌아 여리고 성이 무너지듯이 성벽이 무너지기를 기다리거나 아니면 여리고 성의 라합이 정탐꾼에게 밧줄을 내려 나가게 했듯이 밧줄을 이용해 성벽을 넘는 세 가지 방법이 있었다. 서울 교인들은 일행이 늦게 도착할 줄 미리 알고 한 사람 몸을 들어 올릴 수 있는 밧줄을 준비해두었고 노블 부인과 데이비스 양은 밧줄을 몸에 묶고 10-12m 높이의 성벽을 타고 올라가는 낯선 일을 경험했다.[4] 갈 곳을 알지 못하는 가운데 미국 공사관 알렌 부부의 친절한 환대로 데이비스는 2진이 올 때까지 편안히 지냈다.[5] 서울에 무사히 도착한 기쁨도 잠시 데이비스는 서울에 도착한 후 어머니가 10월 28일에 별세했다는 소식을 들었다. 선교사들은 1년간 한국어를 배운 후 배정받은 지역에서 사역하기로 했다. 따라서 서울이 임지였던 존슨과 데이비스의 서울 도착은 미국 남장로회 서울 선교지부의 시작이었다.

선발대 나머지 6인은 요코하마에서 일주일간 선편을 기다리며 관광한 후 10월 26일 고베를 거쳐 부산과 제물포와 한강을 경유하여 11월 2일 서울에 도착했다. 그들은 일주일 후 언덕 아래 마에르틴의 집(Maertins house, 전 독일 영사관 숙소, 방 6개, 기와집, Dixie로 부름)에서 거주하기 시작했다. 11월 중순 그들은 한국 선교회를 조직했는데 회장 레널즈, 회계 테이트, 서기 전킨을 선임했다.[6]

1893년 4월 14일에는 선교부 실행위원회가 파송한 스튜어트가 서울을 방문하고 현장 실태를 조사했는데, 한국어 학습 진행 속도가 빠르고 모든 것이 만족스러웠다.[7] 테이트 목사와 테이트 양은 딕시 안뜰 빈터에 새로 마련한 숙소로 옮겼다. 데이비스는 한국어를 빨리 익혀 어린이를 모아 가르쳤다. 전 독일 영사관 숙소였던 정동의 '딕시'(미국 남부의 뜻)는 신임 선교사들의 거처가 되었다.

---

4   Cameron Johnson, "Letters from the Missions: Korea," *Missionary* (Jan. 1893): 32-33.
5   Selina Davis, "Korea," *Missionary* (Feb. 1893): 77.
6   W. M. Junkon, "Korea," *Missionary* (March 1893): 116-117.
7   J. L. Stuart, "Korea," *Missionary* (August 1893): 314-315.

[사진 A] 남장로회 7인의 선발대, 제2회 연례회의, 서울 정동 딕시(1893년 11월)[8]
앞줄: 셀리나 데이비스; 둘째 줄: 한국인 어학교사, 루이스 테이트, 윌리엄 전킨(아들 조지), 윌리엄 레널즈, 마르사 데이트; 뒷줄: 메리 전킨, 팻지 레널즈

남장 7인 선교사와 한국인 어학교사가 나온 [사진 A]를 좀 더 자세하게 분석해보자. 첫째, [사진 A]의 촬영 장소는 [사진 B]와 같은 집으로 정동 딕시 사택에서 전킨과 유진 벨이 전도 여행을 떠나는 장면에서 벨 부인이 서 있는 난간 아래 돌계단이었다. [사진 A]는 [사진 B]의 왼쪽 끝에 보이는 돌계단과 같은 모양이지만, [사진 A]를 왼쪽에서 찍었다면 [사진 B] 왼쪽에 난간과 집의 끝부분이 보이므로 오른쪽 돌계단에서 찍어야 [사진 A]처럼 오른쪽이 큰 기둥이 보이는 집의 오른쪽 끝이 된다. 문의 원형과 중간 십자가 격자가 같고 난간 살의 '근'자 모형을 보면 [사진 A]와 [사진 B]에 나오는 건물은 연결되는 같은 건물임을 알 수 있다.

둘째, 7인 선발대 사진의 촬영 시점은 1893년 11월이다. 전킨 부부는 1892년 6월 미국에서 결혼했고, 아들 조지는 1893년 4월 23일 서울에서

---

8 "Presbyterian Missionaries in Korea," *Missioanry* (Feb. 1894): 40; Executive Comm of Foreign Mission, PCUS, *Illustrated Mission Land* (Nashville, Gospel Advocate Publishing C, 1897), 107.

출생했으며, 1894년 11월 30일에 사망했다. 따라서 6-7개월가량 된 조지의 모습으로 볼 때 이 사진은 1893년 10-11월에 촬영되었다. 사진을 미국 내슈빌에 보내어 인쇄하는 데 보통 3-6개월의 시간이 걸렸는데, 사진은 *The Missionary* 1894년 2월호에 실렸으므로 그 걸린 기간도 일치한다. 사진에서 레널즈 부부의 아이는 보이지 않는다. 레널즈 부부는 1892년 5월 5일에 결혼했고 1893년 8월 4일 아들 윌리엄을 낳았으나 열흘 후 사망했기 때문이다. 배선과 뱃시 레널즈와 메리 전킨 부인은 아들을 첫해에 잃었기에 동병상련으로 자매애를 깊이 했을 것이다.

[사진 B] 전도 여행을 떠나는 **해리슨과 벨, 난간에 로티 벨과 헨리, 유모, 딕시 하우스(1896년)**
보이지 않는 오른쪽 뒷 돌계단에서 1892년 7인 선발대 사진을 찍었다.

셋째, 한국어 어학교사는 누구일까? 지금까지 나온 몇 가지 가설을 검토한 후 필자의 의견을 제시하겠다. 1) 미상설: 이 사진을 처음 소개한 1894

년 *Missionary*는 "Korean servant"로 설명을 달았다.[9] 3년 후 발간된 선교부 실행위원회의 책에는 "Group of Missionaries" 제목 아래 "a Korean"으로만 썼다.[10] 1917년 레널즈 기사의 사진에는 그에 대한 언급이 아예 없다.[11] 프린스턴 신학교의 마페트 자료는 그를 '어학교사'로 설명한다.[12] 필라델피아 소재 장로회역사관(Presbyterian Historical Society: PHS)의 디지털 자료인 "Pearl"도 이 청년의 이름을 "미상"(unknown)으로 적었다.[13] 20세기 초까지 선교사 자료에서 조사나 현지인의 이름은 잘 언급되지 않았다. 한국에 간 첫 선교사들을 소개하는 사진이었으므로 편집자나 독자에게 한국인의 이름은 중요하지 않았다. 사실 그들이 보기에 어학교사나 조사는 '종'(servant)에 불과했다.

2) 정해원 설: 브라운(G. T. Brown)이 1961년 1893년 3월 전주에 내려가 은송리 주택을 매입한 조사가 정해원이라고 지목한 후,[14] 사람들은 그를 정해원으로 여겨왔다. 전킨은 1893년 6월 정해원을 한국인 중에서 서상륜 다음으로 신뢰할 수 있는 자로 평가했다.[15] 1894년 3월에 전주를 방문한 레널즈의 4월 2일 자 일기에 따르면, 정해원의 아내가 반대하여 그가 전주에서 거주할 수 없어서 실망했다.[16] 다만 정해원이 테이트가 이주해올 때까지 남아 있다면(즉 전주 선교지부가 개설되면), 레널즈는 1894년 가

---

9   "Presbyterian Missionaries in Korea," *Missionary* (Feb. 1894): 69.
10 Executive Com. of Foreign Mission, PCUS, *Illustrated Mission Land* (Nashville: Gospel Advocate Publishing Co., 1897), 107.
11 W. D. Reynolds, "Some Sevens." *Missionary* (Oct. 1917): 684.
12 "Seven Southern Presbyterian Frontier Missionary," Moffett Collection. 그러나 촬영 연도를 1900년 이후로 잘못 잡고 있다.
13 "Team of Missionaries, November 1892," Baird Collections, PHS, RG 173, Box 1, Folder 11.
14 G. T. Brown, *Mission to Korea*, 26-27.
15 William M. Junkin, "Preparation for Work in Korea," *Missionary* (Sept. 1893): 342.
16 W. D. Reynolds, "Diary," April 2, 1893.

을에 그를 군산에 보내어 집을 사고 1895년 봄에 선교사를 보내어 가을에 선교지부를 설치할 계획을 세웠다.[17] 그러나 동학 봉기로 정해원은 군산에 가지 않았으므로 1894년 봄에 정해원은 서울로 올라왔을 것으로 짐작된다. 정해원은 1893년 3월부터 최소한 1894년 4월까지 전주에 거주했으므로 1893년 11월 정동에 없었고 [사진 A]에 등장할 수 없었다. 1893년 3월까지 첫 어학교사가 정해원이라고 해도 1893년 11월에는 그가 서울에 없었기 때문에 정해원 설은 성립할 수 없다. 동학전쟁과 청일전쟁의 소용돌이 속에서 정해원이라는 인물은 남장 초기 선교 상황에서 사라졌다.

[사진 C]

[사진 D]

3) 장인택 설: 『조선예수교장로회사기』(1928)는 전주와 군산 선교지부 개척에 나선 한국인 조사로 유일하게 장인택(張仁澤)만을 언급한다. 아마

---

17 Ibid. "April 2—Cheng's wife & c. Great disappointment, Hope he will stay till Tat moves in & settles. Most interesting cases were 박 & 뎡. 박 applied for baptism & showed clear apprehension of Gospel, Cheng had given several men good instruction…. Put Korean Cheng, if possible, at 군챵 fall of '94, foreigner spend spring '95 there, & settle in fall."

도 정해원과 다른 조사들은 임시로 거주하고 떠났기 때문일 것이다. 다만 『조선예수교장로회사기』는 선교사 전킨(전위렴)과 드루(유대모)와 전도인 장인택이 군산 옥구군 구암리에 와서 전도함으로써 신자가 점차 일어나 예배당을 신축하여 1900년에 구암리교회가 설립되었다고 서술한다.[18] 이 서술은 1928년의 글이므로 신빙성이 있다. 따라서 장인택은 1896년 이후 구암리에서 활동한 것으로 보인다. 한편 김수진은 장인택이 1893년 첫 어학교사 겸 조사였다고 서술했다.[19] 그러나 전킨의 첫 조사가 장인택이라고 해서 1893년 11월에 촬영된 [사진 A]에 나오는 어학교사를 장인택으로 볼 근거는 없다.

4) 이채연 설: 1893년 여름 주미조선공사를 지낸 이채연(李采淵, Ye Cha Yun)이 서울에 왔으므로 남장 선교사들과의 인연으로 어학교사를 했다고 추정하는 이들이 있지만, 그가 어학교사를 했을 리도 없을뿐더러, 만일 그가 어학교사라면 사진 중앙에 자리했거나 부인 배선과 함께 찍었을 것이다. 이 사진 속 청년은 이채연보다 젊고 호리호리하며, 얼굴도 다른 인물이다. 이채연은 관리로서 고관으로 승진을 거듭하는 중요 인물이었기 때문에 선교사의 조사인 어학교사가 될 가능성이 없었다.

5) 이채원 설: 1995년 [사진 C]처럼 어학교사를 이채원(Yi Chai-Won)으로 설명한 논문이 나왔다.[20] 12쪽에 17장의 초기 사진으로 에세이를 쓴 저자는 노스캐롤라이나 몬트리트 남장로회 역사분과의 사료과 부소장으로 1차 자료를 충분히 소화한 연구자였다. 다만 그가 어떤 1차 자료에 근거해 이채원으로 썼는지는 알 수 없다. 2007년 장로회역사관에서 평양대

---

18 차재명 편, 『조선예수교장로회사기』(경성: 총회, 1928), 72.
19 김수진, 『호남 기독교 100년사 전북편』(쿰란출판사, 1998), 27.
20 William B. Byrum, "Journey to the Land of Morning Calm: The Early PCUS Mission to Korea: A Pictorial Essay," *American Presbyterians* 72:2 (Summer 1995): 73.

부흥백주년기념 화보를 내면서 [사진 D]처럼 설명을 달았는데 다시 이채원으로 표기했다.[21] 어떤 사료를 근거로 그렇게 설명했는지 더 조사가 필요하다. 만일 이채원이라면 조선 공사 이채연의 동생이거나 사촌일 수도 있다. 아니면 미국인 필자들이 이채연(Yi Chai-Yun)을 이채원으로 표기했을 수도 있다.

6) 박 서방 설: 1893년 6월에 쓴 전킨의 글에 따르면, 레널즈의 조사는 어학교사이고 그는 천주교 신자였다가 개신교인으로 개종한 박 씨였다.[22] 그의 이름은 자료에 나오지 않는다.

> 그는 중국어를 말하고 아주 다양한 공부를 했다. 그는 한때 천주교회의 전도인이었다. 그러나 서울에 온 뒤 몇 달 후 신부에게 가서 성경을 요청했다. 신부가 말했다. "당신은 성경을 읽을 수 없다. 라틴어로 쓰여 있다." 그는 대답했다. "라틴어를 공부하겠소." 그러자 신부는 "성경은 신부들만 읽는 책이다." 그러자 한국인은 말했다. "신부가 되겠소." 신부가 말했다. "당신은 결혼했으므로 안 되오." 이에 그 한국인은 개신교인에게 와서 참 종교를 추구하는 학생인 척했다. 그와 이런 추구에 진심이었던 그의 친구는 성경을 얻어서 시골로 돌아갔다. 2개월 후 돌아와서 묻고 싶은 질문을 종이에 적었다. 우리의 좋은 감리회 형제인 존스 목사가 먼저 그들을 가르쳤는데 내가 본 사람 중에서 가장 좋은 본보기요 잘 생기고 위엄이 있고 공손하고 교육을 잘 받은 그 친구는 감리교회에 입교했고 그곳에서 일을 잘하고 있다. 다른 사람[박 씨]은 책들을 천주교인들에게 돌려주고 관계를 끊었다. 처음에 의도를 숨겼기 때문에 감리회 형제들은 그를 의심했다. 레널즈 목사가 만나 친구가 되었

---

21 "Early Presbyterian Missionaries—1893," *Presbyterian Heritage* (Phildelphia, PHS: Spring 2007).
22 William M. Junkin, "Preparation for Work in Korea," *Missionary* (Sept. 1893): 343.

고 한동안 같이 공부하다가 마침내 그를 교사로 고용했다. 얼마 전에 그의 한 천주교인 친구가 와서 왜 개신교인이 되었는지 물었다. "천주교인들은 네가 돈을 더 벌기 때문이라고 말한다." 그는 대답했다. "나는 신부로부터 15달러를 받았다. 지금은 8달러를 받는다." 이후 지금까지 그는 두 명의 한국인을 데리고 왔고 그들은 그리스도인이 되겠다고 고백했다. 한 명은 세례를 신청했는데 양반으로 매우 존경할 만한 사람이다. 그 세례 신청자는 이번 주에 우리를 만나보라고 관직 3품에 있는 남자를 데리고 왔다. 박 서방은 매우 흥미로운 사람이다. 만일 성령께서 그를 사로잡으면 주를 위해서 위대한 일을 할 사람이다. 그는 모든 쪽을 안다. 한국인, 천주교인, 그리스도인. 그는 한국 종교의 어리석음을 보여주는 책을 한 권 썼고 천주교가 하나님의 말씀에서 벗어났음을 적은 소책자도 썼다. 전자에 대해서 우리는 출판하기를 바라며 검토하기를 원한다.[23]

존스와 함께 일한 양반은 최병헌으로, 그는 1893년 2월 8일 세례를 받았다. 최병헌의 친구였던 박 서방은 천주교인이었다가 성경을 읽고 개신교인이 되었고, 레널즈의 친구가 되었으며 그의 어학교사로 고용되었다.[24] [사진 A]의 어학교사를 자세히 보면 손에 묵주를 들고 있다. 그는 천주교 전도인이었다가 개종했고 아직 세례를 받기 이전이므로 [사진 A]처럼 천주교 묵주(默珠)를 사용하여 기도하고 있었음을 알 수 있다. 레널즈는 1894년 3-4월 전주 여행 때 서상륜, 옥손, 박 씨, 마부 2명, 보이와 함께

---

23 Ibid., 342-344.
24 레널즈의 어학교사 박 씨의 개종 동기나 어학교사 채용 과정과 신부들의 반응은 1885년 언더우드가 송순명을 채용한 사례와 유사하다. 초기 천주교인 양반 중에 성경을 읽고 배우고 싶어서 개신교로 넘어온 천주교인들이 있었다(H. G. Underwood to F. F. Ellinwood, July 6, 1885).

갔다.²⁵ 전주에 있던 정해원이 세례를 신청한 박 씨를 몇 번 가르쳤다.²⁶ 박 씨는 서울에 올라와서 최소한 1893년 말까지 어학교사를 계속했다. 결론적으로 사진 A에 등장하는 어학교사는 박 서방이다.

넷째, 이 사진에는 존슨 목사가 없다. 개인 자격으로 한국에 온 존슨은 지원이 끊어지자 일본 도시샤(同志社) 대학에서 영어 교수로 초빙을 받아 1893년 가을에 서울을 떠났기 때문이다. 존슨은 1895-96년 겨울 6개월간 요코하마에서 약 930km 떨어진 보닌 섬에서 사역하기도 했다.²⁷ 보닌 섬은 김옥균(1851-1894)의 유배지로 알려진 곳이었다. 이어 존슨은 고베에서 남장 선교사로 사역했다. 1899년 9월에는 인천에서 열린 남장로회 연례회의에 참석하여 옛 동료들을 만나 회포를 풀었다.²⁸ 다음 사진에서 중앙 제일 뒤쪽에 홀로 있는 이가 존슨이다.

---

25 W. D. Reynolds Diary, March 27, 1894.
26 W. D. Reynolds Diary, April 2, 1894.
27 Cameron Johnson, "The Bonin Islands," *MRW* (Sept. 1901): 653.
28 C. Johnson, "Notes on a Recent Visit to Korea," *Missionary* (April 1900): 162-163. 존슨은 고베에서 부산을 거쳐 제물포로 오는 길에 목포에 들러, 벨 부부와 오웬 부부와 스트래퍼 양을 만났다. 그는 제물포에서 회의를 한 후 기차를 타고 서울에 갔다. 이어 군산에 가서 10일을 머물며 드루 의사와 교제했는데, 두 번이나 배를 타고 나갔다. 그는 목포에서 5일을 지낸 후 고베로 돌아왔다.

▲ 남장 연례회의, 제물포(1899년 9월) [Moffett]
뒷줄 남성, 왼쪽부터: 오웬, 테이트, 전킨, 캐머런 존슨(일본 고베 거주)
중간 줄 남성, 왼쪽부터: 드루, 해리슨, 벨
앞줄 여성, 왼쪽부터: 전킨 부인, 레널즈 부인, 벨 부인, 테이트 양,
잉골드 의사(자전거를 잡고 있음)

▲ 같은 날 다른 사진(1899년 9월) [Moffett]
중앙에 드루 의사와 두 아이, 오른쪽으로 벨 부부와 아이, 전킨, 그 앞에 두 아이와 존슨

1893년 북장로회와 호주장로회와 남장로회 등 세 개의 장로회 선교회들은 조선장로회선교회공의회(The Presbyterian Missionary Council of Korea)를 조직하고 남장로회는 호남 지역을 맡았다. 그러나 1894년 사역을 시작할 단계에 동학전쟁이 일어나 남장로회는 호남 선교를 2년간 연기할 수밖에 없었다. 따라서 1895년 전킨은 서대문 예배 처소에서, 레널즈는 인성부재(지금의 중구 인현동 고개) 예배 처소에서 활동하고 전라도 지역 전도 탐사 여행을 했다. 데이비스는 정동을 떠나 북장로회의 수잔 도티가 거주하는 인성부재 사택에서 함께 기거했다. 그곳에는 스트롱 양도 이웃하고 있었다. 도티는 부인과 어린이 사역을 하다가 정동여학당(1895년 10월 연동여학당으로 이전) 사역에 집중하고 부인과 어린이 사역을 데이비스에게 넘겨주었다. 데이비스는 주일예배에 남자들도 출석하자 레널즈에게 부탁하여 인성부재 예배 처소를 운영했다. 데이비스와 레널즈가 군산과 전주로 내려간 후 제중원의 간호원 쉴즈(E. L. Shields)가 1897년 10월에 내한하여 인성부재의 스트롱 사택에 함께 거주했다.

　　데이비스는 서울 인성부재에서 사역하다가 1896년 11월 군산에 임명되었다. 1896년 3월에 내한한 해리슨(William B. Harrison, 1866-1928) 목사는 처음에 전주에 배정되었다가 12월에는 군산에 배정되었는데 이때 데이비스와 해리슨이 서로 호감을 느껴 1898년 6월 9일 군산에서 결혼했다. 데이비스 해리슨 부부는 전주로 사역지를 옮겨 5년간 사역했다. 데이비스는 발진티푸스로 1903년 6월 29일 별세했다. 해리슨 목사의 두 번째 아내는 첫 간호학교인 보구녀관 간호원양성소를 설립한 마가레트 에드먼즈(Margaret Edmunds Harrison, 1871-1945)였다. 에드먼즈는 서재에 데이비스의 사진을 걸어놓고 그녀의 희생을 기억했다. 첫 딸을 낳고 그 이름을 Selina로 했는데 이는 해리슨의 첫 아내인 리니 셀리나 데이비스를 기념하기 위한 것이었다.

37
영국 성공회의 첫 교회
제단과 주련(1893년)

▲ 장림성당 공사 모습(1893년) [Oak]

코프 주교는 6년간 직접 전도를 금지하고 준비기를 가졌다. 사제와 수녀들은 번역, 인쇄, 출판과 같은 문서 사역이나 병원에서 의료와 간호 활동을 하면서 한국어와 한국 문화를 익혔다. 따라서 중요한 것은 기도하고 미사를 집전하는 일이었다. 1890년 12월 코프 주교는 정동 사택에서 첫 미사를 올린 후 1892년 장림성당을 착공하여 위의 사진처럼 한옥으로 짓고, 이듬해 가을에 완공하여 축성 헌당 후에 아래처럼 제단 쪽으로 사진을 찍어 런던으로 보냈다. 1894년 1월호 *The Morning Calm*에 실렸으므로 사진은 1893년 가을에 촬영했을 것이다. 이어서 코프 주교는 1894년 말 성베드로회 수녀들을 위한 작은 성베드로채플 제단을 장림성당 동쪽 뒤에 붙여 지었으며[1] 1898년 낙동에 영국공사관 외교관들과 외국인을 대상으로 부활성당을 지었다.

정동과 낙동에 세운 작은 예배당과 채플을 보면 팔각지붕 3량식 한옥으로, 내부는 도리와 대들보와 기둥을 노출한 채 정면 제대(祭臺, altar. 미사용 탁자)를 서너 개 계단 위에 설치하고 제대 위에 은제 십자가를 두었다. 코프 주교는 한옥 예배당을 통해 토착화를 시도하고 한옥의 미를 그대로 살리면서 미사 공간으로서의 장중함을 노출된 큰 나무 기둥과 도리와 대들보와 서까래 등으로 표현했다. 이와 유사한 강화 온수리성당, 충북 진천성당, 충남 청주성당 등은 이 장림성당을 본떠서 만들었을 것이다.

▲ 장림성당(Church of Advent, 1893년) [Oak][2]

---

1 *Morning Calm* (April 1895): 54.
2 *Morning Calm* (Jan. 1894): 14.

▲ 몇 년 뒤의 제대 모습 [Oak]³

장림성당의 제단은 칸막이로 둘렀으며 제대에는 전면 아래 왼쪽에 "INRI"(*Iesus Nazarenus rex Iudaeorumd*의 약자, 나사렛 예수 유대인의 왕)을 새겨 예수의 수난을, 중앙에 십자가를, 오른쪽에는 그리스어 'ΧΡΙΣΤΟΣ'의 앞 두 글자인 키로를 새겨 부활하신 그리스도를 나타냈다.

▲ 성베드로 예배실(1895년) [Oak]

---

3   Mark Trollope, *The Church in Corea* (1915), 40.

낙동 부활성당은 제단 후면 벽에 "SANCTUS SANCTUS SANCTUS"를 새긴 현판을 달아 삼위일체 하나님의 거룩하심을 강조하고 그 위에 큰 십자가를 달았다. 제단 앞 기둥들에는 "基督代五等受死"(기독대오등수사: 그리스도가 우리를 대신하여 죽음을 당했다), "聖神賜 爾等重生"(성신자이등중생: 성신께서 너희에게 중생을 주신다) 등의 주련(柱聯)을 달아 예수의 수난과 성신의 중생 사역을 강조했다. 제대포로 제단을 덮어서 전면에 어떤 문양이 있는지 알기 어렵다.

▲ 1898년 말에 완성된 낙동의 부활성당[Oak]

몇 년 후 아래 사진처럼 장림성당의 제대는 "視哉 天主 聖羔"(시재 천주 성고, 하나님의 어린양을 보라, 요 1:29) 문구가 새겨진 것으로 바뀐 것으로 보이는데, 그 시기와 기존 제대의 존재에 대해서는 조사가 필요하다. 이 제대에는 윗면과 옆면을 덮는 청색 제대포를 사용하고 있다.

▲ 현재 서울 성공회 성당에 보관된 초기 장림성당의 제대
윗부분에 문양이나 글씨가 없는 대신 아랫부분에 "視哉天主聖羔"가 새겨져 있다.

장림과 부활 두 성당의 제대 차이는 전자가 라틴어 글자의 줄임말을 상징 기호를 사용했다면, 후자는 라틴어와 한문 텍스트로 표현했다는 것이다. 한글이 아닌 라틴어와 한자의 사용은 조선 성공회가 고교회(高敎會) 전통에 서 있음을 드러낸 기호였다.

    시점은 알 수 없으나 부활성당은 제단 현판으로 "萬有眞原"(만물의 참 근원이신 하나님)을 걸었는데 강화성당이 축성되자 그 현판을 그곳으로 옮겼다. 강화성당에서 현판에 사용된 문구는 정면 외부 현판 "天主聖殿"과 내부 제단 현판의 "萬有眞原" 그리고 내부 주련 대신 외부의 5개 주련과 내부 입구 세례대의 "修己洗心 去惡作善"(자신을 수양하고 마음을 씻어 악을 제하고 선을 행함) 문구로 발전했다. 성당에 많은 한문 문구를 새겨서 유교 사당에 가까운 토착화를 시도한 것으로 보인다. 강화성당이 바실리카 양식과 절충을 시도하고 제단을 돌로, 크고 낯선 대리석 세례대를 입구 중앙에 두었기 때문에 이러한 한문 문구를 강화했다고 하겠다. 제대 자체는 연한 자주색과 초록색 제대면으로 덮어 문양을 볼 수 없게 했으며, 큰 촛대 6개를 올려 좀 더 한국 양식을 강화했다.

▲ 현재 강화 천주성전 제단
제단 뒤에 "萬有眞原" 현판을 달았다.

▲ 강화 온수리성당(성안드레성당) 제단
낙동 부활성당 제단 뒤 벽에 있던 "SANCTUS SANCTUS SANCTUS"가 제단 앞면으로 와서 "聖 聖 聖"으로 삼위일체 하나님의 거룩하심을 강조했다.

38
첫 악보 찬송가
언더우드의 『찬양가』(1894년)

2016년 2월 11일 레이저 간섭계 중력파 관측소(Laser Interferometer Gravitational-Wave Observatory, LIGO)는 우주 중력파(gravitational wave) 검출에 성공하며 그 존재를 입증했다. 두 개의 블랙홀이 만나는 과정에서 주변의 시공간이 뒤틀리며 중력파가 방출되는데 이때 지구인이 파동을 처음 들었다. 태초에 발생한 우주의 소리, 곧 하나님의 소리를 들은 것이다. 그러면 서구 기독교 음악과 한국 음악 문화가 처음 만났을 때 만들어진 1894년 갑오년의 첫 찬송가 소리는 어땠을까?

초기 한국교회는 각 교파별로 한문 찬송가와 영어 찬송가에서 번역하고 편찬하여 전용 찬송가를 사용했다. 지금까지 알려진 바에 의하면, 1912년까지 발행된 찬송가는 연대순으로 다음과 같았다. 이 가운데 1894년 언더우드의 『찬양가』만 비공식적인 개인본이었고, 나머지는 각 교파 선교회가 공인한 찬송가였다.

  감리회,『찬미가』(1892)
  장로회,『찬양가』(1894) → 『찬셩시』(1895)
  침례회,『복음찬미』(1899)
  성공회,『셩회숑가』(1903)
  성결교회,『복음가』(1907)
  안식교회,『예수재강림찬미가』(1911)
  구세군,『구세군가』(1912)

1905년 장로회와 감리회 연합운동의 결과 1908년 장감 연합의 『찬숑가』

가 출판되었다. 이로써 '하나의 성경, 하나의 찬송'이라는 연합 전통이 장 감 두 교단 사이에 만들어졌다. 따라서 찬송가집 없이 찬송하던 시기(1892년 이전)를 지나 1892년부터 1912년까지 20년간을 교파별 찬송가의 정착기로 볼 수 있으며 그 찬송가들의 특징은 교파성, 번역성, 선교사 주도의 편집 등이었다. 물론 1931년부터 1967년까지 발간된 찬송가들과 비교해 보면, 1912년 이전에 한국인이 작사한 찬송, 한국 음계의 찬송, 한국 가사나 시조 전통을 잇는 4·4조 가사, 전통 종교의 용어 사용 등의 측면에서 토착화를 위한 노력이 많았다.

초기 찬송가 편찬과 발간의 역사는 사실 서구 기독교 음악이 한국 문화에 처음 접목하는 과정이므로 음악사와 교회사 전문가들이 합력하여 종합적인 연구를 심화해야 할 분야다. 특히 번역과 편집 측면에서 영미 찬송가의 영향뿐만 아니라 배후에 많은 영향을 준 한문 찬송가들과 독일 찬송가에 대한 연구도 필요하다. 이 글은 1894년 언더우드가 편찬한 『찬양가』가 편찬되어 나오기까지 장로교회에서 어떻게 찬송을 번역하고, 배우며, 예배 시간에 찬송했는지를 살펴보려고 한다. 감리교회의 경우는 다음 기회에 다루겠다.

정동장로교회의 족자 찬송가

1887년 가을 서울에 한국교회들(새문안교회와 정동제일교회)이 탄생하자 처음에는 한문 찬송가에서 번역한 가사를 필사하거나 예배용으로 큰 한지에 한 장씩 써서 족자 찬송가(scroll hymns)를 만들어 넘기면서 불렀다. 이 찬송가들은 모두 당시 한국어에 가장 능한 언더우드가 번역한 것들이었다. 선교사가 치는 풍금에서 나오는 생소한 서양 음계와 리듬, 그리고 낯선 가사였지만 교인들은 온 마음을 다해 뜨겁게 불렀다. 감격이 있었기 때문이었다.

언더우드 『찬양가』(1894년) 서론을 보면, 최초의 찬송가집인 감리회의 『찬미가』(1892년)에 실린 27곡은 당시 번역되어 불리던 찬송을 모은 것이었고, 『찬양가』에 수록된 50여 곡은 당시 장감 양 선교회에서 사용하던 찬송가를 모아 수록한 것이었다. 『찬미가』의 27곡이나 『찬양가』의 50곡이 구체적으로 무엇이었는지 정확히 알 수 없지만, 여러 자료를 통해 일부는 알 수 있으며 대부분이 언더우드가 번역한 것이었다.

언더우드의 찬송가 번역과 사경회에서 가르치기

언더우드는 예배용 찬송가가 필요해지자 출판을 서둘렀다. 1888년 말 출간을 목표로 언더우드는 찬송가를 번역하고 편집하고 있었다. "겨울이 시작되기 전에 작은 찬송가를 출간하려고 하는데 이것은 꼭 출판되어야 합니다."[1] 언더우드는 찬송가 편찬뿐만 아니라, 여러 사경회에서 매일 한 시간씩 찬송 부르기를 가르쳤다. 메릴 양이 풍금 반주를 하면 헐버트 부인과 헤이든 양이 노래를 부르고, 이를 회중이 따라 부르도록 언더우드가 지도했다.

> 언더우드 씨는 지금 과로하고 있습니다. 권서들과 교사들이 지방에서 올라와서 현재 2주째 있는데, 그가 웨스트민스터 소요리문답을 따라 기독교 교리를 가르치고 있습니다. 그는 오전과 오후에 수업이 있으며 물론 매일 그다음 날 가르칠 것을 시간을 들여 준비해야 합니다. 그는 매일 한 시간씩 (헐버트 부인과 헤이든 양 그리고 친절하게도 오르간을 쳐주는 메릴 양의 도움을

---

1 Underwood to Ellinwood, Aug. 14, 1888.

받아) 그들에게 찬송가를 가르치는데, 물론 한국어로 번역한 것입니다.[2]

위의 장면은 1888년 12월 중순부터 이듬해 1월 중순까지 언더우드의 사랑방에서 한 달 동안 열린 한국 장로교 최초의 신학반이자 사경회를 묘사한 것이었다. 여러 지역의 지도자라고 할 수 있는 서상륜(서울), 서경조(장연), 최명오(장연), 한석진(평양), 김종섭(평양), 백홍준(의주), 김관근(구성), 양전백(선천) 등이 참석했으며, 간단한 신학 체계와 찬송 부르기, 예배 인도, 설교, 성경 낭독, 기도하는 법 등을 배웠다. 이는 1901년에 시작된 평양신학교의 전신이다. 이 사경회에서 매일 한 시간씩 세 명의 여자 선교사와 언더우드가 함께 서양 찬송가 곡을 따라 부르게 했다.

주 교사는 파크 대학을 졸업하고 1888년 11월 15일에 내한한 하이든(Mary E. Hayden, 1857-1900, 1890년 기포드 목사와 결혼) 양이었다. 그녀는 서울에 온 지 얼마 되지 않았으나 노래는 가르칠 수 있었다. "하이든 양은⋯ 학교 일뿐만 아니라 신학반에서 찬송 부르기를 가르치고 있습니다. 물론 이 일은 처음에는 시간이 많이 걸립니다."[3] 하이든 양은 정신여학당을 맡아 교사로 봉사하면서 찬송을 가르쳤다. 당시 언더우드는 헐버트와 함께 사냥을 갈 정도로 사이가 가까웠는데, 헐버트 부인도 언더우드의 사경회에서 찬송을 지도했다. 신학반 사경회에 참석한 조사, 권서, 교사들은 1개월간 매일 한 시간씩 찬송가를 배웠기 때문에 1889년부터 각 지역 교회에서도 족자 찬송가를 만들어 예배 시간에 사용할 수 있었다.

1888년 12월 23일은 주일, 정동장로교회 예배 시간에 5명이 세례를 받았다. 예배실은 앉을 자리가 없을 정도로 가득 찼다. 한국인 교인들은

---

2   Lillias Horton to Ellinwood, Dec. 22, 1888.
3   Underwood to Ellinwood, Jan. 9, 1889.

이미 한국어로 마음을 다해 찬송을 크게 부르고 있었다.

> 예배는 한국어로 개회했는데, 처음부터 끝까지 우리는 모두 하나님께서 진실로 우리와 함께 계심을 느꼈다. 이어서 우리는 마음과 영혼을 다하여 한국어로 "여호와의 용상 앞에"를 "올드 한드리드" 곡조로 불렀다. 찬송이 끝나자 다섯 명의 한국인이 일어나서 구세주에 대한 신앙을 공개적으로 고백하고 세례를 받았다. 기도에 이어 성경 본문 에스겔 33장이 낭독되었고 "우리 주 가까이"를 함께 찬송했다. 이어 내가 "파수꾼의 의무와 책임" 곧 "우리 할 본 직분"이란 제목으로 설교했다. 설교가 끝나자 아펜젤러 목사가 올링거 목사의 도움을 받아 성찬을 분배했다. 진실로 감동적인 예배였다.[4]

여기서 우리는 영국 찬송가의 아버지라고 불리는 와츠(Isaac Watts)가 쓴 유명한 "여호와의 용상 앞에"(Before Jehovah's Awful Throne)와 메이슨과 아담스(Lowell Mason, Sarah F. F. Adams)가 쓴 "우리 주 가까이"(Nearer my God to Thee)가 이미 1888년 12월에 번역되어 불렸음을 알 수 있다.

전자는 『찬양가』에 제6장으로 수록되었고 7절까지 가사를 실었으며, 후자는 제81장으로 4절까지 가사를 실었다. 이 두 곡은 『찬미가』(1895)에도 각각 제10장과 제51장으로 재록되었다. 따라서 최소한 1888년부터 정동에서 장로교회와 감리교회에서 예배 시간에 부른 첫 찬송은 이 두 노래였다.

---

[4] Underwood, "Korea," *Missionary Review of the World* (June 1889), 457; Underwood to Ellinwood, Dec. 23, 1888.

번역한 찬송들의 개정과 번역(1890-92년)

언더우드는 1890년 말과 1891년 초에 여러 소책자를 번역하면서 찬송가도 계속 한문과 영어에서 번역했다. "나는 찬송들을 개정하고 몇 곡을 더 번역했는데 한두 곡을 더 추가해서 아마도 내년에 출판할 것입니다."[5] 찬송가 한 장 번역에는 많은 시간이 걸렸다. 그는 1891년 2월 연례회의에 제출한 자신의 문서 사업 보고서에서 다음과 같이 썼다.

> 지난 1년간 다른 일을 하면서 틈틈이 상황이 허락하는 대로 여러 새 찬송들도 번역했으며 이전에 번역한 찬송들은 조심스럽게 수정했는데, 상당히 많은 시간을 찬송가 준비에 사용했습니다. 이제 약 30곡의 찬송이 준비되었는데 대부분이 본국에서 널리 불리는 성가의 번역이며 나머지 몇 곡은 이곳 본토인이 작사한 것입니다. 그러나 이것들은 리듬과 박자 면에서 조심스런 개정이 필요합니다. 이 찬송들은 가장 이해하기 쉬운 용어를 채택하려고 세심한 주의를 기울였으며, 현재까지는 문어에 해당하는 문자(文字)인 한자어만을 사용했는데 용어를 이해할 수 있는 접촉점이 될 것입니다.[6]

언더우드는 선교회가 임명한 편집위원회의 일원으로 위원회 편찬본을 만들기 위해 1891년 2월까지 미국에서 널리 불리는 30여 곡을 번역하고, 한국인이 작사한 찬송가도 몇 곡 포함시켰다. 첫 찬송가 편찬부터 한국인이 작사한 찬송을 넣은 것은 그만큼 음률과 박자가 맞는 번역을 하기가 어려웠기 때문이었다.

5　Underwood to Ellinwood, Feb. 27, 1891.
6　Underwood, "Personal Annual Report: Literary Work for 1891."

언더우드는 1891년 3월 첫 안식년을 보내기 위해 한국을 떠날 때 자신이 만든 작은 찬송가를 편집위원회에 넘겨주었다. 그러나 2년 후 그가 서울에 돌아왔을 때 그 찬송가의 출판은 전혀 진행되지 않고 있었다. 여전히 예배 시간에는 족자를 보고 찬송을 부르고 있었다.

찬양가 편찬 작업(1893년)

1893년 5월 언더우드가 서울에 돌아오자 편집위원회(마페트, 게일, 기포드)의 위원장인 마페트 목사는 언더우드에게 찬송가 편찬을 일임했다. 감리교 찬송가 위원은 중국에 가 있었고, 위원회 일은 일반적으로 시간이 오래 걸리는 데다, 찬송가가 즉시 필요한 상황이었기에 단독 추진을 부탁한 것이었다. 언더우드가 귀국한 후 몇 달간 집수리 때문에 벙커 부부 집에 머물렀는데, 이때 두 사람은 같이 찬송가 작업을 했다.

> 나는 일을 계속했습니다. 주께서 나에게 한국어 찬송가 작업에 은사를 주셨고, 거의 모든 옛 한국어 찬송가는 내가 번역한 것이며, 그 일을 해갈 때 찬송의 영이 내 속에 있는 것을 느꼈고, 새로 약 50곡을 추가하여 총 106곡의 찬송가를 가질 수 있었는데 대부분이 내가 직접 번역한 것이었습니다. 음악 전문가인 벙커 씨가 이번에 나를 도와주었습니다. 나는 다른 선교회 회원들이 휴가를 즐기는 동안 밤낮 쉬지 않고 이 일을 했습니다. 출판비가 없는 것을 알고, 나는 전체 비용을 자비로 부담한 뒤 한국 선교 사업에 기부하려고 결정했습니다. 물론 출간되어 나왔을 때 그 수용 여부는 교회들과 선교사들에게 맡기려고 했습니다. 감리교 선교회는 그들의 찬송가 위원회에 일을 중단하도록 지시할 정도로 나를 신뢰했고, 내가 교정지를 보내겠다고 제의했음에도 불구하고 이를 거절하면서 내 일이 제대로 되었을 줄 안다고 말했으며, 출

판된 찬송가를 감리교회 찬송가로 도입하기로 결정했습니다. 악보 출판비가 비싸서 1,000부를 찍는데 은화 250불이 듭니다. 나는 아무것도 숨기지 않았습니다. 나는 개정 찬송가를 회람시켰고 아무도 반대하지 않았습니다.[7]

하지만 이미 일본 인쇄소에 원고를 넘기고 자비로 출판에 들어간 상태에서, 북장로회 편집위원회는 언더우드의 찬양가를 채택하지 않기로 했다. 그 결정에 북감리회도 동참했다. 언더우드에게 편찬을 일임하고 공식 찬송가로 채택하려던 두 선교회가 돌아선 것은 용어 문제 때문이었다. 곧 언더우드가 하느님을 거부하고 대신 상주, 상제, 여호와만 사용했기 때문이었다. 이로써 한국에서 용어 문제가 점화되었고 이후 10년간 언더우드와 다른 선교사 간의 논쟁이 지속되었다.

1893년 인쇄소에 넘겨 1894년 초에 출판

찬송가 서문을 완성한 시점은 1893년 9월이었다. 인쇄는 일본 요코하마에 있는 횡빈제지분사(橫濱制紙分社)에서 맡았다. 영문 서명은 *Hymns of Praise*, 발행처는 예수성교회당(언더우드가 담임한 정동장로교회 내의 개인 출판사), 판매는 서울의 한미화활판소(The Trilingual Press)에서 맡았다.

장로회의 찬송가 문제는 서울의 기포드 부인(Mrs. Gifford)과 평양의 리(Graham Lee) 목사가 편찬한 『찬셩시』(1895년)가 출판되면서 마무리되었다. 내한한 지 6년이 지난 기포드 부인은 음악과 노래에 소질이 있는 데다 여자 선교사 중 한국어에 가장 능하고 번역에 재능이 있었기 때문에 찬송가를 번역했다. 리 목사 역시 음악에 능한 남자 선교사였다.

---

[7] Underwood to Ellinwood, Oct. 28, 1893.

언더우드는 서울에서 자신의 『찬양가』를 계속 사용했다. 1895년에는 개정판을 냈고, 1901년에는 악보 없는 판을 출판했다. 그는 한 선교사가 자비로 책을 출판할 자유가 있으며, 선교회가 그것을 막을 수 없다는 입장이었다. 그러나 선교회는 언더우드의 독불장군식 일 처리가 불만스러웠다. 1893년부터 마페트를 중심으로 한 평양 주재 선교사들이 언더우드를 중심으로 하는 서울 세력을 견제하면서 갈등이 시작되었다. 해방 이후까지 두 세력의 갈등은 계속되었고 교파 분열까지 연결되었다는 점에서, 그리고 오늘날도 여전히 찬송가 문제로 분쟁이 많다는 점에서 찬송가의 역사에 있는 어두운 면을 보게 된다.

언더우드의 찬양가(1894년)

찬양가 서문의 전반부는 언더우드의 찬양 신학이 드러나 있다. 그는 기독교만이 두려움으로 하나님께 나아가지 않고 기쁘게 찬양하는데, 그 이유는 죄인으로서는 하남 앞에 나아갈 수 없으나 예수의 대속적 죽음으로 용서함을 받았기 때문이라고 강조한다. "우리들이 예수를 믿으면 참신 여호와를 주로만 알 것이 아니라 우리가 사랑하는 아버지로 알 것이니, 이 생각을 하면 예배하러 올 때에 찬미할 수밖에 없고"라고 하여, 그가 구약의 시편 중심이 아니라, 신약의 기독론과 구원론 중심의 찬양을 지향했음을 알 수 있다. 다음은 서문의 후반부다. 그는 번역의 어려움을 말하고, 따라서 한국인 신자가 작사한 곡을 넣었음을 강조했다. 그의 글을 지금의 맞춤법으로 고쳤다.

이 도는 조선에 온 지가 오래지 아니하니 외국 노래를 가지고 조선말로 번역하고 곡조를 맞게 하여 책 한 권을 만들었으니, 이 책에 있는 찬미가 다 한 사람이 번역한 것이 아니라 여러 사람이 번역하여 모아둔 것이오, 또 이 중에 제4, 제29, 제38, 제61, 제93, 제113, 제115는 다 조선 사람이 지은 것이니, 그러나 곡조를 맞게 하려 한즉 글자가 정한 수가 있고 자음도 고하청탁이 있어서 언문자 고저가 법대로 틀린 것이 있으니, 아무라도 잘못된 것이 있거든 말씀하여 고치기를 바라오며, 책은 잘못 지었을지라도 예배할 때에 이 책을 가지고 찬양하여 모든 교형들의 흥기하는 마음이 더 감동하기를 바라노라.

칠월 이십칠일 미국목사 원두우 근서

1894년 초에 출판된 언더우드의 『찬양가』는 악보가 있고 정식 체계를 갖춘 첫 찬송가였다. 이로써 오선 악보에 사성 음계가 표기된 서구 음악과 찬송가가 정식으로 한국에 소개되었다. 서문과 차례에 이어 천부 찬송(1-17장), 성자 찬송(18-54장), 성령 찬송(55-71장), 신도 생활(72-94장), 성회 찬송(95-117장) 등 5부로 편집하고, 부록으로 십계명, 사도신경, 주기도문, 색인, 영어 목록과 영어 서문을 붙였다. 주목할 점은 약 10개의 찬송(4, 29, 38, 40, 61, 87, 93, 113, 114장)을 한국인 교인이 직접 작사하거나 한문에서 번안했다는 점이다. 그러나 115장 배단씨 십신가(培端氏 十信歌)를 한국인이 작사한 것으로 언더우드 서문에서 밝혔고 흔히 그렇게 알고 있으나 사실 배단은 중국 산동에서 활동한 맥카티(Divie Bethune McCartee)의 한자명이었다.

번역한 찬송가 제목은 영어와 한문으로 표기했는데 이는 영어 찬송가와 중국에서 사용하던 한문 찬송가를 놓고 번역했기 때문이었다. 참고로 언더우드가 참고한 것이 분명한 네비어스(John L. Nevius) 편, 『讚神聖詩 Zanshen shengshi(Hymns and Psalms)』(Shanghai: Presbyterian Mission Press, 1877)의 28장 "基督爲盤石"(Rock of Ages)을 언더우드의 『찬양가』 36장과 비교하면 같다.

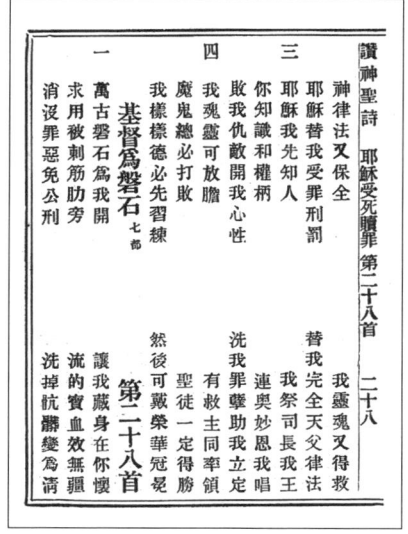

▲ 네비어스, 『찬신성시』(1877)   ▲ 언더우드, 『찬양가』(1894)

이를 지금의 "만세 반석 열리니" 가사와 비교해보면 상당히 다름을 알 수 있고, 그만큼 찬송가 가사 번역이 어려웠음을 실감하게 된다. 그러면 한국인이 작사한 곡들을 살펴보자. 당시는 아직 한국인 작곡은 없었기 때문에 가사만 살피겠다.

한국인이 작사한 찬송에 담긴 신앙고백

수록된 한국인 작사 찬송 가운데 처음 나오는 곡은 제4장이다(맞춤법은 고쳤음).

    1절 이 세상을 내신 이는 여호와 하나뿐일세

　　　　천지만물 내신 후에 일남일녀 시조냈네
2절　오직 사람 귀하더니 마귀에게 미혹하였네
　　　　지옥고가 생겼으니 세세자손 적악일세
3절　착하신 여호와께서 자비지심 대발하사
　　　　성자 예수 탄생하니 십자가상 죽으셨네
4절　이 은공이 크시구나 갚을 바를 모르겠네
　　　　일년 일차 성찬으로 그 큰 공로 잊지 마세
5절　먹고 입고 쓰는 것은 은혜마다 감사하세
　　　　주색 간음 방탕 말고 일정지심 찬미하세

창조, 타락, 구속, 예배와 성례, 성도의 생활이라는 각 절의 주제는 작사자의 복음적인 신학과 건전한 역사관과 세계관을 보여준다. 4절은 목회자의 부족으로 성찬식을 매년 한두 차례만 기념하던 상황을 보여준다.

성자 찬송(18-54장) 가운데 한국인이 작사한 두 곡은 그리스도의 속죄 은공을 강조한 후 예수를 따라 사랑과 도덕의 삶을 살 것을 강조한다. 38장의 1절과 3절을 보자.

1절　우리 예수 큰 공로가 내 죄악을 모두 씻네
　　　　이 은혜를 생각하니 태산이 아주 가볍다
3절　십계를 엄히 지키고 예수 행적 본을 받아
　　　　불쌍한 이 시사하고 병든 사람 치료하세

성령 찬송인 61장의 작사자는 사후 천당을 바라보는 내세 신앙의 소유자다.

1절 예수의 높은 이름이 내 귀에 들어온 후로
　　　전 죄악을 소멸하니 사후 천당 내 것일세
2절 사람 육신 생긴 근본 생어토 귀어토 하네
　　　가련하다 천한 몸을 조금도 생각지 말세
3절 귀한 영혼 예수 따라 천당에 곧 올라가세
　　　거기가 내 본향일세 착한 영혼 모였구나
4절 지성으로 믿던 덕이 좋은 줄을 깨닫겠네
　　　여호와와 동락하니 무궁무진 즐겁도다

흙에서 태어나 흙으로 돌아가는 천한 육신은 무시하고 천국에 갈 귀한 영혼을 위해 지성으로 믿는 공덕을 쌓아 영원한 천당의 복을 누리자는 내용은 영육 이원론과 타세 지향적인 신앙이 처음부터 있었음을 시사한다. 그러나 당시 동학혁명에 이어 청일전쟁이 진행되던 상황과 민중의 생활고를 생각하면 사후 천당을 바라던 심정을 십분 이해할 수 있다. 93장은 그러한 교인들의 심정을 진솔하게 대변한다.

1절 어렵고 어려우나 우리 주가 구하네
　　　옷과 밥을 주시고 좋은 것을 다 주네
(후렴) 어렵고 어려우나 우리 주가 구하네
2절 우리 기도 다 듣고 항상 같이 있구나
　　　우리를 자나 깨나 우리 주가 돌아보네

참으로 엄혹했던 시절, 옷 한 벌과 밥 한 그릇을 놓고 감사 찬양하는 성도들! 눈물의 빵을 먹으며 기도한 성도가 어찌 주님의 은혜를 잊겠는가.

"하늘엔 곤찮고 장생불로"(1894년 애창곡)

갑오년 혁명과 전쟁의 실존적 위기 속에서 살던 교인들의 신앙의 일면을 보여주는 다른 찬송은 110장 "하늘엔 곤찮고 장생불로"다.

▲ 110장 "하늘엔 곤찮고 장생불로"

이 찬송은 평양 선교사들이 만든 『찬셩시』(1895)와 감리교의 『찬양가』(1897)에 재수록 되었는데 청일전쟁 전후에 한국 교인들이 가장 애송한 찬송이었다. 사진에 1절이 있으므로 마지막 4절을 보자.

  4절 하늘엔 안 죽어 장생불로 / 생명을 안 끊어 장생불로
   사람들 황천길 노소 없이 뫼로 가 / 하늘엔 무 연세 장생불로

기독교의 새로운 '영생' 개념을 도교의 '장생불로' 개념을 빌려 설명한 이 작가는 타 종교와의 접촉점과 유사성을 이용해 기독교 복음을 표현한 성취론자였다. 이 찬송은 3-3-4조의 운율에, 첫음절에 강세가 있고 전통 5음계와 비슷한 곡조여서 부르기 쉬웠다. 전쟁에 이어 콜레라가 창궐하면서 황천길 인생에서 천국 소망은 더욱 간절해졌고 이 노래는 애창곡이 되었다. 동학전쟁과 청일전쟁으로 들판에 널린 시체를 목도한 데 이어 콜레라로 죽어가는 사람들을 보면서, 사람들은 피난처를 찾았다. 그들은 심산유곡의 십승지지를 찾거나 십자기가 휘날리는 교회를 찾았다. 땅이 사람을 기르거나 먹이지 못하자 하늘을 찾아 호소하던 때였다. 그때에 개신교가 민중들의 심령을 천국으로 위로하고 영생의 희망을 주었다.

그러나 1897년 「그리스도신문」은 기독교의 '영생'과 도교의 '장생불로' 개념이 다르다는 논설을 실었다. 곧 불사약을 먹고 신선이 되어 장생불사한 자는 없으므로 도교의 가르침이 헛되다고 비판하고, 영생을 주는 '약'은 신약과 구약밖에 없으며 그리스도 안에 부활의 영생이 있다고 주장했다. 그러나 초신자들이 영생과 불로장생을 계속 혼동하자 1898년부터 이 노래는 찬송가에서 빠졌다.

3장("닦은 마음 착한 행실"), 15장 (영어 원문의 '엿새 일'을 '엿새 공부'로, '거룩한 의무'를 '착한 일'로 번역), 61장, 110장, 113장처럼 일부 찬송이 불교나 도교의 용어를 차용하여 기독교의 새로운 교리나 개념을 전달하려고 했다면, 114장처럼 성경 말씀을 쉬운 한글 가사로 작사한 찬송도 없지 않았다.

1절 만국 방언 다 잘하고 천사같이 강론한들
  사랑 하나 없으면 헛것이요 쓸데없네
4절 애주애인 못하면 바랄 것이 아주 없네
  모든 은혜 풍부하나 사랑은 대신 못하네

한글 운율과 서양 음계의 조화

언더우드는 서문에서 한글 운율과 서양 음계 간의 부조화 문제는 계속 개선해야 할 과제라고 밝혔다. 사진에 나오는 21장 "예수 나를 사랑하오"를 음표대로 불러보자.

1절 예수나를 / 사랑하오 // 성경에말 / 씀일세
    어린아이 / 임자요 // 예수가피 / 로샀네
(후렴) 예수날사 / 랑하오 // 예수날사 / 랑하오
    예수날사 / 랑하오성 / 경말씀 일 / 세
2절 그임자돌 / 아가사 // 하늘문크 / 게여오
    내가사랑 / 하오면 // 하늘집에 / 같이가오

이처럼 반 박자가 많아 빠르게 진행되는 리듬에서 두 음절 '하오'를 한 음에 발음하기는 쉽지 않았다. 또 1절과 2절의 2행에서 "성경에말/씀일세"나 "하늘문크/게여오"로, 후렴은 "예수날사/랑하오"로 통사적 의미가 분리된다. 리듬에 맞추기 위해 4-3조와 3-4조가 뒤섞여 있고 직역에 존칭어가 없는 번역 어투라 갓 쓰고 양복 입은 꼴이다.

그러나 번역 어투와 음표에 따라 음절이 파편화되는 문제는 평양의 베어드 부인의 유려한 번역으로 이루어진 1898년의 『찬셩시』에 의해 해소된다.

1절 예수 사랑하심은 거룩하신 말이네
　　어린 것이 약하나 예수 권세 많도다
(후렴) 날 사랑하심 날 사랑하심 성경에 쓰셨네
2절 저를 사랑하시니 저의 죄를 다 씻어
　　하늘 문을 여시고 들어오게 하시네

이 4-3조의 가사는 120년 가까이 된 오늘까지도 사용되는데 그만큼 한국어 운율과 행과 연의 첫음절 강세에 부합했기 때문이다. 『찬셩시』는 악보가 없었지만, 예배 시간에 선창자가 부르면 회중이 따라 부르는 방식으로 쉽게 배울 수 있었다. 『찬셩시』는 11판까지 출판되었고, 1908년 초판 6만 부가 발간된 첫 장로회와 감리회의 연합 찬송가인 『찬셩시』의 기초가 되었다. 1907년 대부흥 이듬해에 나온 이 통일 찬송가(262곡)는 초판이 매진되면서 그해에 6만 부를 재판으로 찍었고, 1910년까지 22만 5천 부, 이듬해 5만 부를 추가 발간하여 한글 보급, 근대 한국 음악 성립, 교회 일치 운동에 크게 기여했다. 1908년 이후 한국 장로회와 감리회는 연합 찬송가를 사용하는 아름다운 전통을 지키고 있다.

찬송가 부르기

하지만 여전히 한국인들은 서양 음계가 생소했고, 그로 인해 찬송마다 박자나 음정에 상관없이 불렀다. 이를 개선하기 위한 방안으로 정동(새문안)교회와 곤당골교회에서는 예수교학당의 학생들로 구성된 소년 성가대가 이용되었다.

> 초등학교 소년들이 특히 찬송과 성경 읽기에서 나를 많이 도와주고 있습니다. 또한 나는 내 집에서 약 두 달간 단기로 여성 소그룹을 운영하고 일주일에 세 번씩 가르칠 수 있었습니다. 성경 공과와 네비어스 부인의 「예수교문답」을 끝까지 가르치면서 두세 곡의 찬송을 가르치려고 의도했으나 질병으로 인해 중단했고 하나님의 때에 재개하기를 고대합니다.[8]

곤당골교회에서는 에비슨 의사가 찬송을 인도했다.

> 에비슨 의사는 찬송을 인도하고 설교의 후반부 절반을 맡아 설교합니다. 매주일 아침 예배 때는 헌금 접시를 돌리는데 소년들에게 일 전이라도 연보하도록 격려합니다. 전 씨와 에비슨 의사가 제직회를 구성했습니다. 진지한 구도자들이 여러 명 있습니다. 학교 소년들로 소년 성가대를 조직했습니다.[9]

이때 예수교학당에서 음악을 지도한 선교사는 밀러 부인이었다.

---

8   Mrs. L. H. Underwood, "Personal Annual Report," December, 1894.
9   H. G. Underwood, "Report of the Evangelistic Work, Seoul Station," December, 1894.

이상의 전도 집회에서 밀러 목사로부터 성경 진리를 잘 배우고 밀러 부인으로부터 노래를 배운 우리 학교의 소년들이 찬송과 전도로 좋은 일을 많이 했습니다. 그들은 여러 예배를 훌륭하게 도왔고 그들이 종종 증거한 분명하고 직접적인 간증은 효과가 없을 수 없습니다.[10]

새 노래로 주를 찬양하자

1894년이면 세례교인이라야 겨우 수백 명이었다. 백홍준, 서상륜, 서경조, 최명오, 한석진, 양전백 등 교회 지도자들도 믿은 지 고작 10년 남짓이었다. 그럼에도 그들은 구원의 기쁨을 새 노래로 고백했다. 초기 교회 교인들처럼 우리도 10년마다 혹은 20년마다 새 세대에게 맞는 새 노래로 주를 찬양하자. 교회마다 10주년이나 20주년 단위로 기념 찬양을 새롭게 작사 작곡하자. 개인적으로도 신앙생활 10년마다 혹은 중요한 시점마다 새 신앙고백으로 새 찬양을 만들자. 우리의 목소리, 우리의 곡조, 우리의 운율로 된 "새 노래"(시 33:3; 144:9; 149:1; 사 42:10; 계 14:3)를 만들어 주를 기쁘게 찬미하자. "새 노래로 여호와께 노래하라. 온 땅이여 여호와께 노래할지어다"(시 96:1).

---

10 Ibid.

39

네비어스-로스 방법이
언더우드-마페트 방법으로(1895-1904년)

1891년대 북장로회 한국 선교회가 공식 선교 정책으로 채택한 네비어스 방법(Nevius Method)은 사실 네비어스-로스 방법(Nevius-Ross Method)이었다. 네비어스의 영향을 받은 로스는 만주에서 3자 정책을 발전시켰고, 1903년 *Mission Method in Manchuria*를 발간해서 그 방법이 만주에서 성공했을 뿐 아니라 그 방법 때문에 토착화된 중국 교회가 1900-1901년 의화단사건의 박해를 견딜 수 있었다고 증언했다. 한국에서 네비어스-로스 방법은 언더우드-마페트 방법(Underwood-Moffett Method)으로 발전했다. 1897부터 20년간 두 사람의 선교 방법은 갈라져서 여러 논쟁(찬송가 논쟁, 신문 논쟁, 병원 논쟁, 대학 논쟁)을 통해 공존하면서 한국 장로교회 선교 방법의 두 날개가 되었다. 네비어스 방법이 처음 시작된 것부터 한국 장로교회에 정착되기까지를 도표로 정리해보자.

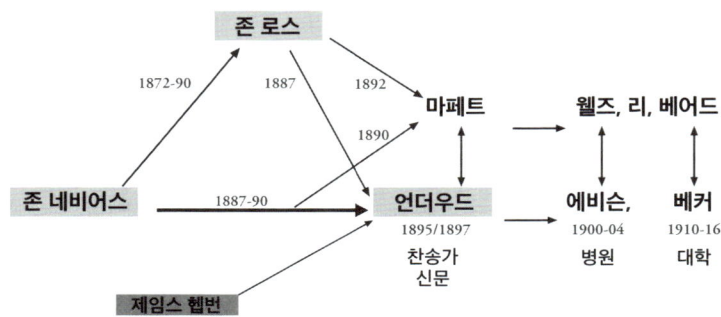

▲ 네비어스-로스 방법 계보도

선교 방법과 선교신학은 변하고 상황에 적응한다. 그것들이 상황에 맞게 적용하는 과정과 그 과정에서 서로가 처한 시공간이 다르므로 서로 조금씩 다른 방법이 토착화되거나 변형에 시차가 생긴다. 초기 한국교회사를 선교신학과 선교 방법론 측면에서 정리하면 위의 도표가 만들어진다. 선교나 교회는 생물이기 때문에 자라고 변해야 하며 그 과정에서 논쟁은 불가피하다. 그리스도인들은 선교 방법을 놓고 논쟁하되 친구로 남는 토론 방법을 익혀야 한다.

3자 없이 4자 없고, 5자 없다

선교학에서 흔히 3자(자급, 자전, 자치)를 넘어 4자(自神學, self-theology)를 말한다. 그런데 자기 신학은 누가 하나? 사람이 한다. 그 사람이 누군가? 3자를 통해 길러진 사람이다. 자급은 마을과 교회의 경제적 자립이다(돈 '내는' 곳에 마음이 있다). 자전은 공동체의 사회적 자립이다(마음 '내는' 곳에 일이 있다). 자치는 공동체의 정치적 자립(민주화)으로 지도력을 갖춘 사람을 기르는 일이다.

    이 三自 없이 신학적 四自는 없다. 평양의 마페트는 1893년 널다리에서 첫 세례 후 14년 만인 1907년 6명의 평안도인을 목사로 세웠다. 평양신학교 첫 졸업생 7인 중 서경조만 황해도 소래 사람이었다. 그들은 3자를 통해 길러진 인물로 그 가운데 길선주는 결국 자기 신학과 목회를 하는 대표적인 인물이 되어 한국교회를 새롭게 하고 세계에 내어놓을 수 있는 인물이 되었다.

    마지막 5자는 자퇴(自退, self-devolution)로 선교지 이양이다. 4자의 자기 신학을 하는 3자 교회가 수립되면, 선교사는 떠나야 한다. 한국은 1920년대 중반부터 선교사들이 권력을 이양하지 않으면서 많은 문제가 발생했다. 만일 선교사들이 1919년 삼일 '독립' 운동을 보고 1920년부터 14년간 한국교회의 독립(자립)을 준비했더라면, 그래서 1934년 희년 때 선교사들이 자퇴를 시작했더라면, 1939년 강제 퇴거를 당하지 않고 한국교회를 독립시킬 수 있었을 것이다. 선교사들이 준비 없이 떠나면서 한국교회는 배교와 분열의 시기에 들어갔다.

지금 한국교회의 80%는 3자가 안 된 미자립 상태다. 99%는 자기 신학이 없기 때문에 제4자도 없다. 세대교체 없이 세습이 이루어진 이유는 후속 세대가 없기 때문이기도 하다. 1970-80년대의 성장신학, 십자군 신학이 한국교회를 지배하고 있다. 30-40대의 책임도 크다. 사람을 기르는 목회, 신학자를 기르는 선교라야 오래간다.

40
첫 감염병 격리소
을미 콜레라와 피병원과 새문안 예배당 건축(1895년)

근대적 방역 규칙 제정과 방역 기관 설립

1895년 6월 만주 거주 일본인 군대에서 발생한 콜레라가 7월부터 의주와 평양과 원산까지 퍼지자 사람들은 도시를 떠나기 시작했다. 내부대신 유길준은 7월 4일 "勅令 第115號 檢疫 規則"을 발표하고, 항구 선박의 검역과 도시 방역을 지시했다. 7월 6일(음력 윤5월 14일)에는 "내부령 제2호 호열랄병 예방 규칙"을 발표했다. 그 1-5항은 예방법 실시와 환자 발생 시 신속한 보고를 지시했는데 2항은 "의사가 호열랄병이라고 진단한 자는 늦어도 24시간 안에 경무서(警務署)에 신출하여야 함, 지방청은 일주일마다 매번 신규 환자와 치유·사망의 수를 내부에 보고하여야 함"이었다. 곧 지방 경찰서가 보고를 취합하여 내부에 보고하도록 했다. 6항은 피병원 설치와 환자의 격리 입원, 9항은 환자의 토사물과 오물은 운반부가 일정 장소에 운반하여 소각하거나 매립, 10항은 환자 시체는 별도 매장지에만 매장, 11항은 환자의 물건은 소독 후 사용, 12항은 우물, 하천 등에 대한 소독, 13항은 항구의 통제와 검역, 14항은 병 유행 시 시장과 집회의 금지 등을 지시했다.

    7월 10일 외부대신 김윤식이 일본 임시대리공사 스기무라(杉村濬)에게 의주 지역 검역 실시를 부탁했다. 이는 개항장의 검역과 격리가 한 국가의 주권을 상징한다면, 조선은 중국이 통제하던 개항장의 관세 업무를 넘겨받아 검역권을 행사하게 되었지만, 청일전쟁 이후 실제적으로 일본이 개항장 검역권을 가지고 있었음을 보여준다. 부산, 제물포, 원산, 의주, 평양 등지에 일본 영사관 소속 의사나 공사관 파견을 받은 의사가 검역소를 설치하고 검역권을 넘겨받았다. 1887년 이후 개항장들은 여러 차례 콜레라를 경험했으므로 일본인 의사들은 규칙대로 행동하면서 검역권과 방역권을 행사했다.

한편 서울 제중원의 에비슨 의사는 총리대신에게 즉시 방역과 격리를 담당할 기구를 조직할 것을 제안했으나 응답받지 못했다. 마침내 7월 25일 내부는 "호열랄병 소독 규정"(서울 주민 대상)과 "호열랄 예방과 소독 집행 규정"(경무청 대상)을 발표했다. 26-27일에는 한국인, 일본인, 선교사 연합으로 두 개의 피병원을 설치했다. 이러한 조치는 정부가 1895년 3월 위생국(衛生局, The Sanitary Board) 사무를 세분화한 후 첫 근대적 방역에 나서고 경찰력으로 집행한 것이었다.

그러나 이 문서대로 조선 정부가 시행했는지는 별개의 사안이었다. 문제는 의사와 운반원과 방역 인력이 없었다는 점이다. 경찰은 치안 업무에 치중했고, 아직 위생 업무에 손을 대지 못했다. 유길준 대신은 제중원 원장인 에비슨(Oliver R. Avison) 의사에게 일차적으로 상당한 돈과 포졸 20명을 주면서 환자 치료와 격리와 방역 업무를 일임했다. 7월 24일 에비슨은 실(J. M. B. Sill) 미국 공사의 소개로 위생국 주사 남궁(南宮)을 만나 내부에서 2만 원으로 콜레라 병원을 설립하겠으니 협조해달라는 말을 들었다. 서울 거주 일본인과 서양인 의사로 콜레라위원회가 이틀 만에 조직되었다. 위원장에 에비슨 의사, 부위원장에 코지오 의사, 총무에 보구녀관의 여의사 커틀러(Mary M. Cutler)가 선출되었다. 위원회는 문서, 병원, 격리, 검역, 보급(literature, hospital, quarantine, inspection, supply) 등 5개 소위원회를 조직했다.

문서 소위원회는 방역 규칙을 담은 방을 한글 5만 부와 한문 1,000부로 인쇄하여 배포하고 4대문에 붙였다. 이는 당시 조선에 콜레라가 발생하기 몇 년 전 뉴욕에서 콜레라가 유행했을 때 뉴욕 보건국이 발표한 규칙들과 같았다. 격리소 설치는 정부의 거절로 이루어지지 않았다. 다만 일본 공사관의 제안으로 제물포와 평양에 격리소가 마련되었다.

그러나 평양에 거주하다가 7월 초에 서울로 피신한 마페트(Samuel A. Moffett) 목사는 8월 중순 "사람들이 떠난 텅 빈 도시[평양]의 성벽 안팎에 시체들이 널린 채 햇살을 받으며 썩어가고" 있다는 소식을 들었다. 청일 전쟁에 이어 7-8월에 콜레라가 창궐하자 평양 도성은 사람이 살 수 없는 버려진 도시가 되었다. 의주에서도 많은 사망자가 발생했다. 삭주에서는 한의사인 백 씨가 그리스도인으로 개종하고 콜레라 유행 때 환자들을 돌보아 여러 생명을 구했고 그것이 삭주교회를 성장시켰다.

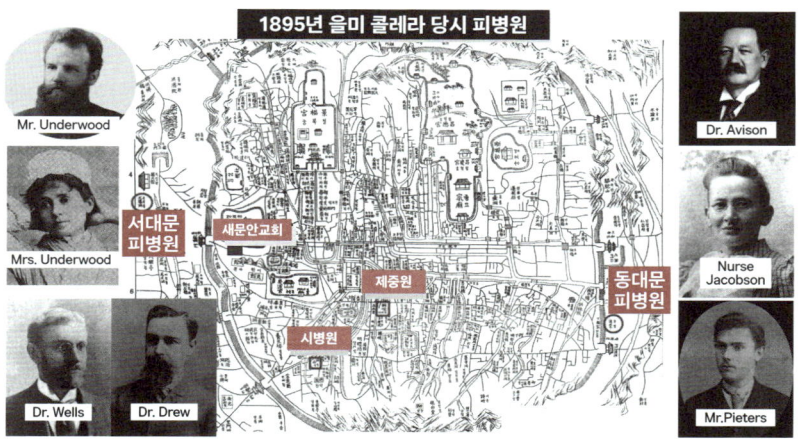

▲ 피병원의 위치와 활동한 선교사(1895년) [Oak]

동대문 피병원: 에비슨과 제중원의 참여

정부는 에비슨에게 동대문 바깥 훈련원 부근 언덕(현 동대문역사문화공원 자리) 하도감의 오래된 큰 군인 막사를 제공하고 7월 27일 그 자리에 동부 피병원을 설립했다. 정부는 2만 원의 예산을 지원했으나 대부분의 예산을 고관들이 '먹는' 바람에 소규모로 운영될 수밖에 없었다. 북감리회 시병원의 스크랜턴(William B. Scranton) 의사는 상동으로 이주하기 전이라 정동에서 그대로 일했다.

피병원은 여름 휴가를 반납한 서울 거주 선교사들로 운영되었다. 1893년에 내한한 제중원의 에비슨 의사와 빈턴(C. C. Vinton) 의사, 1895년 4월 첫 정규 간호원으로 부임한 제이컵슨(Anna P. Jacobson) 간호원은 동부 피병원에서 일했다. 미국성서공회 일본지부 루미스 총무에 의해 권서로 서울에 파송된 피터즈(Alexander A. Pieters)와 북장로회의 홍문동교회 무어(Samuel F. Moore) 목사 등 서울 선교사들이 동대문 피병원에서 일했다.

피터즈는 에비슨 의사의 부탁으로 피병원에서 한 달가량 일했다. 그는 경찰이 운반해온 첫 환자 세 명을 간호하기 시작했다. 치료할 약은 없었다. 한국에 오기 전 러시아에서 콜레라 환자들을 간호한 경험이 있었던 피터즈는 기수에게 화로 찻주전자, 숯불, 술 몇 병을 가져오게 하여 환자들의 탈수를 막았다. 8월 9일 일본의 루미스(Henry Loomis) 미국성서공회 총무에게 보낸 편지에서 그는 "서울에서만 콜레라로 매일 100명 정도가 죽어 나가고" 있다고 보고했다. 무어 목사는 한 달 이상 주야로 간호사로 일한 피터즈의 활약을 담은 편지를 루미스 총무 앞으로 발송했다. 콜레라가 지나가고 8월 말 피터즈는 성경 권서 일에 복귀했다.

피병원은 7월 28일부터 환자를 받았는데 유행이 진정되어 폐쇄될 때까지 135명의 환자를 수용했다. 수용된 환자는 서울에서 발생한 약 5,000명의 환자에 비해 소수에 불과했다. 정부가 한성에 최초로 세운 이 피병원의 시설은 매우 보잘것없었으므로 에비슨은 피하 저염 주사로 환자의 탈수를 막아 수십 명의 생명은 구했으나 100명 이상의 환자는 사망했다. 에비슨은 "의사와 간호원의 정성스러운 구호 노력에도 불구하고 대다수 환자는 죽었다"고 말할 수밖에 없었다.

서대문 피병원: 언더우드와 새문안교회의 참여

1894년 서대문 밖 옥천동(현 감리회신학대학 부근)에 설립된 사립 '언더우드 피난처'를 1895년 7월에 서부 피병원으로 만들었다. 언더우드가 책임을 맡았다. 언더우드는 약과 설비를 상하이와 요코하마에서 수입했으며 살롤(페닌살리실산염)을 구해서 처방했다. 환자용 얼음, 포도주, 장뇌, 홍분제도 준비했다. 언더우드 부인이 며칠간 밤에 일했으나 평양에 임명을 받고 떠나 서울에 있던 웰즈(James H. Wells) 의사가 환자들을 돌보았다. 남장로회의 드루(A. D. Drew) 의사도 도왔다. 이 서부 피병원에는 172명의 환자가 수용되어 62명이 죽고 나머지는 모두 회복했다.

간호원이나 환자와 시체 운구를 맡은 운반원 역할은 언더우드가 새문안교회에서 동원한 남자 교인들이 맡았다. 언더우드는 청년 교인들을 훈련하여 환자 이송과 관리를 맡겼다. 그들은 모두 적십자 배지를 달았다. 그 숫자는 약 10명 정도였다.[1] 그 대원에는 양반 청년도 있었다. 주민들은 "예수쟁이들은 무엇 때문에 한시도 쉬지 않고 밤낮으로 일하는가?"라며 기독교를 다시 생각하게 되었다.

정부는 콜레라 예방 규칙만 반포하고 환자 운송, 치료, 격리, 방역 업무 일체를 제중원 의료진과 선교사들에게 일임했다. 그러나 4대문에서 과일이나 채소가 유입되는 것을 막는 일을 맡은 포졸들이 관례대로 통과시켜 콜레라 확산을 촉진했다. 8월 초 정점에 이른 콜레라는 9월 초에 수그러졌다. 그러나 콜레라로 인해 서울에서만 수천 명이 죽었다.

---

[1] 평양으로 간 폴웰 의사는 1895년 6명의 한국인 청년을 훈련하여 콜레라 적십자단을 운영했다.

제중원의 선교 병원 전환과 개신교 선교 본격화

을미년 콜레라가 개신교에 준 영향과 결과는 다음과 같은 몇 가지였다. 첫째, 1894년 에비슨을 원장으로 세우고 선교 병원으로 성격을 전환한 제중원은 을미년 콜레라 방역을 통해 그 지위를 확고히 했다. 정부(왕실) 병원이던 제중원은 1894년 10월 북장로회가 재정을 책임지는 대신 인사권을 가진 선교 병원 체제로 전환되었다. 병원의 건물과 토지는 정부가 소유했으나 운영권은 북장로회 한국 선교회에 넘겼다. 제중원(정부 병원)을 놓고 경쟁하던 일본과 독일에 대한 미국의 승리였다. 제중원이 미국 북장로회 소관이 되면서 에비슨은 국왕의 주치의 지위를 유지했고, 미국은 정치력을 행사할 수 있는 기관을 확보했다. 개신교 선교사들은 콜레라 환자 치료와 방역을 통해 제중원을 중심으로 정부와 우호적인 관계를 유지할 수 있었다.

둘째, 동대문과 서대문 밖에 피병원은 '예수 병원'으로 알려졌고 그곳에 가면 생명을 구할 수 있다는 방이 붙으면서 '예수교'와 '예수쟁이'에 대한 일반인의 인식이 바뀌었다. 1886년에 이어 1894년의 콜레라 환자 대상의 선교 사역으로 반외국인, 반선교사 편견을 적지 않게 깨뜨렸다. 이전까지 사람들은 돌림병 환자를 두려워하여 서소문과 광희문 밖에 버리고 돌보지 않았으나 피병원에서 선교사들과 한국인 콜레라 적십자단이 환자를 돌보자 그들을 칭송했다. 의료진이나 시설이 빈약했으므로 완치율이 낮았지만 언더우드 부인의 말대로 "만일 의료적 관점이 아니라면 도덕적·영적 관점에서는 위대한 성공이었다고 확신한다. 사람들이 심지어 친구를 잃은 경우에도 말과 행동으로 매우 진지하게 감사를 표했다." 선교사들의 교육으로 교회 교인 중에는 사망자가 거의 나오지 않은 것도 일반인들에게 깊은 인상을 남겼다.

셋째, 콜레라 방역에 참여한 새문안교회 교인들은 정부로부터 임금을 받자 이를 제2예배당 건축 헌금으로 바쳐서 건물을 완공할 수 있었다. 새문안교회는 정동 언더우드의 작은 사랑방에서 예배를 드리기 시작했다. 새문안교회는 교인이 늘면서 세 차례나 개축하여 ㄱ자로 만들어 남녀 유별로 예배를 드렸으나, 1894년부터 교인이 늘어나자 새로운 예배 처소가 필요하게 되었다.[2] 교인들은 교사, 목수, 상인, 농부, 포졸, 통역인 등 다양한 도시의 중하층에서 중상층에 이르는 지식인들로 대개 가난했다. 교인들의 평균 한 달 수입은 4달러(8엔)에 미치지 못했다. 12간 기와집을 지으려면 토지를 제외하고 1,000달러(2,000엔)가 필요했다. 7월 말 콜레라가 유행했다. 콜레라 기간에는 공사를 중단하고 일부 교인이 피병원의 콜레라대로 일했다.

9월 9일 편지에서 기포드 목사는 새문안교회 건축을 시작했는데 한옥 양식으로 모든 교인이 건축 노동에 참여함으로써 건축비를 절약하는 방안을 시행하고 있으며 본인도 직접 며칠간 공사장에서 노동함으로써 모범을 보였다고 밝혔다. 그 결과 양반들도 노동에 참여했다. 북장로회는 1891년에 네비어스 정책을 채택했고 예배당 자급 원칙을 세운 터였다. 이미 1894-95년에 소래교회(W. Mackenzie 담임)가 자급으로 건축했기에 언더우드는 자급을 강조했다. 이춘호와 홍석후 집사는 자급의 원리대로 건축을 추진했다. 처음 예상한 전체 예산은 1,000-1,500엔이었다. 토지와 기와 비용은 선교사들이 제공했다.[3]

---

2 최초의 예배 처소는 언더우드 목사의 사랑채로 약 30명을 수용했는데 그다음 해에는 교인이 50명을 넘어 돈의문(서대문) 근처 피어선 성경학원 앞에 있는 한 살림집을 얻어 확장한 후 예배당으로 사용했다. 그러나 교인 수가 계속 늘어 100명을 넘어서자 새 예배당 건축이 시급했다. 1895년 봄 수요 예배 후 건축위원회를 조직했다. 경희궁 건너편 큰 길가 피어선 성경학원 바로 아래쪽에서 착공했으나 당시 한 가정의 월수입은 8원으로 500원의 건축 비용을 마련하기가 쉽지 않았다.

3 언더우드, "전도보고서, 1896", 옥성득·이만열 편역, 『언더우드 자료집 II』(연세대국학연구원, 2006), 163-164.

9월 콜레라가 지나간 후 정부는 한국인 콜레라 적십자 단원들에게 6주일간의 임금을 지급했다. 언더우드 부인은 콜레라 "병실에서 봉사한 그리스도인들 모두에게 보수를 지급"했는데, 그것은 그들이 평소 만져보지 못한 큰돈이었다고 썼다.[4] 사실이었다. 10명이 6주 동안 일해서 받은 임금은 어느 정도였을까? 당시 노동자 한 달 임금이 8엔(4달러) 정도였으므로 정부에서 1인당 8달러(16엔)를 지급했다고 하면 전체 160엔(80달러)이 된다. 따라서 그 임금 전부를 헌금했다면 예산의 10%가 조금 넘는 액수가 된다. 교인들이 처음 헌금한 20엔의 8배인 160엔을 드렸으니 적은 돈은 아니었다. 하지만 새문안교회 교인들은 예배당을 콜레라 적십자단 임금만으로 건축하지는 않았다. 병실에서 봉사한 그리스도인들이 헌금하자 다른 교인들도 십시일반 헌금하고 양반들까지 노동으로 봉사하면서 교회를 완공했다.

언더우드는 1895년 12월 성탄절 직전에 완공된 예배당에 관해 보고하면서 고종이 하사한 콜레라 퇴치 임금에 관해서는 언급하지 않았다. 대신 그는 교인들의 자급을 위한 자원 노동이 중요했다고 썼다.[5] 언더우드가 1900년 뉴욕 선교대회에서 연설하고 *Chinese Recorder*에 발표한 자급에 대한 글을 보면, 예배당에 필요한 경비가 1,000엔이었는데 한국인들이 노동력을 제공하면서 실제로 750엔을 부담했다.

재정리하면 예배당 건축비의 약 20%는 콜레라 임금(정부 지급)에서 왔고, 약 55%는 남녀 교인들의 노력 봉사와 연보로 충당했으며, 25%(토지와 지붕 기와)는 선교사들이 부담했다. 따라서 고종이 하사한 거금의 상금이나 정부의 콜레라 임금 하사금으로 예배당을 지었다는 말은 과장이다. 건축

---

4 릴리어스 호턴 언더우드, 이만열 옮김, 『언더우드』(기독교문사, 2015), 167-169.
5 참고. 박명수, "콜레라 퇴치 덕에 세워진 새문안교회", 「국민일보」, 2005. 5. 2.

비 20% 정도에 해당하는 80달러 정도가 콜레라로 인해 뜻밖에 생겼고 교인들은 이를 모두 헌금했다. 선교사들이 제공한 것은 토지와 지붕용 기와로 전체 비용의 1/4에 해당했다. 비용이 많이 드는 서울이나 평양과 같은 대도시의 대형교회를 지을 때 한국인이 3, 선교사가 1을 부담하는 방식을 취했는데 네비어스 방법의 자립 정책에 어긋나는 관행은 아니었다.

정동장로교회 제2예배당은 새문안교회 교인들이 자립적으로 마련하는 첫 번째 예배당이었다. 건축 양식은 기와로 지붕을 덮고 벽은 흙으로, 창문은 종이로 바른 전형적인 한옥 예배당으로 일자형 12칸짜리 목조건물로 최미(最美)의 한국식 예배당이었다. 참고로 예배당 사진이 남아 있지 않아, 연례보고서에 말한 크기로 상상도를 그리면 다음과 같이 된다. 정동장로교회 제2예배당은 12칸 한옥, 소박한 기와집이었으나, 한국인 스스로 노동하고, 콜레라 임금을 바쳐서 지은 자립 예배당이었다.

▲ 새문안교회
제2예배당
(1895) 추정도
www.saemoonan.org/
church/Sub_02_01.aspx

넷째, 콜레라로 교인들이 사망하면서, 교회는 고아와 과부에 대한 생계 대책을 마련하기 시작했다. 평양 장대현교회는 부모와 형제를 잃은 한 고아를 키우는 외할머니를 도왔다. 황해도에서도 사역하던 가정에서 가족이 콜레라로 사망하고 남은 12살 소녀와 80살 할머니가 1899년 평양 장대현교회로 오자 교회는 이들에게 세례를 주고 도왔다.

41
한글 첫 띄어쓰기
실험자 로스, 도입자 윤치호, 시행자 독립신문(1896년)

2019년 12월에 올라온 한 온라인 신문 기사는 헐버트가 띄어쓰기를 도입했다고 소개한다.

> 일본·중국에도 없는 '띄어쓰기'를 한글에 최초로 도입한 사람의 진짜 정체. 만약 띄어쓰기가 없었다면 어땠을까. "아버지가방에들어가신다"라는 문장에 한참 고민하지 않았을까. 당장 옆나라 일본과 중국만 해도 띄어쓰기가 없어 처음 글을 접하는 사람들은 읽고 쓰기를 어려워한다. 그렇다면 우리나라 한글에는 처음부터 띄어쓰기가 존재했을까? 아니, 훈민정음만 봐도 띄어쓰기가 없었다. 이런 한글에 띄어쓰기를 도입한 사람은 외국인이다. 외국인으로서 최초로 대한민국 건국 공로 훈장을 받은 헐버트다.[1]

이 기사의 내용은 사실이 아니다. 기사에 등장하는 인용문은 1896년 1월호 *Korean Repository*에서 가져온 것으로 헐버트가 편집한 것이 맞지만, 이 글은 T.H.Y., 곧 윤치호가 쓴 것이다.[2] 미국 유학 때 윤치호는 자신의 영문 이름을 Yun Tchi Ho 혹은 Tchi Ho Yun으로 표기했는데, 약자를 쓸 때 THY가 되어 미국인이 발음하기 좋고 기억하기 좋았다.

---

1 kr.theepochtimes.com, 2019. 12. 28.
2 T.H.Y., "Comma or Spacing," *Korean Repository* (Janauary 1896): 39.

> **COMMAS OR SPACING.**
>
> BACON says, "Some books are to be tasted, others to be swallowed, and some few to be chewed and digested." But a Korean book written in Enmun sans commas sans spacing is a most tasteless, unswallowable and indigestible affair.
>
> It may be argued that the native novels, such as they are, are written without any marks by which a reader may tell whence a word cometh and whither it goeth. True; but are missionaries under any obligation not to improve the Korean method in the matter? As it is an average Korean in reading an Enmun book, makes some ridiculous mistakes An instance: A man reading the well known Historical Novel of Three States (Sam Kuk Chi) read the sentence 장비가 말을 타고 (Chang-bi rode on a horse) into 장비 가말을 타고 (Chang-bi rode in a sedan chair). Such a mistake would be easily avoided if commas or spacing were introduced, separating words one from another.
>
> Moreover, the books which have been, and may be, written by a missionary naturally contain words, phrases and sentences brand new from the writer's creative brain. Pack, then, these terms, perfectly meaningless to an uninitiated Korean into monotonous columns of Enmun, line upon line, precept upon precept—why, the wonder is, not that the Korean cannot read the new books well, but that he can read them at all. In short, the use of commas or, better still, of spacing, will **prove a great help to Koreans** and a greater help to foreigners. Try it!— **T. H. Y.**

윤치호는 삼국지에 나오는 한 문장인 "장비가 말을 타고"를 예로 들면서 띄어쓰기가 되어 있지 않아 "장비 가말을 타고"로 잘못 읽을 수 있다고 지적했다. 먼저 인용된 기사를 보자. 글의 저자는 글 끝에 표기되어 있다. 띄어쓰기하지 않으면 말이 아니라 가마를 타게 된다. 윤치호는 선교사들이 쓴 문장에는 새로 만든 단어가 많아서 한국인들이 이해하기 어렵고 그래서 새 책을 읽지 않기 때문에 쉼표나 띄어쓰기를 해서 가독성을 높여야 한다고 주장했다.

1896년 1월에 띄어쓰기를 주장한 윤치호는 4월 6일 창간된「독립신문」에 참여하면서 띄어쓰기가 된 첫 한글 문서가 된 신문을 발간했다. 한글 논설은 서재필이, 외국 소식은 윤치호가, 영문 *Independent*는 헐버트가 담당했다. 1896년 4월 7일「독립신문」창간호의 첫 쪽 윗부분을 보자. 띄어쓰기가 잘되어 있다.

이보다 앞서 만주 영구의 로스 목사가 한국어를 배운 후 그 입문서로 출판한 *Corean Primer*(Shanghai: 1877, 1878)에서 한글을 단어 단위로 구분하여 표기했다. 그 활자는 목판에 새긴 목활자로 한 문장씩 목판에 새겼다(이 책의 제1부 제4장을 보라). 로스는 이 책 이후 1881년의『예수성교문답』,『예수성교요령』이나『한국어, 문법과 용어』(1882), 그리고 첫 복음서인 1882년의 누가복음과 요한복음, 1887년에 출간한 신약전서인『예수성교젼셔』에서 대구법만 채용하고 띄어쓰기는 계속 채택하지 않았다. 그는 요코하마에서 제작한 낱글자 연(납)활자를 식자하면서 페이지 수를 줄이기 위해 전통 방식인 붙여쓰기를 했다. 따라서 로스를 띄어쓰기의 선구로 보기는 어렵다.

참고로 국립한글박물관은 2017년 2월호에 "최초의 한글 띄어쓰기, 존 로스 목사로부터 시작하다"라는 글을 올렸고 박물관에 그 내용을 전시하고 있다. 그러나 앞서 보았듯이 로스 목사는 1877년 *Corean Primer* 책 한 권에서만 띄어쓰기를 시도하고 그 이후에는 시도하지 않았다. 따라서 존 로스 목사는 한글 띄어쓰기를 시작하는 대신 띄어쓰기를 실험했다고 하겠다.

한글 띄어쓰기 첫 실험은 1877년 로스가 시도했으나 이후에는 그것을 채택하지 않았다. 한국 내에서 공식 문서로 한글 띄어쓰기를 처음

주장한 사람은 윤치호였다. 1896년 1월 외무협판이던 윤치호는 *Korean Repository*에서 띄어쓰기를 주장하고 이를 4월에 창간된 「독립신문」에 적용했다. 당시 서재필, 헐버트, 윤치호 3인이 「독립신문」을 만들었기 때문에 「독립신문」에서 시작된 한글 띄어쓰기는 윤치호의 주장을 수용한 결과였다. 동시에 「독립신문」을 인쇄한 배재학당의 한미화활판소의 활자 수가 증가했고 식자하는 기술이 향상되어 띄어쓰기를 할 수 있는 체제였다는 사실도 중요하다. 곧 한글 띄어쓰기를 본격적으로 시작한 문서는 「독립신문」이었다.

이어서 아펜젤러 편집으로 1897년 2월에 창간한 「죠션크리스도인회보」가 띄어쓰기를 수용했으며 1897년 언더우드가 편집한 「그리스도신문」도 띄어쓰기를 수용했다. 1897년에 출판된 신약 한글 번역서인 『바울이갈나대인의게훈편지』 등 서신서들이 띄어쓰기를 채택하면서 한글 띄어쓰기가 정착되었다. 띄어쓰기는 신문에서 성경으로, 성경에서 책으로 확산되었다.

또 위의 「독립신문」 철자법에서 보듯이 몇 글자를 제외하면 아래 아(ㆍ) 철자가 급격하게 줄었다. 아래 아를 철폐하여 글자/활자 수를 줄이자고 처음 주장한 사람도 윤치호였다.

42
첫 기독교 신문
「죠션크리스도인회보」와 「그리스도신문」(1897년)

1897년 서울에서 감리회는 「죠션크리스도인회보」를 2월 2일에, 장로회는 「그리스도신문」을 4월 1일에 창간하고 한국의 복음화와 문명개화를 위한 언론 사역에 나섰다.

「죠션크리스도인회보」의 기독교 문명론

1896년 4월 7일에 창간된 「독립신문」에 이어 1897년에 두 개의 순 한글 교회 신문이 발간되었는데 아펜젤러가 주간하고 한국인 편집인(최병헌, 노병선)이 참여한 「회보」가 교회 신문의 효시로 2월에 정동 한미화활판소에서 발간되기 시작했다. 창간호 사설에서 밝혔듯이 「회보」는 기독교뿐만 아니라 서양의 사상과 문화를 소개함으로써 청일전쟁 이후 한국 사회의 화두였던 '문명개화'를 위한 논설을 집중적으로 실었다. 이는 당시 아펜젤러, 스크랜턴, 존스 등의 감리회 선교사들이 서구 기독교 문명(교육, 의료, 민주주의 등)을 통한 복음화, 곧 사회 전체를 기독교화하려는 하나님 나라 모델의 사회학적 선교 이론을 가지고 있었기 때문이었다.

원시 유일신론

그러나 감리회 선교사들은 서구화와 동시에 동아시아 문화와 종교에 대한 일정한 존경과 배려를 가지고 기독교와 소통할 수 있는 접촉점을 통해 복음화를 추구했다. 그 좋은 예가 제2호 사설부터 등장한 '원시 유일신론'이었다. 1840년대부터 중국에서 제임스 레그를 비롯한 일부 진보적인 선교사들은 공자 이전의 유교 전통과 유교 고전에 남아 있는 원시 유일신론에 주목하고 고대 중국인들이 섬긴 상제(上帝)는 구약 히브리인들이 섬긴 '엘로힘' 하나님과 동등하다고 주장했다. 1897년 「회보」에 실린 여러 사설은 다음과 같은 세 가지를 주장했다. 1) 중국의 요순 황제뿐만 아니라 한국의 고대인들도 성경의 '엘로힘'과 같은 상제와 '하ᄂ님'을 섬기는 제사를 드렸다. 2) 그러나 세월이 흐르면서 이를 잊어버리고 우상숭배로 타락했다. 3) 이제 그리스도의 십자가 희생제사로 완성된 하ᄂ님에 대한 제사(예배)를 회복할 때가 되었는데 이는 새로운 서양 종교를 수용하는 것이 아니라 한국의 원래 종교인 하ᄂ님 예배로 돌아가는 것이다. 이처럼 1890년대 후반에 정착한 '하ᄂ님' 용어와 그 신앙은 한국 고유의 유일신 신앙의 시냇가에 심어졌다. 뿌리 깊은(토착화한) 한국 기독교는 흔들리지 않고 시절을 쫓아 열매를 맺는다.

「그리스도신문」의 기독교 문명론

언더우드가 발간한 기독교 가정 주간지 「그리스도신문」 역시 복음화와 문명화를 동시에 추구했다. 그것은 "한국 백성들 앞에 그리스도의 진리와 기독교 선교의 목적을 적절히 제시하는 신문"으로서 "그리스도인과 이교도 모두에게 매력적이고 유용한" 신문이 되고자 했다. 그래서 「그리스도신문」에는 "매주 일반 주제에 대한 사설을 싣고, 한 페이지는 농장과 농사법에 할애하며, 다른 한 페이지는 가정, 공예, 과학 기사를 싣고, 관보의 번역, 국내외 소식, 주석을 단 주일학교(성경강론회) 공과, 교회 통신, 해외 선교 소식, 주간 기도회 주제와 주석 등을" 실었다. 서구의 기독교 문명과 진보 개념을 한국의 문명개화에 적용한 이 신문은 일반인의 호평을 받았다. 창간 6개월 만에 왕실과 정부 부처에 배달되었고 "13도의 관찰사들이 한국의 370개 지방 관청에 주기 위해서 충분한 부수를 주문했다." 고종은 신문을 치하하고 자신의 어진(사진)을 부록으로 인쇄하도록 허락했다.

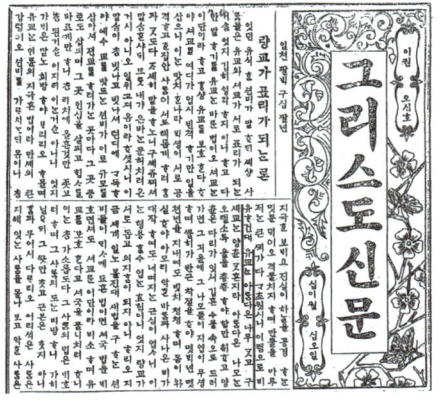

▲ 『그리스도신문』
(1898년 12월 15일)

유교와 기독교의 표리론

다수의 선교사가 유교의 폐해와 유교 교육의 단점―자만, 과거 중심, 무독창성, 편협, 이기적 개인주의, 편협한 관점, 경박한 도덕감―을 비판했다. 그들은 "결코 변하지 않는 유교"에 대한 보수적인 양반들의 태도로 인해 '진보'와 신교육이 이루어지지 않는다고 보았다. 그러나 언더우드는 만주의 로스처럼 기독교와 유교가 근대화와 기독교화의 동반자로 함께 나아갈 수 있다고 주장했다. 1897년 「그리스도신문」은 「죠션크리스도인회보」의 사설처럼 원시 유교의 유일신 사상을 긍정적으로 수용했으며 1898년 12월 15일 사설 "양교가 표리가 되는 론"은 유교와 기독교가 동전의 양면처럼 한국의 문명개화, 도덕 향상, 교육 발전을 위해서 동역할 수 있다고 주장했다. 그 사설은 유교는 교육과 도덕에 유용하고, 기독교는 더 완전하여 속죄 구원과 영원한 복을 주는 종교라고 주장했다. 기독교가 태양이라면 유교는 나무다. 봄볕에 신록으로 빛나는 나무(유교 문화)는 태양(기독교)

으로 인해 울창한 숲을 이루지만, 나무 없이 햇볕만으로는 열매를 맺을 수 없는 것처럼 유교와 기독교는 서로 밀접한 관계를 맺고 있다. 독립협회가 강제로 해산되고 시민운동이 물거품이 된 시점에 나온 유교에 대한 언더우드의 자유로운 적응주의와 성취론은 한편으로 고종 황제와 대한제국의 교육 정책인 국권과 황제권 강화와 유교에 바탕을 둔 신민 교육과 인재 양성 정책과 보조를 맞추려는 노력이었고, 다른 한편으로는 진보적인 양반 청년들을 끌어안으려는 노력이었다. 이를 위해 아펜젤러, 언더우드, 헐버트, 존스, 게일 등 서울 선교사들과 한국인 지도자들은 1903년 기독교청년회(YMCA)를 조직했다.

장로회의 신문 논쟁과 선교 정책의 분립

평양 선교사들은 세속적인 주제인 시사 문제나 농사(심지어 담배 농사)를 다루는 것이 기독교 신문으로 적절하지 않다고 비판했고, 나아가 「그리스도신문」이 용어 '하ᄂ님'을 사용하지 않기 때문에 새 신문을 발간할 계획까지 세웠다. 평양 선교지부 선교사들은 신문이 순수 '교회' 신문으로 운영되기를 원했지만, 언더우드와 서울 선교사들은 한국 사회 전체에 영향을 주는 '기독교' 신문이 되기를 원했다. 언더우드는 1900년 12월 다음과 같이 자신의 견해를 변호했다.

> 우리는 사람들에게 통전적인 복음을 주도록 노력해야 합니다. 「그리스도신문」은 통전적인 기독교 가정 신문이 되는 것을 목표로 합니다. 농민을 위한 농사법 정보, 공인을 위한 공장법과 과학, 상인을 위한 시장 보고서, 기독교 가정을 위한 가정생활 기사를 게재할 것입니다. 모든 것을 기독교 방식으로 제시할 것이며 「그리스도신문」을 통해서 사람들을 그리스도에게 인도하는

위대한 목적을 이루고자 합니다.[1]

언더우드의 이 신문 노선은 알렌-헤론-에비슨의 기독교 문명 노선이었고, 통전적인 선교 방법론의 적용이었다. 1900-01년 평양과 서울의 '신문 논쟁'은 언더우드가 안식년 휴가를 가면서 게일을 편집장으로 하는 선에서 타협했다. 게일은 한국 교인의 정치 참여를 금지하고 '하ᄂ님'을 사용함으로써 평양 측의 견해를 대변했다. 그는 한국인 신자의 정부 비판 기사를 검열하고 삭제했다. 1902년 전후 개신교회가 1,000개 가까이 성장하고 정치적 이익과 경제적 이익을 얻기 위해서 교회에 오는 '쌀신자'가 늘어나자 선교사들은 기존 신자에 대한 관리와 정교분리 정책을 강화했다. 서울의 언더우드와 에비슨이 기독교 문명론 입장에서 교육과 의료와 문서 선교의 역할을 강조했다면, 평양의 마페트, 대구의 아담스, 서울의 게일은 네비어스 방법으로 교회를 통한 복음화에 더 치중했다. 복음화와 기독교화―이 두 흐름은 한국교회의 두 날개가 되어 지금까지 한국교회를 앞으로 나아가게 하는 원동력이다.

  기독교 언론 사역은 교회를 넘어 '기독교 한국'을 세우고 나아가 '한국적 기독교'를 창출하는 작업이다. 사회 전 영역에 대해 기독교적 지성과 안목을 가지고 불의한 한국 사회에 대한 비판의 칼날을 세우는 한편 성경적 대안을 제시하는 '불편한 작업'이 필요하다. 동시에 기독교 문서 사역은 기독교의 한국화, 토착적인 한국적 기독교를 만드는 작업이다. 급변하는 한국인의 문화와 심성과 사회적 요구에 적응하고 함께 호흡하고 함께 걸어가는 '편안한 기독교'를 만드는 사역은 '불편한 기독교'를 만드는 사역과 표리 관계에 있다.

---

1 Underwood to Ellinwood, December 10, 1900.

43
구약 번역의 효시
「죠션크리스도인회보」에 실린 아펜젤러 번역(1897년)

흔히 구약성경 한글 번역의 효시를 피터즈(Alexander A. Pieters, 彼得, 1871–1958)로 보지만,[1] 사실은 언더우드, 스크랜턴, 아펜젤러가 효시였다. 피터즈는 성서위원회의 요청으로 1897년 7월 1일부터 시편 번역에 들어가 10월까지 저주 시편을 제외하고 예배 때 낭독하거나 교독(交讀)하기에 적합한 56편을 번역했고, 이듬해 6편을 추가하여 시편 150편 가운데 62편을 발췌 번역하여『시편촬요』를 1898년 5월에 미이미교회활판소에서 출판했다. 단행본으로서는 첫 구약 번역서였고 개인 사역본이었다.

그러나 피터즈 이전에 다른 선교사들이 먼저 구약을 번역했다. 첫째, 1894년 청일전쟁으로 선교 사역이 중단되었을 때 언더우드는 시편을 번역했다. 이 번역은 출간되지 않았지만, 1906년 그의 번역으로 나온『시편』으로 연결된다. 따라서 언더우드가 구약 번역을 시작했다고 말해도 틀린 말은 아니다. 그러나 출판된 본문을 기준으로 하면 그는 구약 번역의 효시가 아니다.

둘째, 1894–95년 스크랜턴이 북감리교회 주일 성경 공부를 위해 신약에서 1,080절을, 구약에서 창세기 열 한 장, 출애굽기 여섯 장, 시편 네 편 등을 번역했다.[2] 이 번역문은 아마도 등사본으로 인쇄하여 감리교회 주일 공과로 사용했을 것이다. 따라서 등사본 초역 단계의 구약 번역은 스크랜턴이 시작했다.

---

1 김중은, "최초의 구약 국역 선구자 알렉산더 피터즈",『교회와 신학』XIII (1981), 29–42; 박준서,『최초의 한국어 구약성경 번역자 알렉산더 알버트 피터스 목사』(기독교서회, 2021).

2 *Annual Report of the Missionary Society of the Methodist Episcopal Church in the USA* [hereafter *ARMEC*] (New York: MEC, 1895), 247.

셋째, 1897년 2월 초에 켄뮤어 총무는 "번역위원 한 명에게 창세기 1장 번역을 맡겼는데 아직 5절에 머물러 있다"라고 보고했다.³ 이 번역위원이 누구인지 밝혀주는 자료는 없지만, 여러 사실을 검토해볼 때 아펜젤러였을 가능성이 크다. 하지만 창세기 1장에 그친 개인 번역이므로 큰 의미는 없다.

넷째, 1897년 건양(建陽) 2년(1897) 2월 2일 창간된 한국교회의 첫 신문(주간지)인 「죠션크리스도인회보」(이후 회보)에 구약 번역 본문이 실리기 시작했다. 번역자는 감리교회 공과를 번역해오던 스크랜턴이거나 회보의 편집장을 맡은 아펜젤러 두 사람 중 한 명이었다. 스크랜턴과 아펜젤러와 언더우드는 1897년 1월 4일부터 2월 24일까지 번역자회(Board of Translators) 독회로 매일 3시간씩 모여 마태복음을 번역하고 본문을 확정했다.⁴

그런데 회보의 구약 본문 번역자는 스크랜턴이 아니었다. 그가 쓴 연례보고서에 따르면 그는 5월 1일까지 "서울에 머물면서 그 시간을 이용해 미이미교회[북감리교회] 예문(Ritual)을 개정하고 장정(Discipline)과 혼인과 세례 증명서의 일부를 새로 번역했다." 그는 "야고보서의 개인역을 개정했는데 실행위원회가 출판했다."⁵ 스크랜턴의 번역은 그것이 전부였다. 감리사(Superintendent) 스크랜턴은 시병원 일을 하면서 1893년부터 남대문 상동교회와 동대문 볼드윈채플을 맡아 목회에도 많은 시간을 보냈다. 봄에는 버스티드(John B. Busteed) 의사가 건강을 잃어 시병원에서 일을 할 수 없어 여름에 귀국했으며 1893년부터 스크랜턴 목사가 맡은 상동교회는 4년 만인 1897년 봄에 교인이 250명으로 늘어 새 예배당이 필요할 정

---

3 A. Kenmure to W. Wright, Feb. 6, 1897.
4 W. B. Scranton to H. Loomis, Oct. 8, 1887.
5 *ARMEC*, 1897, 238.

도가 되었다.[6]

반면 아펜젤러는 1896년 안식년에서 돌아온 후 1897년 1월과 2월에는 배재학당을 벙커(D. A. Bunker)에게 맡기고 성경 번역과 회보 편집 일에 몰두했다.[7] 미이미활판소(Trilingual Press)도 벙커가 맡았다가 새로 부임한 콥(G. C. Cobb)이 전담했다. 따라서 회보에 실린 구약 본문은 아펜젤러의 번역이었다. 이때 그의 번역조사는 조한규였다. 회보의 조사는 최병헌과 송기용으로 논설과 다른 글의 편집을 도왔다.[8]

이 회보는 창간호부터 "레비일 공과" 2면을 개설하고 성경 본문과 주석과 묻는 말을 실었다. 미국 주일학교협회(Sunday School Association)가 공과를 싣는 조건으로 회보의 발행비를 지원했기 때문이다.[9] 1897-1898년 회보에 실린 본문은 다음과 같다.

1897년
  2월 2일-3월 31일(공과 1-9): 삼상 10, 15, 16, 17, 20, 23, 24, 26, 31장
  4월 7일(공과 10): 눅 24장(부활절)
  4월 14일-5월 12일(공과 11-15): 삼하 2, 5, 6, 7, 9장
  5월 19일(공과 16): 시 32편(다윗 왕의 회개)
  5월 26일-7월 14일(공과 17-20, 22-24): 삼하 15, 18; 열왕기 1, 3, 4, 5, 8장
  6월 23일(공과 21): 잠 23장 일부(금주)
  7월 21일-12월 8일(공과 25-45): 마 2-12장
  12월 15일(공과 46): 눅 2장(성탄절)
  12월 22일-29일(공과 47-48): 마 13장

---

[6] 1893년 정동교회와 동대문 볼드윈 채플로부터 교인 10명을 넘겨받아 병원 건물에서 시작한 상동교회는 1897년 봄 교인이 250명으로 늘었다(Scranton to Dr. Leonard, may 20, 1897).

[7] *ARMEC*, 1897, 245.

[8] "Report XIII—The Korean Christian Advocate," *Journal of the Fourteenth Annual Meeting of the Korea Mission of the MEC* (1898), 50.

[9] Ibid.

1898년
1월 5일-6월 8일(공과 49-71) 마 14-28장
6월 12일-12월 28일(공과 72-100) 창 1-26장

[표 1] 「죠션(대한)크리스도인회보」에 실린 성서 번역 발췌문

회보가 공과를 사무엘서부터 시작한 것은 이전에 창세기부터 여호수아까지 감리교회에서 주일 공과(성경 공부)를 진행했기 때문인 것으로 짐작된다. 장 전체를 번역하지 않고 일부만 번역한 게 대부분이며, 장을 연속적으로 번역하지 않고 공과 공부하기에 좋은 장을 선택적으로 번역해서 실었다. 구약은 2월 2일부터 7월 14일까지 실었다. 각 번역에는 주석과 묻는 말을 달아 공과 공부에 도움을 주었다. 주석 부분은 이화학당의 교사인 로스와일러(Louisa C. Rothweiler)가 썼고,[10] 묻는 말은 죤스(G. H. Jones) 목사가 작성했다. 각 교회는 매주 화요일에 발행된 회보를 받아 그곳에 실린 공과를 주일학교 공부에 사용했다.

「죠션크리스도인회보」 창간호(1897. 2. 2)에 실린 사무엘상 10:17-27 중 첫 부분은 다음과 같다. 이는 2월 10일 주일에 사용할 본문이었다.

사울노 이스라엘 첫지 님군
　　사무엘긔 샹권 십쟝 십칠절브터 이십칠절 시지라
十七 사무엘이 미샤파에서 야화화 압헤 빅성을 모호고 十八 무리의게 닐너 갈으디 이스라엘 족쇽 하느님 야화화끠셔 글으샤디 녜젼에 내가 너희를 인

10　따라서 로드와일러가 한국에서 첫 구약 주석을 쓰고 발표한 선교사다. 그의 부친이 독일계 미국인 이민자요 구약학자로 디트로이트 볼드윈 대학의 교수였는데, 루이자 로드와일러는 저먼왈레스 대학을 졸업했다. 그녀는 성경신학도 공부했으며, 한국에 오기 전 디트로이트 베레아 공립학교 교사였다.

도ᄒᆞ야 인급에 나오게ᄒᆞ고 인급사ᄅᆞᆷ과 밋 여러나라이 학ᄃᆡᄒᆞᄂᆞᆫ이의 손에 너희를 버셔나게 ᄒᆞ얏더니 十九 환난과 고초에 구원ᄒᆞᆫ 너희 하ᄂᆞ님을 너희가 비쳑하고 인군 셰우기를 구ᄒᆞ니 이졔 너희가 맛당히 이곳에 니르러 너의 지파를 각각짜라 야화화 압헤 셔라하고 二十 사무엘이 이스라엘 지파로 ᄒᆞ여곰 졔비를 쑵아 변야민 죡속을 엇고 二十一 변야민 지파로 ᄒᆞ여곰 졔비를 쑵아 마특리 죡속 그스의 아들 사울노를 엇엇더니 차질수가 업ᄂᆞᆫ지라[11]

이것이 공식 인쇄된 한글 구약 번역의 효시다. 이 번역이 종래 구약 최초의 한글 번역으로 생각해온 피터즈의 『시편촬요』보다 1년 앞선다.[12] 특히 한글 성경 번역사상 처음으로 띄어쓰기를 시도하고 2단 내려쓰기로 인쇄한 점에서 큰 의의를 가지는 번역이었다. 고유명사에는 옆줄을 그어 표시했다. 아직 구약 번역이 공식적으로 시도되지 않았고 또 개인역도 인쇄되지 않았던 시점에서 나왔다는 점과 고종의 아관파천(俄館播遷) 등 기울어가는 조선 왕조를 바라보며 이스라엘의 첫 임금인 사울의 등극과 뒤이어 전개되는 이스라엘 왕조사를 다룸으로써 현실에 대한 성경적 시각을 주려고 했다는 점에서 회보의 구약 번역은 높이 평가되어야 할 것이다.

그 저본은 영어 흠정역(KJV) 본문 아래 비평이 반영된 다른 읽기가 들어간 바리오룸 성경(*The Variorum Bible*, 1881)과 영어 개역본(RV, 1885)을 참고했지만, 아래에서 논의하는 대로 한문 문리본(1858)이었다. 문리본을 따라 신명사문자(Tetragramm)를 야화화(Jehovah의 한자 음역 耶和華)로 표기했다. 1911년에 발행된 구역(舊譯) 구약전서의 대본이 된 긴즈버그 히브리어 성경은 아직 발간 전이라 이용되지 않았다.

---

11 "사울노 이스라엘 첫직 님군", 「죠션크리스도인회보」, 1897. 2. 2.
12 류대영, 옥성득, 이만열, 『대한성서공회사 II』 94.

그러면 아펜젤러의 번역은 이후에 나온 피터즈와 언더우드의 구약(시편) 번역과 얼마나 달랐으며 이후 번역에 어떤 영향을 주었을까? 「죠션크리스도인회보」 1897년 5월 19일 자에 아펜젤러가 번역한 시편 32편이 실려 있는데, 이를 1898년 피터즈의 『시편촬요』와 1906년 언더우드의 『시편』, 1911년 구역의 시편, 1938년 개역의 시편과 비교하면 의미 있는 결과를 도출할 수 있을 것이다.

첫째, 아펜젤러 번역의 저본을 알기 위해서 시편 32:1-4의 영어 흠정역(Variorum Bible, 1881; RV, 1885와 동일함), 한문 문리본(文理 委辦譯本 Delegates' Version, 1858), 아펜젤러 역을 비교해보자.

절	KJV(1881), RV(1885)	文理 委辦譯本(1858)	아펜젤러 역(1897)
1	Blessed is he whose transgression is forgiven, whose sin is covered.	人得赦其過,而蓋其愆者,福兮,	사롬이 즈긔의 죄과를 샤ᄒ고 덥는 쟈ㅣ 복이며
2	Blessed is the man unto whom the LORD imputeth not iniquity, and in whose spirit there is no guile.	人不爲耶和華所罪,其心無偽者,福兮,	사롬이 야화화의 득죄치 아니 ᄒ야 마음의 거즛거시 업는 쟈ㅣ 복이로다
3	When I kept silence, my bones waxed old through my roaring all the day long.	我不言己罪,終日欷歔,筋骨漸衰,	내가 믁믁ᄒ고 종일토록 탄식ᄒ기에 근골이 쇠ᄒ엿도다
4	For day and night thy hand was heavy upon me: my moisture is turned into the drought of summer. Selah.	爾朝夕譴我,精氣漸涸,有如夏日,嘆其乾兮,	야화와의셔 조셕으로 나룰 칙망 ᄒ매 나의 정긔 무름이 여름날 쪼임 ᄀᆺ도다

[표 2] 시편 32:1-4 비교, KJV, 문리본, 아펜젤러역

[표 2]의 세 가지 역본에서 단어와 문장 구성을 볼 때, 아펜젤러의 번역은

흠정역본(영어 개역본과 동일)의 번역이 아니라, 문리본의 직역에 가깝다. 한국인 전도사들과 지식인 교인들이 한문 문리본을 읽고 있는 현실에서, 주일학교 공과용 개인역으로 문리본을 번역해주는 것이 현실적으로 적절했을 것이다. 아펜젤러의 번역은 바리오룸 성경의 난하 각주에 있는 다른 읽기를 전혀 반영하지 않았다. 한문본에서 1절과 2절을 "人"으로 시작하는 번역본은 문리본이다. 특히 2절에서 흠정역은 "그 영에 궤휼/간사함이 없는 자"이지만, 아펜젤러는 문리본을 따라 "마음에 거짓 것이 없는 자"로 번역했다. 따라서 아펜젤러의 저본은 문리본이었으며, 영어 역본을 참고했을 것이다. 즉 문리본에서 초역한 본문을 아펜젤러는 번역조사인 조한규와 함께 다듬었을 것이다.

둘째, [표 3]에 나오는 피터즈의 『시편촬요』 번역(1898년)을 문리본과 아펜젤러 번역과 비교하면, 피터즈는 문리본과 아펜젤러 번역을 무시하고 전혀 다르게 새로 번역했음을 알 수 있다. 그의 대본이 히브리어 성경이었기 때문이다. 피터즈는 야화화를 여호와로 바꾼 장본인이다.

셋째, 언더우드의 1906년 『시편』 번역은 피터즈의 『시편촬요』 번역을 개정하되 일부 단어를 교체했다(예, 2절 궤휼 → 간사, 3절 잠잠할 → 자복지 아니할). 문장의 구조도 제법 바뀌었다. 언더우드는 아펜젤러의 용어를 간혹 수용하기도 했다(예, 1절 덥는 → 덥허주심을).

넷째, 1911년의 구역 시편은 1906년 언더우드의 시편을 그대로 수용하고 일부 철자만 수정했다. 그러나 피터즈가 마무리한 1938년 개역성경의 시편은 언더우드의 구역 시편이 출판되고 27년 후에 나온 번역이므로 단어와 어순과 구문 모두가 개정되었다. 따라서 개역성경의 시편은 피터즈의 『시편촬요』에서 더 많이 멀어졌다. 다시 말하면 구역성경(1911)부터 피터즈의 시편 번역의 영향력은 상당히 감소했고 개역성경(1938)에 오면 32편의 경우 1절을 제외하면 연속성이 사라진 전혀 다른 번역이 되었다.

절	피터즈, 시편촬요 (1898)	언더우드, 시편 (1906)	언더우드, 구역성경 시편(1911)	개역성경 시편 (1938)
1	죄악의 샤홈을 엇으며 죄의 그리움을 엇은 이는 복이 잇는 이로다	그 허물 샤홈을 엇으며 그 죄 덥허주심을 엇은 이는 복이 잇는 이로다	그 허물 샤홈을 엇으며 그 죄 덥허주심을 엇은 이는 복이 잇는쟈로다	허물의 사함을 얻고 그 죄의 가리움을 받은 자는 복이 있도다
2	여호와ᄯᅴ 허물을 허물노 보시지 아니ᄒᆞ심을 엇으며 그 심령에 궤휼홈이 업는 사룸은 복이 잇는 사룸이로다	여호와ᄯᅴ셔 죄를 주시지 아니ᄒᆞ시고 그 므음에 간사홈이 업는쟈는 복 잇는쟈로다	여호와ᄯᅴ셔 죄를 주시지 아니ᄒᆞ시고 그 므음에 간사홈이 업는쟈는 복 잇는쟈로다	마음에 간사가 없고 여호와께 정죄를 당치 않은 자는 복이 있도다
3	내가 좀좀홀 때에 내 ᄲᅧ가 쇠ᄒᆞ니 종일 브르지즘을 인홈이로다	내가 죄를 ᄌᆞ복지 아니홀 때에 내 ᄲᅧ가 쇠ᄒᆞ엿ᄉᆞ오니 종일 부르지즘을 인홈이로다	내가 죄를 ᄌᆞ복지 아니홀 때에 내 ᄲᅧ가 쇠ᄒᆞ엿ᄉᆞ오니 종일 부르지짐을 인홈이로다	내가 토설치 아니할 때에 종일 신음하므로 내 뼈가 쇠하였도다
4	대개 쥬의 손이 밤낫으로 내게 무겁게 림ᄒᆞ셧슴이어 나의 졍긔가 변ᄒᆞ야 여름 가믐에 무르는 것 ᄀᆞ치 되엿ᄂᆞ이다 (쎌나)	주ᄯᅴ셔 쥬야로 나를 즁히 칙망하셧스니 나의 진익이 몰나 녀름에 감과 ᄀᆞ치 되엿ᄂᆞ니다 (셀나)	주ᄯᅴ셔 쥬야로 나를 즁히 칙망하셧스니 나의 진익이 몰나 녀름에 감과 ᄀᆞ치 되엿ᄂᆞ니다 (셀나)	주의 손이 주야로 나를 누르시오니 내 진액이 화하여 여름 가물에 마름 같이 되었나이다 (셀라)

[표 3] 시편 32:1~4절 비교, 피터즈의 『시편촬요』, 언더우드의 『시편』, 구역, 개역

아펜젤러는 선교사 사역 기간(1885-1902)에 쉬지 않고 성경을 번역하고 수정한 한글 성경 번역의 개척자였다. 따라서 초기 한글 신약전서 번역에 기초를 놓은 세 사람은 로스, 언더우드, 아펜젤러였다고 하겠다. 나아가 아펜젤러는 로스, 언더우드와 더불어 비평 본문을 신약 번역에 도입한 선구자였다. 무엇보다 아펜젤러는 한글 구약 번역의 효시로서 1897년에 시편은 물론 1898년에 창세기 등 구약의 여러 본문을 발췌하여 처음으로 번역하여 「죠션(대한)크리스도인회보」의 지면에 발행했다. 그동안 피터즈를 구약 번역의 효시로 보았으나 구약 번역 본문을 처음 발간한 자는 아펜젤

러로 수정하고 구약 번역에 기초를 놓은 자로 아펜젤러, 언더우드, 피터즈 3인의 공헌을 재평가해야 할 것이다.

44
첫 외국 양식 예배당
정동제일교회 헌당(1897년 12월)

1897년 12월 26일 한국의 첫 외국 양식 예배당인 정동제일교회에서 헌당 예배가 드려졌다. 예배당은 붉은 벽돌로 십자가 모양의 로마네스크 양식으로 지어졌다.

▲ 완공된 정동제일교회(1897년)

북감리회는 장로회나 남감리회와 달리 예배당을 건축할 때 네비어스 방법의 철저한 자급 원칙을 채택하지 않았다.[1] 1887년 10월 9일 정동제일교회는 달성궁 후문 근처 벧엘 예배당에서 출발했다. 이어 교인이 늘어나자

---

[1] 평양 남산현 교인들은 건축을 위해 희생적으로 1,232엔을 약정했다. 사실 이 회당을 지은 부비는 대한 형제들이 모두 감당했다("평양에유람흔일",「대한크리스도인회보」, 1898년 4월 6일). 평양 지방 감리회는 자급을 강조하여 1900년의 경우 16개 회당 모두 자급으로 건축했다("Report IV—Pyeng Yang Circuit," *Official Minutes of the Sixteenth Annual Meeting, Korea Mission, the MEC* [Seoul, 1900], 40-41).

44. 첫 외국 양식 예배당: 정동제일교회 헌당(1897년 12월)

여성은 이화학당에서 모이고 남성은 아펜젤러 집에서 임시로 회집하다가, 나중에는 여성들은 이화 언덕 밑의 예배실에서, 남성들은 배재학당 예배실에서 모여 별도의 예배를 드렸다. 청일전쟁 이후 교인이 200명을 넘어서자 1894년 12월 28일에 정동, 이화학당, 종로 예배처의 지도자들이 모여 정동 예배당 건축을 결의하고 헌금을 약정했다. 거대한 공사라 자급은 불가능했다. 1895년 8월 7일에 새 예배당 공사를 시작하고 9월 9일에 정초식을 거행했으며, 1896년에 지붕을 얹었고, 1897년 5월과 10월에 몇 번의 예배를 드린 후, 동대문의 볼드윈 예배당과 함께 1897년 12월 26일 성탄 주일에 헌당했다.[2]

▲ 함께 땅을 고르는 교인들(1897년)

새 예배당은 앞선 사진에서 보았듯이 로마네스크 양식을 단순화한 붉은 벽돌 건물로, 삼각형 박공지붕과 종탑으로 수직성을 나타냈으며, 평면은 라틴 십자가형, 내부는 삼랑식(三廊式)으로 주랑(柱廊) 쪽에 설교단을 배치

---

2   "Korea," *Annual Report of the Board of Foreign Missions of MEC* (New York: 1898), 264.

했다.[3]

　미국에서는 남북전쟁 이후 급격한 도시화, 산업화, 이민의 증가와 더불어 진행된 부흥운동으로 인해 예배 공간은 변형된 로마네스크(Romanesque) 양식으로 혁신되었다. 무디(D. L. Moody)로 대변되는 부흥운동의 세례를 받은 도시 중산층 복음주의 교인들에게 희랍 복고 양식은 너무 이교적이고 고딕 양식은 너무 중세적으로 보였다. 중세 고딕 이전의 장중한 석제 로마네스크 양식은 군사적 이미지를 지님으로써 세상의 악과 전투하는 복음주의자들의 신학적 성향과 어울렸다. 예배당에는 작은 아치형 유리창을 넣고 내부는 로마네스크 양식과 달리 많은 청중을 수용하면서 설교자를 볼 수 있도록 극장처럼 높은 천장에 무대에 있는 설교단을 중심으로 부채꼴이나 반원형 회중석을 만들었다.[4]

　변형된 로마네스크 양식을 주도한 건축가는 리처드슨(Herny H. Richardson, 1838-86)으로 보스턴의 트리니티교회(1877)가 그의 작품이었다. 강당 양식의 내부 공간을 가진 리처드슨 양식이 1870년대부터 제1차 세계대전까지 미국 개신교 건축의 주류를 이루었다. 한국 개신교에서 리처드슨이 선보인 로마네스크 양식은 단순화된 형태로 도시에서 붉은 벽돌 교회당으로 재현되었는데 1889년 완공된 정동감리교회를 비롯한 이후 여러 도시의 감리교회 예배당과 1912년 완공된 서울의 승동교회가 아

3　아펜젤러는 1894년 미북감리회가 발간한 교회 설계 도안집의 25번을 채택했고, 배재학당을 설계한 요시자와에게 설계를 맡겼다. 이 설계도에 나온 교회의 모습은 550명을 수용하는 십자가형 건물에 58자 높이의 종탑이 있어 정동교회와 흡사했다. 일본 요코하마의 해안교회(1872년 설립)를 세운 설계자가 정동교회를 설계했다고도 한다. 단순화된 고딕 양식으로 보는 견해도 있다(벧엘예배당 발전위원회, 『하늘 사명의 전당, 벧엘예배당』[정동제일교회, 2002], 27-31). 그러나 붉은 벽돌, 아치 창문, 홍벽(胸壁) 형태의 군사적 이미지의 종탑 등은 리처드슨의 로마네스크 양식이다.

4　Marilyn Chiat, *North American Churches from Chapels to Cathedrals* (Lincolnwood, Il: Publication International, 2004), 23-26.

치형 창문을 가진 붉은 벽돌 건물로 건축되었다. 1901년 내한한 캐나다의 건축사 고든(Henry B. Gordon, 1855-1951)은 서울에 리처드슨의 로마네스크 양식을 도입한 장본인이었다.[5]

정동제일교회 예배당은 길이 70자, 너비 40자, 높이 25자의 115평 넓이였고 종탑은 높이 50자, 회당 좌우에 28 × 14자 방이 있었다.[6] 한국인에게 위화감을 주지 않도록 낮은 종탑과 전원적인 고딕 양식을 취했다. 함석지붕에 사방에 유리창을 달아 자연 채광으로 '심히 명랑'하였다. 예배당은 담을 쌓아 외부와 구분했는데 이는 예배당의 거룩성과 보호성을 상징했다.

▲ 정동교회(1903년)

1897년 5월 9일에 열린 제13회 연환회(年環會, annual meeting)를 위해 내한

---

5   고든은 1901년 내한하여 세브란스병원, 6-7채의 선교사 주택, 연동교회, YMCA, 새문안교회, 승동교회, 종교교회, 경신학교, 정신여학교 건물을 설계함으로써 서울의 개신교 서양식 건물 대부분이 그의 작품이었다.

6   1898년 5월 29일 헌당된 고딕 양식의 종현(명동) 천주교당은 202자 × 90자(60자) 크기였고, 종각 높이는 141자, 공사비는 6만 원이었다("텬쥬교당을 하ᄂᆞ님의 밧친일", 「대한크리스도인회보」, 1898. 6. 8).

한 중국의 조이스(Issac W. Joyce) 감독이 참석한 가운데 배재학당 예배실이 좁아 대강 지어진 예배당에서 모였다. 서울 주변의 교인까지 모여 약 천 명이 참석했는데 중앙에 휘장(curtain)을 쳐서 남녀 좌석을 분리했다.[7] 흰색 천 휘장은 기존의 정동 벧엘교회, 상동교회, 동대문안교회에서도 사용했다. 그러나 정동교회의 천장이 높아 휘장을 설치하기 어려웠으므로, 1897년에는 휘장 대신 병풍을 사용했다. 첫 입당 예배는 10월 3일에 드렸다.

봉헌 기념식은 5일에 걸쳐 거행되었다. 첫날인 1897년 12월 24일 금요일 오후 5시에는 사진 전시회가 열렸다. 미리 입장표(문표)를 교인들에게 나누어주어 다른 교인이나 일반인을 초청할 수 있게 했다. 전시회 전에는 찬미했고, 기도 후에는 아펜젤러 목사가 간단히 설교하고 가난한 이를 위해 연보했다. 참석자들은 2시간 동안 여러 기이한 그림을 관람했다.

25일 토요일 10시에는 완공한 새 예배당에서 함께 모여 성탄절 예배를 드렸다. 특별히 아펜젤러 목사는 10년 전 1887년에 벧엘교회 설립 당시에 했던 설교문을 다시 읽었다. 노병선 전도사는 구주 탄신이 세계의 가장 큰 명절이 되는 이유가 "구세주께서 만국 만인의 죄를 대속하사 믿는 자로 하여금 영생을 얻게" 하는 데 있다고 연설했다. 예배는 거의 두 시간 동안 진행되었다. 오후에는 전날 연보한 25원으로 "남녀 교우 중 빈한한 사람과 병든 이들을 차등이 있게 분변하여 구제"했다.[8]

저녁 7시에는 학생들이 배재학당 회당 앞에 등불 수백 개를 켰는데, 그중에 제일 큰 십자등 한 개를 만들어 금색으로 "光照東邦"(광조동방) 네 글자를 써서 공중에 높이 달았다. 아이들에게는 과일을 선물로 나누어주

---

7 "회중 신문", 「죠션크리스도인회보」, 1897년 5월 12일.
8 "정동 새 회당에서 힝흔 일", 「대한크리스도인회보」 1-48(1897. 12. 29), 199.

는 시간을 가졌다.

26일 주일에는 새 예배당에서 "회당을 하나님께 바치는 예식"을 행했다. 공사를 시작한 지 두 해 반에 겨우 마쳤다. 건축비는 8,048.29엔이었는데 그중 한국 교우들이 연보한 돈은 693엔($346.5)으로 외국인 헌금과 기부금이 90%를 차지했다.[9] 봉헌식에서 장로사 스크랜턴 목사는 "이 집은 노래하는 집이 아니요, 하나님께 기도하는 집"이라는 주제로 말씀을 전했다. 그리고 그날 연보는 350엔 이상이 모였다.

아펜젤러 목사는 교회를 대표하여 다음과 같은 말로 스크랜턴 장로사에게 교회 열쇠를 바쳤다. "우리가 이 집으로 장로사에게 드려 전능하신 하나님을 복사하고 숭배하기를 위하여 한 예배당으로 하나님께 바치게 하나이다."[10] 스크랜턴 장로사는 열쇠를 받아 하나님께 봉헌하며 일주일 전 신문에 미리 발표한 봉헌사를 낭독했다.

친애한 붕우여, 성경에 말씀하였으되 하나님께서 자기 이름을 높여 성전 짓는 이들을 매우 기뻐하신다 하였고 하나님께서 어떻게 솔로몬이 지은 성전을 자기의 영광으로 충만케 하심과 두 번째 지은 성전에서 어떻게 전보다 더 영화롭게 자기를 나타내신 것을 우리가 들은 바이요, 여러 사람을 위하여 한 회당을 지은 백부장을 성경에 칭찬하고 치하하였으니, 우리가 몇 가지 예배하는 직무를 행하기를 위하여 이 전을 공경하여 하나님께 바치는 본의를 하나님께서 또한 기쁘게 받으실 것을 의심치 말 것이요, 이 진중한 일이 이만큼 성취되었으니 우리가 마음을 합하여 하나님의 이름을 공경하여 찬양할 것이요, 또 이 일에 상관된 모든 사람에게와 이후 이곳에서 예배하는 온 사람들에

---

9 Rosetta Sherwood Hall, "Dedication of the New Methodist Church in Korea," *Gospel in All Lands* (April 1898): 186.
10 "정동 새 회당에셔 힝흔 일",「대한크리스도인회보」1-48(1897. 12. 29), 200.

게 복이 내리기를 기도합시다.[11]

이어 전 회중이 로스와 일러 양이 번역한 찬미가 "온 세계 위 높은 성전"을 불렀다. 이 곡도 미리 신문에 실어 가사를 보거나 적어올 수 있게 했다.

> 온 세계 위 높은 성전 / 넓게 세운 여호와여
> 우리 손 지은 성당을 / 기쁘시게 받으소서
> 영화로신 보좌에서 / 영원하신 평안함을
> 이 전각에 한량 없이 / 가득함을 주옵소서
> 길 잃은 자 이곳에서 / 참 도로써 가르치며
> 또 연약하고 슬픈 자 / 기도할 때 들으소서
> 이 처소에 사랑함과 / 믿음을 더 간절케 해
> 욕심 덜고 열심 드려 / 일체로 주를 섬기게

아펜젤러는 교회 건축 경과를 보고하면서 교회 설립 후 10년간의 사역을 정리했다. 이는 그 전날 모임에서 1887년 벧엘교회의 첫 설교문을 읽은 것처럼 정동교회가 1887년에 설립되었기 때문이었다.

> 이 교회가 하나의 조직체로 존재하게 된 것은 1889년 12월에 첫 계삭회가 형성되면서부터입니다. 그 전에도 세례식과 입교식은 있었습니다. 한국에서 첫 번째 준회원이자 교인이 된 사람은 내가 제물포에 도착한 지 1년 20일 되던 1886년 4월 25일에 세례를 받은 일본인이었습니다. 한국인이 최초로 세례를 받은 것은 1887년 7월 24일이었습니다. 그리고 한국인으로서 처음으

---

11 "회당을 하느님끠 드림", 「대한크리스도인회보」 1-47(1897. 12. 22), 195.

로 정교인이 된 것은 1888년 4월 17일이었습니다. 교회는 여러 번 옮겼습니다. 10년 전에 우리는 벧엘에서 예배를 드렸는데, 그곳은 현재 스크랜턴 여사의 소유인 달성궁 후문에서 돌을 던지면 닿는 곳이었습니다. 이후 벧엘은 처분되어 현재는 한국인들이 거주합니다. 그 후 여성들은 이화학당에서, 남성들은 현재 주방으로 쓰고 있는 우리 집에서 각각 예배를 보았습니다. 얼마 후 여성들은 이화 언덕 밑에 있는 예배실에서, 그리고 남성들은 배재학당 예배실에서 모였습니다. 총 입교인 수는 138명, 학습인 총수는 318명입니다. 올해 입교인은 98명, 학습인은 146명입니다.[12]

1897년 성탄절에는 일본에서 수입한 설교단과 주변 가구를 설치했는데 성찬식 탁자는 설교단 앞에 놓았다.[13] 이는 성만찬 예식 때 쉽게 "남녀 교우가 공경한 마음으로 성단 좌우에 엎드려 떡과 포도즙을 먹어 구세주를 기념"할 수 있는 구조였다.[14]

▲ 정동교회 강대상
(1897년 성탄절)
[배재학당 역사박물관 소장]
강대상 뒤에 누가복음 2장 11절 "今日 大關城 爲爾 生救主"을 한문으로 붙여 놓았다.
새 예배당에는 오르간을 강대상 오른쪽에 배치했다.

12　Appenzeller Diary, December 26, 1897; 오영교, 『정동제일교회 125년사 제1권 통사편』 (2011), 142-143.
13　S. L. Baldwin, "Korea," *Christian Advocate* (New York: March 31, 1898): 515.
14　"셰례와 셩만찬을 힝함", 「대한크리스도인회보」, 1898. 6. 22.

정동제일교회는 주변의 공사관들과 함께 서양식 건물로 정동의 명소가 되었다. 그곳은 예배, 사경회, 신학회, 연례회의 등의 종교 행사는 물론, 배재학당과 이화학당의 졸업식과 같은 학교 행사, 연설회와 토론회 등의 정치 행사, 서양식 혼례식의 공간도 되었다.[15]

감리교회는 서울의 정동교회(1897, 십자가형)를 모델로, 동대문교회(1897), 상동교회(1901),[16] 인천의 내리교회(1901, 십자가형), 평양의 남산현교회(1902, 십자가형), 서울 종교교회(1910, 십자가형) 등을 모두 서구식 붉은 벽돌 건물로 건축했다.[17] 이는 배재학당(1888)과 이화학당(1902)을 서양식으로 건축한 것과 더불어 감리회의 선교 정책인 '기독교 문명' 노선에서 이루어졌다.[18] 특히 아펜젤러의 후원을 받은 정동파 윤치호와 서재필의 독립협회 운동이 고조되던 때에 봉헌된 정동교회는 기독교 문명의 상징이 되었다.

---

15 참고. "셔양 혼례", 「독립신문」, 1899년 7월 14일.
16 상동교회는 미국 하트포드의 미드 양의 기부금으로 건축되어 1901년 5월 12일 '미드기념교회'로 헌당되었다("년환회 일기", 「신학월보」, 1901년 5월). 1,200명을 수용하는 벽돌 건물이었다.
17 평양 남산현교회는 1898년 건축할 때, 방 3개의 십자형으로 설계하고, 작은 방 2개는 남성용, 세로로 긴 방 1개는 여성용으로 하였다. 또한 1898년 미국에서 보내온 오르간과 종을 설치했는데 평양에서는 첫 오르간이었다(*Official Minutes of the Korean Mission, MEC for 1898*, p. 30).
18 옥성득, "초기 한국 북감리교의 선교신학과 정책", 『한국기독교와 역사』 11 (1999년 10월): 7-40.

45
첫 애국가
무궁화 노래(1899년)

윤치호가 편역한 『찬미가』(1905, 1908)에 나오는 "애국가" 이전에 널리 불린 "무궁화가"가 있었다. 그 시작은 1897년의 "무궁화 노래"였다. 즉 대한제국을 수립 전후 시기부터 "무궁화가"가 있었고 그것이 발전하여 애국가가 되었다.

1. "무궁화 노래"(1897) – 기원절 축수가

우리나라 우리 님군 황텬이 도우샤
임금과 백셩이 한가지로
만만셰를 길거하야 태평독립을 하여 보세
만만셰를 길거하야 태평독립을 하여 보세

1897년 8월 조선 개국 기원절 행사 때 배재학당 학생들이 고종을 위한 축수가에 이어 나라를 위한 무궁화 노래를 불렀는데 그 가사는 위와 같았다. 「독립신문」의 보도를 보자.

> 대조선 개국 505회 기원절 축사를 [1897년] 8월 13일 오후 3시에 독립관에서 행하는데, 국기를 높이 달고 그 아래 화초로 단장하였는데, 정부 대소 관인과 여러 학도와 인민이 많이 모였으며, 각국 공영사와 신사와 부인들이 각기 예복을 갖추고 제제히 앉았는지라. 그 축사하는 절차를 보니, 처음에는 배재학당 학원들이 축수가를 불러 가로되, "오백 여 년 우리 왕실 만세 무궁 도우소서" 찬송하니, 외국 부인이 악기로 율에 맞추어 병창하더라. 둘째는 회

장 안경수 씨가 개회하는 뜻을 연설하고, 셋째는 한성판윤 이채연 씨가 학부대신 이완용 씨를 대신하여 국민의 당연히 할 직무를 연설하고, 넷째는 배재학당 학원들이 무궁화 노래를 부르는데 "우리나라 우리 임금 황천이 도우사 임금과 백성이 한 가지로 만만세를 길거하여 태평 독립하여 보세" 하니 외국 부인이 또 악기로 율에 맞추어 병창하더라. 다섯째는 미국 교사 아펜젤러 씨가 영어로 조선에 거류하는 외국 사람들을 대하여 각기 당연히 할 직무를 연설하고, 여섯째는 의사 제손 씨가 조선 관민들을 대하여 진보하는 것을 연설하며, 일곱째는 배재학당 학원들이 나라 사랑하는 노래를 부르니 외국 부인이 또 악기로 율에 맞추어 병창하더라. 여덟째는 전 협판 윤치호 씨가 기원절일 문제를 연설한 후에 탁지대신 심상훈 씨가 제손[서재필] 씨와 아펜젤러 씨의 연설한 것을 감사하다고 말하더라.[1]

배재학당 학생들은 선교사 부인의 오르간 연주에 제창했다. 이 무궁화 노래는 대한제국이 수립되고 2년이 지날 시점에는 다음과 같이 가사가 더 다듬어지고 후렴도 무궁화와 대한을 넣어 장중하게 변했다.

2. "무궁화 노래" 혹은 "협성회 무궁화 노래"(1899-1900)

일. 셩자신손 오백 년은 우리 황실이요 / 산고수려 동반도는 우리 본국일셰
(후렴) 무궁화 삼천리 화려강산 / 대한 사람 대한으로 길이 보전하세
이. 애국하는 열심의기 북악같이 높고/ 충군하는 일편단심 동해같이 깊어

---

[1] "대죠선 개국 오백", 『독립신문』, 1897. 8. 17.

삼. 천만인 오직 한마음/ 나라 사랑하여 / 사농공상 귀천없이 직분만 다하네
사. 우리나라 우리 황뎨 황천이 도우사 / 군민동락 만만세에 태평독립하세.

이 널리 불린 협성회의 무궁화 노래가 발전하여 애국가가 된다. 애국가 가사는 1896-1905년 한국인들과 그리스도인들이 합심하여 만든 노래였다. 배재학당에서 부르기 시작한 "무궁화가"는 그 후렴이 현재 애국가와 같다. 1890년대 후반부터 배재학당 등에서 부르기 시작한 창가와 애국가들이 모여 1907년 「대한매일신보」에도 실리고,[2] 1908년 윤치호의 『찬미가』에서 애국가로 편집되었다. 이후 일제 총독부가 무궁화를 보급하면서 무궁화가 퍼지기 시작했고, 따라서 애국가의 무궁화 운운이 왜색이라는 주장은 성립하지 않는다.[3]

---

[2] "무궁화가", 「대한매일신보」, 1907. 10. 30.
[3] 근(槿)은 무궁화로 우리나라에는 예로부터 무궁화가 많이 자라 근역(槿域)이라 하였다. 서기전 3세기경에 편찬된 『산해경』(山海經) 9권에는 "군자국(君子國)은 대인국(大人國) 북쪽에 있다. 사람들은 의관을 갖추고 칼을 차며 짐승을 주식으로 한다. 두 마리의 큰 호랑이를 옆에 두며 사냥을 좋아하고 다투지 않는다. 무궁화[槿, 一權董·一作薰]라는 풀이 자라는데 아침에 났다가 저녁에 죽는다"라고 하였다. 이는 무궁화에 대하여 기록된 가장 오래된 전거다. 근역은 '근화지향'(槿花之鄉 또는 槿華之鄉)으로 불리기도 하며 무궁화가 국화로 정해진 뒤 오세창(吳世昌)의 『근역서화징』(槿域書畫徵)이라는 서화가들에 대한 소개서가 나오기도 했다. 발해에서 무궁화는 여성의 아름다운 얼굴을 상징했다. 780년 발해의 정혜공주 묘지(貞惠公主 墓誌): "생각건대 공주가 태어나매 어려서부터 진실로 아름다웠고 비상하게 총명하고 슬기로워 널리 듣고 높이 보았다. 궁궐의 모범이 되었고 東宮의 누나가 되었으니 옥 같은 얼굴은 무궁화만이 비길 수 있었다"(민족문화백과사전).

▲ 무궁화가(1907년)

3. 단과회 회원의 무궁화 노래(1908년)

무궁화는 근대 선진 독립 국가를 지향하는 대한제국의 상징이었다. 1908년 8월에 「대한매일신보」는 단과회 회원이 만든 다음과 같은 노랫말을 게재했다. "한반도 전역에 무궁화가 널리 퍼져 근역이라는 말이 우연한 말이 아니며 이 강토가 한량없이 문명하여 영웅 열사 많이 나서 일편단심 충성으로 국가 기업을 굳게 하여 무궁하자"[4]고 말했다. 1908년이므로 황제에 대한 충성이 아니라 국가에 대한 충성, 국민의 각성과 교육, 자원의 개발 등을 강조했다.

▲ 무궁화가(1908년)

[4] "시사평론", 「대한매일신보」, 1908. 8. 6.

4. 상하이 대한민국 임시정부 기원절 경축가

임시정부는 1919년 음력 10월 3일부터 대종교 주최로 단군 개국 기원절을 기념했다. 1920년부터는 양력 10월 3일로 기념식을 정했다. 이때 부른 기원절 경축가는 『일본외무성문서(불령단관계잡건)』에 나온다.

1. 기뻐하세 오늘 우리 국민 기원절 / 이천만 동포들이여 경축하세
   우리들의 새 생명을 되찾는 날 / 한마음으로 힘을 모아 경축하세
   (후렴) 경축하세 경축하세 / 우리 개국 기원절 경축하세
   경축하세 경축하세 / 우리 대한민국 기원절이라네
2. 오늘의 기원절은 첫 번째로서 / 우리 이천만의 큰 영광이네
   우리가 독립을 선언한 지 겨우 1년 / 이와 같은 성적을 경축하세
3. 삼천리 강산 무궁화 강산 / 너의 화려함은 세계에서 제일이네
   동양의 요새이며 동양의 제방 / 우리 민국이 이렇지 않은가?
4. 한때 더럽혀진 우리의 화려 강산 / 오늘이 되니까 너도 뛰네
   백두산의 하얀 돌 너도 역시 뛰고 / 압록강의 물고기 너도 뛰네
5. 오늘을 맞이한 이천만 민족 / 너의 10년의 고통 어떠하였나?
   오늘은 기원절 이것을 경축하고 / 만세까지라도 나아갑시다.

46
이승만의 옥중 개종과
감옥에서 맞이한 첫 성탄절(1899년)

1899년 성탄절

다음은 이승만이 1899년 12월 한성감옥에서 개종 후 맞이한 첫 성탄절 때 선물로 침구를 보내준 배재학당 스승인 아펜젤러 목사에게 보낸 영문 감사 편지다. 아펜젤러는 자신의 일기에 이 편지를 옮겨놓았다.

1899. 12. 28

오늘 이승만으로부터 편지를 받았다. 그는 약 11개월 전 서울에서 스크랜턴 의사와 함께 걷고 있다가 길에서 체포되었다. 그는 만민공동회에서 뛰어난 활약을 했으며 권력자들을 비판했는데, 사복 형사에게 체포되었다. 그의 체포는 외국인들에게 상당한 관심을 불러일으켰다. 풀려나올 바로 그 무렵에 탈옥하자는 설득을 받았고 도망하는 데 실패하여 다시 감방으로 돌아갔다. 그는 기소되어 종신형을 선고받았다.[1]

성탄절에 나는 침구를 약간 보냈는데 아래와 같은 답장을 받았다.

존경하는 선생님께

1899. 12. 28

서양력에 관해서 까마득히 잊고 지냈기 때문에 이 무렵인 것은 확실하지만

---

[1] 이승만은 1899년 1월 9일부터 1904년 8월까지 한성감옥에 투옥되었다. 그가 구금된 직후 주한 미국 공사였던 알렌이 이승만의 석방을 요청했지만 거부당했다. 1899년 1월 말 탈옥을 시도하다 실패해 종신형을 구형받았다. 선교사들의 꾸준한 석방 요청으로 5년 7개월 만에 석방되었다.

어느 날이 성탄절인지 기억할 수 없습니다. 이 편지를 귀한 선물 대신 새해 인사까지 겸해서 크리스마스 선물로 여기시고 받아주시길 부탁드립니다. 행복, 강녕, 복, 만사형통이 함께 하시길 빕니다. 저희 가난한 가족을 위해서 값비싼 담요와 쌀, 땔감을 보내주셔서 무슨 말로 감사해야 할지 모르겠습니다. 동시에 저와 같이 비참하고 죄 많은 몸을 감옥에 갇혀 있는 절망의 상태에서 구원해주시고, 더욱이 의지할 데 없는 제 가족에게 먹고 살아갈 양식을 주신 하나님께 진심으로 감사드립니다. 저에게 주시는 하나님의 복이 얼마나 놀라운지요! 제 부친께서 편지로 선생님의 크신 도움에 감사한다고 하셨습니다. 그때는 우리 집이 큰 곤경에 처해 있었습니다. 황량한 겨울이라 이곳 어둡고 축축한 감방은 요즘 너무 춥습니다. 수감자 대부분은 의복과 음식과 모든 것이 부족하여 어려움을 겪고 있습니다. 그러나 하나님의 은혜와 선생님의 자비로 저는 지금 옷이 충분하며 추위가 더는 저를 괴롭히지 못합니다. 다시 한번 선생님께 감사드립니다.

다음에 다시 글월 올릴 것을 기대하면서 오늘은 이만 그칩니다.

당신의 사랑받는 학생,

이승만 올림[2]

이승만은 1897년 7월 8일 신흥우와 함께 배재학당을 졸업할 때 학생 대표로 "한국의 독립"이라는 주제로 영어 연설을 할 만큼 영어에 유창했고 연설을 잘했으며 지도력이 있었다. 아펜젤러는 그런 이승만을 아끼고 사랑했다. 이승만은 독립협회와 만민공동회에서 청년 지도자로 활동한 후 1899년 1월 9일에 발생한 박영효 일파의 고종 폐위 음모에 가담했다는

---

[2] 이만열 편역, 『아펜젤러』(연세대학교출판부, 1985), 415-417. 그의 영문 이름은 Ye Seungman이다.

혐의로 체포되어 한성감옥에 갇혔다. 그는 1904년 8월 9일 석방될 때까지 5년 7개월간 수감자 생활을 했다.[3] 그는 첫해 탈옥에 실패한 후 종신형을 선고받고 절망하는 가운데 선교사들의 도움과 본인의 기독교 서적 독파와 기도를 통해 개종했다. 위의 편지는 1899년 말 청년 이승만이 아펜젤러를 비롯한 선교사들과 좋은 관계를 유지하고 있으며 신앙도 깊어졌음을 보여준다.

이승만의 개종 이야기는 여러 차례 윤문을 거친 작문

이승만은 1899년 1월 9일에 체포되었고 17일 선교사들의 구명 운동이 물거품이 된 후 사형 판결이 내릴 것이라는 최정식(崔廷植)과 서상대(徐相大)의 협박과 권유에 따라 1월 30일에 정동 근처 선혜신창 한성감옥을 탈옥하려고 시도하다가 배재학당 담을 오르지 못하고 체포되어 다시 감금되었다. 사형 선고를 앞둔 그는 목에 무거운 칼이, 발에는 차꼬가 채워진 채 7월 종신형이 내려질 때까지 절망과 죽음의 공포 속에서 지냈다.

> 7개월 동안 나는 10kg쯤 무게가 나가는 나무로 만든 목걸이(칼: 수판)를 목에 달고 두 손은 수갑에 채워졌으며 발은 형틀에 끼워져 있었다. 그런 나에게 다른 죄수들은 몰래 감옥으로 들여온 조간신문에서 내가 사형되었다는 보도를 눈물을 흘리면서 읽어준 일이 몇 번 있었고 그럴 때마다 나의 선친은 나의 죽은 몸을 매장하겠다고 찾으러 오시곤 하셨다. 사형 선고를 받은 사형수

---

[3] 이승만은 24살이 되는 1899년 1월 9일부터 1904년 8월 7일까지 5년 7개월간 감옥 생활을 했다. 그는 먼저 선혜신창(宣惠新倉) 자리에 마련된 임시 한성감옥에 수감되었다가, 1903년부터 종로 전옥 자리에 벽돌 건물로 신축된 한성감옥에서 수감 생활을 보냈다.

가 나와 같은 형틀에 얽매여 있었다.[4]

이승만은 이때 에비슨 의사가 넣어준 영어 성경을 읽었다. 그것은 미국 선교 운동가인 에디(Sherwood Eddy) 목사가 에비슨에게 준 성경이었다. 이승만은 손을 사용할 수 없었기에 죄수 한 사람은 간수가 오는지 살폈고 다른 죄수 한 명은 성경 책장을 넘겨주었다. 성경을 읽다가 그는 기도하게 되었다.

> 나는 감방에서 혼자 있는 시간이면 성경을 읽었다. 배재학당을 다닐 때는 그 책이 아무 의미가 없었는데 어느 날 선교사가 하나님께 기도하면 응답해주신다는 말이 생각났다. 그래서 나는 평생 처음으로 감방에서 "오 하나님, 나의 영혼과 우리나라를 구해주옵소서"(Oh God, Save my soul and my country)라고 기도했다. 그랬더니 금방 감방이 환한 빛으로 가득 채워지는 것 같았고 나의 마음에 기쁨이 넘치는 평안이 깃들면서 변한 사람이 되었다. 내가 선교사들과 그들의 종교에 대해 갖고 있던 증오감과 불신감이 사라졌다.[5]

완벽한 개종 이야기다. 이승만은 바울처럼 열렬한 애국자로 데모에 참여했다가 어두운 감옥에 갇혔다. 그는 절망의 순간에 성경을 읽고 선교사의 말이 생각이 나서 기도했다. 그러자 감방에 빛이 가득했다. 평안이 이승만에게 찾아왔다. 선교사에 대한 증오도 사라졌다.

---

4 Syngman Rhee, "Rough Sketch: Autobiography of Dr. Syngman Rhee," Robert T. Oliver Collection; 이정식, 『청년 이승만 자서전』(동아일보사, 2002), 304.
5 Syngman Rhee, "Mr. Rhee's Story of His Imprisonment," 유영익, 『젊은 날의 이승만: 한성 감옥 생활(1899-1904)과 옥중잡기 연구』(연세대학교출판부, 2002), 60-61.

류영익은 이승만의 개종 시기를 탈옥 직전 1월 말로 보지만, 이승만이 쓴 자서전 등에 따르면 이승만은 목에 나무 칼을 차고 발에 차고를 하고 있을 때 성경을 읽고 기도했다. 즉 그는 1899년 2월부터 8월까지 7개월 동안 손발이 자유롭지 못할 때 죽음의 공포 속에서 개종했다. 그리고 그는 선교사들의 도움을 받고 겨울을 따뜻하게 지냈다. 이승만은 선교사들의 도움으로 도서관을 만들고 전도인이 되어 양반들을 개종시키는 자가 되었다.

그런데 그가 1899년 봄-여름에 개종한 것은 사실이지만, 박사 학위 이후에 쓴 옥중 수기나 자서전 등에 나오는 내용에는 개종에 대한 일부 작문이 섞여 있다. 그 이유는 첫째, 1903-04년 옥중이나 석방 후의 글에는 개종 경험을 말한 부분이 거의 없고, 둘째, 미국에서 여러 해 동안 연설하는 과정에서 자신의 옥중 경험을 재구성한 흔적이 보이기 때문이다.

그의 개종 이야기는 미국에서 연설과 설교에서 반복되면서 일정한 형태의 이야기로 발전되었다. 이승만은 미국 복음주의자들이나 선교사들이 듣기 원하는 전형적인 틀 안에 자신의 경험을 부어 넣어 이야기를 주조했다고 볼 수 있다. 즉 공부하던 기간인 1905-10년 사이에 그는 생활비와 용돈을 벌기 위해서 183회 이상 연설했는데, 청중인 교인들에게 들려줄 이야기는 바로 자신의 드라마와 같은 삶이었다. 이승만의 개종 과정은 당대에 망해가는 한국에 유일한 희망이 기독교라는 메시지와 잘 어울렸다. 미국 교인들이 해외 선교에 투자한 것이 헛되지 않았다는 증거가 바로 눈앞에서 간증하는 이승만이었다. 그의 감옥 경험은 사실이었고 개종도 진정한 개종이었지만, 그런 상호 과정을 통해 이야기는 점점 극적으로 수정되었다. 한국에서 말한 이야기에 없던 기도문이 미국 연설 과정에서 만들어졌다.

1908년 피츠버그선교대회 연설은 이승만의 초기 미국 연설의 절정이었다. 그 연설문에서 처음으로 감방에서 드린 기도문이 제시되었다.

> 오 주여! 상처 입은 제 마음을 고쳐주시고 당신의 품 안으로 끌어올려주소서!
> O Lord, heal my wounded heart and lift me up in thine arm![6]

그런데 흔히 알려진 기도문은 1913년 에디 목사가 출간한 책에서 이승만을 소개하는 글에 나온다. 에디(Sherwood Eddy)는 이승만을 소개하면서 기도문을 좀 더 거창하게 만들었다.

> 오 하나님, 우리나라를 구해주소서, 제 영혼을 구원하소서!
> Oh God, Save my country, save my soul![7]

1908년 피츠버그 연설까지는 개인적인 고뇌와 상처를 치료해주는 예수 그리스도의 이미지가 강하다면, 1913년 에디의 책에 나오는 이승만이 기도한 예수는 개인 이승만보다 한국을 구원하는 이미지가 강하다. 이승만이 고친 "제 영혼과 우리나라를 구원해주소서"를 더 수정하여 국가 구원을 앞세움으로써 이승만을 애국자이자 미래 한국의 지도자로 그렸다.

최근 일부 이승만 지지자들이 한성감옥에서 그가 깊은 성령 체험을

---

[6] Syngma Rhee, "Korea's Humiliation, Christianity's Opportunity," In *The Church and Missionary Education: Addresses Delivered at the First International Convetion under the Diretion of the Young People's Missionary Movement of the United States and Canada, Pittsburgh, PA, March 10-12* (New York: YPMM of US and Canada, 1908), 109; E Sung Man, "Appeal of Native Christians," *Korea Mission Field* (June 1908): 96.

[7] Sherwood Eddy, *The New Era in Asia* (New York: Missionary Education Movement of the United States and Canada, 1913), 80-81.

통해 성령 충만했다는 표현을 쓰는데, 이를 지지해주는 자료는 없다. 그가 종신수로서 성경을 읽고 여러 기독교 서적을 읽으면서 서서히 신앙이 깊어졌지 첫해에 어떤 강력한 성령 체험을 했다는 기록은 없다.

개종 후 이승만의 옥중 생활

1900년 2월 윤치호의 부친 윤웅렬 장군의 석방 노력이 수포가 된 상황에서 이승만은 절망감을 신앙으로 극복해나갔다. 이승만이 아펜젤러에게 보낸 편지다.

1900. 2. 6. 받음

이제 신정과 구정이 다 지나가고 봄의 계절이 벌써 시작되었습니다. 번창과 축복과 행복이 특별히 선생님과 모든 그리스도인 가족에게 한 해 동안 함께 하시기를 하나님께 기도합니다.

사모님(Mrs. Appenzeller)께 새해 인사를 전해주시기 바랍니다. 부친의 편지로 선생님의 소식과 선생님께서 저를 풀어주기 위해 백방으로 노력하신다는 것을 자주 듣고 있습니다. 진심으로 선생님께 감사드립니다. 당연히 선생님께 저의 고마움을 전하는 편지를 보내려고 했습니다만, 그러나 그저 감사, 감사, 감사하다는 말만 한다는 것은 소용이 없다는 생각이 들었습니다. 6주일 전쯤 전 총리대신이셨던 윤용선(Yun Yong Sun) 씨께서 그 직위에 계셨을 때 직접적으로나 간접적으로 저를 굉장히 많이 도와주셨으며 소위 정부 관보(官報)에 여섯 종류의 범죄자들을 제외한 모든 수형자를 칙령으로 풀어주어야 한다고 공개적으로 발표했습니다. 여섯 종류의 범죄자는 선생님께서도 아시다시피 음모자, 살인자, 강도, 절도자, 간음자, 사기꾼 등입니다. 이 포고에 따라 모든 사람은 제가 곧 풀려나리라고 믿었지만, 불행하게도 이 계획이 실행되기 전에 윤 씨는 자리에서 해임되었거나 아니면 사임하였습니다. 그러자 모든 간수가 그들의 기회를 얻게 되었고 늘 그렇듯이 제게 큰 해를 주었습니다. 관보가 발표된 지 3일 만에 칙령은 바뀌었습니다. 저에 관해서 관직에 있는 자에게 말할 수 있는 사람은 아무도 없습니다. 현재 정부의 상황은 점점 더 악화하고 있으며 나아질 희망은 조금도 보이지 않습니다. 저는 지금 석방될 것을 기다리지 않습니다만, 비록 세상의 권세 있는 모든 자가 나를 대항한다고 해도 하나님의 뜻은 이루어진다는 것을 확실히 믿고 있습니다. 이 믿음이 저를 편안하게 해주며 이 비참한 곳에서 행복하게 만듭니다. 그리하여 저는 책들을 읽고 약간의 시를 지으면서 시간을 보냅니다. 그러나 제가 잊을 수 없는 오직 하나의 사실은 저의 연로하신 부친, 모든 가족이 겪는 말할 수 없는 고통입니다.[8]

이것이 사실 자료로 남아 있는 이승만의 첫 신앙고백이다. 종신형 죄수로 몸에 쇠사슬을 매고 있어야 하는 한계 상황에서 석방 노력이 물거품이 되자 그는 하나님을 의지하는 간절한 신앙을 표현했다.

1901년부터 감옥의 분위기가 바뀌기 시작했다. 1901년 2월에는 겨울 추위를 고려해 담요 수백 벌을 제공했고 경무관 김영진을 보내어 감방을 돌아다니며 300명에게 나누어주게 했다.[9] 이승만은 1901년 11월 선혜신청 감옥에서 신축한 종로의 한성감옥으로 이감되었다. 벽돌 건물이라 좀 더 따뜻하고 감옥 규칙도 완화되어 편했다. 그러나 1902년에는 고문이나 추위보다 더 무서운 콜레라가 감옥에 닥쳤다. 이승만은 신앙으로 절망감과 죽음의 공포를 이겼다.

---

8 Appenzeller, *Diary*, 1899. 12. 28일 자에 연달아 옮겨놓은 편지.
9 "잡보", 「그리스도신문」, 1901. 2. 21.

혈육의 연한 몸이 오륙 년 역고에 큰 질병이 없이 무고히 지내며 내외국 사랑하는 교중 형제자매들의 도우심으로 보호를 많이 받았거니와 성신이 나와 함께 계신 줄을 믿고 마음이 점점 굳게 하여 영혼의 길을 확실히 찾았으며 작년 가을에 괴질이 옥중에 먼저 들어와 사오일 동안에 육십여 명을 목전에서 쓸어낼새, 심할 때는 하루 열일곱 목숨이 내 앞에서 쓰러져 죽는 자와 호흡을 상통하고 그 수족과 몸을 만져 곧 시신과 함께 섞여 지냈으되 홀로 무사히 넘기며 이런 기회를 당하여 복음 말씀을 가르치게 되매 기쁨을 이기지 못할지라. [중략] 이 험한 중에서 이 험한 괴질을 겪으며 무사히 부지하여 있는 것이 하나님의 특별히 보호하신 은혜가 아니면 인력으로 못하였을 바이오.[10]

1902년 콜레라 유행 기간에 이승만은 부활 신앙을 돈독히 했다.[11] 그리고 그는 종로 전옥이 있던 자리에서 신축한 벽돌 건물 한성감옥으로 옮기면서 좀 더 편안한 감옥 생활을 하게 된다. 바뀐 감옥 서장 김영선과 간수장 이중진과 박진영이 도서관을 개설하고 중국의 한문 서적들과 국내 기독교 서적 등을 비치했다. 이승만은 자유로운 분위기 속에서 한성감옥 도서관에 비치된 기독교 서적으로 신앙을 세우고 전도하여 1903년 많은 전직 고위 관료들을 개종시켜서 "官紳社會 信敎之始"를 이루었다. 1901년 2월부터 1904년 7월까지는 가명으로 「제국신문」과 「신학월보」에 수시로 논설을 실었다. 또 그는 1902년 12월 감옥에 설립된 학교에서 양기탁과 함께 교사로 일하면서 죄수를 교육했다. 이승만은 어린이 죄수들에게 글을 가르치고 옥중 도서실을 운영하며 전도 활동을 했다. 더불어 그는 많은 죄

---

10 리승만 "옥중전도", 「신학월보」(1903.5), 94-95.
11 유영익, 『젊은 날의 이승만』(연세대학교출판부, 2002), 409-410.

신 서적을 읽고 자신의 사상을 형성했다. 그는 한영사전을 편찬하고 1904년 6월에는 『독립 정신』 초고를 완성했다. 5년 7개월간 지낸 한성감옥은 그에게 교회였고 대학이었다. 감옥이 복당(福堂)이 되고 지옥이 천당이 되었다.

참고로 1904년 석방 후 1910년까지 이승만의 연보는 다음과 같다.

- 1904. 8. 7   종로감옥에서 석방
- 10. 15   상동청년학원 교장 취임
- 11. 29   하와이 도착
- 12. 31   워싱턴 DC 도착, 주미대한제국 공사관(서리공사 김윤정)을 찾아감
- 1905. 2. 19   박용만이 이승만의 아들 태산을 데리고 샌프란시스코에 도착
- 6. 4   *Washington Times* 이태산 양육 가정 광고, 곧 얻음
- 8. 4.   윤병구와 이승만이 뉴욕 롱아일랜드의 오이스터베이에 있는 새거모어힐 별장에서 루즈벨트 미국 대통령을 면담하고 한국의 독립을 요청
- 9. 1   조지 워싱턴 대학교 컬럼비안 대학에 입학
- 1907. 6. 5   조지 워싱턴 대학교 학사 학위 취득
- 1908. 6. 24   하버드 대학교에서 문학사 학위 취득
- 1910. 2. 10   『독립 정신』을 로스앤젤레스 대동신서관에서 출간
- 7. 18   프린스턴 대학교에서 박사 학위 취득

다음 몇 장의 사진이 1910년까지 이승만의 극적인 삶을 보여준다.

▲ 한성 감옥의 전직 고위 관리들과 이승만(1903년)

▲ 이승만을 면회하는 언더우드(1904년)

▲ 한성감옥의 이승만과 개종한 전직 고관들(1904년)

▲ 이승만 석방 후 가족과 함께(1904년)
중앙에 아들 이태산, 오른쪽에 이승만의 처

▲ 조지 워싱턴 대학교 졸업 앨범(1907년) [Oak]

▲ 프린스턴 대학교 박사 학위 논문과 졸업 사진(1910년)

47
불교 사찰에서 첫 여름 수련회
진관사에서 YMCA 하령회(1910년)

은평구 진관사의 태극기도 중요하지만, 아래에 나오는 대웅전을 배경으로 한 흑백 사진에 있는 모임이 관심을 끈다. 사진에 있는 자들은 모두 그리스도인들이다. 모자를 쓴 여성도 있다. 복장으로 볼 때 이들은 진관사에서 며칠 지내는 모습이다. 맨 앞에 앉아 있는 양복 신사는 일본인인 듯하다.

▲ 삼각산 진관사에서 열린 제1회 YMCA 하령회(1910년 6월)

이 사진은 1910년 6월 22-27일 서울 삼각산 진관사에서 열린 제1회 YMCA 하령회(여름 수련회)모습이다. 진관사 스님들이 새벽 예불을 드리고 나면, 그리스도인들이 모여 예배를 드리고 성경 공부를 하고 토론회를 했음을 짐작할 수 있다.

하지만 이 사진 한 장으로 개신교와 불교 관계가 늘 원만했다고 보면 곤란하다. 물론 그 이전의 선교사들은 아이를 낳거나 여름 피서를 위해서 북한산이나 남한산의 사찰을 애용했다. 특히 성공회 선교사들은 북한산 중흥사에서 여름을 지냈다. 1893년 첫 아이를 해산하러 북한산 중흥사에 간 장로교회의 무어 선교사가 절에서 버리려는 나한전의 작은 불상을 넘어트리는 무례를 범하기는 했으나 작은 우발사건이었다.

1894년 청일전쟁 이후 일본 불승 선교사들이 대거 서울에 진출하기 시작하면서부터 조선 정부가 금해온 불승들의 서울 도성 출입이 해제되었다. 이후 불교는 서울에 세력을 확대해나갔고 기독교계와 큰 충돌은 없었으나 불편한 관계였다. 이미 일본에서 불교와 기독교는 여러 차례 논쟁을 한 경험이 있었기 때문에 한국에서는 종교 논쟁이나 충돌은 없었다.

1895년부터 대량 반포되기 시작한 개신교의 소책자들을 보면, 개신교는 불교를 우상숭배의 종교로 비판했다. 1896-98년 개화파 내각과 독립협회는 문명개화의 이름으로 무당의 굿을 미신으로 금하고 불교를 우상숭배로 규정하고 탄압했다. 일부 신자들은 허물어져가는 작은 절의 불상을 파괴하기도 했다. 따라서 개신교와 불교 간에 어떤 우호적 행사나 만남이나 대화가 전혀 없었다.

그런데 사진에 나오는 진관사에서 기독교청년회 제1회 하령회가 열린 것은 무엇을 의미할까? 당시 주지가 누구였는지 확실하지 않지만(초월 스님이었다면 청년회의 사회운동을 지지하는 차원에서 장소를 허락해주었을 것이고) 여름에 잠시 사용하는 것이었기에 전통적인 사찰의 손님 대접과 호의 베풀기 차원에서 허락했을 것이다.

그것을 개신교와 불교가 마치 사이좋게 지낸 것으로 해석해서는 곤란하다. 그 한 예가 다음 문서 논쟁이다. 1909년 한국 최초의 비교종교서이자 개신교 호교론 소설인 최병헌 목사의 『성산명경』이 나와서 불교를 비판하고 불승의 개종을 주장했다. 이를 본 백용성은 1912년 『귀원정종』을 집필하여 개신교의 불교 비판을 강하게 비판하고 불교의 우위성을 주장하고 나섰다. 그 유명한 한용운의 『조선불교유신론』(1913)도 불교의 세상 구원론을 천명하면서 기독교에 대한 우위를 논했다.

1900-1910년에 천주교와 개신교는 종교 시장을 놓고 경쟁하면서 서로를 비판하는 문서 전쟁을 벌였다. 1910년 전후에는 전열을 가다듬은 불교계가 개신교를 비판하고 나섰다. 1910년 진관사 사진 한 장이 두 종교가 만날 가능성을 보여주는 점에서는 귀한 사진이지만, 장소만 빌려서 사용한 그 사진 하나로 당시에는 두 종교 사이가 좋았는데 이후 나빠졌다고 보는 것은 단견이다. 처음부터 개신교는 불교를 우상숭배의 종교로 강하게 비판했다.

그럼에도 1919년 삼일운동에서 공동으로 독립선언서를 발표한 점이나 1929년 11월 3일간 서울 삼각산 기슭에 있는 불교 사찰에서 남감리회 22명의 전도사와 전도부인들이 모여 기도회를 열었던 점[1] 등을 고려하면 지금의 극단적 태도보다는 온건한 태도가 유지되었음을 알 수 있다.

---

[1] *Korea Mission Field* (Feb. 1920): 25.

제3부

서북 지방으로

48
첫 북한 지방 전도 여행
아펜젤러와 언더우드(1887년)

1885년 언더우드와 아펜젤러가 서울에 정착한 후 로스의 한글 성경 번역과 권서(勸書)의 전도로 북한 지역에 그리스도인이 존재한다는 사실을 알게 되었다. 선교사들이 서울에 왔다는 소식이 전해지자 예수교를 배우고 세례를 받으려는 자들이 연락을 취했고 방문해달라는 요구가 점증했다. 따라서 교인이 있는 소래와 의주는 가장 먼저 방문해야 할 곳이 되었고 서울에 이어 제2의 도시 평양이 두 번째 선교지부를 설치할 도시로 떠올랐다.

곧 만주로부터 전해진 복음 때문에 서울에 자리 잡은 미국 개신교 선교회들의 한국 선교는 북진하게 되었다. 두 개척 선교사 언더우드와 아펜젤러는 1887년부터 내륙 여행을 위해 정부로부터 호조(護照, passport)를 받고 평양 탐사 여행에 나섰다.

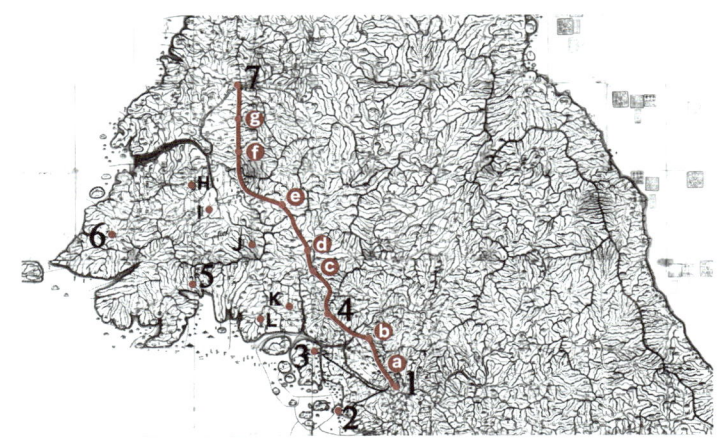

▲ **대동여지도에 표시한 서울(1)에서 평양(7)까지의 행로 [Oak]**
러일전쟁 이전까지 선교사들은 내륙 여행 때 대동여지도를 사용했다.
서울(1)-고양(a)-파주(b)-개성(4)-김천(c)-평산(d)-서흥(e)-황주(f)-중화(g)-평양(7)이다.
제물포(2), 강화(3), 해주(5), 장연(6), 안악(H), 재령(I), 신천(J)도 표시했다.
강화도 교동에서 가까운 곳이 연안(L)과 백천(K)이다.
소래(6)-해주(5)-김천(c) 바로 아래로 북위 38도선이 지나간다.

48. 첫 북한 지방 전도 여행: 아펜젤러와 언더우드(1887년)

아펜젤러의 평양 방문(1887년 4월)

1887년 4월 13일 아펜젤러는 세관에 근무하는 헌트(G. H. Hunt)와 함께 평양을 목적지로 서울을 떠났다. 그들은 고양, 장단, 파주에서 임진강을 건너 송도, 김천, 통천, 평산, 서홍, 봉산, 황주, 중화, 철도(鐵島)를 지나고 아름다운 가로수 길이 펼쳐진 장림(長林)을 거쳐 대동 강변에 이르러 배를 타고 대동강을 건너 23일 평양에 들어갔다.[1]

평안감사는 이들이 온다는 소식을 듣고 기수(旗手, 보초와 호위를 위한 병사)를 한 명 보내어 동헌(東軒)까지 호위했다. 많은 사람이 "양인! 양인!" 하면서 따라왔다. 기수는 "길을 비켜라!" 외쳤다. 그는 길을 막고 있는 자가 있으면 목덜미를 잡고 한쪽으로 밀거나 방망이로 머리나 등을 때렸다. 아펜젤러와 헌트는 외부에서 보낸 서찰을 아전에게 전했다. 평안감사 남정철(南廷哲)은 두 사람을 의자와 테이블이 마련된 객실로 안내하여 차를 마시며 환담했다. 통역관이 있었고 감사는 외국인을 상대해본 경험이 있는 개화파 인사였다. 그는 평양에 머무는 동안 거주할 집을 아펜젤러와 헌트에게 주었다. 감사의 호의와 기수의 동행은 두 사람의 여행에 안전을 보장해주었다. 남정철은 개화파 인사였다. 그가 선교사나 외국인 관리를 환대한 것은 그들이 정부 고관이나 왕실과 교제하는 이들이기에 그들과 우호적 관계를 맺을 필요가 있었다고 판단했기 때문이었다. 평양의 감사라면 곧 서울로 돌아가 내각에 참여하거나 중앙 정부 고위직에 임명될 수 있어서 외국인과 원만한 관계를 유지하는 것이 필요했다.

아펜젤러는 평양의 시장과 도시 전체를 살펴보았다. 며칠 후에는 강

---

[1] 이 장림의 나무는 1894년 청일전쟁 때 일본군이 모두 베어 땔감과 도강용 목재로 사용했다.

에서 배를 타고 70리 정도 내려가서 하룻밤을 보내고 다시 올라왔다. 대동강이 항해에 얼마나 적당한지 보기 위한 여행이었다. 아펜젤러는 강변 양쪽으로 여러 마을에 많은 주민이 사는 것을 보았다.

언더우드의 소래-평양-의주 방문(1887년 가을)

1887년 봄에 언더우드는 건강이 좋지 않아 요코하마로 전지 요양 여행을 가야 했으므로 북한 지방 여행은 불가능했다. 그러나 그는 요코하마에서 엘린우드 총무에게 평양에 진출해야 한다고 건의했다. 여기엔 전략적으로 중요한 도시에 장로회가 감리회보다 늦게 들어가서는 안 된다는 경쟁의식도 작용했다.

> 장로교 선교회에 중요한 또 다른 문제는 이전에 알려드리기를 원했으나 더 일찍 떠나는 우편물이 없어서 못한 것으로 평안도나 국경 근처에 개설되는 새 개항장 문제입니다. 시안은 서울보다 더 큰 도시요 몇 년 전 개화당이 천도를 계획하기도 했던 평양 자체를 개항하는 것이었는데, 평양은 대동강 하류에서 내륙으로 깊숙이 들어가 있으므로 바다 근처에 있는 항구[진남포]를 개설하는 것이 더 나은 결과를 얻을 수 있다고 수정되었습니다. 언제 그 항구가 개항되든지 한국에 대단히 중요할 수밖에 없는 것은 그곳이 공업 지역이고 광활한 석탄 광산에 근접해 있기 때문입니다. 우리가 이곳에 바로 진출하는 것이 중요하며 이를 위해서 준비해야 합니다. 그러나 투입할 사람이 없습니다. 만일 우리가 들어가지 않으면 감리교회가 갈 것입니다. 올해 봄에 한국으로 감리교 선교사 세 가족이 새로 올 예정이므로 우리와 거리가 벌어질 것입니다. 우리는 6개월 안으로 인원이 배가되고 3배수가 되어야 합니다. 왜 오랫동안 인원이 보충되지 않고 있는지 이해할 수 없습니다. 어쨌든 서울의

보강 여부에 상관없이 반드시 새 개항장에는 개항과 더불어 선교지부도 즉시 설치해야 합니다.[2]

선교사가 충원되지 않는 상황에서 평안도 교인들은 서울의 언더우드를 찾아와서 세례를 요청했다. 6월 초에는 4명의 남자가 안주(安州)에서 약 350킬로미터를 걸어서 서울에 왔고 일주일간 머물며 세례 문답을 한 후 세례를 받고 기쁘게 돌아갔다.[3] 언더우드는 9월 27일에 그동안 세례를 받은 교인 14명을 정동에 모아서 하나의 장로교회를 조직했다. 그 자리에는 만주의 로스 목사도 있었다. 서북 지역의 여러 곳에 교인들이 존재하고 세례를 요청하는 교인들이 생기며 문이 열리자 언더우드는 서울에서 기다리고만 있을 수 없게 되었다. 그는 1년 전 선교부에 보냈던 사표를 철회하고 서상륜을 조사로 고용하며 북한 전도에 공격적으로 나섰다.[4]

언더우드는 10월 25일 딘스모어 공사를 통해 조선 정부에 황해도와 평안도 여행을 위해 호조를 신청했다.[5] 그는 10월 28일 서울을 떠나 약 한 달 동안 소래와 평양과 의주를 방문했다. 내륙은 벌써 겨울 날씨였다. 당시 여행의 어려움을 짐작하게 하는 그의 편지를 보자.

> 저의 내륙 지방 여행은 여러 가지 점에서 어려웠으나 성공적이었습니다. 북한 지역에 혹한이 몰아쳤지만 전진해야만 했고, 매서운 바람 때문에 심한 치통으로 여러 번 고생했습니다. 어느 날 아침에는 살을 에는 북동풍이 몰아치는 가운데 40킬로미터를 말을 타고 갔는데, 얼굴이 아파서 안장에 더 앉아

---

[2] Underwood to Ellinwood, March 8, 1887.
[3] Underwood to Ellinwood, June 17, 1887.
[4] Underwood to Ellinwood, September 30, 1887.
[5] 『舊韓國外交文書 10卷, 美案 1』(고려대학교 아세아문제연구소, 1967), 325-326.

있을 수가 없었습니다. 그래서 말에서 내려 다음 여관이 나타날 때까지 말을 이끌고 걸어가서 쉬었습니다. 다음날 바람이 가라앉아 새벽 일찍 횃불을 들고 출발하여 전진했습니다. 빙판길이라 말을 탈 수 없어서 온종일 해가 질 때까지 72킬로미터를 걸어갔습니다. 그날 밤은 형편없는 한국 여관의 작은 골방에서 잠을 청하지 않을 수 없었습니다. 나는 거의 한국 음식을 먹었는데, 이제는 (시장할 경우) 한국 음식을 잘 먹을 수 있습니다. 하지만 다음 여행에서 내가 양식보다 한식을 더 선호하는 쪽으로 변하리라고 생각하지 않습니다.[6]

이 여행에서 언더우드는 소래에서 4명에게 추가로 세례를 주었다. 이로써 1887년 말 소래교회는 9명의 세례교인이 정기적으로 예배를 드리게 되었고 마을에 기독교 정신을 스며들게 하고 있었다. 안주에서는 약 100명의 신자가 성경을 공부해왔으며 세례받기를 원하는 것을 발견했다. 언더우드가 일본에 있는 헵번 부인에게 보낸 편지를 보자.

나는 아주 좋은 여행을 했으며 만 한 달 동안 서울을 떠나 있었습니다. 나는 선교 현장을 충분히 잘 보았고 여러 곳에서 사업을 시작했으며, 이미 일하고 있는 사역자들을 격려할 수 있었고, 한 마을에서는 4명에게 세례를 주는 특권을 누렸습니다. 나는 그 마을[소래]에서 가장 즐겁게 지냈습니다. 그들은 내가 언제 내려올지 미리 알고 특별히 나를 위해 새 이부자리 한 채를 따로 마련해놓았습니다. 마을 주민들은 내가 편안히 지낼 수 있도록 서로 경쟁적으로 노력하는 것 같았습니다. 주민들과 함께 지내는 것이 너무나 좋았습니다. 그 며칠 동안 나는 다른 방식으로 몇 달이나 몇 년이 걸려서 이해한 것

---

6 Underwood to Ellinwood, November 27, 1887.

보다 더 많이 한국인을 이해할 수 있었습니다. 그리스도인들은 진실한 믿음을 가진 듯했습니다. 내가 떠난 후 그곳에 사소한 문제가 발생했습니다. 나의 마술(당신은 내가 마술사인 줄 몰랐지요)에 관한 무성한 소문이 퍼지기 시작했고 내가 심방했던 한 남자는 내게서 배운 마술(魔術)을 했다는 죄목으로 체포되었습니다. 우리는 그를 석방하기 위해 사람을 보냈으나 그곳까지 7일 거리라 답장을 아직 받지 못했습니다. 더 북부 지방에서 기독교에 관심을 가진 자들을 발견했습니다. 안주(安州)에는 백여 명의 신자가 있다고 하며[7] 개천(介川)에도 상당수가 있다고 합니다. 평양(平壤)에는 우리 권서인의 보고에 따르면 세례 받을 만한 22명의 세례 신청자와 다수의 신자가 있습니다. 옛 수도인 송도(松都)에는 10-12명의 세례 신청자와 상당수의 신자들이 있습니다. 현재 우리 교회[한국 장로교회]는 거의 20명의 수세 교인과 더 많은 수의 세례 신청자가 있습니다. 이 모든 것이 좋은 소식이 아닙니까?[8]

언더우드의 초기 북부 지방 전도 여행은 1차 1887년 10월(4주, 의주까지), 2차 1888년 4월(아펜젤러와 동행, 장연을 거쳐 평양에 가서 일할 때 반기독교 칙령으로 서울로 돌아옴), 3차 1888년 10월, 4차 1889년 3월(신혼여행, 의주까지) 등

---

[7] 언더우드는 "Anju"로 표기하여 평안남도의 안주(安州)읍을 지칭하고 있다. 1888년 3월 12일 편지에 의하면 송도와 평양에 이어 교인이 100명 이상이 있는 'Anju'를 언급하면서 평양에서 "약간 북쪽에 있는" 곳이라고 하였다. 1889년 4월 8일 자 편지에서는 의주를 "Euiju"로 표기하고 있고 4월 30일 자 편지를 의주(Euiju)에서 쓰면서 "평안도에서 두 번째로 큰 도시요 목사(牧使 Deputy-Governor)가 거하는 곳인" 안주(Anju)에 15명의 세례 신청자가 있으므로 서울에 올라가는 길에 갈 계획을 말하고 있다. 이상을 종합하면 1888-89년에 평남 安州에 권서 활동의 결과 교인이 100명 정도(이 가운데 세례 신청자 15명)가 있었음을 알 수 있다. 사실 '평안도'라는 말이 平壤과 安州에서 나올 정도로 조선 초까지 안주는 평안도의 두 번째 도시였다. 그럼에도 안주와 개천 지역에 일찍 교회가 설립되지 않은 이유는 조사해야 할 과제다. 참고로 차재명, 『朝鮮예수教長老會史記』(경성: 조선예수교장로회총회, 1928) 71쪽에는 안주읍교회가 1900년에 설립되었다고 했고, 한국기독교사연구소 편, 『북한교회사』(1995) 564쪽에는 안주읍의 안주동교회가 1899년에 설립된 것으로 정리했다.

[8] Underwood to Mrs. Hepburn, Feb. 6, 1888.

의 순서로 이루어졌다. 이 전도 여행에서 언더우드의 정면 돌파적인 전도열과 함께 서상륜, 백홍준 등 한국인 전도인과 권서의 효과적인 전도사역을 통한 초창기 한국교회의 급성장의 단초를 볼 수 있다.

1888년 4월 17일에는 언더우드와 아펜젤러가 함께 북부 지방 여행에 나섰다. 그들은 3개월의 긴 여행을 계획했다. 해주에서 쓴 언더우드의 편지를 보면 전도 여행의 실상을 엿볼 수 있다.

작년 가을에 나는 의료비를 이용해서 북부 지방을 여행했습니다. 이제 다시 한번 여행하는 것이 필요하게 되어 선교회는 내가 가야 한다고 결정했습니다. 우리는 여러 곳에서 진행 중인 사업 소식을 들었으며 방문하여 이루어진 일들을 확인하고 지도할 필요를 느꼈습니다. 따라서 나는 감리교 선교회의 아펜젤러와 함께 4월 17일 서울을 떠났습니다. 이 여행은 적어도 2개월에서 족히 3개월이 걸릴 듯합니다.

한국에서 여행하는 것은 일본이나 중국에서 여행하는 것과 전혀 다릅니다. 조랑말을 타는 것이 유일한 실제적 방법입니다. 자전거도 나쁘지는 않을 듯합니다. 몇 년 안에 자전거를 사용할 수 없다면 나는 걸어서 여행을 다닐 계획입니다. 조랑말은 빨리 가지 못하는데 짐까지 실으면 느릿느릿합니다. 나는 이제 차와 커피를 제외하면 한국인처럼 생활합니다. 한국에서 여행객은 각자 자신의 침구를 가지고 다녀야 하는데 3개월간 쓸 책과 옷까지 꾸리면 대단한 짐이 됩니다.

우리는 서울에서 옛 수도인 송도까지 약 80킬로미터 거리를 이틀 만에 거뜬히 주파했습니다. 이곳에는 서울 교인들이 얼마간의 사역을 해왔습니다. 나는 하루만 머물면서 세례 신청자 7명과 여러 구도자를 만났고 2명이 문답을 통과하여 세례를 받았습니다. 이전에 서울에서 세례 받은 자와 합하면 송도에는 이제 3명의 수세자가 있습니다. 나는 만나는 모든 자에게 소책자와 성경을 나눠주었고 7월이나 8월에 다시 내려와 만나겠다고 약속했습니다. 이 도시에만 세례 신청자가 20명이 넘고 70여 명이 기독교에 관심이 있습니다.

다음에 내려올 때는 정확하게 어느 날짜에 도착할지 미리 연락하고 4-5일간 머물려고 합니다. 나는 지금 장연(長淵)으로 가는 중인데 그곳에는 11명의 수세자와 많은 세례 신청자들이 있습니다. 나는 그들과 이틀간 같이 지내면서 준비된 자들에게 세례를 베풀고 성찬식을 기념할 계획입니다. 이곳 해주에는 만나볼 교인이 한두 명 있습니다. 어젯밤에 한 명을 만났고 오늘 밤에 더 많이 찾아올 것입니다. 신진에도 만나 볼 자가 한두 명 있습니다. 장연에서 평안도로 갈 것입니다. 그곳[平壤]에는 26명의 교인이 대표자 두 명을 서울로 보내어 내가 내려와서 세례를 베풀어달라고 부탁했습니다. 그들은 명단을 적어 내게 보냈습니다. 그들은 교회 건물을 원합니다. 200,000전은 그들이 모을 테니 적당한 집을 사서 예배당으로 꾸밀 나머지 돈을 빌려달라고 부탁했습니다. 3년간 돈을 빌리되 집문서는 우리에게 맡기려고 합니다. 얼마나 빌리려고 하는지 알 수 없지만, 200,000전이나 300,000전, 곧 200불이나 약간 더 많은 액수일 것입니다. 이런 경우에 어떻게 해야 합니까? 더 북쪽에 있는 개천(价川)에도 신자들이 있는데, 그들 20-30명은 150,000전을 모아놓고 우리의 도움을 바라고 있습니다.[9]

이것이 선교사들이 씨를 뿌리기 전에 추수해야 했던 1886-88년 당시의 상황이었다. 다른 선교지에서 볼 수 없었던 자생적인 교회가 소래, 개성, 평양, 안주, 의주 등지에 우후죽순(雨後竹筍)처럼 솟아나고 있었다. 그곳에는 안주와 같이 쌀신자들이 많은 곳도 있었지만, 소래나 의주처럼 참 신자

---

9 Underwood to Ellinwood, April 22, 1888,.

들이 많았다. 문제는 이들을 잘 관리 양육하는 것이었다. 그 책임은 한국인과 선교사가 함께 지고 가야 했다.

49

소래 교인의 첫 세례와
서경조의 생애(1887-1906년)

소래교회의 중심에는 온유의 사람 서경조(徐景祚, 1852-1938)가 있었다. 1893년 그는 황해도 장연 송천(松川)에 정착하고 선교사 게일, 펜윅, 맥켄지를 대접하면서 한국 생활에 적응하도록 훈련하여 가장 토착적인 선교사들로 만들었다. 그는 장로교회의 첫 장로(1900-07, 소래교회), 첫 목사(1907-09 황해도 전도목사, 1909-13 서울시찰 전도목사 겸 새문안교회 동사목사), 첫 은퇴목사(1913), 첫 임시목사(1916, 서울 안국동교회)로 봉사한 후 목사 시무 10년 만인 65살에 은퇴하고 다시 소래로 갔다.

▲ 서경조 가족(1898년)

1885년은 개척 선교사들이 서울에 정착하고 언어를 배우고 제중원에서 일하기 시작한 해였다. 1886년은 한국인들이 선교사들과 접촉하면서 개종자들이 나오고 세례를 받기 시작한 해였다. 1887년은 아펜젤러와 언더우드 등 목회 선교사들이 서울을 벗어나 개성, 평양, 소래, 의주 등을 방문한 첫해였다. 그런데 선교사들이 지방으로 순회 여행을 떠나기 전에 한국 교인들이 먼저 그들을 찾아와 세례를 신청했다. 선교 역사에서 보기 드물게 선교사들이 씨를 뿌리기 전에 추수부터 해야 하는 진풍경이 벌어졌다. 그 첫 주인공은 1887년 1월 소래에서 서울로 올라온 서경조, 정공빈, 최명오였다. 서경조의 초기 생애를 중심으로 살펴보자.

▲ 장연읍(6) 아래 대구면 소래교회의 위치(+) [Oak]
서울(1)-고양(a)-파주(b)-송도(4)에서 백천(K)-연안(L)-해주(5)-소래(+)로 연결되었다.

죽음을 두려워하는 마음을 이기다

서경조는 의주에서 태어나 어려서 부모를 잃었다. 1881년 그는 형 서상륜을 따라 만주 영구에서 매킨타이어 목사를 만나 예수교를 접했으나 복음을 알지 못했다. 1884년 봄 소래로 이사했는데, 그는 서울에서 몰래 전도하던 형이 자신을 불러 로스본 한글 복음서, 한문 『新約全書』, 『德惠入門』

등의 한문 전도문서를 주자 그것들을 받아 소래로 돌아왔다. 서경조는 반년간 이 책들을 읽으면서 번민과 갈등의 시간을 보낸 후 성령의 도우심으로 속죄 구원의 도리를 깨닫고 개종을 결심했다. 아래의 글은 1925년에 서경조가 쓴 간증문이다.

> [소래에] 내려와 비밀히 신약을 두어 번 보아도 알 수 없는지라. 그러나 "이 책 속에 기이한 술법이 있으리라" 기대하고 차차 모르는 것은 깊이 생각하여 보기를 여러 차례 해 보니 더러 알 것이 있는 동시에, 전에 기이한 술법을 얻어 보려고 하던 마음은 없어지고 예수교 할 마음이 깊이 들어가는 동시에 "그 교를 하면 피살되리라" 하는 마음이 또 생겨 심중전(心中戰)이 일어나는지라. 이는 이전에 조선에서 천주교인 죽이던 일이 있으므로 나도 이 교를 하면 죽으리라 함이라. 그러나 예수를 믿어 속죄함과 구원 얻는 줄은 알지 못하더니, 로마서를 많이 본 후 "믿음이 속죄" 두 구절을 좀 알았으나 심중전은 여전하여 믿을 마음(信心)과 죽음을 두려워하는 마음(懼死心)이 서로 싸우기를 거의 반년이나 수고하다가 죽음을 무릅쓰고 두려움이 없는 사도 바울의 마음을 보고, 내 생각에 "바울도 사람이라. 어찌 죽기를 두려워하지 아니하리오" 하고 깊이 생각하다가, 성신 받는 일에 대하여 생각하기를 "죽는 것은 잠깐 동안이요, 죽을까 두려운 마음이 실상 어려우나 성신을 받아 두려운 마음이 없으면 죽는 것이 두려울 것 없고, 또한 생사가 천주의 뜻대로 되리라" 하고 신심을 정하였으나 그래도 간간이 죽기 두려운 마음이 있어서 성경을 많이 상고하여 보고 위로를 많이 받으니라.[1]

예수교를 하면 교수형에 처해지는 현실과 로마서를 통해 깨달은 속죄와

---

1 서경조, "徐景祚의 信道와 傳道와 松川敎會 設立 歷史", 「신학지남」 7:4 (1925. 10): 89-90.

구원의 약속 사이에서 마음 전쟁을 하다가 바울의 회심과 믿음을 보고 서경조도 사생결단하고 개종했다. 예수를 믿기 때문에 잡혀서 처형될까 두려워하는 마음(懼死心)을 성신을 받아 영원한 생명을 얻는다는 믿음의 마음(信心)이 이겼다. 그의 전도로 1885년 초에는 20명의 구도자가 생겼다. 1885년 3월 서상륜이 소래에 내려와 정착하면서 정기 주일예배를 드리는 첫 교회 공동체 소래교회가 자생적으로 설립되었다.

목숨을 걸고 세례를 받다

심양의 로스 목사와 소식을 주고받던 서상륜은 미국 선교사들이 서울에 온 것을 알게 되었고, 1886년 말에 상경하여 언더우드를 만나 소래 교인들에게 세례 줄 것을 요청했다. 그러나 선교사들은 서울을 벗어나 지방에서 세례를 줄 형편은 아니었다. 그래서 서상륜과 함께 서경조, 최명오, 정공빈 세 사람은 1887년 1월 세례를 받기 위해 언더우드를 찾아갔다. 이 세 사람은 알렌 의사, 헤론 의사, 언더우드 목사 앞에서 엄격한 세례 문답을 받았다. 문답은 며칠 동안 계속되었다. 언더우드의 편지를 보자.

> 우리는 며칠 전 세 남자를 문답했는데 그들은 훌륭하게 세례 문답을 통과했습니다. 그들은 기독교의 근본 교리들과 구원 교리를 잘 알고 있는 듯했습니다. 그들의 대답은 명백하고 정확했습니다. 그들은 생명이 위험하게 될 사실도 깨닫고 있었습니다. 그들 중 한 명은 "비록 왕이 우리를 처형해도 하나님께서 우리를 구원해주셨으니 괜찮습니다"라고 말했으며 다른 한 명은 "비록 하나님께 복종한다는 이유로 임금이 내 목을 자른다고 해도 괜찮습니다"라고 고백했습니다. 이런 간증을 하고 세례를 받겠다고 했으므로 우리는 거절할 수 없었습니다. 이들은 지금까지 주일마다 예배를 드려왔고 힘써 전도했

으며 각자 모두 소위 복음의 빛을 비추는 센터가 되기를 소원합니다.[2]

이것이 한국교회의 초석이 되었던 예수교인의 모습이었다. 세례식은 1월 23일 주일에 언더우드 집에서 거행되었다. 헐버트는 만일의 사태를 대비하여 밖에서 문을 지키고 망을 보았다. 1884년 가을 자신의 마음을 이기고 예수교를 하겠다는 결단, 1887년 1월 교수형을 각오하면서 비밀 세례를 받은 서경조의 용기로 한국 (장로)교회는 출발했다.

언더우드가 4명에게 추가로 세례를 주다(1887년 10월 30일)

소래에서 올라온 세 명이 세례를 받은 후 언더우드는 교인들을 돌보고 그 마을에 있는 다른 교인들의 세례 문답을 하기 위해서 1887년 10월 말에 소래에 방문했다.

> 나의 내륙 지방 여행은 여러 가지 점에서 어려웠으나 성공적이었습니다. 북한 지역에 혹한이 몰아쳤지만 전진해야만 했고 매서운 바람 때문에 심한 치통으로 여러 번 고생했습니다. 어느 날 아침에는 살을 에는 북동풍이 몰아치는 가운데 40킬로미터를 말을 타고 갔는데, 얼굴이 아파서 안장에 더는 앉아 있을 수가 없었습니다. 그래서 말에서 내려 다음 여관이 나타날 때까지 말을 데리고 걸어가서 쉬었습니다. 다음날 바람이 가라앉아 새벽 일찍 횃불을 들고 출발하여 전진했습니다. 빙판길이라 말을 탈 수 없어서 온종일 해가 질 때까지 40킬로미터를 걸어갔습니다. 그날 밤은 형편없는 한국 여관의 작은 골방에서 잠을 청하지 않을 수 없었습니다. 나는 거의 한국 음식을 먹었는데 이

---

2   Underwood to Ellinwood, Jan. 22, 1887.

제 (시장할 경우) 한국 음식을 잘 먹을 수 있습니다. 하지만 다음 여행에서 내가 양식보다 한식을 더 선호하는 쪽으로 변하리라고 생각하지 않습니다.

나는 여러 곳에서 사업을 시작했고, 사역자들을 격려하며, 세례 받기 원하는 많은 사람과 이야기하고, 이들 가운데 4명에게 세례를 줄 수 있었습니다. 이들 4명이 세례 받은 마을[소래]에서는 현재 9명의 그리스도인 소그룹이 예배를 정기적으로 드리고 있으며, 마을 전체에 기독교 정신이 스며들고 있는 것을 보고 놀랐습니다. 여행에서 본 것을 토대로 판단해볼 때 내륙 지방 사역은 서울에서 만족스럽게 수행할 수 없습니다. 너무 멀리 떨어져 있고 교통수단이 매우 불편합니다. 한불조약의 조항에 따라 우리는 이제 호조를 소지할 경우 한국 어느 곳에서나 부동산을 소유하고 거주할 권리를 가지게 되었습니다.[3] 우리는 이제 개항장에만 갇혀 있지 않습니다. 만일 8도의 각 수도에 진료실과 학교를 개설하고 선교를 시작한다면 전국으로 진출할 수 있습니다.[4] 이렇게 할 경우 서울에서 거주지를 매입하는 것보다 비용이 적게 듭니다. 서울보다 지방의 부동산과 건축 자재가 더 싸기 때문입니다. 그러나 이 문제는 다음 기회에 다루겠습니다. 9명의 교인이 있는 마을[소래]의 사역은 순조롭게 진행되고 있습니다. 더 북쪽으로 평안도에 사업이 시작되고 있습니다. 한 마을에서는 약 100명이 성경을 공부해왔으며 세례 받기를 원합니다. 나는 그들이 성경뿐만 아니라 천주교 서적들도 가지고 있음을 발견했습니다.[5] 나는 그들을 더 가르치기 위해 한 사람을 파송했습니다. 따라서 만일

---

3   그러나 이는 사실과 다르다. 개항장 밖에서의 외국인의 부동산 소유권과 거주권은 법적으로 1905년 통감부가 들어서면서 주어졌다. 예를 들면, "1894년 평양 그리스도인 박해 사건"은 선교사 홀 의사(Dr. W. Hall)의 불법적인 부동산 소유권 문제로 발단되었다.
4   언더우드는 1887년부터 전국 8도의 수도에 진출할 야심 찬 계획을 세우고 있었으나 인원 부족으로 이 계획은 이루어지지 않았다.
5   일부 천주교 신자가 개신교로 개종한 사례이거나 개신교 서적이 부족한 상황에서 천주교 소책자를 통해서 기독교를 이해하려고 한 사례다.

장로교회가 해야 할 사업에 준비만 되어 있다면 사업은 계속됩니다.[6]

1887년 10월 30일 주일 언더우드가 4명에게 세례를 주면서 소래교회는 (세례교인 7인을 포함해) 9인 교인으로 설립되었다. 이로써 서울-소래-평안도로 연결되는 중간 고리가 만들어졌고 이듬해부터 평안도로 적극 진출할 수 있게 되었다.

선교사 훈련기지가 된 소래

소래교회가 성장해나가자 내한한 선교사들 가운데 외국인이 많은 서울을 떠나 한국어와 한국 문화를 배우기 위해 소래에 내려와서 임시로 거주하는 선교사들이 나왔다. 1889년 게일(J. S. Gale, 奇一, 1863-1937)이 소래에 와서 서경조에게 한국어를 배웠다. 이어서 펜윅(Malcolm C. Fenwick, 片爲益, 1865-1935)이 소래에서 지냈다. 그는 1889년 12월 8일 내한했으나 성격이 까다로워 어학교사를 구하지 못해 10개월간 어학에 진전이 없어 어려워하고 있었는데, 1891년 봄에 소래로 내려가 약 2년간 서경조로부터 한국어를 익힐 수 있었다.[7]

---

6   Underwood to Ellinwood, Nov. 27, 1887.
7   펜윅 선교사는 지원 문제로 1893년에 캐나다로 귀국했다가 보스턴침례교회 고던(Gordon) 목사가 운영하던 보스턴 선교훈련학교(Boston Missionary Training School)에서 공부했다. 1894년 그는 한국순행선교회(The Corea Itinerant Mission)를 조직하고 한국 선교를 준비했다. 이 선교회는 허드슨 테일러의 중국내지선교회와 같은 성격의 믿음 선교를 지향했다. 1895년 보스턴침례교회에 엘라싱선교회(Ella Thing Memorial Mission)에서 파울링(Pauling) 선교사 부부를 침례교 첫 한국 선교사로 파송하고 충남 공주와 강경 지역에서 선교 사업에 착수했다. 펜윅은 1896년 한국으로 돌아와 원산에서 선교 사역을 시작했다. 그런데 파울링 선교사 부부가 1900년에 자금난으로 철수하고 이어서 스테드맨(Steadman) 선교사마저 1901년 철수했다. 이들은 선교 사업을 펜윅에게 넘겨주었다. 이로써 침례교회 선교는 펜윅을 중심으로 단일화되었다. 펜윅은 한국인을 단기간 훈련하여 전도인 목회자로

펜윅은 한국어가 늘자 성경을 가르칠 수 있었다. 그는 소래교인들이 예수께서 십자가에서 우리 죄를 위해 자신을 희생 제물로 '진상했다'(offered)는 말(히 7:27; 9:14, 10:12)을 이해하지 못하는 것을 발견했다. 이는 진상이란 낮은 자가 높은 자에게 바치는 것으로 낮은 위치에 있는 인간인 우리가 바쳐야지 어찌 지극히 높은 자리 계신 하나님의 아들이 우리를 위해서 진상을 바칠 수 있는가라는 질문이었다. 펜윅은 그리스도의 낮아지심과 대속에 대해서 다시 가르쳤다.[8]

▲ 게일(1888년)   펜윅(1891년)   맥켄지(1893년) [Oak]

펜윅과 달리 1894년 12월 서울에 도착하여 이듬해 2월 3일 소래에 내려온 캐나다장로회의 맥켄지(W. J. Mckenzie)는 한복을 입고 한국 음식을 먹으며 마을 청년들과 씨름도 하면서 한국의 언어와 문화를 익히기 위해 노력했다. 그는 서경조와 협력하여 새 예배당을 세우고 학교를 설립했다. 이처럼 소래는 신임 선교사가 거주하면서 한국을 배우는 선교사 훈련소가 되어 한국 복음화에 이바지했다. 서경조는 게일, 펜윅, 맥켄지 이외에도

파송하는 정책을 채택하고 다른 외국인 선교사를 받지 않았다. 이는 중국내지선교회보다 더 철저한 토착화 정책이었다. 그 결과 펜윅은 한국복음주의공의회 회원 선교회가 되기 위한 선교사 5인 조건을 충족하지 못해 선교지 분할 협정에 참여할 수 없었다. 그는 한반도 전역과 만주, 간도, 시베리아 지역까지 선교 사업을 확대하면서 다른 선교회와 갈등하게 된다.

8   M. C. Fenwick, *The Christian Church in Corea*, 22–27.

언더우드와 마페트 등 여러 초기 장로회 선교사들이 소래를 방문하면 그들을 섬기는 동시에 한국 예절과 풍습을 가르치는 몽학교사 노릇을 했다.

순행 개척 전도인으로 살다

서경조는 1893년 4월 약 1개월간 선교사 베어드(William M. Baird, 裵偉良)의 조사로 남부 지방 전도 여행에 나섰다. 두 사람은 밀양, 부산, 동래, 양산, 울산, 경주, 대구, 청도, 안동, 상주 등지를 순회하며 전도했다. 서경조는 베어드와 함께 부산 지역을 전도할 때 김기원(본명 김재수)을 만났다. 대구에 가서는 부산서 믿기로 작정한 김기원을 만났으나 병이 중한 것을 보고 위로하며 떠났다.[9] 이후 대구 지역에 교회가 설립되고 김기원은 아담스(James Adams) 목사의 어학교사요 조사로 수고했다. 상주에서 서경조는 4-5일간 지내면서 전도했는데 향교에서 전도하고 『德惠入門』을 주었더니 다음날 다시 돌려주면서 잘 보았다는 인사만 받았다. 불교의 도시 경주에서는 전도보다는 구경거리가 되었다.

　베어드 목사 부부는 부산에서 1891년 10월부터 1895년 11월까지 일하고 대구로 이전했다. 서경조는 1893년 봄부터 1895년 초까지 베어드의 조사로 일했다. 다음 사진에 서경조는 없지만, 그는 베어드 부부가 1895년 1월 자신의 양옥 사택(1892년 6월 완공)에서 소년학교를 설립할 때 도왔다.

9　서경조, "徐景祚의 信道와 傳道와 松川敎會 設立 歷史", 93. 김기원은 1914년 대구의 첫 목사로 안수를 받았다.

▲ 부산 선교학교(서당, 초등학교, 1895년) [PHS]
왼쪽에 서 초시, 그 뒤에 베어드와 베어드 부인

황해도 교회들을 개척하다

서경조는 순행 전도인의 일을 그만두고 소래로 귀환했다. 그는 이때의 심정을 다음과 같이 기록했다.

> 집으로 올 마음이 나서 회심할 수 없는지라. 배[Baird] 목사는 나루하며 만류하되 듣지 아니하는데 마침 마삼열[Moffett] 목사가 내려와서 간절히 권하되 듣지 아니하고, 나는 대륜선으로 인천까지 와서 목선으로 송천에 내려오니라. 이때 나는 내 마음도 알지 못할 것은 부산서 아무 연고 없이 집으로 오고만 싶고 평양 가려 해도 아무 연고 없이 가기 싫은 마음만 났으니, 후에 생각하니 내가 부산에 있었든지 평양에 갔다면, 내가 송천에 있지 못하였을 것이오, 내가 송천에 없으면 맥켄지 목사가 오시지 아니하였을 것이오, 그러면 송천에 영광의 교회가 일찍이 서지 못하였을 것이오, 송천에 교회가 먼저 되

지 아니하였으면 海西에 수다한 교회가 일찍이 되지 못하였으리라. 범사에 하나님의 뜻대로 되려니와 범사에 기회가 있고 사람이 기회에 하지 아니하면 모든 일이 되지 못할 줄을 아노라.[10]

서경조가 베어드나 마페트의 청을 물리치고 소래에 내려온 이유는 연고 없는 곳에서 고생하는 면도 있었지만, 한편으로는 선교사들의 조사로 하인 노릇을 하는 것이 불편했기 때문이었다. 그는 평등한 관계에서 자유롭게 일하고 싶었다.

▲ **서경조와 그의 초가집(1893년) [Oak]**
이 사랑채가 1895년 기와집 소래교회가 완공될 때까지 예배 처소로 사용되었다.
사랑채에 게일, 펜윅, 맥켄지 목사가 거주했다.

서경조가 1893년 가을 소래에 정착하자 캐나다에서 온 맥켄지 목사가 소래로 내려와 살면서 한국어를 배우게 되었다. 두 사람은 뜻이 맞았다. 서

---

10   서경조, 위의 글, 95.

경조의 사랑채에서 모이는 예배에 사람들이 늘어났다. 이때 서경조의 "사랑이 좁아서 예배하기가 심히 곤란"[11]하여 새 예배당을 짓기로 했다. 예배당은 1894년 말에 짓기 시작하여 이듬해 완공하고 헌당했다.

이와 동시에 황해도에 여러 교회가 개척되었다. 1893년 한 해 동안에 무려 14개 교회가 설립되었다. 장연군 칠곡교회는 서경조의 전도를 받은 김치도와 홍염범이 믿고 교회를 세웠다. 문화군 사평동교회는 소래교회의 지교회로 설립되었다. 1894년에는 곡산읍교회가 시작되었는데 그 후 서경조가 순행할 때 교회가 설립되었다.[12] 자유롭게 순행하며 전도한 결과였다. 지도자인 "서경조는 맥켄지가 주려는 봉급을 거절했다. 교사로 일하든 기독교 사역자로 일하든 돈을 받으면 사람들이 자신이 이익을 얻기 위해서 그리스도인으로 있다고 생각할 것을 두려워했기 때문이다."[13]

기와집 예배당을 완공하고, 초등학교를 건립하다(1895년)

소래교회는 마을 사당이 있던 언덕에 순수 한국인의 힘으로 지은 첫 개량 한옥 예배당이었다. 1895년 헌당한 후, 동학전쟁에 실패한 동학교도 등이 개종하는 등 교인이 늘자 1896년 ㄱ자 예배당으로 증축했다. 맥켄지 목사는 거룩한 장소임을 표시하기 위해 '예수기'(흰 바탕에 붉은 십자가)인 십자기를 높이 게양했다. 한국 개신교 첫 교회인 소래교회는 한 마을을 복음화하고 자립하는 시골 교회의 모범으로 자리 잡았다.

서경조는 모든 남녀 교인이 주일에 성경 공부를 할 수 있도록 주일학교를 조직했다. "처음부터 숫자가 많았고 간절히 원해서 말씀에 관한 체

---

11 서경조, 위의 글, 99.
12 차재명, 『朝鮮예수敎長老會史記』(朝鮮예수敎長老會總會, 1926), 28.
13 H. G. Underwood, "Report of Sunday School, Seoul Station, 1896."

계적인 공부를 제공했고 모든 입교인과 다른 많은 사람이 즉석에서 참석자로 등록했다. 평균 참석자는 100명으로, 6개 반으로 나누었는데, 남자 네 반과 여자 두 반이며 서경조가 교장이다."[14]

1893년 맥켄지가 온 후 소래초등학교를 건립했다. 교인들이 기부금을 모아 논을 사서 학교를 운영하기 위한 영구 기금을 설립했다. 1899년 교사 한 명이 한문, 한글 읽기, 초급 지리, 초급 역사, 초급 천문학 등을 가르쳤다. 한문 교과서로 공부함으로써 학생들은 학문적인 과목을 배울 수 있는 단계까지 실제로 준비했다. 나아가 성경을 철저히 공부하기 위해 서경조 장로가 성경을 가르쳤다.[15]

첫 장로로 피택되고 안수 받다(1896-1900년)

서경조는 1900년에 장로교회 첫 장로로 안수를 받았다. 그보다 앞선 1896년에 장로로 피택되었다. 언더우드 목사는 1897년 "전도 보고서"에서 서경조를 처음으로 여러 번 장로로 호칭했다. "서 장로와 두 명의 집사, 두 명의 서리집사, 학교 교사로 감독회가 구성되었고 실제적이고 활력이 넘치는 사역은 더할 나위 없이 탁월합니다." 소래교회는 정동장로교회처럼 주일학교를 조직해서 분반을 했는데 "그 영수들은 서 장로 집에서 모입니다." 나아가 인도 가뭄을 위한 특별 연보를 할 때도 서 장로의 지도로 많이 거두었다고 보고했다.[16] 언더우드 부인도 1897년 "개인 의료 사업 보고서"에서 "그곳에 거주하는 서 장로는 제가 알려준 간단한 치료제를 팔아서 기독교 사역을 하면서 스스로 자급하고 있"다고 하여 키니네를 팔아서

---

14 위의 글.
15 H. G. Underwood to F. F. Ellinwood, February 20, 1900.
16 H. G. Underwood, "Personal Report of Evangelistic Work, 1897."

생활비에 보탰음을 알 수 있는데 그를 장로로 호칭했다.

1899년 언더우드는 개인 연례보고서에서 "장연 시찰은 그 어느 해보다 올해 많이 성장했다. 작년의 5개 지회가 올해 10개 지회로 늘어났으며 입교인은 140명에서 374명으로 늘어났다. 이 전체 지역의 사역은 소래교회의 서 장로와 집사들이 매우 조심스럽게 관리하고 있다"라고 보고했다. 당시 서상륜은 서울에서 조사로 일하고 있었기 때문에 서 장로는 서경조를 가리킨다.

1900년에 선교사공의회 교회정치위원회는 황해 장연 소래교회의 서경조와 평양 장대현교회의 김종섭 두 사람의 안수를 허락했다. 1900년에 "장연군 송천교회에서 서경조를 장로로 장립하야 당회를 조직하니 이것은 우리나라 교회의 최선 장로더라."[17] 1901년에는 방기창과 길선주가 장로로 안수받았다. 클라크(C. A. Clark) 목사가 정리한 『長老敎會史 典彙集』(1919)에 나오는 1900-1904년 장로 안수자 명단을 보자.

> 조선교회에서 장로 선거는 1900년부터 시작하였는데(1901년 영어 회록) 각 도에 처음으로 선거한 장로는 다음과 같다.
>
> 평남 김종섭(1900) (그때에 2인을 투표 선택하였는데 그중 이영은은 안수하기 전에 신사하였고), 길선주, 방기창(1901), 주공삼, 정익로, 한석진(1903), 김찬성, 김은주, 강유훈(1904)
>
> 황해 서경조(1900), 최정엽, 조병직(1903)
>
> 평북 양전백(1902), 김창건, 정기정, 장관선(1904)
>
> 함경 류태연(1903)
>
> 경상 심취명(1903)

---

17   차재명, 『朝鮮예수敎長老會史記』, 64.

경충 고찬익, 송순명, 신화순, 천관실, 김홍경(1904)

그런즉 1904년에는 전국 교회 장로 25인이더라(영문 회록).[18]

장로회공의회 서기로 봉사하다(1901-02년)

1901년 9월 서울 새문안교회에서 열린 북장로회와 남장로회, 호주장로회, 캐나다장로회의 4개 장로회 선교회의 선교사 25명으로 첫 치리 기구인 '조선예수교장로회공의회'를 조직할 때, 한국인 총대―장로 서경조, 방기창, 김종섭 3명과, 조사 양전백, 송인서, 최명오, 고찬익, 류태연, 천광실 6명 등 9명―로 '조선어를 사용하는 회'를 구성했다.[19] 서경조는 제1회 공의회에서 서기로 선출되었다. 조선어를 쓰는 회는 영어를 쓰는 선교사 회와 더불어 합성공의회를 조직했다. 그러나 노회를 위한 준비기였으므로 한국인 대표에게는 아직 치리권(투표권)이 없었다. 공의회가 결정한 첫 안건의 하나는 무어 목사의 건의로 "흉년을 인하여 유리하게 된 김포, 통진, 황해도 백천, 연안 등지에 있는 교회를 위하여 전국 각 교회가 연보 구제하기로 결정"한 것이었다.[20] 공의회 서기는 1901-02년 서경조, 1903년 양전백, 1904-06년 주공삼이었다. 서경조는 1904년 평양신학교에 입학하여 1907년 졸업하고 안수받았다. 그는 실제적인 첫 장로였고 첫 목사까지 되었다.

---

18   곽안련, 『長老敎會史 典彙集』(朝鮮耶穌敎書會, 1919), 19.
19   1901-1906년 공의회, 1907-1912년은 노회, 1912년 이후는 총회가 최고 치리 기관이었다.
20   곽안련, 『長老敎會史 典彙集』, 19, 216.

50

장로교회 첫 조사
백홍준, 서상륜, 최명오 (1890년)

1891년 2월 북장로회 한국선교회 연례회의에서 채택된 "선교회 규칙과 부칙"을 보면 먼저 선교회, 선교지부, 선교지회, 설교 처소에 대해 정의하고 이어서 본토인 사역자를 규정했다. 선교회(mission)는 선교부(Board, 해외선교이사회)가 임명한 일정 선교지, 곧 한국의 모든 선교사로 구성된다. 선교지부(station)는 선교사가 거주하는 특정 도시(예, 서울)로 주변의 넓은 지역(예, 서울과 경기도)을 담당한다. 선교지회(sub-station)란 많은 교인으로 구성되며 주일에 예배당이나 가정에서 예배드리기 위해 모이는 곳이다. 설교 처소(preaching place)는 선교사가 담당하며 비정규적으로 전도하고 설교하는 곳이다. 아직 많은 교회가 조직되어 있지 않은 단계에서 한국선교회는 선교회-선교지부 아래 선교지회와 설교 처소라는 단위를 두었다.[1]

한국인 사역자 종류와 명칭

1891년 선교회 규칙과 부칙에 따른 '본토인 사역자'(native agents)는 다음과 같았다.

> 1. 본토인 사역자는 영수(leaders), 장로(elders), 집사(deacons), 권서(colporteurs), 조사(helpers), 전도부인(Bible women), 강도사(licenciates), 전교사(evangelists), 목사(pastors)로 한다. 영수, 장로, 집

---

[1] 북장로회 선교회는 Board(New York)-Mission(Korea)-stations-substations로 구성된다. 이후 한국교회가 발전하면 치리기관은 총회-노회-시찰-당회(조직교회)-예배 처소(미조직교회)로 구성된다.

사는 급료를 받지 않는다.
2. 영수는 선교지회의 회중이 선택하거나 담당 선교사가 임명하는 본토인 교인으로, 정기 예배 인도자가 없을 때 예배를 인도하며 선교지회를 전반적으로 감독하는 임무를 지닌다.
3. 장로와 집사는 성경에 명시된 교회의 직분으로 장로회 정치 형태에 정의되어 있다. 그들은 오직 교회의 만장일치로 선출된 후, 선교지부의 허락을 받아 6개월간의 교육을 받은 후에 안수한다.
4. 권서는 책과 소책자의 반포인이나 판매인이다. 선교지부의 투표에 의해서만 임명되며 그리스도인의 인격과 반포하는 책에 대한 지식과 사업 열성에 대한 만족스러운 증거가 있을 때에만 임명한다.
5. 조사는 선교사에게 부속된 그리스도인으로 선교사의 사역을 특별히 조력한다.
6. 전도부인은 기독교 문서의 반포와 성경 강의를 위해 고용된 그리스도인 여성이다. 선교지부의 투표로 임명한다.
7. 강도사는 선교회나 노회가 특별한 때에 설교할 권위를 준 자다.
8. 전교사는 선교지부가 특정 지역 안에서 복음을 전하도록 임명한 자다.[2]

안수하는 장로와 집사 외에 임시로 만든 직분이 많았다. 영수, 조사, 강도사, 전교사 등이 전통적인 장로교회 직분에 없는 선교지 상황에 따른 임시직이었다. 외국인 선교사(宣教師, missionary)에 대조되는 용어로 전교사(傳敎師, evangelist)라는 말을 사용했는데, 선교지부가 있는 한 도시 안에서만 설교하는 안수받지 않은 한국인 목회자를 지칭했다. 이와 달리 조사(助事,

---

[2] The Korea Mission of the PCUSA, *Standing Rules and by laws of the Korea Mission* (1891), 4.

helper)는 안수받지 않은 목회자였으나 한 선교지부를 순회 전도하면서 선교지회와 예배 처소를 돌보았다. 반면 감리교회에서는 전교사나 조사 대신 본처전도사(本處傳道師, local evangelist)란 말을 사용했다. 본처전도사란 말에서 오늘의 전도사란 말이 유래되었다고 할 수 있다. 성서공회가 지원하는 권서(매서)는 개척 전도인으로 주로 불신자를 대상으로 시골에서 사역했다. 권서가 영수나 조사가 되고 조사들이 1900년대에 신학교에 입학하여 목사가 되는 경우가 많았다. 따라서 첫 조사에 관한 이야기는 한국 장로교회 첫 목회자가 어떻게 만들어졌는지를 보여준다.

첫 신학반(1888년 12월)

1888년 초에 언더우드는 "매서 3인을 선정하여 1인은 송천에, 1인은 평양 부근에, 1인은 의주에 파송"했다.[3] 그들은 송천의 최명오, 평양의 서상륜, 의주의 백홍준이었다.[4] 1888년 12월 중순부터 1월 중순까지 서울 언더우드의 사랑방에서 한국인 권서와 지도자들을 위한 첫 신학반(theological class)이 개설되었다. 장로교회의 첫 사경회였다.

> 京城貞洞에셔 全國信者를 召集하야 一朔間 聖經을 査究하얏난대 來會者는 合 十六人이니 京城에 서상륜 홍정후, 義州에 한석진 송준석, 龜城에 김관근 양전백, 文化에 우종서, 海州에 최명오, 長淵에 서경조, 慈城에 김병갑이 此其較著者니, 後來 敎會中에 多大한 貢獻이 有하니라.[5]

---

3 곽안련,『長老敎會史 典彙集』(朝鮮耶穌敎書會, 1919), 10-11.
4 Underwood to Ellinwood, Feb. 6, 1888. 이 편지에서 서상륜이 평안도 권서로 일하고 있다고 밝혔다.
5 차재명,『朝鮮예수敎長老會 史記』(조선예수교장로회 총회, 1928), 13.

언더우드는 신학반에서 당시 번역하고 있던 웨스트민스터 소요리문답을 이용하여 간단한 신학 체계를 가르쳤다. 찬송 부르기, 예배 인도, 설교, 성경 낭독, 기도하는 법 등이 교과목에 포함되었다. 사경회는 1901년에 시작된 평양신학교의 전신이었다. 이 사경회에서 매일 한 시간씩 세 명의 여자 선교사와 언더우드가 함께 서양 찬송가곡을 따라 부르게 했다. 파크 대학(Park College)을 졸업하고 1888년 11월 15일에 내한한 헤이든(Mary E. Hayden, 1857-1900, 1890년 기포드 목사와 결혼) 양이 가르쳤다.[6]

신학반은 네비어스 방법을 따른 것으로 초창기 토착인 지도자 양성을 위해 겨울 농한기에 1개월간 집중적으로 교육하는 과정이었다. 언더우드는 내한 후 네비어스 방법을 나름대로 연구하여 한국 상황에 맞게 적용하려고 노력했고 1888년 봄에 벌써 그것을 채택하기로 계획했다.[7] 1888년 겨울의 신학반 운영에서 보듯이 1890년 네비어스 부부가 내한하기 이전에 이미 한국 장로교 선교회는 네비어스 방법을 채택하여 실천하고 있었다.

첫 조사 3인 임명(1890년 9월)

1890년 9월 북장로회 한국선교회 연례회의에서 송천의 최명오, 서울의 서상륜, 의주의 백홍준이 첫 한국인 조사로 임명되었다. 1892년 마페트가 소개한 이력을 중심으로 그들의 생애를 살펴보자.[8]

---

6 Underwood to Ellinwood, Jan. 9, 1889.
7 Underwood to Ellinwood, March 12, 1888.
8 S. A. Moffett, "Our Korean Evangelists," *Church at Home and Abroad* (August 1892): 142-144. 그의 소개 글에 일부 역사적 오류가 있으므로 수정했다.

백홍준

1876년 의주의 말단 관리 한 명이 고려문을 방문했는데 만주 영구에서 활동하던 스코틀랜드연합장로회 선교회의 존 로스 목사를 여관에서 만났다. 의주로 돌아올 때 그는 몇 권의 한문 복음서와 소책자와 수지 양초를 받아왔다. 양초를 본 23살의 아들은 양인이 준 책에도 흥미를 느껴 읽기 시작했다. 그는 친구들에게도 복음서를 소개했고 함께 이삼 년 동안 예수교 책들을 공부했다. 마침내 그는 친구들과 함께 이 새로운 교리를 선교사에게 알아보려고 영구로 갔다. 그와 친구 세 사람은 1879년 한 해 동안 매킨타이어 목사를 차례로 만나 세례를 받고 한국 개신교 첫 세례교인이 되었다.

▲ 장로교회 첫 조사들(1892년) [Oak]
백홍준(의주), 서상륜(평양), 최명오(소래)

이 사람이 바로 백홍준(白鴻俊)으로 위 사진에서 왼쪽에 앉아 있는 자다. 그는 영구와 봉천에서 받은 기독교 서적을 의주에 밀반입해서 판매하고 전도했다. 두 차례 세관에 발각되어 책은 압류당했고 그 자신은 투옥되었다. 첫 번째 투옥 때는 곤장을 맞았다. 두 번째 체포되었을 때 사형에 처하겠다는 위협을 받았지만, 그는 침착하게 대답했다. "괜찮습니다, 상관없습니다." 그러자 관리는 돈을 요구했고 백은 대답했다. "나에게는 돈이 없어요." 그는 죽이겠다는 말을 다시 들었지만, 담담히 대답했다. "그래요, 당신은 그런 힘을 갖고 있습니다." 몇 달간 옥살이를 한 후 그는 다시 곤장을 맞고 석방되었다. 그때 이후 그는 복음을 증거하면서 의주의 상인들 사이를 오갔다. 그는 한국의 사도 바울이란 뜻으로 '사도 백'(使徒 白)으로 알려졌다. 그는 1888년부터 몇 년간 서울에서 열린 신학반에 참석했고 의주에서 선교회 자산과 사역을 맡아 일했다. 백홍준은 양반이 아니라 서울의 전도사가 가진 세련된 예절과 세심함이 다소 부족하지만, 원기 왕성하고 거칠며 순박하고 다정한 사람이었다. 성찬식을 할 때 마지막 순서에서 기도 인도를 맡으면 그는 눈물을 흘리며 울먹이는 목소리로 간절히 기도하는 감성이 풍부한 사람이었다. 그는 가정 예배를 성실히 드려왔고 1891년 가을 마페트 선교사가 그의 아내에게 세례를 주었다. 백홍준의 아내는 서울 밖에서 세례를 받은 최초의 한국 여성이 되었다.

▲ 백홍준(1892년) [Moffett]

백홍준 조사는 1893년 12월 말에 폐결핵으로 사망했다.[9] 이때 그가 옥사했다거나 순교했다는 말은 와전된 것이다. 백홍준은 1888년 이후 의주에서 자유롭게 조사로서 활동하면서 1891년 이후에는 마페트 목사와 함께 의주 지역 전도에 힘썼다. 그가 1887년 9월 27일 정동장로교회에서 장로로 선출되고 안수를 받았다는 말도 사실무근이다. 그는 장로로 피택되거나 안수를 받은 적이 없다.[10]

---

9 Moffett to Ellinwood, Jan. 12, 1894; H. G. Underwood, "The Korea Mission," *Church at Home and Abroad* (August 1894): 123.
10 이덕주, "백홍준: 몇 가지 오류와 문제점을 중심으로", 『한국 기독교와 역사연구회 회보』 19 (1988.4-5): 30-32.

백홍준 전교사의 죽음으로 과부가 된 그의 부인은 부양할 자가 없어 마페트가 생활비로 매달 2달러를 제공했다. 다행히 1894년 초에 사위 김관근(金灌根)을 보았고 그가 조사(助事)가 되면서 생활은 유지할 수 있었다. 그녀는 자원하여 의주에서 여성 사역을 시작했고 1894년에 벌써 한 무리의 초신자를 가르치고 있었다.[11]

서상륜

서울의 전교사 서상륜(徐相崙, 1848-1926)은 백홍준을 통해 처음으로 복음을 들었다. 그는 서당에서 한문 공부 첫 책 두 권을 마쳤을 때 고아가 되었고 한국과 중국 사이를 오가는 상인이 되어 생계를 위해 악전고투했다. 그러나 틈나는 대로 공부를 계속하여 한문에 능하게 되어 식자 대우를 받았다. 중국 여행 중에 한번은 큰 병에 걸렸고 우장에 있는 의료 선교사(잉글리드 의사)를 찾아갔다. 치료받는 동안 매킨타이어 목사가 그를 자주 방문했고 그에게 복음서를 읽어보라고 권면했으나, 그는 그것을 단호히 거절했다. 약과 치료는 무료이지만 그 책을 읽어주면 좋겠다는 말을 듣고 나서 그는 지금까지 거절한 것이 부끄러웠고 책을 집어서 읽기 시작했다. 처음에는 전혀 흥미가 없었지만, 그가 읽고 있는 동안 하나님의 영이 그의 눈을 뜨게 하셨고, 그는 구세주의 필요성을 알게 되었다. 그는 봉천으로 가서 로스 목사를 만나 신앙을 고백하고 세례를 받았다. 1881년 4월이었다. 서상륜은 6개월 동안 로스를 도와 한글 성경을 번역했다.

1881년 10월에 서상륜은 영국성서공회 권서로 임명받아 서울을 향해 출발했다. 의주에서 3개월을 지낸 후 1882년 초에 서울로 가서 정착했

---

11 S. A. Moffett, "Report of Evangelistic Work," December 1894.

다. 서울에서 그는 묵묵히 기독교 서적을 반포하기 시작했다. 3년 후 그는 동생이 있는 황해도 소래로 이사했다. 동생 서경조는 1892년 원산에서 펜윅의 조사로 일하기도 했다. 서상륜은 4년간 소래와 서울 사이를 오가며 여행했고 이 여행 중에 언더우드 목사를 알게 되었다.

1888년 서상륜은 다시 가족과 함께 서울로 이사했고 그 이후로 모든 사역에서 수석 조사가 되었다. 천성적인 쾌활함, 광채가 나는 눈, 복음의 진리에 대한 확신, 사람들에 대한 배려를 가진 그는 의젓하고 침착하며 진심으로 열정적인 사람이었다. 그는 위엄이 있고 세련되고 공손해서 그의 성품을 본 사람들은 즉시 강한 인상을 받는다. 서울을 방문한 한 뉴욕 신사는 그를 보자마자 감탄했다. "정말 멋진 분입니다!" 설교자로서 서상륜은 성경적일 뿐만 아니라 진지하고 예리하다. 그의 인격과 처신은 선한 능력을 발휘했다.

1892년 성탄절 때 정동장로교회는 서상륜과 홍정후를 첫 서리집사로 선출했다. 임기 1년의 임시 집사였다.[12]

최명오

세 명 중 가장 젊고 한학에 가장 뛰어난 학자인 최명오(崔明悟)는 평안북도 의주 출신으로 황해도 장연군 소래로 이주하여 살다가 서상륜의 전도를 받고 그리스도인이 되었다. 1887년 1월 그는 서경조와 정공빈과 함께 서울로 와서 언더우드 목사에게 세례를 받았다. 그는 한학에 정통했기 때문에 1887년 조직된 성서개정위원회에서 언더우드·아펜젤러를 도와 로스 역본 개정에 관여했다. 1888년 최명오는 언더우드로부터 백홍준·서상륜

---

12 Moffett to D. L. Gifford, Nov. 24, 1893.

과 함께 권서로 임명되어 황해도 지방을 담당했다. 그는 1888년부터 2년 동안 영국성서공회의 권서로 일했는데, 욕설과 멸시를 받았지만 견뎠다. 그는 성경을 진지하게 공부하면서 이해하기 쉽도록 가르치는 교사의 재능이 있었기 때문에 구도자나 교육받지 못한 그리스도인에게 좋은 교사가 되었다. 1890-92년에는 조사로서 황해도 지역을 순회하고 교인들을 돌보며 선교사와 함께 순행하면서 전도했다. 1895년에는 마페트와 함께 기독교 입문서인 『구세론』을 저술했다. 그의 이후 행적은 잘 알려지지 않았다.

마페트는 "이 세 사람은 성령 세례만 받는다면 큰 권능을 가질 자질이 있다"라고 결론을 내리고 미국 교회에 그들을 위해 기도해달라고 부탁했다.

선교사들은 "유급 토착인 사역자 숫자를 확대하는 데 반대했다. 그들은 무급 토착인 조사들의 집단을 구축해야 한다고 느꼈고, 유급 조사를 늘리는 방향으로 사업을 확대하면 할수록 강한 교회, 곧 우리의 이상인 자급하는 토착 교회 건설은 더 늦어지리라고 느꼈다."[13] 이는 곧 네비어스 방법의 자급과 자전을 엄격히 적용한 결과였다.

> 우리는 이 백성들 속에 자립 정신을 불어넣고, 본국 교회의 지부가 아니라 [토착 교회를] 설립하려고 왔으며, 복음 전파 사업은 본토인이 주로 해야 한다고 믿기 때문에 우리는 극소수의 유급 전도사만 고용한다. 우리는 모든 본토인에게 소명 받은 원래 직업에 남아 있도록 권하며 그리스도를 믿는 각 사람은 복음 전도자가 되어야 한다고 열심히 가르친다. 선교회가 어떤 사람을

---

13 H. G. Underwood, "Report of Colporteurs and Evangelists," Minutes of the Annual Meeting of the Korean Mission, PCUSA, February, 1891.

전임으로 채용할 경우 그 사역자는 고용할 가치가 있는 자다. 그는 일한 대가로 임금을 받는 것이 아니라 상황을 고려해서 우리가 판단해볼 때 최저 생계비 정도만 받는다.[14]

이러한 강력한 자급, 자전 정책이 추진되고 평안도 지역까지 서울 선교사들의 순회 여행이 계속되자 1892년 봉천의 로스 목사는 북장로회 선교회에 자신의 사역자들이 평안북도에 설립한 교회를 인수해달라고 요구했다. 선교회는 위원(마페트)을 파송하여 그 교회를 인수케 하였다.[15] 이로써 의주와 강계 등 평안북도 지역이 공식적으로 미국 북장로회 선교지가 되었다. 반면 유급 전도인 수를 제한한 결과 자치(自治)를 위한 목회자의 신학 교육은 우선순위에서 밀리면서 연기되었다.

---

14 Underwood, "Korea of Today," *Missionary Review of the World* (Nobermber 1883): 814.
15 곽안련, 『長老敎會史 典彙集』, 13.

51
첫 북한-만주 횡단 선교 여행
마페트와 게일의 여행(1891년)

1891년 2월 말 서울을 떠나 평양-의주-우장-심양-자성-함흥-원산을 거쳐 5월 말 서울로 돌아온 마페트와 게일 선교사. 그들의 전도 여행은 꿈을 현실로 만든 첫 시도였다. 초기 한국교회사에서 가장 길고 먼 전도 여행이었다. 그들은 만주 봉천(심양)에서 로스를 만났고, 로스가 네비어스 방법을 만주 상황에 맞게 수정한 토착 선교 방법, 특히 봉천교회의 토착 양식에 감명을 받았다. 마페트는 이 네비어스-로스 방법을 평양에 정착시켜 교회 개척과 성장에 크게 성공했다. 세 달 동안의 여정. 그 길에서 배운 한국어와 한국 문화와 선교 방법을 되새겨보자.

남진, 북진, 동진의 전도 여행

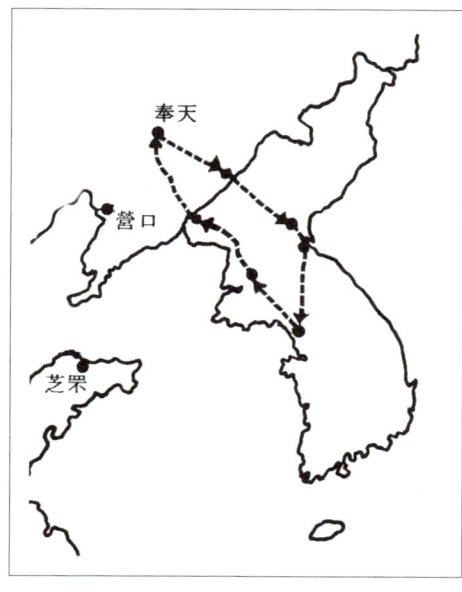

▲ 마페트와 게일의 북한 만주 전도 여행도(1891년)
[Oak]

의주는 만주의 로스가 뿌린 복음의 씨앗이 자라 열매를 맺고 있었기에 서울에 정착한 첫 선교사들이 반드시 가야 할 곳이었다. 아펜젤러가 1887년 4월, 서울을 떠나 평양까지 북한 전도 여행의 물꼬를 열자 언더우드는 9월에 심양의 로스를 서울에 초청한 후 10월에 의주를 방문해 로스본의 열매들을 확인했다. 1888년 봄 언더우드와 아펜젤러는 함께 북한 전도 여행에 나섰으나 정세 불안으로 돌아와야 했다. 그러나 10월에 아펜젤러는 의주까지 갔고 11월에는 언더우드가 소래를 방문했다. 1889년 봄에는 언더우드 부부가 신혼여행으로 의주까지 전도 여행을 감행했고(언더우드 부인은 반대에도 불구하고 외국인 여자로서 처음 의주까지 여행했다), 국내에서는 세례를 주지 않기로 미국 공사에게 약속했기 때문에 언더우드는 33명의 의주 교인과 함께 압록강을 건너 만주 땅에서 세례를 베풀었다. 한편 1890년 3월에는 호주 선교사 데이비스가 서울에서 부산까지 걸어서 전도 여행을 했으나 천연두로 부산에서 사망했다. 그는 전도의 도상에서 사망한 첫 선교사였다. 5월에는 산동 지푸(芝罘)의 네비어스 부부가 황해를 건너 서울을 방문하고 2주일간 토착 교회 설립 방법을 강의했다. 7월에는 헤론 의사가 사망했고 알렌 의사는 미국 공사관으로 옮겼다. 1891년 3월 언더우드가 안식년으로 미국으로 갈 계획을 세우자[1] 마페트와 게일은 북한 개척의 돌파구를 찾기 위해 북한과 만주를 횡단하는 전도 탐사 여행을 계획했다.

서울에서 만주에 이르는 장기 도보 선교 여행

1891년 2월 25일 마페트와 게일은 서상륜을 안내자로 삼아 서울에서 출발했다.[2] 그들은 의주와 서간도 한인촌에 로스본 성경을 읽고 개종한 그리스도인이 많다는 소식을 재확인하고 만주의 로스를 만나 그의 선교 방법론을 배울 계획이었다. 두 사람은 3개월간의 도보 여행을 통해 한국어를 배우고, 전도하며, 한국 사정을 탐사할 목적도 있었다. 게일은 '닙'이라고

---

1 언더우드 부부는 1891년 3월부터 1893년 2월까지 약 2년간 안식년을 보냈다.
2 Samuel A. Moffett, "An Evangelistic Tramp through North Korea," *Herald and Presbyter*, Vol. LI., No. 51, January 13, 1892 (Part 1).

부르는 작은 폭스테리어 개를 데리고 떠났다.

▲ 만주 장로회 선교사들과 중국인 조사들(1888년) [Oak]
로스(R), 왼쪽에 헌터(H), 더글러스(D), 잉글리드(I) 의사, 크리스티(C) 의사, 웹스터(W)
로스와 웹스터는 1885-85년 한인촌을 방문하고 100명의 한인에게 세례를 주었다.

도보 여행이었다. 세 사람은 담요와 책 등을 나르기 위해서 말 두 필을 끌고 갔다. 말이 적으면 비용이 줄고 도중 어디에서나 자유롭게 머무를 수 있었기 때문이었다. 하루에 많이 가면 100리(약 48킬로미터)를 갈 수 있었다. 그들은 송도를 거쳐 평양에 도착하여 5일간 머무르면서 주일에 예배를 드렸다. 선교회는 400달러 이하로 집을 매입할 권한을 마페트에게 일임했지만, 믿고 맡길 수 있는 사람이 아직 없어서 매입은 보류했다. 세 사람은 평양에서 여러 명의 구도자를 발견했다. 그러나 아직 주민들은 외국인을 의심하고 기독교 서적을 두려워했다.[3]

세 사람은 여행 도중 전도를 하면서 건강하게 3월 20일 국경 도시 의주에 도착했다. 서울에서 약 560킬로미터, 1,000리(약 390킬로미터) 길이

---

3 S. A. Moffett to Ellinwood, March 25, 1891.

넘었다. 의주에서 기쁘게 교인들을 만난 마페트는 향후 사업을 위해 매입할 집을 물색했다. 의주에서는 12일간 머물렀다.⁴

언더우드 목사는 의주에 선교지부를 개설하는 것의 중요성에 대해서 항상 많이 강조했는데 이제 그 이유를 알 것 같습니다. 우리는 이곳의 상황을 보고 대단히 기뻤고 놀랐습니다. 이곳에는 20명에서 30명의 그리스도인 무리가 있으며 많은 사람이 사역하면서 복음을 자유롭게 전하고 있습니다. 주일예배에는 30명이 참석했고, 아침, 점심, 저녁에 많은 사람이 찾아와서 우리와 함께 성경을 읽으며, 우리 전도사와 이곳의 전도사는 옆방에서 복음에 대해서 온종일 이야기하고 이어서 밤늦게까지 이야기합니다. 여기에 있는 사람들은 중국과 아주 가까워서 20년 동안 복음에 대해서 들어왔기 때문에 복음을 두려워하지 않습니다. 이곳은 로스 목사가 사역한 중심지이며 지금 로스 목사는 이곳에 권서를 두고 있는데 그는 국경을 따라 성경책을 반포해왔습니다. 이곳 의주에 있는 우리의 전도사 백 씨[백홍준]는 로스의 첫 개종자의 한 명으로, 17년 전에 그리스도인이 되었으며 이곳 출신으로 15년 전에 그리스도인이 된 우리의 서울 전도사[서상륜]에게 처음으로 복음을 전한 사람입니다.⁵ 이곳에는 또한 로스 목사의 신약전서 한글 번역을 도와주었던 사람도 살고 있습니다. 이곳에 있는 많은 하급 관리가 신앙을 고백하는 그리스도인이고 또 많은 상인도 그리스도인이라서 모든 계층이 복음을 우호적으로 생각합니다. 서울에서 열린 신학반(神學班)에 참석했던 그리스도인 중 한 명이 여기서 약 60킬로미터 떨어진 곳에 살고 있는데⁶ 그가 가르쳐온 10명의

---

4   S. A. Moffett, "Evangelistic Trip in Northern Korea," *Church at Home and Abroad* (Oct. 1891): 329-331.
5   12년 전인 1879년에 백홍준이 세례를 받았고, 그에게서 전도를 받은 서상륜은 1882년에 세례를 받았다.
6   선천의 양전백(梁甸伯, 1869. 3. 10-1933. 1. 17)으로 그는 1907년 첫 목사 7인의 한 명이

남자 학습반이 있으며 이들이 세례를 받기 원한다고 보고합니다.[7]

3월 29일은 부활주일이었다. 예배 때 마페트와 게일은 10명의 한국인 세례교인과 성찬을 나누었다. 이때 의주에서 마페트는 미래의 조사 한석진(韓錫鎭, 1868-1939)을 만났다.[8]

의주에서 서상륜은 서울로 돌아가고 백홍준이 길을 안내했다. 이들은 함께 만주 심양으로 가서 로스 목사와 크리스티 의사, 웹스터 목사를 만나 나흘간 이들의 성공적인 선교 사역을 확인하고 테니스도 쳤다. 마페트와 게일은 네비어스 방법을 만주에 적용한 로스의 토착 선교 방법론을 배웠다.

마페트와 게일은 백홍준의 안내로 자성까지 온 후 함흥, 원산을 거쳐 서울로 돌아왔다. 이 여행을 통해 두 사람은 친구가 되었고, 게일은 마음속에 묻어둔 헤론 부인에 대한 사랑을 먼저 마페트에게 고백함으로써(사실 마페트도 헤론 부인을 마음에 두고 있었으나) 여행 후에 게일은 헤론 부인과 결혼하게 된다. 3개월간의 전도 여행! 한국교회사에서 가장 긴 거리를 답파한 도보 여행으로 일부는 말을 타고, 일부는 수레를 탔으나 대부

▲ 1889년에 완공된 봉천교회 [Oak]

되었다.

7   S. A. Moffett to Ellinwood, March 25, 1891.
8   Richard Rutt. *James S. Gale and His History of the Korean People* (Seoul: Royal Asiatic Society Korea Branch, 1972), 19.

분 걸어서 간 장기 전도 여행이었다.[9]

한국 문화와 관습에 바탕을 둔 토착 교회의 비전

더 중요한 점은 마페트가 로스의 토착 선교 방법론에 깊은 인상을 받고 이를 1894년부터 평양 선교지부에 적용함으로써 이후 평양을 세계 최대의 선교지부이자, '동양의 예루살렘'으로 만들 수 있었다는 점이다. 마페트가 가장 깊은 인상을 받은 부분은 앞에 나오는 사진에서 볼 수 있는 서양식과 중국식의 절충 양식으로 지은 아름다운 봉천장로교회 건물(1889년 10월 완공)과 5백 명 가까이 모인 교인들의 예배를 인도하는 중국인 목회자들이었다. 담장에 둘러싸인 도교 사원 양식의 예배당은 남녀 좌석을 ㄱ자 형식으로 분리하여 여자 교인들을 배려했다. 모든 것이 중국식, 중국 생활과 문화와 관습에 뿌리를 내린 이 토착 교회는 마페트와 게일에게 영감을 주었고, 두 사람은 한국에서도 "성경의 원리에 반하지 않는 한 최대한 자유롭게 한국적 관념을 자연스럽게 표현하고 한국 문화와 관습에 바탕을 둔 토착 교회를 발전시키겠다"라는 꿈을 품고 돌아왔다.

한국인에 의한 한국인의 지역 교회 설립의 기반

1887년 로스의 서울 방문, 1890년 네비어스의 서울 방문, 그리고 1891년 마페트와 게일의 심양 방문은 한국 장로교회가 '네비어스-로스 방법'을 채택하는 결정적 계기가 되었다.[10] 곧 1892년부터 장로교회는 자급, 자전,

---

9   S. A. Moffett to Ellinwood, May 21, 1891.
10 옥성득, "한국 장로교의 초기 선교 정책", 『한국 기독교와 역사』 9 (1998년 9월), 142-143, 147, 155.

자치의 3자 원칙에 입각한 토착 교회 설립을 목표로 대중을 주 전도 대상으로 삼고, 한글 전도문서를 출판하며, 교인 훈련을 위한 사경회 제도를 확립하고, 전도는 선교사가 아니라 전 교인이 자원해서 해야 할 의무임을 강조하면서 예배당 건축, 초등학교 설립, 전도인의 사례 등을 자급하도록 강조했다. 한국인에 의한 한국인의 지역 교회 설립 정책, 특히 로스 방법에서 강조한 지역 문화와 사상에 철저히 적응하는 '성육신'의 원리는 장로교회의 급성장을 가져오는 중요한 원인이 되었다.

네비어스-로스 방법에 따라 1900년에 설립된 평양 장대현교회는 대부분 교인의 헌금으로 지었고 개량 한옥 예배당은 심양교회를 따라 ㄱ자로 건축되었다. 그 밖에 숭실학당이나 선교사의 사택 등도 모두 실용성을 더한 개량 한식으로 건축함으로써 멀리서 보면 주변 환경에 어울리는 모습을 갖추어 세계에서 가장 토착적인 선교지부로 평가받았다.[11] 그것은 단순한 건축 양식의 문제가 아니라 기독교가 전 영역에서 한국의 옷을 입고 김치를 먹으며 한국인의 살과 피가 되는 성육신의 선교 원리를 구현하는 문제였다.

예수처럼 바울처럼…진정한 선교의 참 의미

기독교는 천천히 걸어가는 종교, 길 위의 종교다. 예수는 3년간 걸어 다니며 제자들을 훈련했고 바울은 몇 차례 선박 여행을 제외하면 평생 걸어 다니며 선교했다. 사람의 영혼은 걷는 속도로 무르익고 제자는 대화하는 시간만큼 변한다. 비행기로 가면 빠르지만, 길가의 민들레꽃은 볼 수 없고 강변에 부는 바람은 만질 수 없다. 길동무와 발걸음을 맞추고 그들의 말을

---

11 A. J. Brown, "Northern Korea," *Assembly Herald* (Nov. 1902): 243.

듣고 익히는 것이 선교의 첫걸음이다. 1세대 선교사들은 한국인 전도인과 함께 먹고 함께 자면서 길거리 전도를 했기에 토착적인 한국교회를 일구어낼 수 있었다. 월 스트리트, 메인 스트리트만 길이 아니다. 탄탄대로, 첩경만 길이 아니다. 두멧길, 시골길, 오솔길, 황톳길, 골목길, 선한 사마리아인이 내려간 여리고로 가는 길, 좁은 길에 사람이 있고 강도 만난 자가 있고 진리가 있다. 그 길을 따라 우리와 같이 되시기 위해 몸을 입고 걸어오신 예수, 절망의 엠마오로 가는 길의 두 제자와 함께 걸으며 떡을 떼어주신 부활하신 예수, 그 길을 따라 복음의 짐을 지고 나선 서상륜, 마페트, 게일을 만나러 길로 나가자.

꿈을 꾼다. 서울을 떠나 개성을 거쳐 평양으로, 의주에서 고려문을 지나 만주 벌판을 바라보며 우장을 지나 심양까지 걸어가는 여행의 꿈. 그곳에서 고구려의 영광스러운 자취가 서려 있는 서간도로, 압록강을 건너 자성에서 광활한 산맥을 넘어 함흥으로, 그리고 원산에서 서울까지 돌아오는 순례의 꿈. 125년 전 그 꿈을 현실로 만든 세 사람이 있었다. 아름다운 전도자의 발을 가진 서상륜(의주에서 백홍준과 교대)과 청년 선교사 마페트와 게일. 한국교회가 다시 이룰 꿈이다.

52
평양의 첫 세례
마페트와 7인의 한국인(1894년 1월 7일)

마페트는 26살 생일이 되던 1890년 1월 25일 서울에 입경했다. 그는 1893년 평양에 정착하여 새 선교지부를 개척하고 1934년 병으로 귀국할 때까지 평양을 세계 최대 선교지부로 성장시켰다. 그 평양에서 첫 세례교인이 나오는 과정을 살펴보자.

마페트는 평양 개척에 목숨을 걸었다. 서울에 온 후 그의 시선은 평양과 북한 지역에 고정되었다. 정치와 문명의 중심지 서울을 떠나 기독교 복음을 전하는 새로운 선교지부를 개척하고 싶었다. 마침 만주에서 북경로를 따라 의주를 거쳐 평양으로 내려오는 길을 따라 복음이 전파되고 자생적 교인이 등장하고 있었다. 의주나 평양이 후보지로 떠오르자 마페트는 현지를 탐사하며 북한의 중심지인 평양을 거점으로 삼게 된다. 그는 아직 평양이 개항장이 아니었기 때문에 8차 방문에서 1894년 1월 7일에 7명에게 세례를 주고 평양의 첫 교회인 널다리교회를 설립했다.

▲ 제6차 전도 여행을 떠나는 마페트, 스왈른과 리 선교사(1893년 3월 6일) [Moffett]
헤론 부인의 집 마당에서 출발, 스왈른은 사냥용 총을 가지고 있다.

마페트의 평양 개척 일정

1894년 초까지 4년간 8번 평양을 방문했다. 4년의 행적을 연표로 살펴보자.

1890년 8월 29일	제1차 전도 여행 출발. 아펜젤러와 헐버트 동행 평양 2주 체류. 800킬로미터 여행
1891년 2월 25일	제2차 전도 여행. 게일과 서상륜 동행 3개월간 평양, 의주, 만주의 심양, 통화, 함흥, 원산 방문 의주에서 백홍준 동행. 심양에서 로스 목사로부터 선교 방법 배움
1891년 5월 18일	3개월간의 도보 전도 여행 마치고 서울에 돌아옴
1891년 9월	제3차 전도 여행. 평양 방문, 의주에서 집 구입 의주에서 3명의 남자와 2명의 여자에게 세례 줌
1892년 5월 6일	제4차 전도 여행 출발. 휴 브라운 의사 동행 평양 거쳐 의주에서 4개월간 지내면서 12명 신자로 여름 사경회 15일 운영. 백홍준 조사 협조. 마지막 2주 빈턴 의사 와서 도움
1892년 8-9월	2주 동안 중국 우장, 지푸, 등주를 방문하고 서울로 돌아옴
1892년 12월 27일	제5차 전도 여행. 레널즈와 함께 공주 방문
1893년 3월 6일	제6차 전도 여행. 스왈른, 리, 서상륜, 한석진과 함께 평양 방문 서상륜과 한석진의 이름으로 주택 구입했으나 문

	제 발생 반환
	리와 마페트는 3주 만에 돌아옴
1893년 4월	서울 남학교 책임 계속
1893년 5월 15일	제7차 전도 여행(6차 북한 여행). 혼자 평양으로 가서 주일예배 인도. 한석진이 집 매입. 마페트는 여관에서 지냄. 6월 10일 귀경.
1893년 7월 중순	제8차 전도 여행. 부산 베어드 집에서 여름 보내며 공부. 소책자 준비, 베어드의 전도사업 조력
1893년 9월	제9차 전도 여행(7차 북한 여행). 평양에서 학습반 조직. 주일예배 증가
1893년 10월	한국선교회 연례회의에서 회장으로 두 번째 선임 남학교는 밀러 목사가 맡고 마페트는 평양만 맡음
1893년 11월 11일	제10차 전도 여행(8차 북한 여행). 평양으로 감. 홀 의사 만남
	한석진과 함께 처음으로 평양에서 성탄절 보냄
1894년 1월 7일	평양 최초의 세례식(8명)과 성찬식, 2명은 학습교인
	대동문 널다리교회 설립(1907년까지 담임)
1894년 2월 24일	의주에서 세례 신청자 지도. 기독교식 결혼식(김관근과 백홍준의 딸)
1894년 5월	평양 그리스도인 박해 사건
1894년 7-8월	제11차 전도 여행(9차 평양 방문). 평양 선교지부 개설

마페트가 5년간 10만km 이상을 여행하며 문을 연 도시가 평양이었다. 바울의 1-3차 전도 여행을 능가하는 마페트의 평양 선교지부 개척사의 발자국이다. 마페트는 평양 선교지부 개척에 목숨을 걸었다. 그는 9년간 결혼도 미루며 풍찬노숙을 마다하지 않았다. 평양은 그렇게 개척되었다.

한석진 조사의 활약

하지만 평양 개척의 공은 또 한 사람, 한석진(韓錫晉, 1869-1939) 조사에게 돌아가야 한다. 1893년 봄 그가 평양에 온 이후 주일예배를 정기적으로 열었으나 두세 명만 참석했다. 1893년 제7차 방문 때 마페트가 보고한 내용이다.

> 제가 온 직후 이곳에 가족과 함께 이사를 온 한 씨가 조용히 작은 집을 매입하는 데 성공했고 저는 그 집에서 가을과 겨울 대부분을 보낼 예정입니다. 다만 중간에 연례회의를 위해서 서울로 돌아가고 한 차례 의주를 방문할 예정입니다. [중략]
>
> 저는 한[석진] 씨와 같은 좋은 조사를 발견해서 진실로 감사합니다. 그의 용기와 열의를 보고 저는 깜짝 놀랐는데 그는 아주 열심히 전도합니다. 우리는 함께 도성 바로 근처 교외로 많이 걸어다녔고 모여 있는 사람들에게 이야기했습니다. 지난주에 우리는 큰 마을로 나갔고 큰 나무 밑에 서서 책을 팔고 전도했습니다. 상당히 많은 군중이 모였고 우리 두 사람은 바쁘게 책 내용을 설명해주었습니다. 지난 주일에 우리는 한 씨 집에 조용히 모였고 저는 약 20명의 남자에게 설교했습니다. 구도자들이 매일 여관에 있는 저를 찾아오

고 그래서 서서히 우리의 존재와 사명이 알려졌습니다.[1]

1893년 3월에 리, 스왈른, 마페트 목사가 평양을 방문했을 때, 그들은 집을 매입하고 영구 정착지를 마련하려고 했다. 외국인은 내륙에서 부동산을 매입할 권리가 없으므로 한국인 조사 한 씨 명의로 부동산을 매입했다. 그러나 이때 평양에 함께 온 감리회의 홀 의사가 집 두 채를 샀다는 소문이 퍼지면서 보수적인 관찰사는 원소유주에게 집을 돌려줄 것을 명령했다.

> 이전 주인들은 거래가 번복될 때까지 투옥되었고, 비록 내가 관리에게 이 사람들이 한국의 법을 조금도 어기지 않았다고 주장하기는 했지만, 곧 나는 한국인에 관한 한 관리의 의지가 법이고, 본토인에게는 관리가 고려해야 할 권리가 전혀 없음을 알았는데, 심지어 부동산을 매입하거나 팔 권리조차 없음을 알았다. 결과적으로 우리는 아무것도 할 수 없었고 우리 조사들은 어쩔 수 없이 부동산을 돌려주어야 했다.
>
> 관찰사의 반대는 십중팔구 두 가지 원인에서 비롯되었다. 첫째, 하급 관리의 간섭, 즉 관찰사의 개인 비서 한 명이 감리회 조사가 자기 집을 비싼 가격에 사는 것을 거절했기 때문에 몹시 화가 났다. 둘째, 관찰사는 우리가 도시에서 지내는 동안 깨끗하고 훌륭한 장소를 얻는 것조차 나서서 방해하는 열렬한 유교주의자라는 사실이다.[2]

이 1차 갈등은 이듬해 5월 2차 갈등과 박해로 이어졌다. 관찰사의 반대로 집을 돌려주어야 했다. 예상치 못한 난관이었다. 마페트 일행은 평양을 떠

---

1 Moffett to Ellinwood, June 6, 1893.
2 Moffett, "A New Station in Pyongyang, Korea," *Church at Home and Abroad* (May 1893): 108.

나 때를 기다렸다.

얼마 후 7월에 마페트는 평양에 다시 돌아왔고 1893년 7월 대동문 안쪽에 한옥을 매입하여 소유할 수 있었다. 그 집은 과거 타운센드가 소유한 집이었고 등기 문서도 서울 미국 공사관에 보관되어 있어 문제의 소지가 없었다.

마페트는 7-8월에 친구 베어드가 있는 부산으로 가서 도와주며 바닷가에서 몸과 마음을 새롭게 했다. 이때 부산에 도착한 에비슨 의사 가족을 환영했다. 9월 서울에 온 마페트는 평양을 다시 방문하고 신자들을 격려한 후 10월 연례회의에 참석하기 위해 서울로 왔다. 이때 그는 언더우드가 선교회 편집위원회와 상의하지 않고 찬양가를 발간하는 것을 문제 삼고 이를 담당하는 위원이 되어 엘린우드에게 항의 보고서를 발송했다.[3] 이 연례회의에서 스왈른 목사에게 원산 사역을 맡기고 마페트와 리 목사에게 평양을 맡김으로써 평양 선교지부 설치가 결정되었다.

마페트가 없는 여름 동안 한석진 조사가 교인들을 지도했다. 초신자가 증가해서 가을에는 학습자반을 운영했다. 그들을 중심으로 주일예배 참석자가 증가했다. 그러나 참석자들은 경멸과 조롱의 대상이 되었고 이웃 사람들에게 요주의 인물이 되었다. 그들이 친구들에게 '예수쟁이'라고 공개하면 사람들은 비웃고 그들이 예수를 믿고 버렸던 죄의 습관으로 되돌아가게 하려고 온갖 노력을 다했다. 그들은 불효자로 욕을 먹었는데 예수교인이 조상들에게 드리는 제사를 포기했기 때문이다. 그리고 1866년 천주교인들이 처형되었던 것처럼 예수교인도 참수될 것이라는 소문도 나돌았다. 비록 한두 명은 신앙을 버렸지만, 나머지는 이 모든 것을 당당히

---

3   Moffett to Ellinwood, Nov. 1, 1893. 이것이 언더우드와 마페트가 논쟁하기 시작한 첫 사건이었다.

잘 견뎠다.

▲ 1893년에 매입한 홍종대의 집 [Moffett]
마페트가 구입한 평양의 첫 집으로 한석진이 거주했다. 홍종대와 한석진이 서 있다.

사랑방 전도(1893년 겨울)

11월 23일 마페트는 여덟 번째 평양을 방문했다.[4] 그리고 그는 1894년 4월 초까지 약 5개월 동안 겨울을 보내며 사랑방에서 전도하고 세례를 주고 교회를 설립했다. 그는 전도 방법 중 사랑방 전도를 우선시했고 거리에서 소책자를 반포하며 이야기하는 방법도 병행했다. 엘린우드 총무에게 보낸 마페트의 편지를 보자.

손님을 맞이하고 저의 서재, 식당, 침실로 쓰는 방은 한국인들이 '사랑'이라

4　리 목사는 1893년 10월 15일 미국으로 건너가 1894년 1월 10일 웹(Blanch Webb) 양과 결혼한 후 1894년 5월 초에 아내와 장모(Mrs. Margaret Webb)와 함께 한국으로 돌아왔다.

고 부르는 방으로, 밤낮으로 아무에게나 모든 사람에게 열려 있는 방입니다. 따라서 개인적인 공간은 전혀 없으며 아침 일찍부터 한밤까지 사람들이 줄지어 몰려와서 저는 쉬거나 밥을 먹을 시간조차 없을 지경입니다. 하지만 저는 가끔 신선한 공기를 마시고 운동하기 위해서 휴식 시간을 가지며 이런 산책을 하면서 많은 사람과 이야기하고 소책자를 반포하며 저의 존재를 더 널리 알릴 수 있었습니다. 저는 소책자를 읽은 많은 사람의 집에 초대받았고 이들은 진리에 대해서 더 알기를 원했습니다. 저는 또한 [한석진] 조사와 함께 주변 마을에 서너 차례 걸어갔고 그곳과 다른 곳에서 끊임없이 몰려오는 구도자들을 만났습니다. 이제 이 지역에는 소책자를 읽고 복음서 이야기를 토론하는 수백 명의 사람이 있습니다. 만일 박해나 조롱을 두려워하지 않아도 된다면 수많은 사람이 새 진리를 기꺼이 수용할 것입니다.[5]

사랑방은 집주인과 손님이 만나는 경계 공간(liminal space)으로 새로운 공동체가 탄생할 수 있는 잠재성을 지닌 '열린 공간'이었다. 마페트는 사랑방을 아침부터 밤늦게까지 공개했다. 줄을 지어 몰려드는 사람들 때문에 사생활 포기는 물론 쉬거나 먹을 시간조차 없을 지경이었다. 중국의 네비어스-로스 방법이 한국 문화를 만났을 때 새로운 전도 방법으로 사랑방 전도가 만들어졌다. 누구나 자유롭게 찾아올 수 있는 공간, 예의 있게 대화하는 공간, 세상의 일상사를 놓고 의견을 나누는 공론의 장, 오늘날의 카페와 같이 간단히 차를 마시며 공부한 내용을 나누는 학습의 장을 활용하여 마페트는 평양 남자 주민들이 예수교 복음에 관심을 가지도록 했다.

서울에 있는 기포드(Daniel L. Gifford) 목사가 물품을 공급하며 마페트의 살림살이를 도왔다. 이때 감리회의 홀 의사도 평양에 와서 선교지부를

---

5   Moffett to Ellinwood, Jan. 12, 1894.

개척하려고 노력했다. 마페트가 기포드에게 보낸 편지를 보자.

> 올겨울에 나는 여기에서 학습반을 맡지 않으려고 합니다. 아직 때가 되지 않았습니다. 나는 먼저 예비적인 씨뿌리기와 전망이 밝은 이 도시의 일부 사람들을 지도하는 것을 먼저 하고 싶습니다. 어젯밤 기도회에 10명이 왔고 지난 주일예배에는 좀 더 많은 사람이 왔습니다. 나는 여기가 마치 본부인 것처럼 느끼기 시작했습니다. 한석진과 나는 내일 주변 마을로 짧은 여행을 갑니다. 어젯밤에는 눈이 멋지게 내렸습니다. 추운 날씨와 도로는 좋아질 것입니다. 이곳에서 홀 의사와 즐거운 만남을 가졌고 그가 내 머리를 깎아주었습니다. 홀은 확실히 훌륭한 사람이고 그와 이야기를 나누는 동안 그가 장로회 집안의 스코틀랜드계 아일랜드 사람인 것을 알고도 당연히 놀라지 않았습니다.[6]

마페트는 학습반 대신 한국인 12명과 저녁 기도회로 모였다. 이때 그는 세례 문답의 필요성을 느끼고 기포드에게 한국어를 쓰는 공의회에서 채택한 입교 규칙서를 보내달라고 요청했다. 동시에 그는 문서 번역을 위해 한 달 동안 어학교사를 고용했다. 평양 주민들이 복음에 반응을 보이기 시작했다. 많은 사람이 예수교가 들어오면 억압받는 백성들에게 더 좋은 시대가 열릴 수 있다고 기대했고, 은밀하게 참되신 하나님께 기도하기 시작했다.

최치량의 개종

평양에서 여관업을 하던 객주(客主) 최치량(崔致良, 1854-1930)의 개종은 다

---

[6] Moffett to D. L. Gifford, Dec. 12, 1893.

른 사람들의 개종에 큰 영향을 끼쳤다.

> 그 가운데 한 남자의 투쟁은 대단히 흥미 있습니다. 그는 여관 주인이고 상인인데 한때 대단한 술고래이고 노름꾼이었지만, 한국인들 사이에 존경받고 부근 전 지역에서 아는 사람이 수없이 많은 자입니다. 그는 용감하게 그리스도인으로 모습을 드러냈고 곧 주의할 인물이 되었는데, 온갖 놀림과 조롱과 욕설이 그에게 쏟아졌습니다. 그는 이 모든 것을 선한 성품으로 잘 이겨내고 점점 더 확고한 신앙을 가지게 되었습니다. 그러나 아직 술은 끊지 못하고 힘든 싸움을 계속하고 있습니다. 그의 이전 친구들이 그를 실족하게 하려고 계책을 짰습니다. 그들은 매일 그에게 와서 유혹하면서 한국의 관습대로 술을 마셔야 한다고 윽박지르고 친구에게 의리가 없다고 노골적으로 욕했습니다. 그는 지지 않기 위해서 그리고 기도로 힘을 얻기 위해서 반복해서 친구들로부터 빠져나와서 이곳으로 왔습니다. 여러 번 그는 실족했고 이는 그와 우리에게 큰 슬픔이 되었지만, 주께서 그를 지키고 계시므로 승리는 확실합니다. 그가 몰라보게 변했으므로 아내와 동생은 그를 '미쳤다'라고 소리질렀지만, 한편으로 그 변화에 즐거워하고, 다른 한편으로는 그리스도인이 된 것을 조롱하지만, 우리가 그에게 악한 일을 관두도록 인도했다고 크게 고마워하고 있습니다. 이 남자의 개종을 통해 복음의 소식이 널리 퍼졌습니다.[7]

최치량은 평양 장대현장로교회의 첫 신자 중 한 명이다. 나중에 그는 오촌리로 이주하여 오촌리교회를 설립했다. 그는 1910년 장로로 장립되었고 개인 재산을 들여서 경신학교와 괴음리교회를 설립했다. 최치량은 1866년 토마스(Robert Thomas) 목사가 대동강 강변에서 전도할 때 성경책들을

---

[7] Moffett to Ellinwood, Jan. 12, 1894.

받았으며 그때가 11살이었다. 최치량은 이 한문 성경을 보관하고 있다가 겁에 질려 영문주사(營門主事) 박영식(朴永植)에게 주었고 박영식은 이것을 뜯어서 자기 집 벽지로 발랐다고 한다. 그는 박영식의 집에 갔다가 벽에 붙어 있는 성경을 읽고 기독교에 관심을 두게 되었으며 나중에 그 집을 매입하여 여관으로 경영했다. 성경 벽지가 있던 그 집에 한석진이 숙박하게 되었고 나중에 평양 최초의 교회인 널다리골(板洞) 예배당이 되었다고 한다.[8]

▲ 최치량 [Oak]

첫 세례(1894년 1월 7일 주일)

가을부터 여러 달 동안 한석진으로부터 성경을 배우던 최치량을 포함한 10여 명이 주일예배와 수요일 저녁 기도회에 정기적으로 참석했다. 11월에 마페트는 이들을 학습자반으로 받았다. 이들은 단순히 지적으로 예수를 믿는 자들이 아니었다. 그들은 기도를 통해 성령의 도움을 입어 시련과 시험을 거친 자들이었다. 마페트는 드디어 1월 첫 주에 학습자반 10명을 문답했고 세례 문답을 통과한 8명에게 1월 7일 주일에 공개적으로 세례를 주고 성찬식을 베풀었다. 세례를 받은 이들은 최치량(崔致良), 전재숙(田載俶), 문흥준(文興俊), 이동승(李東昇), 조상정(趙相鼎), 한태교(韓台敎), 박정국

---

8   유해석, 『토마스 목사전』(생명의말씀사, 2009), 248.

(朴鼎國) 7인과 이름이 알려지지 않은 한 명이었다.[9] 나머지 2명은 학습교인으로 받았다.

> 그날은 한 씨와 저에게 즐거운 날이었습니다. 우리의 합심 기도와 간절한 소망을 통해 영혼들이 그리스도의 교회에 모인 것을 보았기 때문입니다. 그들의 믿음은 성령의 나타나심과 능력 안에서 서게 될 것입니다. 다른 두 사람을 공개적으로 학습자 반에 받았습니다. 주께서 한국에서 가장 사악한 이 도시에서도 일하고 계시며 주님의 사람들을 불러내기 시작하셨습니다. 이들 가운데 두 명은 약 40살이고 나머지는 20-30살입니다. 그들은 하나님의 말씀을 진지하게 공부하고 기도하는 무리입니다.[10]

널다리교회의 출발이었다. 주일 낮 예배와 밤 예배, 수요일 밤 성경 공부와 기도회가 바로 시작되었다. 마페트는 세례 문답에서 느슨한 태도를 보이지 않았다. 교인들은 6개월 이상 학습반에서 교육을 받았고 마페트가 직접 3개월간 지도한 자들이었다. 마페트의 마음은 고린도에 있던 바울의 마음이었다. "이 성 중에 내 백성이 많음이라."[11]

이후 마페트는 이동승을 첫 영수로 선출했으며 최치량을 집사로 안수했다. 이동승은 마페트의 어학교사였으며, 교인들을 잘 지도하여 장로로 피택되었으나 안수받기 전 1900년 5월에 병사했다. 1895년에는 이영

---

9 차재명 편, 『朝鮮예수교長老會史記』, 27. 이 기록에는 7명으로 나오지만, 마페트의 1894년 편지와 보고서에는 8명으로 나온다.
10 Moffett to Ellinwood, Jan. 12, 1894.
11 고린도에서 "밤에 주께서 환상 가운데 바울에게 말씀하시되, '두려워하지 말며 침묵하지 말고 말하라. 내가 너와 함께 있으매 어떤 사람도 너를 대적하여 해롭게 할 자가 없을 것이니 이는 이 성 중에 내 백성이 많음이라 하시더라.' 일 년 육 개월을 머물며 그들 가운데서 하나님의 말씀을 가르치니라"(행 18: 9-11).

언(李永彦), 1896년에는 김종섭(金鍾燮)이 영수로 선임되었다. 그 밖에 이덕환(李德煥), 송인서(宋麟瑞), 신상호(申尙昊), 재령인 한치순(韓致淳) 등이 초기 교인으로 활동했다.[12]

---

12 "平壤耶蘇敎會創立史蹟", 『平壤誌』(대한예수교장로회총회교육부, 『馬布三悅 博士 傳記』[교문사, 1973], 120). 최치량이 1894년 집사로 선택되었다.

53
평양의 첫 기독교 박해
김창식의 신앙고백(1894년 5월)

사형 판결을 받았다. 감옥에서 심한 고문을 당했다. 전향을 강요받았다. 절개를 지켰다. 석방 후에 옥중 체험을 고백했다. 옥중 '사색'의 여유도 없이 구금 하루 만에 사형 선고를 받고도 과연 그런 신앙을 고백하는 용기를 가질 수 있을까? 한국교회사에서 언제 그런 일이 처음 일어났을까? 그 주인공은 누구일까?

한국 개신교가 생산한 최초의 감옥 체험 수기는 1894년 5월에 김창식(金昌植)이 평양 감옥에서 석방된 후 직접 쓴 다음과 같은 짧은 메모다. 그 글을 쓴 시점은 내용과 길이로 볼 때, 석방 후 홀(James Hall) 의사로부터 치료를 받고 바로 쓴 듯하다.

현대 맞춤법으로 옮기고 한자를 추가하면 다음과 같다.

예방비장(禮房裨將) 신덕균(申德均) 씨가 분부하되, "너희들을 죽일 터이로되 내 용서하고 물어볼 말 있노라. 너희가 이제라도 나아가서 도(道)를 배반하고 하나님을 욕하면 살릴 것이오, 그렇지 않으면 죽이겠다" 하고 하나씩 물었다. 처음 김호세(金鎬世)에게 물으니 하나님을 욕하고 또 홍종대(洪鍾大)에게 물으니 하나님을 욕하며, 또 한석진(韓錫晉)에게 물

> 래방비쟝 신덕균씨가 분부ᄒ되
> 너히들을 죽일터이로되
> 닉 용셔ᄒ고 무러볼 말 잇노라
> 너히가 이계라도 나아가셔 도를 빅반ᄒ고
> 하ᄂ님을 욕ᄒ면 살일것이오
> 그러치 안으면 죽이겟다 하고 ᄒᄂ식 무릅식
> 처음 김호셰의게 무른딕 하ᄂ님을 욕ᄒ고
> ᄯ 홍종딕의게 무른딕 하ᄂ님을 욕ᄒ고
> ᄯ 한셕진의게 무른딕 욕ᄒ고
> 그 다음 닉게 왓노니
> 닉 ᄆ음이 대단히 분ᄒ고 원통ᄒ여
> 하늘을 쳐다보고 욕홀 수 업다 ᄒ니
> 그 놈들이 좌우에셔 틱단 ᄶᆞ리며
> 욕ᄒ라 ᄒ며 무수이 란타ᄒ미
> 신덕균씨가 닉보닉라 ᄒ니
> 문 밧그로 쌀고나오미
> 맛춤 교우의 도옴으로 도망ᄒ여 왓소

▲ 1894년 5월 김창식의 메모 [Oak]
(행 바구기와 띄어쓰기는 필자 편집)

으니 욕하고, 그다음 내게 왔는데 내 마음이 대단히 분하고 원통하여 하늘을 쳐다보고 "욕할 수 없다"라고 하니, 그놈들이 좌우에서 대단히 때리며 "욕하라!" 하며 무수히 난타하니, 신덕균 씨가 "내보내라" 하여 문밖으로 끌고 나오는데 마침 교우들의 도움으로 도망하여 왔소.

고문과 살해 위협 앞에서 다른 몇 명 신도가 배교하는 장면을 보고 창자에서 끓어오르는 거룩한 분노와 신앙 사수의 결기로 외친 그의 고백 "욕할 수 없소!" 그 한마디가 한국 평양 교회의 초석이 되었고 김창식을 '한국의 바울'로 만들었다.

그 메모지가 어떤 경로로 아펜젤러에게 전달되었다가 현재 미국 뉴욕 유니언신학교 버크도서관 고문서실의 "아펜젤러 자료" 안에 있는 수첩 속에 보관되어 있는지 알 수 없다. 아마도 홀 의사가 메모를 받았다가 사태를 수습하기 위해 평양에 온 스크랜턴에게 주었고 스크랜턴이 서울에 와서 아펜젤러에게 전달했을 가능성이 있다. 아니면 얼마 후 홀 의사가 죽었을 때, 홀 부인이 그의 유품 가운데 이 메모를 발견하고 아펜젤러에게 주었을 것이라고 필자는 짐작한다.[1]

김창식은 누구인가

김창식(1857-1929)의 생애는 잘 알려져 있다. 그는 아펜젤러(1858-1902) 목사보다 한 살 위, 스크랜턴(1856-1922) 의사보다는 한 살 아래, 홀(1860-1894) 의사보다는 세 살 위였다. 1888년의 경우 처음 내한한 선교사들은

---

[1] 필자는 40년 전 1984년 가을 이 메모를 아펜젤러 자료가 든 마이크로필름에서 보고 출력해서 읽으며 큰 감동을 받고, 이만열 편, 『아펜젤러』(연세대학교출판부, 1985), 360쪽에 실었다.

대개 30살 전후 청년들이었다. 다만 올링거(1845-1919) 목사는 김창식보다 12살 위로 중국에서 10여 년간 경력을 쌓은 40대였다. 올링거의 지도력으로 인해 장로회와 달리 감리회 청년 선교사들은 심하게 논쟁하는 일이 적었다.

김창식은 1888년 영아소동 전후에 외국인이 아이를 잡아먹는다는 소문을 듣고 이를 확인하기 위해 정동의 올링거 집에 하인으로 들어갔다. 그는 성경을 읽고 기도하다가 속죄와 중생을 체험하고 1889년 정동제일교회에서 아펜젤러로부터 세례를 받았다. 얼마 후 그는 요리사로 승진되었다. 부엌에서 빵을 구우면서도 성경을 읽어 그의 성경 책에는 늘 밀가루가 덮여 있었다. 김창식은 매주 금요일 성경 공부에 참석하고 4복음서를 암송했다. 1891년 올링거 목사는 자신의 두 자녀가 병으로 사망하고 그 무덤이 훼손되는 비극 때문에 미국으로 돌아갔다. 3년간 그 가족의 요리사로 지낸 김창식의 슬픔도 컸다.

선교회는 1892년 8월 매년회에서 새로 도착한 홀 의사에게 평양 개척 임무를 맡겼다. 그러나 주택 예산을 편성하지 못해 1년을 더 기다려야 했다. 홀은 김창식을 자신의 조사로 삼아 11월에 평양을 방문했다. 김창식의 첫 전도 여행이었고 이후 30년간 순행 전도자(circuit rider)의 시작이었다. 미국에서 감리회 개척자들은 말을 타고 다녔으나 김창식은 매년 수천 리를 걸어다니며 전도한 '아름다운 발'의 사람이었다.

북감리회 매년회는 1893년 9월 김창식을 신임 권사(exhorter)로 임명했다. 이때 정동회('계삭회'를 아직은 '회'로 불렀다)에서는 노병일과 한용경이 권사로 재임명되었고 김창식과 유치겸이 신임 권사로 임명되었다. 최병헌과 정인덕은 인천회에서 신임 권사로 임명되었다. 참고로 1893년 9월 북감리회 한국선교회 매년회는 본처전도사(local preacher)를 위한 3년간의 교과과정을 확정했는데 이것이 발전하여 신학반(신학교의 전신)이 되었다. 첫 해 과정만 보면 『사복음합서』(스크랜턴), 『의경문답』(올링거), 『미이미교회강례』, 『사민필지』(헐버트), 언문으로 '속죄' 설교 쓰기를 공부했고, 필독서는 『훈아진언』, 『진도입문문답』, 『장원양우상론』이었다. 김창식도 곧 본처전도사로 임명되어 이 과정을 공부했다.

홀 의사는 1893년 평양 개척 예산 350달러가 배정되자 4월에 김창식을 평양 선교지부 개척자로 먼저 파송했다. 김창식은 20여 명의 교인을 돌보는 개척 전도사로 종교의 자유가 없는 '한국의 소돔과 고모라'인 평양에서 사역하기 시작했다.

아래에 상술할 1894년 5월 평양 그리스도인 박해 사건을 겪은 후 홀 의사는 김창식을 '한국의 바울'이라고 부르며 존경했다. 9월 15일 평양 전투 후 일본이 평양을 점령했다. 그 와중에 대부분의 평양 주민들은 피란을 갔고 도시는 청일 양군의 약탈로 폐허가 되었다. 그러나 김창식은 소수의 그리스도인을 돌보기 위해서 끝까지 남았다. 10월에 마페트와 리와 홀은 다시 평양에 와서 부상자들을 치료했다. 홀은 말라리아와 발진티푸스에 걸려 서울로 이송되었으나 11월 24일에 사망했다.

▲ 미국 북감리회 선교회가 발간한 『한국인 순행 전도자 김창식』 [Oak]
사진은 1901년 5월 14일 집사안수 때 촬영

1893년에 시작된 감리교회 신학반은 1900년에 본격적으로 운영되기 시작했다. 1899년 삼화교회를 개척하던 김창식도 신학반 상급반에 들어가서 제물포교회의 김기범, 정동교회의 최병헌과 노병선 본처전도사들과 함께 공부했다.

8년간의 신학 수업 후 1901년 5월 14일 서울 상동교회에서 열린 제17회 한국 감리회선교회 마지막 날 김창식과 김기범은 중국의 무어(D. H. Moore) 감독으로부터 한국인 최초로 집사목사 안수를 받았다.[2] 감리교회의 집사목사(deacon)는 설교는 가능하나 성례 집행은 단독으로 할 수 없는 준목사(probationer)였다. 장로교회의 전임전도사나 강도사와 유사한 교직이었다. 대개 집사목사는 안수 후 2년 후에 성례를 집행하는 장로목사(elder) 증서를 받았다.

김창식은 1904-1910년 영변 구역장, 1912년 평양 서지방 감리사, 1913년 영변 지방 감리사로 봉사했다. 영변 지방은 평양 서지방보다 4배나 큰 면적으로 산악 지역이었다. 지방 1회 순회 거리가 1,720리(약 657킬로미터)나 되었는데, 김창식은 50대 후반의 나이로 1년에 두세 번 걸어서 순행하며 교회를 돌보았다. 그는 60살을 넘긴 1918년부터 1921년까지 수원지방의 순행목사로 수고했는데, 삼일운동 전후의 여러 사건을 감리사 노블과 함께 처리했다. 그는 1921년 해주 지방에 파송되었다. 해주병원에는 아들인 김영진 의사가 있었다. 김창식은 1922년 사경회를 인도하다가 고혈압으로 쓰러졌다. 이후 7년 동안 병상에 있다가 1929년 1월 9일 72살에 생을 마감했다. 김창식 목사는 일생 걸어다니며 48개 교회를 개척했으며 125곳의 교회를 맡아 목회했다. 그는 길 위의 순행(巡行) 목사였다.

---

[2] 1905년 일본 해리스 감독의 관리를 받기 전에는 중국에 있는 감독이, 그전에는 미국에 있는 감독이 한국 감리교회를 치리했다

평양에서 장로회와 감리회가 시작된 과정

1866년 9월 초 토마스 목사 처형 이후 평양 주민이 보인 반기독교 정서는 1894년 청일전쟁이 발발할 때까지 강하게 남아 있었다. 평양을 처음 방문한 미국 선교사는 아펜젤러였다. 그는 권서로부터 평양에 많은 신자가 있고 세례받기를 기다리고 있다는 보고를 받고 1887년 4월 13일 세관의 헌트와 함께 서울을 떠나 한 달간 평양까지 여행했다. 하지만 아펜젤러는 세례는 주지 않았다. 한편 언더우드는 1887년 9월 27일 로스를 서울에 초청하고 정동장로교회를 조직한 후 10월 28일 서울을 떠나 소래와 평양과 의주를 방문했다. 그는 소래에서만 4명에게 세례를 주었다. 1888년 봄에는 언더우드와 아펜젤러가 함께 평양까지 여행하다가 명동성당 사태로 소환되었다. 언더우드는 1888년 11월에 세 번째 평양 여행을 했다. 1889년 3월 13일 그는 호턴 의사와 혼인식을 올린 후, 신혼여행으로 평양을 거쳐 의주까지 여행했다. 그는 의주에서 세례 문답을 통과한 33명의 남자 교인들을 데리고 4월 27일 압록강을 건너가 세례를 주었다.

    1890년부터 장로회의 평양 선교는 마페트가 맡게 되었다. 도표에서 보듯이 그는 1893년 말까지 8회에 걸쳐 평양을 방문하고 평양 선교지부를 개척했다. 1893년 3월에 그는 스왈른, 리, 서상륜, 한석진과 함께 평양에 5차 방문했을 때 서상륜과 한석진의 이름으로 주택을 매입했으나, 문제가 발생하여 반환해야 했다. 1893년 5월에 마페트는 혼자 6차 평양 여행을 감행했고, 평양에서 교인들을 모아 주일예배를 드릴 수 있었다. 이때 그의 조사 한석진의 집을 매입했고, 마페트는 여관에서 지냈다. 9월 7차 평양 여행에서 마페트는 학습교인반을 조직해서 가르쳤고 주일예배에 다수가 참석했다. 10월의 연례회의에서 그는 평양지부를 맡게 되었고 11월에 제8차 평양 방문 때 한석진과 함께 첫 성탄절을 그곳에서 보냈다.

평양 선교 연표(1866-1894)

1866년 8월	토마스 평양 방문, 처형됨		
1882-85년	서상륜 등 로스의 권서와 개종자 평양 지나감		
1886년	아펜젤러 권서인 최성균 파송		
1887년 4월	아펜젤러 평양 방문		
10월		언더우드 방문	
1888년 봄	아펜젤러와	언더우드 방문, '포교금지령'으로 소환	
10월	아펜젤러 방문		
11월		언더우드 방문	
1889년 3월		언더우드 부부 방문(신혼여행, 4차 방문)	
1890년 8월	아펜젤러, 헐버트	마페트(1차방문)	
1891년 3월		마페트, 게일, 서상륜	
9월		마페트(3차 평양 방문) 주일예배 10명	
1892년 3월	홀, 존스 방문		
5월		마페트, 휴 브라운 방문	
1892년 8월	매년회 홀 의사 평양 임명		
11월	홀, 김창식 방문		
1893년 2월	홀, 노블 방문, 김창식 평양 거주		
3월		마페트, 스왈른, 리, 서상륜, 한석진(주택구입 실패)	
5월		마페트(6차) 주일예배 인도, 한석진 집 타운센트로부터 매입	
8월	매년회 홀 부부 평양 임명		
9월		마페트 7차 방문, 학습반 조직	
10월	연례회의 마페트 평양 임명		
11월	홀 의사 방문	마페트 8차 방문, 한석진과 성탄절 보냄	
1894년 1월 7일		마페트 한국인 8명 세례, 성찬식(평양 널다리교회)	
1월	홀, 매켄지, 노병선 방문. 시약소 개원		
2월	홀, 스크랜턴 방문		
2월	노병선 성황제 추렴 불참으로 潑皮 김낙구로부터 구타 당함		
4월		마페트 의주 사경회 후, 평양 거쳐 서울로 감	
5월 6일	홀 가족 평양 도착		
	김낙구의 아들 아전 김호영, 신낙균에게 추방안 제의		
5월 10일	새벽 평양 그리스도인 박해 사건 발생 — 홀 스크랜턴에게 전보		
5월 11일	홀은 가드너 영국 총영사에게 전보 - 오후 6시경 한국인 신자들 석방		
5월 11일	매켄지와	마페트 평양행	
5월 25일	스크랜턴 사태 수습위해 도착, 매켄지와 함께 서울로 돌아옴		
6월 1일	동학군 서울 진격		
6월 1일	홀 가족 평양 철수, **김창식 평양 체류**		
6월 6일	청국 2,400명 제물포 상륙		
6월 8일	일본군 4,500명 제물포 상륙		
7월 23일	일본군 경복궁 점령		
7월 25일	청일전쟁 발발		
8월 23일		**마페트 평양 철수**, 서울행	
9월 15일	**평양 전투**		
10월 1일	홀과	마페트, 리 평양으로 가서 환자 치료	
11월 19일	홀 의사 말라리아 감염, 서울 이송		
11월 24일	홀 의사 사망		
12월 6일	홀 부인과 아들 셔우드와 박에스더 부부 미국행		

53. 평양의 첫 기독교 박해: 김창식의 신앙고백(1894년 5월)

1894년 1월 7일 마페트는 평양에서 8명에게 처음으로 세례를 베풀고 첫 성찬식을 거행했으며, 2명의 학습교인을 등록시켰다. 널다리교회의 시작이었다. 2월에 마페트는 의주를 방문하여 김관근의 아들과 백홍준의 딸의 혼인을 기독교식으로 주례했으며 3월에는 사경회를 인도했다. 그는 4월에 평양을 거쳐 5월에 서울로 돌아왔다. 서울 도착 직후에 평양 그리스도인 박해 사건이 발생했다.

한편 감리회의 평양 선교는 1891년 12월 홀 의사가 도착하면서 그에게 맡겨졌다. 홀 의사(캐나다인)는 상동 시병원에서 일하기 시작했고 이듬해 6월 27일에 미리 와서 여자병원인 보구녀관에서 근무하던 약혼자 로제타 셔우드 의사(미국인)와 결혼했다.

홀은 1892년 3월 존스(G. H. Jones)와 함께 평양을 1차로 방문한 후, 8월에 평양지부 개척 책임자로 임명받고, 11월에 2차로 방문했다. 그러나 주택 구입 예산이 배정되지 않아 부동산 매입은 연기되었다. 1893년 2월 홀은 노블(W. A. Noble) 목사와 3차로 방문했고 그때 동행한 김창식을 평양에 거주하게 했다. 그는 기생의 집으로 사용되던 주택 두 채를 김창식의 이름으로 매입했다. 그러나 집문서는 홀이 보관했다. 반서양인 감정이 강했던 주민과 아전들은 평안감사에게 선교사 추방을 건의했다. 감사 민병석은 서울 제중원의 예에서 보듯이 서양 의사가 평양에 오는 것을 굳이 막을 필요는 없다고 보았다. 그러나 3월에 마페트가 성 밖에 한석진의 이름으로 집을 샀고, 감사는 이에 대해 주민들의 보고를 받고 선교사의 진출에 제동을 걸었다. 그는 한석진의 집을 원주인에게 돌려주게 하면서 외국인에게 부동산 판매를 금지하는 명령을 내렸다.

그러나 마페트는 주도면밀했다. 그는 외국인이 평양에 부동산을 살 권리가 없음을 잘 알고 있었다. 마페트는 홀 의사와 달리 5월에 서문 근처 여관 지역에 있는 타운센드(Townsend) 소유의 집을 비공개로 매입하되 한석진의 이름으로 매입했다. 그는 자신이 집을 사지도 않았고, 샀다고 누구에게도 말하지 않았으며, 그 집에는 한석진 가족이 살았고 마페트는 그 집에서 잠도 자지 않았다. 대신 그는 여행객처럼 여관에서만 잤다. 제물포에 거주하던 타운센드는 홍종대로부터 이 집을 사서 그 집문서를 서울의 외무아문과 미국 공사관에 보관하고 있었다.[3] 마페트는 한석진이 이 집을 매입하도록 했을 때 그 집문서는 서울에 그대로 두었다. 관리들도 홍종대가 선교사에게 집을 판 것이 아니라 외국 상인인 타운센드에게 판매했다고 알고 있었기 때문에 문제 삼기 어려웠다. 마페트는 "우리는 내륙에서 부동산을 매입할 권리가 없으므로 한국인 조사 한 씨의 명의로 부동산을 매입했다"라고 보고했다.[4] 그는 관리들과 주민들의 마음을 얻어서 영구적인 거처를 마련할 때까지 1년에 3개월만 거주할 생각이었다.

1893년 9월에는 홀 부부(W. J. Hall과 R. S. Hall)가 평양 개척 임명을 받았다. 그동안 여러 선교사가 평양을 방문한 결과 감리교회는 21명의 세례교인(준회원)을 가지고 있었다. 평양에 교인이 늘어나고 선교사들이 자주 방문하고 이어서 주택까지 매입하자, 반기독교 세력인 향리(아전)들은 행동에 나서기 시작했다.

---

3 타운센드(Walter D. Townsend, 陀雲仙)는 1884년 제물포에 모스타운센드상회(Morse and Townsend & Co.)를 설립했다. 그는 무기, 기선 및 전기용품을 수입해 조선 정부에 팔았다. 존 미들턴(John Middleton)은 상선 회사를 설립해서 조선 연안 운항권을 받았다. 뉴얼(W. A. Newell)은 연안의 진주 사업을 위한 전복 채취권을 부여받았다. 모스타운센드상회는 1884년 제물포에 미국인이 세운 첫 무역 회사다. 타운센드는 이듬해 타운센드상회로 개명하고 다양한 물건을 수입해서 팔았다. 그는 1892년부터 증기를 이용한 '타운센드 정미소'를 설립했다. 1897년 그는 미국의 스탠더드석유회사와 계약하여 한국에서 석유 판매 독점권을 획득했다.

4 S. A. Moffett, "A New Mission Station in Pyeng Yang, Korea," *Church at Home and Abroad* (August 1893): 107-108.

평양 그리스도인 박해 사건(1894년)

1893년 2월 홀 의사는 노블 목사와 함께 평양을 방문하고 서문 밖 기생집으로 사용되던 집 두 채를 김창식의 이름으로 매입했다. 김창식은 홀 의사의 조사로 평양 선교지부를 개척하기 위해 먼저 평양에 거주하기 시작했다. 홀 의사는 1894년 1월 캐나다에서 온 맥켄지(W. J. McKenzie) 목사와 통역인 노병선과 함께 평양에 도착했다. 그는 미리 샀던 주택에 거주하면서 낮에는 진료하고 밤에는 전도했다.

구정이 되자 성황제를 올리기 위해 동리 발피(潑皮, 깡패)가 주민들에게 돈을 거두었다.[5] 2월 17일 발피 김낙구가 20여 명의 청년을 데리고 홀을 찾아와 제사 비용을 내라고 독촉했다. 홀이 거절하자 이들은 노병선을 데리고 가서 심하게 구타했다. 김낙구는 주민들과 함께 선교사를 추방할 계획을 세우고 감사에게 보고했다.

시간이 지나자 마페트가 의주에서 내려와 4월에 주일예배를 드리고 서울로 갔다. 사태가 진정된 것으로 판단한 홀 의사는 가족들을 평양으로 오게 했다. 5월 4일 인천항을 떠난 로제타 홀 의사는 한 살 된 아들 셔우드를 데리고 박에스더 부부와 함께 이틀 후 평양에 도착했다. 일반 주민들은 처음 보는 서양 여자와 어린아이를 구경하려고 몰려들어 일대 소동이 벌어졌다.

그러나 홀 가족이 도착한 것을 본 김낙구의 아들이자 평양의 아전 김호영(金好英)은 예방비장(禮房裨將)인 신덕균(申德均, 종4품인 평양 庶尹과 덕천府使 겸직)에게 선교사를 쫓아내고 돈을 뜯어낼 계책을 말했다. 신덕균은

---

[5] 리슈산나, "회상록", 노블 부인 편, 『승리의 생활』(창문사, 1927), 138.

이교 금지를 내세워 민 관찰사의 허락을 받아 교인들을 체포했다.[6]

교인 체포령은 1894년 5월 9일 수요일 늦은 밤에 내려졌고 체포는 10일 새벽에 집행되었다. 널다리(판동)교회 세례교인 7명이 수요기도회로 모여서 기도하고 자던 중에 포졸들이 들어와 난타하고, 한석진, 최치량, 신상호, 송인서, 우지룡 등을 붉은 오랏줄로 묶은 뒤 감옥에 가두었다. 한석진 외에는 석방되고 대신 집주인이었던 홍종대가 구금되었다. 얼마 후 서문 밖의 감리회 전도인 김창식, 이항선, 옛 집주인 김호세 등이 구금되었다.

이때 평양에는 선교사로서는 홀 의사만 있었다. 그는 아침에 관찰사를 찾아갔으나 만날 수 없자 감옥에 가서 체포된 교인들을 확인한 후 집에 와서 오석형까지 체포된 것을 듣고 서울의 스크랜턴에게 전보를 보냈다. "창식 구금. 오 씨와 마페트의 한 씨 구타. 세 가옥의 전 주인들 모두 구금. 이곳 가족과 하인의 보호 요망." 홀은 11시에 다시 관찰사에게 면회를 요청했으나 거절당했다. 그가 오후에 집에 오니 집을 전 주인에게 돌려주고 주민들에게 구경을 시키지 말며 환자만 치료하되 예수교는 전하지 말라는 감사의 명령서가 기다리고 있었다.

홀의 전보를 받은 스크랜턴은 마페트와 언더우드와 함께 영국과 미국 공사관에 가서 도움을 요청했다. 영국 총영사 가드너(Gadner)와 미국 공사 실(Seal)은 통리교섭통상사무아문(지금의 외교부)에 항의하고 즉시 선교사가 고용한 한인들을 석방하는 전문을 발송해달라고 요구했다. 가드너는 거절 시 군함을 평양으로 보내겠다고 공갈했다. 외아문은 저녁 늦게 평양 감영에 즉시 석방하라는 전보를 보냈다. 민 관찰사는 영국인 홀이 여행하러 와서 거주하고 있으며 한국인만 가두어 불법을 다스리고 있다는

---

[6] 김승태, "1894년 평양 그리스도인 박해 사건", 『한국기독교사연구』 15·16호 (1987. 8), 20.

답장을 보냈다. 홀은 밤에 집에 돌이 날아들고 물도 구할 수 없게 되자 가드너 총영사 앞으로 전보를 다시 보내어 즉시 구하지 않으면 김창식이 사형에 처해질지도 모른다고 알렸다. 마페트와 매켄지는 사태 해결을 위해 평양을 향해 출발했다. 영미 공사관의 강력한 항의를 이기지 못한 외아문은 평양 감사에게 다시 석방 명령 전보를 보냈다.

이 무렵 이번 장 첫 부분에 나오는 대로 예방비장인 신덕균이 구금된 개신교인들에게 곤장을 내리고 심문하며 배교를 강요했다. 김호세와 홍종대는 살기 위해서 하나님을 욕했다. 한석진의 경우에는 자료마다 다르지만, 앞의 김창식의 메모에 따르면, 그도 하나님을 부인했다. (이 일로 그는 한동안 근신하고 회개한 듯하다.) 다만 김창식만 마음이 대단히 분하고 원통하여 하늘을 쳐다보고 "욕할 수 없다"라고 하니 포졸들이 좌우에서 때리며 "욕하라!"라고 외치며 무수히 난타했다. 1905년 이전 조선에서 중앙 정부의 예부(禮部)나 지방 관청의 예방(禮房)은 종교 담당부처로 유교는 물론 불교나 도교의 사찰과 승려를 관리했다. 19세기 조선에서 제사나 종교 문제는 국가 안보와 관련이 있었다. 조선 정부는 예전 주도권을 통해 사회를 통제했고, 천주교의 제사 반대가 프랑스의 침략과 연결되어 있었기 때문이다.

그러나 외아문의 전보를 받은 관찰사는 어쩔 수 없이 김창식 등을 석방했다. 석방되어 나오는 김창식에게 돌이 날아들었다. 김창식은 교인들의 부축을 받으며 도망치듯 빠져나왔다.

1927년 이수산나 여사는 다음과 같이 그때를 회상했다. "여러 폭도들은 예수교인들이 옥에서 나온다 하는 말을 듣고 옥문에 당도하여, '천주학장이 때려 죽여라' 소리를 지르며 그들을 향해 돌팔매질을 함부로 했다. 그때 김창식 씨는 돌팔매에 중상을 당하고 석 달이나 치료한 후에 소생되었고, 오석형 씨는 나의 시아버님이 삿갓으로 가리고 빨리 나와서 경

상을 당했다."⁷

김창식은 1927년 회고에서 다음과 같이 담담히 말했다. "나는 사도 바울과 같이 핍박을 받아 옥에 갇히기도 하였고 매도 퍽 많이 맞았다. 천만 가지 시험이 나를 넘어뜨리려 했으나 나는 한 번도 넘어뜨림을 받지 않고 더욱더욱 열심을 내어 주의 도와주심으로 어찌하든지 평양 시민을 전부 그리스도 앞으로 인도하여 보겠다고 하고 분투하기를 쉬지 아니하였다."⁸

사건 후 영미 공사관은 관련자 처벌과 배상을 요구했다. 정부는 500달러 배상금을 지급하고 신덕균을 서울로 압송했다. 다만 서울 사람인 신덕균은 유력한 친구들의 도움으로 처벌은 면할 수 있었다. 홀 부부는 6월 1일 평양에서 철수했다. 전라도를 장악한 동학도들이 서울에 진격하면서 청일 양군이 인천에 상륙했다. 마페트는 긴장 상태가 이어지는 평양에 남아 교인들을 돌보았다. 그러나 7월 말에 청일전쟁이 터지고 평양 주민 수만 명이 피난을 떠나면서 수백 명 주민만 남은 상태에서, 9월 15일 평양 전투에서 청군이 대패하고 일본이 평양을 점령하면서 사태는 급변했다. 평양에 남은 주민 중에는 그리스도인들이 많았다. 그들은 전쟁의 와중에서도 선교사나 일본인 교인들의 보호를 받았다.

사건의 재해석

평양 그리스도인 박해 사건은 보수적인 관찰사의 지지를 업은 전통 지방 토족인 향리(아전)들과 새롭게 등장하는 도시 중산층인 상인 사이에 벌어

---

7   이수산나, "회상록", 노블 부인, 『승리의 생활』, 141.
8   김창식, "나의 교역 생활", 위의 책, 3.

진 갈등으로 볼 수 있다. 마페트의 분석에 따르면 관찰사가 그리스도인들에게 비우호적으로 나온 것은 그가 보수적인 유학자인 것 외에 아전 김호영이 자신의 집을 김창식에게 비싼 값에 판매하려다가 실패하자 앙갚음을 했기 때문이었다. 아전들이 주도하고 예방비장이 동조하면서 교인들을 체포, 고문, 배교를 강요하면서 주택을 전 주인에게 돌려주어야 했다.

　감사, 서윤, 아전 등 평양 관청은 여행을 위한 호조를 가진 선교사들이 평양에 영주하는 것이 불법이었고, 내륙 도시에 부동산을 매입하는 것도 불법이라고 판단했다. 조약의 조문에 따른 이 두 가지를 근거로 그들은 무리하게 한국인 교인들을 잡아 가두고 홀 의사를 압박했다. 그러나 그러한 압박은 여론의 힘을 업고 둔 무리수였다. 평양에서 선교사들은 형식상 법을 어기지 않았다. 홍종대는 선교사에게 집을 팔지 않았기에 문제가 될 게 없었고, 김호세도 김창식에게 집을 팔았으므로 문제 삼기 어려웠다. 여기에 외국 공사관의 압력이 더해지자, 평양 관아는 더는 항거하기 어려웠다.

　마페트는 일반 평민과 천민들은 기독교를 환영했으나, 관찰사(부윤)와 서윤과 향리층이 반발하고 있다고 보았다. 신흥 중산층인 상인(최치량과 같은 客主)의 부가 증가하고 그들이 교회에 가입하자 아전들은 권력을 이용하여 자신의 주택을 비싸게 팔아 돈을 챙기려고 했다. 이것이 여의치 않자 마을 제사에 동참하지 않는 것을 구실로 여론을 나쁘게 하고, 배후에 외국인이 있다고 반외세 감정을 자극하면서 부윤과 서윤을 움직여 그리스도인 조사와 집주인을 잡아 가뒀다. 그러나 선교사들이 공사관을 통해 정부 외부의 훈령을 받아냄으로써 지방 정부 세력을 누르고 한국인의 이름으로 매입한 주택들을 환수하고 보유할 수 있게 되었다.

　지금까지 많은 한국교회사학자가 이를 선교사들이 외국 공사관의 힘을 빌려 불법적으로 주택을 매입한 제국주의형 선교로 인해 충돌이 일어난 것으로 보았다. 그러나 선교사들은 합리적인 인물들이었다. 조약의 내륙 도시 토지 매입 금지 조항을 지키면서 동시에 선교지부를 개척하는 방안으로 한국인 조사들을 먼저 보내고 한국인의 이름으로 합법적으로 주택을 매입했다. 마페트의 경우는 이중 장치로 집문서를 서울 공사관에 보관했다. 그런 상행위 자체에는 불법이 없었다. 홀의 경우 부주의하게 그 집에 들어가 살고 가족을 불러서 영주하려고 하면서 집의 주인임을 드러내고 관리들을 자극하는 실수를 범했다. 그러나 그리스도인들이 아전들에 의해 구금, 고문, 사형의 위협을 받자 재빨리 감리사인 스크랜턴에게 전보를 보내고 공사관에 연락했다. 스크랜턴은 사태 수습을 위해 공사관과 협조하면서 평양으로 가는 결단력을 보였다.

이런 갈등의 배후에는 불평등조약이 있었다. 그러나 동아시아에서 정부[禮部]는 전통적으로 종교 자유 위에 국가에 대한 충성에 우선권을 두었고 지금도 중국이나 북한에서 보듯이 정부는 종교를 통제한다. 19세기 말 서구와 중국, 서구와 조선의 불평등조약은 기독교와 선교사에게 특별 보호 지위를 부여했다. 정부는 본토 교인들에 대해 완전한 법적 권위를 가질 수 없었다. 그것이 민족주의 측면에서 보면 외세 간섭이고 불평등조약이었지만, 종교의 자유라는 관점에서 보면 근대적 과도기에 정교분리와 종교의 자유를 획득하기 위한 잠정적인 장치였다고 하겠다. 물론 그것은 기독교와 서구 제국주의가 함께 만든 장치로 1894년부터 1910년까지 예외적으로 허용되었다. 1910년 이후 다시 옛 전통인 시민적 충성이 종교적 충성 위에 있게 되었고, 정부는 종교를 통제했다.

이 박해 사건에서 선교사들이 정치적으로 승리했다고 해서 평양에 전도의 문이 열린 것은 아니다. 전도의 문을 열기 위해서는 첫째, 예수교인 배후에 선교사들이 있다는 사실, 곧 예수교가 힘의 종교라는 사실만으로는 충분하지 못했다. 다른 사건들이 더 필요했다. 둘째, 마페트와 같은 지혜롭고 용감한 개척 선교사가 있었다. 마페트가 바로 평양에 내려가 교인들을 격려하고 전쟁이 다가오는 상황에서 서울에서 올라오라는 전보를 계속 보내도 교인들과 함께 지내다가 교인들이 떠나라고 강권할 때에서야 비로소 평양을 떠나는 결단이 있었다. 서울에 온 후에도 그는 평양이 안정되자 바로 다시 내려가서 교인들의 깊은 신뢰를 받았다. 셋째, 청일전쟁의 영향이다. 서구화를 이룬 일본의 승리 앞에 전통적인 중화주의 화이관(華夷觀)이 무너지면서 전쟁과 행운의 신 관우(關羽)를 비롯한 중국의 신들이 힘을 잃었다. 한국인의 정신계에 혁명적 전환이 일어나고 평양에 일본인 상인들이 들이닥치면서 더는 서구 선교사들의 평양 진출을 반대할 수 없게 되었다.

넷째, 청일전쟁 기간 선교사들이 보여준 봉사와 목회 정신이다. 마페트는 평양 전투 중에도 도시를 떠나지 않고 목회하다가 신도들이 투표로 그를 서울로 보내기로 정하자 잠시 서울로 왔다가 다시 홀 의사와 함께 평양으로 돌아갔다. 홀 의사는 전쟁으로 폐허가 된 평양에서 병자를 돌보다가 이질에 걸려 사망하고 말았다. 한 도시에 기독교가 들어가기 위해서는 다양한 요소가 협력해야 한다.

54
첫 자급 토착 교회
십자가, 십자기, 가락지 헌금의 소래교회(1895년 7월)

▲ 마루와 방이 있는 정면 8칸을 더한 소래교회의 모습(1896년)

한국 개신교의 요람으로 알려진 소래교회가 첫 예배당을 건축한 것은 1895년이다. 서경조의 사랑에서 모이다가 교인이 증가하자 맥켄지 선교사와 서경조의 주도로 소래교회를 건축하게 되었다. 1900년 언더우드가 회고한 소래교회 건축 과정을 보자.

> 10여 년 전[1890년] 이 교회 교인들이 10여 명이었을 때, 그들은 서울에 있는 나에게 대표자를 보내 이웃 마을 사람들도 참석할 수 있는 교회 건물을 구하려고 한다고 말했다. 교인들의 일부는 복음을 처음 중국에서 들었기 때문에 선교사업에 대한 개념도 그곳에서 보고 배웠다. 나는 이것을 몰랐기 때문에 그들의 결정에 기뻐하면서 언제 건축을 시작하는지 물었다. 처음에 나는 그들이 내게 의존한다고 대답했을 때, 무슨 의미인지 이해하지 못했다. 그

54. 첫 자급 토착 교회: 십자가, 십자기, 가락지 헌금의 소래교회(1895년 7월)

러나 그들이 선교부가 교회를 지어줄 것을 기대한다는 사실을 안 나는 그들 스스로 건물을 지어야 한다고 말해줌으로써 그들의 잘못을 그 자리에서 깨우쳐주었다. 그들의 반응은 불가능하리라는 것이었으나 나는 산에 가면 나무가 있고, 집에는 도끼와 도구들이 있으며, 팔에는 하나님이 주신 근육이 있으니 예배당을 세우려고 시작하는 날짜를 알려주면, 나도 내려가서 나무를 자르고 예배당을 짓는 일에 손을 빌려주겠다고 말했다.

몇 년 뒤 맥켄지 목사가 캐나다로부터 한국에 도착했다. 그는 시골에 집을 구하길 원했으므로 내가 제안해서 소래 마을에 정착했다. 그가 보여준 진지한 기독교적 생활은 마을 사람들을 변화시켰다. 주를 위한 봉사에 냉담했던 교인들도 그가 헌신하는 모습을 보고 믿음이 되살아났다. 그들은 곧 교회를 짓기로 정했다. 한 사람이 산에 있는 나무를 내어놓자 다른 사람들은 가서 자르고 또 어떤 사람들은 자원해서 소달구지로 운반했다. 한 가난한 과부는 교회 건물이 들어설 땅을 기부했다.[1] 다른 사람들은 자원해서 일하는 사람들의 양식을 냈고 몇 명은 돈을 냈다. 맥켄지 형제는 교회 완공을 보지 못하고 죽었다. 그의 부음 소식을 들고 온 소래 교인은 내게 소래로 가서 1895년 7월 첫 주일에 헌당식을 올려줄 것과 그의 장례식을 부탁했다.

교회는 7월 7일 헌당되었다. 그것은 본토인들이 땀 흘린 결과이고 주님에 대한 너무나 열렬한 사랑의 증거였다. 약 60가구의 농촌 마을 한가운데에 세워진 견고하게 지어진 예배당이었다. 기와집으로 크기는 35자에 20자였다. 무보수로 일하던 서경조 형제의 목회하에 한 달이 채 못 되어 건물이 비좁아져서 확장하기로 결정을 보았다. 1년 안에 앉을 수 있는 공간이 두 배로 늘어났고 2개의 학교 교실도 추가되었다.

---

1   소래 지방은 무교가 강했다(Elizabeth A. McCully, *A Corn of Wheat, The Life of Rev. W. J. McKenzie of Korea*, [Toronto: Westminster Co., 1904], 144). 교회 터는 원래 마을 제사를 올리던 사당이 있던 자리였다(L. H. Underwood, *Fifteen Years Among the Top-Knot*, 124).

오늘 이 교회는 한국에서 가장 튼튼한 교회 중 하나다. 그들은 장연 시찰의 중심이 되었고 12개 교회를 개척했다. 이 교회는 교회 자체 경비는 물론 장로와 집사들의 지도하에 교회들과 마을들을 순회하는 전도사 한 사람의 봉급을 지원하고 그의 사택도 지어주었다. 교회 부설 학교도 지원하는데, 관대한 교회 회원들이 수시로 땅을 기부해서 지금은 모든 학교 경비를 거의 자급하고 있다. 이들은 나아가 다른 교회와 예배 처소 건축을 돕는 데도 앞장서고 있다. 때때로 그리스도를 모르는 마을에 전도대를 보낸다. 선교 헌금도 적립하고 있는데, 인도에 기근이 들었을 때와 터키의 아르메니아인 만행 사건 때에는 자발적으로 연보를 모아 보냈다. 인도 기근을 위한 연보만 해도 80엔이 넘었다. 이들의 수입과 하루 10센트도 안 되는 임금을 고려해볼 때, 이 자발적인 연보를 위해서 그들은 적지 않은 희생과 고생을 감내한 것이다. 앞서 말한 서경조 형제는 이 지역의 장로인데 내게 통계 수치를 알려주면서 만일 본토인 개종자들이 옛날 우상을 섬기던 때의 열성만큼만 관대하다면, 한국 그리스도인들은 자기 교회 건축을 위한 돈은 물론, 학교 운영비와 책값을 지급하고도 남은 돈으로 지도자로서 필요한 선교사들의 봉급에까지 보탤 수 있다고 말했다. 이 형제는 중국 산동 지방을 두루 여행했는데 그곳 사정도 마찬가지라고 말했다. 본토인 기독교 신자들이 개종하기 이전에 이방 종교에 쓴 돈을 자세히 계산해보면, 선교사 대부분은 새로운 시각을 얻게 될 것이며 본토인 교회를 자립의 노선에 따라 어디까지 밀어붙일 수 있는지를 결정하는 데 매우 실제적인 도움을 얻을 것이다.[2]

1885년 시작된 소래교회는 맥켄지 선교사가 거주하고 동학전쟁 이후 교

---

2 H. G. Underwood, "An Object Lesson in Self-Support," *Chinese Recorder* (August 1900): 385-387.

인이 늘어나자 1894년 말에 1,000냥 헌금을 작정했고, 목재도 모두 확보했으며, 공사는 자원봉사로 이루어졌다. 목수 일은 800냥으로 계약했다. 눈이 녹자 공사를 시작해 8칸 기와집 예배당을 1895년 6월에 완공했다. 소래교회는 "한국인의 자금만으로 짓는 최초의 한국인 교회"였다.

그러나 맥켄지가 일사병으로 인한 권총 자살로 사망하자 7월에 언더우드가 서울에서 내려와 7일 주일에 헌당했다. 완공된 교회에 교인이 급증하자 1896년 6월에 전면 8칸을 추가하여 교회는 32평이 되었다. 건축비는 자급 원리에 따라 선교사나 외국 교회의 도움 없이 한국인들이 자급했다. '한국교회의 요람'이었던 소래교회는 첫 자립 예배당으로서 한국교회 예배당 건축의 모델이 되었다.

지붕 위에 세워진 십자가

당집을 가지고 있던 무당이 교회에 그 땅을 바치자 귀신을 섬기던 사당을 헐고 그 자리에 예배당을 세웠다. 유럽의 많은 성당이 각 지역의 전통 신을 섬기던 사당 자리에 건축된 것처럼 한국에서도 많은 예배당을 마을과 묘지의 경계 지역인 언덕 위에 세워 영적인 공간을 확보했다. 사당은 헐었으나 신목(神木)은 그대로 두었다. 예배당 주변을 낮은 나무 울타리로 둘러 거룩한 공간으로 구별했고 기와지붕 중앙에 십자가 한 개를 세워 구원의 장소인 교회를 상징했다. 화려하지 않은 작은 나무 십자가였다. 첫 예배당에 십자가가 있었는지 없었는지 논란이 많지만, 사진을 확대해보면 작은 십자가를 용마루 중앙에 설치했다.

1891년 헌당한 제물포 내동 언덕의 성공회 교회인 장방형 벽돌 건물 '성미카엘과 모든 천신 성당'은 지붕 앞뒤 끝에 십자가를 선명하게 달았다. 사진으로 확인되는 첫 개신교 예배당 십자가다.

▲ 제물포 내동 성미카엘 성공회 성당(1897년) [Oak]
십자기를 게양하고 지붕 위에 두 개의 십자가를 크게 세웠다.
십자가는 1891년에 세웠으나, 십자기는 언제부터 게양했는지 불확실하다.

그러나 흔히 사진으로 잘 알려진 정동감리교회(1897), 평양 장대현장로교회(1900), 원산 감리교회(1903), 서울 연동장로교회(1907), 서울 남대문장로교회(1910) 등에는 지붕 위에 십자가가 보이지 않는다. 다만 ㄱ자형 함흥 신창리장로교회(1909)는 1,000명을 수용할 수 있는 큰 예배당이었는데, 용마루 아래 합각에 한자로 요한복음 3:16의 첫 부분인 "上帝愛世 賜 獨生子"를 쓰고 그 위에 십자가를 새겼다.[3] 그러나 평양 남산현감리교회(1907)는 종탑 지붕 위에 선명한 십자가를 달았다.

마을 주민 대부분이 교인이 되었던 1896년 증축된 예배당의 형태는 ㄱ자가 아니라 T자였으며, 예배실은 一자 형태로 북쪽 끝에 설교단이 자리 잡고 중앙에 남녀 구별의 칸막이가 있었고 설교단 오른쪽이 남자석, 왼쪽이 여자석이었다. 이 원래 예배실은 36 × 20자(11 × 6.2미터) 크기였다.

1896년 증축된 8칸은 많은 사진에서 보는 정면으로 성경 공부 방 2개(각각 12자 × 12자)와 대청마루로 이루어져 있었다. 교회는 전 교인이 참석하는 주일학교의 성경 공부 방으로, 기도실로, 교인 친교의 자리로, 그리고 평일 낮에는 어린이를 위한 학교 공간으로, 밤에는 숙직실로 사용되

---

3 "Picture: The Ham Heung Church," *Korea Mission Field* (Oct. 1909): 166-167.

었다. 그곳은 예배하고 기도하고 성경을 공부하고 교제하고 교육하는 집이었다. 예배당에서 서경조의 집까지는 69미터, 맥켄지의 무덤까지는 46미터 정도 떨어져 있었다.[4]

▲ 소래 남자 교인과 교회를 방문한 선교사들(1898년) [Moffett]
마루 왼쪽에 서상륜, 오른쪽에 김윤오가 서 있고, 마루 중앙에 언더우드 부부와 서경조가 앉아 있다. 자전거를 잡은 헌트 목사, 오른쪽 가마 앞에 언더우드 2세(원한경)가 있다.

▲ 소래교회와 십자기(1898) [Moffett]

4　Doris Grierson ed., *Diary of Reverend Robert Grierson MD: Missionary to Korea* (Personally Printed, 1998), 41.

십자기가 가진 다양한 상징적 의미

지붕 위 십자가나 마당의 십자기는 1897년 제물포에 완공된 성공회 벽돌 교회인 성미카엘성당에 선명하게 만들어졌다. 소래교회뿐만 아니라 제물포에서도 교회 상징물로 십자기와 십자가가 공존한 것을 알 수 있다.

동학혁명과 청일전쟁 이후 많은 한국교회는 교회 마당이나 입구에 깃대를 세우고 흰 바탕에 붉은 십자가를 그린 성 게오르기우스 십자기(the Flag of St. George Cross)를 게양했다. 1894-95년 동학 2차 봉기 때 맥켄지 목사가 황해도 소래교회에서 깃대를 세우고 적십자기를 게양한 것은 기독교는 동학의 사회 정의라는 의제에는 찬성하지만 폭력 혁명이라는 방법론에 반대하며 그리스도의 십자가 수난을 본받아 죽기까지 인내하는 종교임을 천명한 것이었다.

성 게오르기우스의 적십자기는 치외법권을 가진 외국인(영국 제국 연방 캐나다인) 선교사가 거주하는 처소를 표시하는 정치적 의미를 지녔다. 십자기를 내건 교회와 선교사의 거주지는 청일 양국 군대와 동학군으로부터 안전하게 보호받았다. 1894년 말 "동학군 200명이 지나갔다. '예수 깃발'이 휘날리는 것을 본 몇 명의 동학군이 서양인을 만나러 갔다. 얼마 후 동학 지도자와 교사들이 또 방문했다. 이어서 서양인은 겁도 없이 동학군이 장악한 마을을 방문하고 환대받고 돌아왔다. 공포에 질린 민중의 눈에는 이것이 놀랄만한 용기이고 말로 표현할 수 없는 막강한 힘으로 받아들여졌다."[5]

흰 바탕에 붉은 십자기가 가진 종교적 상징은 정감록(鄭鑑錄)과 연관되었다. 일부 한국인은 청일전쟁 때 적십자를 정감록에 예언된 구원의 방

---

[5] E. A. McCully, *A Corn of Wheat: Life of W. J. McKenzie*, 11.

도인 궁궁을을(ㅋㅋ乙乙)의 성취로 해석했다. 한문 신약전서 첫 구절인 마태복음 1:1의 첫 단어 아브라함(亞伯拉罕)의 첫 글자 아(亞)를 파자(破字)하면 궁궁을을이다. 구원의 길은 아브라함의 허리에서 나온 예수 그리스도에게 있다. 일부 그리스도인은 '정도'(正道)인 예수교를 믿으면 '령'(安寧)하게 된다고 해석했다.[6] 그들은 정감록이 예언한 십승지지(十勝之地)도 새롭게 "십자가가 승리한 땅"으로 풀었다.[7] 즉 교회 마당에 게양된 십자기는 교회가 바로 정감록에서 예언한 피난처인 십승지지이고, 구원의 방도인 궁궁을을은 예수의 십자가임을 상징했다.

넷째, 교회는 십자기와 함께 청일전쟁 이후 독립협회 운동 기간에 고종 황제의 탄신일과 기원절을 기념하는 뜻으로 태극기를 게양함으로써 애국충군적인 교회의 성격을 나타냈다. 소래교회(1895)에 이어 문화군 사평동교회가 1897년에 깃대를 세웠다.[8] 1898년에는 교회에서 십자기를 더욱 보편적으로 사용하기 시작했다. 서울의 새문안교회와 달성교회는 성탄절 경축 행사에 수백 개의 등불은 물론 십자기와 태극기를 함께 게양했다.[9] 이때부터 개신교는 십자가를 복음주의 교회의 정체성을 드러내는 상징으로 적극적으로 사용했다.[10] 즉 십자기는 점차 고난의 상징에서 힘의 상징으로 변하고 있었다. 교회가 하나의 '협회'로서 이익 단체가 되고 있

6　강화 교항의 김상임(金商壬, 1847-1902)은 나이 마흔(1887년)에 초시가 되었는데, 1894년에 개종할 때 정감록에 나오는 십승지지를 십자가의 도로 해석하고 믿기로 작정했다. 이덕주·조이제, 『강화 기독교 100년』(강화기독교100년기념사업역사편찬위원회, 1994), 106.

7　이승륜, "아 복음 아자 속이 십자가가 됨", 「그리스도신문」, 1905. 3. 21. 이승륜도 청일전쟁 때부터 이런 해석을 시작했다. 러일전쟁이 끝날 무렵 「그리스도신문」에 실린 이 글은 이런 해석을 널리 퍼지게 했다.

8　"교회 통신", 「그리스도신문」, 1897. 4. 8.

9　"성탄일경축", "달성회당경축", 「대한크리스도인회보」, 1898. 12. 28.

10　1898년 전후에 교인 장례식에 십자건과 십자가 수를 놓은 상복을 입어 형제자매 됨을 표시했고, 묘지 앞에 십자패를 세워 사후에도 신자임을 표시했다("고씨부인별셰흔 일", 「대한크리스도인회보」, 1898. 1. 26).

었고 '보호와 권력 욕구,' 곧 정치력을 얻기 위해 개종하는 자가 늘어나던 시점이었다.[11]

1899년 보부상으로 구성된 황국협회에 의해 독립협회가 해산된 이후 각 지방에서는 보부상의 행패로부터 재산을 보호하기 위해서 교회를 조직하거나 교회에 가입하는 자들이 늘었고 이들은 교회에 깃대를 세웠는데, 이는 보부상이나 화적이나 부패 관리의 행악과 공격에 대한 경고였다. 한편 일부 주민은 교회를 조직하고 깃대를 세우고 선교사의 힘에 의지하면서 주민들의 돈을 강탈하는 때도 있었다. 충남에서 1900년에 동학 잔당이 러시아 정교회를 빙자하고 총칼로 무장하고 "십자기를 앞세우고" 양민을 구타하며 관리를 능욕한 '정길당 사건'은 교폐(敎弊)의 대표적 사건이었다.[12] 십자가 대신 십자기를 건 교회는 전쟁과 혁명의 상황에서 서양 선교사의 힘을 의지해 생명과 재산을 보호하려는 민중들의 도피처가 되었다.

▲ 소래교회의 주련(1898) [Moffett]

11 C. E. Sharp, "Motives for Seeking Christ," *Korea Mission Field* (Aug. 1906), 182.
12 정길당 사건은 이만열, "한말 러시아 정교의 전파와 그 교폐 문제", 『그리스도교와 겨레문화』(기독교문사, 1985), 303–333을 보라.

기독교식 주련

소래교회의 다른 특징은 기독교적 주련(柱聯)을 달았다는 점이다. 한시나 유교 경전 구절 대신 성경 구절을 써서 기둥에 붙이는 전통이 소래교회에서 시작되었다. 오른쪽 주련은 萬榮光歸天主"(모든 영광이 천주께 돌아가다)로 장로회적인 특징이 드러난다. 가운데 주련은 요한복음 3:16의 첫 부분인 "上帝愛世授獨子"(상제께서 세상을 사랑하사 독자를 주셨다)이다. 소래교회는 아직 하나님 용어 문제가 해결되지 않아 '상제'와 '천주'를 함께 사용했다.

기독교식 주련은 성공회 강화 천주성당의 문구가 유명하다. 1887년 설립된 서울 상동의 감리회 병원 시병원에도 여러 개의 주련이 달렸다. 병원이기 때문에 창세기를 중심으로 창조신학과 자연신학을 나타내는 문구를 적었다.

인도 기근과 아르메니아 대학살 사건을 헌금: 가락지 연보의 시작

1894-1895년 인도에 발생한 대기근과 터키에서 회교도에 의한 정교회 그리스도인들인 아르메니아인들에 대한 대학살 소식이 전해지자 소래 교인들은 자발적으로 그들을 돕기 위한 구제 헌금을 했다.

> 이 지역의 거의 모든 그리스도인은 십일조 원리를 채택했고 추수 때에 거의 모든 자는 기다리지 않고 교회 당국에 십일조를 보냈습니다. 제가 그곳에서 특별 연례 헌금을 본 것은 저의 특권이었습니다. 본국에서도 그렇게 질서 있고 체계적인 방법을 본 적이 없습니다. 서 장로는 조용히 특별 헌금의 필요성과 필요한 큰 액수를 말했고, 임명된 여러 집사와 서리집사와 영수들이 정해진 자리에서 조용히 귓속말로 이야기하며 액수를 적는 교회 회중들 사이를

지나다녔으며, 몇 분 후에 헌금을 받았는데 나중에 알고 보니 필요한 금액 이상으로 모였습니다. 「그리스도신문」에 나온 인도 기근 기사를 본 회중들은 마음으로부터 돕기를 원했고, 이 가난한 농부들과 소작농들은 그 가운데 일부는 하루에 20센트도 벌지 못하는데 주일 헌금 시간에 인도에서 굶주리는 자들을 돕기 위해 56달러와 반지 8개를 헌금했습니다. 반지는 여자들이 손가락에 끼고 있던 것을 빼서 연보한 것입니다.[13]

「그리스도 신문」 1권 9호 (1897년 5월 27일)에 나오는 기사다. 일당 20센트의 상황에서 40여 명의 교인은 평균 10일 이상을 연보했다. 힘들게 교회를 헌당한 후라 여유가 없는 상황이었다. 가난했지만 정성껏 드렸다. 한국인들도 곧 대기근이 닥쳐 화전민이 늘어나고 각설이 패가 떠돌게 된다. 남의 고통이 내 고통이 될 날이 금방이다. 가락지 헌금이 이때 시작되었다.

▲ 그리스도신문 기사(1897년 5월 27일)

기후 변화에 의한 대기근은 늘 일어난다. 최근 전 세계에 불어닥친 위기

13　Underwood, "Evangelistic Report for 1897."

와 전쟁은 기후 변화에 따른 물 부족과 식량 부족과 전염병의 창궐과 깊은 관련이 있다. 아르메니아인에 대한 회교도의 박해와 학살도 최근 시리아와 이라크 사태나 여러 아프리카 국가의 학살 사태에서 보듯이 인종과 종교와 생존 투쟁이 얽혀 있다. 이제 막 태어난 유아기의 소래교회가 지구적 문제에 관심을 표하고 고통받는 자들을 위해 기도하고 연보했다는 것이 놀랍다.

외래품이 아닌 교회

자급, 자전, 자치하며 한식 예배당을 짓고, 자녀를 위한 학교를 운영하면서 사회 문제와 세계 교회 문제에 적극적으로 참여하는 소래교회를 보고 언더우드는 다음과 같이 보고했다.

> 장연교회는 더는 외래품이 아닙니다. 외국인이 그곳에 가든지 가지 않든지 사역은 꾸준히 진보하고 있습니다.
>
> 서 장로와 두 명의 집사, 두 명의 서리집사, 학교 교사로 감독회가 구성되었고 실제적이고 활력이 넘치는 사역은 더할 나위 없이 탁월합니다. 자신들은 모두 실천적이고 열심히 일하는 자들로 모든 일을 하나님의 영광을 위해서 해야 한다는 것을 잘 깨닫고 있고, 그리스도를 얻고 그의 사역을 그들의 모든 생각 위에 최우선으로 두려고 애쓰는 듯합니다. 그들은 그 배후에 교회가 있는데 같은 원리로 행동하는 듯합니다. 이 교회는 자급 노선에 확고히 서 있고 실제적인 일들은 전적으로 스스로 처리해왔습니다. 이 새 선교지에서 우리의 모든 장로교 사역은 형성기에 있으므로 아주 많은 부분을 그들 자신에게 맡겨서 저는 그들이 '독립'을 향한 노력이 있지 않을까 우려했습니다. 그러나 그들이 권위와 연장자에 대해 매우 순종적이며 장로교 체계가 제공

하는 감독을 몹시 바라고 있음을 발견하고 매우 기뻤습니다.

작년 한 해 동안 그들은 진지하고 열심히 일하는 그리스도인 한 명을 선발해서 농사일을 그만두게 하고 모든 시간을 주변 시골에 돌아다니며 그리스도를 전하는 소명을 주었습니다. 많은 기도 후에 선발된 그는 강건한 산골 농부이지만, 저는 그가 진정한 능력이 있는 자라는 인상을 받았습니다.[14] 서 장로가 그에게 정규 성경 공부 과정을 마련해줬고, 정해진 시점에 정기적으로 사역을 보고합니다. 교회는 또한 수시로 나갈 수 있고 능력이 있는 자를 선발해서 단기 전도 여행에 파송하고 그 경비를 지원합니다. 이 교회 전체, 곧 세례교인과 학습교인은 앞에서 언급한 정동교회와 비슷하게 분반을 했고 매주 모이며 그 영수들은 서 장로 집에서 모입니다. 이곳은 또한 작년에 한 번만 방문했지만 42명의 세례교인과 44명의 학습교인이 늘었습니다. 올해 저는 한국에서 최초로 유아 세례를 주었던 아이를 입교시키는 특권을 누렸는데 이것은 동시에 유아 세례를 받았던 자가 최초로 입교한 것이었습니다.[15] 이 사건은 10년 전과 오늘의 장연과 한국 사이에 많은 재미있는 비교를 불러 일으켰습니다.[16]

선교사 지원 청원

아마도 토착인 교회 역사에서 일어난 일 가운데 가장 기억될 만한 사건은 장연 교인들이 외국 선교사를 지원하겠다는 의사를 표현한 것입니다. 과거 얼

14　한정일(韓貞一)이다. 그가 송화군 온정 거리에 가서 전도할 때 이의돈이라는 노인이 불문곡직하고 무수히 난타하고 벼루 돌로 머리를 때려 피가 낭자하게 되었다. 그러나 한정일 전도인은 불순히 대하지 않고 좋은 말로 위로했다. 그 뒤에 이 소문이 나자 그는 "주의 이름을 전하다가 욕을 본 것이 제일 영광"이라고 말했다("교회 통신", 「그리스도신문」, 1897. 8. 6).
15　서병호는 1887년에 유아 세례를 받고 1897년에 입교했다. 첫 한국인 유아 세례와 첫 입교였다.
16　H. G. Underwood, "Evangelistic Report for 1897."

마 동안 그들은 자신들의 지역에 선교사가 살아야 한다고 주장해왔습니다. 이제 그들은 한 걸음 앞으로 나아가 그들에게는 기독교 사역을 할 사람들이 있고, 그 사역을 시행할 자금이 있지만, 과거 2년간 경험한 결과 결론적으로 증명된 사실은 한국인들이 사역자들을 적절히 조직하고 감독할 수 없고 이것을 위해 외국인이 필요하다고 선언했다는 것입니다. 그들은 1년에 돈으로 금화 1,200달러를 지급할 수 있는 것처럼 가장하지 않습니다.[17] 그러나 그들의 제안은 다음과 같습니다. 그들은 농사를 이해하는 선교사를 원합니다. 그들은 그에게 농장을 주고 그의 사택을 지어줄 것입니다. 그가 원하면 그들은 그 농장에서 일할 것이지만 그는 농사짓는 법을 가르쳐주어야 합니다. 그들은 또한 그에게 필요한 하인들을 유지하는 데 풍족한 쌀을 제공할 것입니다. 그의 모든 땔감과 일정한 돈을 제공할 것입니다. 계획의 세부 사항은 아직 정해지지 않았지만, 그들이 그런 계획을 제안했다는 사실은 우리 기독교 사역에서 새 시대를 열었습니다.[18]

교인들이 스스로 건축한 소박한 교회당, 어린이와 여자를 배려한 공간, 예배를 중심으로 성경 공부와 교제와 기도를 위한 공간이 균형 잡힌 예배당, 당집을 헐었으나 당목(堂木)은 살리고, 솟대나 당간지주 같은 십자기 깃대를 세워 종교적 성소를 표시했으나 십자가를 달아 차별화함으로써 전통 종교와의 연속성과 비연속성을 적절히 조합한 토착화에 성공한 예배당, 그것이 한국 장로교회의 첫 예배당이었다. 초기 한국 그리스도인들은 자신들이 살던 곳에서 자립하고 자치하는 교회 공동체를 만들고 인도와 아르메니아 그리스도인들을 도왔다. 나아가 그들은 농사 선교사를 초빙하

---

17   1897년 당시 선교사의 월급은 100달러, 연봉 1,200달러(2,400엔)였다.
18   Underwood, "Evangelistic Report for 1897."

여 새로운 마을 공동체를 건설하려고 했다. 신학과 신앙을 표현하고 세워가는 자리인 예배당 건축을 되돌아볼 때다. 교회 공동체와 생활 공동체를 어떻게 세울지, 어떤 지도자를 세울지 함께 연구하고 기도할 때다. 한국 기독교와 세계 기독교는 분리되어 있지 않다. 지역 교회와 지구 교회는 서로 유기적으로 연결되어 있다.

▲ 예수기(성조지 십자기)를 들고 있는 서경조(1898년) [Oak]
십자기에 "救世敎會"를 넣어 십자가 구원을 표시했다.

그 결과 1898년 11월 언더우드 부부가 새로 내한한 캐나다장로회 소속의 그리어슨(Robert Grierson) 의사 부부와 맥래(Duncan MacRae) 목사와 함께 소래를 방문했을 때, 교인은 150명으로 늘어나 있었다. 11월 23일 저녁 성찬식에 150명이 참석한 가운데 10명이 세례를 받았고 여러 명이 학습교인으로 등록했다. 서경조의 아들 서병호는 11월 18일 한국식으로, 22일에는 기독교식으로 혼인식을 하기도 했다. 서경조가 집사들과 의논 없이 독단적으로 일을 처리한다는 불평이 있었으나 언더우드가 제직회를 소집하여 주제들을 토론한 결과 집사들의 오해가 드러나 화해하고 연합했다.[19]

---

19 Doris Grierson ed., *Diary of Reverend Robert Grierson MD*, 42–43.

55
함흥의 첫 교회
신창리교회와 스왈른 선교사의 보고(1896년)

1927년에 간행된 『조선예수교장로회 史記』를 보면 함경도 첫 교회인 함흥읍교회가 1896년에 설립된 역사를 다음과 같이 서술하고 있다. 현대어로 옮긴다.

> [1896년 8월에] 함흥읍내교회가 성립하다. 일찍이 선교사 소안론[William L. Swallen]과 조사 전군보, 이기풍이 본군에 순행하여 읍촌에 전도하는데, 이때는 군인 외에 단발한 자가 별로 없고 군인은 선달(先達)이라 통칭하는데, 소 목사는 단발하였으므로 이름은 알지 못하고 다만 소선달이라 호칭하더라. 하루는 만세교 근처에서 전도하는데 한 부인을 만나니 이는 성신의 감화를 받은 자라. 도를 듣고 즉시 믿어 『성경문답』이란 소책자를 사서 받아 그 집에 즉시 돌아가서 그 남편 신창희에게 전도하고 신창희는 그 친구 진종 장홍술에게 전도하여 믿고 따름으로 점차 교회가 설립되었으니, 함흥 신 부인은 전일 빌립보 성 루디아에 비길 수 있는 사람이라.

유럽에서 첫 그리스도인이 된 마케도니아 빌립보 성의 루디아(행 16:9-15)처럼 함경도 함흥의 첫 신자는 신창희(申昌熙) 씨 부인이었다. 역사를 바꾸는 인물은 의외로 여성이 많다. 그녀는 성령의 감화를 받아 복음을 즉시 받아들일 준비된 마음을 가지고 있었다. 19세기 말에 선교사나 조사들이 전도하고 소책자를 팔고 성경을 반포하여 많은 사람이 교회로 온 배후에는 바로 사람들의 마음에 먼저 활동하신 성령이 계셨다. 굶주린 아이가 밥을 구하듯, 가뭄에 비를 기다리듯, 정의와 진리를 구하는 심령은 옥토처럼 준비되어 있었다.

1897년 3월 스왈른이 함흥을 두 번째 방문해보니 교인이 12명으로 늘어나 있었다. 그들은 진지했고 "하나님과 죄와 죄의 대속자 예수 그리스도의 진리에 대한 놀라운 체험적 지식"을 가지고 있었다. 그들은 겸손했고 문자 그대로 복음 외에는 말하지 않는 자들이었다. 6월에는 더 많은 이들이 교회에 찾아왔다.

그러자 교회에 조직적인 핍박이 다가왔다. 함흥감사가 "외국 종교의 탈을 쓴 불법의 무리"인 예수교인들을 체포하여 처벌하라는 명령을 내렸다. 포졸들에게 모든 그리스도인을 체포하고, 집안의 모든 기독교 서적을 몰수하며, 교인들에게 배교하도록 만들라는 명이었다. 그러나 교인들은 감사의 명을 거부하고 무시했다. 명령이 두 번 연기되면서 협박의 수위는 높아졌다. 교인들은 굳게 서서 믿음을 지켰으나 어떤 일이 일어날지 몰라서 불안하게 지냈다. 곧 함흥에서 예수교인을 추방한다는 소문이 나돌았다. 사람들은 점점 대담하게 '예수쟁이'들을 험담하기 시작했다. 교인들은 다른 욕은 싫어했으나 안디옥에서 초기 교인들을 '그리스도인'이라고 부르며 욕했던 것처럼(행 11:26) 자신들을 '예수쟁이'로 욕하는 말은 기쁘게 들었다. 이때 함흥에서는 사람들이 길에서 예수교인을 보면 "예수 온다" 혹은 "예수 지나간다"라고 말했다.

▲ 스왈른의 연례보고서 (1898년) [Oak]

1898년 봄 스왈른 목사가 세 번째 함흥을 방문했을 때 들은 말이다. 그때 예수교인 추방령이 시행되기 직전이었고 일부 교인들은 옥에 갇혀 있었다. 스왈른은 선교회의 정교분리와 소극적 개입 정책에 따라 천주교 신부들처럼 교인의 소송을 돕기 위해 관아의 법정에 가는 방식에는 찬성하지 않았으나 함흥 교인의 경우는 종교적 자유의 문제이고 교인들을 도와줄 자가 없었으므로, 감사를 직접 찾아가서 항의하는 것이 자신의 의무라고 판단했다. 감사는 소 목사를 정중히 대접했고 핍박은 즉시 중지되었다. 감사는 포도대장을 불러 예수교인을 석방하고 도시를 떠나지 않도록 조치하라고 일렀다. 양반 유지들에게는 예수교인의 예배에 간섭하지 말라고 지시했다. 감사의 명령은 바로 퍼졌다. "진실로 사람의 분노는 주님의 영광을 더할 뿐이다"(시 76:10).

1898년 9월 스왈른이 네 번째 함흥을 방문했을 때, 20명의 새 신자가 신앙을 고백했다.

> 그들은 귀신 숭배를 버렸고 주일을 성수하고 있었다. 그들은 기쁘게 전도하고 있다. 물론 많은 신자가 연약하지만, 하나님을 아는 것이 영생임을 알기에 하나님을 바라고 있다. 하나님은 우리의 기도에 응답하고 계시며 함흥에서 당신의 이름을 위한 증인을 부르고 계신다.

이상은 1898년 10월 스왈른이 쓴 개인 연례보고서 함흥 앞부분을 요약 번역한 것이다. 비록 종교개혁의 한 원리가 "오직 성경만으로"이지만, 지난 2,000년간 하나님께서 일하신 이야기는 교회사를 공부해야 알 수 있고 240년 한반도에서 일하신 놀라운 일은 한국교회사 자료를 읽고 정리해야 알 수 있다. 우리는 그 전체 이야기의 일부다. 우리가 어디서 와서, 현재 어디에 있으며, 앞으로 어디로 가야 하는지를 알기 위해서는 그 전체 이야기를 보아야 한다. 어디서 왔는지를 알면 어디로 가는지도 보일 것이다.

　미래는 하나님의 손에 고정된 소망의 공간이다. 과거는 우리가 새로운 역사 인식과 해석으로 바꿀 수 있는 믿음의 공간이다. 어제의 잘못을 바꾸는 회개를 통해 오늘 사랑의 삶을 연습하면, 내일의 문이 열릴 것이다. 교만, 우상숭배, 거짓 증언, 표절, 횡령, 세습, 간음, 성범죄 등 온갖 범죄를 먹고 마시며 세상으로부터 손가락질당하는 한국교회, 주님의 거룩한 교회가 창녀처럼 욕을 먹고 있다. 화려한 하드웨어를 자랑하지만 이미 목사 소프트웨어, 장로 앱은 바이러스에 감염되어 시스템이 고장이 난 지 오래되었다. 어디서 치유 백신을 구해서 병든 신학교의 바이러스, 병든 당회와 노회와 총회의 바이러스를 퇴치할 것인가? 과거 역사의 창고에 숨겨져 있는 백신의 원천 자료를 교회에 투여하는 방법이 한 해결책이다. 과거 이야기의 주인공 속에 일하신 성령의 능력을 채굴하여 오늘 그 삶을 생생하게 재현하는 '예수쟁이'가 있다면, 사람들은 그를 향해 외칠 것이다. 저기 "예수가 온다." 저기 "예수가 지나간다."

56
백두산 소나무로
장대현교회를 세우다(1900년)

장대현교회 예배당

평양 장대현교회는 1,500명을 수용할 수 있는 한국의 첫 대형교회로 1900년에 완공하여 1901년에 헌당했다. 아래의 사진은 아직 교회 마당에 나무가 없으므로 완공 직후에 찍은 듯하다. 교회는 한국식 기와지붕과 출입문과 담에 서양식 유리창을 섞은 개량 한옥 양식이다. 남자[아마도 이영언 영수]가 서 있는 대문 위에 '上帝是信實'(하나님은 신실하시다) 현판이 걸려 있고, 예배당 오른쪽 소년이 서 있는 옆으로 '耶蘇敎會堂'(예수교회당)이라는 현판을 붙였다.

▲ 평양 장대현교회 예배당(1900년) [OAK]

ㄱ자 예배당으로 지어 밖에서 볼 때 왼쪽은 남자석, 오른쪽은 여자석으로 분리하고, 중앙에 설교단을 두어 설교자는 양쪽을 다 볼 수 있게 했다.

설교자가 회중을 보면 오른쪽이 남자석, 왼쪽이 여자석이다. 마페트는 이를 로스가 목회한 만주 심양장로교회의 토착 양식에서 배웠으므로, 장대현교회의 건축 양식은 한국 고유의 양식이 아니다. 마당에서 오른쪽 여자석으로 들어가려면 계단을 이용해서 올라가야 했다. 예배당 안으로 들어가면 좌석 뒤쪽은 2층(복층)으로 지었으므로 천정이 높다. 설교단 위에는 "세상을 이긴 이김은 이것이니 우리의 믿음이니라"(요일 5:4), 오른쪽에는 "나사렛 예수", 왼쪽에는 "왕의 왕 주의 주"라는 글을 붙였다. 1907년 1월 이 예배당은 성령이 임하고 통성기도와 공개 회개가 일어나 평양 부흥이 시작한 곳이다.

1900년에는 아직 러시아가 벌목권을 행사하지 않았으므로 마페트와 리 두 선교사는 한국 정부로부터 압록강 유역 일부 지역의 채벌권을 얻어 소나무 2,800그루를 벌목했다. 이에 대해 마페트가 기록을 남기지 않아 상세한 사항은 알 수 없다. 뒷날 그의 4남 마페트(Samuel Hugh Moffett, 馬三樂) 박사는 "마페트와 리는 압록강에 목재 벌채권(timber concession)을 조직했다"라고 한 줄로만 간단히 언급했다.[1] 이 벌채권이 정확히 언제 이루어진 것인지도 알 수 없지만, 장대현교회와 숭실학당 등에 사용했을 것으로 추측된다. 리(Graham Lee) 목사는 필요한 목재 매입을 여관 겸 사채 은행에 해당하던 객주(客主)업을 하던 최치량(崔致良)에게 맡겼다. 그는 구전(口錢, 수수료)을 받고 정직하게 사업했다.

> 어제 우리 그리스도인 중 한 사람인 최 씨와 함께 저녁을 먹었습니다. 그는 사업 문제로 나를 만나러 왔는데 저녁 식사 시간이라 식탁에 초대했습니다. 그는 전에도 왔기 때문에 우리의 양식 습관에 따라 먹는 법을 아주 잘 알았

---

1 S. H. Moffett, *The Christians of Korea* (New York: Friendship, 1962), 123.

습니다. 이 남자는 내가 만나본 사업가 중에서 가장 좋은 한국인입니다. 그는 많은 미국인에게 외상을 줄 수 있었습니다. 그는 매우 사악하고 도박꾼에 술꾼, 난봉꾼, 모든 나쁜 짓을 하는 사람이었으나 이제는 완전히 바뀌었고 내가 아는 한국인 중 가장 친한 친구입니다. 그는 우리를 위해 모든 목재를 사고 우리가 한국 돈을 사려고 할 때 모든 수표를 팔아줍니다. 사실 그는 우리를 위해서 수천 달러를 처리했으며 제가 아는 한 그는 모든 거래를 반듯하게 처리했습니다. 물론 그는 수수료를 받는데 이는 완벽하게 정당합니다. 그가 수수료를 받지 않았다면 우리는 그에게 일해달라고 부탁할 수 없었습니다. 제가 말씀드렸듯이 그는 훌륭한 사업가이며 여러 종류의 비즈니스에 관심이 있으며 돈을 빨리 법니다. 우리가 처음 교회 건물 기금을 마련하기 위해 작정헌금을 요청했을 때 그는 가장 먼저 약정한 자로 그의 첫 약정액은 1,000냥이었습니다. 이것은 약 85달러 가치이지만, 1,000달러에 해당합니다. 미국에서 어떤 상인이 교회 건물을 위해서 약 10만 달러나 15만 달러를 낸 것과 같습니다. 이는 임금을 비교해서 계산한 것입니다. 본국에서 노동자는 하루에 1.5달러를 받지만, 이곳 노동자는 하루에 1.5냥을 받습니다. 1냥은 엽전 100개를 말하는데 엽전은 노끈으로 꿸 수 있게 중앙에 구멍이 있습니다. 숙련된 노동을 비교해도 같습니다. 여기서 좋은 목수는 255전에서 275전을 받는데, 이는 2.5냥이나 2.75냥으로 본국에서 좋은 목수가 하루에 2.5달러나 3달러를 받는 것과 비교됩니다.[2]

선교사들은 토지 매매와 마찬가지로 목재 매입도 한국인 신자를 통해서 처리했다. 최치량은 85달러에서 100달러를 작정했다. 그것은 미국으로 치면 1,000달러로 노동자의 3년 연봉에 해당했고 한국에서 일하던 독신

---

2   Graham Lee to Father and Mother, March 31, 1901.

남자 선교사의 한해 연봉 액수였다. 최치량은 사람을 구해서 압록강의 강계(江界) 부근에서 목재를 사서 압록강-위원-의주-황해-대동강을 따라 평양까지 수로로 운송했을 것이다. 평양은 서울과 비교하면 압록강에서 운반하는 거리가 짧았기에 비용도 절감할 수 있었다.[3] 참고로 장대현교회보다 조금 앞서 공사를 시작한 성공회 강화성당도 목조건물로 1900년 11월에 완공했는데 해로를 통해 압록강 상류의 소나무를 운반해서 사용했다. 1898-1902년에는 압록강 유역 벌채가 가능했기 때문이다.

▲ 평양 장대현교회 예배당(1901년) [Moffett]

장대현교회 예배당은 1901년 봄에 완공되어 6월 2일 첫 예배를 드렸는데, 그때 1,200명이 참석했고 6월 9일 예배에도 같은 수가 참석했다. 길선주 장로는 일주일 중 사흘은 목사를 도와 전도하고 사흘은 믿는 사람들을 가

---

3 "美人 所買木材執留 소에 對한 賠償 및 謝過 要求, Oct. 23, 1902", 『舊韓國外交文書, 美案 3』 (고려대학교 아세아문제연구소, 1967), 400-402; "2718. 美人 헌트 買受木材執留事 未解決로 美政府에 請訓을 보냈다는 通告, Dec. 9, 1902", "2754. 美人 材木執留 損害賠償金 交付完了通知, 1903년 3월 29일", 같은 책, 468; "The Report of the Korea Northern Presbyterian Church: Kang Kai Mission," KMF (Sept. 1908): 139.

르쳤다.⁴ 1902년 1월 마페트의 편지를 보자.

> 어제는 큰 교회에 강단까지 가득 차는 대단한 날이었소. 사경회 참석자로 인해 회중이 많이 늘어났기 때문이오. 소년들에게 여자 석에 앉게 했지만 그래도 남자석이 모자라 몇 명의 남자는 여자석에 앉았소. 번하이젤 목사와 블레어 목사는 문밖으로 나가서 남자 숫자를 세었는데 참석자를 처음으로 제대로 계수한 경우였소. 남자가 863명이었소. 여자석에 간 소년들은 분명 100명이 넘었으므로, 합하면 약 1,000명의 남자와 대략 500명의 여자가 참석했소. 따라서 교회 건물에 사람이 가득 차면 1,500명까지 들어간다고 해도 과언이 아니며 이번 주일에 그렇게 많은 사람이 참석했소.⁵

평양 장로회 선교지부 건물은 모두 개량 한옥으로 건축했기 때문에, 1901년 평양을 방문한 브라운 총무는 그 건물을 보고 세계에서 가장 토착적인 건물의 선교지부라고 평했다.⁶

---

4 "교회 통신", 「그리스도신문」, 1901년 6월 27일.
5 S. A. Moffett to Alice Moffett, Jan. 6, 1902.
6 A. J. Brown, "Northern Korea," *Assembly Herald* (Nov. 1902): 243.

57
첫 부흥 원산 부흥
대부흥의 특징과 과제(1903년)

부흥운동의 시작

부흥의 역사적 배경은 대한제국의 멸망과 전 세계에서 일어나던 부흥운동이었다. 때는 약육강식이 지배하는 제국주의의 전성기로 대륙의 러시아 팽창주의와 영미일 해양 세력이 대결하는 형국에서 한국은 두 연자 맷돌 사이에 끼인 신세였다. 20세기에 접어들면서 일어난 아시아 민족주의는 먼저 중국에서 의화단사건(1900)으로 표출되었다. 척양·반기독교를 구호로 내건 의화단은 수많은 선교사와 그리스도인을 살해했다. 일본은 동아주의(pan-Asianism)를 내세워 일본을 중심으로 동아시아가 단결해서 서양 제국주의에 대항하자는 논리를 제시했다.

한국은 청일전쟁에 이어 1904년 2월부터 러일전쟁의 전장이 되었다. 러일전쟁이 일어나자 스크랜턴 목사는 "대한을 세 나라가 먹으려 하니 일본과 러시아와 천국이라. 비록 일본과 러시아가 대한을 먹는다 하여도 필경은 천국이 다 먹을 줄 아노라"라고 말했다.[1]

일본을 중심으로 동아시아 삼국이 하나가 되어 서양 제국주의 침략을 막자는 일본의 동아주의와 부동항을 얻기 위해 남하 정책을 추진해온 대륙의 러시아 팽창주의가 한반도에서 충돌했다. 해양 세력인 영국과 미국은 러시아의 태평양 진출을 막기 위해 일본을 지원하고 미국의 루스벨트 대통령은 필리핀 식민지를 유지하기 위해 일본과 비밀 조약인 카츠라-태프트 협약을 맺고 일본이 대한제국을 식민지로 만드는 것을 양해했다.

---

1 "시목사 편지", 「신학월보」 4권 7호 (1904년 7월), 292.

그 결과 1905년 을사늑약으로 한국은 일본의 보호국이 되었다. 30,000명 의병이 국권을 위해 목숨을 바친 4년간의 의병 전쟁과 교회와 개신유학 세력이 힘을 합해 전개한 애국계몽운동으로 한일합병은 다소 연기되었으나 결국 1910년 한국은 일본의 식민지가 되었다. 이 위기의 땅에 '천국'이 침투한 사건이 부흥운동이었다.

두 번째 중요한 역사적 배경은 세계적인 부흥운동이었다. 웨일즈 부흥, 인도 부흥, 미국 로스앤젤레스의 아주사 스트리트 부흥을 비롯해 세계 여러 곳에서 성령의 강력한 역사가 일어나 20세기 '가장 위대한 기독교 세기'의 문을 열었다.[2]

원산 부흥(1903년)

한국 개신교의 첫 부흥인 1903년 원산 부흥은 한 여자 선교사의 간증과 한 남자 선교사의 회개로 시작되었다. 시작은 미미했으나 진실했다. 중국에서 일하던 남감리회 여자 선교사 화이트(Mary Cutler White) 양은 여름에 원산에서 피서하면서 매컬리 등 여자 선교사들의 성경 공부 모임 겸 기도회를 열고 1900-1901년 의화단사건 이후 중국교회가 당한 핍박과 선교사들의 희생과 중국 교인들의 순교를 간증했다. 이들은 하디(Robert Hardie) 목사를 강사로 초빙했다. 하디 목사는 강의를 준비하면서 자신과 자신의 사역을 뒤돌아보게 되었다.

---

[2] Sung-Deuk Oak, "The Azusa Street Revival, 1906-1909: Its Characteristics and Comparison with the 1907 Great Revival in Korea," In Won-mo Suh ed., *Protestant Revivals in the 20th Century and Pyongyang Great Awakening Movement* (Seoul: Presbyterian College and Theological Seminary, 2006), 353-411.

▲ 화이트 양 [Oak]　　　▲ 하디 목사

부흥 직후에 쓴 하디의 보고서를 보면 '데겔'(Tekel)이라는 단어로 시작한다.[3] "저울에 달아보니 무게가 모자랐다"(단 5:25-27)라는 뜻이다. 하디 목사는 수년간 전도했으나 사역의 열매는 거의 없었고 이미 개종한 자들도 교회를 떠나고 있었다. 선교사로서 가장 힘든 시간을 보내던 그는 1903년 여름 선교사 수양회에서 말씀을 연구하며 기도하던 중 하나님의 영성의 저울에 함량이 모자란 것, 곧 영적 능력의 부족이 사역의 실패 원인임을 발견했다. "이는 힘으로 되지 아니하며 능력으로 되지 아니하고 오직 나의 영으로 되느니라"(슥 4:6)라는 말씀대로 그는 아무리 열심히 노력해도 "성령의 현존과 능력이 함께하지 않으면 헛될 수밖에 없음을 확신"하게 되었다.

약속하신 성령의 충만을 받은 하디는 선교사들 앞에서 자신의 영성 부족과 교만을 고백했고, 이어서 한국 교인들 앞에서 자신의 영적 능력 부족으로 그동안 사역이 실패했으며 또한 서양 선교사로서 교만했던 것과 인종주의에 사로잡혀 한국인들을 무시하고 깔보았던 잘못을 솔직히 가슴

---

3 "R. A. Hardie's Report," *Minutes of the Seventh Annual Meeting of the Korea Mission of the Methidist Episcopal Church, South, 1903* (Seoul: Methodist Publishing House, 1903), 25.

으로부터 고백하고 용서를 빌었다. 한국 교인들은 콧대 높은 선교사가 겸손히 회개하는 것을 보고, 무엇이 진정한 회개인지 눈으로 보게 되었고, 회개에 뒤따르는 하나님의 용서와 성령 충만한 복을 하디 목사에게서 보았다. 지도자가 먼저 회개했을 때, 목사가 겸손히 용서를 빌었을 때, 교인들도 공개적인 회개를 시작했다. 이것이 1903년 여름 원산 부흥의 시발이었다. 1903년 원산감리교회의 하디 목사에게서 시작된 부흥운동은 감리교회 운동에서 1906년부터 장로교회까지 확산되어 1907년 1월 평양 대부흥에서 그 절정에 이르고 한 해 동안 거의 모든 교회로 파급되었다.

대부흥운동의 특징과 긍정적 영향

1) 머리 신앙에서 가슴 신앙으로

중요시하던 체면을 아랑곳하지 않고 공개적으로 자신의 죄를 회개하고 거듭나는 체험적 신앙으로 바뀌었다. 성령의 도우심으로 회개와 중생이라는 기독교 복음의 핵심을 체험하고 개인이 변하자 가정과 사회가 변하게 되었다. 대부흥은 한국 복음주의 기독교의 패러다임을 형성했다. 성경 공부와 성령의 역사를 통한 회개와 중생, 주일 성수와 가정 예배, 적극적인 전도 활동이 그리스도인의 표지가 되었다.

나아가 기독교 개인과 가정의 윤리가 형성되었다. 육체의 일을 버리고 성화와 성결의 삶을 살게 되었다. 첩을 둔 자들은 첩에게 재산을 주어 정리하고, 종을 해방하는 자들이 늘어났으며, 훔친 돈은 양심전(良心錢)이란 이름으로 원래 주인에게 찾아가 되돌려주고, 미워한 자를 찾아가 화해하는 운동이 일어났다. 아내를 하나님이 주신 동등한 배필로 대우하고 아이를 하나님의 자녀로 키우고 교육해야 한다는 기독교 가정 운동이 일어났다.

2) 분리와 차별에서 화해와 평등으로

기독교 사회 윤리는 막힌 담을 헌다. 여기에는 네 가지 차별―계급 차별, 인종 차별, 지역 차별, 남녀 차별―의 철폐가 시작되었다. 첫째, 계급 차별 완화로 교회에서 양반과 상놈이 같이 앉게 되었고 백정이 집사나 장로로 선출되었다. 서울 승동교회 백정 박성춘은 장로가 되었고 그 아들 박서양이 의사가 되어 양반가와 사돈을 맺었다.

둘째, 인종 차별 완화로 선교사들은 이전에 한국인이 고상한 그리스도인의 생활을 할 수 없다고 보았으나 부흥운동 통해 한국인이 보여준 깊은 영성과 윤리 의식과 교회와 전도를 위한 희생과 헌신을 보고 동서양이 다르지 않으며 오히려 한국 교인이 미국 교인보다 헌금, 전도, 예배 참석 등 여러 면에서 더 뛰어나다고 칭송했다. 이는 일본이 미국 언론을 이용해 한국인은 무능하고 게으르며 정부는 부패했다는 부정적인 이미지 생산을 통해 식민지가 될 수밖에 없다는 운명을 선전하는 것에 반대하는 반대 운동이기도 했다. 선교사들은 오히려 한국이 아시아의 첫 기독교 국가가 되어 중국과 일본을 복음화하는 전략 국가가 될 것으로 보았다.

셋째, 지역 차별이 완화되었다. 500년간 서울에 차별받던 평양이 기독교 중심지가 되고 한국인 목사가 서북 지방에서 배출되면서 새로운 지도자층을 형성했다. 평양 사람들은 이를 천국 벼슬이라고 불렀고 차별받던 서러움이 해소되기 시작했다.

넷째, 남녀 차별 완화로, 개종한 남편은 '예수쟁이'로 불렸는데, 외출할 때 아내와 같이 가고 한 상에서 밥 먹고 자녀 양육도 같이 책임졌기 때문이다. 딸도 하나님의 선물이므로 잘 교육하여 여자 선교사들처럼 의사와 교사로 키우자는 여학교 운동이 일어났다.

3) 주변 전도에서 타 문화권 선교로

대부흥은 해외 선교 운동으로 연결되었다. 1905년부터 평북 교회들은 서간도에, 함경도 교회들은 북간도에 전도인을 파송하여 한국인들을 대상으로 선교했다. 1907년 장로회 노회가 조직되었을 때 노회는 안수를 받은 첫 목사 7명 가운데 이기풍 목사를 제주도 첫 선교사로 파송하여 한국교회 해외 선교 시대를 열었다. 선교를 위해 목사의 7분의 1을 드렸다. 감리회도 1910년 손정도 목사를 만주 선교사로 파송했다. 부흥운동은 선교 운동과 함께 갔다.

4) 교파주의에서 교회 연합으로

대부흥운동 기간에 장로교 감리교 연합운동이 절정에 이르렀다. 웨슬리안주의와 칼뱅주의를 넘어 하나의 '대한예수교회'를 세우자는 운동이 강하게 일어났다. 비록 미국 본국 교회들의 반대로 성사되지는 않았지만, 전도, 의료, 교육, 문서, 여성 사업 등에서 연합하여 선교지 분할, 연합 성경, 연합 찬송가, 연합 신문, 연합 병원, 연합 대학, 연합 서회 등을 이루어냈다. 이 전통은 한국교회 연합을 위한 강력한 유산이다. 부흥운동이 에큐메니컬 운동으로 나아가야 할 당위성도 이 유산에서 찾을 수 있다.

5) 서구 교회에서 한국교회로

대부흥 기간에 토착적인 한국 기독교가 형성되었다. 이때 미국 기독교와 중국 기독교가 아니라 한국의 종교 문화 토양에 맞는 한국적 개성을 지닌 새로운 한국적 기독교가 산출되었다. 토착적인 기독교 의례로 새벽기도, 통성기도, 철야기도, 금식, 산기도, 추도회 등이 만들어졌다.

전도를 위한 헌금으로 날연보와 성미도 드려졌다. 1907년 9월 대한예수교장로회 독립 노회를 조직하고 7명의 첫 한국인 목사를 장립 안수한 것은 한국교회 자치를 위한 획기적인 사건이었다. 감리교도 1901년 집사 목사를 임명한 후 한국인 목회자를 계속 배출했다.

6) 지도력이 선교사에서 한국인 목회자로 이동하기 시작

한국 근대사에서 하늘이 열리는 경험, 하나님의 음성을 듣는 경험을 하고 성령 운동, 평양 대부흥을 이끈 인물은 길선주였다. 그는 가난하고 한 눈이 멀었으며 사회 불의에 눌린 자였고 한때 도교에서 진리를 추구하고 하나님을 만나려고 했으나 실패한 후, 청일전쟁 피란 기간에 개인의 건강과 행복을 추구하는 선교로는 민족적 위기를 구할 수 없으며 나라가 망하면 개인도 피폐하게 된다는 것을 뼈저리게 느꼈다. 그는 현실 세계에 대한 염세주의와 개인적 영성을 넘어서는 종교의 민족적 차원을 찾기 시작했다. 그 결과 기독교에서 육체의 눈과 영의 눈을 뜨고 하나님을 만났다. 길선주의 영성은 선교사보다 깊었고 그의 설교는 선교사들보다 더 강력했다. 부흥 설교는 한국인의 정서를 움직일 수 있는 한국어 설교가 더 강한 효과를 발휘했는데, 부흥회를 통해 한국인 설교자들의 지도력이 계발되고 향상되었다.

7) 한국교회 무게 중심이 서울에서 평양으로

대부흥이 마무리되자 평양은 한국 개신교의 중심지로 자리 잡았고 평양은 1945년 해방 이전까지 그 지위를 지켰다. 부흥운동 이후 교인 2/3와 목사 대부분이 평안도와 황해도에 존재했다. 평양시의 경우 벌써 1907년에 축호 전도가 다 이루어졌고 '기독교 도시'로 불리기 시작해서 1920년대에는 동양의 예루살렘으로 불렸다. 1910년대에는 평양에서 제주도, 만주, 시베리아, 중국 산동 반도에 선교사를 보냈다.

한편 평양 지도력의 대두는 서울 경기도의 유교 양반이 지배하던 조선 시대에 새로운 기독교 지도 계층의 대두라는 사회사적 의미가 있었다. 500년간 차별받던 서북 상놈들이 민족 지도자로 등장했고, 1911년 데라우치 총독 암살 음모 사건에서 유죄 판결을 받은 대부분의 민족주의자가 서북 지방인이었으며, 1919년 3.1운동 때에도 절반 이상의 지도자가 서북 교회에서 나왔다.

▲ 평양 모우리 목사 시찰 내 52개 주일학교 여자 반사 사경회(1907년 10월) [Oak]

대부흥운동의 부정적 영향

1) 정교분리 문제

선교사 중에는 서울의 헐버트와 같이 적극적인 정치 참여 신학을 가지고 반일 운동을 한 자도 있었고 평양의 장로교 의사 웰즈나 북감리회 해리스 감독처럼 노골적으로 일본의 한국 식민지화를 찬양한 선교사도 있었지만, 대부분은 그 중간 노선을 유지했다. 곧 정교분리라는 이름으로 정치에 직접 관여하지는 않았지만, 근대화된 일본이 한국을 통치하는 것을 환영했다. 한국교회가 부흥운동과 함께 교회 조직기에 들어가면서 선교사들은 교회를 유지하기 위해 공식적으로는 비정치화 노선을 택했다.

한국 교인들의 신앙 노선은 진보와 보수로 양분되기 시작했다. 먼저 애국계몽운동과 항일 민족운동에 참여한 기독교 민족주의 우파가 형성되었다. 이들은 애국계몽운동에 참여하여 나라를 구원하는 사회정치 윤리를 정립해나갔다. 전국적으로 구국 기도회가 실시되었고 국채보상운동을 전개했다. 특히 여자 교인들은 성미회 운동, 금은 가락지와 비녀를 바치는 탈환회 운동을 전개함으로써 애국 부인의 상을 형성했다. 구국 비밀 결사인 신민회도 그리스도인이 주도했으며 각종 교육회가 조직되었다. 다만 무력 투쟁인 의병 운동에는 반대했다. 하지만 시장세 반대 데모, 을사늑약 반대 상소 운동, 항의 거리 데모에는 참여했다.

이와 달리 소수의 과격한 기독교 민족주의 좌파가 활동했다. 이들은 을사오적 암살이나 친일파 제거 운동을 테러로 보지 않고 국권 수호 차원의 '정당방위'와 '저항', 곧 일제 침략에 대한 국권 회복 차원의 개념으로 보고 매국노 '처단'에 참여했다. 테러란 불특정 다수의 민간인을 대상으로 한 공격이지만, 레지스탕스란 침략의 원흉이나 대표자에 대한 응징을 말한다. 이는 본회퍼가 히틀러 암살을 계획하며 술 취한 운전사에게 운전을 맡기는 것은 우리 모두의 죄악이라고 본 것과 상통하는 견해다. 1905년 전덕기와 정순만은 을사오적을 처단하기 위해 평안도 장사들을 모집했다. 정재홍은 이토를 살해하려다 실패하자 자결했다. 샌프란시스코에서 1908년 3월 장인환과 전명운은 친일 외교관 스티븐스를 저격 살해했다. 1909년 10월 우연준은 동양 평화를 위해 안중근과 함께 독립군의 일원으로 이토 히로부미를 살해했다. 신민회 회원이던 청년 이재명은 1909년 12월 명동에서 이완용을 칼로 죽이려고 했으나 상해만 입히고 실패했다.

이상의 민족주의에 대해 점차 사회 개혁이나 나라의 독립보다 사후 천당만을 바라보는 도피적 신앙도 자라나게 되었다. 이로써 교회 보존과 개인 영혼 구원을 중시하는 부흥운동 노선, YMCA를 중심으로 하는 애국계몽교육 운동 노선과 항일 운동을 통해 민족 구원을 추구한 신민회 노선, 그리고 이렇게 발전하면서 기독교 운동의 세 가지 노선 사이에 분리가 일어났다. 마지막 노선의 그리스도인은 만주와 시베리아에서 의병 잔류 세력과 손잡고 기독교 무장 독립운동을 발전시켰다.

2) 부흥회 유형의 신앙

1935년 길선주 목사가 설교 중에 사망하고 장례식이 끝난 후 김교신은 한국교회에 부흥회가 그 나름대로 공헌한 부분을 인정하면서도 이후의 기독교는 부흥회적 신앙 형태, 곧 '성신 타입' 신앙을 극복해야 한다고 주장했다. 그는 1920년대부터 한국교회 부흥회가 인위적인 집단 흥분 상태를 조장해서 감정적인 '성신 열병 환자'를 양산한 것을 비판하고, 성령이란 전적으로 하늘에서 임하는 것으로 인간이 조작할 수 있는 것이 아니며, 윤리적인 행위가 동반하지 않는 죄의 고백은 "마귀 하나를 쫓아낸 후에 일곱 마귀가 도로 들어와 거하는" 것과 같으므로 냄비가 끓듯이 '부흥회'에 의해 일시적으로 뜨거워졌다가 식어버리는 종교심은 신앙생활 속에 반영되기 어렵다고 비판했다. 김교신은, 부흥의 불만 바라는 자들은 현실을 떠나 도피하는 신앙인이 되고 현실의 불의나 허위에 대해 개혁하는 예언자적 책무를 외면한다고 엄중히 비판했다. 특히 그는 성신 타입 신앙의 비이성적·반학문적 태도를 강하게 비판하고 1936년 2월 『성서 조선』에 다음과 같이 썼다. "금후 50년은 이성의 시대이며 연구의 시대다. 우리는 냉수를 끼쳐 열을 식히면서 학구적인 양심을 배양하며 학문적 근거 위에 신앙을 재건할 시대에 처해 있다. 지난 50년간 조선 기독교가 대체로 성신 타입이었다면 금후에는 '학구 타입'이 되기를 우리는 기대한다. 학문과 신앙이 완전히 합금을 이룬 것이라야 금후에 닥쳐올 순교의 시대에 능히 견디어 설 것이다."⁴ 그러나 이후 한국교회 50년은 거듭된 전쟁과 분단, 독재 정치 등 외부 상황과 내부의 부흥회 타입이 서로 합금하여 성장은 했지만 이제 그 비만 성장의 합병증이 여러 곳에서 드러나고 있다.

3) 부흥 환원주의

부흥 집회를 만능 열쇠로 생각하는 이들은 한국교회의 물량주의, 분열, 개교회주의, 세습 문제, 윤리성 부재, 사회 영향력 상실 등의 여러 가지 문제를 인위적인 부흥운동으로 해결할 수 있다는 신화적 담론을 생산하는 자들이다. 작금의 부흥 집회를 보면 행사 과잉으로 기존 문제들을 재생산하고 있다. 부흥운동이 아니라 부흥 공연(performance)이 넘친다. 그 배후에는 어떤 '공연'을 하면 그대로 어떤 일이 일어나리라고 믿는 굿판의 주술 의식이 자리 잡고 있다. 1907년 어간에 무당들은 일본의 지도를 삶거나 불에 태우는 굿을 하기도 했는데, 그들은 그렇게 하면 일본이 망하리라는 주술적 신앙을 가졌다. 지금도 부흥 '운동' 집회를 행사로 연기하고 공연하면 그것이 공적(功績)이 되어 교회가 자동적으로 성령 충만하고 거룩해지며 성장하리라는 주술적이고 흥행적인 사고가 사라지지 않았다.

4) 지리 경건(geo-piety)과 지리 정치(geo-politics)의 결합

2000년대 한국교회의 통일 운동과 "1907년 대부흥 어게인(Again)" 운동에는 건강하지 못한 지리적 경건이 자리 잡고 있었다. '지리 신앙심'이란 특정 지역을 이상적이고 로맨틱하며 공상적 공간으로 재창조하는 것이

---

4   김교신, "금후의 조선 기독교", 『김교신 전집 1』(부키, 2001), 124.

다. 대표적인 경우가 19세기 영미 개신교인들이 팔레스타인 땅을 성경의 성지와 동일시하고 그곳에 거주하던 팔레스타인인들(이들 중 일부는 그리스도인)의 권익은 돌보지 않고 유대인 시온주의를 지지하여 현재 이스라엘 정부를 수립하도록 한 것이다. 그리고 이 세속적 이스라엘 정부를 성경의 이스라엘과 같게 보았는데, 현재 상당수 한국 교인도 그런 시각을 가지고 있다. 그래서 '성지 순례' 관광지엔 한국인으로 넘치고 성지를 상품으로 파는 이도 많다. 그 땅을 성경의 성지라는 고고학적 눈으로 보고 그곳에서 고고학적 유물을 찾아 유물을 소유하려는 시각도 이에 속한다. 성지의 지도와 사진을 팔고 관광으로 돈을 버는 상업주의가 바로 이 지리적 경건과 땅 신앙심을 재생산하고 이용한다.

한국 복음주의 개신교는 북한 지역을 하나의 '텅 빈' 공간으로 그리면서 기독교 선교를 통해 채워 넣어야 하는 공간으로 만들었다. 동시에 과거 '동방의 예루살렘'이었던 평양의 이미지를 미화하고 이상화해서 과거의 영광을 재현하는 평양 선교와 북한 선교의 이미지를 만들었다. 오래전부터 한 북한 선교 단체는 북한 지도에 해방 이전에 존재했던 수천 개의 교회를 십자가로 표시하고 그 교회들을 재건하는 운동을 펼쳐왔다.

평양 장대현교회 재건 운동도 그와 같은 지리 경건, 명당 신앙이다. 재건 운동을 펼치는 이들은 그 장대현 예배당을 재현하면 과거 부흥이 재현될 수 있다는 환상을 사람들에게 심어준다. 평양 양각도의 과학기술대학 건설 모금 운동을 보면, 그 주최자들은 기초 공사 과정에서 토마스 목사 순교 기념 예배당 대지 일부가 발굴된 것이 하나님의 섭리라며 과기대학이 바로 그 예배당을 세운 평양 교회의 정통성과 토마스 목사 순교의 전통을 잇는 학교라는 환상을 심어주려고 노력했다. 그래서 그들은 제너럴셔먼호가 평양까지 침략해서 민간인 7명을 살해한 행위 등은 무시하고 1866년 토마스 목사가 '순교'의 피를 뿌리면서 성경을 전하고 전도한 것이 1907년의 부흥의 씨앗이 되었다고 해석하며 그 부흥을 장대현교회 재건과 평양과기대 건축으로 연결했다. 이 세 사건―1866년 제너럴셔먼호 사건, 1907년 대부흥, 2006년 장대현교회 건축이나 과기대 건설―사이에는 아무런 역사적 연관성이 없다. 사실 토마스의 죽음을 순교로 미화한 것은 그가 죽은 지 60년이 지난 후인 1920년대 중반 '동방의 예루살렘'으로 자처한 평양 교회가 한국교회에서 교권을 잡고 그 세력과 근본주의 신학을 유지하기 위해서 기념예배당을 건축하고 전기를 발간한 역사화 작업의 결과였다. 그 이전에는 한국교회가 토마스의 죽음을 순교로 보지 않았다. 1907년 대부흥이 일어났을 때 그것을 토마스의 죽음과 연결한 자는 없었다. 그러나 1920년대 중반 이후 평양 교인들은 사회주의자들의 반기독교 정서에 대항하기 위해서 평양 성지화 프로젝트를 시작했고 해방 이후 서북 교인들이 월남하여 다시 교권을 잡으면서 그 역사 이해는 계속되었다.

지난 10여 년간 개신교 교단들은 평양 공간의 거룩성과 역사성을 선점하기 위해서 노력해왔다. 2007년 1월 평양 방문을 신청한 기독교 단체가 100개가 넘었고 북한 당국은 그 가운데 가장 많은 돈을 낼 수 있는 단체와 거래를 시도했다. 그러나 현실의 평양은 '예루살렘' 성지가 아니다. "평양 대부흥 어게인"은 부흥에 관심이 있는 것이 아니라 한국교회의 성장주의, 건물주의, 공간주의의 욕망을 평양에 옮겨놓고 세를 과시하고 한 건 올리려는 성과주의만 드러낸 것이다. 그것은 각 교단이 평양의 과거를 '소유'하고 선점함으로써 현재 미약한 신앙의 정체성을 덮고 교권의 정당성을 확보하려는 의도에 불과했다. "평양 대부흥 어게인"을 외친 이들은 선교의 이름으로 통일 운동의 명분 아래 평양에 '신앙'을 주는 대신 '돈'을 주었다. 한때 통일 운동에 미온적이었던 보수 교단들은 그 콤플렉스를 극복하기 위해서 선교 지상주의를 통일 지상주의와 결합하여 북한 선교에 나서지 않았는지 반성할 일이다.

5) 교회 성장 환원주의와 기복주의

현재의 부흥운동은 성령 충만한 결과를 개인의 축복과 교회 성장으로 축소 환원하고 있다. 그러나 사도행전을 쓴 누가는 복음서 4:18에서 "주의 성령이 내게 임하셨으니 이는 가난한 자에게 복음을 전하게 하시려고 내게 기름을 부으시고 나를 보내사 포로 된 자에게 자유를, 눈먼 자에게 다시 보게 함을 전파하며 눌린 자를 자유케 하고"라고 기록했다. 지상에서 전투하는 교회는 그리스도의 영에 따라 복음을 전하고 자유를 주며 광명을 주기 위해 존재한다. 성령 충만의 결과는 일차적으로 갈라디아서 5장 말씀처럼 하나님 앞에서 나 자신을 깨끗하게 하는 개인적 성결이고, 사도행전 1장처럼 복음의 선포와 증언이며, 누가복음 4장처럼 이웃에게 사랑을 전하고 자유와 평화의 희년을 건설하기 위해 투쟁하는 사회 성결의 하나님 나라 운동이다.

진정한 부흥을 바라며

부흥은 성령 사건이고, 성령은 그리스도의 영이며, 그리스도는 구약의 세 가지 직분을 완성하신 메시아다. 메시아의 3중직은 제사장, 왕, 예언자다. 이는 우리 그리스도인의 이상적 인간형이기도 하며 팔복이 말하는 복된 삶이기도 하다. 1) 제사장은 가난한 마음, 애통하는 마음, 깨끗한 마음으로 하나님께 나아가지만, 근본적인 인간의 죄성과 세상의 악을 하나님만 치유할 수 있다고 믿고 기도하는 예배자다. 예배(worship service)는 종이 되는(servanthood) 훈련장이다. 2) 왕은 지혜로 하나님이 만드신 창조 생태계와 인간 사회의 질서와 평화를 다스리고 지키고 연구하지만 궁극적으로 하나님의 통치와 평화를 바라는 지도자(leadership)의 삶을 산다. 3) 예언자는 정의에 주리고 목말라 정치와 제도와 교회의 부패와 부정의와 불공평과 차별을 보면서 타협하지 않고 때로는 순교까지 각오하고 권위 있게 하나님의 말씀을 선포하고 매일의 삶 속에서 증인으로 사는 순교(martyrdom)의 삶을 산다. 이 세 가지를 통합해서 그리스도의 분량까지 자라는 것이 진정한 부흥이다.

성경은 지혜와 예언과 묵시의 세 가지 전통을 통전적으로 결합한다. 첫째, 지혜자의 삶이다. 정상적인 사회에서 우리는 지혜와 지식으로 하나님이 맡기신 생태계를 다스리는 청지기로 산다. 일상적으로 우리는 질서 유지자, 사업 경영자, 가족의 일원으로 산다. 둘째, 예언자의 삶이다. 청지기들이 불의한 길로 가서 공동체가 위기에 빠질 때 그리스도인은 이를 고발하고 하나님의 말씀을 선포하는 예언자로 산다. 기존 질서에 대한 비판자, 감시자, 충고자, 변혁자, 직원, 노조원, 자녀로서 '지금 여기'에서 정의 실현을 추구한다. 셋째, 묵시자다. 세계 질서가 흔들리고 문명사적 전환기에 범지구적인 위기를 당할 때 종말의 새 하늘과 새 땅의 계시를 본 자들은 하나님의 왕국에 관한 소망을 전하는 꿈꾸는 자로 산다.

부흥을 바라는 그리스도인은 이 삼중적인 삶의 양상을 통합하며 산다. 때로는 지혜가 필요하고, 때로는 예언이 필요하며, 어떤 때는 묵시가 필요하지만, 셋이 분리된 것은 아니다. 개인의 삶도 일반적으로 보면 청년기의 예언자 시기, 중년기의 지혜자 시기, 노년기의 예배자 시기가 있지만, 이 셋이 함께 가고 통합될 때 부흥의 삶이 회복된다. 천지인의 세 관계 속에서 보면 성령께서는 바른 관계를 회복시킨다. 하나님 앞에서 단독자, 신자 간 동역자, 사회에 대한 개혁자, 물질 자연에 대한 청지기로서 사는 것이 성령으로 사는 자다.

110년 전 평양에 성령이 쏟아부어졌을 때 사람들은 통곡하고 회개하며 나라가 망하고 사회가 어지러운 것이 모두 자신들의 죄 때문이라고 울며 하나님 앞에서 단독자로 회개하고 하나님의 도움을 구했다. 성령을 모신 거룩한 성전이 된 그들은 주색잡기를 끊고 우상과 첩을 버리며 더러운 육체의 일을 버렸다. 일치의 영을 받은 그들은 동역자로서 장로교 감리교를 넘어선 예수교로 하나 되자는 운동을 펼쳤다. 질그릇에 거룩한 보물인 복음을 담은 자들은 날연보를 바치며 전도와 선교에 나섰다. 그들은 개혁자로서 한국 사회의 개혁, 교육 운동, 절제 운동, 민족운동에 참여했다. 그리고 그들은 전쟁과 기근과 전염병의 창궐과 국가 멸망의 파국 앞에서 하나님 나라를 소망했다.

110년 전 대부흥은 한국교회를 세웠다. 그러나 1920년대 이후 변질된 부흥운동에 물든 한국교회는 신사에 절하고, 해방 후에는 권력과 돈에 절하고 말았다. 다시 한번 약한 모습, 깨어진 모습, 과거의 죄상을 솔직히 드러내어놓고 회개하는 자리로 내려갈 때, 질그릇 같은 우리에게 하나님의 심히 큰 능력이 임할 것이다.

58
'한국의 시온성' 선천의 부흥
날연보의 시작(1906년)

20세기에 접어들면서 한국교회가 폭발적으로 성장하자 중국의 일부 선교사들은 그것이 거품이라고 일축했다. 예를 들면 평안북도 선천(宣川) 선교지부의 경우 1901년에 75명이던 세례교인이 5년 만에 1,435명으로 늘어나 해마다 배가한 것으로 보고되었으므로 그것을 '거품'으로 간주할 수 있었다. 사실 1903년에 선천읍 주민 5,000명 가운데 10%인 500명이 벌써 교회에 나오고 있었고 3년 후에 교인 수는 주민의 20%에 가까운 1,400명을 넘었다. 주일과 장날이 겹치면 장날이 서지 못했던 곳이 바로 선천이었다. 과연 초기 한국교회의 성장은 거품이었을까? 아니라면 어떤 면에서 그것은 단순한 수적 성장이 아닌 질적 성숙을 동반한 성장이었을까? 뒷날 '한국의 시온성' 혹은 '한국의 에든버러'로 불린 선천교회의 성장과 부흥을 중심으로 초기 한국교회가 급성장한 이유를 살펴보고 오늘 우리에게 필요한 진정한 성장과 바람직한 부흥의 모습을 살펴보자.

▲ **평양의 남자 선교사들(1898년)**
[Moffett]
리, 마페트, 베어드, 헌트, 웰즈, 그리고 선천의 개척자 위트모어

선천 기독교의 시작과 급성장

1905년 4월 경의선 철도가 개통되고 근대 문명의 상징인 기차가 4월 28일 선천역을 통과하면서 선천은 유명하게 되었다. 그 이전 선천은 압록강 국경 도시 신의주에서 90리 남쪽에, 그리고 평양에서 북쪽으로 약 350리 지점에 있는 인구 3,000명의 성벽이 없는 작은 읍이었다. 별다른 일이 없었기 때문에 그곳은 관청에 돈을 내고 허락을 받은 평북 전역에서 모인 100여 명의 전문 노름꾼이 한 달 이상 노름판을 벌이는 노름의 도시였다.[1] 그러나 일제가 1904년 2월 러일전쟁을 시작하면서 전쟁을 수행하기 위해 1904년 3월부터 서울-의주 간 철도를 부설하기 시작하여 1905년 4월에 경의선을 개통했는데, 선천 역을 통과하는 기차 기적 소리와 함께 선천은 세속사적 측면에서 중요하게 되었고 인구도 곧 배로 증가했다.

러일전쟁 기간 선천에서는 큰 전투가 없었으나 러시아 군대와 일본 군대가 차례로 지나갔고 50리 북쪽 용천 전투에서 들리는 대포 소리는 선천 주민의 간담을 녹였다. "왜귀는 철마(기차)를 타고" 왔다는 말이 있듯이 일본 대포 소리에 중국 귀신, 조선 귀신은 혼비백산 도망갔고 1905년 11월 18일 을사늑약으로 한국은 일본의 식민지로 전락했다. 정치 사회적으로 보면 전쟁과 전염병과 나라가 망하는 총체적 위기와 고난 속에서 의지할 곳 없는 백성들이 기독교와 선교사의 정치적 힘을 의지하여 생명과 재산을 보호하기 위해서 교회에 왔지만, 상당수는 신앙을 바탕으로 애국계몽운동을 하면서 독립된 근대 국가를 만들기 위해서 기독교에 입교했다.

철도가 들어가기 전에 선천의 지리적 중요성을 간파한 장로회 선교사들이 1901년에 이주하고 선교지부를 개설하면서 선천은 교회사적으로

---

[1] "Notes and Letters from the Field," *Assembly Herald* (Nov. 1902): 445.

중요하게 되었다. 선천 땅을 제일 먼저 밟은 선교사는 언더우드 부부였다. 그들은 1887년에 신혼여행을 구실로 서울부터 의주까지 북한 전도 여행을 하면서 선천을 거쳐 의주를 방문하고 의주의 남자 신자 33명을 이끌고 압록강을 건너가 세례를 주었다. 이때 백홍준의 사위였던 김관근(金灌根, 1864-1913)이 세례를 받고 장인의 전도 사업을 도왔다. 이후 아펜젤러, 게일과 마페트, 스크랜턴 등이 차례로 선천을 거쳐 의주를 방문했다.

그러나 선천 지역 전도를 시작한 이는 선천의 첫 교인인 양전백(梁甸伯, 1870-1933)과 조규찬(趙奎燦)이었다. 양전백은 의주 출신의 한학자로 인근 구성(龜城)읍에 이사하여 서당 훈장을 하던 자였다. 한때 의주의 이정로의 문하에서 유학의 경서 연구에 몰두하기도 했으나 1892년 김관근의 전도와 권유로 서울에서 열린 조사 사경회에 참석하고 개종했다. 양전백은 1894년에 마페트 선교사에게 세례를 받았고, 1896년에는 위트모어의 조사가 되었으며, 1902년 2월 남자 사경회 때 장로로 장립되었고, 평양신학교에 입학하여 1907년 장로교 첫 목사 7인의 한 명으로 장립을 받고 1908년 여름 선천읍교회 동사목사로 임명되었다가 1909년 3월에 담임목사가 되었다. 이때 선천교회의 오전 주일학교에 등록한 교인은 2,000명이었다. 그는 이후 평북 지역의 교회와 민족 지도자로 헌신했는데 양전백은 선천교회와 신성학교의 터를 닦고 집을 세운 기둥이었다. 조규찬도 "선비로 공맹의 유전을 공부하여 지명하던 문사로 발전하더니 예수를 믿은 후로 상주의 은혜를 많이 받아" 주변에 전도한 결과 믿는 사람이 늘어 선천에 회당을 정하고 주일예배를 시작했던 자였다. 이처럼 선천의 두 지도자는 양반 선비 출신이었다.

▲ 양전백, 길선주, 송인서(1907년)
[Oak]

선천에 교회가 시작된 해는 1897년이었다. 이 해 가을에 평안북도 첫 선교사로 임명받은 위트모어(Norman C. Whittemore, 魏大模, 1870-1952) 목사가 조규찬과 양전백의 도움을 받아 집 한 채를 매입하고 선교를 시작했다. 위트모어는 뉴욕 파크대학, 그린위치 대학을 거쳐 예일 대학교를 졸업(1892)하고 뉴욕 유니언 신학교를 졸업(1895)한 후 예일 대학교에서 박사과정을 공부하다가 선교사로 헌신하고 1896년 10월에 총각으로 한국에 왔다. 그의 헌신과 지도력을 인정한 한국선교회는 그를 평안북도의 개척 선교사로 임명했다. 위트모어는 1899년에 읍의 남쪽에 집 한 채를 매입하여 예배 처소로 사용했다.

1901년 9월 한국 장로교회 선교회는 교인이 많은 의주 대신 선천에 선교지부를 개설하기로 정했다. 이는 의주가 국경에 가깝지만, 선천이 많은 지역을 쉽게 관리할 수 있다는 전략적 판단 때문이었다. 10월에 위트모어 목사와 샤록스 의사 부부가 선천으로 이주하면서 선교지부가 정식 개설되었다. 샤록스(Alfred M. Sharrocks, 謝樂秀, ?-1919) 의사는 샌프란시스코 출신으로 미주리의 파크 대학을 졸업했고 1899년 내한하여 제중원 의

학교 교수로 잠시 일하다가 평양으로 전임했으며 곧 선천에 파송되었다. 선천 선교지부는 박천에서 정주, 선천, 용천, 의주를 거쳐 압록강 변의 삭주, 구성, 강계 지역을 담당했다.

1901년 10월에 레크(George Leck) 목사 부부가 파송되었고 12월에는 체이스(Marie L. Chase) 양이 도착했다. 그러나 레크는 압록강을 따라 눈보라 속에서 걸어서 강계까지 전도하고 돌아오는 길에 천연두에 걸려 1901년 성탄절에 운산광산 병원에서 사망했다. 사역 1년 만에 평북 선교를 위한 첫 제물이 되었다. 그가 벽동에서 전도할 때 65살 된 풍수 지관이 책을 다 불사르고 40리를 걸어와서 학습을 받는 일도 있었다. 한편 미국 공사관 서기로 근무하다가 대한제국의 내부 고문이 된 샌즈(W. F. Sands)가 의주까지 여행하다가 장티푸스에 걸렸는데 샤록스 의사가 치료하자, 그때까지 기독교에 대해 반감을 품고 있던 선천 현감은 샌즈가 "고종 앞에 서 있던" 자라는 사실 때문에 갑자기 태도를 바꾸어 친기독교적인 태도를 보였다.

1902년 여름에 콜레라가 창궐했는데 선천에는 사망자가 없었다. 의사들의 지시대로 집 안팎 위생과 청결을 시행한 덕분이었다. 1902년 10월에는 컨즈(Karl E. Kearns) 목사 부부와 간호사 쉴즈(Esther L. Shields) 양이, 11월에는 맥코믹 신학교 출신의 로스(Cyril Ross) 목사 부부가, 1903년 10월에는 새뮤얼(Jane Samuel) 양이 파송되었다. 1902년 7개의 순회 구역이 정해졌는데 선천-구성 중앙 구역은 양전백 조사, 선천 동부는 강재근 조사, 용천-철산은 정기정 조사, 의주와 서부는 김창근 조사, 의주 동부는 김관근 조사, 삭주, 창성, 벽동은 한덕룡 조사 등이 맡았고 강계 구역이 있었다. 전도부인 김기반(金基盤)은 주로 불신자 전도를 담당했으며 주일학교 여자반 건물을 헌납한 선천 교회의 어머니였다. 전도부인 감신삼은 체이스 양과, 전도부인 박미도는 새뮤얼 양과 동역했다.

1903년에는 기독교 서점이 설립되어 성경과 전도 책자를 공급했는데 성서공회와 선교회가 절반씩 부담하여 김덕선에게 책임을 맡겼다.

러일전쟁 직후 선천 지부의 교인이 폭발적으로 성장하자, 집단 개종이나 거품 성장이라는 비판이 비등했다. 그러나 1906년 선천 교회당 건축 현장에 있던 샤록스 의사는 한 해 동안의 성장을 다음과 같이 분석하면서 '거품론'을 반박했다.

> 작년에 선천 선교지부의 교인은 6,507명이었다. 올해는 11,943명이다. 매달 453명씩 12개월 동안 어디서 5,436명이 왔는가? 이것이 소수 선교사의 결과일 수 있겠는가? 혹은 지역 전도인들에게 지급한 $72에서 나온 결과라고 할 수 있겠는가? 한국교회가 자급하는 15명의 전임 전도사가 있다. 일반 신자들은 자원 전도나 특별 전도 활동을 하기 위해 총 8,200일을 서원했다. 지난 1년간 1,164명이 세례를 받아 매주일 평균 22명, 매달 100명의 세례교인이 생겼다.…따라서 한국교회는 자전한다고 볼 수 있다.…그 비밀은 무엇인가? 이 결과를 산출한 중요한 한 요인이 있다. 처음부터 한국인들은 복음 전파와 교회 성장이 우리 선교사의 일이 아니라 자신들의 일이라고 믿도록 배웠다.…어느 누구도 돈을 동기로 교회에 온다고 생각하지 않는다. 1,200석의 새 교회당도 이런 노선에서 건축하고 있다.…한국 '양반'이 옛 의복을 벗고 일하는 것은 새 시대의 분명한 상징이다. 위엄 있는 교회 직원에서부터 아래로 초신자까지 빈부상하를 막론하고 함께 먼지와 열기 속에서 웃으면서 이 힘든 일을 가볍게 하고 있다.…이런 정신이 배후에 있는데 어찌 성장하지 않겠는가?[2]

---

[2] A. M. Sharrocks, "The 'Bubble' at Syen Chun," *Assembly Herald* (Nov. 1906): 547.

급성장의 엔진: 한국 교인의 자발적 헌신과 희생

선교사나 조사의 지도력도 중요했지만, 일반 교인들의 자원 정신과 헌신과 희생이 성장의 핵심 동력이었다는 말이다. 신자가 되고 전도하고 교회를 짓는 모든 일을 한국 교인 스스로 이루어냈다. 1906년 1월 서울, 평양, 선천 세 곳에서 사경회가 열렸을 때 "참석한 형제가 서울은 400명이고 평양은 800명이며 선천은 1,050명인데 선천에서는 10일 동안 체류하는 비용을 각각 자비로 하였다."[3] 선천 예배당은 1906년 10월에 76간 'ㄱ' 자로 완성되었는데 총공사비 44,100냥(2,000달러)은 한국인이 부담했다. 집사 안준의 글을 보자.

> 선천읍에 교회 선 지가 십년이요 서양 목사도 여러 분 있어서 인도하니 각처에서 큰 교회인 줄로 생각하나, 실상은 그렇지 못한 것이 교인의 총수를 근일에 상고하니 세례인이 364인이요 원입교인이 320여명이요, 함께 예배하는 형제자매를 통계하면 7세 이상이 1,100여 명뿐이오며, 예배당을 특별히 짓지 못하고 여러 해 동안 평상한 집을 사서 중수하고 모였는데, 심히 좁아 남녀노소가 함께 모이지 못하고 주일 아침 공부는 남녀가 체번하고 오후 예배는 두 곳에 나누어 보았으나 오히려 문밖에 서는 자가 수백 명인지라. 수년 전부터 새 예배당을 지어볼 생각으로 개미가 쌀알 모으듯 한 돈이 겨우 삼만여 량이라. 집 지을 예산은 부족하되 이미 터를 닦고 윤사월 25일 어간에 주초 돌 놓는 예식을 행할 때 남녀교우와 구경꾼까지 수천 명이 모이고 서울 계신 빈턴 의사와 장로 양전백 씨가 연설한 후 각 위원이 주초 돌을 들고 표적될 물건을 넣으니, 곧 집 짓는 사기와 천여 명 신도의 성명록과 신구약과

---

[3] 「그리스도신문」, 1906년 4월 19일.

찬성시와 대한국 여러 가지 돈과 태극기와 선교회 사기와 연전에 전도하시다가 운산군에서 세상을 떠난 미국 목사 레크 씨의 사진이라. 이날에 형제자매의 안색을 보니 기쁨을 이기지 못하며 환난 중에 은근한 위로를 받고 압제 아래 특별한 자유를 얻었다. 집 지을 재정의 부족함을 듣고 다시 연보하기를 일시에 원하므로 그 이튿날 주일 오후에 소원대로 연보할 새, 일장 광경을 비유컨대 해 나고 비 오는 것 같이 구석구석 우는 눈물 감격함을 못 이기고 아이 어른 기쁜 소리 자연이 요란하고, 처녀 각시 돌아보니 아끼고 사랑하던 각색 패물 은지환을 다투어 팔아내며, 여러 형제 시계들도 시세 좇아 떨어지오. 은전 백전 모든 재물 모아놓고 통계하니 은지환은 21쌍, 각색 패물 12가지, 시계 합수 11개요, 이날 연보한 수효는 5,300여 량이올시다. 타처 형제들의 열심 하시는 데 비하면 매우 부끄럽지만 쇠잔한 산곡에 가난한 형제자매의 형편을 생각하면 또한 감사함을 마지못하나이다.[4]

따라서 샤록스 의사는 한국교회 성장은 거품이 아니라 앞으로도 지속할 사실이라고 증언했다. 그러나 1907년 부흥운동의 물결이 평안도 지역을 휩쓸고 급성장에 가속도가 붙자 외국에서는 한국교회의 성장은 거품이요 버섯이다, 무식하고 가난하고 감정적인 농민들이 집단 개종(mass conversion)을 한다고 비판했다. 그러나 1901년과 1909년 한국을 방문한 미국 북장로회 해외선교부 총무 브라운 박사는 다음과 같이 정리했다.

> 나는 이러한 견해에 동의하지 않는다. 한국인들이 대량으로 교회에 오는 것은 사실이다. 그러나 집단 단위로 입교하는 것은 사실이 아니다. 선교사들은 한 사람씩 개인으로 구별해서 조심스럽게 심사하고 학습교인으로 평균 1년

---

4 「그리스도신문」, 1906년 8월 16일.

간 시험한다. 성경을 충분히 알고 가정 기도회를 드리고 형편에 맞게 헌금하며 변함없이 그리스도인의 삶을 살기 전까지는 성찬식에 참여할 수 없다. 미국교회의 세례교인을 이런 유형의 신자에게 한정한다면 그 수는 상당히 줄지 않겠는가? 한국 기독교에 감정적 요소가 많다는 것도 사실이다. 그렇다고 해서 그 일을 불신할 수 있겠는가? 가슴은 머리 못지않게 옳다. 영혼 깊숙한 곳에서 우러나오는 감정이 동반되는 회개와 신앙과 헌신은 결코 가벼운 것이 아니다. 사랑은 인간 감정 가운데 가장 강하고 오래 지속하는 것으로, 그것이 그리스도를 중심으로 할 경우 그리스도인 생활의 확고한 기초가 된다. 일본인이 전쟁(war)을 잘하고 중국인이 사업(work)을 잘한다면 한국인은 사랑(love)에 능하다.[5]

원입교인(학습교인)은 평균 1년간 성경 공부와 훈련을 받고 그리스도인으로서 생활의 열매인 두 명 이상을 전도해야 세례를 받았다. 학습교인과 세례교인에게는 십계명을 어기고 제사나 굿을 드리거나 주일을 지키지 못하거나, 첩을 두거나, 술이나 아편을 끊지 못하는 자, 그리고 선교사의 힘을 빙자하여 교폐를 부리는 자에게는 엄격한 권징(치리)을 실시하여 약 10% 가까운 교인이 근신이나 성찬 금지 혹은 출교 처분까지 받았다. 하지만 1905년 전후 한국교회는 급성장했다. 이때 한국교회의 특징은 "영혼 깊은 곳에서 우러나오는 회개와 신앙과 헌신"이었다.

---

5   A. J. Brown, *Report on a Second Visit to China, Japan, and Korea 1909* (New York: Board of Foreign Missions of PCUSA, 1909), 91.

자치 공동체

초기 한국교회에 가해진 다른 비판은 선교사가 교회를 지배하고 한국인이 교회를 자치하지 못했다는 것이다. 즉 장로교회의 경우 신학교가 1901년에 가서야 설립되고 그 교과과정도 성경 공부 위주여서 목회자는 사회 지도자로서 교양이 부족하고 교육 수준이 낮다는 비판이 제기되었다. 한국교회 성장에 자치가 없었다면 자급과 자전은 선무당에 불과하므로 이 비판을 재검토해볼 필요가 있다. 1906년에 쓴 샤록스 의사의 글을 계속 살펴보자.

> 앞서 말한 대로 선천 지부에는 78개 교회에 11,943명의 교인이 있다. 이 교회들은 넓은 지역에 흩어져 있고 무급 영수들이 담당한다. 이 교회들은 13개 시찰로 조직되어 13명의 조사가 돌본다. 그들은 4명의 목회 선교사가 감독하는데 두 명은 올해 안식년 휴가로 없고 다른 한 명은 현재 한국어를 배우는 중이다. 이 선교사들이 78개 교회의 약 12,000명을 적절히 목회할 수 있겠는가? 한국교회는 실제로 거의 자치한다고 할 수 있다.[6]

그의 말은 한국 교인의 자전과 자치로 인한 급성장이 실제적인 자치를 끌어냈다는 것이다. 느리게 성장한 다른 나라의 선교지에서는 소수의 교인으로도 장로와 목사를 세우고 노회를 조직하는 것이 장로교 선교의 관행이었다. 그러나 한국 장로교회는 1907년 노회가 조직되고 7명의 목사가 장립되기 전까지는 오직 선교사만 목사였고 그들만이 치리를 담당했다. 전통적인 장로교 정치 조직에서 보면 이는 '비정상'이었다. 한국에서는

---

6   A. M. Sharrocks, "The 'Bubble' at Syen Chun," 547.

처음부터 조직은 최하위 순위였고 외형적 기구보다 내적인 생명을 중시했다.

1903년 9월 당시 선천 지부는 선천, 용천, 서의주, 동의주, 정주, 삭주, 강계 7개의 시찰로 조직되어 있었다. 각 시찰에는 7-12개의 교회나 예배 처소가 있었다. 서의주 시찰이 교인 1,135명으로 가장 컸고 용천 907명, 동의주 701명, 선천 680명, 정주 605명, 강계 325명, 삭주 184명 순이었다. 광활한 지역에 흩어져 있는 61개의 예배 처소에 4,537명의 교인이 있었는데, 시찰마다 1명의 조사가 있었고, 그와 함께 시찰마다 평균 6명의 한국인 전도인과 권서가 사역했다. 그런데 이들을 지도하는 목회 선교사는 3명(위트모어, 로스, 컨즈)뿐이었다. 1904년에는 영변과 초산 시찰이 추가되어 전체 교인은 5,119명으로 늘었다. 장로교회는 1905년에 북감리회와 선교지를 조정하면서 영변 시찰을 넘겨주고, 대신에 박천 시찰을 조직했다.

따라서 초기 한국 장로교회 현장의 교회론은 회중교회와 자발적인 선교 단체 조직에 장로교 정치제도가 혼합된 형태였다. 그 결과 장로가 있는 조직교회(church), 영수와 집사만 있는 반조직교회(chapel), 일반 교인들만 있는 미조직교회(group)의 세 가지 교회 형태가 공존하고 있었는데, 도시와 읍 단위에서는 교회로, 시골 교회는 영수가 설교하는 반조직교회 형태로 존재했다. 영수는 학습인과 세례인을 일차로 심사했고, 선교사는 1년에 한두 차례 방문하여 한나절 동안 수십 명을 간단히 문답한 후 의식을 베풀었을 뿐이었다. 치리 역시 교회 사정을 잘 아는 영수나 조사의 의견에 따라 선교사가 결정하는 형식을 밟았다.

이처럼 초기 장로교회의 특징은 서리 제도에 있었다. 성례를 제외한 목사직을 담당한 서리 남자 목사인 조사, 서리 여자 목사인 전도부인, 서리 남자 장로인 영수, 그리고 서리 남녀 집사가 있어서 장로교 3대 교직인 목사, 장로, 집사 모두 안수를 받지 않은 자들이 교회를 이끌어나갔다. 그래서 빈턴은 1900년에 한국교회는 "거의 자발적이고 비조직적으로 목사 없이 성장했으나 세계 역사상 사도 시대의 모델에 가장 가깝고 활기차게 자립하며 자전한다"라고 지적하면서, 문제는 넘치는 교인을 어떻게 지도하고 훈련할 것인가라고 질문했다.[7]

사경회 공동체

자치를 위한 전 교인 훈련은 사경회를 통해 이루어졌다. 유교 정부의 통치 아래에서 개인의 목소리를 내는 기회가 적었던 한국인들이 교회를 조직하고 자치하게 되었을 때 문제가 발생하지 않을 수 없었다. 민주주의 훈련이 되지 않은 상태에서의 자치는 혼란과 개인주의를 야기할 수 있었다. 그래서 1-2주일간의 사경회 기간 오후에 토론회를 마련해서 교회 정치와 조직, 교회 부동산 관리, 재정 모금과 관리, 학교 운영, 행정, 영수의 의무 등을 익히도록 했다. 토론회에서는 또한 교회와 정부의 관계, 학교와 여자 교육, 혼인과 조혼, 제사, 가정 경제, 묏자리 등 다양한 문제들을 토론함으로써 많은 곤란한 현안들을 스스로 해결하는 힘을 기르도록 했다.

선천에서 첫 남자 사경회는 1898년 12월에 75명이 참석한 가운데 위트모어와 마페트의 지도로 열렸다. 1900년 2월에 열린 겨울 사경회에 참석한 자는 전원 자신의 돈으로 참석하여 선교사의 돈이 한 푼도 들지 않았다. 위트모어와 리 선교사의 권고로 한국 내 다른 지역을 전도하기 위해 처음으로 국내 전도회를 조직했다.[8] 1900년 11월 당시 선천에는 35개의 미조직교회에 1,000명 이상의 교인이 있었다. 자급, 자전으로 급증하는

---

7   C. C. Vinton, "Korea the Strategic Mission," *Assembly Herald* (November 1900): 870.
8   N. C. Whittemore to F. F. Ellinwood, Feb. 23, 1900.

교회들로 인해 1901년 말 선천 지부가 공식적으로 개설되었다.

1901년 11월 삭주에서 세 번째 연례 사경회가 1주일간 열렸으며 12월에는 9일간 의주에서 두 번째 겨울 사경회가 열려 의주, 철산, 용천 지역 교인이 참석했고 매일 평균 참석자는 200명이었다. 1902년 2월에는 선천에서 도(都) 사경회가 2주일간 열렸다. 461명이 등록했고 매일 평균 참석자는 250명이었다.[9]

1903년 2월 3일부터 16일까지 2주일간의 선천 구정 남자 사경회에는 514명이 등록하여 복음서를 공부했는데, 그중 3명이 약 380킬로미터(980리) 떨어진 강계에서 걸어서 왔다. 그것은 그때까지 한국에서 열린 사경회 가운데 제일 큰 모임이었다. 숙식비는 선천교회가 제공했다.[10] 사경회는 여러 도시에서 온 교인들이 함께 복음 안에서 교제하는 시간이었다.

1904년 12월부터 1904년 1월까지 선천 외에 7개 지방에서 사경회가 열려 600명이 참석했다. 12월에 열린 9일간의 의주 사경회에는 254명이 참석했으며 저녁 집회에는 400명까지 참석했다. 선천에서는 1904년 2월 18일 사경회가 시작되었다. 첫 이틀 동안 434명이 참석하여 5개 반으로 나누어 성경을 공부했다. 2월 20일 러시아군이 선천에 입성했고 사경회는 해산하지 않을 수 없었다. 그러나 전쟁 후 사람들은 교회로 몰려들었고 선천과 의주 주변 지역은 한국에서 그리스도인 비율이 가장 높은 지역이 되었다.

선천의 첫 여자 사경회는 1901년 5월 말에 열흘간 베스트 양, 샤록스 부인, 양전백 조사의 지도로 123명이 참석한 가운데 열렸다. 이 첫 부인

---

[9] *Second Annual Report, Syen Chyun Station of Korea Mission, 1902* (Seoul: Methodist Publishing House, September 1902), 13-14.

[10] *Third Annual Report, Syen Chyun Station of Korea Mission, 1903* (Seoul: Methodist Publishing House, September 1903), 16-17.

사경회 참석자는 의주에서 16명이 왔고 멀리 수백 리 떨어진 삭주 창성 지방에서도 걸어왔다.

> 혹 쌀을 머리에 이고 온 이도 있고 혹 돈을 가져다가 밥을 사 먹는 이도 있으니, 그 동네 사람이 보고 이상히 여겨 와서 묻되 우리가 보니 명절도 아닌데 먼 데 사람과 가까운 데 사람이 날마다 모이니 이것이 무슨 뜻인가 하거늘, 여러 자매가 예수의 도를 전하였다 하오. 이 자매 중에 60여 명은 도를 믿은 후에 국문을 배워 책 볼 줄을 아는 자라 하니, 이처럼 열심을 먹고 하나님의 뜻을 알고자 하는 것을 보는 우리는 주 앞에 감사한 마음이 없을 수 없소.[11]

1902년 4월의 사경회에는 181명이 참석했다. 쌀자루와 이부자리를 이고 지고 수백 리 길을 걸어와서 한글을 배우고 성경을 배운 사경회는 완전한 자급의 공간이었고, 여러 지방에서 모인 교인끼리 함께 숙식을 나누고 교제함으로써 공동체 의식이 자라는 공간이었다. 옛날 유대인들이 예루살렘 절기 축제 때 거룩한 도성으로 순례를 간 것처럼 1년에 한두 번씩 도시 교회로 가는 사경회는 신령한 축제, 거룩한 경험을 위한 순례였다. 특히 여자들은 가부장제의 집안일을 벗어나 일주일간 자유로운 공간에서 말씀의 잔치, 배움의 잔치, 기도와 찬양의 잔치, 교제와 전도 훈련의 잔치를 맛봄으로써 한 개인, 한 인간으로서 자아 정체성을 확인하는 환희의 시간을 가졌다. 사경회에 참석한 의주의 한 부인은 "한국에서 여자란 무엇인가? 개와 돼지를 만든 후 할 일이 없어서 만든 게 여자다"라고 자신들의 처지를 말했다.[12] 그만큼 복음에 대한 여자들의 반응은 놀라웠다.

---

11 「그리스도신문」, 1901년 8월 1일.
12 Shields, "The Gospel in Syen Chun," *Assembly Herald* (Nov. 1903): 520.

1903년 4월 17-26일 선천 여자 사경회에는 273명이 참석했다. 여성들은 복음서 외에도 자녀의 신체 성장, 자녀의 도덕적·영적 양육, 일반 위생 등도 공부했다. 샤록스 부인의 집에서 송별회가 열렸고 여인들은 선교사 사택을 '구경'하며 노래를 부르고 다과를 나누었다.

1904년 4월 전쟁의 포화가 사라진 후 쉴즈(Esther L. Shields) 양은 선천 주변 여러 지역에서 7회의 사경회를 개최했고 401명이 참석했다.

날연보 공동체

1904년 러일전쟁이 일어나 선천교회는 15개월간 일본군 사령부로 사용되었다. 그럼에도 전쟁이 끝난 1905년 8월 선천 지부에는 60개의 교회(미조직교회 포함)에 6,507명의 교인이 존재했다. 1년 전과 비교하여 1,388명이 증가했는데, 711명이 새로 세례교인이 되었고 938명이 학습교인으로 새로 등록했다. 58명이 사역자로 고용되어 있었는데 46명의 전액 봉급과 7명의 반액 봉급을 자급으로 해결했다.

1904년 11월 철산 사경회와 선천 사경회에서 처음으로 한국교회의 날연보(day offering) 전통이 시작되었다. 전쟁의 공포가 지나간 1904년 후반부터 자원 전도 열기가 불타올랐다.

> 올해 사역의 가장 현저한 특징은 모든 교회를 휩쓴 전도 열기의 대 물결이었다. 이웃에 사는 불신자에게 매일 증거하면서 더 멀리 떨어진 비복음화 지역에 전도하기 위해 국내 선교회를 지원하는 것에 만족하지 못하고 주님을 위해서 개인적으로 더 많은 일을 하려는 진지한 소망이 일어났다. 이 소망은 돈을 드리는 것이 아니라 '시간'을 드리는 것으로, 곧 불신자를 위해 개인적인 사역을 하기 위해 바친 일정한 날 수의 형태로 표현되었다. 그것은 11월에

열린 철산 사경회에서 시작되었는데 350일 이상을 연보했다. 날연보의 대부분은 5일이나 10일 혹은 일주일이었고, 연보한 날로부터 한 달이나 6주 안에 시행하기로 서약했다. 교인이면 누구나 당연히 해야 하는 매일의 증거와 이것의 차이는 연보한 자는 그의 집을 떠나서 믿는 사람이 없는 불신자 마을로 가서 자비로 일정한 날 수 동안 특별 전도 활동을 해야 한다는 점이다. 따라서 봉급을 받는 한 명의 전도인이 하는 1년 사역보다 더 많은 활동이 며칠 동안 집중적으로 이루어지며, 자원 전도자들이 보수를 위해 일한다는 비난으로부터 자유롭다.

일주일 후 선천교회에서도 거의 비슷한 날을 연보했다. 의주 사경회에서는 524일을 서약했고, 선천 사경회에서는 625일을 서약하여 전체 도로 확산되었으며, 두 개의 북부 시찰인 초산과 강계에서 720일을 서약했다. 그리고 사경회에 참석했던 지역 미조직교회 직원들이 그 사실을 자신의 고향 교인들에게 알려서 보고되지 않은 많은 연보가 여러 다른 지역에서 드려졌다. 남자뿐만 아니라 여자도 사역에 동참했다. 그 결과 3개월간 이 [평안북]도의 전 지역에서 약 3,000일의 자원 전도가 이루어졌다. 그 결과는 이후 헤아릴 수 없다.[13]

가난한 형편에 전도인을 위해 연보를 할 수 없거나 전도회 헌금에 만족하지 못하는 자가 개인 전도를 직접 하기 위해서 농한기를 이용해 집을 떠나 그리스도인이 없는 마을에 가서 5-10일간 전도했다.[14] 1904년 12월부터 1905년 2월까지 박천-정주-선천-용천-의주-초산-강계로 연결되는 평북 지역에 일어난 자원 전도 물결이었다. 그 물결은 봄과 여름에도 지속했다.

---

13 *Fourth Annual Report, Syen Chyun Station of Korea Mission, 1905* (Seoul: Methodist Publishing House, September 1905), 7-8.
14 C. E. Kearns, "One Year in Syen Chun Station," *Assembly Herald* (Nov. 1905): 602.

1906년 8월 선천 지부의 교인은 다음 표처럼 11,943명으로 급증했다. 1년 만에 5,436명이 증가했다. 그것은 바로 8,000일 날연보의 결과였다.[15]

연도(7월)	미조직 교회	세례인	신규 세례인	학습인	신규 학습인	전체 교인
1902	44	677	267	1,340	696	3,429
1903	61	1,027	367	1,646	740	4,537
1904	57	1,265	310	1,792	536	5,119
1905	60	1,958	711	1,952	948	6,507
1906	78	3,121	1,164	3,020	2,297	11,943

[표 4] 선천 지부 통계(1902-1906)

1905년 봄에는 선천에서 625일, 의주에서 524일, 초산과 강계에서 720일을 교인들이 날연보로 헌신했다. 전도인을 고용하는 대신 교인들이 서로 날을 품앗이하여 전도하는 한국식 자전 방법인 날연보는 이후 평안도는 물론 한국 전역으로 확대되었다. 북장로회 선천 지부에서 시작된 날연보는 인접한 북감리회의 영변 지부에서 평양 선교지부로 확산되었다.

날연보 드리는 운동이 최고조에 이른 것은 1909년 백만명구령운동 때였다. 예를 들면 재령에서는 무려 10,000일이나 날연보를 서약했고, 평양에서는 1,800명이 22,000일을 연보했다. 부산에서는 연례 사경회에 참석한 400명이 3,500일을 약속했고, 약 10,000부의 마가복음을 팔았으며, 사경회가 진행되는 10일 동안 매일 200명이 교인이 없는 마을에 가서 복음을 전했다.

15　A. M. Sharrocks, "The 'Bubble' at Syen Chun," 547.

▲ 선천 지부 교회 현황(1905년 9월)[16]

한국 기독교의 영적 수도: 한국교회의 시온성

평안북도의 이름 없던 한 작은 마을이 기독교를 받아들이면서 수백만 평안북도 주민과 만주에 이주한 한인의 구원을 책임지는 마을로 변했다. 베들레헴 작은 고을이 구세주를 낳았듯이, 500년간 조선 정부에서 천대받던 평안도 선천에 복음의 밀알이 떨어지자 수백 배, 수천 배 결실이 맺혔다. 선천처럼 한국 초기교회는 다른 사람을 위한 헌신과 희생, 자급과 자

---

16 *The Fourth Annual Report, Syen Chyun Station of Korea Mission, 1905* (Seoul: Methodist Publishing House, September 1905), 1.

전과 자치의 토착화와 교회 일치, 충만한 생명력을 이룩하면서 급성장하는 역사를 이루었다. 그것은 거품성, 서구성, 분열성 성장 속에 생기를 잃어가는 오늘 한국교회가 새롭게 되살려야 할 귀중한 유산이다. 선천은 1910년대에도 폭발적인 성장을 거듭했고, 1920년대에 가서 한국 기독교의 영적 수도, 한국교회의 시온성, 한국의 에든버러라는 별명을 얻었다.

▲ 선천읍 남교회(1911년)

▲ 선천읍 북교회(1911년)

58. '한국의 시온성' 선천의 부흥: 날연보의 시작(1906년)

제4부

서울에서 전국으로

59
북장로회 부산 사역
베어드와 첫 세례(1892-1894년)

첫 조사들과 전도 여행

베어드(William M. Baird, 裵偉良, 1862-1931)는 1891년 2월 부산에 도착한 후, 1892년 2월 주택을 완공하고 봄부터 전도에 나섰다.

제1차 전도 여행: 베어드는 언더우드의 소개로 부산에 내려온 서상륜(徐相崙, 1848-1926)과 함께 1892년 5월 18일부터 한 달 정도 부산에서 출발하여 김해, 창원, 마산포, 진해, 고성, 통영, 양산, 동래를 거쳐 돌아왔다. 그는 진주를 방문하려고 했으나 서상륜의 건강이 나빠져서 통영에서 돌아왔다. 서상륜은 서울로 올라갔다.

제2차 전도 여행: 1893년 4월 14일부터 5월 20일까지 5주간 서경조(徐景祚, 1852-1938)가 베어드의 조사가 되어 부산-밀양(4월 20일)-청도(4월 21일)-대구(4월 27일)-상주-용궁-안동(5월 4일)-신령-울산(5월 17일)-동래(5월 20일) 순으로 제2차 전도 여행을 했다. 그러나 전도의 어려움으로 서경조도 서울로 돌아갔다. 뒷날 서경조는 다음과 같이 회고했다.

> 송천 내려오기 전에 마삼열 목사가 말씀하기를 지금은 펜윅 목사와 서로 헤어졌으니 부산에 내려가 배 목사와 같이 일하기를 청하거늘 허락하고 집으로 내려오니라. 1893년 봄에 고윤하가 집안 식구들을 이끌고 가는 윤선(輪船, 증기선)을 같이 타고 부산에 내려가서 몇 주 동안 있다가 전도하러 베어드 목사와 같이 양산으로, 대구로, 용궁으로, 안동으로, 전의로, 경주로, 울산으로, 동래로 돌아오는데, 대구에서는 영(슈) 때라, 책 몇 권이라도 배포했으나 전도는 할 수 없더라. 지명은 미상(未詳) 하나 부산에서 믿기로 작정한 한

사람을 찾았으니 이름은 김기원(金基元)이라. 종처병(腫處炳)이 심한 것을 보고 위로를 하고 섭섭히 떠나니라. 상주에서 4-5일 묵으며 전도하는데 하루는 향교에 가서 재장(宰匠)에게 전도하고 『덕혜입문』 한 권을 주고 왔더니, 그 이튿날 도로 가지고 와서 잘 보았노라 하고 도로 주고 가더라. 경주에서도 4-5일 묵었는데 전도는 잘할 수 없고 구경꾼의 욕설과 관인들의 놀림감만 되고 돌아오니라. 돌아온 후로 별안간 집으로 올 마음이 나서 회심(回心)할 수 없는지라. 배 목사는 눈물을 흘리며 만류하되 듣지 아니하는데, 마침 마삼열 목사가 내려와서 간절히 권하되, 듣지 아니하고 떠났는데 윤선으로 인천까지 와서 목선으로 송천에 돌아오니라.[1]

서경조와 함께 기선을 타고 부산에 가족을 데리고 내려온 해주 출신의 고윤하는 1893년 4월 23일부터 브라운(Hugh M. Brown) 의사의 조사가 되었다. 1894년 1월부터 서 초시가 베어드의 조사로 일하면서, 서당 교사로 일했다.

제4차 전도 여행: 베어드와 어빈 의사와 서 초시와 고윤하는 1894년 4월 30일부터 5월 7일까지 전도 여행에 나섰다. 고윤하는 이 여행 후 7월 1일부터 베어드의 조사가 되었다. 다음 사진은 베어드(한복 차림), 서 초시, 고윤하로, 1894년 4월 30일 제4차 순회 전도 여행을 떠나기 전 부산에서 찍은 것으로 보인다.

1　서경조, "徐景祚의 傳道와 松川敎會 設立 歷史", 「신학지남」(1926. 10): 93.

▲ 서 초시, 베어드, 고윤하, 부산(1894년 4월) [PHS]

첫 유아 세례와 첫 성인 세례

첫 유아 세례: 1893년 여름 베어드는 사랑채에서 에비슨 의사가 부산에 온 지 일주일 만에 낳은 둘째 아들 더글러스 에비슨(Douglas Bray Avison, 1893. 7. 22-1952, 1921년 의료 선교사로 내한)에게 세례를 주었다.

첫 한국인 세례: 어학교사 심상현(沈相炫, 심사봉)과 두 여자 노인(멘지스 양의 어학교사 이도넘, 귀주)이 1894년 4월 23일 베어드로부터 세례를 받았다. 부산의 첫 개신교 성인 세례였다. 언더우드가 쓴 보고서를 보자.

부산의 첫 세례는 호주 선교회의 여자 선교사들의 사역과 연관되어 있었다. 그들의 어학교사 중 한 명인 심사봉이 먼저 그리스도에게 인도되었고 두 명의 나이 많은 부인과 함께 1894년 4월 23일 베어드 목사에게 세례를 받았다. 7월 15일에 베어드 목사는 자신의 사택에서 두 명을 성도의 교제 안으로 받았는데, 또한 9명의 다른 세례 지원자가 있었다. 이 시작들은 미래의 풍성한

수확을 약속한다고 믿는다.[2]

여러 글에서 그 날짜를 4월 22일, 수세자를 애니 베어드로 잘못 기록하고 있다. 베어드 부인은 여자 선교사로서 세례를 줄 수 없었다. 심상현은 몰락 양반가의 자제로 유학을 공부했다. 그는 호주 선교사의 어학교사로 지내면서 그리스도인이 되었다. 불행히도 그는 세례를 받은 지 6개월 만에 사망했다. 심상현의 죽음으로 그의 부모는 기독교 신앙을 갖게 되었고, 동생 심취명(沈就明, 1875-1958, 본명 심상호)도 믿었으며, 사촌 김 씨도 기독교로 개종했다. 이들 가족은 심상현이 사망한 지 약 1년 뒤인 1895년 11월 다 같이 세례를 받아 부산 지방 기독교의 지도자가 되었다.

▲ 심상현과 심상현 가족(1894년) [Moffett]

---

2   H. G. Underwood, *Narrative Report of the Work of the Presbyterian Church, North in Korea from November 1893 to December 1894* (Seoul: Trilingual Press, 1895): 7.

세례를 받은 심취명은 형의 뒤를 이어 처음에는 선교사들에게 한국어를 가르치는 선생으로 봉사하였으나 후에는 일신여학교 교사로 일하면서 선교회가 주관하는 신앙 교육을 담당했다. 부산 지방 첫 교회인 부산진교회에 출석하던 심취명은 1903년 장로로 택함을 받았고 1904년 5월 27일 장로 장립을 받아 부산과 경남의 첫 장로가 되었다. 이때 심취명의 나이는 29살이었다.

심취명은 엥겔(George Engel, 王吉志, 1868-1939) 선교사의 추천을 받아 평양의 장로교신학교에 입학했고 1910년 6월에 제3회 졸업생으로 졸업했다. 김익두(金益斗), 김종섭, 박정찬, 채정민(蔡廷敏), 한득룡(韓得龍) 등이 그의 동기생이었다. 졸업 후 심취명은 울산 병영교회 장로로 봉사하다가 1912년 7월 2일 경상노회에서 목사 안수를 받고 부산과 경남의 첫 목사가 되었다. 경북 영주 풍기읍교회 목사로 부임하여 1년간 목회했고 1913년에는 출신 교회인 부산진교회로 부임하여 엥겔 목사의 동사목사로 4년간 일했다.

▲ 심취명 장로 안수 기념 (1904년) [Oak]

60
남장로회 첫 의료 선교사
드루 의사의 전주 사역(1894년)

1894년 3월에 내한한 드루(Alexandro Damer Drew, 柳大模, 1859. 7. 16-1926. 12. 11) 의사는 레널즈 목사와 함께 1894년 4월 서울을 떠나 전라도 지역을 6주간 돌며 선교 탐사 여행을 했다. 드루는 전주에서 천주교인 채영칠을 치료해주었는데 그 감사 편지가 다음 글이다. 선교잡지에 실린 편지 원본을 현대어로 옮겨 보자. 이 편지는 개신교 의료 선교사가 전주에서 진료한 첫 증거다.

▲ 드루 의사

이[Reynolds] 교사 대인 유[Drew] 의사 대인 전 살삼나이다.

천주의 은혜를 입사와 여러 말이 바뀌는 적은 인생 죄인으로 거룩하옵신 대인께서 친이 오셔서 뵈오니 천주 은혜 감사하오며, 또 죄 많은 인생으로 중한 병신이 되어 죽을 뿐이옵더니, 거룩하옵신 성약을 주옵시고 가르치시고 또한 보세상 전교하옵심을 위하여 널리 행차하옵시기로 살사오니, 천번 만번 평안이 행차하옵시고 평안 도라오옵시기를 바라옵니다.

갑오 이월 삼십일 전주부 죄인 채영칠 상서[1]

---

1   A. D. Drew, "A Grateful Korean's Letter," *Missionary* (Dec. 1894): 547.

▲ 채영칠이 드루 의사와 레널즈 목사에게 보낸 편지(1894. 2. 30) [Oak]

드루 의사는 한국에서 1901년까지 활동했다. 그가 여권[執照]에 사용한 한자 이름은 柳大模였다. 드루 의사는 1859년 영국 채널제도(Channel Islands)에서 태어났다. 어릴 때 그의 부모는 미국 버지니아주로 이민했다. 드루 의사는 1882년 시드니햄든 대학을 졸업했는데, 목포의 오웬 의사의 4년 선배였다. 그는 1883-1886년 필라델피아 약학대학에서 3년간 약학을 공부하고 1889-1891년 버지니아 대학교 의대에서 의학을 공부한 후 의사가 되었다.

드루는 1893년 9월 11일 남장로회 한국 선교사로 임명받고, 9월 27일 루시 로(Lucy Exall Law, 1866-1932)와 결혼하며, 1894년 1월 샌프란시스코를 떠나 3월 12일 서울에 남장로회 첫 의사 선교사로 도착했다. 그는 1894년 4월에 레널즈와 함께 6주간 전라도 탐사 여행을 했다. 그는 1894년 여름부터 서울 서대문 밖 프레드릭 언더우드 피병원을 맡아서 일했다. 을미년 1895년 여름 서울에서 콜레라가 유행할 때 그는 피병원에서 콜레라 환자 치료에 참여했다. 1894년 여름에 딸 루시가 태어나고 1895년 8월

1일 아들 클레멘트가 태어났다. 드루 의사는 1894-95년 동학전쟁이 끝난 후 1896년 4월 군산 선교지부를 개척했다.

▲ 드루 가족(1894년 서울 딕시) [Oak]

그는 1896년 6월부터 수덕산 언덕에 진료소를 개설하고 진료를 시작하여 2년간 4,000여 명을 치료했다. 이 진료소는 1905년 군산 예수교병원(The Frances Bridges Atkinson Memorial Hospital)으로 발전했다. 1898년 군산 선교지부는 항구 근처에서 10리 떨어진 궁말(구암)으로 이전했다. 구암 진료소 시대가 열렸다. 이 당시 드루 의사가 사용한 수술 도구는 다음과 같다.

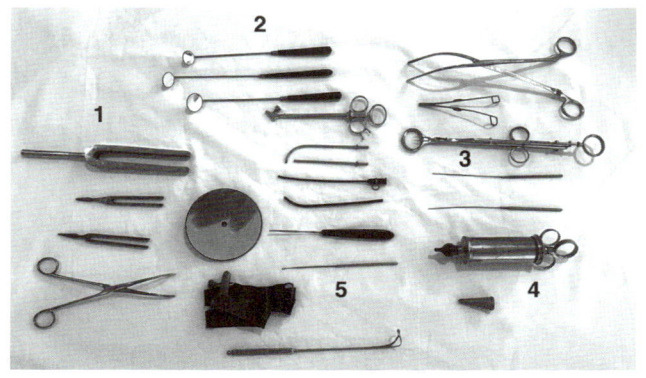

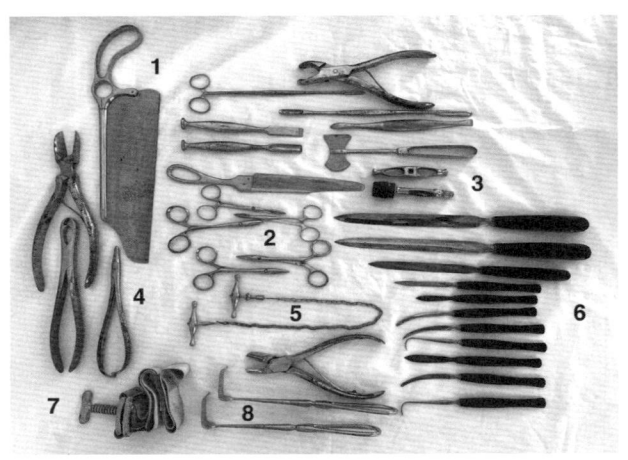

▲ 드루 의사의 수술 도구 [Oak]

건강을 해친 드루는 1901년 미국 캘리포니아로 안식년 휴가를 갔으나 한국으로 다시 돌아오지 못했다. 대신 그는 샌프란시스코항 검역소에서 검역 의사로 근무했다. 1905년 전후 하와이에 이민으로 간 한국인들이 샌프란시스코항을 통해 캘리포니아에 정착하기 시작했는데 드루는 이들에게 특별한 관심을 보였다. 1906년 샌프란시스코 지진이 발생했을 때 많은 한국인이 그의 집으로 피신했다. 그는 고종의 구휼금을 받아 미국 목사를 통해 나누어주었다. 또한 그는 안창호의 대한국민회 사역을 도왔다. 드루는 1926년 68살에 오클랜드에서 별세했고 아내 루시는 1932년에 별세했다.

61
한국의 첫 축구팀
영국 성공회 강화학당 축구부(1899년)

1882년 영국 군함이 강화도에 정박할 때 해군 군인들이 잠시 축구를 한 게 한국 축구 시합의 효시라고 한다. 사진 자료와 함께 자료로 확인되는 첫 축구팀 언급은 다음 *Morning Calm*(February 1901): 82에 나온다. 그 내용은 피크(Sydney J. Peake) 부제(副祭, deacon)가 제물포에서 1901년 3월 21일 편집자에게 쓴 편지가 런던 발행 한국 성공회 월간지에 실려 있다.

> I. 강화학당 축구팀은 브리들(G. A. Bridle) 신부가 몇 년간 정성스럽게 훈련 해왔다. 소년들은 매우 좋은 게임을 펼치는데, 조금만 더 훈련하면 영국의 리그 시합에 충분히 참여할 수 있을 것이다. 그들은 정말 축구 선수로서 결코 무시할 존재가 아니다. 나는 그들이 크리켓도 할 수 있었으면 하고 바라지만, 그들은 이 게임에는 꽁무니를 뺀다.[1]

▲ 강화 성공회 학당(초등학교) 축구부(1900년 11월) [Oak]

---

1 "Correspondence," *Morning Calm* (London: February 1901): 82

겨울에는 사진을 찍지 못해서 이전에 찍은 것을 보낸다고 했으므로 이 축구팀 사진은 1900년 가을에 찍은 것으로 보인다. 그것은 현재까지 알려진 한국 최초의 소년 축구부 사진이다.

더 이상의 설명은 없지만, 1898년에 내한한 브리들 신부(priest, 사제)가 강화학당에서 1899년부터 본격적으로 축구팀을 훈련하고 양성했음을 알 수 있다. 이 소년학교는 기숙 학교(boarding school)였으므로 수업 후 학생들을 훈련하기 위해 축구를 했을 것으로 보인다. 위의 사진을 다시 보면 한 학생이 크리켓 대를 들고 있다. 이때 전교생이 20명이었는데 사진에는 16-17명이 나오므로 실제 재학생 전부가 축구를 했다.

1898년 가을 강화학당 책임자는 힐러리(F. R. Hillary) 부제였으며 브리들 사제는 마포에서 일하고 있었다. 12월에는 퍼킨스(H. H. Firkins) 사제가 내한했다. 이들이 돌아가면서 축구부를 양성했다. 피크 신부는 카메라로 사진을 찍어서 「모닝캄」 편집자에게 수시로 서신을 보냈다. 1900년 9월 10일 자 편지에서 랜디스 의사가 일하던 제물포 병원의 화재에 대해 사진과 함께 보고했다. 1900년 10월 16일에는 제물포 성미카엘성당 내부 스테인드글라스 창문 사진을 찍어 보냈다. 11월 4일에는 완공된 강화 천주성전 사진들(중국인 공사 노동자 포함)을 보내면서 강화학교 학생들(그리스도인) 사진을 보냈는데, 이 학생들이 바로 축구팀을 만든 학생들이었다. 따라서 축구팀 사진은 이 사진과 함께 10월에 촬영했다고 보는 것이 타당하겠다.

▲ 강화학당 사진(1900년)² [Oak]

이 소년들은 피크가 보낸 1900년 11월 4일 자 서신에 나오는데, 그들의 이름은 Daniel Kim, Stephen Cho, Moses Kim, Alban Kang 등으로 나온다. 그들의 이름은 1897년부터 세례를 받을 때 주어진 세례명이었다. 이들은 모두 1900년 11월에 견진성사를 받았다.

강화학당은 1897년 기숙 학교로 설립되었다. 첫 학생은 8명의 고아였다. 랜디스가 이들의 양부가 되어 교육했다. 1900년 학생 수는 20명으로 늘었는데 그중 9명이 고아였다. 1898년에 사망한 한 교인의 아들을 학생으로 수용했기 때문이다.³

이 강화학교 학생들의 일과를 보면 5시 30분에 기상하여 7시에 채플에서 15분간 예배를 드리고, 8시 30분에 30분간 노래 부르기 연습(교회 성가대였으므로 매일 찬양 연습), 9-12시 수업, 점심 후 2시 반까지 산책, 축구, 체조, 이어서 성경 공부, 3-5시 수업, 5-6시 식사, 6시에 저녁 채플 기도

---

2 *Morning Calm* (Feb. 1901): 20.
3 "Educational Fund," *Morning Calm* (Aug. 1900): 73.

회(15분), 교사와 함께 개인 지도를 받으며 공부, 9시 취침이었다.[4]

1898년부터 축구팀이 만들어지기 시작했고, 1898년 힐러리에 이어 1899년 브리들 신부가 축구부를 훈련했으며, 소년들은 매일 점심 후에 축구를 했다. 축구팀 사진은 1900년 11월 4일 주일 견진성사 때 촬영한 것으로 보인다.

강화도 수비대 한국인 군인들

한편 힐러리 부제가 쓴 1899년 2월 4일의 편지를 보면 강화도 수비대 병사들이 과거엔 선교사들을 괴롭혔는데, 그들이 누가병원에서 치료받고, 또 피어슨(R. H. Pearson) 평신도(lay) 선교사와 퍼킨스(H. H. Firkins) 사제 등과 함께 축구를 하면서 사이가 좋아졌다고 했다. 따라서 1898년 말부터 강화도 수비대 한국인 병사들도 축구를 했다고 하겠다.[5] 즉 1898년 강화도 수비대 군인들의 축구가 한국 성인 축구의 효시였다.

---

4 Ibid., 73-74.
5 *Morning Clam* (Feb. 1899): 76.

▲ 서울 YMCA 축구팀(1905년) [Oak]

축구는 1903년 서울 YMCA 축구부를 통해서 널리 보급되기 시작했다. 기독교청년회는 축구와 야구를 보급하여 한국 청소년들이 강건한 신체에 강건한 정신과 신앙을 함양하도록 도왔다. 대장부 같은 신체에 호연지기를 길러 민족의 미래를 책임지는 훌륭한 인재를 기르는 것이 1900년대 한국 개신교 교육의 목표였다.

62
대구에 온 첫 피아노(1900년)

미국장로회 사이드보텀(Richard Henry Sidebotham, 사보담, 1874-1908) 목사는 대구와 부산의 개척 선교사 중 한 명이었다. 사이드보텀은 영국에서 감리교 목사의 아들로 태어나 9살 때 미시간주 래피어(Lapeer)로 이민을 갔다. 그의 아버지는 이후 장로교회 목사가 되었다. 리처드는 래피어에서 초중고를 마치고 엘마 대학을 거쳐 프린스턴 신학교(1896-99)를 졸업하고 곧 한국 선교사로 지원했다.

▲ 에피와 리처드, 약혼 사진(1899년) [PHS]

리처드는 에피 브라이스(Effie Alden Bryce Sidebotham, 1876-1942)를 래피어에서 만나 결혼 직후 1899년 대구 지부에 임명을 받았다. 피아노 연주와 음악에 뛰어났던 부인은 미시간 래피어 교계와 사교계에서 널리 알려져 있었다.

부부는 1899년 9월 부산에 도착했으며 이어서 1900년 3월 26일 화물 편으로 피아노가 도착했다. 그들은 피아노를 배에 싣고 낙동강을 거슬러 대구 달성군 사문진 나루(現 화원유원지)까지 운반한 후 상여를 메던 식으로 짐꾼 20-30명을 동원하여 중구에 있는 사택까지 3일 동안 운반했다. 사이드보텀 부부는 무거운 피아노를 옮기기 위해서 아래의 1900년 3월 편지에서 보듯이 미리 그림을 그려가며 계획을 세웠다. 중앙에 피아노를 놓고 막대와 끈으로 엮어서 짐꾼들이 멜 수 있도록 그것을 상여처럼 만들었다.

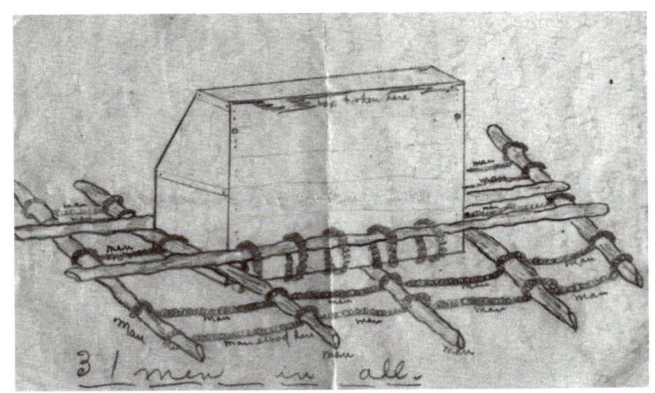

▲ 피아노 가마 설계도

▲ 실제 운반 장면

▲ 에피와 아들 알프레드(1901년 부산)   ▲ 책『사보담의 100년의 약속』(2009년)

　이런 사실과 자료와 사진은 부산근대역사관이 편집한 『사보담의 100년의 약속』(2009)에 있다. 에피가 그린 한국 풍속과 인물화가 표지를 장식하고 있다. 그녀는 음악과 미술에도 뛰어났다.
　사이드보텀 목사는 첫 안식년 휴가 중 불을 때다가 기름통을 오인하여 폭발 사고로 숨졌다. 그녀는 사고로 남편을 잃었으나 부산 선교는 가장 한국어에 능했던 유능한 한 인물, 지도자를 잃었다. 부인은 선교 사역에서 은퇴했으며, 래피어에서 음악을 가르치며 교회 오르간 반주자로 섬겼다. 1930년 그녀는 큰아들 알프레드가 캘리포니아 소살리토에서 목회하자 그곳으로 가서 살다가 1942년에 숨졌다.

63
첫 한국인 여자 의사
선교사 박에스더(1900년)

첫 한국인 선교사 박에스더(1900년)

한국인 최초의 여의사가 된 김점동(Esther Park, 1876-1910)은 미국 북감리회 여성해외선교부(WFMS) 의료 선교사로 한국에 파송되어 1910년 4월 결핵으로 사망할 때까지 수만 명의 환자를 치료하고 복음을 전했다. 한국인 첫 여의사요 첫 여성 선교사인 박에스더의 생애를 조명해보자.

▲ 박에스더 의사(1909년) [Oak]

한국의 첫 여의사가 되기로 하다

점동은 1876년 서울 정동 부근에서 가난한 서민의 셋째 딸로 태어났다. 그 부친은 1885년 내한한 아펜젤러 목사에게 고용되었는데, 스크랜턴 부인이 설립한 이화학당에서 여학생에게 의식주를 제공하자 김점동의 부친은 1886년에 딸을 네 번째 학생으로 입학시켰다. 명석한 점동은 한글 성경, 요리문답, 한문, 영어 공부에 두각을 나타냈고 조금씩 복음을 이해하면서 거짓말과 훔치는 일을 멀리하고 청결한 마음을 위해서 기도하기 시작했다. 1887년 장마철 폭우가 쏟아지던 날 밤 점동은 홍수가 나서 죄인들이 심판을 받을지도 모른다는 두려운 생각이 들었다. 노아의 홍수 이야기를 배웠기 때문이다. 점동은 기숙사 방 친구들에게 하나님께 죄를 고백하고 청결한 마음을 달라고 기도하자고 했다. 단순한 믿음으로 기도한 소녀들은 두려움이 사라지자 편안하게 잘 수 있었다. 다음날 점동은 다른 학생들에게 자신의 마음에 일어난 변화에 관해 이야기하면서 저녁 기도회를 열자고 했고 자신의 방에서 첫 모임을 한 후에 매일 저녁 기도회로 모이기로 했다. 이를 들은 한국인 여교사가 참석하면서 첫 여자 기도회가 이화학당에서 생겼다.

한국 최초의 여성병원인 정동 보구녀관(保救女館: 이화여대 병원 전신)의 첫 여의사였던 메타 하워드(Meta Howard)가 건강 악화로 사임하자 후임으로 1890년 10월 로제타 셔우드(Rosetta Sherwood) 의사가 뉴욕에서 파송되어 왔다. 도착 다음날부터 환자를 돌보아야 했던 셔우드는 간호사가 없는 상황에서 최소한 통역과 보조원이 필요했고 이때 가장 영어를 잘하던 점동이 매일 몇 시간씩 병원에 가서 셔우드 의사를 돕게 됐다. 점동은 통역, 약 조제, 환자 간호는 좋아했으나 피를 보는 수술 장면에는 몸을 사렸다. 그러나 조금씩 수술 장면에 익숙해지던 중 셔우드 의사의 언청이 수술을 통해 새 삶을 사는 여성들을 보고 감동했다. 점동은 자신도 의사가 되어 그런 수술을 하겠다고 선언해서 친구들을 놀라게 했다. 그러나 점동은 하나님께 길을 열어주시리라 믿고 기도했다. 셔우드 의사는 의학 훈련반을 개설하고 점동을 가르쳤다. 1891년 1월 25일 주일 15살의 점동은 정동제일교회에서 올링거(Franklin Ohlinger) 목사로부터 세례를 받고 세례명 에스더(Esther)를 받았다. 기쁨에 넘친 에스더가 이날 셔우드 의사에게 보낸 편지를 보면 청결한 마음과 넓고 지혜롭고 헌신한 마음에 관심하고 있다. 그녀는 그것이 하나님께 쓰임 받는 삶의 기초임을 선교사들을 통해 알았기 때문이다.

한국의 첫 여자 전도자로 평양에 가다

당시 소녀들은 대개 14살이 되면 결혼을 했다. 그러나 에스더는 결혼하면 공부할 수 없으므로 고민이었다. 내한한 홀(W. J. Hall) 의사와 혼인한 로제타 홀은 중매쟁이를 통해 박유산(1868-1900)을 에스더에게 소개했고 1893년 5월 24일 에스더의 혼례가 열렸다. 한국인의 첫 기독교 혼인식이었다.

1892년 평양 선교지부의 첫 선교사로 임명받은 홀 의사는 몇 차례 탐사 여행 후에 1894년 4월 가족과 함께 평양으로 이주했다. 에스더는 동행하자는 홀 부인에게 다음과 같이 고백했다.

> 하나님께서 문을 열어주시는 곳이면 어디든지 가겠어요. 평양 문을 열어주시면 평양으로 가야지요. 저는 주님께 몸과 영혼과 마음을 드렸으니, 이 몸과 마음과 영혼 모두 주님의 것이에요. 비록 사람들이 저를 죽이더라도 동족들에게 하나님을 가르치는 데 제 생명을 드리겠어요.[1]

에스더는 선교가 금지된 평양에 순교의 정신으로 갔다. 그러나 곧 박해 사건이 일어나 김창식 등이 투옥되었다. 박유산도 구타당하고 감금되었으나 홀 의사의 도움으로 풀려났다. 사태 수습 후에 에스더는 홀 부인을 도와 평양에서 처음으로 여성 사역을 시작했다. 그러나 곧 청일전쟁이 발발하면서 모두 서울로 철수했다. 홀 의사는 다시 평양으로 가서 환자들을 돌보다가 1894년 11월 발진티푸스에 걸려 사망했다. 평양은 홀 부부, 김창식, 에스더의 선교 정신으로 개척되었다.

---

[1] "The Story of the First Korean Woman Doctor," *Gospel in All Lands* (June 1899): 270.

한국의 첫 여자 선교사가 되다

홀 부인은 남편을 양화진에 묻고 몇 년간 미국에서 지내기로 정하고 1894년 12월에 출국했다. 에스더는 의학 공부를 위해 자신을 미국에 데려가달라고 간청했다. 홀 부인은 선교회의 허락과 친구들의 도움을 받아 에스더와 남편 박유산을 데리고 미국 뉴욕으로 갔다. 에스더는 1895년 리버티 공립고등학교에 입학했고 홀 부인은 물심양면으로 도와주었다. 박유산은 영어를 집중적으로 공부하면서 생활비와 학비를 벌기 위해 농장에서도 일했다. 1895년 9월 에스더는 뉴욕시의 유아병원에 들어가 1년 이상 그곳에 근무하면서 생활비를 버는 한편 개인 교수를 통해 라틴어, 물리학, 수학을 공부했다. 낯선 땅에서 힘든 유학 생활이 계속되었지만, 주님의 뜻이라 믿고 의학 공부를 포기하지 않았다.

에스더는 1896년 10월 1일 볼티모어 여자 의과대학(현 존스 홉킨스 의과대학)에 입학했다. 홀 부인은 기금을 보내어 1897년 1월 평양에 홀 기념 병원을 세웠으며 1897년 11월 두 아이를 데리고 서울에 돌아와서 보구녀관에서 의료 사업을 하다가 1898년 5월 평양으로 갔다. 박유산은 아내의 학업을 즐겁게 도왔다. 두 사람은 한국에 의료 선교사로 가기 위해서 열심히 공부했다. 그러나 박유산은 의학을 공부하면서 식당 아르바이트를 겸하다가 과로로 폐결핵에 걸렸고 에스더의 간호에도 불구하고 1900년 4월 28일 병사했다. 에스더는 32살의 나이에 이국에서 나그네 삶을 마감한 남편을 볼티모어 로레인 파크 묘지에 묻고 3주 후에 졸업장을 받고 귀국길에 올랐다. 한국 의료 선교를 위해 홀 부인과 에스더는 각각 남편을 잃었다.

1900년 5월에 의대를 졸업하고 최초의 한국인 여의사가 된 에스더는 독신으로서 미국 북감리회 여자 해외 선교사회 의료 선교사로 임명을 받고 한국에 파송되었다. 에스더는 서울의 보구녀관에서 일한 첫 10개월간 3,000명의 환자를 치료했다. 에스더는 도와준 친구들의 기대와 서원대로 동포 자매들을 섬기는 의사가 된 것이 기뻤다. 이후 9년간 진료실, 입원실, 왕진하는 집 어디에서나 탁월한 기술과 따뜻한 마음으로 매년 5,000명의 환자를 돌보았다. 그리고 여자성경학교 교사로 위생이나 교회사 등 필요한 모든 과목을 가르쳤다. 또한 광혜녀원(평양부인병원)을 비롯해 평안남북도, 황해도의 산간벽지를 돌면서 조선의 고통 받는 많은 사람을 위해 봉사했다.

1909년 5월 28일은 에스더와 한국 여성사에 특별한 날이었다. 여성교육협회와 여성사업협회는 최초의 여자대학 졸업자인 의사 박에스더와 문학사 김란사(河蘭紗, Nancy Ha)에게 표창장과 금메달을 주었다. 그러나 박에스더는 그때 과로로 폐결핵에 걸려 투병 중이었고 이미 병세가 깊었다. 그녀는 1910년 4월 13일 안타깝게도 34살의 생애를 마감했다. 그녀의 죽음에 충격을 받은 홀 부인의 아들 셔우드 홀(Sherwood Hall)은 에스더와 수많은 한국인의 생명을 앗아간 결핵을 퇴치하기로 결단했고 1928년 해주결핵요양원을 설립하고 항결핵 운동을 전개했다.

박에스더는 첫 여자 의사로 봉사한 공을 인정받아 2006년 '과학기술인 명예의 전당'에 헌정되었다. 동족을 구하기 위해서 자신의 생명을 아끼지 아니한 에스더는 첫 서양 의사이자 한국인 최초의 선교사로 1910년 4월 하늘나라로 갔다.

64
러시아 정교회의 한국 선교와 정길당 사건(1900-1901년)

러시아 정교회의 한국 선교는 1890년대 러시아 정부가 추진했다. 러시아는 제국 확장을 위해 영국과 대립한 거대 게임(Great Game)의 일부로 태평양에 부동항을 얻으려는 남진 정책을 추진하여 1860년 중국과의 조약으로 블라디보스토크를 손에 넣었고 1884년 조러수호통상조약 이후 한반도 진출을 시작했다. 러시아령 한인에 대한 선교와 세례가 1865년부터 시행되면서 이주자의 60%가 자발적으로 입교하는 현상이 발생했다. 예를 들면 1872년 남우수리스크 지방 13개 한인 마을에 496가구 총 3,473명(남자 1,850명, 여자 1,623명)의 한인이 거주하고 있었는데 그중 2,154명(62%)이 세례교인이었다.[1]

서울 선교의 시작(1900년)

1889년 서울 러시아 공사관의 서기 알렉세예비치 슈이스키는 러시아의 이해를 확장하기 위해 "러시아 정교회 조선선교단의 조직"을 정부에 건의했다. 1896년 아관파천 후 1897년 공사관 폴랴노프스키가 외무성에 다시 조선선교단 파송을 건의했고, 재무대신 위쩨를 거쳐 1897년 6월 20일 황제 니콜라이 2세가 칙령으로 조선 선교를 지시했으며, 1897년 7월 24일 뻬쩨스부르크 신성종무원은 서울 선교를 결의했다. 1897년 2월 1년간의 아관파천 생활을 마치고 환궁한 고종 황제는 1898년 1월 러시아 공사관

---

[1] 이병조, "러시아 프리아무르 한인사회와 정교회 선교 활동(1865-1916)", 한국외국어대학교 박사 학위, 2008, 132.

인접 약 400평의 땅을 정교회 성당 건축용 대지로 제공했다.

1898년 암브로시우스 구드코수사 신부를 책임자로, 니콜라이 알렉세예프 보제와 크라신으로 선교단이 조직되고 서울 입경을 시도했으나, 반러 감정이 격화된 관계로 암브로시우스 일행은 되돌아갔다. 반러 감정이 가라앉자 1899년 9월 16일 신성종무원은 흐리산토스 세헷콥스키(Khrisanf Schhekosky, 1869-1906) 신부를 서울 포교 책임자로 임명했다. 그는 1900년 2월 17일 러시아 공사관 안 채플에서 첫 성찬식을 거행했다. 「황성신문」 보도를 보자.

> (俄人 宣敎) 俄國은 韓國에 布敎할 次로 하리데산브 氏로 宣敎師長을 삼고 數名 宣敎師를 附하여 京城에 派遣하기로 決하였다더라(「朝鮮新報」).[2]

4월 9일 「제국신문」은 "근일 희랍교는 실시된 지가 불과 수삼 주일이로되 그 교에 참석하는 사람이 심히 많다고 하니, 어느 교이든지 천주교는 일반이거늘 참 알 수 없는 일이라고들 한다더라"[3]라고 하여 천주교와 유사한 정교회의 인기에 의심을 표했다.

러시아의 힘이 강했던 관계로 첫해에 백 명 이상이 예배를 드렸다. 선교회장 세헷콥스키는 의욕적으로 선교를 확대했다. 곧 그는 교당을 건축하는 일에 들어갔다. "아라사 그리스교사가 대한에 나온 후에 전도할 처소가 없어서 아국 공관 안에 교당을 건설하고 전도하더니 새문고개에 그리스교당을 방장 건축한다더라."[4]

첫 사제인 세헷콥스키는 입교하면 돈을 준다는 헛소문과 싸우면서

---

2 "아인 선교", 「皇城新聞」, 1900. 3. 12.
3 「데국신문」, 1900. 4. 9.
4 「데국신문」, 1900. 5. 18.

서울 시내 고아 30여 명을 모아서 정교회 고아원을 시작했다. "자선 사업으로 무의무탁하는 걸식 노숙하는 고아 30여 명을 수용하여 친자와 같이 교양(敎養)하여 교무와 사업이 점차 발전하다."[5] 1903년까지 선교단에는 고아원, 학교 건물 등 6개가 추가되었고 1903년에는 정동 22번지에 성니콜라스성당을 건립했다. 당시에는 노국교당, 아국교당, 그리스교당 등으로 불렀다. (현재 아현동의 성니콜라스 주교좌성당은 1968년에 건립했다.) 그러나 러일전쟁 발발로 선교단은 철수했다. 두 번째 사제는 빠베두였다. 그는 고아원 사업을 재개했고 1913년까지 근무했다.

정길당 사건

중국에서 의화단사건으로 반외세 민족주의 운동이 고조되던 1900-1901년 한국은 정치적으로 음모와 반란이 지속하는 대혼란의 시대였다. 화적떼가 서울 시내까지 출몰하고 전직 판서 남정철의 집까지 침입했다.[6] 이용익과 김영준 주도로 1900년 가을에 그리스도인 박멸 황제 칙령 조작 음모사건이 발생하고,[7] 제주신축교난(1901년 2-6월)을 비롯해 천주교의 교폐사건이 잇달았다. 1901년 가을 "황성 안 각처에 도적의 환이 대단하므로 골목마다 순검 병정이 파수를 엄금히 한다 하나 대낮이나 밤이나 없는 날

---

5 "宗敎之人(露國希臘敎 릴이닐하長祭司談)", 「每日申報」, 1914. 1. 25.
6 "잡보", 「그리스도신문」, 1901. 2. 28.
7 1900년 중국에서 반외세 반기독교 의화단사건(Boxer Movement)이 일어나고 국내에서도 반외국인 감정이 고조되자 이용익과 김영준은 9월에 서울 시내 전차 반대 폭동을 배후에서 지원했다. 그러나 미국 공사 알렌과 다른 외국 공사들의 노력으로 전차 운행이 정상화하자 그들은 고종 황제의 칙령(勅令)을 날조하여 그리스도인과 선교사들을 음력 10월 15일(양력 12월 6일)에 모두 살육하라는 통문을 지방 관청에 보냈다. 이는 1888년 영아소동에 이어 한국에서 이루어진 조직적인 반개신교 운동이었다.

이 없고 시골은 더욱 심"했다.⁸

　1900-01년 충청도와 황해도에서 러시아 정교회에 소속된 교인과 동학 잔당이 총칼로 무장하고 양반들을 구타하고 재산을 빼앗는 정길당(貞吉堂) 사건이 발생했다. 1901년 3월 황해도와 평안도에서 교세를 확대했는데, 러시아 희랍정교회에 입교하면 돈을 준다는 소문이 돌면서 사람들이 폭발적으로 몰려들었다. 그 소문은 러시아 국적을 가진 여성 정길당(貞吉堂, 베라高)이 관련되어 있었다. 1860년대부터 러시아 블라디보스토크 지역으로 이주하기 시작한 한인들 가운데 러시아 정교회로 입교한 교인들이 늘어났는데, 그 가운데 한 명이 정길당이었다. 그녀는 충남 지역에서 전도했는데, 1901년 한반도 중부 지역에 대흉년이 들어 집을 버리고 떠나는 사람들이 속출하자,⁹ 지방 관리들은 세금을 심하게 매겼다. 이에 반발하는 사람들이 작당하여 정길당(러시아 정교당)이나 영길당(영국 성공회당)을 조직하고 십자기를 앞세우며, 세금을 내지 않거나 주민들로부터 돈을 착취하거나 무덤을 파헤치는 작폐를 일삼았다. 이때 동학 잔당 1,000여 명이 희랍교에 가입하고 지방관을 능욕하며 양반의 재물을 약탈했다.¹⁰

　정부는 충청남도 관찰사에게 "희랍교를 자탁하고 민간에 작폐하는 소위 양 감찰을 착수 엄징하라"고 지시했다.¹¹ 양규태가 감찰(관찰사)로 불릴 정도로 정길당의 위세는 하늘을 찔렀다. 1901년 3월이면 '한국판 부림

8　"잡보", 「그리스도신문」, 1901. 11. 14.
9　"News Calendar," *Korea Review* (Dec. 1901): 499-501. 1901년 11월 충남 홍산 지방에 기근이 심하여 주민 절반이 집을 버리고 떠났다. 강화도의 경우 983호가 집을 버리고 떠났다. 정부는 쌀이 모자라자 안남미를 수입했다. 화적은 운반선을 공격해서 그것을 탈취해갔다. 충청도 옥천에서 10월 15일 70명의 화적이 관청을 습격하고 두 마을을 약탈하며 부녀를 겁탈하고 50채 집을 불태웠다. 11월 10일에는 마포에서 31채의 집을 불태웠다.
10　정길당 사건에 대해서는 이만열, "초기 기독교와 외세의존 문제", 『한국 기독교 수용사 연구』(두레시대, 1998), 436-446을 보라.
11　"잡보", 「그리스도신문」, 1901. 3. 21.

절' 사건의 당사자인 김영준(金永準)이 "각 공관에 익명서를 보내고 모모 대관을 모해"하고 "월미도를 일본인에게 팔아먹은" 죄목으로 교수형을 당한 시점이었다.[12] 그만큼 정국은 혼란했다. 정길당이 치외법권자이므로 러시아 공사관에 문의했으나 공사관은 정길당을 감싸고 나섰다.

> 러시아 공사 파브로프가 러시아에 입적(入籍)한 정길당(貞吉堂, 베라高)에게는 범죄의 확증이 없다고 회보하여 오다. 이보다 앞서 희랍 정교도라고 자칭하는 정길당 등이 전년 11월간에 충청남도 임천군 송정리 양규태(梁奎泰)의 집에 살면서 양규태, 안종학 등으로 하여금 굴총(掘塚)과 전재(錢財)의 늑탈 및 작처(作妻) 행위 등 무수한 창탈사(搶奪事)로 경부(警部)에서 수금(囚禁)하여 러시아 공관에 이첩한 바 있었는데, 본 건에 대하여 러시아 공사는 정길당의 공초(供招) 내용이나 제 증인들의 증언에 따르면, 경부에서 적시한 범죄 사실이 없으며, 단지 한국인 간흉배들이 해인을 무고한 것이라고 회보하다.[13]

이 사건의 발생 지역에 전통적으로 모시를 거래하는 보부상이 많이 있었다는 사실을 고려하면, 이는 한반도에서 러시아의 힘이 최고조에 달했을 때 정부가 후원하는 황국협회 대 러시아 정교회의 붉은 십자기 아래 생명과 재산을 보호하려던 주민들 사이에 벌어진 충돌이었다. 정길당은 러시아에서 태어나 고베라라는 이름을 가진 러시아 국적의 정교회 교인이었다. 그녀는 1894년경 남편 안병태와 함께 입국하여 희랍교(希臘敎) 선교사로 자처하며 사람들을 모았다. 정길당은 이 사건으로 체포되었으나 한 달

---

12 "잡보", 「그리스도신문」, 1901. 3. 14; 3. 21.
13 『고종 시대사』, 光武 5年, 辛丑(1901)년 6月 21日.

간 러시아 공사관에 감금되었다가 풀려난 후 러시아로 돌아갔다. 이 사건에서 우리는 1900년 전후에 교회의 붉은 십자기가 선교사의 치외법권과 교회의 정치적 권력의 상징이 되었고 지방에서 관리나 양반들의 탐학에 대항하는 도구로 사용되었음을 알 수 있다. 1902년에 충청남도 보령 울포에서도 전 동학 접주 출신 조덕필과 정행선이 예수교인으로 자칭하고 교인을 모아 예배당에 십자기를 걸고 부자들의 재산을 빼앗고 부녀자를 겁탈하다가 체포되기도 했다.[14]

정길당 사건이 어느 정도 마무리될 때, 1904년 2월 러일전쟁이 발발하면서 러시아 정교회 선교단의 활동은 중단되었다. 선교단 건물들은 프랑스 공사관에서 보호해주었으나 외교관과 사제들은 중국으로 추방되었다. 러일전쟁 후에도 정교회는 선교의 발판이 없었고 서울 거주 러시아인도 공사관 직원 20여 명에 머물렀다. 1910년 당시 서울 거주 사제는 4명이었다. 1917년 러시아혁명 이후에는 국고 보조금도 끊어져 집세 수입으로 명맥을 유지했으며 혁명을 피해서 피난한 백군과 교민이 있었지만, 교세라고 할 만한 것이 없이 몰락한 상태였다.[15]

십자가(the cross) 대신 십자기(flag of the cross)를 섬기고, 성령 대신 세상의 권세를 의지하며, 고난의 그리스도 대신 영광의 그리스도를 예배한 자들이 이때 등장했다. 사람들은 그런 가짜 교인을 협잡꾼으로 불렀다. 오늘 다시 교회에 위기가 닥치고, 교인이 줄며, 교회 개척도 어렵고, 노후가 걱정되자 교회를 세습하거나 교회에서 한탕 하려는 협잡꾼들이 등장했다.

---

14 "捉囚亂類",「皇城新聞」, 1902년 8월 21일.
15 "재경 각 교회의 본부를 역방하고",『개벽』 48 (1924.6): 71;「동아일보」, 1925. 9. 22.

65
북감리회 첫 집사목사
김창식과 김기범 안수식(1901년)

1901년 5월 14일 중국화북연회(North China Conference)의 감독 무어(David Moore) 목사가 주재한 한국 감리회 제17차 연환회(annual conference)에서 김창식, 김기범 전도사가 한국인으로서는 감리회 최초로 집사목사로 안수를 받고, 성찬식(장로목사만 집례)을 제외한 세례와 혼례를 집례할 수 있게 되었다. 「신학월보」에 실린 안수식에 관한 기사를 일부 현재 철자법으로 옮기면 다음과 같다.

> 장정 규칙을 본즉 전도사들이 두 반열로 있으니, 윗 반열은 순행전도사요, 아래 반열은 본처전도인이라. 순행하는 전도사들이 연환회에 들고 감목 처분대로 순행하여 전도하며, 이는 신학 공부를 마치고 졸업장을 가진 전도인이요, 한번 순행목사 되면 종신토록 그 업을 내놓지 못하고 다만 감목이 가라고 하신대로 어디든지 그리로 가서 전도할 것이니라. 본처전도사들은 순행하여 전도하는 것이 아니요, 다만 장로사와 목사의 지시하는 대로 본처에서 전도하는 사람이라. 또한 흔히 순행하는 목사이면 견습으로 있을 때에 이 본처 반열로 한참 다니다가 후에 순행 반열로 승차하느니라. 그러므로 우리 대한 형제 김 씨 양제는 공부가 졸업되지 못함으로 아직도 본처 반열에 있으나, 장차 순행하는 반열로 승차하기를 믿노라.[1]

여기서 전도사/전도인이란 목회자를 뜻한다. 전도사는 신학반 과정을 졸업하고 감독의 파송을 받아 여러 구역을 돌아다니며 전도하는 순행전도

---

1 「신학월보」, 1-7(1901.7).

사와 생업에 종사하면서 한 구역에서 목회하는 본처전도인으로 나누었다. 신자 중에서 지도력을 가진 자들이 개교회의 권사(exhorter)가 되고, 그 가운데 선교사를 돕는 본처전도사(local preacher)가 되며, 수습하는 본처전도사가 전도에 전념하는 순행전도사(itinerant preacher)가 되었다. 감리교회의 권사-본처전도사-순행전도사는 장로교회로 치면 집사-영수/장로-조사에 해당했다.

미국 북감리회 한국 연회에서 파송한 본처전도사 현황을 보면, 평양 구역의 김창식, 제물포 구역의 김기범, 정동 구역의 최병헌이 4-6년 동안 꾸준히 전도사 사역에 임했고, 1901년 4년급으로 목사 안수를 받을 수 있는 자격을 갖추었다. 즉 1901년 장로교회의 조사(안수받지 않은 목사)에 해당하는 세 명의 순행전도사가 나올 단계가 되었는데, 최병헌이 가족 사정으로 1년간 안수를 연기하면서 두 명만 집사목사로 안수를 받고 순행전도사가 되었다.

연도	본처전도사(구역)
1893	강재형(제물포)
1896	최병헌(정동), 노광옥(정동), 송기용(정동), 김창식(평양)
1898	김기범(제물포), 이명숙(제물포), 최병헌(정동), 김창식(평양), 이은승(상동), 노광옥(정동), 송기용(정동), 이승환(강화), 문경호(정동), 장경화(제물포), 이극혁(상동), 복정채(제물포)
1899	김기범(제물포), 이명숙(제물포), 최병헌(정동), 김창식(평양), 이은승(상동), 노광옥(정동), 송기용(정동), 오석형(평양)
1900	3년급 김기범(제물표), 김창식(평양), 최병헌(정동), 이은승(상동), 오석형(평양), 김상림(강화)

|1901|2년급 노병선(정동), 송기용(정동), 문경호(정동), 장경화(제물포), 이명숙(제물포), 이창학(상동)
4년급 김창식(평양), 김기범(연안), 최병헌(정동)
3년급 오석형(평양), 노병선(정동), 송기용(정동)
2년급 김상림(강화), 문경호(정동)
1년급 장경화(제물포), 복정채(제물포), 박능일(강화)|

김창식(평양 구역)과 김기범(제물포 구역)이 1901년에 안수를 받고 순행전도인(집사목사)이 되었다. 정동 구역의 최병헌도 1901년 4년급으로 연회 기준으로 집사목사 안수를 받을 자격을 갖추었으나 1900-1901년 사이에 아내와 두 아이를 잃는 슬픔을 겪었기에 집안 상사(喪事)로 1년간 근신하는 의미에서 안수를 사양했다. 그는 1902년 5월 연회에서 한국인 세 번째 목사로 안수를 받았다.

장로목사와 집사목사는 순행전도사 반열에 속하여 여러 시찰을 순행하고 설교하며 집례를 할 수 있었다. 「그리스도신문」도 감리교회 집사목사의 안수를 보도했다.

> 미이미교회를 혹 감리교회라고도 하며 며칠 전부터 연환회를 열고 대한 형제 중에 김창식 씨와 김기범 씨 두 분을 택하여 세례 주는 집사를 삼았으니 이 두 사람은 여러 해 전부터 주를 위하여 좋은 증인이 되었은즉 또 지금부터 흩어진 양을 위하여 좋은 목자가 될 터인데 김창식 씨는 평양 노블 목사와 같이 있게 되고 김기범 씨는 제물포 조 목사와 같이 있게 되었더라.[2]

---

2 "교회 통신", 「그리스도신문」, 1901. 5. 30.

이후 '순행목사'라는 말이 자연히 생겼다. 예를 들면 1912년 2월 29일 자 「죠션크리스도인회보」를 보면 해주 지방 순행목사 오기선이 올린 통신문이 나온다. 장로회의 경우 나중에 각 지역 교회를 담당하는 담임목사 외에 미조직교회나 작은 교회 여러 개를 돌아다니며 목회/전도하는 전도목사 제도가 생겼는데, 이는 감리회의 순행 전도목사와 다른 개념이다. 한국교회에는 이후 강도사, 전도사, 전도인, 전도부인, 동사목사, 부목사, 담임목사, 은퇴목사, 원로목사, 명예목사, 무임목사 등등 여러 용어가 생겼는데, 이런 용어들이 각각 언제부터 사용되었고 누가 그런 명칭을 처음 가졌는가를 밝히려면 많은 자료를 찾아야 하고 글의 분량이 많아질 것이다.

66
광주의 첫 그리스도인
김윤수(1904년)

광주제일교회 웹페이지에 들어가 보면 선교사 유진 벨(Eugene Bell) 목사 가족 이야기와 의사 오웬(C. C. Owen) 목사 가족 이야기가 설립 첫 부분을 상당히 많이 차지한다. 이는 과거 선교사관에 따라 선교사들이 교회를 세웠다는 관점에서 쓰인 것이다. 선교사가 전도하고 세례를 주며 설교하고 성경을 가르쳤으므로 그들의 역할을 무시할 수 없지만, 개 교회 설립은 한국인 신자들의 봉사와 헌신 없이는 이루어질 수 없었다. 더욱이 전라도에서 다른 선교지부보다 늦게 출발한 광주의 경우에는 한국인 조사 변창연과 집사 김윤수, 광주에서 처음 믿고 집사와 장로가 된 최흥종(1880-1966) 같은 분들의 역할이 컸다. 이들 중 설립에 가장 큰 역할을 한 분은 김윤수다.

김윤수(金允洙, 1860-1919)는 1904년 광주의 첫 교회인 광주 양림리교회를 세운 공로자다. 그는 1904년 9월 남장로회가 광주에 선교지부를 설치하기로 정한 이후부터 12월 중순까지 벨 목사와 오웬 목사 두 가족이 거처할 임시 사택을 한옥으로 짓고 다른 살림살이를 준비했다. 하나님이 광주와 주변 군을 복음화하기 위해서 오랫동안 준비시킨 후 1904년 말부터 그를 사용하기 시작했다.

다음은 「예수교회보」의 "광주 교회 통신"에 실린 김윤수 장로에 대한 소개다. 여기서 '광주 교회'란 광주 지역 교회란 뜻이며 '통신'이란 편지로 받은 소식이란 뜻이다.[1]

---

1 참고로 광주제일교회 역사서나 교회 웹페이지를 보면 이 '광주 교회'를 고유명사로 착각하는 예도 있다. "평양 교회 통신"이라고 하면 평양 지역 교회 소식이듯이 "광주 교회 통신"은 하나의 개 교회 소식이 아니다. 이 자료는 광주의 첫 교회가 "북문안교회"로 불리고 있었음

전라남도 광주 북문안교회 조사 이계수 씨는 집사 수년을 지내신 김윤수 씨로 이왕 경성[京城] 사람이고 칭찬받을 만한 이온데, 그 열심을 말하면 (1) 술에 열심이고, (2) 음란에 열심이며, (3) 투전 골패[投錢骨牌: 노름]에 열심이라. 원근 친구 간에 외면으로는 이같이 사랑하나 속마음으로는 원수같이 생각하더니 마침 하나님께서 부르셔서 기계로 쓰실 기한이 참으로 이상하게 권능으로 주신 일을 보면 사람이 헤아릴 수 없도다.

또한 권리를 주어 세상 법령으로 총순[總巡: 경찰서장]의 직임을 시켜 각처를 다니게 하시고[2] 마침내 광주 기계로 쓰실 기한이 되매, 목포 총순으로 보내시고, 성령 감동하시어 회개할 힘을 주시며 그곳에서 연단시키신 후에 광주로 인도하여 서양 목사가 지접[止接: 거처]할 자리와 거룩하신 교회에 목적을 이루게 하도록 하시니, 하나님께서 능력이 많으시므로, 사람이 쓰지 못하고 버린 물건을 긴요하게 쓰시는 능력이 감사하옵나이다.

또 이 형님이 부르심을 받고 행한 일 몇 가지가 있으니, (1)은 바울 선생을 모본하여 월급은 마다하고 자수[自手: 스스로]로 교회 직분을 잘 보고, (2)는 사라의 성품을 가지고 행한 것 같이 손님 대접하기를 열심히 하며, 본교 조사가 해읍[該邑: 광주읍]에서 거행하여 일하는데, 내왕 간 자기 권솔[眷率: 가족]과 같이 일 년 동안을 공궤[供饋: 숙식을 제공]하고, (3)은 읍의 일을 가지고 행한 일이니, 50여 살에 만득[晩得: 나이 늙어 얻음]으로 아들 하

을 보여주는 면에서도 귀한 자료다. 1912년 당회를 조직하고 그렇게 불렀다. 이처럼 교회의 공식 명칭은 어떤 작은 지역을 사용하는 것이 관례였다(예, 평양 장대현교회, 서울 새문안교회, 연못골교회, 곤당골교회 등). 1907년부터 선교사들은 "the Kwangju church"를 사용하기 시작했고 (즉 그 이전에는 교회[church]가 아닌 예배 처소[group]로 불렀고), 한글로는 1911년부터 노회에서는 "광주 교회", "광주 당회" 등의 용어를 사용했지만, 1912년에 오면 한글에서는 북문안교회로 공식 지칭하게 된다. 따라서 그 이전 교회 이름은 "양림리교회"였을 것이다.

2   조선 말 경무청(警務廳)에 두었던 관직의 하나. 고종 32(1895)년에 포도청을 경무청으로 고쳤는데, 감옥서장 다음의 관직이다. 정원은 30명 이하였다.

나를 얻었더니, 하나님께서 믿음을 보시려고 하나님께서 도로 부르시는데, 조금도 낙심하지 아니하고 근심 걱정함이 조금도 없으며, 주의 일만 생각하고, 형제자매가 위로하면 "하나님께서 무엇이든지 족하게 하시는 하나님이신데 무슨 말이냐? 무엇을 유익하게 하실는지 모르겠다"라고 하더니, 참 그렇소. 그 아들 낳기 전에는 초가에 살더니 지금은 반양제[半洋制: 한양절충양식]로 지은 기와집에 살고, 아들을 도로 얻으며, 집사로서 지금 장로가 되었으니 넘치도록 주시는 은혜를 받았으니, 한량없으신 복을 받는 것을 보면, 우리 믿는 형제자매들이 두 마음을 품지 말고 근심할 것이 없이 참고 감사하고 간구하고 예비할 것뿐입니다.[3]

허랑방탕하던 경찰서장 이계수가 변하여 김윤수가 되었다. 바울의 무급 섬김, 사라의 손님 대접, 욥의 인내와 믿음을 가지고 하나님의 기계로 쓰임을 받은 김윤수! 쓸데없는 자가 아니라 쓸모 있는 자가 되었다. 쓰임 받는 자를 당시에는 하나님의 기계가 되었다고 표현했다.

1920년 니스벳(Anabel M. Nisbet)은 *Day in and Day out in Korea*에서 광주 선교지부 개척의 공을 김윤수에게 돌렸다. 본문을 자유롭게 번역하고 일부를 추가하면 다음과 같다.

그는 1900년 목포에서 학습반에 들려고 했으나 술집을 운영하고 있었기 때문에 거절당했다. 마침 그의 늙은 모친이 손가락에 가시가 박혀서 고생했는데, 오웬 의사가 이를 빼내주었다. 그는 이를 통해 기독교 복음을 듣고 집에 가서 성경을 열심히 읽었다. 그때 그의 나이 40살이었다. 김윤수는 술집을 매각하고 아내와 장모에게 한글 읽기를 가르쳐서 성경을 읽게 했다. 그는 학

---

3   "광주 교회 통신: 기계로 쓰신 것과 받은 은혜", 「예수교회보」, 1912. 10. 22.

습반에 들어갔고 6개월 후에 세례를 받았다. 사업을 정리했기 때문에 김윤수는 시간에 여유가 많아서 무급으로 자원 전도를 했다.

그는 광주 선교지부 개설에 열정을 품고, 그곳으로 이사를 해서 여러 해 동안 벨과 오웬 목사를 도왔다. 특히 그는 부동산 구입, 건물 건축 등 모든 사업을 맡아서 처리했다. 그는 교회 영수와 집사로 선출되었고 나중에 광주 교회의 장로가 되었다. 그는 자신의 딸들도 교육을 받아야 한다고 생각한 첫 인물이었고 여학교를 개설하기 전부터 선교사들에게 여학교 개설을 종용했다. 그는 두 딸을 여학교에서 교육을 받게 하는 등 1900년부터 20년간 여자 교육의 선구자였다. 그는 1919년 3월 소천했다. 1904년에는 광주에 교인이 하나도 없었으나 북문안교회가 300명의 회중으로 성장한 것을 보고 죽어서 너무나 기뻐했다. 그들 가운데 많은 사람이 그가 전도한 열매였다.[4]

그와 함께 1912년 장로로 안수를 받은 이가 최흥종 장로다. 김윤수는 20살이나 어린 최 장로와 동역하면서 광주 지역에 기독교 씨를 뿌리고 그 싹이 자라게 했다.[5]

▲김윤수 장로
1912년 장립

▲최흥종 장로
1912년 장립

---

4   Anabel Major Nisbet, *Day in and Day out in Korea* (1920), 65.
5   『광주제일교회 100년사』(2006), 33.

67
나라를 위한 첫 연합 기도회
위국 기도회(1905년)

> 만왕의 왕이신 하나님이시여, 우리 한국이 죄악으로 침륜에 들었으매 오직 하나님밖에 빌 데 없사와 우리가 일시에 기도하오니 한국을 불쌍히 여기사 예레미야와 이사야와 다니엘이 자기 나라를 위하여 간구함을 들으심 같이 한국을 구원하사 전국 인민으로 자기 죄를 회개하고 다 천국 백성이 되어 나라가 하나님의 영원한 보호를 받아 지구상에 독립국이 확실케 하여 주심을 예수의 이름으로 비옵나이다.[1]

위의 글은 1905년 7월부터 11월 15일 을사늑약 체결 전후까지 한국 개신교회가 함께 기도했던 위국 기도문이다. 국권 회복과 자주독립을 위한 이 위국 기도회는 한국 개신교의 항일 민족운동의 시작이었다. 일제하 한국 교회의 민족주의 운동은 1904년 2월 러일전쟁과 한일의정서 체결을 계기로 촉발되었으며 1905년 11월 을사늑약 체결 전후로 형성되기 시작했다. 즉 일제가 러일전쟁을 수행하기 위해서 한반도를 군사적으로 강점한 20개월 동안 한국 사회에 '민족', '민족주의', '국가'라는 말이 사용되기 시작했고 근대 민족 국가(nation state) 형성을 위한 기독교 민족주의 운동이 태동했는데 그 가시적 첫 형태가 위국 기도회였다.

광무 9년(1905년)의 한국 개신교와 민족운동

1904년 2월 러일전쟁이 개시되고 한일의정서가 체결된 이후 1905년 11

---

[1] "聲聞于天", 「大韓每日申報」, 1905. 11. 19.

월 15일 을사늑약 체결까지 한반도는 일본의 군사 통치하에 들어갔고, 1896년 2월 아관파천 이래 정권을 장악해온 친러파가 몰락하고 소위 진보적인 친일파가 재등장했다. 일제는 전쟁 수행을 목적으로 용산, 평양, 의주 등 철도역 주변 지역의 광활한 토지를 군용지(軍用地)로 무단 점유 강탈했으며, 철도 부설을 위해 농번기에도 한국인을 노역자로 강제 징용했다. 이때부터 서울 용산(龍山) 지역은 한 세기 동안 외국 군대 주둔지가 되었고, 독도(獨島)도 이 기간에 일본 영토로 편입되었다. 일본은 보호조약 체결 후 국제적 지명도가 높은 노회한 정치가 이토 히로부미(伊藤博文)를 초대 통감으로 임명했다. 이토의 조선 통감부 설치는 일제가 한국을 식민지로 경영한다는 신호탄이었다.

40년간의 식민 통치가 시작되던 1905년, 한국 언론과 사회는 새로운 사회 세력으로 급부상하던 예수교회에 지대한 관심과 기대를 보였다. 개신 유교 세력이 주도한「대한매일신보」는 예수교의 성장을 대세로 인정하고, 한국의 희망이 기독교에 있음을 천명했다. 1905년 9월 10일 "교인 혈성" 기사에서는 "대한 예수교인들이 국가의 세력이 억눌린 일과 생명 재산의 자존권을 심려하여 매일 예배하며 교과서를 다수 간출"하고 있다고 주목했다. 9월 29일 "한국은 장차 예수교 신교로 일어날 것이다"라는 논설에서는 조선에 한때 유교가 성행했다가 이제 쇠퇴하는 것은 "대도의 운행과 인사의 변천이 순환하여 쉬지 않는 까닭이며, 예수교회가 한국 땅에 유입된 이래로 유교 선비들이 극력 배척하고 공경 대인은 진토로 여겼지만, 하늘이 장차 이를 흥하게 하므로 누가 이를 막을 수 있으리오. 지금 예수교가 점차 증진하는 모양이 실로 활발하고 크게 일어나는 기세라"고 하여 하늘의 섭리인 예수교의 흥왕을 막을 수 없다고 했다. 처음에는 관리의 탐학을 피해 교회로 왔으나 이제는 일본의 학대를 피해 교회로 오는 자들이 많다. 예수교 입교자들은 청년 유지와 열혈 재사로 그들의 특징은 자연적 애국심, 동포 사랑, 단체력, 자립심 등이며, 이들은 한국 독립을 위한 무형의 강력이다. 따라서 「대한매일신보」는 한국은 장차 예수교로 인하여 자립할 것이라고 주장했다. 종교개혁을 통해 예수교로 나라를 세우자는 기독교 입국론(立國論)이 여론의 지지를 받았다.

「대한매일신보」가 대한의 희망이 예수교에 있다고 주장한 근거는 독립 국가 건설에 필요한 국민 교육에 근대 종교인 예수교가 적합하다고 인식했기 때문이다.

> 정치와 종교는 나뉘어 두 개이지만, 인민과 국가가 상이하면서 표리가 되어 화복과 존망이 균일하게 맞물려 있으므로 국가에 정치가 없으면 인민이 편안하게 살 수 없고 인민에게 종교가 없으면 국가는 인민을 이끌어갈 수 없다. 비유하자면 배가 물에 있는데, 물에 풍랑이 많으면 배는 나아갈 수 없고 배가 돛과 돛대를 잃으면 물은 배를 띄울 수 없다. 그런즉 국가에 정치가 없는 것을 인민이 어찌 좌시할 수 있으며 인민이 종교가 없는 것을 국가가 어찌 침묵할 수 있는가?

예수교는 국민이 타고 있는 배의 돛과 돛대와 같아서 배를 전진시키는 힘이라고 보았다. 10월 11일 동 신문은 "종교개혁이 정치 개혁의 원인이 된다"라고 주장했다.

> 일찍이 구미 제국의 정치 개혁한 원인을 소급해서 찾아보면 그 종교개혁으로 유래했으니 그런즉 세계 인심을 감화케 하는 효력이 종교보다 빠른 것이 없고 천지를 개벽하는 역량이 종교보다 더 큰 것이 없다. 예수교회가 생겨 평

2　"辯政敎異同", 「大韓每日申報」, 1905. 10. 4.

등과 자유의 주의를 창론하니 그 시초에 구교도의 학대를 견디다가 신교도의 견고한 불굴의 힘으로 점차 인심을 감화하여 자유로운 분위기를 양성하니 그 뜻이 한 번 바뀌어 영국이 개혁되고 두 번 바뀌어 미국이 독립을 이루고 세 번 바뀌어 독일이 혁신이 되었다.

신문의 내용은 한국이 유교에서 예수교로 개혁하면 정치도 개혁되고, 정치가 개혁되면 국가의 독립을 이룰 수 있다는 주장이었다.

대개 나라는 인민이 모인 것이다. 인민이 자립하는 힘을 가진 후에 나라가 역시 자립하는 힘이 있게 되니 인민의 지식이 발달하지 못하면 어찌 자립하는 힘이 있으리오. 내가 한국 인민의 성질을 보니 구래 관습으로 의뢰심이 아주 심하고 자립적 사상이 전무하니 이는 천리에 본원을 궁구치 못해서 천부 권리가 자기 신상에서 유래한 것을 생각하지 못한 까닭이다. 밝고 밝은 높은 하늘이 동일한 인애로 바라보사 생명과 자유의 권리를 세계 인민에게 각각 내려주셨으니.

신문은 나라의 근본이 인민이므로, 한국 인민이 지식을 늘리고 천부의 권리를 알고 자립하는 힘을 기르면 국가도 독립할 수 있다고 주장했다. 일반 신문들이 예수교를 국가의 희망이고 정치 개혁의 원인이며 인민 계몽의 선도자로 지목하고 기대를 표시한 것은 개신교회가 애국과 애민의 기치를 분명히 하고 행동에 나섰기 때문이었다. "죄가 많아 주권을 상실했다"라고 본 한 기고자는 "국가를 부하게 하고 민을 강하게 하는 그리스도교를 숭봉할지어다"라고 주장했다.[3]

---

3   "警告韓民", 「大韓每日申報」, 1905. 12. 9.

여름 연동교회의 위국 기도회 운동(1905년)

1905년 7월 러일전쟁이 막바지에 접어들면서 일본이 한국을 보호국으로 만들려는 야욕을 노골적으로 드러내자 한국 개신교회는 본격적인 항일운동에 들어갔다. 그 첫 구체적 방법이 나라를 위한 위국 기도회였다. 기도회는 먼저 서울 연동장로교회 청년회를 주축으로 조직한 국민교육회에서 전국적 운동으로 시작했다. 참고로 당시 서울에는 정동감리교회에 엡윗회, 상동감리교회에 상동청년회, 연동장로교회에는 국민교육회가 각각 조직되어 있었는데 "한국 대소 관민이 자원 입회하여 교무와 시사를 토론하는데, 국민교육 회당은 계동 전 여학교로 이정하고 해 회장은 의양군 이재각 씨로 선정했다."

7월에 연동교회의 국민교육회는 대한제국이 하늘의 보호를 받아 지구상에서 확실한 독립국이 되기를 원하여 앞에서 인용한 "위국 기도문" 1만 장을 인쇄하여 전국에 반포하고 매일 하오 3시부터 4시까지 하나님께 기도하는 구국 기도회 운동을 개시했다. 당시 개신교회 교인의 수는 약 10만 명으로 추산되고 있었는데 연동교회는 위국 기도문을 인쇄하여 전국 교회에 배포하고 매일 한 시간씩 위기에 빠진 나라를 위한 기도 운동을 전개했다. 「황성신문」은 연동교회의 위국 기도문을 읽고 다음과 같은 논설을 발표하고 지지했다.

> 며칠 전에 연동예수교회에서 우리 대한이 하늘의 보호하심을 받아 지구상 독립국이 확실히 됨을 원하여 위국 기도문 1만 장을 인쇄하여 전국에 배포하고 매일 하오 3시부터 4시까지 기도한다 함은 본보에 이미 보도하였거니와, 내가 동일한 국민으로 그 위국 기도하는 경건성에 대하여 실로 감탄 찬하할 뿐더러 무릇 세인의 선과를 찬양하여 천하를 권유하는 것은 역시 기자가

하지 않을 수 없는 것이라.

　그러나 기도문을 읽은 어떤 객이 국가의 독립과 인민의 생명이 인간사나 운수에 관계되므로 상제께 기도한다고 된다고 믿지 못한다고 하자, 기자는 "세상을 현혹하는 요언과 사사로운 뜻으로 귀신을 모독하는 것은 소위 요사스러운 제사는 복이 없는 것이거니와, 이 교회처럼 도덕을 숭신하는 진심으로 지극히 신명하신 상제께 국가를 위하여 기도하며 이천만 동포를 위하여 기도하니 그 주의의 정대함이 천리에 적합"하다고 주장하고, 하물며 그 기도문에 가로되 전국 인민이 회개 자복하면 상제께서 구원을 내리신다 함은 그 이치가 명확한지라. 오늘 유교의 성훈으로 이를 추론할지라도, 가로되 상제는 치우치지 않으사 선을 행하면 백 가지 상서로운 일을 내리고 불선을 행하면 백 가지 재앙을 내린다 하니, 사람의 선행과 악행으로 인하여 하늘이 복을 내리고 재앙을 내리는 형성에 영향을 주는지라.…우리의 개과천선하는 날이 곧 전화위복의 때이니 어찌 믿을 수 없으리오"라고 설명하고, "무릇 고통이 극심할 때에 하늘을 부르며 부모를 부름은 인지상정이니, 지금 우리 대한 인민의 어긋난 물과 돌이 서로 맞지 않는 정세가 질병보다 심한데, 사방을 둘러보아도 다만 시랑뿐"이므로 근본으로 돌아가 "상제께 부르짖어 그 구원을 바라는 것이" 마땅하다고 주장했다.

　그러자 객은 "사정이 그렇다면 우리 대한 인민이 세계 인류 중 순량 모후한 자인데 무슨 죄로 이러한 경우를 당하는가?"라고 질문했다. 기자는 "우리 대한 인민이 그 성질을 논하면 순양 모후하니, 대자비하신 상제께서 이를 돌보지 않으시고 무고한 인민으로 고해에 침륜케 하시지 않지만, 다만 교육을 받지 않음으로 민명 발달할 기상과 충분 애국하는 혈성이 결핍하므로 국가를 위하여 독립을 유지키 어려우니, 이는 하늘이 주신 큰 복을 향유할 수 없는 것이니 인민의 죄과가 아니라고 말하지 못할지니, 오늘에 이르러 회개 자죄하여 하늘의 도우심과 보호를 받고자 하면 허물을 고쳐 복으로 만드는 것만 같은 것이 없고, 애국보다 더 큰 것이 없다. 우리 이천만 동포는 지금 이 교회의 위국 기도하는 성의를 관감하고 확신하여 사람마다 모두 열심히 애국하고 지성으로 하늘에 다다르면 상제의 구원하심을 모두 골고루 받으리니 어찌 불행이리오"라고 대답했다. 이에 객이 물러나거늘 "논설 쓰기를 마치고 우리 동포에게 고하노니 우리 동포는 이를 염두에 두고 이를 힘쓸지어다. 생각건대 황상제는 매일 감찰하시고 이곳에 계시니라."[4]

세상 신문이 교회의 위국 기도문을 소개하면서, 매일 감찰하시는 하나님(엘 로이), 지금 이곳에 계신 하나님(야웨 삼마)께 천부 권리를 누리지 못한 죄를 회개하고 "열심히 애국하고 지성으로 하늘에 다다르면 상제의 구원하심"과 '하늘의 도우심과 보호'를 받아 독립국이 되는 전화위복의 기회로 삼자고 강조했다.

을사늑약 항의 서울 지역 교회 연합 위국 기도회(1905년 11월)

일제가 보호조약의 마각을 드러내고 11월 9일 이토 히로부미가 서울에 도착하자 그 이튿날부터 상동감리교회 엡윗청년회 회원들을 중심으로 서울 지역 감리교, 장로교, 침례교 연합 위국 기도회가 열렸다. 첫날 저녁 구국 기도회에는 "회원 천여 명이 국가가 곧 화를 입게 될 처지에 이르렀음을 분개하여 함께 모여 서로 붙잡고 통곡"하며 기도했다. 「대한매일신보」는 나라가 남의 나라에 넘어가는 판에 "팔짱만 끼고 가만히 앉아서 골패나 화투만 하면서 나라 근심은 남의 일처럼 도무지 개의치 않는" 바둑이나 두는 자들은 개와 돼지보다 못하다고 준엄히 비판하고 경고에도 불구하고 변하

---

4 "論說: 讀蓮洞耶蘇敎會爲國祈禱文", 「皇城新聞」, 1905. 8. 2.

지 않는 자는 실명을 공개하겠다고 밝혔다.[5] 그러나 11월 15일 을사늑약이 체결되었고 「대한매일신보」는 예수교인의 위국 기도회를 크게 보도했다.

대한 전국에 그리스도인의 경향에 있는 신도가 모두 십만에 달하였는데 그 국가가 침륜 멸망하는 지경에 빠져들어 감을 슬퍼하고 애통하며 사회가 영락하고 스러지는 것을 근심하고 두려워하여 장로회와 침례회와 감리회에서 공동으로 연합회를 단결하여 영원한 생명의 하늘에 기도하자는 주지로 독일무이하시고 전지전능하옵신 조물주 대주재 상제 여호와께 위국 기도를 경건히 지성으로 매일 드린다 한다는데, 그 매일 기도하는 전문이 다음과 같다.

위국 기도문
지금 우리 대한이 고난 중에 있는 형편을 우리 동포가 다 아는 바이거니와 예수를 믿는 형제자매 중에도 혹은 자기가 잘못하여 이 지경에 이른 줄은 깨닫지 못하고 다른 사람만 원망하니 이는 덜 생각함이오. 혹은 말하기를 우리의 영적 나라가 하늘에 있은즉 육신의 나라는 별로히 상관없다 하니 이도 덜 생각함이오. 혹은 말하기를 이런 고난을 당하여 어찌 가만히 앉아 있으리오 하고 혈기를 참지 못하여 급히 나아가자 하니 이도 덜 생각함인즉 다 하나님의 뜻에 합당치 못한 것이라. 그런즉 이 고난에 든 허물이 어디 있다 하리오. 다른 데 있지 않고 다 하나님을 믿고 구하지 아니하는 데 있나니 대저 우리나라 사람이 사신 우상을 숭봉하고 악독한 일만 행하며 하나님의 주신 바 기름진 땅과 광산과 일용 만물을 감사한 마음으로 받아 적당히 쓰지 아니하고 또 하나님 앞에 복을 구하지 아니한 까닭인즉 주를 믿는 우리는 구약 때에 예언자 예레미야와 이사야와 다니엘이 기도로 이스라엘과 유태국이 구원 얻

---

5   "技徒可憎",「大韓每日申報」, 1905. 11. 12.

은 것같이 대한도 구원 얻기를 하나님 앞에 기도합시다. 기도 시간은 매일 신시(오후 2시부터 4시)오.

기도문이 다음과 같으니

만왕의 왕이신 하나님이시여 우리 한국이 죄악으로 침륜에 들었으매 오직 하나님밖에 빌 데 없사와 우리가 일시에 기도하오니 한국을 불쌍히 여기사 예레미야와 이사야와 다니엘이 자기 나라를 위하여 간구함을 들으심 같이 한국을 구원하사 전국 인민으로 자기 죄를 회개하고 다 천국 백성이 되어 나라가 하나님의 영원한 보호를 받아 지구상에 독립국이 확실케 하여 주심을 예수의 이름으로 비옵나이다.⁶

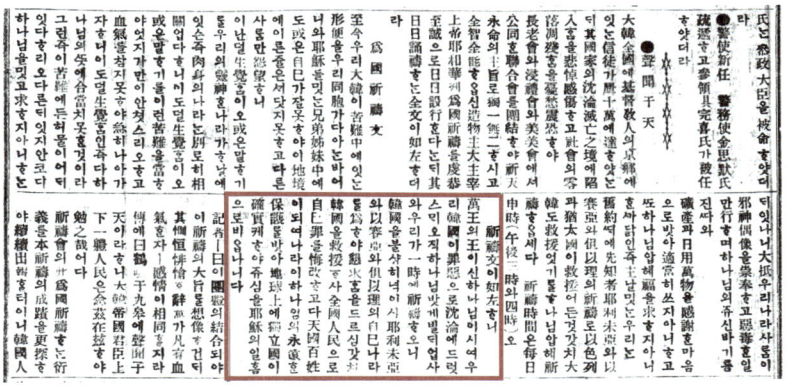

▲ 위국 기도문(1905년)

기도문은 일제의 보호가 아닌 하나님의 영원한 보호만이 대한이 자주 독립국으로 확실하게 되는 길임을 천명했다. 이는 한국 개신교회 교인들이

---

6 "聲聞于天", 「大韓每日申報」, 1905. 11. 9.

구약의 예언자들과 신약의 예수 공동체의 전통을 이어받아 나라가 다른 나라에 의해 멸망하고 식민지가 된 현실 앞에서 이를 남의 탓으로 돌리는 원망자(怨望者), 지상의 나라는 무시하고 하늘의 영적인 나라만 추구하는 도피자(逃避者), 분을 참지 못하고 혈기로 나아가 "군사 지식 없이 단지 충천한 의분심만 가지고" 의병으로 싸우는 무력자(武力者)의 방법에 반대하고 먼저 하나님 앞에 바로 서는 기도자의 방법을 제시했다. 무엇보다 난국의 원인이 먼저 그리스도인에게 있다고 보고, 과거 조상과 현재 국민과 그리스도인 전체 공동체의 죄를 회개하는 '공동 기도' 운동으로 승화시킨 성숙한 예언자 신앙이 돋보였다. 부흥운동이 전개되던 시점에 교회는 전 국민이 천국 백성이 되기를 원하는 전도 운동을 벌이면서 나라를 위한 기도 운동을 벌였다. 동시에 을사늑약이 체결되자 기도회를 주도했던 교인들은 기도회에 이어 조약 무효 상소 운동과 항의 데모 운동을 전개했다.

    북감리교회의 일본 감독 해리스(M. C. Harris)의 지시로 스크랜턴 목사는 11월 1일 민족운동의 중심지였던 상동교회 청년회를 해산시켰다. 그러나 회원들은 을사늑약이 체결되자 상동교회에 모여 기도회를 열고 상소 운동을 전개했다. 해주에 있던 김구(金九)는 진남포 엡윗청년회 대표로 서울에 와서 전덕기, 정순만, 이준, 이동녕, 이희간, 조성환 등 상동청년회 회원과 관서 지방 대표로 온 최재학, 계명륙, 김인집, 옥관빈, 이승길, 차병수, 신상민, 김태연, 표영각, 서상팔, 이항직, 기산도, 전병헌, 유두환, 김기홍 등을 만났다. 이들은 "1회 2회로 사오 명씩 연명으로 상소하여 죽든지 잡혀 가든지 몇 번이고 반복하자"라고 결의했다. 특별법원 검사 이준(李儁)이 작성한 상소문을 들고 11월 27일 최재학, 김인즙, 신상민, 이시영, 전석준 등 5명이 대표가 되어 도끼를 메고 대안문(大安門) 앞에서 일차로 상소하는 한편, 각국 공사관에 조약의 부당성을 알리는 변명서를 발송했다. 상소문의 내용은 우리 각자가 제 할 일을 제대로 못 해 이 지경에 이르게 되었다는 위국 기도문과 같은 내용을 담았다.

이들이 일본 순사대에 체포되어 경무대에 감금되자, 김하원, 김흥식, 이기범, 차병수 등은 11월 30일 "경고 아 이천만 동포지문"이라는 글을 종로에 뿌리고 "독립 국권 사수"를 주제로 길에서 연설했는데, 총을 쏘는 경찰과 투석하는 군중 사이에 접전이 벌어져서 많은 사람이 부상하고 백 명이 추가 투입된 헌병대에 체포되었다. 다음 날 민영환 공이 순국 자결했다. 전덕기, 정순만은 평안도 기독 청년들과 함께 을사오적 암살 계획을 세웠다. 그러나 민중의 호응이 기대에 미치지 못하자 각자 고향에 내려가 애국 사상을 고취하고 신교육을 실시하는 것이 급선무라는 데 의견을 모으고 흩어졌다.

상소론(上疏論)과 의병론(義兵論)에 대한 대안으로 등장한 신교육론, 곧 실력 양성론은 종교를 통한 도덕적 감화와 독립 정신의 고취, 교육과 산업, 단체 생활의 진흥을 목적으로 했는데, 이 계몽론은 위국 기도문에서 그 일면을 드러내고 있었다. 한국이 국권 침탈을 당한 이유는 우상숭배와 악행, "하나님의 주신 바 기름진 땅과 광산과 일용 만물을 감사한 마음으로 받아 적당히 쓰지 아니"한 것, 그리고 "하나님 앞에 복을 구하지 아니한 까닭"이었다. 민족적 차원에서 예언자적 자기비판은 유일신론 차원에서 우상숭배, 도덕론 차원에서 갖은 부패와 악행, 그리고 사회진화론 차원에서 근대 시민 육성, 실력 양성, 자원 개발, 산업 진흥 등을 대안으로 제시했다.

서울의 연동장로교회와 상동감리교회의 개혁파 청년들이 주도한 기도회는 독립 국가 형성이라는 당대의 정치 의제가 예언자적 신앙과 결합하면서 점화된 개신교 항일 민족운동의 첫 봉화였다. 그 불은 일제 40년, 해방 이후 80년 동안 꺼지지 않고 타올랐다. 한국교회는 130년 전 대부흥 운동의 재현을 위해서 기도할 뿐만 아니라, 위기를 맞은 조국의 평화와 통일을 위해서 함께 공동으로 기도할 때다.

68
장로회 첫 안수 목사
평양신학교 교육과 7인의 첫 졸업과 안수(1907년)

토착 교회의 자치는 기본적으로 토착인 목회자 양성과 교회 조직으로 이루어진다. 따라서 네비어스 방법과 신학 교육의 문제는 한국에서 논쟁과 비판의 대상이 되어왔다. 네비어스 방법 때문에 한국인 목사의 신학 교육 수준이 너무 낮아졌다고 비판받아왔다. 사실 네비어스가 산동에서 실시한 신학 교육은 실패했다.[1] 1890년 네비어스로부터 이 경험을 전해 들었을 한국 선교사들이 목회자 교육을 서두르지 않고 1896년 레널즈(W. D. Reynolds)가 제안한 대로 그 수준도 일반 교인보다 너무 높지 않게 하향 조정하고 미국 유학도 잠정적으로 유예했으리라고 짐작할 수 있다.[2] 그 결과 신학반은 1900년까지 농한기를 이용한 사경회 형태의 단기 과정으로 운영되었다.

그러나 한국교회의 급성장으로 선교사들은 목회자 양성 문제를 서두르지 않을 수 없었고 한국인 조사나 장로들을 대상으로 한 정규 신학교를 1901년에 설립하게 되었다. 이는 1900년 평양공의회 위원들의 헌의도 있었지만, 1901년 방한한 미국북장로회 해외선교이사회 총무 브라운(A. J. Brown) 박사가 급성장하는 한국교회가 장기적으로 건전한 발전을 이루기 위해서는 전도도 중요하지만, 교육에 중점을 두어야 할 시점이 되었다고 지적하며 토착인 목회자 교육이 급선무라고 제안한 결과였다. 브라운 총

---

1 John L. Nevius, "Historical Review of Missionary Methods," *Records of General Conference of the Protestant Missionaries of China, Shanghai, 1890* (Shanghai: American Presbyterian Mission Press, 1890), 175. 반면 로스의 신학 교육은 성공적이었다. 이는 방법의 차이라기보다 그 방법을 지지하는 구성원과 지역 문화의 차이 때문이었다. 산동 지부에서는 네비어스 방법을 반대하는 선교사도 많았으나 만주에서는 통일된 정책으로 시행되었다.

2 W. D. Reynolds, "The Native Ministry," *Korean Repository* (May 1896): 200-201.

무는 한국 장로교회는 정치면에서 비정상(anomaly), 곧 한국인 목사가 없고 회중교회처럼 평신도가 자치하는 상태이므로 최대한 빨리 장로와 목사를 안수하고 치리 기구인 노회와 총회를 설립하여 정규적인 장로교회를 만들어갈 것을 주문했다. 다른 선교지(중국, 인도, 일본, 멕시코 등)의 장로교회들은 선교 시작 후 10년이 지나야 첫 세례교인이 나오고 이후에도 세례교인이 서서히 늘어났기 때문에 조직이 먼저 왔다. 그러나 한국은 성장이 먼저 오고 이어서 조직이 이루어지면서 성장기에 회중교회와 같은 자치 전통이 강할 수밖에 없었다. 브라운은 네비어스 방법의 지혜를 인정하고 너무 많이 교육받은 목회자는 반대했지만, 선교사 수를 늘리기보다는 토착인 목회자를 양성해야 한다는 데니스(James S. Dennis)의 노선과 선교사는 목사가 아니라 일종의 감독과 같다는 로스 노선을 따라, 목회자 교육을 강조했다.[3] 곧 평양의 숭실학교 설립과 더불어 평양 장로회신학교의 조기 설립은 네비어스 방법을 수정한 결과였다.

조사 사경회를 통해 1888년부터 전도인을 훈련하고 있었으나 평신도 교육이었으므로, 전문적인 신학 교육과정으로 목회자를 양성할 필요가 있었다. 동시에 이들을 치리회에 포함하여 민주적인 장로회 정치를 배우게 할 필요도 있었다. 조사 사경회 과정을 다시 간단히 요약하고, 공의회 활동에 이어 신학교 교육과 안수 과정을 살펴보자.

신학반 교육(1888-1900년)

1888년 12월 중순부터 이듬해 1월 중순까지 서울 언더우드의 사랑방에

---

[3] A. J. Brown, *Report of A Visitation of the Korea Mission of the Presbyterian Board of Foreign Missions* (New York: Board of the Foreign Missions, PCUSA, 1902), 16-19.

서 한국인 권서와 지도자들을 위한 첫 신학반(theological class)이 개설되었다. 서울의 서상륜, 홍정후, 의주의 한석진, 송준석, 장연의 서경조, 최명오, 구성의 김관근, 양전백, 문화의 우종서, 자성의 김병갑이 신학반에 참석했다.

1891년 2월에 채택된 "북장로회 한국선교회 규칙과 부칙"에서 신학 교육에 대한 방향과 원칙을 규정했다. 제1항은 "다양한 한국교회 지도자들을 여름이나 겨울 신학반을 통해 교육한다. 때가 되면 신학교를 통해 보다 조직적이고 철저한 신학 교육을 실시한다"였다. 신학반의 목적은 자급하는 전도인을 양성하는 데 있었다. 선교사들은 교인 중에 유망한 자를 선발해서 선교지부의 사경회를 통해 훈련하도록 했다. 단 그들에게 여비나 숙박비는 지급했다.[4]

신학반은 네비어스 방법을 따른 것으로 초기 한국인 지도자 양성을 위해 겨울 농한기에 1개월간 집중 교육하는 과정이었다. 교육의 주 내용은 성경 각 권을 공부하는 것이었고 성경 지리와 같은 보조 과목이나 웨스트민스터 소요리문답, 찬송 부르기, 예배 인도, 설교, 성경 낭독, 기도하는 법, 노방 전도법 등이 교과목에 포함되었다. 1893년부터 많은 소책자를 출판하게 되자 이를 전도에 활용하도록 했다.『성교촬리』,『권즁회기』,『훈ᄋ진언』,『샹뎨진리』,『장원량우샹론』,『덕혜입문』,『즁싱지도』,『예수교문답』,『인가귀도』,『텬로력뎡』,『삼요록』,『위원입교인규됴』 등 한글 서적은 물론 번역하지 않은 네비어스의『宣道指歸』과『祀先辨謬』, 마틴(William A. P. Martin)의『天道溯源』, 파베르(Ernst Faber)의『自西徂東』 등 한문 서적도 신학반의 참여자들이 읽어야 하는 필독서였다.

---

[4] The Korea Mission of the PCUSA, *Standing Rules and by laws of the Korea Mission* (1891), 9.

장로회공의회 '조선어를 쓰는 회' 조직(1901년)

1901년 9월 서울 새문안교회에서 미국 북장로회와 남장로회, 호주 장로회, 캐나다 장로회 등 4개 장로회선교회의 선교사 25명이 주축이 되어 첫 치리기구인 '조선예수교장로회공의회'를 조직했다. 이는 1893년 조직된 장로회선교회공의회가 발전한 것이다. 선교사공의회 조직 때와 달리 1901년에는 한국인 총대들도 참석했는데 장로 서경조, 방기창, 김종섭 3명과 조사 양전백, 송인서, 최명오, 고찬익, 유○○, 천광실 6명 등 총 9명이었다. 이들은 '조선어를 쓰는 회'를 구성하고 영어를 쓰는 선교사회와 더불어 합동 공의회를 조직했다. 그러나 당시는 노회를 위한 준비기였으므로 한국인 대표에게는 아직 치리권(투표권)이 없었다.

1901년 9월 21일 장로회 공의회 때 두 가지 중요한 결정을 했다. 첫째는 영어 공의회에서 선교사들이 "교회와 정부 사이에 교제할 몇 조건"을 작정했다. 그들은 선교사의 정치 관여 금지, 교회의 정치 불참, 대한인 백성은 황제에게 충성, 개인의 정치 참여는 자유, 교회에서 정치 의논하지 말 것을 결정했다. 두 번째, 조선어 공의회에서는 연보를 모두 십일조로 수용하자는 의견이 있었으나, 규칙 대신 각자 소원대로 하는 것이 좋다고 합의했다. 나아가 송인서는 "금년 같은 흉년을 당하여 우리 교중에 빈한한 형제를 어떻게 구제하겠느냐?"고 하자, 회원들이 다시 의논해 전국 교회에 통첩하여 각각 그 교회마다 구차한 교우들을 살펴 서로 구제하기로 작정했다.[5] "흉년을 인하여 유리하게 된 김포, 연율, 백천, 연안 등지에 있는 교회를 위하여 각 교회가 연보 구제하기로 결정"했다.[6] 이는 대흉년이 들어

---

5   "쟝로회 공의회 일긔", 「그리스도신문」, 1901. 10. 3.
6   차재명, 『朝鮮예수敎長老會 史記』, 82.

고생하는 민생을 중시한 결정이었다. 연보는 부세(세금)가 아님을 재삼 강조했다.[7]

1903년에 열린 선교사 공의회에는 23명, 그리고 사진에서 보듯이 한국인 공의회는 전국 총대 23명(장로 6명, 조사 8명, 집사 9명 등)이 참석하여 노회를 구성하기 위한 준비를 이루었다. 지역별 총대들이 공의회 회의를 통해 장로회 헌법과 회의법을 익히고, 절차적 민주주의를 배워나갔다. 이 선교사와 한국인의 합동 공의회가 한국 장로회 대의정치의 출발이었고, 현재의 장로교회 총회의 모체였다.

▲ 조선어를 쓰는 장로회공의회(1903년) [Oak]
앞줄 오른쪽부터: 방기창, 길선주, 한석진, 이기풍, 송인서, 양전백, 둘째 줄 중앙: 서경조

1904년 북장로회 연례회의에서 선교사들은 자치 문제, 곧 한국 노회 조직 문제를 심도 있게 논의했다. 그들은 일본, 브라질, 페르시아, 멕시코의 본토인 노회 조직의 역사를 참고했으나, 한국 상황과 맞지 않아 그것들을 적

---

7 "연보", 「그리스도신문」, 1901. 10. 24.

용할 수 없었다. 즉 그 지역에서는 먼저 여러 선교사가 중심이 되어 노회를 먼저 조직했으므로, 선교회가 서로 연합하기 어려웠다. 한국에서는 이제 충분한 교인들과 지도자들이 형성되었으므로 공의회를 중심으로 하나의 독립 노회를 조직할 때가 이르렀다고 선교사들은 판단했다. 노회를 구성하기 위해서는 한국인 목사가 필요했고, 목사 안수를 위해서는 신학교 교육의 정상화가 필요했다. 한국 노회와 총회가 성숙하게 되면 선교사들은 철수(자퇴, devolution)해도 좋다고 보았다.[8]

평양연합신학교의 설립과 입학생(1901-06년)

1901년 5월 15일 대한예수교장로회공의회가 교역자 양성을 위하여 신학교 설립을 결의함에 따라 평양 대동문 옆 마페트 선교사 자택에서 장로회신학교가 개교되었다. 이때 선택된 첫 학생은 김종섭과 방기창이었다.[9]

> 공의회 평양위원회의 지난번 회의는 특별히 흥미로운 모임이었는데, 우리의 조사 두 명을 문답했습니다. 곧 조사요 장로인 김종섭과 서부 시찰 조사요 도시 교회의 피택 장로인 방기창입니다. 그들을 우리 관리 아래 목사 후보생으로 받아들이기 위해 문답을 시행했습니다. 베어드 목사와 저는 그들을 위해 5년의 공부 과정을 준비하고 있으며, 그들이 안수받을 준비가 되었다고 우리가 생각할 때 우리는 공의회에 그런 조치를 승인해달라고 요청할 것입니다. 우리는 아주 점진적으로 그러나 꾸준히 한국교회 설립을 향해 나아갈 것

---

8 *The Minutes of the Twelfth Annual Meeting of the Council of the Presbyterian Missions in Korea* (Seoul: Methodist Publishing House, 1904), 36.
9 *The Minutes of the Council of the Presbyterian Missions in Korea* (1901), 17; 곽안련, 『長老敎會史 典彙集』, 20. 5월 15일을 개교일로 본다.

입니다.[10]

1901년 5월 선교부 총무인 브라운 박사가 평양을 방문했을 때 방기창과 길선주를 장로로 안수했다. 공의회 위원회는 김종섭 장로와 방기창 장로를 심사한 후 목사 후보생으로 받았다. 제직회는 그의 공부를 위해 길선주 장로를 전도사로 임명하고 김 장로가 받던 월급 30냥의 반을 그에게 제공하고 나머지 반은 시골 교회에서 하는 사경회 사역으로부터 받게 했다.

1902년에는 양전백, 길선주, 이기풍, 송인서가 신학교에 입학했다.[11] 1904년에는 신학생 19인을 추천하여 다음과 같이 15명을 입학시켰다.

평안공의회   한석진, 이원민, 김창건, 정기정, 장관선, 김찬성, 최관흘, (채정민, 김덕선)
경성공의회   서경조, 천광실, 고찬익, 송순명, (김홍경)
전라공의회   김필수, 윤식명, 최중진, (김창국)
경상공의회   심취명[12]

신학교 교과과정과 교수진

1902년 9월 장로회공의회는 1년에 3개월씩 5년 과정의 신학 교과과정을 마련해서 "최대한 신속하게"[13] 교육하여 목사 안수를 앞당겼다. 1907년에

---

10   S. A. Moffett to F. F. Ellinwood, Feb. 6, 1901.
11   *Minutes of the Council of the Presbyterian Missions in Korea* (1902), 16.
12   곽안련, 『長老敎會史 典彙集』, 20. 괄호 안의 인물은 추천은 받았으나 입학은 하지 않은 자들이다.
13   W. C. Whittemore, "The Korean Ministry in Our Syen Chun Field," *Assembly Herald* (Nov. 1909): 514.

배출된 최초의 장로교 7인 목사들이 신학교에서 받은 교육을 보여주는 이 교과과정은 첫해는 수정 없이 그대로 따랐다. 1904년 신학교가 제 모습을 갖추어가자, 1905년 9월 대한예수교장로회공의회는 평양 연합장로회신학교로 공식 승인했다. 교장은 마페트였다. 1904-1907년에는 일부 과목을 수정했다. 첫 두 해 동안 수업한 내용은 다음과 같다.

첫해

- 성경　　　구약: 개요-5경; 책-창세기
　　　　　　신약: 개요-복음서; 책-마태복음(Happer 주석)
- 교회사　　구약 유대사, 현대 만국사
- 신학　　　신론, 성경, 영감, 삼위일체
- 설교학　　공중 연설, 본문 분석, 낭독
- 교회 표준　『耶蘇教要理問答』(소요리문답)
- 일반 역사　쉐필드(Sheffield), 『萬國通鑑』 1, 2권
- 일반 독서　윌리엄슨(Williamson), 『基督實錄』
- 지리　　　그리스도 당시 팔레스틴
- 교양　　　산수: 가감승제

둘째 해

- 성경　　　구약: 개요-여호수아, 사사기, 역사서; 책-출애굽기
　　　　　　신약: 개요-사도행전, 로마서, 고린도서; 책-마가복음(Faber 주석과 Swallen 개요), 고린도서(Nevius, Dodd, Miller 주석)
- 교회사　　Corbett, 『聖會史記』의 사도시대사
- 신학　　　창조, 인간, 죄, 사탄

설교학	설교 개요
교회 표준	『信道揭要』(신앙고백)
일반 역사	『萬國通鑑』3, 4권
일반 독서	마틴(Martin), 『天道溯源』
지리	족장 시대의 팔레스틴, 바울의 여행
교양	산수: 분수와 소수[14]

1903년 개학 때 교수와 담당 과목은 다음과 같았다. 신학 일반과 소요리 문답은 마페트(S. A. Moffett), 구원론은 베어드(W. M. Baird), 유대 사기는 스왈른(W. L. Swallen), 목회학은 리(G. Lee), 마태복음과 고대사는 헌트(W. B. Hunt), 모세오경은 베어드와 스왈른(Baird & Swallen), 산수는 번하이젤(C. F. Bernheisel) 등이었다. 호주 장로회의 엥겔(Gelson Engel, 1864-1939) 목사가 구약학을, 캐나다 장로회의 그리어슨(Robert Grierson) 의사가 지리학과 과학을 담당하면서 교수진이 보강되었다.

1907년 졸업반 7인은 5학년 마지막 해를 맞아 4월 초에 개강하여 한 달간 수업했다. 이미 평양은 대부흥의 열기가 휩쓸고 있었고 길선주 장로는 그 지도자로 서울에 가서 집회하고 온 시점이었다. 나머지 1-3학년 재학생 75명은 3개월간 수업을 위해 모였다. 개강 예배와 함께 이들은 특별 사경회를 시작했고, 모든 학생이 성령을 체험했다.

7인 졸업반은 다음 교과를 수업했다. 괄호 안은 교수 이름이다. 목회신학(Hunt), 종교개혁 이후 교회사(Sharp), 지리(Grierson), 욥기(Grierson), 미국사(Blair), 天道溯源(Sidebotham), 로마서(Junkin), 말세학(Swallen), 다윗과

---

14 *Minutes of the Tenth Annual Meeting of the Council of Missions in Korea* (Seoul: Methodist Publishing House, 1902), 21-22.

시편(Ross).¹⁵ 특히 졸업 전 한 달간 수업 기간을 가진 7명의 신학사들은 스스로 과학 지식이 부족한 것을 깨닫고 그리어슨 의사에게 찾아가 통사정을 했다. 새 시대에 근대 교육을 많이 받지 못했으니 최신 과학 기술에 대한 지식을 한 달간 과외로 가르쳐달라고 부탁했다. 그 지식 없이 나가서 목회하면 무식한 목사라는 말을 듣게 되고 더 집중적으로 공부할 시간도 없다고 강청했다. 그래서 그리어슨 의사는 마침 이용 가능한 최신판 『브리태니커백과사전』을 이용하여 최신 과학 지식을 요약하고 이를 한 달간 특강을 했다.

교수진의 출신 신학교를 정리하면 다음과 같다. 이들은 모두 목사였다.

시카고 맥코믹 신학교: 마페트(S. A. Moffett), 베어드(W. M. Baird), 리(G. Lee), 스왈른(W. L. Swallen), 샤프(C. F. Sharp), 번하이젤(C. F. Bernheisel), 블레어(W. N. Blair), 로스(C. Ross)

프린스턴 신학교: 헌트(W. B. Hunt), 사이드보텀(R. H. Sidebotham)

리치먼드 유니언 신학교: 전킨(W M. Junkin), 레널즈(W. D. Reynolds)

뉴브런스윅 개혁신학교: 언더우드(H. G. Underwood)¹⁶

---

15 *1907 Minutes of the Fifteenth Annual Meeting of the Council of Presbyterian Missions in Korea*, 35.
16 참고. Sung-Deuk Oak, *Sources of Korean Christianity* (Seoul: IKCH, 2004), 54.

▲ 평양신학교 교수진과 학생들(1905년 마포삼열 사택) [Oak]
교수진: A. 헌트, B. 마페트, C. 스왈른, D. 베어드
학생: 1. 양전백, 2. 길선주(성경), 3. 한석진(태극기), 4. 방기창, 5. 서경조(우산)

맥코믹 신학교 출신 교수가 많았던 이유는 신학교가 평양에 있었고 평양 지부와 재령 지부에 그 신학교 출신이 많았기 때문이었다. 그러나 그들이 미국장로회 구학파(Old School)의 영향을 강하게 받았거나 근본주의 신학을 가지고 있었던 것은 아니다. 내한 선교사들은 부흥운동을 지지하는 신파(New School)의 영향을 받았으며 맥코믹 신학교에서 중도파였던 존슨(H. Johnson) 교수와 그의 해외 선교 운동 참여에 영향을 받았다. 신학교 초기에는 기초적인 신학 수업을 가르치는 데 집중했기에 논쟁적인 신학적 주제를 다루지 않았다. 특히 1904-05년 감리회와 함께 하나의 대한예수교회를 형성하자고 논의하던 단계였으므로 칼뱅주의를 강조하지 않았다. 그 결과 1907년 독노회의 신조도 웨스트민스터 신앙고백이 아닌 아시아 교회에 적절한 인도연합장로교회의 12신조가 채택되었다.

7인 신학사의 5년간 수업 내용을 요약하면, (1) 성경 과목에서 신구약 개론과 5경과 이사야·다니엘, 시편과 욥기, 복음서와 사도행전, 로마서, 고린도서, 계시록 등의 중요한 책들, (2) 교회사는 코르베트(Corbett)의 『聖會史記』 1, 2권 전체, (3) 조직신학 전반(특히 말세학), (4) 설교학(Du Bose의 『福音講臺』와 무디의 설교 등), (5) 교회 표준으로 소요리문답, 신앙고백, 교회 치리, 예배 모범, 성례, (6) 신앙서로는 윌리엄슨(A. Williamson)의 『基督實錄』, 마틴(W. A. P. Martin)의 『天道溯源』, 뮈어헤드(W. Muirhead)의 『天道實義』, 헤이즈(Hayes)의 『救世畧說』, 제임스(James)의 천주교 비판서인 『兩敎辨正』 등, (7) 일반 역사는 쉐필드(Sheffield)의 『萬國通鑑』 5권과 매켄지(Mackenzie)의 19세기 역사인 『泰西新史』, 파베르의 문명사인 『自西徂東』, 미국사, (8) 지리는 팔레스틴 지리 외에 고대 국가, 유럽, 헐버트의 『ᄉ민필지』 등이다.[17] 이는 당시 중국·일본·한국에서 지식인을 위해 저술·번역된 최고 수준의 한문 신학서를 교재로 한 수준 높은 신학 교육 내용이었다.

따라서 제도적 근대 교육을 받지 않은 자들을 선발하여 조사로서 실천 목회를 하면서 5년간 일반 교양과 상당한 수준의 신학 교육을 받게 해서 수세 후 약 10여 년 만에 목사로 세운 선교사들의 행동은 자치를 연기시켰다고 보기 힘들다. 1907년 안수를 받은 7명의 목사 가운데 양전백(36살로 최연소)은 1893년, 김종섭, 방기창(55살로 최연장자), 송인서는 1895년, 이기풍은 1896년, 길선주는 1897년에 각각 세례를 받았음을 기억할 필요가 있다.

이들은 모두 기혼자로서 가족을 책임지면서 전도자이고 설교자이며

---

[17] 1916년의 교육과정과 비교해볼 때, 성경, 교회사, 조직신학에서 내용과 비중은 비슷하며 필독서도 별로 차이가 없다. 다만 교양 과정의 성격을 지닌 일반 역사와 지리 과목이 없어진 점에서 차이가 난다. 1910년대 후반 이후 교양 과목이 사라진 것은 고등학교 교육에서 이 부분이 다루어졌기 때문으로 보인다. 참고. 『장로교회신학교 요람』(예수교서회, 1916); *Catalogue of the Presbyterian Theological Seminary at Pyeng yang, Chosen, Japan, 1916* (Yokohama: Fukuin Printing Co., 1916), 25-26.

영수로 신학을 공부했다. 이는 선교사들이 네비어스 방법에서 교회 지도자는 본래 직업을 떠나지 않고 부름을 받은 현장에서 구원을 이루어나가는 것이 토착 교회 성장에 더 적합하다는 이론을 따른 것이다. 교회 지도자는 자신이 속한 삶의 현장을 떠나 다른 교인들과 이질적인 근대 교육을 받으면 본래 환경과 유리되어버린다는 중국 선교 경험을 따른 조치였고, 과중한 육체적·정신적·영적 부담을 고려한 결과였다. 그러나 마페트의 말처럼 선교사들은 "뒷날 목회 지원자의 대부분이 고등학교나 대학교를 마친 후에 입학하면 교과과정을 조정해야 할 것이고 수업 학기와 학년도 바꾸어야 할 것"으로 계획했다.[18]

그러므로 백낙준과 같은 2세대 지도자가 비판하는 "근대 교육을 받지 못한 구세대"[19]의 문제는 다른 접근이 필요하다고 본다. 사실 고등 교육 기관인 평양의 숭실학교(1905년 장감 연합으로 한국의 첫 대학부 설립)[20]와 서울의 연희전문학교(1915년 설립)는 네비어스 방법을 수정해서 세워졌고,[21] 이는 전도 사업의 결과, 즉 교회가 성장한 기초가 있었기 때문에 가능했던 결과였다. 따라서 1세대 목회자에게 근대 교육을 요구하는 것은 무리였다. 물론 장로교가 감리교의 배재학당과 같은 교육 기관을 일찍부터 운영

---

18 S. A. Moffett, "Personal Report, 1904-1905," 5.
19 백낙준, 『韓國改新敎史』(연세대학교출판부, 1973), 227.
20 장로교의 첫 고등 교육 기관인 숭실학교는 1897년에 세워졌다. 이는 "그동안의 전도 사업에서 놓인 기초가 없었더라면 불가능한 것이었다. 자연스러운 순서, 곧 전도 사업에 이어 교육사업이 따르고 자연스러운 요구로서 세속 교육에 반대되는 기독교 교육에 대한 요구가 생겨났다"(W. M. Baird, "The First Christian Academy in Korea," Assembly Herald [Nov., 1901]: 41-45). 1898년에는 25명, 1900년 9월 25일 개학 시에는 30명, 이듬해에는 50명이 등록했고 일부 학생들은 노동을 통해 자급하도록 했다.
21 참고. Wi Jo Kang, "The Nevius Methods : A Study and an Appraisal of Indigenous Mission Methods," Concordia Theological Monthly (May 1963): 340. 네비어스 정책은 선교 초기에 타당한 것으로 개척기를 지나면 수정이 필요했다. 한국에서는 1900년을 지나면서 수정기에 접어들었다. 세브란스병원과 숭실학교의 설립은 수정 노선을 보여준다.

하지 않은 정책은 비판받을 수 있겠지만, 소수의 선교사로 급성장하는 교회들을 돌보면서 숭실학당을 운영하여 새 세대 목회자 예비생들을 양성한 점은 인정해야 할 것이다.

그러나 1917년 이광수가 지적했듯이 1세대 목회자들은 '세상 지식'과 '하나님 지식'을 대칭적으로 보는 태도로 나갔다.[22] 세속 교육보다 한 단계 낮은 신학 교육이 중국에서처럼 한국에서도 계속되었다. 그 이유는 여러 가지 추후 연구를 논하는 주제다. 이를 네비어스 정책 탓으로만 돌리는 것은 너무 단순한 해석이다. 네비어스 정책이 고등 신학 교육 노선을 약화시킨 것은 사실이나 그 정책을 택하지 않은 다른 선교지에서도 본토인 목회자의 낮은 교육 수준 문제는 초기 선교의 일반적 정책이었다.

요컨대 1902년부터 신학 교육에서 네비어스 방법을 수정하여 상당한 수준의 신학 교육이 이루어졌다. 결론적으로 선교 20주년이 되기 전인 20세기로 접어들면서 한국 장로교회는 신학 교육과 목회자 양성에서도 자치를 향해 새롭게 나아가고 있었다고 하겠다.

첫 일곱 명의 졸업생과 목사

마침내 1907년 6월 20일 장대현교회에서 제1회 졸업식이 거행되었다. 평안북도 출신 한석진(의주, 41살)과 양전백(구성, 39살), 평안남도 길선주(평양, 40살), 송인서(평양, 40살), 이기풍(평양, 40살), 황해도 서경조(소래, 58살), 방기창(신천, 58살)이 신학사 학위를 받았다. 첫해 입학생 김종섭은 가정일로 휴학했기에 이때 졸업할 수 없었다.

---

22 이광수, "今日 朝鮮耶蘇敎會의 缺點", 『靑年』(1917. 11). 이런 한국교회 반지성주의의 뿌리는 19세기 말 미국 부흥운동과 1920년대의 근본주의의 반지성주의 때문이기도 하다.

▲ 평양 대한장로회신학교 제1회 졸업생(1907. 6. 20) [Moffett]
앞줄: 한석진, 이기풍, 길선주, 송인서; 뒷줄: 방기창, 서경조, 양전백

이들은 9월 17일 화요일 평양에서 대한예수교장로회 제1회 독노회가 열렸을 때 목사 고시를 치른 후 안수를 받았다. 고시 위원으로 조직신학에 레널즈, 교회 정치에 애덤스, 교회사에 전킨이 임명되었고, 성경 내력은 게일이 맡았으며 설교를 심사한 후 베어드 목사가 장립을 동의하여 가결했다. 안수식은 장대현교회 남자석에서 열렸다. 교인들도 가득 회당을 채웠으며 여성들은 2층석에 앉았다. 노회장 마페트가 설교하고 정기정 장로가 기도한 후 고시 위원이 '강도와 해석이 무흠함'을 보고했다. 노회장이 각인을 호명하고 그들의 사역을 일일이 소개했다. 7인은 선 채로 장로회 정치를 승인하는 서약을 했고 목사로서 각오를 확인하는 문답을 한 후 안수례를 시행했다. 회장 마페트 목사가 기도하고 노회 회원 목사 전원이 일제히 7명의 머리에 안수한 후 악수함으로써 목사를 장립했다.[23] 독노회는 게일 목사의 권면, 밀러(Hugh Miller) 영국성서공회 총무의 성경 선물 기증,

---

23 대한예수교장로회, 『로회 회록』(1907), 10.

찬송에 이어 서경조 목사의 축도로 폐회했다.

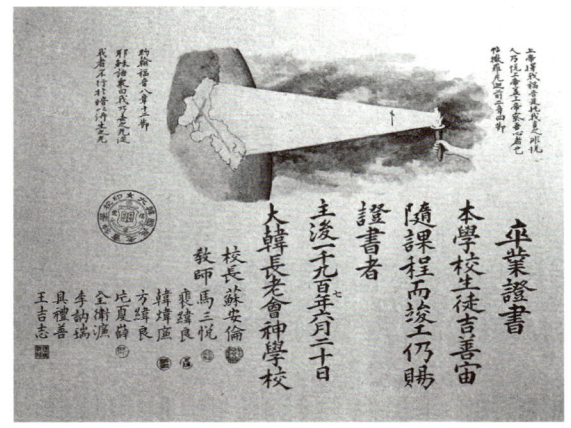

▲ 대한장로회신학교 제1회 졸업생 길선주의 졸업증서(1907년)
마페트의 안식년 휴가로 교장은 스왈른이었다.

노회장 마페트에 이어 부노회장에 한국인 목사 중 연장자인 방기창이 선출되었다. 이로써 대한예수교장로회는 한국인 목사 7인, 장로 53명, 교회 980개, 세례교인 19,000명, 전 교인 70,000명의 교회로 독립하게 되었다.

7인 목사의 임명은 다음과 같았다. 이기풍은 제주 선교사로 보내되 월급은 전도국에서 지출할 일로 정했고, 방기창은 용강 제재 주달 교회의 전도목사로, 한석진은 평양 장전 이천교회의 전도목사로, 송인서는 증산, 한천, 외서창, 영유, 허리몰 교회의 전도목사로, 길선주는 평양 장대현(장대재) 지교회 목사로, 양전백은 선천, 정주, 박천 등지에 위트모어 목사와 같이 일하는 전도목사로, 서경조는 장연 옹진 등지에 샤프 목사와 같이 일하는 전도목사로 정했다. 6명의 전도목사의 월급은 각 당회가 담당하여 지출했다.[24]

---

24   『로회 회록』(1908), 8-9.

▲ 대한예수교장로회 독노회 1회 (1907년 9월)

다음은 첫 장로회 7인 목사의 간단한 초기 생애다. 방기창(邦基昌, 1851-1911)은 최고령 목사로, 1851년 황해도 신천군 어로면 출생으로 어려서부터 유학 고전을 공부하여 22살에 사숙(私塾) 훈장이 되었고 28살에 면 향교의 실무를 담당하는 유사(有司)가 되었다. 그는 1883-94년 동학군 접주로 활약했고, 1901년 김종섭에 이어 장대현교회 초대 장로로 선출되어 봉사했다. 1907년에는 독노회 창설 당시 부노회장으로 선출되었으며 1908년에 전도목사가 되어 평안도 용강, 제재, 주달에서 교회를 관할하며 전도 활동을 했다. 그는 황해도와 평안도 강서(江西)와 진남포 지역에 여러 교회를 새로 건립했다.

서경조(徐景祚, 1852-1938)는 첫 장로에서 첫 목사로, 서상륜의 동생으로 1887년 1월 서울에서 언더우드에게 세례를 받았다. 1900년에는 장로로 안수받았다. 그는 목사 안수 후 소래교회를 담당하면서 장연군과 옹진군에서 샤프 목사와 동역했다.

이기풍(李基豊, 1865-1942)은 1890년 마페트가 평양을 처음 방문했을 때 얼린 솔방울로 그의 얼굴을 때려 턱에 상처를 입힌 깡패였으나 회개하고 전도인이 되었다. 그는 목사 안수 후 제주도에 첫 '선교사'로 파송되었다.

한석진(韓錫晉, 1868-1939)은 1868년 평북 의주 출생으로 1891년 마페트에게 세례를 받고 1893년 3월 마페트와 함께 평양 선교 개척의 사명을 띠고 서울을 떠나 평양에서 교회를 개척한 이후 오랫동안 그의 조사로 활동했다. 그는 목사 안수 후 평양 장전 이천교회의 전도목사로 일하다가 일본 선교사로 파송되었다. 안동교회 제1대 위임목사로 목회했다.

송인서(宋麟瑞, 1867-1930?)는 1867년 평안남도 평양에서 출생했다. 그는 방탕한 젊은 시절을 보낸 후 인생의 의미를 찾아 유랑하면서 불교와 도교에 심취했으나 마페트를 만나 기독교의 진리에 관심을 갖게 되었다. 그는 한석진 조사의 꾸준한 전도를 받고 1891년 "이전에 하던 것은 모두 죽을 공부만 했다"고 회개했다. 회심 후 전도인의 삶을 살았다. 1893년 송인서는 평원군 죽동으로 이사해 그곳에서 한천교회를 개척했다. 1894년에는 평양 그리스도인 박해 사건 때 체포되어 고문당한 후 풀려났고 1895년에는 세례를 받은 후 주변 여러 군에 열심히 전도하여 많은 교회를 세우고 조사로 봉사했다. 그는 안수 후 증산, 한천, 외서창, 영유, 허리몰 교회의 전도목사로 일했다.

길선주(吉善宙, 1869-1935)는 선도에서 개종하여 1897년 세례를 받았다. 그는 1902년에 장로로 안수받고, 1907년에 목사 안수 후 평양 장대현교회에서 마페트 목사와 리 목사와 동사목사로 목회했다. 그는 1909년 교회에 새벽기도회를 도입했다.

양전백(梁甸伯, 1869. 3. 10-1933. 1. 17)은 평북 선천 출생으로 1897년부터 위트모어 목사의 조사로 일했다. 그는 1901년 1월에 장로로 안수받았다.[25] 1907년 목사 안수 후 그는 선천북교회에서 위트모어 목사와 동역했

---

25 *General Report Syen Church Station, 1901-1902, Korea Mission of the Presbyterian Church in the USA* (Seoul: Methodist Publishing House, 1902), 7.

으며 선천, 정주, 박천 등지의 전도목사로 일했다. 1909년 3월 그는 교인 2,100명으로 한국 최대 교회로 성장한 선천교회 목사로 위임받았다.[26]

▲ 안수식 후 기념 촬영(1907. 9. 17. 저녁, 장대현교회) [Oak]
2. 길선주, 5. 한석진, 7. 서경조, 서경조 옆에 마페트

1907년 9월 안수식 후 신학교 이름은 대한장로회신학교(Presbyterian Theological Seminary of Korea)로 공식적으로 부르고 장로회선교회공의회가 직접 관리하기로 변경했다. 1908년 5월 미국 시카고 사업가 사이러스 맥코믹의 부인 네티 맥코믹(Nettie Fowler McCormick, 1895-1923) 여사가 기부한 11,000엔의 헌금으로 평양 하수구리 100번지 언덕에 새 학교 건물이 완공되었다.

---

26   W. C. Whittemore, "The Korean Ministry in Our Syen Chun Field," *Assembly Herald* (Nov. 1909): 514.

69
제주도 첫 신자 김재원
첫 선교사 이기풍(1908년)

▲ 이기풍(1907년) [Oak]
1907년 5월 평양 장로회신학교
1회 졸업식에서

1904년 이전에도 서울, 인천, 부산 등지에서 기독교를 접한 제주 사람이 여럿 있었고 선교사들이 제주도를 방문하여 전도하기도 했으나 개종자는 나오지 않았다. 1893-94년 부산의 베어드 선교사는 제주 사람을 만나 제주에 관심을 두게 되었고 1896년에 부산항 전도를 통해 전도지가 제주도에까지 갔다. 영국성서공회 총무 켄뮤어와 권서 피터즈는 1899년 함께 제주도를 방문하고 성경을 반포했다.[1]

김재원의 개종과 선교사 요청

이기풍 목사가 제주도에 파송되기 전에 먼저 제주도 현지 교인 김재원(金在元, 1878-1951)이 에비슨 의사에게 제주에 전도인을 보내달라고 요청했다. 김재원은 1901년 신축교난을 경험하고 천주교의 실상을 알고 있었다. 그는 만성 농흉(empyema)으로 살 가망이 없었으나 서울 제중원에 가면 살 수 있다는 말을 듣고 1902년이나 1903년 부친과 함께 인천을 거쳐 구리개 제중원에 가서 에비슨 의사의 수술을 여러 차례 받았다. 우측 늑골을 제거하고 2년간 치료한 후 완쾌되었다. 김재원은 치료받는 동안 기독교에

---

[1] A. A. Pieters, "Early Experiences of Korea," *Korea Mission Field* (August 1930), 176.

관심을 두었다.² 그는 백정의 아들 박서양 의사의 치료와 서상륜 전도사의 전도를 받고 1904년에 개종하고 세례를 받았다.³

1902년 2월 서울 홍문동교회 분규가 마무리되고 곤당골교회와 홍문동교회 교인들은 제중원에 있는 동현교회(중앙교회)에서 연합으로 모였고 안식년 중이던 무어(S. F. Moore) 목사 대신 웰번(Arthur G. Welbon) 목사, 에비슨 장로와 밀러(S. F. Miller) 목사가 각각 동현교회를 담임했다. 1902년 3월부터는 밀러가 담임했으며 1903년 1월부터 1905년 4월 1일까지 남장로회의 레널즈(W. D. Reynolds)가 담당했다. 따라서 김재원은 레널즈 목사에게 세례를 받았다. 그는 퇴원할 때 마태복음과 전도 소책자를 들고 제주읍 이호리로 돌아갔다. 그는 친구들에게 기독교 신자가 되었다고 말했다.

김재원이 제주로 온 지 얼마 후 1904년 부친이 세상을 떠났다. 그가 제사를 거부하자 집안에 풍파가 일어났다. 어머니 김인애만 아들을 보호하려고 했고 복음을 받아들여 신자가 되었다. 김재원과 모친 김인애로 시작한 신앙 공동체에는 동생 김재선(金在善)과 이웃 사람 홍순흥(洪順興)과 김행권((金行權) 등이 들어오면서 첫 신자 그룹을 형성했다.

김재원은 에비슨 의사에게 편지로 제주도에 목회자를 파송해 전도하고 예배를 드릴 수 있게 해달라고 부탁했다고 전해진다. 에비슨은 1907년 9월 평양에서 열린 대한예수교장로회 독노회 창립 모임에 이를 알리고 신학교 교장 마페트 목사에게 제주도 선교사 파송을 부탁했다고 한다.

---

2 O. R. Avison, 박형우 옮김,『올리버 R. 에비슨이 지켜본 근대 한국 42년 下』(청년의사, 2010), 309.
3 박정환, "초기 제주도 개신교 형성사",『한국 기독교와 역사』39 (2013. 9): 189-193.

이기풍 목사의 간단한 연보

▲ 이기풍(좌)과 안창호(중), 독립협회 관서지구 조직(1899년) [Oak]

독노회에서 제주 선교사 안을 논의한 후, 이기풍을 적임자로 선정했다. 그의 연보를 보자.

1891년   평양 포졸(yamen runner)로 평양을 방문한 마페트 선교사에게 돌을 던져 위협
1896년   원산으로 이주, 스왈른 목사에게 세례를 받고 입교
1899년   스왈른이 평양 선교지부로 이주할 때 함께 와서 조사(助事)로 활동
1899년   독립협회 관서지부에 참여하여 안창호와 함께 활동
1904년   안악 지역에서 스왈른 선교사 조사, 신학생 시절에 부인 유씨 사망(장자 이사은)
1906년   황해 재령 선교지부 신설되자 샤프 선교사의 조사로 활동
1906년   윤함애와 재혼(아들 이사선, 딸 이사례)
1907년   평양신학교 제1회 졸업, 9월에 목사 안수

1908년   제주도 선교사로 파송, 전도인 김흥련도 함께 파송
1909년   전도부인 이선광, 숭실대 학생 김형재를 제주도에 파송
1918년   3월 광주 북문안교회(현 광주제일교회) 담임목사
1920년   전남노회장
1921년   10대 조선예수교장로회 총회장
1924년   제주 고흥교회 부임. 이어 제주 성내교회 부임
1927년   제주 고흥교회 중앙유치원 설립
1931년   벌교교회 부임
1934년   낙도, 돌산도, 완도 등지에 교회를 개척
1938년   신사참배 반대. 미제 간첩 죄목으로 순천노회 오석주, 나덕환, 김상두, 김순배 목사와 함께 체포. 칠순의 노구로 심한 심문과 고문을 견디지 못하여 광주형무소로 압송되기 전에 병보석으로 출감
1942년   건강을 해쳐 우학리 교회 사택에서 6월 20일 소천. 유해는 우학리에 안장

이기풍 목사의 제주 파송(1908년)

1907년 9월 이기풍 목사가 평양 장대현교회에서 첫 7인 목사 중 한 명으로 안수받고 가족과 함께 제주도 선교 개척을 위해 장로회 독노회(독립 노회)의 파송을 받은 이야기는 잘 알려져 있다. 이듬해 1908년 초 그가 제주도에 파송될 때, 전도인 김흥련 씨도 함께 파송되어 일했다.

이기풍은 부인 윤함애와 함께 인천항을 출발하여 목포를 거쳐 제주도에 가려고 했다. 목포에 도착해 보니 마침 풍랑이 너무 심하여 목포에 가족을 남겨두고 홀로 제주도를 향해 떠나 난항을 거듭한 끝에 1908년 3

월 제주도에 도착했다. 부인 윤 씨는 선교사 리(G. Lee)의 양녀이며 숭의여학고 제1회 졸업생으로 엘리트 여성이었다.

이기풍 목사는 1908년 9월 서울 연동교회에서 열린 제2회 대한예수교장로회 노회에 참석하여 제주도의 선교 상황을 보고했다.

> 제주 전도하는 일은 잘 되옵는데 원입인 9사람이오며 매 주일 모이는 사람은 20여 명이오며…선교사 이기풍 씨가 제주 전도 형편을 대강 설명하매 회중이 박장 감사하니라.…길선주 씨가 제주 전도인 김홍련 씨의 설명 듣기를 청원하매 회중이 가로 결정하다. 제주 전도인 김홍련 씨와 전도국장 길선주 씨가 설명하여 전도사를 확장하자고 청원하니라.[4]

▲제주도 파송 선교사
이기풍 가족(1908년) [Oak]
부인 윤 씨와 아들 사선

이기풍 목사가 온 지 6개월 만에 학습인 9인, 매 주일 출석 교인 20명, 제주인 김홍련의 전도인 자원 등의 성과를 거둔 것은 이 목사의 지도력 덕분이었지만, 그 이전에 이미 신자 공동체가 형성되어 있었기 때문이기도 했다.

전도부인 이선광과 숭실대 학생 김형재의 파송(1909년)

이기풍 목사와 전도인 김홍련 씨의 설명을 들은 후 노회는 스왈른(W. L.

---

4 『제2회 대한예수교장로회독노회록』(1908), 7-10.

Swallen) 목사와 방기창 목사의 동의로 제주도의 여성 선교를 위하여 특별 헌금할 것과 여성 전도인 한 사람을 파송할 것을 결의했다. 제주 선교를 위한 헌금을 노회에서 취합하여 속히 전도국에 납부해줄 것도 결의했다.[5] 이 결의에 따라 전도부인 이선광 씨가 제주도에 파송되었는데 그의 전도 비용은 평양 여전도회 연합회에서 감당했다. 평양 대학생과 중학생들이 연보하여 숭실대 학생 김형재를 제주 전도인으로 파송했다.

▲ 윤식명(목포교회 목사), 길선주(평양 장대현교회 목사), 이기풍(제주 선교사, 1909년) [Oak]

제주 선교 형편(1909년)

1909년 9월 3-8일 평양에서 열린 제3회 독노회에서 이기풍 목사가 보고한 제주도의 선교 상황은 다음과 같았다.

> 이기풍 목사: 제주도 선교사와 그의 조사는 그의 사역에 관해 보고했다. 언어와 관습이 다르다. 자신이 어떻게 학대받았으며, 어린아이들이 어떻게 자기 뒤에서 돌을 던졌는가를 보고하면서, 이는 자신이 15년 전에 평양에서 어린아이들을 데리고 마페트에게 돌을 던진 것과 같다고 했다. 그러나 사람들의

---

5 위의 글, 11.

태도가 바뀌었으며 몇 곳에서 주일마다 예배를 드린다.[6]

15년 전에 자신이 마페트 목사에게 돌을 던졌는데 이제는 자신이 그 일을 당했다고 고백했다. 이기풍 목사의 보고를 듣고서 노회는 몇 가지 결정을 내렸다.

> 전도국장 길선주 씨가 보고함이 여좌하니, 1. 이기풍 목사와 김홍련 전도사는 열심히 전도하였사오며, 2. 평양성 교회 자매들이 연보하여 이 씨 선광을 제주 여전도인으로 파송하여 저간에 부인네 중에 열심히 주를 믿는 자매들이 생겼사오며, 3. 평양 대중학교 학도들이 연보하여 대학도 김형재 씨를 제주 전도인으로 파송하여 넉 달간 열심히 전도하였사오며, 4. 제주 전도된 형편이온즉 열심히 믿는 형제들이 생겼사오며 또 주를 위하여 핍박받는 형제도 있사오며, 5. 성서공회에 교섭하여 제주에 매서인 한 사람을 두되 제주에서 믿는 형제 중에서 택하기를 경륜이오며,…12. 제주 여전도인 이 씨 선광을 일 년 동안 또 보내기를 작정하였사오며…선교사 이기풍 씨가 제주에 전도되는 형편을 일일이 설명하시며 평양 대중 학도로 파송된 김형재 씨의 열심과 부인전도회로 파송된 이 씨 선광의 수고하심을 일장 감사하매 회중이 방기창 리치수 량씨의 기도함으로 찬송 감사하다.… 소안론 씨가 제주 전도인의 설명 듣기를 동의하여 가로 결정하다. 제주 전도인 김홍련 씨가 제주 300여 동리에 20만 명 되는 동포 중으로 내왕하며 전도하던 형편과 그 풍속의 이동됨을 설명하매 회중이 박장 답사하다. 김필수 씨가 제주 형제들에게 노회에서 감격한 편지하기를 동의하여 가로 결정하다.[7]

---

6   "The Korean Presbytery," *Missionary* (Dec. 1909): 605.
7   『제3회 대한예수교장로회독노회록』(1909).

1909년 제주도에는 이기풍 목사, 김홍련 전도사, 이선광 전도부인, 김형재 전도인이 활동한 결과 제주 성내교회가 세워졌다. 곧 매서인도 임명했다.

제주도에 유배 온 박영효의 도움(1907년)

제주의 첫 교회 성내교회 예배당 건축에 재정적으로 도운 인물이 개화파의 지도자였던 금릉위(錦陵尉) 박영효였다. 박영효는 정세 변화로 1907년 6월 일본에서 서울로 돌아와 특전으로 무죄를 받고 궁내부 대신으로 복귀하였으나 헤이그 밀사 사건으로 7월에 고종 황제가 폐위되자, 고종의 양위에 찬성하는 이완용 등 친일파와 대립하고 순종 황제 즉위식에 불참한 죄로 1907년 9월 1년간 제주로 유배형을 받았다. 일본 정부는 그를 12월에 방면하려고 했으나 이토 통감의 반대로 박영효는 제주도에 그대로 남아 1년간 정배 생활을 채웠다.

1908년 봄 박영효는 제주에 학교를 설립하고 전토를 매입하여 과수원을 만들어 학교 자본으로 삼았다.[8] 유배 생활을 마친 후에도 정세 불안으로 제주도에 더 머물며 가족이 거주할 집도 구하고 감귤 과수원을 돌보았다. 10월에는 신병으로 목포에 가서 치료받기도 했다. 총리대신 물망에도 올랐던 박영효에게 정부는 1909년 9월 1만 원을 하사하기도 했다. 그러나 기후가 맞지 않아 박영효는 1910년 1월 제주를 떠나 마산에 갔다가 6월에 서울로 돌아갔다. 그는 1908년 봄 제주 선교사로 부임한 이기풍을 만났다. 박영효는 성내교회 예배당 구입비 100원을 기부했다.

버림받은 땅, 유배의 땅 제주에서 이기풍은 토박이 김재원과 김홍련

---

8 "朴氏興校",「大韓每日申報」, 1908. 4. 3.

의 도움을 받고 정치가 박영효의 지원을 받으면서 성내교회를 세워나갔다.

▲ 이기풍 가족(1913 & 1919년) [Oak]

▲ 이기풍 목사 가족, 벌교(1938년 1월) [제공 이준호 목사]
이사은(큰아들), 김경신(며느리), 이기풍, 윤함애, 이정근(이사선의 아들), 조해라, 이사선
이사례, 이성근(이사선 3남), 이영근(이사은 2남), 이종근(이사은 3남)

70

첫 비교종교 신소설
최병헌의 『성산명경』(1909년)

탁사 최병헌(濯斯 崔炳憲, 1858-1927) 목사는 1907년 「신학월보」에 연재하던 소설 "셩산유람긔"를 추가 완성하여 1909년 『셩산명경』(聖山明鏡)으로 출판했다. 이 책은 동양의 여러 종교를 능가하는 기독교의 탁월성을 비교하고 논증한 일종의 신소설 형식으로 탁사 최병헌 목사의 전통 종교에 대한 기독교 성취론을 보여주는 초기의 대표적인 비교종교론이지만, 그의 역사와 민족에 대한 의식을 드러내고 있다.[1]

▲『셩산명경』 표지(1909년) [Oak]
표지 작가는 도화서 출신 심전(心田)
안중식(安中植, 1861-1919)이다.
진리를 찾아가는 청년 순례자(기독교도 상징)의
모습을 그렸다

---

1 『셩산명경』 초판은 "隆熙 三(1909)年 三月 二十日 發行, 崔炳憲 先生 著, 宋淳弼 閲印, 發行所 貞洞皇華書齋, 印刷所 大同廣智社, 발매소 경향각서포", 정가 15전, 92쪽으로 출판되었다. (미국 하버드 옌칭도서관 소장.) 제2판은 일부 수정하여 1911년 80쪽으로 東洋書院에서 출판했다. 이 책은 탁사가 중국 선교사들의 한문 책자에 영향을 받고 있었음을 보여준다. 예를 들면 인간 영혼론에 대한 논의(초판본의 46-82쪽)는 W. A. P. Martin의 『天道溯原』의 해당 부분을 그대로 번역한 것이다. (참고. 존스, "그리스도 종교 증거론", 「신학월보」 [1907.7]: 157-171.)

70. 첫 비교종교 신소설: 최병헌의 『셩산명경』(1909년)

최병헌

탁사는 1893년 2월에 세례를 받고 9월에 설교할 수 있는 권사의 직책을 받은 후 목회자의 길에 들어섰다. 1898년부터는 정동제일교회(이후 정동교회)에서 동년배인 아펜젤러 목사를 돕는 조사로 일했으며 1901년 9월부터 아펜젤러의 안식년 기간에는 임시목사로 목회를 전담했다. 1902년 5월 44살 때 탁사 최병헌은 한국 감리교회 세 번째 집사목사로 안수받고 스크랜턴 목사의 안식년으로 자리가 비어 있던 상동감리교회에 부임했다. 그러나 6월에 아펜젤러가 목포에서 열린 성경번역자회에 참석하기 위해 제물포를 떠나 선박 여행 중에 사고로 순직하자 이듬해 1903년 5월 정동교회 동사목사로 파송되었다.[2]

탁사는 1914년 5월 인천 지방 감리사로 전임될 때까지 만 11년간 정동교회를 담당하면서 당대의 지도적인 목회자로 활동했다. 정동교회는 탁사의 지도하에 관리층과 더불어 이화학당과 배재학당 재학생 및 졸업생이 출석하는 지식인 교회로 자리 잡았다.

최병헌은 기독교를 통해 한국 사회를 개혁할 수 있다고 보았다. 1906년 9월 27일 그는 황성기독교청년회(YMCA)에서 종교와 정치의 관계에 대해 "宗敎與政治之關係"라는 제목으로 강연했다. 그는 그 관계를 체용론(體用論), 본말론(本末論), 표리론(表裏論)으로 풀이했다. 상제에게서 나온 불변하는 도인 종교가 본체, 근본, 근원이라면 정치는 응용, 말단, 결과로서 뿌리인 종교가 쇠퇴하면 열매인 정치가 어지러워진다고 보았다. 한국 정

---

[2] 1903년에는 벙커(D. A. Bunker)가, 1904년에는 샤프(R. A. Sharp)가 치리를 담당하는 정동교회 주임목사였고 최병헌은 공식적으로는 부목사였다(*Annual Report of the Board of the Foreign Mission of the Methodist Episcopal Church*[hereafter *ARMEC*], 1904, p. 36). 1909년 그는 장로목사가 되면서 주임목사가 되었다(강매, 『貞洞敎會三十年史』 [수필본, 1915], 21).

치가 쇠망한 원인은 유학을 하는 지식인들이 언필칭 요순, 공맹을 논하지만, 공맹의 본의는 실천하지 않고 탐관오리로 타락했기 때문이다. 따라서 정치를 유신하여 문명 진보하기 위해서는 먼저 그 근본인 종교를 쇄신해야 하는데, 국가의 혼란을 가져온 쇠퇴한 유교가 아닌 당대 구미 열강의 문명화를 가져온 기독교를 수용해야 한다고 탁사는 주장했다.[3] 탁사는 본질인 서도(西道: 기독교)를 무시하고 말단에 불과한 서기(西器)만으로는 근대화가 불가능하다고 보고 동도서기(東道西器)론과 구본신참(舊本新參)론을 비판했다. 따라서 그는 한국 지식인들이 종교(기독교)로 수신의 본을 삼고 정체로 치국의 용(用, 수단)을 삼아야 한다고 주장했다.[4]

존스의 『성산명경』 서문

최병헌에게 기독교를 가르친 존스(G. H. Jones) 목사는 초판 서문에서 기독교가 어느 나라에서든지 그 인민의 사상과 정신을 완전히 소유한 바의 증거는 그 지역 교우가 자국 방언으로 '종교적 비론 서적'(Christian allegories)을 저술함에 있다고 전제하고 영어권에서 최고 수작인 번연의 『천로역정』이 있듯이 "한국 인사의 막대한 종교 발전은 한국교회 중 선각자가 차등 저술을 착려(着勵)함에 관한지라"라고 한 후 다음과 같이 말했다.

> 목사 최병헌은 한국 교인 중 최우 선도자라. 이번에 긴중하고 필요한 비론(比論)으로 여러 사람의 일대 경감을 이루었으니, 차는 선생의 고조(高眺)로 기독교 신앙력이 동양 제 타 종교보다 탁월함을 발표했고, 자국 민족이 일통 그

---

[3] 동양 문명―아시아 종교에 대한 서구 문명―기독교의 우월론은 19세기 선교의 정당성을 변호한 대표적인 변증 논리의 하나였는데 최병헌도 이를 수용했다.
[4] 崔炳憲, "宗敎與政治之關係", 「皇城新聞」 1906년 10월 4, 5, 6일.

리스도인이 될 것을 예언하였으니 이 책은 선생이 주 기독을 충심 신뢰하여 스스로 미리 헤아리는 데 확실한 믿는 점이 있으므로 개인적 명증이 자연 비창(丕彰)한 바로다.[5]

존스 목사는 『성산명경』이 동양의 여러 종교와 비교하여 기독교가 가지는 탁월한 가치를 매우 결정적으로 보여주되, 알레고리 소설이라는 데 그 가치가 있다고 평가했고, 한국의 궁극적이고 완전한 기독교화(the ultimate and complete Christianization of his people)를 예언한 점을 칭찬했다. 곧 탁사가 유불선 종교를 연구하고 그것들을 기독교와 비교한 목적과 이들 종교를 믿는 자들을 전도하여 예수의 제자로 개종하게 하여 한국을 기독교화하는 데 가치가 있었다는 것이다.

최병헌의 발문

존스의 말은 이 책 마지막에 나오는 탁사 자신이 기록한 다음 글과 일치한다.

> 이 책은 삼한 고국의 탁사자(濯斯子)라 하는 사람이 기술한 글이니 탁사자가 일찍이 구세주를 믿음으로 항상 성경을 공부하며 평생에 일편성심으로 원하기를 어찌하면 성신의 능력을 얻어 유도와 선도와 불도 중 고명한 선비들에게 전도하여 믿는 무리를 많이 얻을까 생각하더니 [중략] 유불선 삼도에서 공부하던 자라도 만일 성신이 인도하여 예수교인과 상종하면 마음이 교통하여 믿는 제자가 될 수 있음이라. 그런고로 탁사자가 그 몽조를 기록하여 자기

---

5   최병헌, 『聖山明鏡』(大同廣智社, 1909), 서문.

의 평일 소원을 표함이더라.[6]

기독교 전도인과 불교, 도교, 유교의 대표자가 성산(聖山)에 모여 종교적 주요 주제를 놓고 대화하고 변증하는 내용이다. 맑은 거울 명경(明鏡)이란 바로 그 대화와 토론과 명상을 하는 필자의 마음을 상징한다. 꿈의 형식을 빌려서 필자 자신의 내면에서 일어난 네 종교 간의 대화를 기록한 것으로, 자신이 경험했던 문제 해결 방식으로 전도하면서 대화하면 전통 종교인들도 성신의 인도하심을 받아 예수의 제자가 될 수 있다고 보았다.

특히 탁사는 유학자 진도(眞道)가 "서국의 문명함이 실로 예수교 덕화가 미친 바라 하고 용단한 마음으로 예수교 믿기를 작정"했다고 하여 서도서기(西道西器)를 결론으로 제시했다. 목회자, 선교신학자, 비교종교학자로서 탁사는 한국의 복음화를 위한 변증서이고 전도문서로 이 책을 저술했고 기독교가 한국인의 사상과 종교를 수용, 토착화할 수 있다는 가능성을 예언했다.

불교계의 반응(1910-13년)

최병헌의 책에 대한 반응은 유교계가 아닌 불교 개혁 운동을 전개하던 박용성과 한용운이 제시했다. 한용운은 『朝鮮佛敎維新論』(1910년)에서 불교가 근대 과학 시대에 세상을 구원하는 종교로 생존하고 진화하기 위한 근본적 변화를 촉구했다. 그는 불교를 동아시아 사상의 근본 개념인 체용론(體容論)으로 구분했다. 이타적 '평등 이념'이 불교의 본질이라면, '구세 이념'은 그 기능이다. 한용운은 화엄종의 만물 상호연관성이 세계 평화와 개

---

6   위의 책, 90-91.

인, 인종, 나라의 보편적 평등을 위한 불교적 기초를 제공할 수 있다고 생각했다. 하지만 그는 불교의 기능적 측면인 세상 구원을 강조했다. 이를 위해 그는 다름 몇 가지를 주장했다. 1) 사찰은 산에서 도시로 내려와야 한다. 2) 서구의 민주주의 이상에 따라 불경을 대중화하고 의식을 합리화하고 정화해야 한다. 3) 사찰의 자급도를 높인다. 4) 선 명상 방법의 표준화가 이루어져야 한다. 5) 승려의 결혼을 허락해야 한다. 이런 개혁안은 그가 일본 유학 때 근대화된 일본 불교의 영향을 받은 면이 있다. 그러나 그 개혁안에는 전통적 기반을 버리지 않으면서 서구 문명을 수용한다는 대한제국의 구본신참 정책과 일맥상통하는 면도 존재했다.

보수적인 박용성은 『歸源正宗』(1913년)에서 기독교를 비판하는 변증론을 전개했다. 그는 불교를 유교, 도교, 기독교와 비교하면서 불교를 대각교(大覺教)로 불렀다. 유교는 완전한 도덕론을 제공하나 초월적 가르침이 없으며, 기독교는 하늘에 대한 불교의 가르침, 곧 선행을 쌓은 자는 천상에서 재생한다는 가르침에 근접하지만, 초월적 가르침에 완전 무지하다고 비판했다. 박용성은 불교만 도덕과 초월적 진리에 대한 완전한 가르침을 제공한다고 주장했다.

성취론

최병헌의 비교종교론인 『성산명경』은 이듬해에 나온 언더우드(H. G. Underwood)의 *The Religions of Eastern Asia*(1910)에도 영향을 주었다. 이 두 책은 초기 개신교의 타 종교 신학을 정리한 것으로, 그 주요 이론은 성취론(fulfillment theory)이었다. 개신교는 한국 전통 종교를 파괴하러 온 것이 아니라 그 예언과 율법과 종교적 소원을 완성하러 왔다(마 5:17)는 메시지는 개신교의 토착화를 낳았다. 그러나 지금까지 초기 선교사와 초기 한국

교회는 매우 보수적인 미국 복음주의의 복사판으로 자리 잡고 타 종교에 대해서는 근본주의적인 태도로 파괴하고 대체하려고 했다는 해석이 우세했다. 이제 우리는 1910년 이전 한국인에게 친숙하고 기존 종교에 열려 있던 유연한 한국적 개신교가 창출되었다는 사실에 좀 더 관심을 기울일 필요가 있다.

1912년 존스는 다음과 같이 썼다.

> 한국은 근대 선교의 경이로 불려왔다. 교회 공동체의 급속한 성장으로 이제 약 300,000명의 신자가 있다. 한국 상황에서 기독교의 초기 토착화와 독특하고 원래 민족적인 형태로 표현된 기독교는 기독교 세계의 시선을 끌었다.[7]

초기 한국교회가 한 세대 만에 한국적 개신교를 만든 신학적 창조력을 21세기 상황에서 다시 발휘할 때다. 1920년대 이후 한국 개신교는 식민지 상황과 분단 상황에서 초기의 유연한 성취론적 유산을 잃어버렸다. 십자군과 같은 배타주의에 사로잡혀 있는 보수적인 교단의 타 종교 신학은 현실 타당성도 떨어지고 기독교 정체성 확립에도 도움이 되지 않는다. 1세대 한국 개신교의 타 종교 신학은 역사적 전거라는 점에서 더 연구하고 참고해야 할 것이다.

---

[7] G. H. Jones, "Presbyterian and Methodist Missions in Korea," *International Review of Mission* 1:4 (1912): 412.

71
예배실의 남녀석 분리 휘장 철거(1908년)

'남녀칠세부동석'을 지키던 조선 시대의 남녀 유별 풍속을 따라 초기 예배당은 ㄱ자형을 채용하거나 일자형 예배실 중앙에 칸막이를 설치하여 남녀 좌석을 분리했다. 이는 교리에 어긋나지 않는 풍속의 개량은 점진적으로 한다는 선교 정책에 따라 유교의 내외법을 수용한 결과였고, 유교의 제사와 달리 여자도 남자처럼 공적 의례에 참여할 수 있도록 배려한 보호 장치였지만, 가부장제 유교 사회의 여성 차별을 교회에서도 용인한 기제였다. 그러면 남녀석을 분리했던 이 칸막이 휘장은 언제부터 사라지기 시작했을까?

내외법에 따른 남녀 예배 공간의 분리 방법

첫째, 가정집을 예배 처소로 사용한 경우 1) 방문들을 열어놓고 남녀가 서로 다른 방에 앉아 예배를 드리는 각방 방식이나, 2) 교회 증축 이전에 남녀가 다른 시간에 모이는 시간차 방식이 사용되었다. 둘째, 규모 있는 교회당을 마련했을 경우 1) 예배당 중앙에 짚이나 대나무로 짠 발을 치거나, 2) 흰 광목으로 커튼을 친 휘장 방식이 초기에 널리 사용되었으며, 3) 점차 병풍이나 목재 칸막이에 창호지를 발라서 설치했다. 4) ㄱ자 (혹은 ㄷ자) 개량 한옥 예배당 방식도 초기에 널리 채택되었다. 5) 서양식 십자형 벽돌 예배당에서는 설교단을 중심으로 가로로 양쪽에 남자석, 길게 앞쪽으로 여자석, 뒤쪽에 사회자와 설교자석을 두는 방식을 채택했다.

▲ 1898년 정동제일교회 예배 광경 [Oak]

초기 예배당의 휘장/칸막이

1887년 조직된 언더우드의 새문안교회나 아펜젤러의 정동제일교회는 처음부터 발이나 휘장으로 남녀석을 분리했다. 새문안교회는 언더우드의 사택에서 남녀가 따로 예배를 드리다가 휘장을 쳐서 남녀가 동시에 예배를 드렸다. 교인이 늘자 1889년 6월 예배실을 'ㄱ'자로 개조하여 남녀석을 분리하고 휘장을 걸었다.[1] 아펜젤러는 처음에는 '짚으로 짠 발'을 이용하여 좌석을 분리했으나 1897년 신축한 정동제일교회 예배당에는 흰 광목으로 휘장을 쳤다.[2] 그 후 사진처럼 1898년에는 휘장 대신 병풍으로 좌석을 분리했다.

제물포 내리교회는 1891년 6간의 예배당을 건축했으나 1894년에 여자 예배당을 별도로 세웠으며, 이후 십자형 벽돌 건물을 지어 남녀 좌석

---

1 Lillias S. Horton to F. F. Ellinwood, July 3, 1889.
2 「죠션크리스도인회보」, 1897년 12월 22일.

을 분리했다. 반면 1892년 12월 성탄절에 첫 예배를 드린 동대문감리교회는 예배실 중앙에 남녀를 구분하는 창호지를 바른 문처럼 짠 나무틀을 설치했다.³ 스크랜턴은 설교단에서 바라볼 때 칸막이로 좌우를 분리한 회중석을 교인들이 세상을 향해 나아가는 '쌍발 총'(double-barrel)에 비유했다.⁴ 아펜젤러는 1898년 3월 평양을 방문했을 때 새로 지은 남산현감리교회에 남녀 교우가 각각 앉는 처소가 분명하여 서로 혼잡하지 않게 되었다고 긍정적으로 보았다.⁵ 1901년 5월 18일 헌당한 수원의 무치내감리교회도 16자 × 24자 크기였는데 휘장을 쳐서 남녀석을 구분했다.⁶

▲ 평양의 한 장로교회 설교 시간, 중앙에 칸막이가 있다(1911년) [Oak]

사진에서 보듯이 평양이나 많은 북한 지역의 장로교회들도 1910년대에는 칸막이 휘장으로 남녀석을 분리했고 평양 남산현감리교회는 1920년대 초까지 칸막이를 사용했다. 곧 교회 사정에 맞게 휘장이나 병풍을 사용

---

3 *The Journal of Mattie Wilcox Noble, 1892-1934* (Seoul: IKCH, 1993), 30. Diary of March 19, 1893.
4 W. B. Scranton to A. B. Leonard, May 6, 1893.
5 "평양에 유람흔 일", 「대한크리스도인회보」, 1898년 4월 6일.
6 David H. Moore, "Our Mission in the Beautiful, Hospitable Korea," *Gospel in All Lands* (1901): 407.

하다가 점차 견고한 나무 칸막이를 설치했음을 알 수 있다. 어떤 교회는 마루에 앉았을 때 다른 편이 보이지 않게 낮은 칸막이를 설치했고 어떤 교회는 서서도 볼 수 없는 높은 칸막이를 사용했다. 칸막이는 모두 이동식이었기에 사경회나 큰 집회를 할 때는 옮겨서 남성이나 여성만의 모임을 할 수 있었다.

휘장 철거 논의

1893년 스크랜턴은 내외법 때문에 이화학당에 여자 예배당을 마련했다고 보고하면서 이 엄격한 풍습이 그리스도인 가운데 무너지는 조짐이 벌써 약간씩 나타나고 있으며 성령이 사람들의 마음을 변화시키면 오래된 풍속도 변화할 것이라고 희망했다. 그는 평양을 방문한 1895년 양반가 규방 여인 전삼덕에게 세례를 줄 때 직접 대면할 수 없어서 방에 휘장을 치고 머리를 내밀 수 있는 구멍을 뚫고 세례를 주었다. 개신교 복음이 양반가 안방에까지 들어간 드문 경우였다.

 1898년 8월 서울의 노병선이 선천을 방문했을 때 남자 회당과 여자 회당이 별도로 있는 것을 보고 섭섭하게 생각하고 "남녀가 다 영혼이 한 가지이고 육신이 한 가지"이므로 "같은 방에 앉아 같은 학문으로 같이 의론하지 못하는 것을 분히" 여기고 개선하자고 주장했다.[7] 1898년 11월 22일에 평양 남산현감리교회는 처음으로 뒷받침이 없는 의자(bench)를 회중석에 도입했다. 교인들이 투표로 결정한 사항이었다.[8] 포스터 감독은 이를 보고 때가 되면 기독교가 본토인들을 바닥에서부터 위로 끌어올릴 것이

---

7 노병선, 「대한크리스도인회보」, 1898년
8 *The Journal of Mattie Wilcox Noble, 1892-1934* (Seoul: IKCH, 1993), 74. Diary of Nov. 29, 1898. 배재학당 채플에 이어 두 번째로 회중석 긴 의자(bench)를 도입했다.

라고 말했다. 그러나 아직 칸막이는 그대로 두었다.

1904년 봄 경남 창녕에서 열린 사경회에서 한국 교인의 제안으로 남녀가 함께 참석하여 마가복음을 공부했다. 그러나 예배 때 휘장이 없어진 것은 아니었다.

1906년 초 일본 동경성서학원에서 공부하던 정빈은「그리스도신문」에 쓴 글에서 일본처럼 서울에서도 휘장을 철거하고 남녀가 좌우로 앉아 예배보자고 주장했다. 그는 휘장 때문에 몇 년을 회당에 다녀도 형제자매 간에 알지도 못한다고 지적하고 "이렇게 서로 막고 통하는 정이 없어서야 애정이 어디서 생기며 교회가 어찌 진보될 수가 있소?"라고 반문했다.[9]

감리교회에서 휘장이 사라지기 시작한 것은 1908년이었다. 사실 정동제일교회는 교회 헌당 후 "보기 좋은 각색 병풍을 일조로 길게 쳐서 남녀를 유별케" 하여 앉아서 예배를 드렸다.[10] 그런데 1908년 봄 교회당에서 학무국 국장의 아들과 제물포 시장의 딸 사이에 기독교식 혼인식이 거행되면서 "한국 역사상 처음으로 남녀 분리 휘장을 걷었다."[11] 그러나 이것은 일시적인 일이었고 1910년 이전에는 모두 휘장을 친 채 예배를 드렸다. 참고로 한국에 진출한 일본 조합교회는 1910년부터 휘장 없이 남녀 좌석만 좌우로 분리해 함께 예배를 드렸고 일본의 영향을 받던 성결교회의 경성성서학원은 1911년 한국 최초의 남녀공학을 실시했다.

일본 조합교회 한양교회 휘장 없이 예배(1911년)

사실 이미 일본인들의 조합교회와 한국인들의 조합교회는 1911년 서울

---

9 정빈, "감샤",「그리스도신문」10권 10호 (1906년 3월 8일), 225-226.
10 "감독의전도후심",「한크리스도인회보」제2권 제35호 (광무 2년 8월 31일), 410.
11 "The Social Overturning of Korea," *Missionary Review of the World* (Aug. 1908): 632.

에 한양교회를 설립하면서 예배실에 휘장을 없애고 예배 시간에 남녀가 서로 볼 수 있도록 예배를 드렸다. 1913년 6월 8일 서울에서 두 번째 한국인 조합교회인 한성교회가 설립될 때도 당연히 휘장이 없었다.

▲ 한성교회(일본 조합교회, 1913년) [Oak]

한석진 목사의 서울 안동교회 휘장 철거(1912년)

장로교회는 1912년부터 휘장 철폐를 공식적으로 논의하기 시작했다. 1912년 9월 제1회 장로회 총회에 승동교회의 집사 노기승이 휘장을 없애자고 헌의했다. 그러나 총회는 그것을 시기상조로 보고 거부했다.

이 결정에도 불구하고 서울의 안동교회는 1912년 가을부터 한석진 목사를 위임목사로 청빙하고 칸막이 없이 예배를 드리기 시작했다. 안동교회는 1909년 3월 서울 북촌 김창제의 집에서 시작되었다. 박승봉과 유성준 등 선비 교인들은 먼저 1908년 기호학교(현 중앙중학교)를 세우고 이어서 교회를 세워 백성을 일깨우며 국가의 독립을 찾고 미래 세대를 양성하고자 했다. 목사는 클라크였다. 박성봉은 기와집 한 채를 기증하여 교회 건축을 도왔다. 계몽과 개혁을 내세운 교회에 교인이 증가하자 1911년 6월 건축위원회를 구성하고 연보를 모아 1912년 봄에 자력으로 소안동에 서양식 벽돌 예배당을 건축하기 시작하여 8월에 준공했다. 건물이 준공되자 안동교회는 한석진 목사를 위임목사로 청빙했다.

    1909년 한석진 목사는 가을 노회의 결정에 따라 일본 동경에 파송되어 유학생 교회를 세웠는데 1910년 1월 서울에 와서 「예수교회보」 사장으로 2월 말에 신문을 창간하고 승동교회 전도목사와 승동학교 교감으로 서울에 정착했다. 1910년 가을 경충노회는 한석진을 (소)안동교회와 묘동교회 전도목사로 파송했다. 이에 한석진은 1910년 10월부터 안동교회에서 목회하기 시작했다. 1911년 9월 10일 주일 박승봉 장로 장립식이 거행되어 안동교회는 조직교회가 되었다. 1912년 11월 29일 열린 경기충청노회 제3회 회의에서 한석진 목사가 노회장으로 피선되고, 그의 위임청원이 허락되어 12월 1일에 안동교회에서 위임식이 거행되었다. 한석진 목사는 위임식 전후에 칸막이를 철거했다.[12]

    1913년 9월 7일 제2회 총회(총회장 엥겔 목사)는 새로 헌당한 휘장이 없는 안동교회에서 개회되었다. 그래서 자연스럽게 다시 휘장 문제가 거론되었다. 그러나 총회는 "아직은 모여 예배하는 데 무례할까 조심되는 일이오니 휘장 치고 걷는 것은 각기 그 당회에서 형편대로 조심하여 할 일"이라고 결의했다.[13] 한국인 지도자들이나 선교사들은 풍속 개량은 시간이 걸리므로 휘장이 자연스럽게 철거될 날을 기다렸다. 복음화가 반드시 서구화를 의미하는 것은 아니었기 때문이다. 이는 근대 국가 형성을 위

---

12 안동교회역사편찬위원회, 『안동교회 90년사』(한들출판사, 2001), 25-28, 54-60. 위임식에는 길선주, 마포삼열, 박정찬, 이원민, 장낙도, 게일 목사 등이 참석했다.
13 『예수교장로회 죠선총회 데이회 회록』(1913), 29. 참석자는 목사 89(선교사 52, 한국인 37), 장로 40(대부분 한국인), 계 129명이었다.

해 신교육을 받은 현모양처 담론을 견지했던 한국교회의 온건 개혁 노선의 여성관을 보여준다.

한석진 목사는 총회 전 1912년 여름 새 교회당 완공 후에 남자나 여자나 그리스도 안에서 하나이며, 교인들은 모두 한 형제자매임을 내세워 휘장을 철거하기로 했고 당회와 제직회도 이를 지지했다. 이로써 안동교회는 장로교회 가운데 남녀 칸막이를 처음으로 제거한 교회가 되었다.

그러나 1913년 총회 결정에 따라 1910년대 후반에 가서야 많은 교회들이 휘장이나 칸막이를 철거하기 시작했다. 1917년 함안 기동교회 청년 조사 김길창은 "주 안에서 한 피 받아 한 몸 이룬 형제자매를 때 묻은 휘장으로 갈라놓을 이유가 없다"고 설득하여 교회 휘장을 제거했으나 교회 영수가 경남노회에 "동방예의지국에 남녀가 유별하거늘 교회를 지도하는 조사가 본 기동교회당의 휘장을 제거하였기로 김길창의 조사직을 파면" 해줄 것을 청원했다.[14] 파면된 김 조사는 한석진 목사가 시무하던 마산 문창교회로 갔고 두 사람의 노력으로 문창교회의 휘장이 제거되었다. 휘장과 나무 칸막이는 1910년에 사라지기 시작하여 1920년을 전후로 많은 교회들이 철거했으나, 1930년대 초까지 남아 있었다. ㄱ자형 교회의 강단 앞 휘장은 1930년을 전후하여 대부분 철거되었다.

남은 과제는 보이지 않는 휘장의 철거

교회 휘장과 칸막이는 남녀유별 시대에 필요한 역할을 했고 그 역할이 소멸되자 철거되었다. 곧 휘장은 시대의 산물로 1880년대부터 1920년대까지 귀하게 쓰임을 받다가 사라졌다. 한 시대에 하나님의 쓰임을 받고 역사

---

14 전택부, 『토박이 신앙산맥 1』(기독교출판사, 1977), 26장.

의 뒷무대로 사라지는 것은 아름다운 일이다. 그러나 사라진 휘장을 마음속에 계속 치고 있다면 어떻게 될까? 사실 휘장이 사라진 후에도 남녀 좌석의 분리는 1970년대까지 대부분의 교회에서 계속되었다.

개신교는 1910년대까지 일부일처제 확립, 조혼제 폐지, 여성 교육, 전도부인과 간호사와 교사 양성 등으로 여성 신분 상승에 주도적 역할을 했다. 그러나 1920년대에 남자 목사가 증가하면서 교회는 전도부인에 대한 차별을 심화했고 여성계의 신여성 담론에 비판적인 현모양처 담론을 고수했다. 초기의 개혁성이 점차 보수성으로 고착되었고, 이는 해방 이후 특히 70-80년대 급성장기에 더 강화되었다. 많은 교회가 교회 의사 결정, 목회자 성 비율, 당회와 제직회 운영, 장로제 등에서 가부장제적인 구조를 유지하고 있다.

여러 교단이 아직 여성 안수를 금지한다. 순복음교회나 일부 교단에서 여성 목사 안수를 허용하지만, 대부분의 교단은 여성 장로를 금하거나 부목사로만 일하게 하여 계층적 구조를 그대로 유지한다.

이는 한국 사회의 성, 남녀평등, 다문화, 다인종 담론 등에서 교회가 시대에 밀리는 한편 대안 문화 공동체가 되지 못하는 것과 깊이 관련되어 있다. 십자가 사건 이후 기독교는 성과 계급과 인종 간의 분리, 차별, 서열화를 철폐하는 개혁의 종교로 새 역사를 만들어왔다. 사회 각 방면에서 모성과 여성성, 기독교 영성과 인격으로 사회와 교회를 끌어안고 키우고 먹이고 이끌어가는 그리스도인 여성을 더 많이 배출하는 교회가 되어야 할 것이다. 정빈, 한석진, 노기승, 김길창처럼 우리도 다시 한번 외치자. 한국 교회여! 휘장을 걷어라.

72
첫 한글 성경전서
번역 완성(1910년 4월)

1910년 4월 전주에서 레널즈는 서울의 밀러 총무에게 "번역 다 되엇소"라는 전보를 보냈다. 한국에 개신교가 들어온 지 30여 년 만에 구약 번역이 완성되고, 이듬해 3월 첫 한글 성경전서가 출판되었다. 1882년 첫 복음서와 1887년 첫 신약전서(로스본)가 만주 심양에서 발간된 후 1906년에 『신약젼셔』(위원회본, 공인본)가 일본 요코하마에서 출판되었고, 구약전서(위원회본)가 1910년 4월에 완역되면서 1910년 말에 인쇄에 들어가 1911년 3월 『셩경젼셔』(구역본)가 일본 요코하마에서 출간되었다. 소활자 단권, 중활자 2권 1질, 대활자 3권 1질 등 세 가지 판본으로 출판되었다. 한글 신약전서, 한문 성경 혹은 구약 단권 성경만 보던 한국교회는 1911년부터 창세기부터 요한계시록까지 온전한 성서를 우리 토박이말 한글로 읽을 수 있게 되었다.

▲ 구약번역자회, 전주, 레널즈의 서재(1910년) [Oak]
김정삼, 이승두, 레널즈

번역사에 나타난 특징

개신교 선교사가 한국에 오기 전에 만주와 일본에서 한국인의 손으로 성서가 번역되기 시작했다. 심양과 요코하마에서 1882년부터 출판된 복음서가 국내에 유입되어 반포되었다. 한국 개신교는 성서의 번역과 반포로 시작되었다.

번역 초기부터 영국, 스코틀랜드, 미국의 세 성서공회가 번역에 공동으로 참여했으며, 번역은 1919년까지 연합 사업으로 진행되어 장로회, 감리회, 성공회가 공동 번역한 성경을 사용했다. 성경 번역은 한국교회 연합의 기초였다.

번역자회는 중국어(한문) 성경과 영어 성경 외에 일본어, 독일어, 프랑스어 성경을 참고하되, 최신 연구 성과가 반영된 그리스어와 히브리어 본문을 가진 원어 성경을 대본으로 번역했다. 나중 된 자가 처음 되듯이, 한글 성경 번역본은 19세기 말에 시작되었으나 영어, 한문, 일본어 성경 번역본을 능가하는 좋은 번역 성경이 되었다.

번역자회가 채택한 번역 방법과 원칙에서 로스의 한글 채택, 언더우드의 천주교 한글 연구 성과 수용, 게일의 한국어 용례에 맞는 줄인 번역, 레널즈의 문학적 번역이 종합되었다. 번역자회는 언더우드의 직역 원칙을 근간으로 하되 다양한 번역 이론과 방법을 수용함으로써 한 권의 연합 성경이 추구할 모델을 수립했다. 곧 한글 구역본 성경전서는 직역에 의역을 가미한 유연한 번역이었다.

1910년 한국이 일제의 식민지가 되면서 일본어 교육이 강화되었는데, 번역자들은 일본어에 의해 변질될 한국어의 미래를 예견하고 한국어다운 한국어를 지키기 위해서 번역에 최선을 다했다. 따라서 구역본은 1930년대 후반에 완성된 개역본과 달리 일본어가 섞이지 않은 순 한글 번역이었다. 구역 성경을 깊이 연구해야 할 이유가 여기에 있다.

신명 '하ᄂᆞ님'의 채택이나 회개, 중생, 지옥 등 불교 용어의 수용에서 보듯이 성경 번역은 한국 개신교가 한국의 옷을 입고 한국 종교 문화에 토착화하는 첫걸음이 되었다. 1910년 완역되고 이듬해 출판된 성경전서의 의미는 크게 다음 세 가지로 볼 수 있다.

기독교화된 한글(한글의 구속)

파나마 운하가 대서양과 태평양을 이어주듯이, 성경 번역은 하나님의 말씀을 본토 토박이말로 육화하는 소통 작업이다.[1] 한글 성경은 입말(구어)로만 살던 인구의 90% 이상의 문맹에게 '언문'으로 천대받던 한글을 발굴하여 당당한 민중의 글말(문어)로 만들어주었다. 이광수의 말처럼 "언문도 글이라는 생각을 조선인에게 준 것은 실로 예수교회"였다.[2] 성경 문자로서의 한글 채택은 한국인의 삶의 복음화뿐만 아니라 언어의 성화와 언어의 복음화를 가져왔다. 조선 후기에 필사본 한글 소설이나 유교 경전의 언해본이 있었지만, 성경은 한국어다운 번역과 활판소에서 대량으로 인쇄하여 값싼 가격으로 권서, 서점, 교회를 통해 단시간에 대량 보급함으로써 누구나 접근할 수 있는 책이 되었다. 이로써 성경은 한국인의 첫 근대 서적이 되었고, 서책의 근대적 보급망이 개척되었으며, 책 대중화의 시대를 열

---

1 James S. Gale, *Korea in Transition* (New York: Young People's Missionary Movement of the US and Canada, 1909), 175.
2 이광수, "예수교가 조선에 준 은혜", 『청춘』 9호(1919. 7): 17. "언문도 글이라는 생각을 조선인에게 준 것은 실로 예수교회외다. 귀중한 신구약과 찬송가가 언문으로 번역되며, 이에 비로소 언문의 권위가 생기고 또 보급된 것이오. [중략] 아마 조선 글과 조선 말이 진정한 의미로 고상한 사상을 담은 그릇이 됨은 성경의 번역이 시초일 것이요 만일 후일에 조선 문학이 건설된다 하면 그 문학사의 제1항에는 신구약의 번역이 기록될 것이외다."

어 민주주의의 기초를 형성했다. 성경 보급은 성서공회의 공헌이 컸다. 서울 종로에 본부를 둔 영국성서공회와 미국성서공회는 권서(매서) 제도와 지방의 보급소와 서점을 통해 1910-12년 3년간 1,430,491권의 성서를 반포했다. 한국 서적 출판의 절반 이상이 기독교 문서였으며, 개신교 선교 첫 세대에 한국의 모든 사람에게 최소한 성서 한 권(낱권 성경 포함)을 주었다.

성경에 흠뻑 젖은 교회

한국 초기 교회는 성경을 사랑하는 교회, 성경을 읽는 교회, 성경을 공부하는 교회, 성경을 외우는 교회, 성경을 전하는 교회, 성경대로 사는 성경 중심의 교회였다. 전 교인이 1년 1회 이상 모든 일을 멈추고 사경회에 참석하여 성경을 책별로 깊이 배우고, 주일마다 전체 교인이 주일학교에서 성경을 배우는 제도는 한국교회 특유의 성경 공부 방법, 평신도 훈련, 교회 지도자 육성 방법이었다. 성경 다독, 성경 필사, 성경 암송이 널리 행해져서 복음서 전체를 외우는 자들이 많았다.[3]

한국을 성경 위에 올려놓는 교회

번역은 변혁이다. 성경 번역은 언어와 교회 변혁을 넘어 한민족의 변혁을 가져왔다. 첫째, 성경은 한글을 재발견했다. 400년간 무시당하던 한글이 먼지를 털고 성경의 옷을 입고 나서자 그 우수성과 편리성과 풍부성은 말씀 전파에 크게 쓰임 받았다. 고상한 한글 경전 문체의 계발은 한글의 지

---

3 G. H. Jones, *The Bible in Korea or the Transformation of a Nation* (New York: American Bible Society, 1914), 8.

위를 격상시켰고 다양한 표현과 고상한 사상을 담는 한글 어휘의 재발견은 민족 문화 발전의 첫걸음이었다.

나아가 민중 언어가 성경 언어로 격상되면서 민중의 지적 발전을 가져왔고 이는 경제적 자립과 신분 해방의 토대가 되었다. 즉 입말과 글말이 일치하게 되자 한문과 양반층에 짓눌려 살던 사람들이 사람답게 사는 세상, 진리가 자유롭게 하는 세상을 꿈꾸게 되었다. 당시 인구의 90% 이상이 글을 읽지 못했는데, 세례 규칙에 복음서 읽기가 들어가면서 수만 명이 넘던 백정과 천민, 수십만 명이 넘던 종과 머슴들, 수백만 명의 가난한 소작농이나 빈농, 부녀자들이 한글을 익히게 되면서 언문일치의 시대가 열렸다. 교회가 앞장선 노예제 폐지, 조혼제 금지, 처첩제 금지, 공창제 반대, 여성 교육 지지, 남녀평등 지지 등은 여성의 지위 향상을 가져왔다. 성경을 읽고 자란 첫 세대라고 할 수 있는 1910년대의 기독 학생들―1912년 105인 사건 때 검거된 선천중학교 학생들, 1919년 삼일운동에 참여한 학생들―은 민주주의, 민족주의, 독립의식이 강했다. 맥켄지(Frederick A. McKenzie) 기자의 말처럼 성경을 읽은 세대가 불의한 정권이나 폭정을 만나면 그 세대가 종식되거나 불의와 폭정이 종식된다.[4]

하나님께서는 한글 성경을 통해 한국 민족에게 말씀하신다. 한 권의 한글 성경이 우리 손에 들어오기까지 수십 년간 번역에 노심초사한 번역자들이 있었고 이를 출판, 반포하기 위해 애쓴 이들이 있었다. 하나님의 말씀인 예수 그리스도를 만나기 위해 성경을 펼치자! 열린 성경에 드려진 마음으로 하루를 시작하고 마무리하자! 그리하여 우리의 입말을 성경 말씀으로 채우고 우리의 글말을 복음화하며 생각하는 낱말을 성경에 적시어 나 자신을 성경 위에, 한국을 성경 위에 올려놓는 새날을 맞이하자!

---

[4] Frederick A. McKenzie, *Korea's Fight for Freedom* (New York: F. H. Revell, 1920), 50.

색인

인명

ㄱ

가드너 329, 541
가들린 Amanda Guideline 168-169
가우처 John Franklin Goucher 175-76, 178, 180, 227
감신삼 599
강매 277, 283, 290
강신성 343-44
강유훈 492
강재근 599
강재형 234, 281, 654
게네르 Ferdiand Genähr 242
게일 37, 40, 105, 152, 167n1, 332-33, 383, 420-21, 479, 485-86, 489, 507-8, 511-12, 514, 518, 597, 691, 721n12, 726
계명륙 674
고든 Adoniram J. Gordon 167, 168
고든 Henry B. Gordon 436
고베라 649
고영철 176
고윤하 617-19
고종 140, 149, 162, 176, 180-83, 185, 189, 227-28, 230, 251, 263, 268, 322, 408, 419-20, 443, 556, 599, 626, 645, 704
고찬익 493, 680, 683
곽실렵 郭實獵 25
귀츨라프 19-29, 46-47, 111, 116, 118, 123
그리어슨 John Grierson 210-11
그리어슨 Robert Grierson 197, 210, 563, 685-86
기산도 647
기포드 210, 380, 383, 407, 498, 524-25
기포드 부인 210, 384
길모어 228, 237, 250
길선주 152, 240, 398, 492, 574, 583, 586, 598, 681, 683, 685, 687-88, 690-91, 694, 701-3, 721n12
김관근 381, 497, 501, 519, 538, 597, 599, 679
김교신 586, 587n4
김구 金九 152, 240, 674
김규식 150, 320
김기범 534-35, 653, 654-55
김기원 金基元 487, 618
김기홍 674
김낙구 537, 540
김덕선 600, 683
김란사 643
김마르다 306-7
김명옥 311
김병갑 497, 679
김상임 金商壬 556n6
김엘렌 306
김영선 457
김영준 金永準 162, 647, 649
김옥균 158, 177-78, 180, 182-83, 227, 364
김윤수 金允洙 659-62
김윤식 230, 249, 401
김은주 492
김인집 674
김점동 345, 639
김종섭 金鍾燮 240, 380, 492-93, 529, 621, 680, 682-83, 688, 690, 693

김진기 66, 68, 151
김찬성 492, 683
김창건 492, 683
김창국 683
김창근 599
김창식 291, 314, 531-35, 537-38, 540-44, 641, 653-55
김청송 84, 87-9, 93
김태연 674
김필수 683, 703
김하원 675
김호세 531, 541-42, 544
김호영 537, 540, 544
김흥경 493, 683
김흥식 675

ㄴ

나가노 84
남정철 470, 647
네비어스 John L. Nevius 51, 83, 188, 196, 199, 288, 331, 386, 394, 397, 407, 409, 421, 433, 498, 503, 507-8, 511-13, 524, 677-79, 689-90
노병선 437, 534, 537, 540, 655, 718
노블 149, 353-55, 535, 537-38, 540, 655
노블 부인 312-14, 355, 540n5, 543n7
노춘경 151, 198, 214, 216, 224, 237, 239-41, 243, 252, 256, 265, 268, 309
니스벳 Anabel M. Nisbet 661
니일 Stephen C. Neill 19

ㄷ

다우스웨이트 47, 111-21, 123
다이 W. M. Dye 251
대원군 38, 40, 50-51, 61, 119
데니스 678

데이비스 Selina "Linnie" Fulkerson Davis 143-47, 149, 313, 353-57, 366
드레허 Julius Daniel Dreher 143, 148, 150
드루 Alexandro Damer Drew 361, 364n28, 365, 405, 623-26
딘스모어 Hugh A. Dinsmore 262-63, 321, 472

ㄹ

라합 355
랜디스 134-35, 350, 630-31
레그 27, 28, 83, 417
레널즈 William Davis Reynolds 143-44, 146, 148-49, 313, 354, 356-59, 362-63, 366, 518, 623-24, 677, 686, 691, 698, 725-26
레크 599, 602
로스 John Ross 29, 42, 59-62, 65-68, 71, 74-75, 79-80, 82-84, 87-94, 108, 196, 252-54, 259, 261-64, 268-69, 276, 397, 413, 419, 430, 439, 469, 482, 499, 501, 507-13, 518, 536, 572, 678, 726
로스와일러 Louisa C. Rothweiler 275, 301, 329, 344, 426, 439
로웰 132, 176
로이스 Lois 350-51
로즈 Harry A. Rhodes 266-67
루미스 Henry Loomis 97, 98, 216, 404
류춘천 92
류태연 492-93
리 Graham Lee 384, 572
릴리 88

ㅁ

마건상 119
마건충 119
마리온 피치 스크랜턴 Marion F. Scranton 151
마수진 馬秀珍 155-57, 160-61

마스케 近藤眞鋤 263
마티어 47-48, 51-53, 55-57
마틴 William A. P. Martin 679, 685, 688
마페트 37, 40-42, 46, 84, 199, 208-09, 332, 347, 355, 383, 385, 398, 403, 421, 487, 489, 498, 500-1, 503, 507-12, 514, 517-25, 527-28, 534, 536-42, 546, 572, 575, 595, 597, 606, 682, 684-87, 689, 691-95, 698-99, 702-3
매컬리 578
매켄지 340, 537, 542, 688
매클레이 Robert Samuel Maclay 8, 47, 111, 123, 175-83, 227, 294
매킨타이어 60, 66-68, 74, 88, 90, 151, 480, 499, 501
맥윌리엄스 326, 328
맥카티 Divie Bethune McCartee 242, 386
맥켄지 486, 488-91, 540, 549-52, 554-55, 729
맥코믹 695
머레이 42
메리 기포드 Mary Lyman Gifford 210
메리 황 313
메릴 H. F. Merrill 261-62
모리슨 25, 201
묄렌도르프 92, 119, 176
무디 167n1, 435, 688
무어 D. H. Moore 535
무어 David Moore 653
무어 Samuel F. Moore 404
문흥준 文興俊 527
뮈어헤드 91, 688
미야오카 宮岡恒次郎 176
민경배 28, 32, 111, 116, 265
민병석 538
민영익 閔泳翊 175-76, 180, 183, 185, 227, 263n9
민영환 161n15, 675
밀러 부인 394, 395
밀른 Dr. William Milne 242

ㅂ

박규수 32, 34, 37-39, 54
박미도 599
박성춘 581
박시실녀 343-44
박에스더 345, 537, 540, 639, 643
박여선 345
박영효 183, 450, 704-5
박용만 458
박운규 344
박유산 641-42
박정국 朴鼎國 527
박정양 朴定陽 251, 263n9
박중상 152, 224, 232, 273-75, 281, 310
박춘권 38-40, 46
방기창 492-93, 680-83, 687-88, 690-93, 702-3
배선 裵善 139-41, 143, 145-50, 152, 353-55, 358, 361
백낙준 115, 117, 119, 298, 689
백용성 464
백홍준 61, 65-6, 68, 84, 91, 151, 254-55, 265, 268, 380, 395, 475, 497, 498-502, 510-11, 514, 518-19, 538, 597
번즈 29, 60-61
번하이젤 575, 685-86
벌링게임 50
벙커 D. A. Bunker 218-19, 228, 237, 250, 383, 425
베르노 44
베어드 부인 62, 393, 488, 620
베어드 William M. Baird 152, 333, 353, 397, 487, 489, 519, 522, 617-20, 682, 685-86, 691, 697
베일리 Wollesly C. Bailey 340
벨 Eugene Bell 659
본넬 125, 128, 156-57
본회퍼 585

브라운 Hugh M. Brown 618
브라운 Sevellon Brown 142
브라이든 Agnes T. Bryden 169
브리들 G. A. Bridle 629, 630, 632
브리지스 J. R. Bridges 139, 146-48
블레어 575, 686
빈턴 C. C. Vinton 186, 330-31, 333, 404

ㅅ

사도 백 500
사이드보텀 Richard Henry Sidebotham 616-17, 635, 686
산타클로스 311, 313
새뮤얼 599
샌드포드 50, 53, 55
샌즈 599
샤록스 598-600, 602, 604, 607, 609
서 초시 488, 618-19
서경조 84, 91-3, 151-52, 167, 266n20, 267-68, 296-98, 380, 395, 398, 479, 480-83, 485-93, 497, 502, 549-51, 554, 563, 617-18, 679-81, 683, 687, 690, 692-93
서광범 100, 150, 176, 183
서병규 150
서병호 152, 297, 561n15, 563
서상륜 84, 87, 89-92, 252, 254-57, 265, 266-70, 274, 359, 363, 380, 395, 472, 475, 480, 482, 492, 497-98, 501-2, 508, 510-11, 514, 518, 536-37, 617, 679, 693, 698
서상팔 674
서재필 116, 155, 183, 233, 412, 414, 441, 444
세워드 50
세헷콥스키 Khrisanf Schhekosky 646
셔우드 홀 643
셔우드 Rosetta Sherwood 302, 640
손정도 582
송덕조(송순용) 241

송순명 363n24, 493, 683
송인서 宋麟瑞 493, 529, 541, 598, 680-81, 683, 688, 690-92, 694
송준석 497, 679
송춘수 241
송포산 234
쇠네케 J. F. Schöneiche 261-62
순조 21
쉴즈 Esther Lucas Shields 306, 366, 599, 609
슈바이처 28
슈펠트 51-2, 55
스기무라 杉村濬 401
스왈른 144n11, 517-18, 52-22, 536-37, 566-67, 685-86, 692, 699, 701
스크랜턴 부인 73, 207-08, 214, 223
스크랜턴 Mary Fletcher Scranton 207
스크랜턴 William Benton Scranton 207, 404
스테드먼 Frederick Webster Steadman 169
스튜어드 E. D. Steward, 梁綺堂, Eu Don 355
신덕균 511-12, 540, 542-43
신상민 674
신상호 申尙昊 529, 541
신창희 申昌熙 565
신화순 493
신흥우 450
실 J. M. B. Sill 402
심노겸 241
심상현 沈相炫 152, 619-20
심상훈 444
심취명(沈就明) 492, 620-21, 683

ㅇ

아담스 381, 421, 487
아서 Chester A. Arthur 176
아펜젤러 8, 13, 104, 151-52, 195, 213, 215-19, 221-24, 228, 230, 232-33, 237, 241-42, 244, 269, 273-75, 278-80, 282-83, 286, 291-92,

294-96, 311, 313, 327, 337, 381, 414, 417, 420, 423-25, 428-31, 434, 437-39, 441, 444, 449-51, 455, 469-71, 474-75, 479, 502, 507-8, 518, 532-33, 536-37, 597, 639, 708, 716-17
안경수 444
안병태 649
안준 601
안중근 585
안창호 626, 699
알렌 Horace N. Allen 8, 47, 116, 123, 125, 139, 141-42, 162, 164, 168, 182-83, 185-90, 201, 208, 213-15, 222-23, 238, 241-42, 246, 250-52, 263-66, 268, 270, 325-28, 330-32, 356, 482, 508, 647n7, 690
액클스 Saddie Ackles 169
양규태 梁奎泰 648-49
양기탁 457
양전백 380, 395, 492-93, 497, 510n6, 597-99, 601, 607, 679-81, 683, 687-88, 691-92, 694
양흥묵 233
어빈 618
언더우드 부인 320, 329, 405-6, 408, 491, 508
언더우드 Horace Grant Underwood 8, 47, 82n1, 84, 93, 100, 108, 143-46, 150-52, 162, 182, 188-89, 193-204, 213-19, 221-23, 237-46, 249-53, 255, 257-59, 264-70, 289, 296-97, 311-12, 319-20, 326-27, 329-31, 363n24, 377-80, 382-87, 392, 405, 407-8, 414, 418-21, 423-24, 428-31, 459, 469-70, 472-75, 482-83, 485, 487, 491-92, 497-98, 502, 507-8, 510, 522, 536-37, 541, 549, 552, 554, 560, 563, 597, 617, 619, 624, 678, 686, 693, 712, 716, 726
에드먼즈 Margaret Edmunds Harrison 366
에드먼즈 Margaret Jane Edmunds 306
에디 Sherwood Eddy 452, 454
에비슨 Douglas Bray Avison 161-62, 188-89,

327, 331, 394, 397, 402-4, 406, 421, 452, 552, 619, 697-98
에피 브라이스 Effie Alden Bryce Sidebotham 635, 637
엘러즈 Annie Ellers 237, 250, 349
엘리스 레베카 아펜젤러 Alice R. Appenzeller 151
엘머 Arma Ellmer 169
엥겔 George Engel 621, 685, 721
오긍선 169
오문환 45-46, 56
오석형 541-42, 654-55
오시피 Ossipee 251
오웬 C. C. Owen 364n28, 365, 624, 659, 661-62
오장경 119
오페르트 50
옥관빈 674
옥손 363
올링거 Franklin Ohlinger 177, 215, 232-33, 282, 296, 337-38, 381, 533, 534, 640
와일즈 134, 350
와츠 Isaac Watts 381
우리탕 吳禮堂 176
우연준 585
우종서 497, 679
우지룡 541
워너 134-35
워렌 Henry W. Warren 262, 263n10, 274-75
원세개 119-20, 263n9
웰즈 James H. Wells 209, 405, 584, 595
웹 Margaret Kellogg Webb 209
웹스터 Elizabeth Webster 350
웹스터 J. Webster 89, 93, 509, 511
위트모어 595, 597-98, 605-6, 692, 694
윌리엄스 52
윌슨 340
유길준 176, 402
유두환 674

유영지 俞靈芝 Dora Yu 162
유치겸 234, 278, 281, 533
윤돈규 278
윤병구 458
윤식명 683, 702
윤웅렬 159
윤응렬 455
윤치호 125, 127-28, 143, 151, 155-62, 171, 230, 322, 411-12, 414, 441, 443-45, 455
의화군 이강 150
이광내 54-55
이광수 690, 727
이그레이스 306-7
이기범 675
이기종 150
이기풍 565, 582, 681, 683, 688-93, 697, 699-705
이덕환 李德煥 529
이도념 619
이동녕 674
이동승 李東昇 527-28
이만열 117
이무영 233-34
이민희 21
이상재 李商在 141, 251
이성하 66, 68, 84
이수정 97, 98, 100-9, 125, 151, 179, 216, 326, 328
이승길 674
이승만 233, 449-50, 451n3, 452-61
이시영 674
이영언 李永彦 571
이완용 李完用 139-42, 251, 444, 585, 704
이용익 150, 162, 647
이원민 683
이응찬 59-60, 61n4, 62, 66, 68
이익채 233
이재각 669
이재명 585

이정민 241
이준 674
이채연 李采淵 139-43, 145, 148-52, 361-62, 444
이채원 361-62
이토 히로부미 585, 666, 671
이하영 李夏榮 139, 141-42, 251
이항선 541
이항직 674
이현익 李玄益 37-39, 46
이화손 李華孫 142
이희간 674
임병정 53-54
잉골드 347, 365
잉글리드 501, 509

ㅈ

장관선 492, 683
장인택 張仁澤 360-61
장인환 585
전덕기 585, 674-75
전명운 585
전병헌 674
전석준 674
전재숙 田載俶 527
정공빈 93, 151, 266n20, 267-68, 480, 482, 502
정교 33-34
정기정 492, 599, 683, 691
정매티 306
정순만 585, 674-75
정익로 492
정인덕 533
정해원 359-61, 364
제이컵슨 Anna P. Jacobson 350, 404
조규찬 597, 598
조병직 492
조상정 趙相鼎 527

색인   735

조성규 241
조성환 674
조지 게일 152
존스 G. H. Jones 280, 426, 538, 709
존슨 Cameron Johnson 143, 149, 353
주공삼 297, 492-93
주시경 233
지병석 169

ㅊ

차병수 674-75
채영칠 623-24
채정민 621, 683
천광실 493, 680, 683
체이스 599
최경석 176
최관흘 683
최명오 93, 151, 266n20, 267-68, 297, 380, 395, 480, 482, 493, 497-98, 502, 679-80
최병헌 654-55, 707-13
최성균 152, 224, 276, 281, 311, 537
최재학 674
최정엽 492
최중진 683
최치량 崔致良 525-28, 541, 544, 572-74
최흥종 659, 662
친젠도르프 25n8

ㅋ

캠벨 162
커틀러 Mary M. Cutler 161, 301, 303-5, 313, 402
컨즈 599, 605
켄뮤어 424, 697
켈리 134-35
코고르당 F. G. Cogordan 243

코르베트 47, 49, 51-52, 57, 688
코프 John Corfe 33-37, 131-32, 349, 369-70
콥 G. C. Cobb 425
쿤즈 256, 346
크리스티 509, 511
클라크 492, 720
클리블랜드 Grover Cleveland 251

ㅌ

타운센드 Townsend 522, 538-39
테이트 Lewis Boyd Tate 143-44, 346-47, 356, 359, 365
테일러 27, 29, 117, 295, 485n7
토마스 29, 31-36, 39-47, 50, 55-57, 60, 111, 116-18, 123, 526, 536-37, 588-89
톰슨 84, 158
트롤로프 134-35, 350

ㅍ

파베르 Ernst Faber 679, 688
파커스 112, 118
퍼킨스 H. H. Firkins 630, 632
페비거 53
펜윅 Malcolm C. Fenwick 片爲益 167-68, 170, 479, 485-87, 502, 617
폴링 Edward Clayton Pauling 167-70
폴웰 209, 313-14
표영각 674
푸트 Lucius H. Foote 125, 159, 178, 182
프레스톤 34-35, 38
플랑시 Victor mile Marie Joseph Collin de Plancy, 葛林德 243n4, 249
피어슨 R. H. Pearson 168, 632
피크 Sydney J. Peake 629-31
피터즈 Alexander A. Pieters, 彼得 404, 423, 427-31, 697

필드 346-47

ㅎ

하디 162, 578-80
하야카와 Hayakawa Tetsya 151, 217, 273-74
하워드 Meta Howard 301-2, 329, 640
한덕룡 599
한석진 380, 395, 492, 497, 511, 518-20, 522-25, 527, 531, 536-40, 542, 679, 681, 683, 687, 690-92, 694-95, 672-23
한용경 152, 224, 275, 278, 281, 310, 533
한용운 464, 711
한치순 韓致淳 529
한태교 韓台敎 527
한태동 265
해리스 Merriman C. Harris 181, 208, 289, 535n2, 674
해리슨 William B. Harrison 366
해리슨 William H. Harrison 140
해링턴 Fred H. Harrington 185-87
허드 330
헌트 G. H. Hunt 470, 536
헌트 W. B. Hunt 152, 595, 685-87
헐버트 82n2, 215, 228, 237, 380, 411-12, 414, 420, 483, 518, 534, 536, 584, 688
헐버트 부인 379-80
헤론 부인 329, 332, 511, 517
헤론 John W. Heron 惠論 182n6, 187-89, 208, 213-15, 222-23, 237-38, 241, 246, 250, 256n15, 264, 266-70, 296, 318, 325-33, 421, 482, 508
헤이굿 Laura Askew Haygood 156-57, 160
헤이든 Mary E. Hayden 156-57, 160
현채 231
현흥택 176
홀 Mabel Valentine Hall 168
홍영식 176, 180
홍정후 497, 502, 679
홍종대 523, 531, 539, 541-42, 544
홍종우 158
화이트 578-79
황메례 黃袂禮 343-46
황현 33-34
후스 24
히스코트 Gertrude Heathcote 349-50
힐러리 F. R. Hillary 630, 632

서명

Corean Primer 59, 62, 79, 413
Fifty Helps 62
Happer 주석 684
Miller 주석 684

ㄱ

간호교과셔 306
구셰론 503
구영혼설 救靈魂說 242, 245
국문독본 62
권즁회기 679
귀원정종 464
基督實錄 684, 688

ㄷ

大韓季年史 33
덕혜입문 638, 679
東西洋考每月統記傳 26

ㄹ

라병론 338
兩教辨正 688

ㅁ

萬國通鑑 만국통감 684-85, 688
매천야록 梅泉野錄 33, 119
묘축문답 廟祝問答 242, 245

ㅂ

바울이갈나대인의게훈편지 414
벽사기실 辟邪紀實 241, 245, 317-18
福音講臺 688
브리태니커백과사전 686

ㅅ

祀先辨謬 679
ᄉ민필지 사민필지 534, 688
삼요록 679
샹뎨진리 679
宣道指歸 679
성경문답 성경문답 73, 565
성교촬리 679
성산명경 성산명경 464, 707, 709-10, 712
聖會史記 684, 688
시편촬요 423, 427-30

ㅇ

耶蘇教要理問答 684
예수교문답 394, 679
예수성교 누가복음전 79
예수성교요안ᄂᆡ복음젼서 79
예수성교문답 71, 72, 73, 79, 88, 413

예수성교요령 71, 73, 79, 88, 413
예수성교젼셔 75, 83, 413
위원입교인규됴 679
인가귀도 679

ㅈ

自西徂東 679, 688
장원량우샹론 679
正道啓蒙 61
조선불교유신론 465
朝鮮史 34, 35n4
죠션크리스도인회보 414, 417, 419, 424, 426, 428, 656, 716n2
중싱지도 679
진리이지 眞理易知 240, 242, 245

ㅊ

찬미가 377, 379, 381, 443, 445
찬성시 377, 384, 390, 393
찬숑가 377
天道實義 688

ㅌ

泰西新史 688
텬로력뎡 679

ㅎ

훈ᄋ진언 훈아진언 534, 679

한국교회 첫 사건들
한국 개신교 역사의 최초 72가지 사건

Copyright ⓒ 옥성득 2025

1쇄 발행 2025년 4월 21일

지은이 옥성득
펴낸이 김요한
펴낸곳 새물결플러스

편 집 왕희광 정인철 노재현 이형일 나유영 노동래
디자인 황진주 김은경
마케팅 박성민
총 무 김명화 이성순
영 상 최정호
아카데미 차상희

홈페이지 www.holywaveplus.com
이메일 hwpbooks@hwpbooks.com
출판등록 2008년 8월 21일 제2008-24호
주 소 (우) 04114 서울시 마포구 신촌로28가길 29
전 화 02) 2652-3161
팩 스 02) 2652-3191

ISBN 979-11-6129-299-1 03230

책값은 뒤표지에 있습니다.